Wissenschaftliche Untersuchungen
zum Neuen Testament · 2. Reihe

Begründet von Joachim Jeremias und Otto Michel
Herausgegeben von
Martin Hengel und Otfried Hofius

24

Die Rezeption
des Matthäusevangeliums
in der Zeit vor Irenäus

von

Wolf-Dietrich Köhler

J. C. B. Mohr (Paul Siebeck) Tübingen

CIP- Kurztitelaufnahme der Deutschen Bibliothek

Köhler, Wolf-Dietrich:
Die Rezeption des Matthäusevangeliums in der Zeit vor Irenäus /
von Wolf-Dietrich Köhler. – Tübingen: Mohr, 1987.
  (Wissenschaftliche Untersuchungen zum Neuen Testament: Reihe 2; 24)
  ISBN 3-16-145217-8
  ISSN 0340-9570

NE: Wissenschaftliche Untersuchungen zum Neuen Testament / 02

© 1987 J. C. B. Mohr (Paul Siebeck) Tübingen

Druck von Gulde-Druck GmbH in Tübingen; Einband von Großbuchbinderei H. Koch KG in Tübingen.

Printed in Germany.

VORWORT

Die vorliegende Arbeit wurde im Oktober 1985 abgeschlossen und am
3. Dezember 1986 von der Evangelisch-theologischen Fakultät der
Universität Bern als Dissertation angenommen. Sie erscheint - bis
auf das Vorwort und die Korrektur einzelner Tippversehen - unverändert.

Es ist mir ein herzliches Bedürfnis, denen zu danken, die meinen
Weg während der fast fünfjährigen Beschäftigung mit der vorirenäi-
schen Mt-Rezeption begleitet und unterstützt haben.
Mein Doktorvater, Herr Prof. Dr. U Luz/ Bern, bei dem ich in seiner
Göttinger Zeit als studentische Hilfskraft an die Arbeit an der
Mt-Wirkungsgeschichte herangeführt wurde, hat meine Bemühungen
mit Engagement, Ermutigung und vor allem wichtigen sachlichen An-
regungen begleitet. Für die kirchengeschichtlichen Aspekte meiner
Arbeit verdanke ich viel Herrn Prof. Dr. A M Ritter/ Heidelberg,
als dessen Assistent ich von August 1982 bis August 1985 tätig war.
Während meines Studiums und dann in den Jahren 1981 und 1982 mit
einem Promotionsstipendium wurde ich - nicht nur finanziell -
großzügig von der Studienstiftung des Deutschen Volkes gefördert.
Für die Aufnahme der Arbeit in die 2. Reihe der WUNT danke ich
den Herausgebern. Die Fürsprache von Herrn Prof. Dr. M Hengel
und das große Entgegenkommen des Verlages haben es ermöglicht, daß
diese Arbeit ohne jeden Druckkostenzuschuß erscheint. Auch dafür
weiß ich mich denen, die mit dazu beigetragen haben, zu Dank verpflichtet. Zu ihnen gehört nicht zuletzt meine Frau. Sie fand
nicht nur Zeit, alle Teile meiner Arbeit mit mir zu diskutieren,
sondern hat auch die Erstkorrektur gelesen (für noch verbliebene
Fehler bin ich verantwortlich) sowie die Seitenzahlen des "Tabellarischen Überblicks über die Rezeption des Mt vor Irenäus" heraus-
gesucht.

Gewidmet sei die vorliegende Arbeit meinem Vater, durch den mein
Interesse an der Theologie und vor allem am Neuen Testament geweckt
wurde.

Sehnde-Rethmar, im März 1987   Wolf-Dietrich Köhler

INHALTSVERZEICHNIS

ABKÜRZUNGSVERZEICHNIS

1. Vorbemerkungen

In der vorliegenden Arbeit werden dieselben Abkürzungen wie im Abkürzungsverzeichnis der "Theologischen Realenzyklopädie" (hg. v. S SCHWERTNER, Berlin/
New York 1976) verwandt. Aufgeführt und entschlüsselt werden hier deshalb nur
die darüber hinaus verwandten Abkürzungen.
Eine Ausnahme bildet diesbezüglich das Abkürzungsverzeichnis für die "Quellen";
dieses gibt einen Überblick über die wichtigsten in dieser Arbeit analysierten
oder herangezogenen Quellen wie über die jeweils zugrundegelegte(n) Edition(en).
> Ein Hinweis auf die Edition fehlt bei den Schriften aus den Kodizes von
> Nag Hammadi, da für diese (noch) nicht eine einzelne Edition als maßgeb-
> lich zugrundegelegt werden kann, sondern wegen der Unsicherheit des Textes
> und seiner Interpretation sinnvollerweise alle verfügbaren Ausgaben/ Über-
> setzungen zu vergleichen sind.

Nicht entschlüsselte Quellenabkürzungen finden sich bei SCHWERTNER.

Im Text und in den Anmerkungen wird auf die Titel des Literaturverzeichnisses
mit dem Namen des Verfassers/ Herausgebers hingewiesen. Sind mehrere Arbeiten
desselben Verfassers/ Herausgebers aufgenommen, so ist das Kürzel, mit dem zusätzlich zum Verfassernamen auf einen Titel verwiesen wird, im Literaturverzeichnis
durch Unterstreichung gekennzeichnet. Verschiedene Verfasser gleichen Namens
werden durch abgekürzte Nennung ihres Vornamens voneinander unterschieden.
Seitenzahlenbelege für Literaturverweise im Text werden - in Abweichung vom
sonst Üblichen - soweit als möglich (in runden Klammern) im Text selbst gegeben
und nicht eigens in Anmerkungen notiert.

2. Allgemeine Abkürzungen

log   Logion
NHC   Nag Hammadi Kodex

3. Quellen

ActAndr	ed.: BONNET
ActAndr A	Andreasakten, Koptischer Papyrus Utrecht, Übers.: HORN-SCHUH, Andreasakten
ActJoh	ed.: JUNOD/ KAESTLI, Acta Iohannis
ActPaul	ed.: VOUAUX, Actes de Paul, sowie SCHMIDT/ SCHUBART u. TESTUZ, Pap Bodmer 10
ActPauletThecl	Akten des Paulus und der Thekla, in: ActPaul
ActPetr	ed.: VOUAUX, Actes de Pierre
ActPt VI,1	Taten des Petrus und der zwölf Apostel, NHC VI,1
ActScill	Akten der Märtyrer von Scilli, ed.: ROBINSON
Agr	Agraphon, ed.: KLOSTERMANN, Apocrypha 3
AJ II,1 (vgl. III,1 u. IV,1)	Apokryphon des Johannes, NHC II,1; vgl. NHC III,1 u. IV,1)

Allog XI,3	Allogenes, NHC XI,3
ApcAd V,5	Apokalypse des Adam, NHC V,5
1ApcJac V,3	Erste Apokalypse des Jakobus, NHC V,3
2ApcJac V,4	Zweite Apokalypse des Jakobus, NHC V,4
ApcPl V,2	Apokalypse des Paulus, NHC V,2
ApcPt VII,3	Apokalypse des Petrus, NHC VII,3
ApkPter Äth/Akh	Petrusapokalypse, Äthiopische Version (ed.: GREBAUT)/ (griech.) Akhmim-Fragment (ed.: KLOSTERMANN, Apocrypha 1)
Apoll H Pasch	Apollinaris von Hierapolis, Über das Passah (Frgm. ed.: OTTO)
Arist Apol (gr/ syr/ arm)	Aristides von Athen, Apologie, ed.: HENNECKE, Apologie (versio graeca/ versio syriaca/ versio armeniaca)
AscJes	ed.: TISSERANT
Ascl VI,8	Asklepios, NHC VI,8
Athen res	Athenagoras von Athen, De resurrectione, ed.: SCHWARTZ, Athenagorae libellus pro Christianis
Athen Suppl	Athenagoras von Athen, Supplicatio pro Christianis, ed.: SCHWARTZ, Athenagorae libellus pro Christianis
AuthLog VI,3	Authentikos Logos, NHC VI,3
Barn	ed.: WENGST, Didache
BG	Codex Berolinensis Gnosticus 8502
Bront VI,2	Der Donner: vollkommener Nus, NHC VI,2
Clem Al Ecl	Klemens von Alexandrien, Eclogae propheticae, ed.: STÄHLIN
Clem Al Exc ex Theod	Klemens von Alexandrien, Exzerpte aus Theodot, ed.: SAGNARD, Clément
Clem Al Strom	Klemens von Alexandrien, Stromata, ed.: STÄHLIN
I Clem	ed.: FISCHER
II Clem	ed.: WENGST, Didache
Dial III,5	Dialog des Erlösers, NHC III,5
Did	ed.: WENGST, Didache
Diog	ed.: WENGST, Didache
Dion Cor Sot	Dionys von Korinth, An Soter (Frgm. bei Euseb, Hist eccl)
EpAp (äth/ kopt)	Epistula Apostolorum (äthiopische Version ed.: GUERRIER/ GREBAUT/ koptische Version: ed.: SCHMIDT/ WAJNBERG; Übers.: DUENSING, Epistula Apostolorum 1968
Epiph Panar	Epiphanius, Panarion haeresium, ed.: HOLL
EpJac I,2	Epistula Jacobi Apocrypha, NHC I,2
EpLugd	Brief der Märtyrer von Lyon und Vienne (in: Euseb, Hist eccl)
EpPt VIII,2	Epistula Petri ad Philippum, NHC VIII,2
V Esr	(= IV Esr c. 1.2) ed.: WEBER
Eug III,3 (vgl. V,1)	Eugnostos, der Selige, NHC III,3; vgl. NHC V,1
Euseb, Hist eccl	Euseb, Kirchengeschichte, ed.: SCHWARTZ (GCS 9)
Euseb, Praep ev	Euseb, Praeparatio evangelica, ed.: MRAS
Euseb, Theophan syr	Euseb, Syrische Theophanie, ed.: GRESSMANN
EvAeg III,2 (vgl. IV,2)	Ägypterevangelium, NHC III,2; vgl. NHC IV,2
EvEb	(in: Epiph Panar)
EvHebr	(Frgm.; Übers.: VIELHAUER, Evangelien, 107f)
EvMar	Evangelium Marias, ed.: TILL/ SCHENKE
EvNaz	Nazaräerevangelium (Frgm.; Übers.: VIELHAUER, Evangelien, 95-100)
EvPetr	ed.: MARA
EvPh II,3	Philippusevangelium, NHC II,3
EvTh II,2	Thomasevangelium, NHC II,2 (SCHWERTNER: EvThom)

EvTh 1	Kindheitserzählung des Thomas, längere griech. Fassung, ed.: MICHEL/ PEETERS
EvTh 1 A	Kindheitserzählung des Thomas, latein. Fassung, ed.: TI-SCHENDORF, Evangelia Apocrypha
EvVer I,3 (vgl. XII,2)	Evangelium Veritatis, NHC I,3; vgl. NHX XII,2
ExAn	Exegese über die Seele, NHC II,6
Frgm XII,3	Fragmente, NHC XII,3
HA II,4	Hypostase der Archonten, NHC II,4
Heges	Hegesipp (Frgm. ed.: PREUSCHEN, Antilegomena)
Her Joh	Herakleon, Johanneskommentar, Frgm. ed.: VÖLKER, 63-85
Herm (mand, sim, vis)	ed.: JOLY, Hermas
Hieronymus, Ep ad Hed	Hieronymus, Brief an Hedibia, ed.: HILBERG
Hieronymus, Ez	Hieronymus, Ezechielkommentar, ed.: GLORIE
Hieronymus, Jer	Hieronymus, Jeremiakommentar, ed. : REITER
Hieronymus, Jes	Hieronymus, Jesajakommentar, ed.: ADRIAEN
Hieronymus, Mi	Hieronymus, Michakommentar, ed.: ADRIAEN
Hieronymus, Mt	Hieronymus, Matthäuskommentar, ed. HURST/ ADRIAEN
Hieronymus, Pel	Hieronymus, Dialog gegen die Pelagianer, ed.: MIGNE
Hieronymus, vir ill	Hieronymus, De viris illustribus, ed.: E C RICHARDSON
Hippolyt, Ref	Hippolyt, Refutatio omnium haeresium, ed.: WENDLAND
Hyps XI,4	Hypsiphrone, NHC XI,4
IgnEph/ Magn/ Phld/ Pol/ Röm/ Sm/ Trall	ed.: FISCHER
Inter XI,1	Die Interpretation der Gnosis, NHC XI,1
Iren haer	Irenaeus, Adversus haereses, ed.: ROUSSEAU u. DERS./ DOU-TRELEAU
Justin, Apol	Justin, 1. Apologie, ed.: PAUTIGNY
Justin, Dial	Justin, Dialog mit dem Juden Tryphon, ed.: ARCHAMBAULT
LibTh II,7	Buch des Thomas, NHC II,7
2LogSeth VII,2	Zweiter Logos des großen Seth, NHC VII,2
Mars X	Marsanes, NHC X
MartPol	ed.: BIHLMEYER/ SCHNEEMELCHER
Mel Pasch	Melito von Sardes, Homilie über das Passah, ed.: HALL, Pascha
Melch IX,1	Melchisedek, NHC IX,1
Noema VI,4	Der Gedanke unserer großen Kraft, NHC VI,4
Nor XI,2	Der Gedanke der Norea, NHC IX,2
OdSal	ed.: LATTKE, Oden Salomos
OgdEnn VI,6	De Ogdoade et Enneade, NHC VI,6
Or VI,7	Oratio, NHC VI,7
Origenes, Joh	Origenes, Johanneskommentar, ed.: PREUSCHEN
Origenes, Mt	Origenes, Mt-Kommentar, ed.: KLOSTERMANN
Origenes, Hom in Jer	Origenes, Jeremia-Homilien, ed.: NAUTIN/ HUSSON (Hom. XII-XX u. latein. Hom.)
Origenes, Hom in Lk	Origenes, Lukas-Homilien, ed.: RAUER
OrigMund II,5 (vgl. XIII,2)	Vom Ursprung der Welt, NHC II,5; vgl. NHC XIII,2
OrPl	Das Gebet des Apostels Paulus, NHC I,1
Pap	ed.: BIHLMEYER/ SCHNEEMELCHER

PapCair 10735	Papyrus Cairensis 10735 (ed.: DE SANTOS OTERO, Evangelios apócrifos, 86)
PapEg 2	Papyrus Egerton 2, ed.: BELL/ SKEAT
PapEg 3	Papyrus Egerton 3, ed.: BELL/ SKEAT
PapOx 1	Papyrus Oxyrhynchos 1, ed.: DE SANTOS OTERO, Evangelios, 89-91
PapOx 654	Papyrus Oxyrhynchos 654, ed.: WESSELY 1906, 158-172
PapOx 655	Papyrus Oxyrhynchos 655, ed.: WESSELY 1906, 177-180
PapOx 840	Papyrus Oxyrhynchos 840, ed.: WESSELY 1924, 488-489
PapOx 1224	Papyrus Oxyrhynchos 1224, ed.: WESSELY 1924, 490-493
ParSem VII,1	Paraphrase des Seem
PassApoll	Passio Apollonii, ed.: MUSURILLO
Polyk	ed.: FISCHER
Prot XIII,1	Die dreigestaltige Protennoia
Protev	ed.: DE STRYCKER, forme
Ps Clem Hom/ Recog	Pseudoklementinen, Homilien/ Rekognitionen, ed.: REHM
Ptol EpFlor	Ptolemäus, Brief an die Flora (Epiph Panar 33,3-7), ed.: QUISPEL, Ptolémée
Rheg I,4	Der Brief an Rheginos über die Auferstehung, NHC I,4
SentSext	Sextussprüche, ed.: CHADWICK
Sib	ed.: GEFFCKEN, Oracula Sibyllina
Silv VII,4	Lehren des Silvanus, NHC VII,4
SJC III,4	Sophia Jesu Christi, NHC III,4
SSex XII,1	Sextussprüche, NHC XII,1
StelSeth VII,5	Die drei Stelen des Seth, NHC VII,5
Tat Diat	Tatian, Diatessaron (wegen Unsicherheit des Textes nicht behandelt)
Tat Orat	Tatian, Oratio ad Graecos, ed.: SCHWARTZ, Tatiani Oratio ad Graecos
Tat perf	Tatian, De perfectione secundum salvatoris praecepta, zitiert in Clem Al Strom 3,12,81,1f
Tertullian, bapt	Tertullian, De baptismo, ed.: BORLEFFS
Tertullian, praescr haer	Tertullian, De praescriptione haereticorum, ed.: REFOULE
TestVer IX,3	Testimonium Veritatis, NHC IX,3
Test XII (TestRub/ Sim/ Lev/ Jud/ Iss/ Seb/ Dan/ Naph/ Gad/ Ass/ Jos/ Benj)	ed.: DE JONGE, Edition
Theod	Theodot der Gerber (Frgm. bei Epiph Panar 54,2,3)
Theoph Autol	Theophilus von Antiochien, Drei Bücher an Autolykus, ed.: BARDY/ SENDER
TracTrip I,5	Tractatus Tripartitus, NHC I,5
Zostr VIII,1	Zostrianus, NHC VIII,1

4. Literatur

BCNH	Bibliothèque Copte de Nag Hammadi, Québec
BP	Biblia Patristica (s. im Literaturverzeichnis)
NHLE	The Nag Hammadi Library in English, ed. by M W MEYER
NTAF	The New Testament in the Apostolic Fathers (s. im Literaturverzeichnis)

I. EINLEITUNG

1. VORBEMERKUNGEN: ERLÄUTERUNG UND ABGRENZUNG DES THEMAS

In der vorliegenden Arbeit soll die Rezeption des Mt vor Irenäus
untersucht werden. Sinnvoller Gegenstand dieser Untersuchung sind
angesichts der Quellenlage für diese frühe Zeit der Kirche allein
die erhaltenen literarischen Quellen. Die Beschränkung auf die
Zeit vor Irenäus dient zum einen dazu, die Zahl und den Umfang der
zu untersuchenden Schriften im erträglichen Rahmen zu halten; zum
anderen legt sie sich auch von der Sache her nahe, weil mit den
Äußerungen des Irenäus in haer 3[1] zum ersten Mal eine Wertschätzung
der Evangelien als der vier kanonischen greifbar wird,[2] die sich
von der heutigen qualitativ kaum unterscheidet.

> Damit soll keineswegs die Kanonizität der Evangelien auf Irenäus zurück-
> geführt werden; es ist zumindest nicht auszuschließen, daß Irenäus nur
> zum Ausdruck brachte, was zu seiner Zeit innerhalb der Großkirche als
> "common sense" bezeichnet werden kann.[3] Gerade auch aus diesem Grunde
> will im Thema der Arbeit die Zeit "vor Irenäus" weniger als eine quali-
> tative, sondern eher als eine quantitative, zeitliche Einschränkung und
> Begrenzung des Untersuchungsgegenstandes verstanden sein.

Untersucht werden dementsprechend nur die Schriften, die sicher
vor Irenäus, gleichzeitig mit ihm oder jedenfalls nicht sicher
nach Irenäus zu datieren sind.

Interessant ist der gewählte frühe Zeitraum vor allem auch deswegen,
weil umstritten ist, ab wann überhaupt mit der Rezeption "unserer"
Evangelien in ihrer heutigen Form zu rechnen ist.[4] Es geht dabei
um die Frage, was die Kirche mit den Evangelien direkt nach deren
Entstehung angefangen hat, ob und inwiefern die Evangelien Autorität in Fragen des Glaubens und Lebens waren und welche Rolle und
Bedeutung ihrem Inhalt und ihrer Form für die damalige kirchliche
Gegenwart zukam. Zu untersuchen ist, wie nach der Schriftwerdung der
mündlichen Überlieferung das schriftliche Zeugnis der Evangelien
im Verhältnis zum mündlichen Zeugnis der Tradition bewertet und
herangezogen wurde, und ab wann, in welchem Sinne und ob überhaupt

---

1   Vgl. dazu vor allem haer 3,11,8f.
2   S. dazu MERKEL (51) u. v. CAMPENHAUSEN (Entstehung, 213).
3   Vgl. dazu HAENCHEN (Evangelien, 33, Anm.).
4   S. dazu den Überblick über den Forschungsstand unten S. 2-6.

es möglich ist, schon im 2. Jh. von der Dyas "Schrift und Tradition"
zu sprechen.

Daß speziell die Rolle des Mt herausgegriffen und gleichsam
exemplarisch untersucht werden soll, läßt sich damit begründen, daß
das Mt in der Zeit nach Irenäus innerhalb des Vierevangelienkanons
eindeutig d a s kirchliche Evangelium ist.[1]

2. ZUM STAND DER FORSCHUNG

Die Forschung ist seit annähernd dreißig Jahren trotz bzw. eher
wegen der grundlegenden Arbeiten von KÖSTER (Überlieferung) und
MASSAUX (Influence) sehr weit von einer opinio communis entfernt.[2]
Der diskussionslos zustimmende Verweis auf (zumeist) KÖSTER und
(weniger oft) MASSAUX, mit dem man sich häufig begnügt, kann angesichts der Divergenz ihrer Positionen nicht befriedigen.

KÖSTER untersucht die Aufnahme der "Synoptischen Überlieferung"
bei den "Apostolischen Vätern". Sein Ausgangspunkt und Hintergrund
ist dabei die neutestamentliche Formgeschichte BULTMANNscher Prägung. Er fragt, ob die "... freien Änderungen des Wortlauts synoptischer Stücke ...", die in den Apostolischen Vätern begegnen, "unge-
wollt und zufällig" sind oder "... bestimmten form- und traditionsge-
schichtlichen Motiven ..." unterliegen[3], ob sich also die Aufnahme
synoptischen Stoffes "... aus einer Traditionsgeschichte, die aus

---

1   Dies läßt sich nicht nur, aber auch und besonders deutlich an der hand-
    schriftlichen Überlieferung der Evangelien ablesen; s. dazu GREEVEN (289),
    den v. CAMPENHAUSEN (Entstehung, 152 Anm. 98) zustimmend zitiert.
2   Es fehlt bisher der konsensfähige Versuch einer integrativen Gesamtschau,
    den auch die Arbeit von MORGAN nicht bietet. MORGAN untersucht in seiner
    HARVARD Ph-D-Thesis den "Comparative Influence of the Gospels of Matthew
    and Luke in Christian Literature before Irenaeus" und kommt in jeweils
    sorgfältiger Diskussion der Argumente KÖSTERs und MASSAUXs zu dem Schluß,
    daß, wenn man Markion einbezieht, Mt keinesfalls deutlich mehr als Lk
    rezipiert worden ist. Das - m.E. nur bedingt aussagekräftige - Beweismittel
    für seine These ist ihm die Zahl (sic!) der aus dem jeweiligen Evangelium
    aufgenommenen Worte.
3   Alle Zitate KÖSTER, Überlieferung, 1.

der vorsynoptischen Überlieferung her parallel zur Überlieferung
schriftlicher Evangelien verläuft ...", erklären läßt (2). Entscheidungshilfe bietet dabei die Analyse der Zitateinleitungsformeln
sowie die Suche nach "Redaktionsarbeit eines Evangelisten" in den
Evangelienzitaten und -anspielungen der untersuchten Schriften (3).
Sein Ergebnis formuliert KÖSTER (257) folgendermaßen:

> "Worte und Taten des historischen Jesus sind ebensowenig die e i n e
> Quelle der synoptischen Überlieferung wie irgendein Urevangelium, aus
> dem alles hergeflossen wäre, und selbst unsere drei synoptischen Evan-
> gelien spielen in dieser Zeit als Quelle für die Anführung von synopti-
> schen Sätzen nur eine ganz untergeordnete Rolle. Die gefragte Quelle ist
> vielmehr die Gemeinde, die aus ihren praktischen Bedürfnissen heraus den
> synoptischen Stoff nicht nur tradierte und anwendete, sondern den schon
> vorhandenen Stoff neu prägte, umformte und vermehrte."

Das bedeutet, daß nach KÖSTER die Apostolischen Väter nicht etwa
von den kanonischen Evangelien abhängig sind, selbst wenn zumindest
einzelne von ihnen die Evangelien kennen, sondern eher "neben ihnen"
(258) stehen; die Apostolischen Väter "... entnehmen für ihre Be-
dürfnisse den synoptischen Stoff z.T. den gleichen Quellen, aus
denen auch die synoptischen Evangelien schöpften." Terminologische
Anklänge an die synoptischen Evangelien sind dann "... einfach
Terminologie der Gemeinde ..." (ebd.).
Diesem für die Rezeption der kanonischen Evangelien negativen Urteil
widerstreitet mit genau gegenteiligem Ergebnis die Arbeit von
MASSAUX, von der KÖSTER keine Kenntnis hatte,[1] obwohl sie schon
1950, also vier Jahre, bevor KÖSTER seine Arbeit in Marburg als
Dissertation einreichte,[2] erschienen ist.

MASSAUX meint schon für die Apostolischen Väter[3] literarischen
Einfluß des Mt nachweisen zu können; die festzustellende Freiheit
der Zitation erklärt er damit, daß bei den frühen Apostolischen

---

1   S. KÖSTER, Überlieferung, 2 Anm. 2.
2   S. KÖSTER, Überlieferung, im unpaginierten Vorwort.
3   MASSAUX behandelt über die Apostolischen Väter hinaus alle - ihm damals
     bekannten - Schriften der vorirenäischen Zeit; zusätzlich zu den synopti-
     schen Evangelien analysiert er den Einfluß auch des übrigen NT auf die
     von ihm untersuchten Schriften.

Vätern[1] das Interesse mehr der Lehre als dem Buchstaben des Evange-
lientextes gegolten habe, und daß gerade die Freiheit der Zitation
ein Indiz für eine "certaine familiarité" mit dem Mt sei (650). Erst
im Laufe der Zeit sei dann zunehmend wörtliche Exaktheit der Zitate
und z.B. bei den Apologeten gar eine Benutzung der Evangelien zu
konstatieren, die als "plus livresque"(X) bezeichnet werden kann
(650). Dabei hat nach MASSAUX das Mt als literarisches Dokument die
theologische und kirchliche Atmosphäre des zweiten Jahrhunderts so
stark geprägt, daß es nicht nur seinerseits der mündlichen ("nachsynoptischen") Tradition seinen Stempel aufdrückte,[2] sondern auch
dafür verantwortlich zu machen ist, daß die Rezeption paulinischer
Theologie unter matthäischem Vorzeichen erfolgte.[3]
Als Hauptgründe für die breite Rezeption des Mt gibt MASSAUX (654) an,
daß das Mt - wie auch das zeitgenössische Judentum durch dessen
Orientierung an der Torah - Hilfe für die Fragen der konkreten
Lebensbewältigung bot und gleichzeitig deutlich antijudaistische
Positionen vertrat.

Die Verschiedenheit der Ergebnisse, zu denen KÖSTER und MASSAUX
in bezug auf denselben Untersuchungsgegenstand kommen, läßt danach
fragen, ob in der Wahl und Anwendung der Beurteilungskriterien jeweils methodisch sauber gearbeitet wurde.
KÖSTER ist zuzustimmen, daß der Nachweis für die Benutzung eines
synoptischen Evangeliums kaum ohne den Nachweis der Aufnahme redaktionellen Formulierungsgutes zu erbringen ist. Auch die Einbeziehung der Einleitungsformeln ist m.E. richtig und wichtig. Zu
fragen ist aber, ob die Analyse der Zitateinleitungsformeln und

---

1   Für MASSAUX gehören hierzu I Clem, Barn u. die Ignatiusbriefe.
2   Dies sieht MASSAUX (651) vor allem für MartPol, Sib u. EvPetr als gege-
     ben an.
3   Vgl. MASSAUX, Influence, 653: "Bref, la manière de traiter Paul est con-
     ditionnée par le climat matthéen dans lequel vit le christianisme des
     débuts." Interessant mit dieser These zusammen stimmt das Ergebnis der
     Untersuchung von PERETTO zum Gerechtigkeitsbegriff im 2. Jh. PERETTO
     stellt eine fortschreitende Entwicklung fest weg vom paulinischen Ver-
     ständnis von Gerechtigkeit hin zum ethischen Verständnis dieses Begriffs
     und seines Wortfeldes; für eine erste Orientierung s. die "Conclusione"
     279-287.

die Untersuchung der Aufnahme redaktionellen Formulierungsgutes
die einzigen Nachweismöglichkeiten für die Benutzung eines synoptischen Evangeliums sind, und vor allem, was daraus abzuleiten ist,
wenn mit diesen Mitteln der Nachweis von Synoptikerbenutzung nicht
erbracht werden kann.

> Es sollte dabei keines eigenen Hinweises bedürfen, daß die Gewißheits-
> grade wissenschaftlicher Erkenntnis und die Gesetze der Logik pein-
> lichst beachtet werden müssen und daß daraus, daß die Benutzung schrift-
> licher Evangelien zwar möglich erscheint, aber nicht nachgewiesen werden
> kann, noch lange nicht zu folgern ist, daß solche Evangelien nicht benutzt
> worden seien.

Methodisch noch weniger befriedigend als die Arbeit KÖSTERs ist
die von MASSAUX. Er beteuert zwar im Vorwort seiner Untersuchung,
daß er literarische Abhängigkeit in einem "sens plutôt strict"
verstanden wissen will (X), äußert sich jedoch nicht weiter dazu,
was genau geeignet ist, in diesem Sinn den Nachweis literarischer
Abhängigkeit zu erbringen.

Der Eindruck, daß eine saubere Bestimmung der Kriterien für die
Beurteilung der literarischen Abhängigkeit eines Kirchenschriftstel-
lers von den Evangelien dringend notwendig ist, um auf diesem Gebiet
endlich zu konsensfähigen Ergebnissen zu kommen, verstärkt sich,
wenn man dessen gewahr wird, daß die "Diastase" (denn von einer
Kontroverse kann man leider nicht einmal sprechen) KÖSTER - MASSAUX
keinesfalls neu ist.

> Schon im vorigen Jahrhundert vertrat TISCHENDORF (Evangelien) die These,
> daß unsere vier Evangelien vor der Mitte des zweiten Jahrhunderts nach-
> weislich in Gebrauch gewesen seien und sogar schon gleichsam kanonische
> Autorität besessen hätten. Ihm widersprachen u.a. SCHOLTEN und der
> anonyme Verfasser des Werkes SUPERNATURAL RELIGION[1] aufs schärfste. In
> Reaktion hierauf kam SANDAY zu Ergebnissen, die eher in Richtung "MASSAUX"
> als in Richtung "KÖSTER" einzuordnen sind.[2] Ihm wiederum widersprach
> WESTCOTT, der - ähnlich wie KÖSTER - für die Apostolischen Väter als Quelle
> ihrer Zitate und Anspielungen am ehesten die mündliche Tradition für
> wahrscheinlich hielt und den Bezug auf schriftliche Quellen ablehnte (63).

Fast noch brennender als für die Apostolischen Väter ist das

---

[1]   Als Verfasser des anonymen Werkes ist im NUC W R CASSEL angegeben. Ich be-
      ziehe mich auf die mir im Leihverkehr allein zugängliche überarbeitete
      6. Aufl. von 1879; die erste Aufl. erschien 1874.
[2]   S. die tabellarische Zusammenfassung der Ergebnisse, 382-384.

Problem der Kriterienbestimmung für die Frage der Evangelienrezeption bei Justin. Auch hier gibt es, vergleicht man die heutige Forschungsdiskussion mit der des letzten Jahrhunderts, kaum etwas "Neues unter der Sonne", dafür aber um so mehr Verwirrung durch die zahlreichen angebotenen Erklärungsmöglichkeiten. Zur Alternative mündliche Tradition - schriftliche Evangelien tritt hier als dritte die zuletzt von BELLINZONI erwogene Möglichkeit der Benutzung einer bzw. mehrerer außerkanonischer nachsynoptischer Evangelienharmonien.

Nicht nur bei KÖSTER und MASSAUX, sondern auch in anderen Arbeiten, die sich mit der Evangelienrezeption des zweiten Jahrhunderts insgesamt oder in Teilbereichen befassen, ist die Frage nach den Kriterien unklar.

So ist das Kategoriensytem des Committee der Oxforder "Society of Historical Theology", dessen Arbeit 1905 unter dem Titel "The New Testament in the Apostolic Fathers" veröffentlicht wurde, insofern brauchbar, als es mitteilt, ob eine neutestamentliche Schrift nach der Meinung des Komitees[1] sicher oder weniger sicher benutzt worden ist. Die Arbeit unterteilt in vier mit den Großbuchstaben A-D bezeichnete Kategorien, die wie folgt näher beschrieben werden (III): "Class A includes those books about which there can be no reasonable doubt, either because they are expressly mentioned, or because there are other certain indications of their use. Class B comprises those books the use of which in the judgement of the editors reaches a high degree of probability. With class C we come to a lower degree of probability; and in class D are placed those books, which may possibly be referred to, but in regard to which the evidence appeared too uncertain to allow any reliance to be placed upon it."
Bei den synoptischen Evangelien wird diese Klassifikation erweitert durch die Nennung solcher Bezüge auf synoptischen Stoff, die nicht sicher ein einzelnes Evangelium als Grundlage ausmachen lassen (IV).
Leider wird nichts darüber ausgesagt, nach welchen Kriterien die Einteilung in die verschiedenen Gewißheits- bzw. Wahrscheinlichkeitsklassen erfolgt. Die entscheidende Frage nach der Überprüfbarkeit und Vergleichbarkeit der so erreichten Ergebnisse bleibt damit unbeantwortet.

Differenzierte methodische Überlegungen finden sich auch in VAGANAYs Monographie zum Petrusevangelium, sowie in neueren Aufsätzen von GUILLAUMIN und BERTRAND.

VAGANAY (43-47) unterscheidet - ähnlich wie das Oxford Committee - "ressemblances générales" zwischen dem EvPetr und den synoptischen Evangelien all-

---

1   Zur besonderen Zuständigkeit einzelner Bearbeiter für die jeweilige Schrift aus der Gruppe der Apostolischen Väter s. NTAF, V.

gemein von "ressemblances particulières" mit einem bestimmten Evangelium; letztere unterteilt er in "ressemblances légères", "... frappantes"
und "... dèmonstratives" und gibt dafür Kriterien an.[1]
Eine "ressemblance légère" liegt für ihn in den folgenden Fällen vor:
- bei einer einfachen Analogie der Situation
- bei einer ausreichend genauen wörtlichen Übereinstimmung in einem allerdings je verschiedenen Kontext
- bei einer Übereinstimmung von Textwortlaut und Kontext, die sich aber nur
auf ein "objet minime" erstreckt;
"ressemblances frappantes"[2] begegnen
- entweder als Übereinstimmungen nur der Gedanken oder sogar zusätzlich als
- Übereinstimmungen der Formulierungen; sie weisen im Unterschied zu den
"ressemblances légères" auf Abhängigkeit hin.
"Ressemblances dèmonstratives" schließlich setzen zum einen enge textliche
Nähe voraus, betreffen zum anderen aber nicht nur Worte und Wendungen,
sondern auch ganze Perikopen, Inhalte und die Abfolge der Ereignisse oder
charakteristische (Erzähl-)Details.

GUILLAUMIN versucht in ihrem Aufsatz über die Möglichkeit, bewußte Anspielungen auf Bibelstellen im Polykarpmartyrium vollständig zu erfassen, als
hinreichenden Grund für die Annahme einer solchen Anspielung die Übereinstimmung einer Passage mit zwei Worten eines biblischen Verses zu etablie-
ren,[3] während BERTRAND, der die Beziehungen des EvEb zu unseren kanonischen
Evangelien untersucht, in seinen Textabdrucken zwischen Übereinstimmungen
in "Geist und Buchstabe", dem Gebrauch gleicher Worte mit verschiedenem
Sinn oder umgekehrt verschiedener Worte mit gleichem Sinn und einem
"parallelisme quelqonque" unterscheidet (Evangile des Ebionites, 552).

Die Verschiedenheit der referierten Vorschläge und die offensichtliche
Unvollständigkeit der genannten Kriterien machen es unmöglich, einen
bestimmten Kriterienkatalog unmodifiziert zu übernehmen. Da in vielen
Arbeiten zudem die Frage der Kriterien überhaupt nicht thematisiert
wird, muß im folgenden ein klar definierter Kriterienkatalog,
nach dem die Untersuchung der Rezeption des Mt erfolgen soll, entwickelt werden.

3. FRAGESTELLUNGEN UND KRITERIEN FÜR DIE UNTERSUCHUNG DER MT-
   REZEPTION

3.1. Mögliche Formen der Rezeption des Mt

Bei der Untersuchung der Rezeption des Mt geht es mir ganz allgemein

---

1   Vgl. zum folgenden VAGANAY, 46.
2   Zur allgemeinen Charakterisierung dieser Ähnlichkeitsklasse führt VAGANAY
     (46) aus: "En général, elles reposent sur des rapports plus nombreux
     ou plus visibles".
3   S. die Zusammenfassung, 469.

um die Frage, ob und wie bei der Abfassung einer Schrift das Mt
benutzt worden ist.

> Weniger formal als ich versteht z.B. DÖRRIE den Begriff "Rezeption".
> Er unterscheidet in seinen Überlegungen zur Grenzziehung zwischen Pla-
> tonismus und Christentum die Rezeption von Peripherem und Eigentlichem
> und kommt dabei zu dem Schluß, daß der christliche "Platonismus" eher als
> "Gegenplatonismus" zu bezeichnen sei: das Christentum habe den Platonismus
> rein formal, d.h. z.B. in seiner Bildersprache, aber gerade nicht in seiner
> inhaltlichen Substanz aufgenommen.[1]
> Auch für KOSCHORKE gehört in seinen Ausführungen zur Paulusrezeption in
> den Nag Hammadi-Texten zu "Rezeption" notwendig die inhaltlich zustimmende
> Aufnahme.[2] Für DÖRRIE und KOSCHORKE kann man zitieren, ohne dabei im
> eigentlichen Sinne zu rezipieren,[3] während für mich "Zitation" oder
> "inhaltlich zustimmende Aufnahme" jeweils nur näher die Art und Weise, in
> der sich Rezeption vollzieht, kennzeichnen.

Für die Beschreibung der Mt-Rezeption erscheinen mir die folgenden Differenzierungen als sinnvoll:

1 a) Aufnahme, die als solche gekennzeichnet ist

  b) Aufnahme, die nicht als solche gekennzeichnet ist

> Zitat und Anspielung sind jeweils Spezialfälle von a) bzw. b).

> Das Zitat gibt "eine Stelle aus einem gesprochenen oder geschriebenen Text
> unter Berufung auf die Quelle wörtlich ..." wieder.[4] Als solche gekenn-
> zeichnet sein können aber auch die Paraphrase und das inhaltliche Referat.
> Nicht immer ist der explizite Hinweis darauf, daß in einer Schrift fremdes
> Gut aufgenommen wird, ein deutlicher Quellenverweis; man vergleiche nur eine
> Wendung wie "wir sind dessen eingedenk, daß wir unsere Feinde lieben sol-
> len".

> Die Anspielung ist ein versteckter Hinweis auf einen zumindest dem Autor
> einer Schrift geläufigen Zusammenhang und setzt zu ihrem vollen Verständ-
> nis die Kenntnis dieses Zusammenhangs auch beim Leser voraus. Stillschwei-
> gende Aufnahme des Mt kann aber auch erfolgen, ohne daß ein Autor die
> Absicht hat, diese Aufnahme anzudeuten.

2 a) Aufnahme von Formulierungen

    α) Aufnahme von Formulierungen mit deutlichem Bezug zu einer
       bestimmten Perikope/ einem bestimmten Vers

    β) Aufnahme von Formulierungen ohne deutlichen Bezug zu einer
       bestimmten Perikope/ einem bestimmten Vers(= Rezeption
       matthäischer Sprache)

---

1 S. DÖRRIE, passim, besonders 522f.
2 S. KOSCHORKE, Paulus, passim, besonders 200.
3 Vgl. KOSCHORKE, Paulus, 200.
4 So die Definition zu "zitieren" im Duden (Deutsches Universalwörterbuch 1983,
   1478).

2 b) Aufnahme von Inhalten/Gedanken

α) Aufnahme von Erzähldetails

β) Aufnahme von inhaltlichen Aussagen, die sich zu bestimmten Themen aus dem Mt erheben lassen

Die Möglichkeiten 2a)/b) schließen sich gegenseitig nicht aus. Wichtig ist die in 2a)/b) vorgenommene Differenzierung, um auch die Fälle von Rezeption zu erfassen, in denen die Aufnahme von Inhalten/Gedanken sich ohne die Aufnahme von Formulierungen vollzieht.

Formulierungen ohne deutlichen Bezug zu einer bestimmten Perikope/einem bestimmten Vers (2aβ) sind für die Frage nach Mt-Abhängigkeit nur relevant, wenn die Übereinstimmungen mit dem Mt Mt-Spezialvokabular betreffen. Um nicht aussagekräftige Zufälligkeiten der Übereinstimmung von vorneherein weitgehend auszuschließen, soll der Begriff "Mt-Spezialvokabular" bewußt eng und eingeschränkt verstanden werden.[1]
Rezeptionsgeschichtlich signifikant für die Aufnahme matthäischer Sprache sind m.E.
- Worte und Wendungen, die - bezogen auf die Synoptiker - nur bei Mt vorkommen, und zwar mehr als einmal, nicht in derselben Perikope und sonst im NT nicht signifikant häufig. Zu solchen Worten gehören z.B.
ἀνομία, ἄξιος c. gen. pers., ἀργός, ἀρκετός, ἀσφαλίζειν, ἐθνικός, ἐξετάζειν, κεραμεύς, μαθητεύειν, ξένος, συντέλεια τοῦ αἰῶνος, τάφος, ὑπάντησις, χρυσός.
- Worte und Wendungen, die - bezogen auf das NT - nur bei Mt vorkommen, und zwar mehr als einmal und in mehr als einer Perikope. Zu solchen Worten gehören z.B.
ἀργύρια (pl.), βασιλεία τῶν οὐρανῶν, , γέεννα τοῦ πυρός, δένδρον ἀγαθόν, διστάζειν, ἐνθυμεῖσθαι, ἑταῖρος, εὐαγγέλιον τῆς βασιλείας, εὑρίσκειν τὴν ψυχήν, ἕως (Präp.), καταποντίζεσθαι, κουστωδία, λαμβάνειν συμβούλιον, μαλακία, μεταίρειν, κατ' ὄναρ, ῥαπίζειν, σεληνιάζεσθαι, τὸ σκότος τὸ ἐξώτερον, συναίρειν, συντάσσειν, (ὁ) πατὴρ ὁ οὐράνιος, ὁ πατὴρ ὁ ἐν τοῖς οὐρανοῖς.
- Worte und Wendungen, die - bezogen auf die Synoptiker - bei Mt besonders häufig vorkommen, sowie sonst im NT nicht signifikant häufig.[2] Zu solchen Worten gehören z.B.
ἀναχωρεῖν, ἔνδυμα, ἡγεμών, θησαυρός, κλαυθμὸς καὶ βρυγμὸς τῶν ὀδόντων, μισθός, ὁδούς, ὁμοιοῦν, πονηρός, προσέρχεσθαι, Σαδδουκαῖοι, συλλέγειν, συνάγειν, σφόδρα, τότε, τυφλός, ὑποκριτής, φαίνειν, Φαρισαῖοι καὶ γραμματεῖς.
Zum matthäischen Spezialvokabular gehören darüber hinaus auch Worte und Begriffe, die bei Mt in einem für die Synoptiker (oder gar das NT als ganzes) singulären Sinne verstanden sind. Eine diesbezügliche Einschätzung ist dem

---

1   Eine weniger rigide Charakterisierung von Mt-Spezialvokabular ist sinnvoll z.B. für die Kommentierung des Mt im Vergleich mit den anderen synoptischen Evangelien; einen diesbezüglichen Vorschlag s. bei LUZ, Mt, 35-53.
2   Das Vorkommen eines Wortes/einer Wendung bezeichne ich dann als besonders häufig, wenn es/sie bei Mt häufiger vorkommt als bei Mk u Lk zusammen und wenn zugleich weder Mk noch Lk das Wort/die Wendung mehr als halb so oft wie Mt bieten; zu beachten ist, daß für solche Vergleiche wegen des geringeren Umfangs des Mk die Mk-Häufigkeitsangaben mit 1,63 multipliziert werden müssen, um die Zahlen vergleichbar zu machen.

Bereich des objektiv statistisch Nachprüfbaren entzogen, weil sie von
der Interpretation solcher Worte abhängig ist. Dennoch soll auf den
Versuch einer Auflistung solcher Worte nicht verzichtet werden.[1]
   Zu nennen sind hier z.B.
- das Verständnis von "εὐαγγέλιον" als zusammenfassenden Begriff für
  Worte u n d Taten Jesu (vgl. Mt 26,13 und 4,23; 9,35; 24,14)[2]
- "κύριος" als Anrede nur der "Insider" an Jesus (die "Outsider" sagen
  "διδάσκαλος")
- der Gebrauch des Wortes "μαθητής" als zentralen ekklesiologischen
  Begriff und als Synomym für "Christ"; das Jüngersein besteht dabei
  darin, beim irdischen Jesus "in die Schule zu gehen"
- "τέλειος" als adj. Bezeichnung für einen quantitativen Vollkommen-
  heitsbegriff, wobei die quantitative Steigerung der Vollkommenheit
  aber j e d e m Christen aufgegeben ist
- "υἱὸς Δαυίδ" als Anrede und Bezeichung nur für den irdischen Jesus
- "υἱὸς θεοῦ" als d a s zentrale Bekenntnis der Gemeinde, das
  seltsam dialektisch zugleich die Hoheit und den sich erniedrigenden
  Gehorsam Jesu meint (vgl. vor allem in der Passionsgeschichte Mt 27,54
  mit Mt 27,43).

Die Aufnahme von inhaltlichen Aussagen, die sich zu bestimmten Themen aus
dem Mt erheben lassen (2bβ) setzt voraus, daß das Mt überhaupt unter einer
derartigen Perspektive gelesen wurde. Haben die Schriftsteller des 2. Jh.
überhaupt daran denken können, daß ein Evangelist eine bestimmte Theologie
zu bestimmten Themen vertritt und vermitteln will? Die neutestamentliche
Wissenschaft hat sich daran gewöhnt, die Evangelien als Dokumente des Glaubens und nicht etwa als historische Quellen für das Leben Jesu zu betrachten. Ist aber ein solches Verständnis auch schon für den in dieser Arbeit
untersuchten Zeitraum vorauszusetzen?
Trotz solcher Unsicherheiten soll der Versuch nicht unterlassen werden,
nach der Aufnahme matthäischer Theologie zu fragen. Sofern die redaktionsgeschichtliche Forschung zu Recht davon ausgeht, daß der Evangelienredaktor
"Matthäus" sein Evangelium als theologische Tendenzschrift verfaßt hat,
kann seine theologische Tendenz auch erkannt und rezipiert worden sein.
Da es unmöglich ist, in dieser Untersuchung eine kurzgefaßte und gegenüber
der neueren redaktionsgeschichtlichen Forschung verantwortete "Theologie
des Evangelisten Mt" zu entwerfen, sollen im folgenden nur die Themen
thetisch benannt werden, deren besondere Behandlung ins Auge fällt, wenn
man das Mt im Zusammenhang liest.[3]
   Für die Christologie des Mt ist charakeristisch, daß sie den erhöhten
  Herrn mit dem irdischen Jesus identifiziert. Der Auferstandene macht
  dabei das Wort des irdischen verpflichtend für alle Zeiten (vgl.
  Mt 28,16-20); der irdische Jesus ist Vorbild im Verhalten und Lehrer
  dieses Verhaltens zugleich (vgl. Mt 11,22-30). Dieser christologisch

---

1   Die folgende Auflistung verdankt viel den Arbeiten meines Doktorvaters LUZ
    am Mt; zum Beleg einzelner Charakteristika kann ich nur pauschal auf
    seinen Mt-Kommentar sowie auf das Mt selbst verweisen.
2   Anders STRECKER (Evangelium, 541), nach dem "εὐαγγέλιον" bei Mt "nur" den
    "Inhalt der Verkündigung Jesu" bezeichnet.
3   Daß für die Diskussion der Theologie eines Evangelisten die Lektüre seines
    Evangeliums im Zusammenhang wichtig ist, ist ein unbestrittener methodischer
    Grundsatz der neueren redaktionsgeschichtlichen Forschung. Für eine ausführ-
    liche Diskussion der matthäischen Theologie im Rahmen auch der Forschungs-
    diskussion s. LUZ, Mt, 56-77 sowie den Literaturbericht von G N STANTON
    (Origin).

begründeten Betonung der christlichen Ethik entspricht dabei das
Verständnis von "δικαιοσύνη" als eines (zumindest in den meisten
Fällen) eindeutig ethischen Begriffs.
Liest man das ganze Mt, so kann man sich des Eindrucks nicht erwehren, daß Petrus nicht etwa die um ihrer selbst willen herausgehobene
Einzelperson oder gar der "maßgebliche Buchgarant" des Mt, sondern
eher der exemplarische Christ ist.[1]
Sehr umstritten ist die Charakterisierung der matthäischen Gesetzestheologie. Eindeutig aber scheint mir, daß Mt dem Gesetz seine Gültigkeit nicht bestreitet, aber das Liebesgebot den anderen Geboten voranstellt und diese dadurch wertet.[2]
Bezüglich der matthäischen Ekklesiologie fällt auf, daß Mt Kirche als
"Jüngerschaft" versteht. Kirche wird nie institutionell oder statisch
beschrieben, und ekklesiologische Aussagen gehören fast immer in die
Ethik.
Auffällig ist auch der Umgang des Evangelisten mit dem AT. Nicht zuletzt durch die Erfüllungszitate werden das AT und das Evangelium dadurch zusammengebunden, daß Israel und die Kirche - im Laufe des Evangeliums immer deutlicher - auseinanderdividiert werden.[3]

3 a) Inhaltlich zustimmende Aufnahme

  b) Inhaltlich weiterführende Aufnahme

  c) Inhaltlich ablehnende Aufnahme

Bei dieser dritten Differenzierung geht es um die Verwertungsabsicht des
Rezipienten.
Aufschluß über die Funktion, die etwas Rezipiertes hat, gibt u.a. sein
neuer Kontext. Daneben sind auch und gerade die formulierungsmäßigen oder
inhaltlichen Abweichungen von der rezipierten Vorlage möglicherweise aufschlußreich. Es ist zu fragen, ob sich Abweichungen von der Vorlage als
beabsichtigte Modifikationen[4] verstehen lassen oder ob sie eher dem Zufall
zugeschrieben werden müssen, wenn sie z.B. durch freie Zitation nach dem
Gedächtnis verursacht wurden.
Im Falle von Rezeption, die als solche gekennzeichnet ist (s.o. Fall 1a),
kann auch die einleitende Wendung wichtige Hinweise auf die Funktion des
Rezipierten geben.
Hilfreich für die Beschreibung dieser Funktion sind die Unterscheidungen,
die W KRAUSE für die Funktion eines Zitates trifft. Sie gelten mutatis
mutandis auch für alle anderen unter 1a) zusammengefaßten Fälle.
    KRAUSE[5] differenziert zwischen "Autoritätszitat" (mit dem ohne eigene

---

1   Für eine dezidiert andere Interpretation der Petrusgestalt s. SCHENK (passim); die zitierte Wendung dort S. 70.

2   S. dazu die immer noch grundlegenden Ausführungen von G BARTH sowie LUZ,
Mt, 65-70.

3   Der soziale Bezug des Evangelisten Mt und seiner Gemeinde zur empirischen
Größe "Israel", also zur jüdischen Gemeinde, ist sehr umstritten; s. dazu
Luz, Mt, 70-72 u. G N STANTON, Origin, 1910-1921.

4   Zur Analyse und Klassifizierung solcher beabsichtigter Modifikationen s.
die Arbeiten von WRIGHT u. TITUS.

5   S. c. IV seiner Untersuchung ("Versuch einer allgemeinen Theorie des Zitats") und hier besonders S. 53-55. Zur Funktion des Zitats vgl. auch die
Erwägungen von BOVON (Geist, 227f.) sowie die dort angegebene Literatur.

Untersuchung durch Verweis auf die zitierte Autorität eine Aussage
als wahr behauptet wird), "Hilfszitat" (mit dem eigene Ausführungen
und Überlegungen zu einem Thema unterstützt werden), "Hinweiszitat"
(mit dem ein Verfasser sich von eigenen Untersuchungen oder Erörterungen durch den Verweis auf die anderer entlasten will), "Material-
zitat" (das Material zur Illustration einer These bietet) und "pole-
mischem Zitat" (mit dem der zitierte Inhalt gerade verneint werden
soll.[1]

Im folgenden soll mit Bezug auf die soeben entwickelten Differenzierungen dargelegt werden, unter welchen Bedingungen und mit welchem
Grad am Sicherheit das Mt einer Schrift zugrundegelegen hat.

3.2. Nachweisbarkeit der Benutzung des Mt

ad 1) (gekennzeichnete/ nichtgekennzeichnete Aufnahme)

Findet sich in einer Schrift eine Parallele zum Mt, die explizit als
Aufnahme fremden Gutes gekennzeichnet ist, so entscheidet über die
Sicherheit des Bezuges nicht nur der Wortlaut der fraglichen
Passage, sondern auch die Einleitungswendung:
legt sie das Zugrundeliegen eines schriftlichen Evangeliums oder
sogar speziell des Mt nahe, macht sie dieses eher unwahrscheinlich
oder ist sie für diese Frage nicht aussagekräftig?
Je weniger eine Einleitungswendung auf das Mt als Rezeptionsgrund-
lage weist, desto stärker muß die Übereinstimmung mit dem Mt sein,
um Abhängigkeit wahrscheinlich machen zu können.
Im Falle nichtgekennzeichneter Aufnahme entscheiden ausschließlich
die im folgenden entwickelten Beurteilunsgesichtspunkte über
die Sicherheit der Mt-Benutzung.

ad 2) (Aufnahme von Formulierungen oder Inhalten/Gedanken)

Bei Formulierungsübereinstimmungen mit deutlichem Bezug zu einer bestimmten Perikope (vgl. oben unter 3.1. Fall 2aα) hängt die Sicherheit, mit der Mt-Benutzung behauptet werden kann, im wesentlichen
von drei Faktoren ab:
- von Ausmaß und Art der Formulierungsübereinstimmungen mit dem

---

1   BUCHBINDER schlägt für das "polemische Zitat", dem oben S. 11 Fall 3c ent-
     spricht, die Bezeichnung "kritisches Zitat" vor (65).

Mt,

- von der Existenz weiterer Parallelen und dem Ausmaß und der Art der Übereinstimmung mit diesen und

- von Ausmaß und Art der Abweichungen vom Mt.

Formulierungsübereinstimmungen können sich dabei erstrecken auf
- die Wortwahl
- die Wortform
- die Anordnung der Worte im Satz.

Unter der Voraussetzung, daß eine bestimmte Passage einer Schrift zwar deutlich, aber nicht vollständig mit dem Mt übereinstimmt, ist auch der Vergleich der nichtübereinstimmenden Worte und Wendungen von großer Wichtigkeit. Erklären sich die Abweichungen vom Mt nicht aus den Verwertungsabsichten des Rezipienten oder aus freier, gedächtnismäßiger Zitation, so legt sich die Annahme nahe, daß der Wortlaut der entsprechenden Passage, die Übereinstimmungen mit dem Mt aufweist, nicht auf den Verfasser einer Schrift zurückgeht, sondern von diesem (schriftlich oder mündlich) so vorgefunden wurde, wie er ihn wiedergibt.[1] Der Mt-Bezug der fraglichen Passage ist in diesem Fall nicht dem Autor zuzuweisen, sondern gleichsam ein indirekter Hinweis auf die Mt-Rezeption einer nachmatthäischen mündlichen oder schriftlichen Überlieferung. Auch ein solcher Hinweis ist interessant für die Rezeption des Mt, da er a priori wahrscheinlich macht, daß das Mt im theologisch/kirchlichen Milieu, in dem eine Schrift entstanden ist, gewirkt hat.

Die Interdependenz der genannten Faktoren sei an folgenden Beispielen verdeutlicht:

Mt-Bezug einer Schrift ist wahrscheinlich, wenn

    a) der Wortlaut einer bestimmten Passage deutlich (d.h. nicht nur in der Wahl einzelner, weniger Worte) mit dem Mt übereinstimmt,
    zugleich
    b) die Nähe zu anderen Parallelen geringer ist als die zum Mt und ebenfalls
    c) der Wortlaut der fraglichen Stelle sich auch in den Abweichungen vom Mt gut unter der Annahme, daß ihr das Mt direkt zugrundeliegt, gut erklärt.

Mt-Bezug einer Schrift ist gut möglich, wenn

    bei Gleichbleiben der Faktoren b) und c)
    a) der Wortlaut einer bestimmten Passage nur geringfügig mit dem Mt übereinstimmt,

oder wenn

    bei Gleichbleiben der Faktoren a) und c)
    b) die Nähe zu anderen Parallelen genauso groß ist wie die zum Mt

---

1   Zu denken ist hier beispielsweise an die Aufnahme liturgischer oder kerygmatischer Stücke oder Formeln, mnemotechnischen Bedürfnissen angepaßter Bestandteile der katechetischen Unterweisung oder außerkanonischer Evangelienüberlieferung, die jeweils das Mt voraussetzen.

__Mt-Bezug__ einer Schrift ist allenfalls theoretisch möglich, aber
keinesfalls naheliegend, wenn

> bei Gleichbleiben der Faktoren a) und c)
> b) die Nähe zu anderen Parallelen größer ist als die zum Mt

oder wenn

> bei Gleichbleiben der Faktoren a) und b)
> c) der Wortlaut der fraglichen Stelle sich nicht gut unter
> der Annahme, daß ihr direkt das Mt zugrundeliegt, erklärt.

In den bisherigen Distinktionen nicht ausreichend berücksichtigte
Probleme wirft das __Mt-Sondergut__ auf.

> Es muß damit gerechnet werden, daß das Sondergut auch nach der Abfassung
> des Mt noch eine zeitlang selbständig neben dem Mt weitertradiert wurde.[1]
> Ist eine Schrift in deutlicher zeitlicher und örtlicher Entfernung vom Mt
> entstanden, macht die Aufnahme von Sondergut die Aufnahme des Mt sehr
> wahrscheinlich. Falls eine Schrift aber in großer Nähe zum Mt zu datieren
> und zu lokalisieren ist, macht die Aufnahme von Sondergut das Zugrundeliegen
> des Mt nur gut möglich. Zwar wird mit wachsender Nähe zum Abfassungsmilieu
> des Mt auch die Wahrscheinlichkeit der Mt-Benutzung größer, es steigt aber
> ebenso die Wahrscheinlichkeit für die Aufnahme vormatthäischer Traditionen.
> Generell wird die Aufnahme des Mt in dem Maße wahrscheinlicher, in dem der
> mögliche Einfluß anderer Größen an Wahrscheinlichkeit verliert.

Auch das __Vorkommen redaktioneller matthäischer Terminologie__ in einer
Schrift ist nur mit Vorsicht als Hinweis auf Rezeption des Mt durch
den Verfasser zu interpretieren.

> Auf die Möglichkeit, daß redaktionelles Gut nicht vom Verfasser einer Schrift
> aufgenommen worden ist, sondern sich einer nachmatthäischen mündlichen
> oder schriftlichen Quelle verdankt, wurde oben schon hingewiesen (13).
> Eine solche Quelle kann vor allem anhand von Abweichungen vom Mt vermutet
> oder sogar nachgewiesen werden. Aber auch wenn ein Verfasser vollständig
> mit dem Mt übereinstimmt, ist es möglich, daß er diese "Mt-Kenntnis" einer
> nachmatthäischen Tradition verdankt (die in diesem Fall das Mt exakt

---

[1]   Zu datieren ist das Mt sehr wahrscheinlich irgendwann in den letzten Dezen-
       nien des 1. Jh. Auch wenn man die Abfassung der Ignatiusbriefe und der
       Didache als terminus ante quem einmal beiseite läßt, finden sich noch aus-
       reichend Indizien für eine solche Datierung; vgl. dazu den Überblick bei
       LUZ (Mt,75f) sowie zu dem, was gegen die ROBINSONsche Frühdatierung zu
       sagen ist, die überzeugenden Ausführungen von MEIER in BROWN/MEIER (177).
       Unter Absehung von den Ignatiusbriefen läßt sich das Mt nur allgemein
       im (judenchristlichen) syrischen Raum lokalisieren. Der common sense der
       Forschung tendiert dabei - nicht zuletzt wegen der Ignatiusbriefe - deutlich
       in Richtung Antiochien als Abfassungsort. Zu abweichenden Datierungen z.B.
       nach Caesarea maritima (so VIVIANO) oder Ägypten bzw. genauer Alexandrien
       (s. z.B. TILBORG, 172) s. MEIER in BROWN/MEIER (18-22). SLINGERLAND (Origin)
       lokalisiert das Mt im Ostjordanland.
       Zu den Datierungs- und Lokalisierungsproblemen allgemein vgl. LUZ (Mt, 73-76).

reproduziert hätte). Eine solche Tradition ist kaum nachzuweisen, ihre
Existenz kann aber auch nicht ausgeschlossen werden. Aus diesem Grunde
kann m.E. auch bei deutlicher Übereinstimmung mit dem Mt nicht mit letzter
Sicherheit, sondern nur mit Wahrscheinlichkeit von direkter Mt-Benutzung
ausgegangen werden.
Deutliche Aufnahme von für das Mt spezifischen Wendungen kann sich aber
nicht nur der Nachgeschichte des Mt verdanken. Sie kann ebenso auf dessen
Vorgeschichte Bezug nehmen: möglicherweise wurde eine Wendung, die im
Vergleich mit den anderen Synoptikern deutlich als redaktionell erscheint,
nicht vom Evangelisten selbst geprägt, sondern nur übernommen. Gerade
bei Schriften, die in großer Nähe zum Mt entstanden sind, gilt deswegen die
gleiche Vorsicht wie bei der Aufnahme von Sondergut: auch das, was in unseren
Augen "Redaktion" ist, muß sich nicht notwendig dem Mt verdanken, sondern
kann dem Milieu entstammen, in dem das Mt entstanden ist.
Die Berechtigung solcher Überlegungen ergibt sich z.B., wenn man den Wortlaut
des matthäischen Unser Vaters mit dem des Mt insgesamt vergleicht. Als
mündlich fixierter Text, den der Evangelist wohl so, wie er im Mt steht,
in seiner Gemeinde vorgefunden hat, enthält das Unser Vater eine Reihe von
Worten und Wendungen, die an anderen Stellen des Evangeliums eindeutig als
redaktionell zu erweisen sind.[1] Überhaupt wird man die "Originalität" der
Evangelisten nicht allzu hoch veranschlagen dürfen; trotz aller Eigenständigkeit in der Anordnung und Gestaltung ihrer Stoffe machen sie zur Haupt-
substanz ihrer Bücher nichts anderes als ihre Quellen[2] und sind vielleicht
mehr, als die redaktionsgeschichtliche Forschung suggerieren könnte, Traden-
ten überlieferter Gedanken und Sprachrohre ihrer Gemeinden.[3]

Trotz der benannten Einschränkungen ist die Wortlautübereinstimmung
einer Schrift mit bestimmten Perikopen/Versen des Mt das wichtigste
Mittel, um Mt-Abhängigkeit wahrscheinlich zu machen. Sehr viel
weniger leicht nachgewiesen werden können die Rezeption matthäischer
Sprache abgesehen von dem Bezug auf einzelne Perikopen (vgl.oben
unter 3.1. Fall 2aβ) und die Rezeption von Inhalten/Gedanken, wenn
sie ohne die bestimmten Perikopen zuzuordnende Aufnahme von Formulierungen erfolgt (vgl. oben unter 3.1. Fall 2bα/β).

Allerhöchstens gut möglich ist Mt-Abhängigkeit, wenn eine Schrift Worte
und Wendungen gebraucht, die für das Mt charakteristisch sind, ohne daß
sich Bezug auf eine bestimmte Stelle im Mt nachweisen läßt. Keine der
oben zu Fall 2aβ aufgeführten Worte und Wendungen setzt für ihren Gebrauch
notwendig die Kenntnis oder Benutzung des Mt voraus.
Immerhin können Hinweise auf die mögliche Prägung der Sprache eines Autors
durch das Mt dann als Indizien für Benutzung oder zumindest Kenntnis des
Mt verstanden werden, wenn sich die Mt-Benutzung einer Schrift anderweitig
wahrscheinlich machen läßt. Generell eröffnen relativ sichere Hinweise auf
Mt-Benutzung in einer Schrift die Möglichkeit, auch eher unsichere Belege,

---

1   Zur Begründung dieser Ausführungen s. LUZ, Mt, 59f u. 334f.
2   S. dazu CONZELMANN, Literaturbericht, 10.
3   Vgl. dazu FRANKEMÖLLE (Evangelist, 174), der darauf hinweist, daß auch die
     unveränderte Wieder- und Weitergabe von Tradition als "Redaktion" zu bezeich-
     nen ist.

für die Mt-Abhängigkeit nur möglich erscheint, positiv als Hinweise auf
Mt-Benutzung zu interpretieren.

Die Aufnahme von Erzähldetails ohne Formulierungsanklang (vgl. oben unter
3.1. Fall 2bα) kann nicht zwingend nachgewiesen werden, weil sie sich
genausogut vor- oder nachmatthäischer Tradition wie dem Mt verdanken
kann. Immerhin läßt sie bei Erzähldetails, die nur das Mt bietet, Mt-Abhängigkeit als gut möglich erscheinen.

Die Aufnahme von inhaltlichen Aussagen des Mt zu bestimmten Themen (vgl.
oben unter 3.1. Fall 2bβ) ist ebenfalls nur dann zwingend nachzuweisen, wenn
sie zugleich mit der Aufnahme von Formulierungen erfolgt oder eine Einleitungswendung den Bezug auf das Mt wahrscheinlich macht.

3.3. Einordnung und Bewertung des Befundes

Zur Einordnung und Bewertung der nach 3.1. und 3.2. erhobenen Befunde
ist es notwendig, äußere Vergleichsfaktoren zu berücksichtigen.
Zu diesen gehören nicht nur die Rezeption anderer, auch nichtneutesta-
mentlicher Schriften, sondern z.B. auch Abfassungszweck und -situation
der jeweils zu untersuchenden nachmatthäischen Schrift. Jemand, der
über das Leben Jesu Auskunft geben will, wird ein synoptisches
Evangelium eher benutzen als jemand, der über die Frage reflektiert,
wie das Verhältnis des Christentums zur außerchristlichen Philosophie zu denken sei. Wer sich als Gefangener auf der Reise nach Rom
befindet, wird schlechteren Zugang zu schriftlichen Quellen haben
als ein in ruhigen Verhältnissen schreibender Autor. Quantität
und Qualität, Wortlauttreue und Freiheit der Rezeption können je nach
Abfassungssituation und vorgestelltem Adressatenkreis erheblich dif-
ferieren.
Beim Vergleich mit der Rezeption anderer Evangelien oder Schriften
sind mutatis mutandis die gleichen Beurteilungskriterien anzuwen-
den wie auf die Rezeption des Mt. Allerdings soll in den folgenden
Untersuchungen die Auswertung derartiger Analysen nur überblicksartig
geschehen; nur dort, wo ein für die Einordnung der Mt-Rezeption
eminent bedeutsamer Befund zu erheben ist, soll ausführlicher auf
ihn eingegangen werden. Ein Schwerpunkt wird dabei naturgemäß auf
der Frage nach der Rezeption der anderen synoptischen Evangelien liegen.
Zur geographischen und zeitlichen Einordnung der Mt-Rezeption ist

es unerläßlich, nach Abfassungszeit und -ort der jeweils untersuchten Schriften zu fragen.
Wichtig ist auch die Frage nach der literarischen Einheitlichkeit
einer Schrift bzw. die Bestimmung der Schichten und Stufen redaktioneller Überarbeitungen.

4. AUFBAU UND ANLAGE DER ARBEIT

Im folgenden soll unter Berücksichtigung der oben angegebenen Fragestellungen und unter Anwendung der genannten Kriterien jeweils die
Mt-Rezeption einer bestimmten Schrift im Zusammenhang abgehandelt
werden. Dabei sollen diese einzelnen Teile der Arbeit auch für sich
lesbar sein. Zur besseren Veranschaulichung der vorgenommenen Klassi-
fizierungen einzelner Stellen soll der Abdruck von Textvergleichen
breiten Raum einnehmen.[1]
Die Zusammenfassung der zu untersuchenden Schriften unter größere
Sammelkategorien wie "Apostolische Väter", "Judenchristentum" und
"Gnosis" orientiert sich an herkömmlichen Einteilungsschemata,
die z.T. einer kritischen Überprüfung nicht standzuhalten vermögen,
sich aber dennoch eingebürgert haben und deswegen beibehalten werden
sollen.
Die Sonderstellung Justins, dem als einzelnem - und einzigem -
Autor des Untersuchungszeitraums ein eigenes Kapitel der Arbeit
gewidmet ist, ergibt sich aus der besonderen Bedeutung seiner
Schriften für die Fragestellung meiner Untersuchung ebenso wie aus
dem Umfang des bei der Behandlung dieser Schriften zu bearbeitenden
Materials.
Alles, was unter die Kategorie "Alia non neglegenda" fällt, ist
keinem der anderen Bereiche zweifelsfrei zuzuordnen.

---

1   Eine erste Orientierung über das zu behandelnde Stellenmaterial bietet die
     BIBLIA PATRISTICA, die bis auf einige Nag Hammadi-Schriften den Untersuchungs-
     zeitraum nahezu vollständig umfaßt; dabei sind die Angaben der BP (gegen
     LINDEMANN, Paulus, 15 Anm.1, der Gegenteiliges behauptet) nicht einfach dem
     Apparat der zugrundegelegten Textausgabe entnommen, sondern basieren auf
     eigenen Untersuchungen der Straßburger Forschungsstelle (vgl. dazu das Vor-
     wort des ersten Bandes, 1).
     Auf die von der BP nicht erfaßte Aufnahme matthäischer Theologie oder Sprache
     wird in den folgenden Untersuchungen jeweils nur hingewiesen, wenn ein po-
     sitiver Befund zu notieren ist.

II. APOSTOLISCHE VÄTER

1. DIDACHE

1.1. Einleitung

1.1.1. Vorbemerkungen

Als ein Wendepunkt in der Erforschung des Verhältnisses zwischen
der Didache und den synoptischen Evangelien und besonders dem Mt
können die Arbeiten von AUDET, KÖSTER (Überlieferung) und GLOVER
gelten, die - unabhängig voneinander entstanden - darin übereinstimmen, daß es mit Sicherheit auszuschließen ist, daß bei der Abfassung der Didache eines der synoptischen Evangelien in der Form,
in der wir es kennen, vorgelegen hat. In der Position allerdings
ist keine Übereinstimmung zwischen diesen in der Negation einigen
Arbeiten zu entdecken.

> AUDET[1] unterscheidet für die Entstehung der Didache im wesentlichen drei
> Stufen. D1 (c. 1,1-3a; 2,2-5,2; 7,1; 8,1-11,2) kannte noch kein schrift-
> liches Evangelium. Die vom selben Verfasser stammende Ergänzung D2, die
> durch eine veränderte Situation notwendig wurde (c. 11,3-13,2; 14-16),
> setzt schon ein schriftliches Evangelium voraus, das aber nicht mit
> unserem Mt gleichzusetzen ist. Ein Interpolator I (c. 1,3b-2,1; 6,2f.;
> 7,2-4; 13,3.5-7) hat die schon zusammenhängenden D1 und D2 kommentiert.
> KÖSTER nimmt an, daß der Verfasser der Didache wohl ein schriftliches
> Evangelium kannte, es aber nicht selbst benutzte, sondern nur darauf
> verwies (Überlieferung 240).
> GLOVER schließlich meint belegen zu können, daß die Didache aus den Quel-
> len zitiert, die auch dem Mt und Lk vorgelegen haben (12) und postuliert
> von daher für die Feststellung des Q-Textes die Berücksichtigung der
> Didache (29).

Inzwischen kann man nicht mehr behaupten, daß die von den genannten
Autoren vertretene Negation opinio communis der Forschung ist;[2] es
erscheint deshalb keinesfalls als ausreichend, ihren Ergebnissen

---

1   Vgl. vor allem 104-120.
2   Vgl. noch RORDORF in DERS./TUILIER, der zu dieser Übereinstimmung in der
     Negation bemerkt: "Ces conclusions n'ont pas été contestées par la critique
     récente et nous pouvons les considérer comme définitives"(84). RORDORF läßt
     bei diesem Urteil allerdings die deutlich für Mt-Abhängigkeit votierenden
     Arbeiten von GRANT (Formation,67), I FRANK (28-36) u. HAGNER (280) unbe-
     rücksichtigt; in neuester Zeit plädieren für Mt-Abhängigkeit z.B. BROWN
     in DERS./MEIER (83), COURT (passim), WENGST (Didache, 24) und TYSON (425).

"précisions supplémentaires" hinzuzufügen[1].

Ein besonderes Problem für die Untersuchung der Evangelienrezeption der Didache ist die Frage ihrer Einheitlichkeit. In der Forschung herrscht diesbezüglich weitgehend Übereinstimmung nur dahingehend, d a ß die Didache eine Zusammenstellung verschiedenster Stoffe der verschiedensten Herkunft ist. Die nähere Bestimmung der Herkunft und des Umfangs dieser Stoffe sowie des Anteils, für den der Verfasser oder "Sammler" der Didache verantwortlich zu machen ist, ist heftig umstritten.[2] Ob, wie weit und auf welche Weise der Didachist als Verfasser tätig war, ist eine sehr verschieden beantwortete Frage.[3]

Eine weitere Erschwerung meines Vorhabens ist die Unsicherheit des Textes der Didache.[4] In der Bewertung des Hauptzeugen, der Jerusalemer Handschrift, war man sich lange Zeit darüber einig, daß diese Handschrift als vorzüglich anzusehen sei. Diese Bewertung muß von den z.T. schon bei ihrer Erstausgabe bekannten, z.T. erst später bekanntgewordenen Übersetzungen und Bearbeitungen der Didache her modifiziert werden, jedoch nicht in Richtung einer nun gegenteilig negativen Beurteilung[5]. Wohl aber ist jeweils sorgfältig

---

1   So RORDORF in DERS./TUILIER, 84.
2   Um dieser Unsicherheit Rechnung zu tragen, soll der "Verfasser" der Didache im folgenden "Didachist" genannt werden.
3   Dabei erwecken die Lösungsversuche wie z.B. der literarkritische von AUDET und der traditionsgeschichtliche von SCHILLE z.T. den Eindruck, daß sie mehr von der Vorstellungskraft ihrer Vertreter als von der tatsächlichen Entstehung der Didache deutlich machen.
4   Für die Textherstellung sind vor allem die Ausgaben von BIHLMEYER, KLAUSER, AUDET, LIETZMANN (Didache), RORDORF/TUILIER und WENGST (Didache) zu vergleichen; bis auf wenige Ausnahmen (vgl. z.B. unten S.22f zu Did 1,3b-5) vertrete ich den gleichen Text wie WENGST, an dem ich mich auch für die Abkürzung der Textzeugen (vgl. WENGST, Didache, 64) orientiere. Zur Beschreibung und Würdigung der Textzeugen s. WENGST, Didache, 5-14; zur Überlieferung der Didache allgemein vgl. auch TUILIER, édition, 32-35.
5   Eine solche liegt deutlich vor z.B. bei AUDET (71-78) u. PETERSON (146); von ihnen beeinflußt scheint auch VIELHAUER (Geschichte, 734) zu sein. Wieder mehr für Zuverlässigkeit der Jerusalemer Handschrift plädieren TUILIER (RORDORF/TUILIER 112) und NIEDERWIMMER (Textprobleme, 114f. u. passim). Vorsichtig negativ äußert sich WENGST, der meint, daß gegenüber H "eine gewisse Skepsis durchaus angebracht erscheint" (Didache, 6).

zu prüfen, ob nicht eine Bearbeitung oder Übersetzung den ursprünglichen Text bewahrt hat.

Im folgenden soll nun zunächst der Nachweis erbracht werden,
daß die Didache sich am besten verstehen läßt, wenn man annimmt,
daß sie im wesentlichen in dem von der Jerusalemer Handschrift
bezeugten Umfang vom Didachisten zusammengestellt und redigiert
worden ist. Dabei und anschließend daran soll die Frage der Quellen der Didache erörtert werden. Erwägungen zu Abfassungszeit
und -ort schließen die Vorüberlegungen ab. Ausgehend von diesen
Vorarbeiten wird dann anhand von Textvergleichen die Beziehung
der Didache zum Mt untersucht, bevor die erzielten Ergebnisse abschließend zusammengefaßt und ausgewertet werden.

1.1.2. Komposition und Gliederung der Didache

1.1.2.1. Die Überschrift der Didache

Es fällt auf, daß die Didache zwei Überschriften hat: eine kürzere,
"Διδαχὴ τῶν δώδεκα ἀποστόλων" und eine längere, "Διδαχὴ κυρίου
διὰ τῶν δώδεκα ἀποστόλων τοῖς ἔθνεσιν". Vergleicht man die in
beiden Überschriften zum Ausdruck gebrachte Vorstellung vom Zwölfer-
apostolat mit dem, was die Didache später über "Apostel" sagt, muß
man feststellen, daß hier und dort sehr verschiedene Vorstellungen
vom Apostolat vorliegen.[1] Das legt die Vermutung nahe, daß auf
jeden Fall die Zwölfzahl nicht zum ursprünglichen Titel der Didache gehörte, wenn diese denn überhaupt ursprünglich einen
Titel hatte.
Es empfiehlt sich, die Titel der Didache in ihrer jetzigen Form
für die Erschließung des Charakters der Didache nicht zu berücksichtigen.[2]

---

1   Darauf weist auch KLEIN (82) hin.
2   So auch RORDORF in DERS./TUILIER (17) und WENGST (Didache, 14f.).

1.1.2.2. Der Aufbau der Didache

Den beiden Überschriften der Didache folgen einige einleitende,
überschriftartige Sätze:

c. 1,1 leitet zusammenfassend den weiteren Zusammenhang der c. 1-6
ein;

c. 1,2 beschreibt zusammenfassend den "Lebensweg" mit dem doppelten Liebesgebot und der Goldenen Regel in negativer Formulierung;

c. 1,3 beginnt wiederum mit einem einleitenden Satz, der mit
den Worten "Τούτων δὲ τῶν λόγων ἡ διδαχή ἐστιν αὕτη" anscheinend
die nähere Ausführung des "Lebensweges" ankündigt.

Die nächste überschriftartige Bemerkung findet sich in c. 2,1:
"Δευτέρα δὲ ἐντολὴ τῆς διδαχῆς". Sie bezieht sich sachlich auf die
Zusammenfassung in c. 1,2 zurück und bezeichnet dadurch c. 1,3b-6
als Ausführung der Gottesliebe. Diese Charakterisierung der einzelnen Gebote und Anweisungen in c. 1,3b-6 legt sich nun aber weder
inhaltlich noch von c. 1,2 her auch nur irgendwie nahe. Der gedankliche Aufbau der Didache ist durch die Überschrift in c. 2,1
empfindlich gestört. Wie aber ist diese Störung zu erklären?
Daß c. 1,3b-6 eine gegenüber der Grundlage von c. 1-6 oder gegenüber c. 1-6 selbst sekundäre Einschaltung ist, legt sich aus
äußeren[1] und inneren[2] Gründen nahe. Daß aber der, der c. 1,3b-6

---

1   Ein Did 1,3b-6 vergleichbarer Passus fehlt in der Doctrina Apostolorum (L),
     in der Zwei-Wege-Lehre des Barn (B) und in der Apostolischen Kirchenord-
     nung (KO).

2   In Did 1,3b-5 stehen christliche, jüdisch so nicht vorstellbare Aussagen.
     Diese Verse christianisieren den jüdischen oder allenfalls "kryptochrist-
     lichen" (vgl. dazu KRETSCHMAR, Beitrag, 154 mit Anm. 52) Stoff, der
     c. 1-6 zugrundeliegt. C. 1,3b-6 als eine Interpolation in die Didache
     aufzufassen, wie viele wollen, ist voreilig: deutlich ist doch nur, daß
     der, der für die Einschaltung von c. 1,3b-6 verantwortlich ist, Christ
     ist. Das aber trifft nicht nur für einen angenommenen späteren Interpolator,
     sondern auch für den Didachisten oder sogar für einen vor diesem tätigen
     christlichen Überarbeiter einer jüdischen Zwei-Wege-Lehre zu. Es muß fest-
     gehalten werden, daß nichts dazu zwingt, c.1,3b-6 als Interpolation in die
     Didache anzusehen; auch mit diesen Versen kann die Didache als eine einheit-
     liche Komposition betrachtet werden. Vgl. dazu MEES, Bedeutung, 60f. sowie
     RORDORF, problème, 510 und NIEDERWIMMER, Textprobleme, 116 Anm. 12, die
     beide die jetzige Gestalt von c. 1,3b-5 dem Didachisten zuweisen; anders
     HARNACK, Apostellehre, 726, VIELHAUER, Geschichte, 723 und WENGST, Didache,
     19f. WENGST betrachtet die Passage als Interpolation und druckt sie
     deswegen nicht im Text ab. Zum Problem der Mt-Abhängigkeit dieser Verse
     s.u. 43-47.

einschaltete, auch für c. 2,1 verantwortlich ist, will nicht recht
einleuchten. Ihm wäre zu unterstellen, daß er entweder nicht wußte,
was er tat, oder bewußt so vorgegangen wäre, daß er Aufforderungen
zur konkreten Nächstenliebe als solche zur Gottesliebe und zugleich alles bis c. 6 Folgende als Ausführung des Nächstenliebe-
gebotes verstanden hätte. Er hätte dabei dann entweder z.B. c. 4,1
übersehen, oder seine Überschrift in c. 2,1 nur für c. 2 oder c.
2f. gelten lassen. Mit anderen Worten: es spricht alles dafür, daß
der, der für c. 2,1 verantwortlich zu machen ist, das Ganze der
Schrift nicht im Blick hatte.

Ein solches Nicht-im-Blick-Haben der ganzen Schrift erklärt sich
leicht, wenn man c. 2,1 als Glosse eines Abschreibers zu c. 2,2-7
auffaßt, die nun in der Didache insgesamt die Aufgabe einer Über-
leitung hat, die sie aber nicht erfüllen kann.

In jedem Fall ist c. 2,1 eine die Gliederung unvermutet und nachträglich ändernde ungeschickte Einschaltung.[1]

Nach c. 2,1 ist die nächste deutlich gliedernde Wendung c. 4,14
"αὕτη ἐστιν ἡ ὁδὸς τῆς ζωῆς", die das Vorherstehende zusammenfaßt
und sich abschließend rückbezieht auf c. 1,2 "'Η μὲν οὖν ὁδὸς τῆς
ζωῆς ἐστιν αὕτη". So sehr dadurch c. 1,2-4,14 als Einheit gekennzeichnet sind, so sehr fällt doch auf, daß es sich hier um eine
Zusammenstellung ganz verschiedenartiger Stücke handelt; man vergleiche nur c. 2,2-7 mit c. 3,1-6.

Relativ locker mit "Περὶ δὲ ..." angeschlossen geht es in c. 7 um
die Taufe, in c. 8 - ausgehend von c. 7,4 - um Fasten und Beten.
In der Literatur sehr umstritten sind c. 9 und 10.[2] In diesen

---

1   RORDORF sieht die Bemerkung in c. 2,1 als "une cheville de rédaction" an,
     die dazu diene, 2,2ff. gegenüber 1,3-6 abzuwerten (problème 509).

2   Hauptproblem ist, ob wir es bei der εὐχαριστία der Didache mit einer
     Abendmahlsfeier (so z.B. CREED, 387 u. QUASTEN, 32), einer Sättigungsmahl-
     zeit oder einer Kombination von beiden mit Übergang von der Sättigungsmahl-
     zeit zur Abendmahlsfeier (ZAHN, Lehre, 196) oder umgekehrt (LIETZMANN, Messe,
     233) zu tun haben. Nimmt man eine Kombination von beiden an, so ist auch
     der Übergang umstritten: spiegelt er sich in c. 9,5 (so z.B. KLEIST, Didache,
     9f.) oder in c. 10,6 (so z.B. DIBELIUS, Mahlgebete, 126)? Erwogen werden
     muß auch die Möglichkeit, daß es sich bei den mitgeteilten Gebeten ursprüng-
     lich um Abendmahlsgebete gehandelt hat, die dann sekundär als Mahlgebete
     gedeutet wurden (so z.B. PETERSON und BETZ). Zur Darstellung der Probleme
     vgl. auch WENGST, Didache, 43-59.

Kapiteln werden zum einen εὐχαριστία - Gebete mitgeteilt;[1]
daneben finden sich Stücke, die sich mit der Voraussetzung für
die Zulassung zum Abendmahl befassen (c. 9,5 u. 10,6) und die
etwas von der Abendmahlsliturgie widerzuspiegeln scheinen. C. 10
schließt mit der Aufforderung, den Propheten keine Vorschriften
für ihr εὐχαριστεῖν zu machen.

Der Anschluß der c. 9f. an das vorherstehende c. 8 ist locker und
wie der Abschluß von c. 7 an c. 6 gestaltet. In c. 10,7 wird das
Stichwort für die folgenden c. 11-13 gegeben, ähnlich wie in c. 7,4
das für c. 8.

In c. 11 und 13 geht es um die "Propheten". Der Schwerpunkt des
Interesses liegt dabei auf dem praktischen Verhalten sowohl der Pro-
pheten der Gemeinde gegenüber als auch der Gemeinde gegenüber den
Propheten. C. 11,1f schließt deutlich das Vorherstehende ab;[2] etwas
Neues beginnt - wie in c. 7,1 und 9,1 mit "Περὶ δὲ ..." einge-
leitet - in c. 11,3.[3]

C. 12 ist ein Exkurs über das Verhalten gegenüber jedem Christen,
der als Reisender im Namen des Herrn in die Gemeinde kommt.

C. 13 schließt sich daran inhaltlich gut an und lenkt auf die Propheten zurück. Der aus ihrem Prophet-Sein resultierende Unterhalts-
anspruch gegenüber der Gemeinde gilt mutatis mutandis auch für die
Tätigkeit der Lehrer, wie in c. 13,2 hinzugefügt wird.

In c. 14 geht es vor allem um die Voraussetzungen für die Teilnahme
an der Abendmahlsfeier.

C. 15,1f. gibt Anweisungen für die Bestellung und Beachtung von
Bischöfen und Diakonen.

Für c. 14f. eine andere Gemeindesituation als für c. 11-13 zugrunde-

---

1   C. 9,2 Dankgebet "περὶ τοῦ ποτηρίου"; 9,3f. "περὶ δὲ τοῦ κλάσματος"; 10,2f.
     3f.5 Dankgebete "μετὰ δὲ τὸ ἐμπλησθῆναι". Diese Gebete sind deutlich
     christliche Gebete, wenn auch sicher auf jüdischem Hintergrund und unter
     Aufnahme jüdischer Formulierungen gebildet.
2   Anders NAUTIN, 194.
3   AUDET macht u.a. an der Beobachtung dieses Neuansatzes seine Unterscheidung
     von D1, D2 und I fest. Am eindrücklichsten legen BLIGH und NAUTIN dar,
     daß AUDETs Vermutungen weder zwingend noch nur wahrscheinlich sind.

liegen sehen zu wollen,[1] empfiehlt sich nicht. Im Blickpunkt der
c. 11-13 stehen die Propheten; sie als wandernde Geistträger sind
ein besonderes Problem. Beiläufig erfährt man in c. 13,2, daß es
neben diesen auch noch Lehrer gab. C. 11-13 und 15 stimmen darin
überein, daß sie mit der Existenz von Propheten und Lehrern rechnen;
sehr gut paßt zusammen, daß in der Gemeinde einerseits wandernde
Propheten eine überaus wichtige Rolle spielen und andererseits -
vielleicht gerade dadurch - das rechte Verhalten gegenüber den orts-
ansässigen Gemeindeleitern zum Problem wird.

In c. 15,3f wird - vor der Schlußermahnung in c. 16 deutlich das
Bisherige abschließend - auf das Evangelium als Autorität verwiesen.[2]
Dabei fällt auf, daß der Didachist nicht etwa für das, was er selbst
nicht behandelt, auf das (wohl als Autorität anerkannte und bekannte) Evangelium verweist, sondern daß er nur Themen anspricht, die
er selbst schon ausführlich behandelt hat.[3]

Die Tendenz, die Lehren der Didache als zu beachtendes Ganzes hinzustellen, begegnet schon in c. 7,1 und 11,1f.; sie wird unterstützt
durch die Schlußermahnung in c. 16. In dem Verweis auf die Autorität des Evangeliums, der sich inhaltlich auf schon Behandeltes
bezieht, könnte ebenfalls die Absicht, die Lehren der Didache als
Ganzes zu legitimieren, zum Ausdruck gebracht worden sein.

---

1   So z.B. RORDORF in DERS./TUILIER, 63; vgl. auch DERS., tradition, 107,
     wonach c. 14-16 schon einmal Behandeltes aufgreifen und einer zweiten
     Redaktionsschicht zuzuweisen sind(während die erste Redaktion nach RORDORF
     die überkommenen Stücke c. 1-6 u. 7-10 mit c. 11-13 und 1,3b-5 zusammen-
     gebunden hätte). Für GIET sind c. 15f. später an das Werk des Didachisten
     angehängt worden (énigme 262).
2   Zur Diskussion der Bedeutung dieses Begriffs in der Did s.u. S. 26f.
3   "Ἐλέγχετε δὲ ἀλλήλους..." weist zurück zum einen direkt auf c. 15,1, zum
     anderen aber auch deutlich auf die den c. 11-14 zugrundeliegenden Proble-
     me: der zuwandernde Prophet, der zureisende Bruder, der zu wählende Bischof
     oder Diakon und der in der Gemeinde ansässige Bruder müssen geprüft und
     ihrer Sünde überführt werden. Dabei wird in c. 15,3 in aller Deutlichkeit
     festgehalten, daß die Prüfung zwar "μὴ ἐν ὀργῇ" stattzufinden habe, daß
     aber trotzdem mit dem sündigen Bruder nicht lax umgegangen werden darf.
     Damit wird auch das Anliegen der c. 11-14 zusammenfassend wiedergegeben.
     Da auch in Did 15,4 auf schon Gesagtes angespielt wird, liest sich Did
     15,3f. fast wie eine Zusammenfassung der ganzen Schrift.

Zusammenfassend läßt sich bemerken: der Didachist ist bemüht, die
assoziativ miteinander verbundenen Teile seiner Schrift als verbind-
liches Ganzes hinzustellen. Inhaltlich findet dabei ein Gedanken-
fortschritt statt von Aussagen, die die Gemeinde als Ganzes an-
sprechen zu solchen Aussagen, die einzelne Personengruppen und konkrete Probleme betreffen.

Der Didachist bezieht sich dabei offensichtlich auf die Situation
der Gemeinde(n), für die er schreibt. Diese Situation scheint seine
Schrift veranlaßt zu haben, und an dieser Situation orientiert
er sich bei ihrer Abfassung.[1]

1.1.3. Die Quellen der Didache

Daß der Didachist in seiner Schrift auf Bekanntes Bezug nimmt, ist
offenkundig. Fünfmal zitiert er unter Verwendung einer Zitationsformel,[2] davon zweimal das Alte Testament. Viermal verweist er
auf das "Evangelium".[3]

> Für die Bedeutung des Begriffs "εὐαγγέλιον" ist zumindest unter der Vor-
> aussetzung der Einheitlichkeit der Didache methodisch davon auszugehen,
> daß das Wort in der Didache nicht einmal ein schriftliches und einmal
> ein mündliches, sondern immer dasselbe - mündliche oder schriftliche -

---

1   Daß der Didachist sich in der Anordnung seiner Stoffe an einem alten
    Katechismusschema orientiert, wie BORNKAMM (15) will, leuchtet ange-
    sichts der Art und Verschiedenheit dieser Stoffe nicht ein.
2   C. 1,6 mit der Einleitungsformel "ἀλλὰ καὶ περὶ τούτου δὲ εἴρηται";
    es folgt ein Wort, dessen Herkunft nicht auszumachen ist;
    in c. 8,2 wird nach der Einleitungsformel "ἀλλ᾽ ὡς ἐκέλευσεν ὁ κύριος
    ἐν τῷ εὐαγγελίῳ αὐτοῦ, οὕτω..." der Wortlaut des Unser-Vater mit-
    geteilt;
    in c. 9,5 wird ein Herrenwort zitiert nach der einleitenden Wendung, die
    schon in c. 1,6 Verwendung fand ("καὶ γὰρ περὶ τούτου εἴρηκεν ὁ
    κύριος᾽");
    in c. 14,3 wird Mal 1,11.14 frei nach LXX zitiert mit der Einleitung
    "αὕτη γάρ ἐστιν ἡ ῥηθεῖσα ὑπὸ κυρίου";
    in c. 16,7 schließlich wird nach "ἀλλ᾽ ὡς ἐρρέθη" Sach 14,5, wiederum
    wohl frei nach LXX, zitiert.
3   Vgl. c. 8,2 (s.o. Anm. 2); c. 11,3 "κατὰ τὸ δόγμα τοῦ εὐαγγελίου οὕτω
    ποιήσατε"; c. 15,3 "ὡς ἔχετε ἐν τῷ εὐαγγελίῳ"; c. 15,4 "ὡς ἔχετε ἐν
    τῷ εὐαγγελίῳ τοῦ κυρίου ἡμῶν".

Evangelium meint.[1] Erst wenn sich diese Annahme als nicht haltbar erwiese,
müßte damit gerechnet werden, daß die Entscheidung über das, was gemeint
ist, nur jeweils für die einzelne Stelle getroffen werden kann.
In Did 15,3f. nun ist mit dem Verweis auf das "Evangelium" deutlich ein
schriftliches Evangelium gemeint. Dafür spricht vor allem die Art und Weise
des Bezuges auf dieses Evangelium,[2] und auch die Forschung ist sich darüber
weitgehend einig.[3] Auch an den anderen beiden Stellen, an denen das
Wort "εὐαγγέλιον" vorkommt, spricht nichts gegen diese Bedeutung: in Did
11,3 werden die Leser dazu aufgefordert, sich nach dem "δόγμα"[4] des Evangeliums zu verhalten; diese Aufforderung zu dem Evangelium entsprechenden
Handeln läßt keinen Schluß auf die (mündliche oder schriftliche) Über-
lieferungsform dieses Evangeliums zu.[5] Auch Did 8,2 ist nicht eindeutig
im Sinne nur einer dieser Alternativen zu interpretieren.[6]
Insgesamt spricht also durchaus nichts dagegen, daß die Didache als Autorität auf ein schriftliches Evangelium verweist. Ob dieses Evangelium mit
dem Mt identisch ist oder nicht, müssen die weiteren Untersuchungen erweisen.

Deutlich ist, daß der Didachist auch an nicht durch Zitationsformeln
oder explizite Verweise gekennzeichneten Stellen seiner Schrift auf
schon Bekanntes zurückgreift. Daß er sich dabei an seine mündlichen
oder schriftlichen "Vorlagen" gebunden weiß, erklärt den auffälligen

---

1   Darauf verweisen in der neueren Forschung m.E. nur RIEDMATTEN (416) und
     WENGST (Didache, 25-27) mit der gebührenden Deutlichkeit. In der älteren
     Forschung wurde überwiegend angenommen, daß mit dem "Evangelium" immer ein
     schriftliches Evangelium gemeint sei; vgl. z.B. DREWS, Untersuchungen, 65
     und DERS., Apostellehre, 186 sowie HENNECKE, Apostellehre, 559; in der
     neueren Forschung entscheidet sich die Mehrzahl der Forscher von Stelle
     zu Stelle verschieden; vgl. KÖSTER, Evangelienliteratur, 1466.
     Eine gewisse Schwierigkeit ist zweifellos dadurch gegeben, daß der Gebrauch
     des Wortes "εὐαγγέλιον", wenn damit in der Didache durchweg deutlich ein
     schriftliches Evangelium gemeint sein sollte, deutlich von dem sonst bei
     den Apostolischen Vätern üblichen abwiche (vgl. KÖSTER, Überlieferung,6-12);
     Diese Schwierigkeit ist aber nicht dadurch zu umgehen, daß man sie mit
     einer zusätzlichen beseitigen will, indem man annimmt, daß in der Didache
     einmal ein schriftliches und einmal ein mündliches Evangelium gemeint sei.
2   Vgl. dazu oben S.25 Anm. 2.
3   Vgl. z.B. KLEIST, Didache, 165 (Anm. 17), KÖSTER, Überlieferung, 210f., VIEL-
     HAUER, Geschichte, 254, TUILIER, Didache, 735, RORDORF, tradition, 110,
     WENGST, Didache, 25 mit Anm. 87; anders z.B. BENOIT, 166 u. KRAFT, 175.
4   "Δόγμα" klingt hier wohl an seine Grundbedeutung ("das, was richtig er-
     scheint") an; vgl. KITTEL, 233.
5   Ein schriftliches Evangelium nehmen hier MASSAUX, Influence, 626 und AUDET,
     176 an; für ein mündliches Evangelium plädieren z.B. VIELHAUER, Geschichte,
     254, TERZOLI, 455 und RORDORF in DERS./TUILIER, 88; WOHLENBERG, 4 und
     MUILENBURG, 92 meinen, daß für Did 11,3 eine diesbezügliche Entscheidung
     nicht zu treffen ist.
6   Vgl. dazu auch unten S.31-36.

Numeruswechsel[1] innerhalb der Schrift.[2] Die Didache als Ganzes
redet eine Mehrzahl, nämlich die Glieder ihrer Gemeinde(n), an.
Der Gebrauch der singularischen Anrede weist deutlich darauf hin,
daß der Didachist sich an singularisch formuliertes Gebotsmaterial
anlehnt bzw. dieses übernimmt.

Nicht in allen Fällen läßt sich sicher entscheiden, ob das Material,
an dessen Formulierung sich der Didachist gebunden sah, ihm mündlich oder schriftlich vorgelegen hat. Weder anhand der Zitationsformeln noch anhand der Form der zitierten Inhalte läßt sich in
allen Fällen die eine Möglichkeit wahrscheinlicher als die andere
machen. Für die Gebete in c. 9f. wird der Didachist auf die in
seiner Gemeinde lebendige liturgische Tradition zurückgegriffen
haben. Daß ihm für c. 1-6 eine schriftliche Quelle vorlag, ist
möglich und im Blick auf die Doctrina Apostolorum auch wahrscheinlich.

Daß die Didache dabei vom Barnabasbrief[3] oder dieser von ihr[4] abhängig ist, erscheint als nicht wahrscheinlich; eher ist für beide
eine gemeinsame Quelle anzunehmen.[5] Genauso erklärt sich wohl auch
die Ähnlichkeit zwischen Did 1,5 und Herm mand 2,4-6.[6]

---

1   C. 1,2 2. sing. / 1,3 2. plur. / 1,4-6 2. sing. / 2,2-4,10 2. sing. / 4,11
     2. plur. / 4,12-14 2. sing. / 5,2 2. plur. / 6,1-3 2. sing. / 7,1 2. plur. /
     7,2f. 2. sing. / 7,4 2. sing. / 8,1-13,1 2. plur. /
     An c. 13,3 wird sehr schön deutlich, wie sich der Didachist in der Wahl des
     Numerus für seine Anrede von seinem Material leiten läßt: obwohl hier
     deutlich die 2. plur. angeredet ist, steht die Aufforderung in der 2. sing./
     13,4 2. plur. / 13,5-7 2, sing. / 14-16 2. plur.
2   Wie AUDET aus dem Numeruswechsel auf einen Interpolator schließen zu wollen,
     erscheint als nicht zwingend; mit Recht ist für BLIGH die sing./plur.-Unter-
     scheidung ein "...valde debile fundamentum ... pro distinctione diversarum
     manuum" (355).
3   So z.B. HARNACK (Lehre, Prolegomena,63ff.); beachtenswert ist HARNACKs Modi-
     fikation dieser Auffassung in seiner Literaturgeschichte, wo er zwar an
     der Abhängigkeit der Did vom Barn festhält, für die Zwei-Wege-Lehre aber
     eine gemeinsame Quelle beider annimmt (Überlieferung, 88).
4   So F X FUNK (Doctrina apostolorum, 399) und ZAHN (Lehre, 310).
5   Ausführlich und einleuchtend begründet dies AUDET (122-131).
6   So AUDET (163-166), KRAFT (141) und RORDORF (problème, 507); anders WENGST,
     der Abhängigkeit von Did 1,5 vom Herm annimmt (Didache, 19).

1.1.4. Zeit und Ort der Abfassung der Didache

Für die Datierung und Lokalisierung der Didache lassen sich innere
und äußere Gründe ins Feld führen.

Die für die Datierung angenommenen äußeren Gründe sind die vermutete
Abhängigkeit der Didache vom Herm[1] oder Barn[2], von den Evangelien
oder dem gesamten neutestamentlichen Kanon[3], oder umgekehrt die
Abhängigkeit des Barn oder Herm[4] von der Didache. Die Analyse der
Quellenfrage macht es wahrscheinlich, daß Barn und Herm als äußere
Datierungsargumente nicht in Betracht kommen; zu prüfen bleibt das
Verhältnis der Didache zu den Evangelien oder zum neutestamentlichen
Kanon.

Die inneren Gründe[5] weisen auf jeden Fall auf eine Zeit in der Entwicklung der Christenheit, die vor den in den Ignatiusbriefen vorausgesetzten Zuständen liegt. Diese Beobachtung hilft aber weder zu
einer absoluten noch zu einer relativen zeitlichen Ansetzung. HAR-
NACK bemerkt sehr richtig, was in den Grundzügen auch heute noch
festgehalten werden muß:

> "Wir kennen die Stufen der Entwicklung des alten Christentums im Reich zum
> katholischen Christentum für die meisten Provinzen gar nicht, für keine
> einzige in steter Reihe; wir haben aber andererseits Grund zur Annahme,
> daß sich in einzelnen Provinzen sehr Altertümliches lange erhalten und
> dann nahezu mit einem Schlage verwandelt hat. Unsere Schrift kann also
> zeitlich später fallen als der erste Clemensbrief, Hermas, ja selbst als
> die Ignatiusbriefe, während man ihr trotzdem ohne Zweifel eine frühere
> Stufe anzuweisen hat, wenn man die Entstehungsgeschichte des Katholizismus
> aus dem ursprünglichen Stande zu schildern unternimmt."[6]

Die inneren Gründe weisen allesamt auf eine Zeit zwischen "katho-
lischer" Kirche und ihren frühen Anfängen. Man wird in bezug auf
die zeitliche Ansetzung der Didache zum Konsens der Jahrhundertwende

---

1   So z.B. HARNACK (Lehre, Prolegomena, 63ff.).
2   So HARNACK ebd.
3   So z.B. WOHLENBERG (passim) und VOKES (Riddle, 115).
4   So F X FUNK (Doctrina apostolorum, 399); ZAHN (Lehre, 314-318) hielt die
     Didache für früher als Barn, aber für später als Herm.
5   Eine umfassende Aufzählung der inneren Gründe gibt KLAUSER (2).
6   HARNACK, Apostellehre, 722.

zurückkommen können und müssen, den EHRHARD (63) wie folgt formuliert: "Die einzigen Ansätze, die ernstlich in Frage kommen, bewe-
gen sich in dem Zeitraum zwischen 80 resp 90 und 150 resp 160".
Ergänzend wird man hinzufügen dürfen, daß eine Datierung in das
letzte Jahrzehnt des 1. Jh. oder das erste Jahrzehnt des 2. Jh.
wahrscheinlicher ist als eine frühere oder spätere.[1] Sicherheit
bezüglich der Datierung läßt sich nicht erreichen.[2] Beachtet werden
muß auch, daß der Didachist älteres Material verwertet.[3]

Zu lokalisieren wird die Didache aus inneren Gründen in einer
ländlichen Gegend eher in Syrien/Palästina als in Ägypten sein.[4]

1.2. Analyse einzelner Stellen

1.2.1. Stellen, an denen Mt-Abhängigkeit wahrscheinlich ist

Sehr wahrscheinlich erscheint mir die Aufnahme des Mt in Did 8,1f:

Did 8,1 αἱ δὲ νηστεῖαι ὑμῶν μὴ ἔστωσαν μετὰ τῶν ὑποκριτῶν·
νηστεύουσιν γὰρ δευτέρᾳ σαββάτων καὶ πέμπτῃ· ὑμεῖς δὲ νηστεύσατε
τεράδα καὶ παρασκευήν.

---

1   Eine solche Datierung vertreten z.B. BIHLMEYER (XIV), STREETER (Didache,
     373), FLESSEMANN-VAN LEER (14), ADAM (23), CRONE (266), VIELHAUER (Ge-
     schichte, 737), BESSON (10), NIEDERWIMMER (Entwicklungsgeschichte, 146),
     RORDORF (tradition, 107.112 u. édition, 29f.), TUILIER (Didache, 735),
     ZUMSTEIN (6f.) u. WENGST (Didache, 63). Deutlich später datierte lange
     Zeit vor allem die englischsprachige Forschung; zu nennen wären hier
     ROBINSON (Problem, 355f.), MUILENBURG (167), CONNOLLY (Streeter, 376) u.
     VOKES (Didache, 432). Die Auswirkungen einer solchen Spätdatierung auf
     Beurteilung möglicher Evangelienanklänge sind deutlich; vgl. z.B.
     MASSAUX (Influence, 604). Die Gegenargumente gegen eine so späte Datierung
     finden sich gut bei CREED. Auf die Zeit vor Paulus will WALKER (404.408)
     die christlichen Partien der Didache datieren.
2   Vgl. dazu z.B. LIETZMANN (Bücher, 45) und QUERE (91), die eine genaue
     Datierung der Did für unmöglich halten.
3   Zur Vorsicht mahnt aus diesem Grunde VIELHAUER (Geschichte, 737).
4   Für Ägypten gegen Syrien/Palästina treten in neuerer Zeit ein GLOVER (27),
     KRAFT (77), ALTENDORF (16) und VÖÖBUS (14). Zu den Argumenten für Syrien
     gegen Ägypten s. TUILIER (Didache, 733) und WENGST (Didache, 33 u. 62).

Mt 6,16-18 ῞Οταν δὲ <u>νηστεύετε</u>, <u>μὴ</u> γίνεσθε ὡς οἱ <u>ὑποκριταὶ</u>
σκυθρωποί,.... καὶ ὁ πατήρ σου ὁ βλέπων ἐν τῷ κρυφαίῳ ἀπο-
δώσει σοι.

Did 8,2 μηδὲ <u>προσεύχεσθε</u> <u>ὡς</u> <u>οἱ</u> <u>ὑποκριταί</u>, ἀλλ' ὡς ἐκέλευσεν
ὁ κύριος ἐν τῷ εὐαγγελίῳ αὐτοῦ,

   Mt 6,5 Καὶ ὅταν <u>προσεύχησθε</u>, οὐκ ἔσεσθε <u>ὡς</u> <u>οἱ</u> <u>ὑποκριταί</u>,
ὅτι φιλοῦσιν ...

<u>οὕτως</u> <u>προσεύχεσθε</u>·
<u>πάτερ</u> <u>ἡμῶν</u> <u>ὁ</u> <u>ἐν</u> <u>τῷ</u> <u>οὐρανῷ</u>, <u>ἁγιασθήτω</u> <u>τὸ</u> <u>ὄνομά</u> <u>σου</u>, <u>ἐλθέτω</u> <u>ἡ</u>
<u>βασιλεία</u> <u>σου</u>, <u>γενηθήτω</u> <u>τὸ</u> <u>θέλημά</u> <u>σου</u> <u>ὡς</u> <u>ἐν</u> <u>οὐρανῷ</u> <u>καὶ</u> <u>ἐπὶ</u> <u>γῆς</u>·
<u>τὸν</u> <u>ἄρτον</u> <u>ἡμῶν</u> <u>τὸν</u> <u>ἐπιούσιον</u> <u>δὸς</u> <u>ἡμῖν</u> <u>σήμερον</u> <u>καὶ</u> <u>ἄφες</u> <u>ἡμῖν</u>
<u>τὴν</u> <u>ὀφείλην</u> <u>ἡμῶν</u> <u>ὡς</u> <u>καὶ</u> <u>ἡμεῖς</u> <u>ἀφίεμεν</u> <u>τοῖς</u> <u>ὀφειλέταις</u> <u>ἡμῶν</u>,
<u>καὶ</u> <u>μὴ</u> <u>εἰσενέγκῃς</u> <u>ἡμᾶς</u> <u>εἰς</u> <u>πειρασμόν</u>, <u>ἀλλὰ</u> <u>ῥῦσαι</u> <u>ἡμᾶς</u> <u>ἀπὸ</u> <u>τοῦ</u>
<u>πονηροῦ</u>· ὅτι σοῦ ἐστιν ἡ δύναμις καὶ ἡ δόξα εἰς τοὺς αἰῶνας.

   Mt 6,9-13 <u>Οὕτως</u> οὖν <u>προσεύχεσθε</u> ὑμεῖς·
<u>Πάτερ</u> <u>ἡμῶν</u> <u>ὁ</u> <u>ἐν</u> <u>τοῖς</u> <u>οὐρανοῖς</u>· <u>ἁγιασθήτω</u> <u>τὸ</u> <u>ὄνομά</u> <u>σου</u>·
10 <u>ἐλθέτω</u> <u>ἡ</u> <u>βασιλεία</u> <u>σου</u>· <u>γενηθήτω</u> <u>τὸ</u> <u>θέλημά</u> <u>σου</u>, <u>ὡς</u> <u>ἐν</u>
<u>οὐρανῷ</u> <u>καὶ</u> <u>ἐπὶ</u> <u>γῆς</u>· 11 <u>τὸν</u> <u>ἄρτον</u> <u>ἡμῶν</u> <u>τὸν</u> <u>ἐπιούσιον</u> <u>δὸς</u>
<u>ἡμῖν</u> <u>σήμερον</u>· 12 <u>καὶ</u> <u>ἄφες</u> <u>ἡμῖν</u> <u>τὰ</u> <u>ὀφειλήματα</u> <u>ἡμῶν</u>, <u>ὡς</u> <u>καὶ</u>
<u>ἡμεῖς</u> <u>ἀφήκαμεν</u> <u>τοῖς</u> <u>ὀφειλέταις</u> <u>ἡμῶν</u>· 13 <u>καὶ</u> <u>μὴ</u> <u>εἰσενέγκῃς</u>
<u>ἡμᾶς</u> <u>εἰς</u> <u>πειρασμόν</u>, <u>ἀλλὰ</u> <u>ῥῦσαι</u> <u>ἡμᾶς</u> <u>ἀπὸ</u> <u>τοῦ</u> <u>πονηροῦ</u>.

   Lk 11,2-4 ...ὅταν προσεύχησθε λέγετε·
Πάτερ, ἁγιασθήτω τὸ ὄνομά σου· ἐλθέτω ἡ βασιλεία σου·
3 τὸν ἄρτον ἡμῶν τὸν ἐπιούσιον δίδου ἡμῖν τὸ καθ' ἡμέραν·
4 καὶ ἄφες ἡμῖν τὰς ἁμαρτίας ἡμῶν, καὶ γὰρ αὐτοὶ ἀφίομεν
παντὶ ὀφείλοντι ἡμῖν· καὶ μὴ εἰσενέγκῃς ἡμᾶς εἰς πειρασμόν.

Did 8 beginnt mit der Aufforderung, nicht zum selben Termin wie die
"Heuchler" zu fasten. Der Anweisung über den Fastentermin, die mit
den jüdischen Bezeichnungen der Wochentage gegeben wird, folgt die
Aufforderung, nicht so zu beten wie die Heuchler, sondern "wie der
Herr in seinem Evangelium geboten hat". Dem folgt die Mitteilung

des Unser-Vater-Textes[1]. Dabei fallen Abweichungen von Mt 6,9-13
ebenso auf wie große Übereinstimmungen. Geschlossen wird das Unser-
Vater mit einer zweigliedrigen Doxologie und mit der Aufforderung,
dreimal am Tag so zu beten. Mit den Heuchlern meint die Didache
wohl die Juden.[2] Es spricht alles dafür, daß die Polemik gegen
die Heuchler nicht traditionell[3], sondern aktuell ist. Daß die
Juden "...weder ein äußeres noch ein inneres Problem"[4] für die
Didache darstellen, erscheint mir als höchst unwahrscheinlich. Dagegen spricht z.B. die jüdische Zählung der Wochentage. Auch die
folgenden c. 9f. weisen auf die Lebendigkeit jüdischen Gedankengutes
in der Gemeinde der Didache hin. Gerade die äußere Abgrenzung von
den Heuchlern zeigt an, daß sie ein "inneres" Problem darstellen.
Es ist in der Gemeinde, für die der Didachist schreibt, offensichtlich Kampf gegen jüdische Sitte nötig.[5] Mit der Aufforderung, nicht
so zu beten wie die Heuchler, kann durchaus auf das Achtzehnbitten-
gebet angespielt sein.[6] Daß die Didache mit dem Hinweis auf das
"Evangelium" in c. 8,2 das uns heute vorliegende Mt meint, läßt
sich weder durch die Abweichungen des UVT noch durch die veränderte
Reihenfolge der Behandlung von Beten und Fasten ausschließen. Die
Didache kennt die Anweisung, nicht zu beten und zu fasten wie die
Heuchler, offensichtlich in Verbindung mit der Mitteilung des UVT.
Im Mt ist diese Verbindung wohl auf die Redaktionsarbeit des Evan-
gelisten zurückzuführen.[7] Dagegen, daß die Didache sich in c. 8

---

1   "Unser-Vater-Text" wird im folgenden "UVT" abgekürzt.
2   So z.B. auch AUDET (170), KLEIST (Didache, 4) und WENGST (Didache,29);
     judaisierende Christen nehmen z.B. TELFER (145) und RORDORF in DERS./
     TUILIER (37) an.
3   So will es z.B. VIELHAUER (Geschichte, 736).
4   VIELHAUER, Geschichte, 736. Vgl. auch SABUGAL, der meint, daß die Did eine
     "comunidad cristiane totalmente separada del Judaismo..." widerspiegelt (65).
5   So auch KNOPF (Lehre, 24); vgl. auch F X FUNK (Doctrina, XIV): "... autor ...
     medios inter Iudaeos se esse prodit".
6   So will es LIETZMANN (Messe, 232); vgl. auch KNOPF (Lehre,23): "Es gibt für
     die Didache offenbar noch Christen, die sich jüdischer Gebete bedienen."
7   J SCHMID (118) und GRUNDMANN (190.197) halten es für wahrscheinlich, daß
     der jetzige Zusammenhang von Mt 6,1-18 erst vom Evangelisten hergestellt
     worden ist, indem er Mt 6,7-15 in den ihm vorgegebenen Zusammenhang Mt
     6,2-4.5f.16-18 einschob.

auf das Mt bezieht, spricht eigentlich nichts. Die in der Forschung
vorgebrachten Gegenargumente überzeugen nicht.

Zum ersten:

In Did 8 schließt sich die Behandlung des Themas "Fasten" an c. 7,4
an. Die in c. 8 dem Mt gegenüber umgekehrte Reihenfolge der Behandlung von Fasten und Beten erklärt sich also gut aus dem Kontext
der Didache und muß deswegen nicht als Indiz für Nichtabhängigkeit
vom Mt aufgefaßt werden, wie es z.B. AUDET (171) tut.

Zum zweiten:

Es fällt zwar deutlich auf, daß die Didache das Thema "Fasten"
inhaltlich ganz anders behandelt als das Mt: für das Mt ist "Heuchler" primär eine ethische Kategorie;[1] es fordert zu einer anderen
Fastenhaltung auf, als die Heuchler sie haben und lehnt Öffentlich-
keit und Zur-Schau-Stellen für das Fasten ab. Die Didache dagegen
gebraucht "Heuchler" primär als eine "soziologische" Kategorie; sie
fördert gerade nicht zur inneren, sondern zur äußeren Unterscheidung
von den Heuchlern auf.

Zu bedenken ist allerdings, daß Abhängigkeit eines Autors von einer
Quelle nicht unbedingt heißen muß, daß der Abhängige sich inhaltlich
synonym oder synthetisch auf seine Quelle beziehen müßte; gerade
auch die inhaltlich antithetische Aufnahme einer Quelle kann von
ihrer Kenntnis zeugen. Es will deswegen nicht einleuchten, aufgrund der inhaltlich verschiedenen Zielsetzungen von Mt 6 und Did 8
eine Abhängigkeit der Didache vom Mt ausschließen zu wollen, wie
es viele tun,[2] auch wenn Did 8,1 in bezug auf Mt 6,16ff. höchstens
vom Wortlaut her als eine "citation ad sensum"[3] bezeichnet werden
kann, inhaltlich dagegen eher eine "citation contra sensum" ist.

Zum dritten:

Eine große Zahl von Forschern wertet die Unterschiede des UVT so,
daß für unmöglich gehalten wird, daß der Didache das Mt zugrundeliegt,[4] während andere die Betonung eher auf die ihrer Meinung

---

1   Das gilt auch, wenn mit den Heuchlern im Mt, wie schon WELLHAUSEN (25) wohl
     richtig bemerkt, die Pharisäer gemeint sind; gerade sie werden im Mt primär
     wegen ihres falschen Verhaltens getadelt (vgl. z.B. Mt 23,3).
2   So z.B. LAKE (Didache, 28) u. AUDET (172f.).
3   So NAUTIN (196).
4   So z.B. LAKE (Didache, 29f,), AUDET (172f.), GLOVER (19), KÖSTER (Über-
     lieferung, 203ff. u. Evangelienliteratur, 1466), MORGAN (135) u. RORDORF
     (in DERS./TUILIER, 86 u. tradition, 109).

nach überwiegenden Gemeinsamkeiten mit dem matthäischen UVT legen.[1]
Ein wesentliches Argument der Vertreter der erstgenannten Position
ist die - nicht unwahrscheinliche - These, daß der Didachist in c.
8,2 wohl einen in seiner Gemeinde bekannten liturgischen Text und
nicht das Mt zitiert.[2] Nicht haltbar aber ist es, daraus den Schluß
zu ziehen, daß mit dem Verweis auf das Evangelium in Did 8,2 nicht
das Mt gemeint sein kann. Gegen diesen Schluß spricht, daß die
Abweichungen des UVT von Did 8 sich allesamt durch den liturgischen
Gebrauch des matthäischen UVT erklären lassen.[3] Bis auf die Doxologie sind es Abweichungen nur in der Wortform, nicht in der Wortwahl.[4] Gerade der zweifelsfrei anzunehmende liturgische Gebrauch des
Unser-Vaters ermöglichst es, den UVT der Didache als den des Mt anzusehen, ohne daß er im Wortlaut völlig mit diesem übereinstimmt.
Es ist durchaus nicht auszuschließen, sondern im Gegenteil gut
möglich, daß der Didachist zwar die liturgische Tradition seiner
Gemeinde zitiert, aber mit der Einleitungswendung "Betet so, wie
der Herr euch in seinem Evangelium befohlen hat" das Mt meint.[5]
Ob dieser liturgischen Tradition das Mt zugrundelag oder umgekehrt auch das Mt wie der Didachist aus ihr geschöpft hat, ist
nicht zu entscheiden.

Zum vierten:

Es ist zwar zu fragen ob der Didachist in c. 8,2 mit dem "Evangelium"

---

1   So z.B. V H STANTON (Gospels, 31 u. 71), KRAFT (165), GRANT (Formation, 66),
     HAMMAN (42), BRUCE (49) und WENGST (Didache, 27).
2   Neben der Möglichkeit, daß der Didachist den UVT der Gemeindetradition ent-
     nommen hat (so zuletzt TERZOLI),wird auch die Möglichkeit erwogen, daß er
     sich auf einen schriftlichen Vorgänger des Mt bezieht (so z.B. RORDORF
     in DERS./TUILIER, 87). Nur wenige Forscher nehmen das Mt als Vorlage des
     Didache-Textes an; in neuerer Zeit nur noch KLAUSER (72).
3   So auch ZAHN (Testament, 926), GIET (énigme, 202) u. WENGST (Didache, 27).
4   Keinesfalls einleuchtend ist die These, daß der Wortlaut des Did-Unser-Vaters
     deutlich älter sei als der des Mt, wie z.B. RORDORF (s.o. Anm. 2) und
     KÖSTER (Evangelienliteratur, 1466) behaupten.
5   Interessant ist, daß der UVT der Didache in genau demselben Maße mit dem
     des Mt übereinstimmt, wie es der heute z.B. im Bereich der EKiD allgemein
     gebetete UVT tut. Sollte man daraus den Schluß ziehen, daß der heute
     gebetete UVT auf keinen Fall das Mt zur Grundlage haben kann?

möglicherweise die mündliche Tradition meint, die er zitiert;[1] dies
ist jedoch angesichts des sonstigen Gebrauchs des Wortes εὐαγγέλιον
in der Didache eher unwahrscheinlich.[2]

Geht man von der Annahme aus, daß in Did 8,2 wie in Did 15,3f.
ein schriftliches Evangelium gemeint ist, stellt sich die Frage, ob
es sich bei diesem Evangelium um das Mt handeln könnte.
Wir sahen, daß weder der Wortlaut des Unser-Vaters noch die jeweilige
Reihenfolge der Behandlung von Beten und Fasten gegen Abhängigkeit
der Did vom Mt sprechen. Für eine solche Abhängigkeit spricht immerhin, daß Beten und Fasten im Mt wie in der Did so verhandelt werden,
daß dazu aufgefordert wird, beides nicht so wie die Heuchler zu
tun. Von daher trifft das Argument, daß die Zusammenstellung von
Beten und Fasten allgemein jüdisch und deswegen mit einer Abhängigkeit der Didache vom Mt nicht zu rechnen sei,[3] den Sachverhalt nicht,
weil es ihn nicht vollständig kennzeichnet.
Das Fehlen von Stücken, die in Mt 6 vorkommen, und die die Didache
nicht bietet, erklärt sich gut: das Geben ist vom Gedankengang der
Didache her hier nicht Thema; es hat seine ausführliche Behandlung
schon vorher erfahren. Das "Beten wie die Heiden" ist nicht das
Problem der Didache; ihre Frontstellung ist offensichtlich die
gegen die Juden.

Insgesamt gesehen spricht also nichts dagegen und viel dafür, in
Did 8,1f. das Mt als Grundlage der Ausführungen des Didachisten
anzunehmen. Auf jeden Fall weist Did 8,2 darauf hin, daß Mt und Did
in einem sehr ähnlichen, wenn nicht gar in demselben Milieu entstanden sind; darüber hinaus ist aber auch die Bekanntschaft der Did
mit dem Mt sehr wahrscheinlich.
Interessant ist dabei vor allem die Art und Weise, in der der Di-

---

1   So wollen es z.B. LAKE (Didache, 28), AUDET (173), KÖSTER (Überlieferung,
     10), BENOIT (166) und VIELHAUER (Geschichte, 254).
2   S.o. S. 26f.
3   So AUDET (171f.).

dachist mit dem Mt umgeht: für das, was er seinen Lesern sagen
will, stützt er sich äußerlich und im Wortlautanklang auf das Mt
als Autorität. Er fordert seine Leser auf, nicht so zu beten und
zu fasten wie die Heuchler. Er meint damit allerdings etwas anderes,
als das Mt zum Ausdruck bringen will: Gebetswortlaut und Fastentermin werden zum äußeren Unterscheidungszeichen erklärt. Der
Didachist "arbeitet" also mit dem Mt: er gebraucht es für seine
Zwecke und interpretiert es dabei gegen seinen Sinn, indem er
seine eigene Interpretation am Evangelienwortlaut aufhängt. Von
der Art, die das Evangelium nahelegt, sich von den Heuchlern zu
unterscheiden, ist er weit entfernt. Er verweist auf das Evangelium,
läßt es dabei aber nicht eigentlich zu Wort kommen, sondern verwendet es nur zur Stützung seines eigenen Anliegens.

An anderen Stellen der Didache ist der Bezug auf das Mt nicht
mit dem gleichen Maß an Sicherheit zu behaupten, erscheint aber
immerhin als gut möglich.

1.2.2. Stellen, an denen Mt-Abhängigkeit gut möglich ist

a) Did 9,5 - Mt 7,6
Gut möglich, aber nicht zu beweisen oder positiv wahrscheinlich
zu machen ist Mt-Abhängigkeit in Did 9,5:

Did 9,5 μὴ δῶτε τὸ ἅγιον τοῖς κυσίν

Mt 7,6 Μὴ δῶτε τὸ ἅγιον τοῖς κυσίν μηδὲ βάλητε ...

Es handelt sich hier wohl um ein Sprichwort, das weit verbreitet
war.[1] Dem Didachisten ist es als Herrenwort bekannt. In seiner Zitateinleitung "καὶ γὰρ περὶ τούτου εἴρηκεν ὁ κύριος" macht er deutlich, daß sein Kontext und Bezug dieses Herrenwortes nicht der
einzig mögliche und wohl auch nicht der übliche ist.[2] Von daher

---

1   So auch KÖSTER (Überlieferung, 198).
2   Darauf macht auch BLIGH (353) aufmerksam.

überzeugt es nicht, wenn man mit dem Hinweis auf den je verschiedenen Kontext und Sitz im Leben[1] die Kenntnis des Mt ausschließen
will.[2] Allerdings ist es auch nicht naheliegend, den Bezug auf
das Mt für die einzig mögliche Erklärung zu halten[3].
Es ist gut möglich, daß der Didachist das fragliche Herrenwort
durch die Vermittlung des Mt kannte;[4] ebensogut möglich ist aber,
daß er es aus der - vor- oder nachmatthäischen - mündlichen Tradition übernahm.

b) Did 11,7 - Mt 12,31

   Did 11,7 καὶ πάντα προφήτην λαλοῦντα ἐν πνεύματι οὐ πειράσετε
   οὐδὲ διακρινεῖτε. πᾶσα γὰρ ἁμαρτία ἀφεθήσεται, αὕτη δὲ ἡ
   ἁμαρτία οὐκ ἀφεθήσεται.

      Mt 12,31 ... πᾶσα ἁμαρτία καὶ βλασφημία ἀφεθήσεται τοῖς
      ἀνθρώποις, ἡ δὲ τοῦ πνεύματος βλασφημία οὐκ ἀφεθήσεται.

      Mk 3,28f. ... πάντα ἀφεθήσεται τοῖς υἱοῖς τῶν ἀνθρώπων
      τὰ ἁμαρτήματα καὶ βλασφημίαι ὅσα ἐὰν βλασφημήσωσιν. 29 ὃς
      δ' ἂν βλασφημήσῃ εἰς τὸ πνεῦμα τὸ ἅγιον, οὐκ ἔχει ἄφεσιν ...

      Lk 12,10 ... τῷ δὲ εἰς τὸ ἅγιον πνεῦμα βλασφημήσαντι
      οὐκ ἀφεθήσεται.

Satzstruktur und Wortlaut können an das Mt erinnern; interessant ist,

---

1   Vgl. dazu RORDORF' (tradition, 109).
2   So z.B. GLOVER (19) und MORGAN (136); gerade der Kontext des Jesuswortes
     in der Didache erklärt auch, warum - Zugrundeliegen des Mt einmal voraus-
     gesetzt - nur die erste Hälfte des zweigliedrigen Spruches aus Mt 7,6
     zitiert wird: sie "paßt" wesentlich besser zum in der Did hergestellten
     Bezug auf das Abendmahl als ihre Fortsetzung in Mt 7,6b. Daß Did kürzer
     als das Mt "zitiert", ist also keinesfalls notwendig so zu erklären, daß
     der Didachist den gegenüber dem Mt älteren Text bietet, was TUILIER (Di-
     dache, 735) annimmt.
3   So VOKES (Didache, 432) u. MASSAUX (Influence, 618).
4   So auch WENGST (Didache, 28); die Zurückführung der Wortlautidentität auf
     eine gemeinsame jüdische Quelle, die RORDORF (in DERS./TUILIER, 87) vor-
     schlägt, trägt für Did 9,5 u, Mt 7,6 nichts aus, da beide dieses Wort als
     Herrenwort kennen.

daß die Didache[1] mit dem Mt nur an Punkten übereinstimmt, wo
dieses vom Mk abweicht.[2] Auffällig ist, daß die Übereinstimmungen
zwischen Mt 12,31 und Did 11,7 sich alle aus der verhandelten Sache
heraus ergeben. Angesichts dessen ist es zwar nicht ausgeschlossen,
daß die Didache das Mt verkürzt zitiert;[3] eine Bezugnahme auf die
mündliche Tradition erscheint aber als ebensogut möglich.[4]
Deutlich ist, daß das, was der Didachist sagen wollte, über das
hinausgeht, was er im Mt finden konnte. Von daher ist auch gar nicht
zu erwarten, daß er sich damit zufrieden geben könnte, das Mt wie-
derholend zu zitieren. Falls das Mt ihm vorgelegen hat, hat er
geschickt daran angeknüpft. Für den Fall, daß er nicht frei an das
Mt anknüpft, sondern exakt die mündliche Tradition wiedergibt,
fällt die besondere Nähe dieser Tradition zum Mt auf.

c) Did 13,1f. - Mt 10,10b

Ob ein solches, wohl allgemein verbreitetes Sprichwort die Beweislast für Mt-Abhängigkeit tragen kann, erscheint mir mit LAKE (Didache, 30), AUDET (179), MORGAN (147) und RORDORF (DERS./TUILIER, 88)
gegen WOHLENBERG (33) und MASSAUX (Influence, 629f.) zumindest
als fraglich. Überhaupt ist unsicher, ob der Didachist hier ein
Herrenwort zitieren will.[5] Aus dem Kontext der Didache wird das
auf jeden Fall nicht deutlich.
Es fällt auf, daß der Didachist das Wort "τροφή" konkret und wörtlich versteht. Seine Überlegungen und Aussagen kommen von aktuellen
Erfordernissen her und sprechen in diese hinein.[6] Von daher ist
zwar gut möglich, aber für ihn sicherlich nicht notwendig, daß er

---

1   Mit Niederwimmer (Entwicklungsgeschichte, 151) muß damit gerechnet werden,
     daß in c. 11,4-12 nicht der Didachist selbst spricht, sondern eine ihm
     überkommene Tradition unverändert zu Wort kommen läßt.
2   Darauf weist auch GLOVER (20) hin.
3   Anders MORGAN (144).
4   Das Zugrundeliegen mündlicher Tradition nehmen an LAKE (Didache, 29),
     TERZOLI (450) und AUDET (179).
5   Darauf weist auch KÖSTER (Überlieferung, 213) hin.
6   S. dazu z.B. Did 11,4-6 u. 13,3ff.

sich für die Zitation eines Sprichwortes, das sein Anliegen unter-
stützt, auf ein ihm möglicherweise vorliegendes Evangelium bezieht.
Andererseits ist Did 13,1f. kein Indiz gegen Mt-Abhängigkeit der
Didache; immerhin ist Mt 10,10 die nächste Parallele zu dieser
Stelle.[1]

d) Did 15,3f.

In Did 15,3f. wird in einer Art und Weise auf das "Evangelium"
verwiesen, die es nahelegt, darin den Verweis auf ein schriftliches
Evangelium zu sehen.[2] Alle "Themen", für die in c. 15,3f. auf das
Evangelium verwiesen wird, werden im Mt behandelt. Zwingend ist
der Bezug auf das Mt von daher noch nicht, obwohl wir kein anderes
schriftliches Evangelium kennen, auf das sich Did 15,3f. beziehen
könnte. Auch aus dem Hinweis auf das "ἐλέγχειν" ist ein Bezug
auf das Mt ebensowenig zwingend abzuleiten[3] wie aus der gleichzeiti-
gen Erwähnung von "Almosen" und "Beten". Festgehalten werden muß
allerdings, daß nichts dagegen spricht, in dem Verweis auf das
Evangelium in Did 15,3f. einen Verweis auf das Mt zu sehen. Methodisch verfehlt ist es, aufgrund der in c. 15,3f. fehlenden deutlichen
Wortlautanklänge an das Mt Mt-Bezug des Didachisten ausschließen
zu wollen, wie MORGAN (138) und TUILIER (Didache, 735) es tun.

An einer Reihe von weiteren Stellen erscheint Mt-Bezug allenfalls als möglich, aber keinesfalls als naheliegend.

---

1   So auch WENGST (Didache, 28).
2   S. dazu oben S.26f.
3   1 QS 5,24f. (vgl. E LOHSE, Texte, 20) zeigt, daß auch jüdisch eine ähn-
     liche Behandlung des gleichen Problems möglich ist.

1.2.3. Stellen, an denen Mt-Abhängigkeit allenfalls theoretisch
       möglich ist

a) Did 1,2 - Mt 7,12

Im Mt ist die Goldene Regel positiv formuliert, in der Didache negativ; Abhängigkeit der Did vom Mt legt sich von den Formulierungen
her nicht nahe,[1] mag auch "ὅσα ἐὰν θελ..." an Mt 7,12 denken
lassen[2]; auf keinen Fall liegt hier "clairement un contact littéraire avec Mt., VII,12" vor, wie MASSAUX (Influence, 608) es will.
Eine Beeinflussung durch das Mt wird ausschließen, wer den Unterschied zwischen positiver und negativer Formulierung der Goldenen
Regel für gravierend hält und die Bildung der positiven Formulierung Jesus zuschreibt.[3] Auf jeden Fall spricht nichts dagegen und
viel dafür, Did 1,2 als genuinen Bestandteil einer jüdischen Grundschrift der Didache aufzufassen.

b) Did 6,1 - Mt 24,4b

Für Did 6,1 "ὅρα μή τις σε πλανήσῃ ..." Einfluß von Mt 24,4b anzunehmen, wie es WOHLENBERG (31) tut, ist nicht naheliegend. Vielmehr handelt es sich bei dieser Wendung um eine allgemein verbreitete Phrase paränetischer Rede.[4]

c) Did 7,1 - Mt 28,19 (vgl. Did 7,3; 9,5)

      Did 7,1 ... βαπτίσατε εἰς τὸ ὄνομα τοῦ πατρὸς καὶ τοῦ υἱοῦ
      καὶ τοῦ ἁγίου πνεύματος ἐν ὕδατι ζῶντι.

      Did 7,3 ... εἰς ὄνομα πατρὸς καὶ υἱοῦ καὶ ἁγίου πνεύματος.

      Did 9,5 ... οἱ βαπτισθέντες εἰς ὄνομα κυρίου·

---

1   So auch MORGAN (123).
2   So z.B. KNOPF (Lehre, 6).
3   So z.B. SCHWEIZER (Mt, 112), McNEILE (93), LAGRANGE (149), GREEN (95);
     anders z.B. SCHNIEWIND (100f.), J SCHMID (148), DIHLE (Regel, 113) und
     STRECKER (Bergpredigt, 157-159).
4   So auch KÖSTER (Überlieferung, 173), TERZOLI (448) und MORGAN (130).

Mt 28,19 ... βαπτίζοντες αὐτοὺς εἰς τὸ ὄνομα τοῦ πατρὸς
καὶ τοῦ υἱοῦ καὶ τοῦ ἁγίου πνεύματος,...

In die Interpretation von Did 7,1 sind Did 7,3 und 9,5 miteinzube-
ziehen. An allen diesen Stellen geht es um die Taufe, jedoch in
unterschiedlicher Art und Weise. Eine Tauf f o r m e l   soll nur
in c. 7,1 mitgeteilt werden. In c. 7,3 geht es um die Benennung
dessen, was - ungeachtet aller äußeren Umstände - an der Taufe wichtig ist.[1] In c. 9,5 schließlich ist Thema nicht wie in c.7,1 das
" w i e " oder wie in c. 7,3 das "auf   w a s" des Getauft w e r -
d e n s, sondern das " d a ß " des Getauft seins.
Die Tshmaufformel in Did 7,1 wird - ohne den Verweis auf eine Autorität - mit einer dem Didachisten eigenen Einleitung mitgeteilt.[2]
Es ist anzunehmen, daß sie in der Gemeinde des Didachisten geläufig
war. Überhaupt scheint der konkrete Anlaß, aus dem der Didachist
auf die Taufe zu sprechen kommt, eher hinter c. 7,2f. zu vermuten
zu sein als hinter c. 7,1. Die Tauformel gehört zur Taufpraxis
"ἐν ὕδατι ζῶντι", um die es hier geht, und wird deswegen mitgenannt.
Als direkte "Quelle" dieser Tauformel ist am ehesten die liturgische Tradition anzunehmen. Die Übereinstimmung mit Mt 28,19 könnte
darauf zurückzuführen sein, daß das Mt sich auf die gleiche, auch
ihm bekannte Tradition bezieht. Aus solchen Erwägungen heraus ist
selbst MASSAUX (Influence, 639) vorsichtig mit der Behauptung von
Mt-Abhängigkeit.[3]
Immerhin aber ist die "matthäische" Tauformel der Didache ein deutlicher Hinweis auf die Milieuähnlichkeit von Didache und Mt.

---

1   So auch NAUTIN (205f.).
2   Die Textkorrektur AUDETs, der (58-61) "ταῦτα πάντα προείποντες, βαπτίσατε"
     streicht und dem VIELHAUER (Geschichte, 734) darin folgt, leuchtet nicht
     ein. Für den von H bezeugten Text plädieren auch NAUTIN (207), RORDORF (
     DERS./TUILIER, 117) und WENGST (Didache, 76).
3   Für unwahrscheinlich halten Mt-Abhängigkeit TERZOLI (448), GLOVER (18),
     KÖSTER (Überlieferung, 191) und MORGAN (160).

d) Did 14,2 - Mt 5,23 (vgl. Mk 11,25)

KÖSTER (Überlieferung, 213f.) hält Mt 5,13f. und Mk 11,25 für
Varianten ein und derselben Gemeinderegel, die frei umlief.[1] WOHLEN-
BERG (34) und MASSAUX (Influence, 619) weisen auf Mt-Spezialvokabular hin[2] und schließen von da aus auf literarischen Kontakt der
Didache zum Mt. Dieser erscheint mir zwar nicht ausgeschlossen, kann
aber gerade mit dem Gebrauch von matthäischem Spezialvokabular nur
bedingt wahrscheinlich gemacht werden. Wenn sich die Didache denn
schon so am Mt orientiert, warum gebraucht sie dann nicht das
matthäische "ἀδελφός", das in Mt 5,23 steht?
Did 14,2 sagt eine alte Regel neu.[3] Daß der Didachist sich dabei
auf Mt 5,23f. bezieht, ist zwar nicht auszuschließen, aber auch
nicht positiv wahrscheinlich zu machen. Nähme man Mt 5,23 als
Vorlage von Did 14,2 an, so würde die Didache den Grundgedanken
ihrer Vorlage frei in eine neue Situation hinein interpretieren.

1.2.4. Stellen, an denen Mt-Abhängigkeit eher unwahrscheinlich ist

a) Did 1,1 - Mt 7,13f.

Das Bild von den zwei Wegen ist seinem Ursprung nach alttestamentlich[4] und zu weit verbreitet, als daß hier Abhängigkeit vom Mt
ernsthaft erwogen werden könnte. Selbst WOHLENBERG (20) hält eine
solche Abhängigkeit für unwahrscheinlich.

b) Did 1,2 - Mt 22,37-39 (vgl. Mk 12,29-31, Lk 10,26f., Dtn 6,5 LXX,
   Lev 19,18 LXX, Sir 7,30 LXX)

Als Kernproblem wurde schon zu Beginn unseres Jahrhunderts ange-

---

1   Auch MORGAN (137) lehnt in Aufnahme der Überlegungen KÖSTERs Mt-Abhängigkeit
     ab.
2   "ἑταῖρος" im NT nur Mt 20,13; 22,12; 26,50; "διαλλάσσομαι" im NT nur Mt 5,24.
3   Zum gegenüber dem Mt veränderten Sitz im Leben dieses Wortes in der
     Eucharistiefeier s. RORDORF (tradition, 109).
4   Vgl. Dtn 30,15ff. u. Jer 21,8 LXX.

sehen, ob die numerierte Zusammenstellung von Gottes- und Nächsten-
liebegebot schon jüdisch vorstellbar sei. Die Meinungen darüber
gingen auseinander. Nur für christlich möglich hielten eine
solche Zusammenstellung z.B. FUNK (Doctrina, X) und SEEBERG (34).[1]
EHRHARD (59) vertrat den entgegengesetzten Standpunkt.[2]
Besser als die Ableitung aus dem Mt[3], christlicher außersynopti-
scher[4] oder synoptischer[5] mündlicher Tradition oder aus der
Spruchquelle Q[6] erscheint mir, auf Ableitung aus - bekannten oder
nur zu vermutenden - christlichen Traditionen oder Quellen zu
verzichten. Die sachlich nächste Parallele findet sich bei Josephus.[7] Es ist zu beachten, daß in der Didache anders als im Mt u.
Mk nicht von einem "ersten" oder "zweiten" Gebot die Rede ist,
sondern zwei Gebote nacheinander aufgezählt werden: es geht in
der Didache nicht um das "erste" oder "zweite" Gebot, sondern
"erstens" um Gottesliebe und "zweitens" um Nächstenliebe.
Abhängigkeit von Did 1,2 von einem der synoptischen Evangelien
ist von daher eher unwahrscheinlich.[8]

c) Did 1,3b-5 - Mt 5,39-48 u. 5,26 (vgl. Lk 6,28-36 u. 12,59)

Did 1,3 εὐλογεῖτε τοὺς καταρωμένους ὑμῖν καὶ προσεύχεσθε ὑπὲρ
τῶν ἐχθρῶν ὑμῶν, νηστεύετε δὲ ὑπὲρ τῶν διωκόντων ὑμᾶς·

Mt 5,44c προσεύχεσθε ὑπὲρ τῶν διωκόντων ὑμᾶς

---

1   In neuerer Zeit vertritt BURCHARD (45) die gleiche Position. Stimmt man
    ihr zu und nimmt gleichzeitig für Did 1-6 eine jüdische Quelle an, ist
    man genötigt, einen zeitlich vor den Didachisten anzusetzenden christlichen
    Redaktor der Zwei-Wege-Lehre anzunehmen, wie KÖSTER (Überlieferung, 171)
    dies dann auch tut.
2   Vgl. in neuerer Zeit für diese Position z.B. KRAFT (137).
3   So HARNACK (Lehre, 76) und BRYENNIOS (5 u. 57).
4   So z.B. KÖSTER (Überlieferung, 171)
5   So BUTLER (30).
6   So GLOVER (13).
7   Josephus Bell 2,139: "πρῶτον μὲν εὐσεβεῖν τὸ θεῖον, ἔπειτα τὰ πρὸς ἀνθρώ-
    πους δίκαια φυλάξειν" (zitiert nach RORDORF/TUILIER, 29).
8   So auch MORGAN (122).

Lk 6,28 εὐλογεῖτε τοὺς καταρωμένους ὑμᾶς, προσεύχεσθε περὶ τῶν ἐπηρεαζόντων ὑμᾶς.

ποία γὰρ χάρις, ἐὰν φιλῆτε τοὺς φιλοῦντας[1] ὑμᾶς; οὐχὶ καὶ τὰ ἔθνη τοῦτο[2] ποιοῦσιν; ὑμεῖς δὲ φιλεῖτε[3] τοὺς μισοῦντας ὑμᾶς, καὶ οὐχ ἕξετε ἐχθρόν.

Mt 5,46b τίνα μισθὸν ἔχετε;
     5,46a ἐὰν γὰρ ἀγαπήσητε τοὺς ἀγαπῶντας ὑμᾶς
     5,46c οὐχὶ καὶ οἱ τελῶναι τὸ αὐτὸ ποιοῦσιν;

Lk 6,32b ποία ὑμῖν χάρις (ἐστίν);
     6,32a καὶ εἰ ἀγαπᾶτε τοὺς ἀγαπῶντας ὑμᾶς
     6,32c καὶ οἱ ἁμαρτωλοὶ τὸ αὐτὸ ποιοῦσιν.

1,4 ἀπέχου τῶν σαρκικῶν καὶ σωματικῶν ἐπιθυμιῶν.[4]
ἐάν τίς σοι δῷ ῥάπισμα εἰς τὴν δεξίαν σιαγόνα, στρέψον αὐτῷ καὶ τὴν ἄλλην

Mt 5,39b.c ἀλλ' ὅστις σε ῥαπίζει εἰς τὴν δεξίαν σιαγόνα (σου), στρέψον αὐτῷ καὶ τὴν ἄλλην·

Lk 6,29a.b τῷ τύπτοντί σε ἐπὶ τὴν σιαγόνα πάρεχε καὶ τὴν ἄλλην,

---

1   So liest hier CA; H bietet "ἀγαπᾶτε ... ἀγαπῶντας", was Angleichung an den Evangelientext sein dürfte; warum die CA ihren Text in Abweichung vom Evangelientext geändert haben sollten, ist nicht einsichtig zu machen. Für den von H gebotenen Text als ursprüngliche Lesart entscheiden sich BIHLMEYER, KLAUSER, LIETZMANN und RORDORF/TUILIER, für die Lesart von CA AUDET und NIEDERWIMMER (Textprobleme, 122), denen hier wohl Recht zu geben ist.
2   O und CA lesen "τοῦτο"; die Lesart "τὸ αὐτό" (H) dürfte wiederum Angleichung an den Evangelientext sein. Für die Lesart von H als ursprüngliche Lesart entscheiden sich LIETZMANN und RORDORF/TUILIER; für "τοῦτο" BIHLMEYER, KLAUSER und AUDET.
3   CA und O lesen "φιλεῖτε", H "ἀγαπᾶτε". "φιλεῖτε" ist die lectio difficilior; eine Änderung von "φιλεῖτε" in "ἀγαπᾶτε" ist einsichtig als Angleichung an den Evangelientext; die umgekehrte Änderung ist nicht einsichtig zu machen. LIETZMANN und RORDORF/TUILIER lesen "ἀγαπᾶτε", BIHLMEYER, KLAUSER, AUDET und NIEDERWIMMER (Textprobleme, 122) "φιλεῖτε".
4   So mit BIHLMEYER, KLAUSER, LIETZMANN und RORDORF/TUILIER gegen AUDET und NIEDERWIMMER. NIEDERWIMMER (Textprobleme, 117f.) hält diese Wendung für eine nachträgliche, "asketisierende" Interpolation.

καὶ ἔση τέλειος

    Mt 5,48a ἔσεσθε οὖν ὑμεῖς τέλειοι ...

    Mt 19,21 εἰ θέλεις τέλειος εἶναι ...

ἐὰν ἀγγαρεύσῃ σέ τις μίλιον ἕν, ὕπαγε μετ' αὐτοῦ δύο.

    Mt 5,41 καὶ ὅστις σε ἀγγαρεύσει μίλιον ἕν, ὕπαγε μετ'
    αὐτοῦ δύο.

ἐὰν ἄρῃ τις τὸ ἱμάτιόν σου, δὸς αὐτῷ καὶ τὸν χιτῶνα·
ἐὰν λάβῃ τις ἀπὸ σοῦ τὸ σόν, μὴ ἀπαίτει· οὐδὲ γὰρ δύνασαι.[1]

    Mt 5,40 καὶ τῷ θέλοντί σοι κριθῆναι καὶ τὸν χιτῶνά σου
    λαβεῖν, ἄφες αὐτῷ καὶ τὸ ἱμάτιον·

    Lk 6,29c.d καὶ ἀπὸ τοῦ αἴροντός σου τὸ ἱμάτιον καὶ τὸν
    χιτῶνα μὴ κωλύσῃς.

1,5 παντὶ τῷ αἰτοῦντί σε δίδου καὶ μὴ ἀπαίτει· πᾶσι γὰρ θέλει
δίδοσθαι ὁ πατὴρ ἐκ τῶν ἰδίων χαρισμάτων...

    Mt 5,42a τῷ αἰτοῦντί σε δός, ...

    Lk 6,30 παντὶ αἰτοῦντί σε δίδου, καὶ ... μὴ ἀπαίτει.

... καὶ οὐκ ἐξελεύσεται ἐκεῖθεν, μέχρις οὗ ἀποδῷ τὸν ἔσχατον
κοδράντην.

    Mt 5,26 ... οὐ μὴ ἐξέλθῃς ἐκεῖθεν ἕως ἂν ἀποδῷς τὸν ἔσχατον
    κοδράντην.

    Lk 12,59 ... οὐ μὴ ἐξέλθῃς ἐκεῖθεν ἕως καὶ τὸ ἔσχατον
    λεπτὸν ἀποδῷς.

Daß Did 1,3b-5 eine Mt und Lk bearbeitende Textmischung aus beiden

---

[1]   Emendationen wie die von LAYTON (348) "ὧδε γὰρ δύνασαι (τέλειος εἶναι)"
    oder HARNACK (Lehre, 6) "καίπερ δυνάμενος" sind als unnötige Glättungen
    abzulehnen.

Evangelien ist, wie viele annehmen,[1] erscheint bei genauerer
Vergleichung als nicht wahrscheinlich. Die Motive für eine
solche eklektische, die ursprüngliche Komposition bei Mt und
Lk ignorierende[2] und den Mt- und Lk-Text stark verändernde
Bearbeitung sind nicht deutlich zu machen. Von den Formulierungen
her erweckt Did 1,3b-5 an manchen Stellen den Eindruck, einen älteren Text als die synoptischen Evangelien zu bieten;[3] andererseits weisen Wendungen wie "καὶ οὐχ ἕξετε ἐχθρόν" in c. 1,3 und
"οὐδὲ γὰρ δύνασαι" in c. 1,4, mit denen den voranstehenden Aufforderungen viel von ihrer unbedingten Schärfe genommen wird, auf
einen späteren Reflexionsstand als den der matthäischen Bergpredigt oder der lukanischen Feldrede.[4] Daß dem Didachisten Q vorgelegen hat, ist nicht wahrscheinlich;[5] besser ist es, als Vorlage
eine mündliche oder schriftliche[6] Herrenwortsammlung anzunehmen,
die - wahrscheinlich vom Didachisten redigiert - an den Anfang
der Ausführungen des "Lebensweges" gestellt wurde.[7] Daß die jetzige
Form von c. 1,3b-6 auf den Didachisten zurückzuführen ist, wird

---

1   So z.B. HARNACK (Apostellehre, 726), BUTLER (13), EHRHARD (59) und selbst
     KÖSTER (Überlieferung, 220ff.) und MORGAN (125; nach MORGAN sind 34 Worte
     aus Mt und 30 Worte aus Lk entnommen). Ebenso wie KÖSTER nimmt auch
     TERZOLI in der Didache nur für c. 1,3b-5 Abhängigkeit von den syn-
     optischen Evangelien an; für 1,3b-5 entfällt nach TERZOLI mit dieser
     Annahme die Notwendigkeit, einen "insufficiente e vago stile orale"
     oder "un fantomatico vangelo mescolato" (447) als Grundlage zu postulieren.
2   Darauf verweisen besonders AUDET (185) und MEES (Bedeutung, 62).
3   So auch GLOVER und RORDORF (tradition, 118 und problème, 510); s. z.B.
     "ἔθνη" in c. 1,3 und "δῷ ῥάπισμα" in c. 1,4. Nach ROBINSON (Problem, 341)
     sind dies bewußte Archaismen, mit denen Unabhängigkeit von den Evangelien
     und dadurch Alter vorgetäuscht werden soll.
4   Von daher ist es auch nicht verwunderlich, sondern eher dem Befund ange-
     messen, wenn KRAFT (139) sich nicht entscheiden will zwischen einer die
     synoptischen Evangelien harmonisierenden Bearbeitung derselben und dem
     Weiterwirken der den synoptischen Evangelien vorausgehenden mündlichen
     Tradition als Grundlage für den Wortlaut von Did 1,3b-5.
5   Wie sollte der Q-Text ausgesehen haben? Vgl. z.B. den Text POLAGs (36), der
     nicht zu Unrecht nur sehr wenig Ähnlichkeit mit Did 1,3b-5 aufweist.
6   Die Entscheidung darüber muß wohl offen bleiben; sie wäre allzu hypothetisch.
7   Daß der Didachist eine Herrenwortsammlung, die er vorfand, aufnahm, meint
     z.B. KÖSTER (Überlieferung, 238); daß er sie nicht nur einschob, sondern
     auch bearbeitete, meinen EHRHRAD (59), BLIGH (355) und RORDORF, der (DERS./
     TUILIER 92 u. 95) die jetzige Gestalt von Did 1,3b-5 dem Erstredaktor der
     Didache zuweist.

wahrscheinlich angesichts der mit c. 9,5 identischen Zitatein-
führung in c. 1,6; hatte der Didachist die Absicht, die ihm vorgegebene Herrenwortsammlung zu kommentieren und zu entschärfen,
können ihm auch die Schlußwendungen in c. 1,3 und c. 1,4 zuzuschreiben sein.
Obwohl für einzelne Wendungen anhand des Wortlautvergleiches Abhängigkeit von den synoptischen Evangelien immerhin möglich erscheint,[1] ist für die Einschaltung Did 1,3b-6 als ganze eine
solche Abhängigkeit aus den aufgeführten Gründen als unwahrscheinlich anzusehen.[2]

d) Did 2,2 - Mt 19,18 u. 5,33 (vgl. auch Dtn 5,17-20 u. Ex 10,14-17)

Mit WOHLENBERG (31), KÖSTER (Überlieferung, 163) und KNOPF (Lehre,
10) wird Did 2,2f. als eine erweiterte Dekalogreihe zu bezeichnen
sein. Dafür spricht vor allem der Kontext. Gegen FUNK (Doctrina, X),
der Abhängigkeit vom Mt für sicher, und MASSAUX (Influence, 639),
der diese für wahrscheinlich hält, ist mit einer solchen Abhängigkeit nicht zu rechnen:[3] vom Vergleich des Wortlautes her ist sie
allenfalls möglich, aber keinesfalls naheliegend, und sonst spricht
nichts dafür, hier Evangelienbezug anzunehmen. "Ἐπιορκεῖν", das
im NT nur im Mt gebraucht wird, wird dort im Rahmen einer "zu den
Alten" gesagten Wendung zitiert; eher ist also hier die Didache
bzw. der ihr zugrundeliegende Traditionsstoff als die Vorlage des

---

1   Vom Wortlautvergleich her möglich erscheint Mt-Abhängigkeit in Did 1,4
     (Mt 5,41) u. Did 1,5 (Mt 5,26); Lk-Abhängigkeit ist möglich in Did 1,3
     (Lk 6,28a u. 32b) u. Did 1,5 (Lk 6,30); möglich, aber nicht naheliegend
     ist Mt-Abhängigkeit in Did 1,3 (Mt 5,44c; 5,46c) u. Did 1,4 (Mt 5,39b.c
     u. 5,40); unwahrscheinlich ist Mt-Abhängigkeit in Did 1,5 (Mt 5,42a) u.
     Did 1,4 (Mt 5,48a u. 19,21), auszuschließen ist sie für Did 1,3 (Mt 5,46b.a).
2   Die "Eigenständigkeit" von Did 1,3b-5 kann durchaus so interpretiert werden,
     daß man diese Passage bzw. die ihr zugrundeliegende Herrenwortsammlung
     als zeitliche oder zumindest sachliche Parallelerscheinung zu den ent-
     sprechenden Passagen in den synoptischen Evangelien ansieht; s. dazu
     RORDORF (tradition, 509) und MEES (Parallelstellen, 113-115).
3   So auch MORGAN (158).

Mt anzusehen als umgekehrt. Die Quelle für Mt 19,18 wie für Did 2,2f.
ist wohl der Dekalog; in welcher Form, ist jedoch nicht sicher auszumachen.[1]

e) Did 3,7 - Mt 5,5 (vgl. Ps 36,11 LXX)

Für eine Abhängigkeit vom Mt würde höchstens der Artikel "τήν"
sprechen; Mt 5,5 und Did 3,7 erklären sich aber besser als voneinander unabhängige Bearbeitungen der gleichen Psalmstelle, aus der
in der Didache eine Aufforderung, im Mt ein Makarismus geworden ist.
Auch WOHLENBERG (31), KÖSTER (Überlieferung, 167), KNOPF (Lehre, 16)
und MORGAN (129) halten Abhängigkeit des Didachetextes von Ps 36,11
LXX für wahrscheinlich.[2]

f) Did 4,1.10 (Mt 10,40.10)

Daß in Did 4,1[3] oder 4,10[4] Bezüge auf das Mt zu sehen sein könnten,
will nicht einleuchten; eine nähere Erörterung erübrigt sich.

g) Did 5,1 - Mt 15,19 (Vgl. Mk 7,21-23, Dtn 5,17-20 LXX und MT u.
   Ex 20,14-17 LXX und MT)

Die Aufzählung von Sünden, die in der Didache vorliegt, erklärt
sich gut als am Dekalog als Grundlage orientiert. Das, was für
Did 5,1 aus dem Mt entnommen worden wäre, ist exakt das, was auch

---

1   Die in der Gebotsaufzählung der Didache vorkommenden Dekalogglieder haben
     die gleiche Reihenfolge wie die in Mt 19,18, Mk 10,19 und Ex 20,14-17 MT.
2   Vgl. auch MEES (Parallelstellen, 48): "Hier dürften wohl aus dem A.T. ab-
     geleitete, freie Formeln der katechetischen Unterweisung Pate gestanden
     haben" (Unterstrichenes kursiv); Abhängigkeit vom Mt vermuten MASSAUX (In-
     fluence, 613f.), HARNACK (Lehre, Prolegomena, 52) und EHRHARD (59); nicht
     mehr als eine Hypothese ist die interessante Vermutung KÖSTERs (Überliefe-
     rung, 167), daß die Verwendung der Psalmstelle in der Zwei-Wege-Lehre der
     Anreiz für die redaktionelle Zufügung des Makarismus im Mt war.
3   So WOHLENBERG (31), der Bezug auf Mt 10,40 annimmt.
4   So BIHLMEYER (4), der Mt 10,10 angibt.

im Dekalog gefunden werden kann.[1]

h) Did 6,2 - Mt 11,29 u. 19,21

Daß "ζυγός", wie MASSAUX (Influence, 615) will, in Did 6,2 im
gleichen Sinn wie in Mt 11,29 gebraucht ist, will nicht einleuchten. In Did 6,2 geht es darum, das Joch vollständig oder wenigstens
so weit wie möglich zu tragen. Es wird ganz offensichtlich damit
gerechnet, daß nicht jeder es ganz tragen kann. Dazu liest sich Mt
11,29f. fast wie ein bewußter Widerspruch. Diese Beobachtung stützt
eher die These STUIBERs (Joch, 327), daß Did 6,2f. ein jüdischer
Nachtrag zur jüdischen Zwei-Wege-Lehre ist.[2]
Ein Bezug auf das Mt erweist sich als höchst unwahrscheinlich.[3]

i) Did 10,5a - Mt 6,13; Did 10,5b (vgl. Did 9,4) - Mt 24,31 u.
   25,34 (vgl. Sach 2,10 LXX)

Der Wortlautvergleich läßt es immerhin als möglich erscheinen, daß
in Did 10,5a Mt 6,13 und in Did 10,5b (vgl. Did 9,4) Mt 24,31
und Mt 25,31 aufgenommen worden sind.[4] Vom Kontext der Didache her
aber ist deutlich, daß nicht ein Evangelium, sondern ein Gemeinde-
gebet zitiert werden soll. Von daher ist direkter Mt-Bezug des
Didachisten eher unwahrscheinlich. Für Did 10,5 insgesamt ist

---

1   Von daher ist die Meinung MASSAUXs (Influence, 620-624) abzulehnen, daß
     der Didachist hier Barn 20,1ff. von Mt her bearbeitet hätte; ebenso wird
     die Position BUTLERs (33) fraglich, der Abhängigkeit von der auch dem Mt
     zugrundeliegenden Tradition vermutet; Mt-Abhängigkeit verneint zu Recht
     MORGAN (139).

2   Damit wird z.B. die Meinung AUDETs (354), der c. 6,2f für einen Nachtrag
     zur ganzen Didache hält, ebenso abgelehnt wie die These RORDORFs (DERS./
     TUILIER, 92-95), der die Verse für einen Nachtrag des Erstredaktors der
     Didache hält.

3   So auch MORGAN (160). Auch das Wort "τέλειος" macht Mt-Bezug nicht wahr-
     scheinlicher; es fällt auf, daß die Mt-Spezialvokabel "τέλειος" im Zusam-
     menhang von Mt 11,29f. gerade nicht verwandt wird.

4   Vgl. z.B. zu Mt 24,31 MIGUENS (126): "El parentesco verbal con Mt 24,31 ...
     es innegable."

sehr wahrscheinlich das Urteil KÖSTERs (Überlieferung, 196) zutreffend, daß hier ursprünglich jüdische Gebetssätze vorliegen, die
z.T. aus dem AT stammen und über ihr Eindringen in die christliche
Liturgie Aufnahme in die Didache gefunden haben.

j) Did 10,6 - Mt 21,9 (vgl. Mt 21,15)

Did 10,6 ὡσαννὰ τῷ θεῷ[1] Δαυίδ.

Mt 21,9 ὡσαννὰ τῷ υἱῷ Δαυίδ·

Der mit einiger Wahrscheinlichkeit als ursprünglich zu betrachtende
Text läßt eine Entnahme dieses liturgischen Rufes aus dem Mt
als nicht wahrscheinlich erscheinen.[2] Vielmehr ist auch hier zu
vermuten, daß der Didachist die liturgische Tradition seiner Gemeinde aufnimmt.

k) Did 12,1 - Mt 21,9 (vgl. Ps 117,26 LXX)

Näher, als Did 12,1 auf Mt 21,9 zu beziehen,[3] was vom Wortlautvergleich immerhin als möglich erscheint, liegt es, Ps 117,26 LXX
als gemeinsame Quelle für Did und Mt anzunehmen. Der jeweilige
Kontext, der darüber entscheidet, wer im Namen des Herrn kommt,[4]
differiert zu sehr, als daß man hier an Mt-Bezug der Didache
denken könnte.

---

1   Den oben abgedruckten Text bezeugt H; CA liest für "θεῷ" "υἱῷ", K für "θεῷ"
     "οἴκῳ". AUDET und BETZ (30) entscheiden sich für die Lesart von K. Mit
     BETZ (a.a.O. Anm. 82) ist darin übereinzustimmen, daß sich die Lesart "υἱῷ"
     gut erklärt als Angleichung an den Evangelientext; nicht einleuchten will
     mir seine Erklärung der Lesart "θεῷ" als erleichternde Änderung oder Flüch-
     tigkeit. Eher ist wahrscheinlich, daß der Abschreiber von K an seinen Evan-
     gelientext, der nach LEFORT(Pères Apostoliques, Komm., 26) an vielen Stel-
     len vom "texte courant" abweicht, angleicht. Es gibt m.E. keinen Grund, den
     Wert der Lesart, die H bietet, in Zweifel zu ziehen (so auch NIEDERWIMMER,
     Textprobleme, 127). Sie ist die lectio difficilior, und es ist gut vorstell-
     bar, daß sie in "υἱῷ" oder "οἴκῳ" korrigiert wurde. Kaum vorstellbar ist
     das umgekehrte Vorgehen. Keinen Anhalt an der Überlieferung hat die Konjek-
     tur von DIBELIUS (Mahlgebete, 126 Anm. 16), der vorschlägt,"ὡσαννὰ τῷ θεῷ
     οἴκου Δαυίδ" zu lesen.
2   So auch MARTIN (282)
3   So z.B. KLAUSER (72).
4   In Mt 21,9 ist es Jesu, der kommt; in Did 12,1 jeder beliebige Christ.

1) Did 16[1]

Did 16,1a γρηγορεῖτε ὑπὲρ τῆς ζωῆς ὑμῶν·

Mt 24,42; 25,13 γρηγορεῖτε οὖν ...

Mk 13,35 γρηγορεῖτε οὖν ...

1b οἱ λύχνοι ὑμῶν μὴ σβεσθήτωσαν 1c καὶ αἱ ὀσφύες ὑμῶν μὴ ἐκλυέσθωσαν,

Lk 12,35 Ἔστωσαν ὑμῶν αἱ ὀσφύες περιεζωσμέναι καὶ οἱ λύχνοι καιόμενοι·

1d ἀλλὰ γίνεσθε ἕτοιμοι· 1e οὐ γὰρ οἴδατε τὴν ὥραν, 1f ἐν ᾗ ὁ κύριος ἡμῶν ἔρχεται.

Mt 24,44 ... γίνεσθε ἕτοιμοι, ὅτι ᾗ οὐ δοκεῖτε ὥρᾳ ὁ υἱὸς τοῦ ἀνθρώπου ἔρχεται

Mt 25,13 ... ὅτι οὐκ οἴδατε τὴν ἡμέραν οὐδε τὴν ὥραν.

Mk 13,35 ... οὐκ οἴδατε γὰρ πότε ὁ κύριος τῆς οἰκίας ἔρχεται,...

Lk 12,40 καὶ ὑμεῖς γίνεσθε ἕτοιμοι, ὅτι ᾗ ὥρᾳ οὐ δοκεῖτε ὁ υἱὸς τοῦ ἀνθρώπου ἔρχεται.

Did 16,2a πυκνῶς δὲ συναχθήσεσθε ζητοῦντες τὰ ἀνήκοντα ταῖς ψυχαῖς ὑμῶν· 2b οὐ γὰρ ὠφελήσει ὑμᾶς ὁ πᾶς χρόνος τῆς πίστεως ὑμῶν, 2c ἐὰν μὴ ἐν τῷ ἐσχάτῳ καιρῷ τελειωθῆτε. 3a ἐν γὰρ ταῖς ἐσχάταις ἡμέραις 3b πληθυνθήσονται οἱ ψευδοπροφῆται καὶ οἱ φθορεῖς, 3c καὶ στραφήσονται τὰ πρόβατα εἰς λύκους

Mt 24,11 καὶ πολλοὶ ψευδοπροφῆται ἐγερθήσονται ...

Mt 7,15 Προσέχετε ἀπὸ τῶν ψευδοπροφήτων, οἵτινες ἔρχονται πρὸς ὑμᾶς ἐν ἐνδύμασι προβάτων, ἔσωθεν δέ εἰσιν λύκοι ἅρπαγες.

---

1 Um eine differenziertere Bezugnahme zu ermöglichen, sind die Verse der Didache im folgenden Textabdruck in Unterabschnitte unterteilt.

Did 16,3d καὶ ἡ ἀγάπη εἰς μῖσος

    Mt 24,12b ψυγήσεται ἡ ἀγάπη τῶν πολλῶν

Did 16,4a αὐξανούσης γὰρ τῆς ἀνομίας

    Mt 24,12a καὶ διὰ τὸ πληθυνθῆναι τὴν ἀνομίαν

4b μισήσουσιν ἀλλήλους καὶ διώξουσι καὶ παραδώσουσι

    Mt 24,10c καὶ μισήσουσιν ἀλλήλους 10b καὶ ἀλλήλους παρα-
δώσουσι

4c καὶ τότε φανήσεται ὁ κοσμοπλάνης ὡς υἱὸς θεοῦ
4d καὶ ποιήσει σημεῖα καὶ τέρατα 4e καὶ ἡ γῆ παραδοθήσεται εἰς

    Mt 24,24b ... καὶ δώσουσιν σημεῖα μεγάλα καὶ τέρατα ὥστε ...

χεῖρας αὐτοῦ, 4f καὶ ποιήσει ἀθέμιτα, ἃ οὐδέποτε γέγονεν
ἐξ αἰῶνος.
Did 16,5a τότε ἥξει ἡ κτίσις τῶν ἀνθρώπων εἰς τὴν πύρωσιν
τῆς δοκιμασίας, 5b καὶ σκανδαλισθήσονται πολλοὶ καὶ ἀπολοῦνται,

    Mt 24,10a καὶ τότε σκανδαλισθήσονται πολλοί

5c οἱ δὲ ὑπομείναντες ἐν τῇ πίστει αὐτῶν 5d σωθήσονται ὑπ'
αὐτοῦ τοῦ καταθέματος.

    Mt 24,13a = Mt 10,22b = Mk 13,13b ὁ δὲ ὑπομείνας εἰς
τέλος οὗτος σωθήσεται

Did 16,6a καὶ τότε φανήσεται τὰ σημεῖα τῆς ἀληθείας· 6b πρῶτον σημεῖον ἐκπετάσεως ἐν οὐρανῷ,

    Mt 24,30a καὶ τότε φανήσεται τὸ σημεῖον τοῦ υἱοῦ τοῦ
ἀνθρώπου ἐν οὐρανῷ

6c εἶτα σημεῖον φωνῆς σάλπιγγος 6d καὶ τὸ τρίτον ἀνάστασις
νεκρῶν·

    Mt 24,31b ... μετὰ σάλπιγγος μεγάλης

Did 16,7a οὐ πάντων δέ, ἀλλ' ὡς ἐρρέθη· 7b ἥξει ὁ κύριος καὶ πάντες οἱ ἅγιοι μετ' αὐτοῦ.

Mt 25,31 ῞Οταν δὲ ἔλθῃ ὁ υἱὸς τοῦ ἀνθρώπου ἐν τῇ δόξῃ αὐτοῦ καὶ πάντες οἱ ἄγγελοι μετ' αὐτοῦ,...

Sach 14,5b LXX καὶ ἥξει κύριος ὁ θεός μου καὶ πάντες οἱ ἅγιοι μετ' αὐτοῦ.

Did 16,8a τότε ὄψεται ὁ κόσμος τὸν κύριον 8b ἐρχόμενον ἐπάνω τῶν νεφελῶν τοῦ οὐρανοῦ 8c ἀποδοῦναι ἑκάστῳ κατὰ τὴν πρᾶξιν αὐτοῦ.

Mt 24,30c.d καὶ ὄψονται τὸν υἱὸν τοῦ ἀνθρώπου ἐρχόμενον ἐπὶ τῶν νεφελῶν τοῦ οὐρανοῦ μετὰ δυνάμεως ...

Mk 13,26 καὶ ὄψονται τὸν υἱὸν τοῦ ἀνθρώπου ἐρχόμενον ἐν νεφέλαις μετὰ δυνάμεως

Lk 21,27 καὶ τότε ὄψονται τὸν υἱὸν τοῦ ἀνθρώπου ἐρχόμενον ἐν νεφέλῃ μετὰ δυνάμεως ...

Dan 7,13 LXX ...ἐπὶ τῶν νεφελῶν τοῦ οὐρανοῦ ὡς υἱὸς ἀνθρώπου ἤρχετο,...

Mt 26,54 ἀπ' ἄρτι ὄψεσθε τὸν υἱὸν τοῦ ἀνθρώπου καθήμενον ἐκ δεξιῶν τῆς δυνάμεως καὶ ἐρχόμενον ἐπὶ τῶν νεφελῶν τοῦ οὐρανοῦ.

Mk 14,62 καὶ ὄψεσθε τὸν υἱὸν τοῦ ἀνθρώπου ἐκ δεξιῶν καθήμενον τῆς δυνάμεως καὶ ἐρχόμενον μετὰ τῶν νεφελῶν τοῦ οὐρανοῦ.

Abhängigkeit der Didache von einem synoptischen Evangelium im Sinne einer Orientierung an ihm ist auszuschließen. Nähme man eine solche Abhängigkeit an, ergäbe sich zum einen die Schwierigkeit, daß der Didachist die Gliederung seines Stoffes nicht aus seiner Quelle übernommen hätte. Zum anderen beinhaltet Did 16 viele Stoffe, die in

keinem der synoptischen Evangelien eine Parallele haben.[1] Es verbie-
tet sich von daher anzunehmen, daß der Didachist sich für die Abfassung seiner Schlußermahnung hauptsächlich am Mt orientiert hat[2].
Die genauere Analyse erweist darüber hinaus, daß ein Zugrundeliegen von Mk, Lk oder Mt sich nicht wahrscheinlich machen läßt.

> Von den Wortlautvergleichen her erscheint Abhängigkeit von einem der
> synoptischen Evangelien allerhöchstens als möglich. Im einzelnen ist
> Mt-Abhängigkeit gut möglich in Did 16,4b (Mt 24,10c.b), Did 16,5b (Mt
> 24,10a), Did 16,6a.b (Mt 24,30a), Did 16,6c (Mt 24,31b),[3] und Did 16,8a.b
> (Mt 24,30c.d u. 26,54). Lk-Abhängigkeit ist fast immer weniger wahrscheinlich
> als Mt-Abhängigkeit; eine Ausnahme bietet hier nur Did 16,1b.c, wo Lk-Ab-
> hängigkeit immerhin als gut möglich erscheint; Mt bietet keine Parallele.
> Allenfalls theoretisch möglich ist Mt-Bezug in Did 16,1a (Mt 24,42; 25,13),
> Did 16,1d.e.f (Mt 24,44 u. 25,13), Did 16,3b (Mt 24,11), Did 16,3c (Mt 7,15),
> Did 16,3d (Mt 24,12b), Did 16,4d (Mt 24,24b)u. Did 16,5c.d (Mt 24,13a; 10,
> 22b).
> Unwahrscheinlich ist Mt-Bezug in Did 16,7b (Mt 25,13).[4]

Bemerkenswert sind eine Reihe von Passagen, zu denen sich nur im Mt
Parallelen finden.[5] Dieser Befund erklärt sich am besten, wenn man
annimmt, daß Did 16 aus der gleichen Tradition schöpft wie Mt 24.[6]
Dabei scheint die Didache an einigen Stellen einen späteren Zeitpunkt der Bearbeitung des mit dem Mt gleichen Stoffes zu repräsentieren.[7]
Die Frage, wer für die Abfassung von Did 16 verantwortlich zu machen
ist, ist nicht leicht zu entscheiden. In jedem Fall hat der Didachist - ob er nun die Schlußermahnung selbst verfaßte oder nur
einfügte - , das Mt, das er wahrscheinlich kannte, nicht als in
allen Fragen zu rezipierende Autorität verstanden. Der "matthäische"

---

1   Vgl. Did 16,2a.b.c, 16,3a, 16,4e.f, 16,5a, 16,6d, 16,7a.b u. 16,8c.
2   Eine solche Orientierung am Mt nehmen an z.B. STOMMEL (27), ZAHN (Lehre, 292)
     u. HARNACK (Lehre, Prolegomena, 63).
3   Anders als ich hält ALTENDORF Mt-Bezug in Did 16,6 für "unbestreitbar" (17).
4   So auch KLOPPENBORG (59).
5   Vgl. Did 16,3b.d, 16,4a.b, 16,5b, 16,6b.c; auffällig sind jeweils aber auch
     die Abweichungen vom Mt.
6   So auch KLOPPENBORG (66f.) und KÖSTER (Introduction 2, 159).
7   Darauf weist auch RIEDMATTEN (419) hin; zu denken ist z.B. an Did 16,1f u.
     16,5c. Das Fehlen der Menschensohnerwartung (Did 16,6.8), an deren Stelle
     die Erwartung des "κύριος" getreten ist, ist keinesfalls, wie KÖSTER (Intro-
     duction 2, 160) will, ein Anzeichen von hohem Alter der entsprechenden Pas-
     sagen, sondern zeigt eher den gegenüber den synoptischen Evangelien "späteren"
     Reflexionsstand ihres Verfassers.

Stoff der Didache-Apokalypse ist aber ein deutlicher Hinweis auf
Milieuähnlichkeit oder sogar -verwandschaft zwischen Mt und
Didache.

1.3. Zusammenfassung und Auswertung

Zum einen hat die Analyse der Stellen, die einen Bezug der Didache
auf das Mt vermuten lassen könnten, ergeben, daß der Didachist auf
jeden Fall das Milieu gekannt hat, in dem das Mt entstanden ist.
Darauf weisen deutlich Did 7,1; 8; 10,5 und 16 sowie möglicherweise
Did 11,7 hin.
Zum anderen ist für die Didache die Kenntnis eines schriftlichen Evangeliums nahezu sicher durch die Art und Weise, in der der Didachist
sich auf das "Evangelium" bezieht.
Beide Beobachtungen zusammengenommen lassen es als sehr wahrscheinlich erscheinen, daß der Didachist das Mt gekannt und benutzt hat.[1]
Daß das schriftliche Evangelium der Didache das Mt gewesen ist, läßt
sich dabei an keiner der oben analysierten oder aufgeführten Stellen
ausschließen; von Did 8,2 und 15,3f. her legt sich eine solche Identifikation deutlich nahe.
Im Vergleich mit den anderen synoptischen Evangelien erweist sich
die Aufnahme des matthäischen Stoffes nicht nur als präponderant,
sondern legt darüber hinaus sogar die Vermutung nahe, daß der Didachist von "unseren" Evangelien nur das Mt benutzt hat.

Geht man davon aus, daß das "Evangelium" des Didachisten das Mt
war, so ist die Art der Bezugnahme interessant: der Didachist verweist zwar für alle ihm vorrangig wichtigen Fragen abschließend auf

---

1   So auch WENGST (Didache, 24) und COURT (passim). Berücksichtigt man nur das
     Ergebnis der Wortlautvergleiche, so kann dieses auch so interpretiert wer-
     den, daß man für beide Schriften nur ein gemeinsames Milieu und gemeinsame
     Quellen annimmt; für diese Position vgl. z.B. FREUDENBERGER (Text, 424 u.
     431), CRONE (265), OSBORN (132), BESSON (75), KLOPPENBURG (63 u. passim),
     TUILIER (Didache, 735) und ZUMSTEIN (7f.).

das "Evangelium", er ist aber durchaus nicht ängstlich darum bemüht,
alles, was er sagt, auch im Evangelium verifizieren zu können.
Deutlich ist auch, daß das "Evangelium" für ihn nicht die einzige
Autorität ist. Er zitiert das Alte Testament und nimmt eine so
nicht in seinem Evangelium zu findende Herrenwortsammlung auf, überarbeitet sie und stellt sie an den Anfang einer ursprünglich jüdischen ethischen Unterweisung.

> Die von vielen in Did 1,1-3a.2,2-6,3 vermuteten Anklänge an die synopti-
> schen Evangelien und vor allem das Mt erklärten sich allesamt gut als
> Beeinflussungen durch jüdische Traditionen oder Quellen. Auch äußere
> Gründe hatten für Did 1-6 eine jüdische oder allenfalls kryptochristliche
> Quelle als Grundlage wahrscheinlich gemacht. Die Analyse bestätigt RORDORFs
> Behauptung, daß es ganz und gar unnötig sei, in Did 1,1-3a.2,2-6 nach der
> Benutzung eines Evangeliums oder überhaupt nach der Aufnahme christlichen
> Gedankengutes zu fragen (DERS./TUILIER 84).

Neben der Aufnahme schriftlicher Quellen weiß der Didachist sich
auch der gottesdienstlichen Tradition seiner Gemeinde verpflichtet.[1]
Dabei geht er mit seinen Quellen souverän um; er arbeitet und argumentiert mit ihnen und verweist auf sie, um letztlich doch nur
sein eigenes Anliegen deutlich zu machen und zu legitimieren.

---

[1] Gerade die matthäische "Färbung" des Milieus, in dem die Didache entstanden
ist, weist darauf hin, daß sie in nicht allzugroßer Entfernung von der
Entstehung des Mt zu lokalisieren und zu datieren sein dürfte. Der in der
neueren Mt-Forschung weitgehende Konsens bezüglich der Abfassung des Mt
im syrischen Raum in der Zeit zwischen 80 und 100 n.Chr.(s. dazu oben S. 14)
paßt ausgezeichnet zusammen sowohl mit der von mir vertretenen Datierung
und Lokalisierung der Didache, als auch mit der Art und Weise der Bezugnahme
des Didachisten auf das Mt   u n d   die diesem zugrundeliegenden Traditionen.

2. 1. KLEMENSBRIEF

2.1. Einleitung

Der sogenannte 1. Klemensbrief[1], ein "extended piece of ethical paraenesis"[2], ist ein Brief[3] der römischen Gemeinde an die korinthische, wie aus dem Eingangsgruß ersichtlich ist.

Der Verfasser des Briefes wird wohl eine führende Persönlichkeit in der römischen Gemeinde gewesen sein. Mehr wissen wir über ihn nicht. Die Zuschreibung an einen Verfasser namens Klemens beruht nur auf den - allerdings einhelligen - Angaben der Tradition.[4]

Trotz des aus- und abschweifenden Stils ist deutlich, daß der Brief als Ganzes eine auf einen Verfasser zurückgehende Einheit ist.[5] Sowohl die Annahme einzelner Interpolationen[6] oder gar einer durchgehenden Überarbeitung[7] als auch die der Einarbeitung einer längeren Homilie[8] ist abzulehnen. Gerechnet werden muß dagegen mit der Übernahme einzelner homiletischer "Versatzstücke"[9], die auf denselben Verfasser zurückgehen wie der Brief, ohne daß der Beweis geführt werden kann, daß diese n i c h t   ad hoc formuliert worden sind.

Zu datieren ist der I Clem auf die Zeit während oder kurz nach der domitianischen Christenverfolgung.[10]

Diese Datierung geht davon aus, daß in c. 1,1 "γενομένας ἡμῖν συμφορὰς καὶ περιπτώσεις" zu lesen ist und sich diese Passage auf eine Christenverfolgung

---

1   Zugrundegelegte Ausgabe: FISCHER; zur Bezeichnung und Beschreibung der Textzeugen s. dort 21-23.

2   HAGNER 7.

3   Am Briefcharakter ist wohl nicht zu zweifeln; s. dazu JORDAN (134f.), F ZELLER (22), THYEN (12), BIHLMEYER (XXVII), MOLLAND (1837), KNOCH (Eigenart, 67), VIELHAUER (Geschichte, 532 u. 535).

4   S. dazu HARNACK (Überlieferung, 39-47 u. Einführung, 10-12).

5   So z.B. F X FUNK (Opera, XXXIf.), WESTCOTT (24 Anm. 3), LIGHTFOOT (I,1, 363-365), UHLHORN (168), THYEN (12), FISCHER (16), STUIBER (Clemens, 192) u. VIELHAUER (Geschichte, 539); zur Information über abweichende Meinungen u. Diskussion derselben vgl. LIGHTFOOT (I,1, 363-365) u. GEBHARDT/HARNACK (XLIXf.).

6   So der anonyme Verfasser von SUPERNATURAL RELIGION (223).

7   S. dazu VÖLTER (Clemens, passim).

8   So LEMARCHAND (456).

9   S. dazu BOUSSET (Schulbetrieb, 309).

10 Ein guter Überblick über die Forschungsgeschichte zur Datierungsfrage findet sich bei FUELLENBACH (1-3 mit Anm. 1-16 S. 147-150).

bezieht. Da in c. 5 und 6, die wohl auf die neronische Verfolgung Bezug
nehmen, von dieser als schon deutlich zurückliegend gesprochen wird, muß
c. 1,1 auf die domitianische Verfolgung anspielen. Eine spätere Verfolgung
kommt nicht in Frage, weil kaum vorstellbar wäre, daß dann von der neroni-
schen Verfolgung in c. 5 als von einem Beispiel "γενεᾶς ἡμῶν" gesprochen
würde. Auf die in c. 1,1 angesprochene Verfolgung blickt die römische Gemeinde direkt zurück; ob nun dieser Rückblick zu datieren ist auf eine
"Pause" in der domitianischen Verfolgung oder auf die Zeit direkt nach
dem endgültigen Ende der Verfolgung mit dem Tode Domitians, ist schwer zu
entscheiden. M.E. spricht mehr dafür, diese Frage offenzulassen, d.h. den
Brief auf den Anfang der Herrschaft Nervas oder das Ende der Herrschaft
Domitians zu datieren[1], als sich für die eine oder andere Möglichkeit zu
entscheiden[2].

Die Autorität, unter der im I Clem auf Evangelienstoff verwiesen
oder dieser zitiert wird, ist, sofern sie benannt wird, der "Herr".[3]
Das Wort "εὐαγγέλιον" ist für den Verfasser der zusammenfassende
Begriff für die Missionstätigkeit des Paulus.[4]
Viel öfter als auf Evangelienstoff wird im I Clem auf das AT angespielt und Bezug genommen.[5] Ob der Verfasser des I Clem dabei zumeist nach der LXX oder zumindest memoriter auf diese bezogen
zitiert,[6] oder in Auswahl und Text seiner Zitate abhängig ist von
einer bereits feststehenden Art der Verwendung des AT, etwa in Form
von Zitatensammlungen,[7] ist nicht leicht zu entscheiden. Auffällig
ist, daß - gemessen an der LXX - die Genauigkeit der Zitation mit

---

1   So auch GEBHARDT/HARNACK (LX), SANDAY (61), LIGHTFOOT (I,1, 346f.), F
     ZELLER (21), KNOPF (Lehre, 43), SCHAEFER (2), KLEIST (Epistles, 4),
     RICHARDSON (33), FLESSEMANN-VAN LEER (19), BIHLMEYER (XXVI), FISCHER (20),
     SCHIEFFER (1222), KNOCH (Eigenart, 30), BARBEL (50), JAUBERT (Clement, 20),
     BUMPUS (5), VIELHAUER (Geschichte, 540), MEES (Hohepriester-Theologie, 115).
2   Auf die Zeit Domitians datieren z.B. HILGENFELD (Apostolische Väter, 84),
     HARNACK (Chronologie 1, 255), KNOPF (Clemens NTApo, 87), HARNACK (Einfüh-
     rung, 52), ALTANER/STUIBER (45) u. PETERS (56); auf Nerva z.B. F X FUNK
     (Opera, XXIII), VÖLTER (Clemens, 142) u. BARDENHEWER (1, 120)
3   S. c. 13,2 u. 46,8.
4   So c. 47,1; vgl. auch den deutlich die mündliche Verkündigung meinenden
     Gebrauch des Verbs "εὐαγγελίζειν" in c. 42,1.3.
5   S. dazu HAGNER (21ff.) u. dort besonders die gute Übersicht über die
     verwendeten Einführungsformeln (26-28).
6   So FOSTER (227f.) u. HAGNER (102f.108 u.ö.).
7   So GRANT (Formation, 78) und MAYER (537); s. auch KNOCH (Eigenart, 52).

der Länge des Zitates deutlich zunimmt.[1] Oft wird das AT als
"Schrift" zitiert, genauso aber finden sich AT-Zitationen, in denen das AT ohne Hinweis auf seine Schriftlichkeit als Gottesrede
angeführt wird. Diese Gottesrede wird in einigen Fällen mit
demselben "εἶπεν" eingeleitet wie die Worte Jesu in c. 13,2 und
46,8.[2] Die Analyse der AT-Zitateinleitungsformeln ergibt , daß
allein von diesen Formeln her im I Clem nicht auf Mündlichkeit
oder Schriftlichkeit der zitierten Vorlage geschlossen werden
kann.

Unbestreitbar hat der Verfasser des I Clem neben dem AT auch zumindest eine Schrift unseres heutigen NT gekannt: den ersten Ko-
rintherbrief des Paulus.[3] Auffällig ist dabei, daß - im Unterschied zur Art des Bezuges auf das AT - nirgends im I Clem
aus dem I Kor zitiert wird,[4] obwohl oft genug auf diesen Paulus-
brief angespielt wird.[5] Diese Beobachtung mahnt zur Vorsicht
dahingehend, für den Verfasser des I Clem Kenntnis und Benutzung
einer neutestamentlichen Schrift allgemein oder des Mt im besonderen nur deswegen abzulehnen, weil sich kein eindeutiges Zitat
aus dieser Schrift nachweisen läßt.

---

1   Darauf wies schon CARLYLE (77) hin. Diese Beobachtung stützt die These
     HAGNERs vom LXX-Bezug der AT-Zitate bzw. führt zur Annahme, daß der Ver-
     fasser des I Clem die LXX und Stellensammlungen einer von der LXX ver-
     schiedenen Rezension des AT-Textes nebeneinander benutzte.
2   S. z.B. c. 10,4 "εἶπεν αὐτῷ ὁ θεός" (folgt Gen 13,14-16); vgl. auch c. 20,7
     (Hiob 38,11); c. 33,6 (Gen 1,28), c. 53,2f. (Ex 32,7f. u. Dtn 9,12f.).
     "Εἶπεν" als Einführung der Worte des Mose findet sich in c.53,4 (vgl. Ex
     32,31f.).
3   Vgl. c. 47,1-3.
4   Unter Verwendung einer Einleitungsformel wird fast ausschließlich das
     AT zitiert; Ausnahmen sind die Herrenworte in c. 13,2 u. 46,8 sowie die
     in uns bekannten Schriften nicht verifizierbaren Zitate in c. 17,6, 23,3f.
     u. 46,2.
5   S. dazu LINDEMANN (Paulus, 191).

2.2. Analyse einzelner Stellen

2.2.1. Stellen, an denen Mt-Abhängigkeit möglich ist

a) I Clem 16,17 - Mt 11,29f.

I Clem 16,17 ὁρᾶτε, ἄνδρες ἀγαπητοί, τίς ὁ ὑπογραμμὸς ὁ δεδο-
μένος ἡμῖν· εἰ γὰρ ὁ κύριος οὕτως ἐ<u>ταπει</u>νοφρόνησεν, τί ποιήσωμεν ἡμεῖς οἱ ὑπὸ τὸν <u>ζυγὸν</u> τῆς χάριτος αὐτοῦ δι᾽ αὐτοῦ ἐλθόντες;

    Mt 11,29 ἄρατε τὸν ζυγόν μου ἐφ᾽ ὑμᾶς καὶ μάθετε ἀπ᾽ ἐμοῦ,
    ὅτι πραΰς εἰμι καὶ <u>ταπει</u>νὸς τῇ καρδίᾳ, καὶ εὑρήσετε ἀνά-
    παυσιν ταῖς ψυχαῖς ὑμῶν· 30 ὁ γὰρ <u>ζυγὸς</u> μου χρηστὸς καὶ
    τὸ φόρτιον μου ἐλαφρόν ἐστιν.

Daß der Verfasser des I Clem hier "wie ein Prediger" auf Mt 11,29f.
anspielt[1], ist zwar nicht sicher, aber durchaus möglich. Der Begriff
"Joch" als Bezeichnung der Gesetzesforderung kann dabei zwar theoretisch auch aus der jüdischen Tradition aufgenommen sein und muß
sich nicht dem Logion Mt 11,29f. verdanken;[2] zu beachten ist aber,
daß in I Clem 16,17 das "Joch der Gnade" eindeutig das Joch Jesu
ist. Von daher ist zumindest große Nähe zum Mt zu konstatieren.[3]
Gerechnet werden muß mit der Möglichkeit, daß der Verfasser des
I Clem nicht auf das Mt, sondern auf die diesem zugrundeliegende
Tradition anspielt.[4] Die Beweislast für Mt-Abhängigkeit des I Clem
vermag c. 16,17 deshalb nicht zu tragen; die fragliche Stelle verträgt sich aber sehr gut mit der Annahme einer solchen Abhängigkeit.[5]

---

1   So ZAHN (Testament, 919)
2   So KÖSTER (Überlieferung, 20).
3   Vgl. dazu auch V H STANTON (Gospels, 13).
4   So KNOCH (Eigenart, 73).
5   Deutlich Nichtabhängigkeit vom Mt vertreten GEBHARDT/HARNACK (LII), KÖSTER
    (Überlieferung, 20) u. MORGAN (27); bei MASSAUX (Influence) wird c. 16,17
    gar nicht behandelt; er muß diese Stelle wohl übersehen haben.

b) I Clem 24,5 - Mt 13,3-9 (vgl. Mk 4,3-9 u. Lk 8,4-8)

I Clem 24,5 ἐξῆλθεν ὁ σπείρων καὶ ἔβαλεν εἰς τὴν γῆν ἕκαστον τῶν σπερμάτων· ἅτινα πεσόντα εἰς τὴν γῆν ξηρὰ καὶ γυμνὰ δια-λύεται· εἶτ' ἐκ τῆς διαλύσεως ἡ μεγαλειότης τῆς προνοίας τοῦ δεσπότου ἀνίστησιν αὐτά, καὶ ἐκ τοῦ ἑνὸς πλείονα αὔξει καὶ ἐκφέρει καρπόν.

Gemeinsam ist dem I Clem und den synoptischen Evangelien nur das Bild vom Sämann, der säte. Im I Clem soll die "Geschichte" des Samenkorns ein Hinweis auf die Auferstehung sein, in den synoptischen Parallelen ist der Skopus ein völlig anderer. Während I Clem vorauszusetzen scheint, daß jedes Samenkorn Frucht bringt, geht die synoptische Erzählung ja gerade davon aus, daß es sich damit anders verhält. Die Übereinstimmungen im Wortlaut[1] sind zudem so wenig signifikant, daß aus ihnen Abhängigkeit von einem der Synoptiker kaum abgeleitet werden kann.[2] Auffällig ist aber, daß der Verfasser des I Clem in c. 24,5 offensichtlich doch auf eine fest formulierte Vorlage zumindest anspielt: bei freier Formulierung würde man in c. 24,5 als Tempus der Verben nicht gerade den Aorist erwarten; er paßt weder in die Aussageintention des Verfassers, dem es um ein gültiges, wiederholtes Geschehen geht, noch zum folgenden Präsens (διαλύεται). Aufgrund der Spärlichkeit der Anspielung läßt sich kaum entscheiden, ob sich der Verfasser auf eines der synoptischen Evangelien (und wenn ja, auf welches?) oder die mündliche Tradition bezieht.[3] Hat er die synoptische Sämanngeschichte vor Augen, so ist seine Intention deutlich von der dieser Geschichte verschieden. Einen positiven Hinweis auf Kenntnis gerade und besonders des Mt kann c. 24,5 auf keinen Fall geben. Allerdings steht diese Stelle einer solchen Kenntnis auch

---

[1] Zu nennen sind hier nur die Wendung "ἐξῆλθεν ὁ σπείρων" und der Gebrauch des Wortes "πίπτειν" im Aorist; hierin stimmt der I Clem mit allen drei Synoptikern in gleicher Weise überein.
[2] Anders LIGHTFOOT (I,2, 83 Anm.) und JACQUIER (43), der auf Mt 13,3 als Quelle verweist.
[3] Einen Bezug auf die synoptischen Evangelien lehnen ab z.B. GEBHARDT/HARNACK (LII), MASSAUX (Influence, 32), KÖSTER (Überlieferung, 20f.), MORGAN (23) und (vorsichtig) HAGNER (165). JAUBERT (Clement, 142 Anm. 4) sieht in c.24,5 ein Echo des synoptischen Sämannsgleichnisses und der paulinischen Auferstehungslehre.

nicht entgegen. Kannte der Verfasser des I Clem die synoptischen
Evangelien oder eines von ihnen, so ist deutlich, daß er sie/es
recht willkürlich und frei seinen Aussageinteressen dienstbar
gemacht hat.

c) I Clem 46,8

I Clem 46,8 (7 ... καὶ εἰς τοσαύτην ἀπόνοιαν ἐρχόμεθα, ὥστε
ἐπιλαθέσθαι ἡμᾶς, ὅτι μέλη ἐσμὲν ἀλλήλων; μνήσθητε τῶν λόγων
Ἰησοῦ τοῦ κυρίου ἡμῶν.) εἶπεν γάρ· Οὐαὶ τῷ ἀνθρώπῳ ἐκείνῳ·
καλὸν ἦν αὐτῷ, εἰ οὐκ ἐγεννήθη,

    Mt 26,24 ... οὐαὶ δὲ τῷ ἀνθρώπῳ ἐκείνῳ δι' οὗ ὁ υἱὸς τοῦ
    ἀνθρώπου παραδίδοται. καλὸν ἦν αὐτῷ εἰ οὐκ ἐγεννήθη ὁ ἄν-
    θρωπος ἐκεῖνος.

    Mk 14,21 ... οὐαὶ δὲ τῷ ἀνθρώπῳ ἐκείνῳ δι' οὗ ὁ υἱὸς τοῦ
    ἀνθρώπου παραδίδοται. καλὸν   αὐτῷ εἰ οὐκ ἐγεννήθη ὁ ἄν-
    θρωπος ἐκεῖνος.

    Lk 22,22 ... οὐαὶ τῷ ἀνθρώπῳ ἐκείνῳ δι' οὗ παραδίδοται.

ἢ ἕνα τῶν ἐκλεκτῶν μου σκανδαλίσαι· κρεῖττον ἦν αὐτῷ περιτε-
θῆναι μύλον καὶ καταποντισθῆναι εἰς τὴν θάλασσαν, ἢ ἕνα τῶν
ἐκλεκτῶν μου διαστρέψαι. (9 τὸ σχίσμα ὑμῶν πολλοὺς διέστρεψεν...)

    Mt 18,6 Ὃς δ' ἂν σκανδαλίσῃ ἕνα τῶν μικρῶν τούτων τῶν
    πιστευόντων εἰς ἐμέ, συμφέρει αὐτῷ ἵνα κρεμασθῇ μύλος
    ὀνικὸς περὶ τὸν τράχηλον αὐτοῦ καὶ καταποντισθῇ ἐν τῷ πε-
    λάγει τῆς θαλάσσης. 7 Οὐαὶ δὲ τῷ κόσμῳ ἀπὸ τῶν σκανδάλων·
    ἀνάγκη γὰρ ἐλθεῖν τὰ σκάνδαλα, πλὴν οὐαὶ τῷ ἀνθρώπῳ δι' οὗ
    τὸ σκάνδαλον ἔρχεται.

    Mk 9,42 Καὶ ὃς ἂν σκανδαλίσῃ ἕνα τῶν μικρῶν τούτων τῶν
    πιστευόντων (εἰς ἐμέ), καλόν ἐστιν αὐτῷ μᾶλλον εἰ περίκει-
    ται μύλος ὀνικὸς περὶ τὸν τράχηλον αὐτοῦ καὶ βέβληται εἰς
    τὴν θάλασσαν.

Lk 17,1 ... ἀνένδεκτόν ἐστιν τοῦ τὰ <u>σκάνδαλα</u> μὴ ἐλθεῖν,
πλὴν οὐαὶ δι᾽ οὗ ἔρχεται· 2 λυσιτελεῖ αὐτῷ εἰ λίθος <u>μυλι-
κός</u> περίκειται περὶ τὸν τράχηλον αὐτοῦ καὶ ἔρριπται <u>εἰς τὴν
θάλασσαν</u> ἢ ἵνα <u>σκανδαλίσῃ τῶν</u> μικρῶν τούτων <u>ἕνα</u>.

Die Einführungsformel des Herrenwortzitates in c. 46,7f. läßt
einen Rückschluß auf die Mündlichkeit oder Schriftlichkeit der
zitierten Vorlage nicht zu. In seinem ersten Teil ist das Zitat
einer Passage aus Mt 26,24 sehr ähnlich, unterscheidet sich aber
ebenfalls kaum von der entsprechenden Parallele bei Mk. Würde der
Verfasser sich hier auf eines der synoptischen Evangelien beziehen,
so hätte er genau das weggelassen, was nicht zu seiner "Verwertungsabsicht" gepaßt hätte. Damit wären die korinthischen Unruhestifter
bewußt dem Judas an die Seite und mit ihm auf eine Stufe gestellt.
Auch die Fortsetzung des Zitates erklärt sich gut als auf den
synoptischen Evangelien basierend. Das Wort "καταποντίζομαι" ist
dabei ein starker Hinweis auf Abhängigkeit vom Mt.[1] Die möglicherweise auf das Lk weisende Satzstellung im zweiten Zitatteil erklärt
sich gut daraus, daß der Verfasser des I Clem hier Zitate kombiniert
und abschließend die Wendung, mit der er das Verhalten seiner korinthischen Adressaten charakterisiert, wiederholt. Die Nähe zum Lk
kann also gut rein zufällig sein. Daß am Schluß des Zitates dabei
anstatt "σκανδαλίσαι" "διαστρέψαι" steht, erklärt sich gut als
Wechsel in der Wortwahl und muß nicht auf eine "außerkanonische" Vorlage weisen.
Ein Bezug auf das Mt ist zwar nicht zu beweisen; es scheint aber einer
Erklärung des Zitates in I Clem 46,8 als z.T. wörtliches, z.T. freies
kombiniertes Zitat zweier Stellen aus dem Mt auch nichts entgegenzu-
stehen. Alle Abweichungen vom Text des Mt erklären sich gut aus den
Intentionen des Zitierenden. Außer MASSAUX (Influence, 24-26), ZAHN
(Testament, 918), EGGENBERGER (72), MAURER (Ignatius, 17) und LOH-
MANN (32) ist die Forschung aber durchgehend anderer, wenn auch nicht
übereinstimmender Meinung. Als Quelle des Zitates wird dabei angesehen

---

1   "Καταποντίζομαι" kommt im NT nur in Mt 14,30 u. 18,6 vor.

eine außerkanonische Evangelienschrift[1] oder die mündliche Tradition[2]; wenn schon Bezug auf die synoptischen Evangelien angenommen
wird, wird zumeist mit einer Harmonisierung von Mt 26,24 und Lk 17,2
gerechnet.[3]

Theoretisch muß die Möglichkeit, daß nicht der Verfasser des I Clem,
sondern jemand vor ihm das synoptische Material so umgeformt hat,
wie wir es in I Clem 46,8 vorfinden, offengehalten werden. Dagegen
spricht allerdings, daß sich die Abweichungen vom Text des Mt allesamt gut und einfach aus dem Anliegen des Verfassers des I Clem
erklären lassen. Angesichts der für den I Clem vorauszusetzenden
Adressatensituation reichen die Existenz des Mt und des Verfassers
des I Clem schon aus, um die Entstehung von I Clem 46,8 zu erklären.

Hat der Verfasser des I Clem das Mt benutzt, so ist die Art seines
Bezuges interessant: er setzt bei seinen Lesern deutlich Kenntnis
des Mt voraus, begnügt sich aber nicht damit, das Mt zustimmend
zu zitieren, sondern macht es geschickt seinem eigenen Anliegen
dienstbar. Nicht mehr die "Kleinen" sind es, deren Ärgernis erregt
wird, und nicht mehr allein Judas wäre besser nicht geboren: schär-
fer und geschickter kann man seine Gegner fast nicht diffamieren,
als der Verfasser es hier tut.

2.2.2. Stellen, an denen Mt-Abhängigkeit allenfalls theoretisch
       möglich ist

a) I Clem 15,2 - Mt 15,8 (vgl. Mk 7,6 u. Jes 29,13 LXX)

   I Clem 15,2 (1 Τοίνυν κολληθῶμεν τοῖς μετ᾽ εὐσεβείας εἰρηνεύ-
   ουσιν, καὶ μὴ τοῖς μεθ᾽ ὑποκρίσεως βουλομένοις εἰρήνην.) λέγει

---

1   So z.B. EICHHORN (132), E ZELLER (530), HILGENFELD (Apostolische Väter, 106),
     VÖLTER (Clemens, 151), der einen vorkanonischen Mt annimmt, (vorsichtig)
     KNOPF (Lehre, 122), HARNACK (Einführung, 117), KÖSTER (Überlieferung, 18),
     der Q als Quelle des I Clem ansieht, und GRANT (Formation, 80).
2   So z.B. CREDNER (27) und HAGNER (164).
3   So RITSCHL (493), SANDAY (67f.), F X FUNK (Opera, 120), WESTCOTT (60), LIGHT-
     FOOT (I,2, 141), JACQUIER (43), MERRILL (238), WRIGHT (59), KNOCH (Eigenart,
     70-72); zwischen mdl. Tradition und Mt/Lk Harmonisierung schwanken CARLYLE
     (62) und KNOPF (Clemens HNTA, 186) sowie FISCHER (85 Anm. 270). Eine Harmo-
     nisierung von Mt/Mk/Lk nimmt HOWARD (480) an.

γάρ που˙ οὗτος ὁ λαὸς τοῖς χείλεσί με τιμᾷ, ἡ δὲ καρδία
αὐτῶν πόρρω ἄπεστιν ἀπ᾽ ἐμοῦ.

Mt 15,8 (7 ὑποκριταί, καλῶς ἐπροφητεύσεν περὶ ὑμῶν
᾽Ησαΐας λέγων˙) ὁ λαὸς οὗτος τοῖς χείλεσίν με τιμᾷ,
ἡ δὲ καρδία αὐτῶν πόρρω ἀπέχει ἀπ᾽ ἐμοῦ˙

Mk 7,6 (5 ... καλῶς ἐπροφήτευσεν ᾽Ησαΐας περὶ ὑμῶν τῶν
ὑποκριτῶν, ὡς γέγραπται (ὅτι))οὗτος ὁ λαὸς τοῖς χείλεσίν
με τιμᾷ, ἡ δὲ καρδία αὐτῶν πόρρω ἀπέχει ἀπ᾽ ἐμοῦ˙

Jes 29,13 LXX Καὶ εἶπεν κύριος˙ ᾽Εγγίζει μοι ὁ λαὸς
οὗτος τοῖς χείλεσιν αὐτῶν τιμῶσιν με, ἡ δὲ καρδία αὐτῶν
πόρρω ἀπέχει ἀπ᾽ ἐμοῦ,...

Bezüglich Wortlaut und -stellung weicht das Zitat in I Clem 15,2 nur
an einer Stelle von dem bei Mk 7,6 ab: I Clem 15,2 liest "ἄπεστιν",
Mk 7,6 "ἀπέχει". Gegenüber dem Wortlaut des Zitates in Mt 15,8 ist
als zusätzliche Abweichung die Stellung der Worte "οὗτος ὁ λαὸς "
(Mt: "ὁ λαὸς οὗτος") festzuhalten. Gegenüber dem LXX-Text sind in
I Clem 15,2 darüber hinaus noch an zwei weiteren Stellen Abweichungen
zu notieren: I Clem 15,2 bietet keine Entsprechung für Jes 29,13
"ἐγγίζει μοι", I Clem liest "τιμᾷ", Jes 29,13 "τιμῶσιν".
Daß der Verfasser des I Clem sein Zitat im gleichen Kontext anführt
wie die Synoptiker das ihre, ist nicht weiter verwunderlich, da sich
der Bezug auf "Heuchelei" schon aus dem im Zitat zum Ausdruck gebrachten Inhalt ergibt.
Vom Wortlaut her ist zwischen Abhängigkeit von Mt, Mk oder Jes nicht
zu entscheiden. Wortwörtlich abgeschrieben haben kann der Verfasser
des I Clem sein Zitat aus keiner der uns bekannten Parallelen. Zwar
ist die Nähe zum Mk am größten, die Abweichungen von allen Parallelen aber sind so geringfügig, daß, angenommen, der Verfasser habe
nach dem Gedächtnis zitiert, die Grundlage seines Gedächtniszitates
sowohl Mt als auch Mk als auch Jes sein könnte. Als weitere Möglichkeit muß offengehalten werden, daß in I Clem 15,2 aus einer dem
Verfasser vorliegenden Zusammenstellung von AT-Zitaten zitiert wird.
Einen Hinweis darauf könnte geben, daß im I Clem im folgenden weitere

zum Thema "Heuchelei" passende AT-Zitate (aus den Psalmen) folgen,
die wie der Wortlaut von I Clem 15,2 nicht Wort für Wort auf die LXX
zurückgeführt werden können. Diese Zitatensammlung hätte dann
für Jes 29,13 eine Textrezension geboten, die der Vorlage des Mk
sehr ähnlich war.[1]

Eine definitive Entscheidung zwischen den vorgetragenen Möglichkeiten erscheint mir angesichts der vorzubringenden Argumente
nicht als möglich.[2] Immerhin aber spricht der Kontext in I Clem
15,3-7 stark für das Vorliegen einer Zitatensammlung, so daß
insgesamt gesehen Mt-Bezug des Verfassers des I Clem alles andere
als naheliegend ist, obwohl er nicht ausgeschlossen werden kann.[3]

b) I Clem 30,3 - Mt 7,21

In I Clem 30,3 nimmt MASSAUX (Influence, 21) für die Wendung
"ἔργοις δικαιούμενοι καὶ μὴ λόγοις" Mt-Bezug an, während sich
KNOCH (Eigenart, 74), MORGAN (19) und HAGNER (167) gegen einen
solchen Bezug aussprechen. Vom Wortlaut her spricht nichts für
die Annahme MASSAUXs; für den zur Sprache gebrachten Inhalt ist
Mt-Abhängigkeit immerhin möglich, wenn auch keinesfalls naheliegend.

2.2.3. Stellen, an denen Mt-Abhängigkeit eher unwahrscheinlich ist

a) I Clem 7,4 - Mt 26,28

Daß I Clem 7,4 Mt 26,28 voraussetzt, wie MASSAUX (Influence, 21) will,
erscheint als nicht einleuchtend. Wenn der Verfasser des I Clem

---

1   Eine derartige Quelle für I Clem 15,2 nimmt KÖSTER (Überlieferung, 22) an.
2   So auch HAGNER (173).
3   Mk als Quelle des Zitates nehmen an GEBHARDT/HARNACK (29f.), (fragend) HAR-
     NACK (Einführung, 110) und KNOCH (Eigenart, 73). Für Mt als Zitatquelle
     votieren JACQUIER (43) u. MASSAUX (Influence, 23). Mk oder Mt nennen ZAHN
     (Testament, 919) u. JAUBERT (Clement, 125 Anm. 1). Für Gebrauch der Syn-
     optiker allgemein sprechen sich aus SANDAY (70), LIGHTFOOT (I,2, 55), KNOPF
     (Lehre, 67) und CARLYLE (62). Dezidiert gegen eine Ableitung aus Mk oder
     Mt wehren sich WESTCOTT (61), KÖSTER (Überlieferung, 22) und MORGAN (28).

sich für seine Formulierungen oder im Inhalt seiner Aussage dem
Vorbild des Mt verdankte, wäre nicht einzusehen, wieso er dann die
"ἄφεσις ἁμαρτιῶν" für die Vielen interpretierte als die "χάρις μετανοίας παντὶ τῷ κόσμῳ". Wahrscheinlicher als ein Bezug auf das
Mt erscheint mir die Aufnahme traditioneller, mit der Eucharistie
verbundener Motive,[1] die allenfalls als Parallele zur matthäischen
Aufnahme und Wiedergabe der Abendmahlsüberlieferung angesehen werden
können.

b) I Clem 7,7 - Mt 12,41 (= Lk 11,32)

Vom Kontext her geht es in c. 7 darum, zur Umkehr zu mahnen und ein-
zuladen. In c. 7,5 werden die Leser aufgefordert, "alle Geschlechter"
"durchzugehen" und "zu erkennen, daß der Herr einem jeden Geschlecht
Gelegenheit zur Buße gab"[2]. Aufgezählt werden dann im folgenden als
Beispiele Noah und Jona. Von vorneherein legt sich also nahe, als
die Quelle der Anführung des Jona das AT bzw. konkreter Jona 3 anzunehmen. Dieser Eindruck bestätigt sich, wenn man I Clem 7,7 mit
Mt 12,41 = Lk 11,32 vergleicht. Was der I Clem und die Synoptiker
gemeinsam haben, steht auch in Jona 3. Selbst wenn hier kein Bezug
auf das AT vorläge, wäre immer noch nicht zu entscheiden, ob der
Verfasser des I Clem Mt, Lk oder Q benutzt hätte. Mit MASSAUX (Influence, 29), KÖSTER (Überlieferung, 21) und MORGAN (29) ist Bezug
auf das Mt als unwahrscheinlich zu betrachten.

c) I Clem 13,2

   I Clem 13,2 (1 ... ποιήσωμεν τὸ γεγραμμένον· λέγει γὰρ τὸ
   πνεῦμα τὸ ἅγιον· ... μάλιστα μεμνημένοι τῶν λόγων τοῦ κυρίου
   Ἰησοῦ, οὓς ἐλάλησεν διδάσκων ἐπιείκειαν καὶ μακροθυμίαν·)
   οὕτως γὰρ εἶπεν· a Ἐλεᾶτε, ἵνα ἐλεηθῆτε·

   Mt 5,7 μακάριοι οἱ ἐλεήμονες, ὅτι αὐτοὶ ἐλεηθήσονται.

---

1   So auch MORGAN (20), KNOCH (Eigenart, 74) und HAGNER (168f.).
2   Zitiert nach eigener Übertragung.

Jak 2,13 ἡ γὰρ κρίσις ἀνέλεος τῷ μὴ ποιήσαντι ἔλεος· κατα-
καυχᾶται ἔλεος κρίσεως.

Mt 18,33 οὐκ ἔδει καὶ σὲ ἐλεῆσαι τὸν σύνδουλόν σου, ὡς
κἀγὼ σὲ ἠλέησα;

Prov 14,21 LXX ἐλεῶν δὲ πτώχους μακαριστός.

Prov 17,5 LXX ... ὁ δὲ ἐπισπλαγχνιζόμενος ἐλεηθήσεται.

b ἀφίετε, ἵνα ἀφεθῇ ὑμῖν·

Mt 6,12 καὶ ἄφες ἡμῖν τὰ ὀφειλήματα ἡμῶν, ὡς καὶ ἡμεῖς
ἀφήκαμεν τοῖς ὀφειλέταις ἡμῶν·

Lk 11,4 καὶ ἄφες ἡμῖν τὰς ἁμαρτίας ἡμῶν, καὶ γὰρ αὐτοὶ
ἀφίομεν παντὶ ὀφείλοντι ἡμῖν·

Mt 6,14 ᾽Εὰν γὰρ ἀφῆτε τοῖς ἀνθρώποις τὰ παραπτώματα αὐτῶν,
ἀφήσει καὶ ὑμῖν ὁ πατὴρ ὁ οὐράνιος· 15 ἐὰν δὲ μὴ ἀφῆτε τοῖς
ἀνθρώποις, οὐδὲ ὁ πατὴρ ὑμῶν ἀφήσει τὰ παραπτώματα ὑμῶν.

Mk 11,25 Καὶ ὅταν στήκετε προσευχόμενοι, ἀφίετε εἴ τι ἔχετε
κατά τινος, ἵνα καὶ ὁ πατὴρ ὑμῶν ὁ ἐν τοῖς οὐρανοῖς ἀφῇ
ὑμῖν τὰ παραπτώματα ὑμῶν.

Mt 18,35 οὕτως καὶ ὁ πατήρ μου ὁ οὐράνιος ποιήσει ὑμῖν,
ἐὰν μὴ ἀφῆτε ἕκαστος τῷ ἀδελφῷ αὐτοῦ ἀπὸ τῶν καρδιῶν ὑμῶν.

c ὡς ποιεῖτε, οὕτω ποιηθήσεται ὑμῖν·

Mt 7,12 Πάντα οὖν ὅσα ἐὰν θέλητε ἵνα ποιῶσιν ὑμῖν οἱ ἄνθρωποι, οὕτως καὶ ὑμεῖς ποιεῖτε αὐτοῖς· ...

Lk 6,31 Καὶ καθὼς θέλετε ἵνα ποιῶσιν ὑμῖν οἱ ἄνθρωποι
ποιεῖτε αὐτοῖς ὁμοίως.

d ὡς δίδοτε, οὕτως δοθήσεται ὑμῖν

Lk 6,38 δίδοτε, καὶ δοθήσεται ὑμῖν·...

e ὡς κρίνετε, οὕτως κριθήσεσθε

Mt 7,1 Μὴ κρίνετε, ἵνα μὴ κριθῆτε· 2 ἐν ᾧ γὰρ κρίματι κρίνετε κριθήσεσθε,...

Lk 6,37 Καὶ μὴ κρίνετε, καὶ οὐ μὴ κριθῆτε·...

f ὡς χρηστεύεσθε, οὕτως χρηστευθήσεται ὑμῖν·

g ᾧ μέτρῳ μετρεῖτε, ἐν αὐτῷ μετρηθήσεται ὑμῖν

Mt 7,2b καὶ ἐν ᾧ μέτρῳ μετρεῖτε μετρηθήσεται ὑμῖν.

Mk 4,24 ... ἐν ᾧ μέτρῳ μετρεῖτε μετρηθήσεται ὑμῖν ...

Lk 6,38c ᾧ γὰρ μέτρῳ μετρεῖτε ἀντιμετρηθήσεται ὑμῖν

Die sieben zweigliedrigen Sprüche in I Clem 13,2 werden zitiert als "λόγοι κυρίου ᾽Ιησοῦ". Die Einleitung der Zitation mit "μάλιστα μεμνημένοι" läßt es als gut möglich erscheinen, daß der Verfasser des I Clem auf seinen Adressaten Bekanntes zurückgreift.

Aus der partizipialen Einleitung ableiten zu wollen, daß die Worte Jesu eingeschlossen sind in das, was "geschrieben" ist (c. 13,1), wie GRANT (Formation, 79) es will, ist nicht angezeigt, da sich das Partizip "μεμνημένοι" nicht auf das Objekt "τὸ γεγραμμένον", sondern auf das im Prädikat "ποιήσωμεν" enthaltene Subjekt "Wir" bezieht. Ob man eine solche Partizipialkonstruktion unbedingt als "Nachlässigkeit" bezeichnen sollte,[1] erscheint mir als sehr fraglich. Durch diese Konstruktion wird die Autorität der "Schrift", des "Heiligen Geistes" und des "Herrn" sehr eng zusammen gesehen und als sich gegenseitig stützend und inhaltlich miteinander identisch betrachtet. Darin wird ein Aussageinteresse deutlich, das eher auf planvolles Nachdenken als auf Nachlässigkeit schließen läßt. Daß im I Clem die Gleichstellung, wenn nicht Identifizierung der Autorität Jesu mit der des AT ausgesagt werden soll, ergibt sich auch aus c. 13,3, wo die Worte Jesu, gerade noch als "ἐντολή" und "παραγγέλματα" charakterisiert, als "ἁγιοπρεπεῖς λόγοι" bezeichnet werden und abschließend in c. 13,4 dann das AT als "ἅγιος λόγος" zitiert wird.

I Clem 13,2 erweckt den Eindruck einer einheitlichen, durchdachten Komposition. Komponiert werden dabei Materialien, die sich zum großen Teil, aber nicht sämtlich auch in den synoptischen Evangelien finden.

In I Clem 13,2a ist deutliche inhaltliche Nähe zum Mt gegeben;[2] jedoch ist Bezug auf das Mt angesichts der aufgeführten weiteren Parallelen nicht positiv wahrscheinlich zu machen, sondern nur gut möglich.
I Clem 13,2b muß als Argument für Abhängigkeit von den Synoptikern entfallen wegen der weiten Verbreitung des Herrengebetes. Immerhin fällt auf, daß die Aufforderung, dem Bruder zu vergeben, gerade im Mt im Anschluß an das Unser Vater und in Mt 18 verstärkte Beachtung erfährt und großen Nachdruck bekommt.
In I Clem 13,2c ist, nimmt man Abhängigkeit von den Synoptikern an, zwischen Mt und Lk nicht zu entscheiden. Auffällig ist, daß der Satz "kürzer und

---

1   So VÖLTER (Clemens, 13); noch weniger geht es an, das "μάλιστα μεμνημένοι" als "völlig unzupassend und gezwungen angehängt" und als "Flickwerk" zu bezeichnen (so VÖLTER, Bemerkungen, 262).
2   Zur Betonung der "Barmherzigkeit" im Mt s. auch Mt 9,13 u. 12,7.

präziser als die synoptischen Parallelen"[1] ist. Formal und inhaltlich weist
dieser Satz eine andere Struktur auf: im I Clem wird ein Sachverhalt beschrieben; in den synoptischen Parallelen wird eine Aufforderung ausgespro-
chen, deren Berechtigung und Sinn sich aus der Anerkennung des - in I Clem
indikativisch beschriebenen - Sachverhaltes ergibt und von dieser abhängt.
Möglicherweise spiegelt I Clem 13,2c ein vor den synoptischen Evangelien
liegendes Überlieferungsstadium wider.[2]
Zu I Clem 13,2d existiert nur im Lk eine Parallele; die Wortlautnähe ist
groß, die Satzkonstruktion allerdings verschieden.
In I Clem 13,2e ist von der Satzkonstruktion her große Nähe zu Mt 7,2 gegeben, während vom Wortlaut her Mt-Abhängigkeit nicht als plausibel erscheinen
kann.
Zu I Clem 13,2f findet sich überhaupt keine auch noch so entfernte synoptische Parallele.
In I Clem 13,2g ist syntaktische Übereinstimmung mit allen drei Synoptikern
zu konstatieren; vom Wortlaut her ließe sich - Abhängigkeit einmal angenommen - nur schwer zwischen Mk u Mt entscheiden.

Insgesamt erscheint vom Wortlaut her Mt-Abhängigkeit als gut möglich in
I Clem 13,2g; Abhängigkeit vom Lk ist gut möglich in 13,2d. In I Clem 13,2
a.b.c.e ist Mt-Abhängigkeit allenfalls theoretisch möglich, aber keinesfalls
naheliegend.

Mehr, als daß sich in I Clem 13,2 vieles findet, was von der Sache
her gleich, vom Wortlaut und von der Satzstruktur her z.T. ähnlich
auch in den Synoptikern begegnet, wird man nicht sagen können. Die
These, daß in I Clem 13,2 Mt und Lk harmonisiert aus dem Gedächtnis
zitiert werden,[3] ist als unangemessen und nicht ausreichend zu begründen abzulehnen. Wie sollte gerade d i e s e Zusammenstellung
gerade d i e s e r Sprüche in genau d i e s e r Reihenfolge
zu erklären sein?[4]
Eine Antwort auf die Frage, woher die Zusammenstellung von Herrenworten in I Clem 13,2 stammt, ist schwierig. Die Annahme einer außerkanonischen Evangelienschrift oder Logiensammlung[5] ist nicht mehr

---

1   KÖSTER, Überlieferung, 14.
2   KÖSTER (a.a.O. ebd.) sieht dies nicht nur als möglich, sondern als sicher an.
3   So RITSCHL (495), GEBHARDT/HARNACK (27), F X FUNK (Opera, 78), WESTCOTT (60),
     ZAHN (Testament 916f.), LIGHTFOOT (I,2, 52) und MERRILL (238). Als Mög-
     lichkeit lassen eine solche Lösung offen GUNDERT (457), KNOPF (Clemens
     HNTA, 179), HARNACK (Einführung, 110) und FISCHER (41 Anm. 84).
4   Vgl. dazu auch GRANT (Formation, 79).
5   So EICHHORN (130f.), E ZELLER (530), HILGENFELD (Apostolische Väter, 109),
     der anonyme Verfasser von SUPERNATURAL RELIGION (277), KNOPF (Lehre, 64),
     JAUBERT (Clement, 123 Anm. 1) u. MEES (Schema, 258).

als eine Hypothese. Genausogut möglich ist, daß der Verfasser des
I Clem das Stück als mündlich umlaufende Tradition gekannt und
übernommen und verschriftlicht hat.[1] Einiges für sich hat auch die
von der einfachen und einheitlichen zweigliedrigen Struktur der
Sprüche ausgehende These, daß der Verfasser des I Clem hier auf
ein Katechismusstück zurückgreift.[2] Schwierig aber bleibt dann immer
noch sowohl die Verhältnisbestimmung dieses Stückes zur synoptischen Tradition oder den synoptischen Evangelien[3] als auch die Entscheidung, ob I Clem 13,2 ursprünglich Bestandteil eines schriftlichen Katechismus[4] oder ein mündlich tradiertes Lehrstück[5] war.

Resümierend ist festzuhalten:
Der Verfasser des I Clem greift in c. 13,2 auf eine Zusammenstellung
von Herrenworten zurück, die nicht in unseren synoptischen Evangelien
zu finden ist und auch nicht einfach direkt aus diesen abgeleitet
werden kann. Daß die Komposition der Herrenworte auf den Verfasser
des I Clem zurückgeht, ist nicht wahrscheinlich und jedenfalls kaum
zu beweisen, aber auch nicht deshalb abzulehnen, weil dem Verfasser
eine so einheitliche und straff gegliederte Komposition nicht zuzu-
trauen wäre[6]. Auch wenn direkte Mt-Abhängigkeit des Verfassers
nicht wahrscheinlich ist, fällt doch in c. 13,2a.b große inhaltliche
Nähe zu im Mt redaktionell stark hervorgehobenen Gedanken und Motiven auf.

d) I Clem 27,5 (vgl. I Clem 20,4) - Mt 5,18 (vgl. Mt 24,35 par.)

In I Clem 27,5 geht es wie in I Clem 20,4 um die Unvergänglichkeit

---

1   So z.B. CREDNER (27), LIETZMANN (Bücher, 33), BEST (113), BEYSCHLAG (Überlie-
     ferung, 150) u. KÖSTER (Herrenworte, 224 u. Introduction 2, 291).
2   So z.B. V H STANTON (Gospels, 9-11), CARLYLE (61), JACQUIER (42f.), STREE-
     TER (Gospels, 239f.), MASSAUX (Influence, 13), WRIGHT (78), KÖSTER (Herren-
     worte, 224) u. KNOCH (Eigenart, 70).
3   CARLYLE z.B. hält das Stück für vorsynoptisch (61), MASSAUX (Influence, 13)
     und KNOCH (Eigenart, 70) halten es für deutlich nachmatthäisch.
4   So z.B. V H STANTON (Gospels, 9-11), JACQUIER (42f.) u. KNOCH (Eigenart, 70).
5   So z.B. WRIGHT (78) und (als Möglichkeit) KÖSTER (Überlieferung, 16).
6   So KÖSTER (Überlieferung, 16).

der Befehle Gottes, nicht der Worte Jesu wie in Mt 24,35 par. Es
erscheint wahrscheinlicher, daß der Verfasser des I Clem hier
einen "schon im Judentum geltenden Grundsatz, der zwar auch in Mt
5,18 auftaucht", selbständig formuliert,[1] als daß er sich auf das
Mt bezieht.[2]

e) I Clem 33,5 - Mt 19,4 (vgl. Mk 10,6 u. Gen 1,27)

Unwahrscheinlich ist, daß in I Clem 33,5 das Mt aufgenommen worden
ist, obwohl dies vom Vergleich des Wortlautes her immerhin als
möglich erscheint: der Kontext im I Clem weist deutlich auf das AT
als Zitationsgrundlage.

2.3. Zusammenfassung und Auswertung

Die Frage nach der Benutzung des Mt muß für den I Clem offenbleiben.[3]
Eine solche Benutzung ist keinesfalls eindeutig nachzuweisen, aber
durchaus auch nicht auszuschließen[4] und kann an einigen Stellen immerhin als gut möglich bezeichnet werden. Auch für die anderen
kanonischen Evangelien läßt sich keine Gewißheit über Benutzung oder
Nichtbenutzung erreichen.[5]
Im Vergleich mit dem Gesamtumfang des Briefes ist die Zahl der möglichen und in der Literatur diskutierten Evangelienanspielungen und
-bezüge eher gering; auch inhaltlich scheint der Evangelienstoff
für den Gedankengang des Verfassers keine zentrale oder bestimmende
Bedeutung gehabt zu haben.

---

1   So KÖSTER (Überlieferung, 20).
2   Mt-Abhängigkeit nehmen an MASSAUX (Influence, 14 u. KNOCH (Eigenart, 73); für
     möglich hält HAGNER (166) Mt-Einfluß. Mt-Bezug wird abgelehnt von GEBHARDT/
     HARNACK (LII) und MORGAN (19).
3   So in neuerer Zeit auch HAGNER (278) (der dennoch den Gebrauch der kanonischen
     Evangelien für nicht unwahrscheinlich hält (272)), FUELLENBACH (13f.), POWELL
     (Clemens, 113) u. BROWN (DERS./MEIER, 198).
4   Bezug des I Clem auf die kanonischen Evangelien lehnen in neuerer Zeit ab
     OSBORN (131) und KÖSTER (Gospels, 108 mit Anm. 10); für Bezug auf das Mt
     spricht sich neben MASSAUX(s.o. passim) FOSTER (173) aus.
5   Zu Lk vgl. über das oben schon Erörterte hinaus noch I Clem 48,4 (Lk 1,75),
     zu Joh I Clem 49,1 (Joh 14,15) u. 43,6 (Joh 17,3), wo jeweils Bezug auf das
     entsprechende Evangelium allerhöchstens als gut möglich erscheint.

3. IGNATIUSBRIEFE

3.1. Einleitung

Ignatius schrieb die Briefe an die Epheser, Magnesier, Trallianer, Römer, Philadelphier, Smyrnäer und den Brief an Polykarp[1] als Gefangener der römischen Staatsmacht während zweier Aufenthalte auf seiner "Reise" nach Rom.[2] Es ist von daher nicht anzunehmen, daß Ignatius bei der Abfassung seiner Briefe schriftliche Quellen zum Zitieren zur Verfügung standen; mit einer Einleitungsformel zitiert er - alle Briefe zusammengenommen - nur viermal, davon zweimal mit der Einführungsformel "γέγραπται" das Alte Testament[3] und zweimal wörtliche Rede, deren Quelle nicht auszumachen ist[4]. Aufgrund der Abfassungssituation der Ignatiusbriefe ist also wörtliche Aufnahme des Mt a priori unwahrscheinlich. Andererseits passen die allgemein angenommene Lokalisierung des Mt in Syrien und das Bischofsamt des Ignatius in Antiochien recht gut zusammen, und eigentlich ist zu erwarten, daß das Mt Ignatius nicht unbeeinflußt

---

1   Zugrundegelegte Textausgabe: FISCHER; zur Bezeichnung, Beschreibung und Gewichtung der einzelnen Textzeugen s. dort 139-141.

2   Wie jeweils in den Briefen angegeben, wurden Eph, Magn, Trall und Röm in Smyrna, Phld, Sm u. Pol in Troas verfaßt.
Ich gehe dabei von der Echtheit dieser sieben Briefe in der sogenannten "mittleren Rezension" aus; Bestreitungen der Echtheit in neuerer Zeit haben nicht überzeugen können. Zum Versuch von JOLY (dossier), die sieben Briefe in ihrer jetzigen Form auf das Jahr 170 zu datieren, vgl. die Rezensionen von PELLAND, MUNIER (Ignace), KANNENGIESSER (Ignace, 604-608) und SCHOEDEL (Letters, 198-200). Zur Annahme von RIUS-CAMPS (interpolación, Cartas u. Letters), daß Ignatius nur die Briefe an die Römer, Magnesier, Trallianer und Epheser, die zudem später stark interpoliert worden seien, verfaßt habe, s.die Rezensionen von SMULDERS, KANNENGIESSER (Ignace, 599-604 u. Bulletin, 449f.) und SCHOEDEL (Letters, 197f.). Ebenfalls keine Zustimmung gefunden hat der schon länger zurückliegende Versuch WEIJENBORGs; s. dazu zuletzt SCHOEDEL (Letters, 196f.).
Zur Datierung der Ignatiusbriefe, für die allgemein als terminus ante quem die Datierung des Ignatiusmartyriums ins 10. Jahr der Herrschaft Trajans angenommen wird, vgl. zuletzt MUNIER (Obervations, 131), der für dieses Martyrium auch die Zeit um 135 für möglich hält. Überzeugende Argumente für die von JOLY aus inneren Gründen bestrittene Datierung auf den Anfang des 2.Jh. bietet WINLING (datation).

3   Vgl. Eph 5,3 (Prov 3,34) u. Magn 12,1 (Prov 18,17).

4   Vgl. Phld 7,2 ("τὸ δὲ πνεῦμα ἐκήρυσσεν λέγων τάδε ...") und Sm 3,2 ("ἔφη αὐτοῖς..."; Subjekt ist der auferstandene Herr). Zur Herkunft des Zitates in Sm 3,2 s. GRANT (Ignatius, 44), VIELHAUER (Evangelien, 83f.) u. HAGNER (299f.).

gelassen hat.

Nicht sehr gut zum Mt scheint die in den Ignatiusbriefen - wie
zumindest allgemein angenommen wird - vorausgesetzte Ämterstruktur
zu passen, die gerne mit dem Schlagwort "monarchischer Episkopat"
gekennzeichnet wird; im Mt wird die Gemeinde verstanden als eine
Gemeinde von Brüdern, die allesamt als "μαθηταί" nur ihrem Lehrer
Jesus untergeordnet sind. Zu bedenken ist aber, daß weder beim
Mt sicher ist, daß sein theologisches Anliegen nur theologische Legitimation einer de facto schon so gestalten Wirklichkeit ist, noch
bei Ignatius auszuschließen ist, daß die bischöfliche Gemeindelei-
tung gar nicht so fest etabliert war, wie es den Anschein haben
kann: gerade die Tatsache, daß so oft zur Unterordnung unter den
Bischof e r m a h n t wird, läßt dies fraglich erscheinen.[1]
Nimmt man beide Argumente zusammen, so erscheinen die Gemeindestruk-
turen des Mt und die der Ignatiusbriefe gar nicht so weit voneinander
entfernt.

Die Frage ist aber, ob nicht aus einem ganz anderen Grund Mt-Kenntnis
und -Benutzung durch Ignatius von vorneherein auszuschließen ist.
Ausgehend von der Ansicht, daß Ignatius mit "εύαγγέλιον" stets das
"mündliche Kerygma" meine, folgert KÖSTER, daß Ignatius "... überhaupt noch keine Evangelienschriften gekannt hat."(Überlieferung, 25).
Die Begründung dieses Schlusses liegt für KÖSTER darin, daß die
Evangelien von vorneherein den Titel "Evangelium" getragen haben
dürften (ebd.); meint Ignatius mit "εύαγγέλιον" deutlich etwas
anderes als ein schriftliches Evangelium, so ist anzunehmen, daß er
keine schriftlichen Evangelien gekannt haben kann.

Mir erscheint die Argumentation KÖSTERs nicht als zwingend, da sie
von unbewiesenen und unrichtigen Voraussetzungen ausgeht. Unbewie-
sen ist, daß die Evangelien von Anfang an den Titel "Evangelium"
getragen haben. Falsch ist, daß Ignatius mit "εύαγγέλιον" stets und
eindeutig das mündliche Kerygma meint. Wie eine nähere

---

1   Zweifel an der Faktizität der scheinbar vorausgesetzten Gemeindesituation
     hat begründet W BAUER (Rechtgläubigkeit, 65 u. 68) angemeldet. In neuerer
     Zeit hat VIELHAUER (Geschichte, 548) diese Zweifel unter ausdrücklichem
     Hinweis auf BAUER vorsichtig wieder in die Diskussion eingebracht. Zu den
     Unterschieden der im Mt und bei Ign vorauszusetzenden Gemeindestrukturen
     s. zuletzt MEIER in BROWN/DERS. (74-77).

Analyse der in Frage kommenden Stellen unschwer zeigen kann, läßt
sich die Frage, ob Ignatius mit "εὐαγγέλιον" ein schriftliches Evangelium oder das mündliche Kerygma meint, deswegen nicht leicht beantworten, weil sie - von Ignatius her betrachtet - eigentlich falsch
gestellt ist. Für Ignatius spielt die Überlieferungs f o r m   seiner
Quellen nicht die geringste Rolle; ihm geht es eher um deren Inhalt
und um dessen Relevanz für die aktuelle Situation, in der und für
die er seine Briefe verfaßt.

Insgesamt achtmal kommt bei Ignatius das Wort "εὐαγγέλιον" vor,[1] davon
allein sechsmal in Phld 5-9. Es empfiehlt sich deswegen, für die Erarbei-
tung der Bedeutung, die dieses Wort bei Ignatius hat, vom Befund im Phld
auszugehen.

In Phld 5,1 parallelisiert Ignatius "τὸ εὐαγγέλιον" und "οἱ ἀπόστολοι"
mit "σάρξ 'Ιησοῦ" und "πρεσβυτέριον ἐκκλησίας", indem er sagt, daß er
Zuflucht genommen habe "τῷ εὐαγγελίῳ ὡς σαρκὶ 'Ιησοῦ καὶ τοῖς ἀποστόλοις
ὡς πρεσβυτερίῳ ἐκκλησίας". Für das zweite Begriffspaar ist deutlich, daß
hier die Gegenwartsgröße "πρεσβυτέριον ἐκκλησίας" in Beziehung gesetzt wird
zur Vergangenheitsgröße "ἀπόστολοι".[2] Was für Ignatius heute das "πρεσβυτέριον" ist, sind ihm für die frühere Zeit die Apostel. Auch das Begriffspaar
"σάρξ 'Ιησοῦ - τὸ εὐαγγέλιον" läßt sich analog verstehen: "σάρξ 'Ιησοῦ"
"heute" ist für Ignatius in Röm 7,3 das Abendmahlsbrot. "Σάρξ 'Ιησοῦ" steht
also für den Christus praesens, "τὸ εὐαγγέλιον" für das Heilsereignis Jesus
Christus "damals", genau wie "ἀπόστολοι" für die Kirchenleitung "damals"
steht, die "heute" durch das Presbyterium dargestellt wird.[3]
Daß Ignatius mit "τὸ εὐαγγέλιον" das - zeitlich in der Vergangenheit liegende - Heilsereignis Jesus Christus meint, läßt sich erhärten durch den
weiteren Gebrauch des Wortes in Phld 5,2. Indem Ignatius von den Propheten
sagt, daß sie "εἰς τὸ εὐαγγέλιον κατηγγελκέναι" und dann fortfährt "καὶ
εἰς αὐτὸν ἐλπίζειν καὶ αὐτὸν ἀναμένειν, ἐν ᾧ καὶ πιστεύσαντες ἐσώθησαν...",
ersetzt er "Evangelium" durch Jesus Christus: das Evangelium ist Jesus
Christus selbst! Ignatius nimmt Zuflucht zum Evangelium und damit zu Jesus
selbst. Auf ihn hin haben die Propheten geweissagt; durch und von Jesus
Christus sind Christen dazugezählt in dem Evangelium der gemeinsamen Hoffnung
(Phld 5,2). Auch das Evangelium der gemeinsamen Hoffnung ist nichts anderes
als das Evangelium Christi, wie aus der Identifizierung von "'Ιησοῦς Χριστός"
und "κοινὴ ἐλπίς" in Phld 11,2 hervorgeht. "Εὐαγγέλιον" meint also bei Igna-
tius nicht "Nachricht von etwas", sondern hebt ab auf den Inhalt dieser
Nachricht, das Heilereignis Jesus Christus selbst. Dem entspricht, daß
Ignatius in Phld 8,2 den Vorwurf seiner Gegner, der christliche Glaube

---

1   Phld 5,1 (3mal); 8,2; 9,2 (2mal); Sm 5,1; 7,2.
2   Anders z.B. ZAHN (Ignatius, 431f.), der "Apostel" wie "Evangelium" als
     Größen der Gegenwart versteht und von dieser Voraussetzung her verständ-
     licherweise die Schriftlichkeit beider Größen postulieren muß.
3   Anders neben ZAHN (s. Anm. 2) auch z.B. SCHOLTEN (52), der meint, daß mit
     "Evangelium" und "Aposteln" ein oder mehrere schriftliche Evangelien und die
     apostolische Briefsammlung gemeint seien.

könne sich nicht am AT[1] ausweisen, letztlich damit beantwortet, daß Christus
sich selbst legitimiert und keiner weiteren Legitimation durch "Urkunden"
bedarf. Nicht der Primat der mündlichen Tradition gegenüber der Schrift
wird hier verfochten[2], sondern der Primat Christi überhaupt und damit
auch gegenüber der Schrift.[3] Die Frage, wie deutlich das Christuszeugnis
des AT wirklich ist, bleibt zwischen Ignatius und seinen Gegnern offensichtlich strittig; Ignatius behauptet die Deutlichkeit dieses Zeugnisses ohne
jede nähere Begründung, stellt aber sogleich unmißverständlich klar, daß
nicht die "Urkunden" Christus legitimieren, sondern für den Christen nur
"ὁ σταυρὸς αὐτοῦ καὶ ὁ θάνατος, καὶ ἡ ἀνάστασις αὐτοῦ καὶ ἡ πίστις ἡ δι'
αὐτοῦ" unhinterfragbare Autorität sind. Ignatius gibt im folgenden selbst
zu, daß das Evangelium gegenüber dem AT einen inhaltlichen "Überschuß",
ein Proprium hat: Jesus Christus selbst, seine "παρουσία", sein Leiden und
seine Auferstehung (Phld 9,2). Wieder schließt sich hier dann die auch schon
in Phld 5 zu findende Identifikation von "Evangelium" und Christusgeschehen
an: "οἱ γὰρ ἀγαπητοὶ προφῆται κατήγγειλαν εἰς αὐτόν· τὸ δὲ εὐαγγέλιον ἀπάρ-
τισμά ἐστιν ἀφθαρσίας ..." (Phld 9,2).

Den am Phld zu gewinnenden Beobachtungen entspricht der Befund im Sm.
Sm 5,1 läßt über die Deutung des Wortes "εὐαγγέλιον" keine Aussage zu,
da der Begriff nicht erläutert oder umschrieben, sondern offensichtlich
als bekannt vorausgesetzt wird. Je nachdem, ob man mit I FRANK (39) die
Zusammenordnung des fraglichen Begriffs mit "αἱ προφητεῖαι" und "ὁ νόμος
Μωϋσέως" oder mit ZAHN (Ignatius, 433) die mit "ἡμετέρα τῶν κατ' ἄνδρα
παθήματα" betont, wird man geneigt sein, in dieser Stelle ein Argument
für oder gegen die Schriftlichkeit des "εὐαγγέλιον" zu sehen. Deutlicher
sagt Sm 7,2, was das "εὐαγγέλιον" ausmacht: "πρέπον οὖν ἐστιν ... προσέχειν
... τῷ εὐαγγελίῳ, ἐν ᾧ τὸ πάθος ἡμῖν δεδήλωται καὶ ἡ ἀνάστασις τετελείωται".
Das Perfekt der Verben weist sachlich auf das für die Gegenwart zwar bedeutsame, aber doch in der Vergangenheit liegende und dort zum Abschluß gekommene Christusgeschehen hin und nicht etwa auf die Schriftlichkeit des Evangeliums, wie ZAHN (Ignatius, 433) es will: Die Aussage, daß im Evangelium
das Leiden offenbar und die Auferstehung zur Vollendung gekommen sei,
würde geradezu unsinnig, wenn sie bedeuten sollte, daß die Auferstehung
Christi sich (erst) in der christlichen Predigt oder im schriftlichen
Evangelium vollendete.

Ignatius bezeichnet mit "εὐαγγέλιον" nicht etwa die "mündliche
Predigt der zentralen christlichen Heilsbotschaft"[4] oder das Ergebnis
der Fixierung dieser Botschaft in Evangelienschriften[5], sondern den

---

1   "Ἀρχεῖα" meint m.E. das AT; so auch KÖSTER (Überlieferung, 9), DONAHUE (86)
     und SCHOEDEL (Ignatius, passim); anders KLEVINGHAUS, nach dem der Begriff
     die "jüdisch-gnostische Evangelienliteratur" bezeichnet (100).
2   So GRANT (Hermeneutics, 191).
3   "Γέγραπται" in Phld 8,2 bezieht sich nicht auf das "Evangelium" (so z.B.
     ZAHN (Testament, 847), MICHEL (1122), I FRANK (41) und BRUCE (41)), sondern
     auf das AT, wie FISCHER (201, Anm. 37) und FLESSEMANN-VAN LEER annehmen.
     Letztere bemerkt zu Recht, daß das "Argument" des Ignatius nicht die
     Schriftlichkeit des Evangeliums, sondern das Christuszeugnis des AT ist
     (35).
4   So KÖSTER (Überlieferung, 8); vgl. auch DERS., Evangelienliteratur (1465f.).
5   So SCHOLTEN (52), ZAHN (Testament, 844-846), STREETER (Gospels, 507) u.
     I FRANK (39f.).

Inhalt dieser Botschaft selbst: Jesus Christus. Die Frage, ob
"εὐαγγέλιον" ein schriftliches oder ein mündliches Evangelium meint,
erweist sich also als dem ignatianischen Verständnis von "εὐαγγέλιον"
nicht angemessen.[1]
Daß Ignatius diese Frage offensichtlich gar nicht im Blick gehabt
hat und wie er mit dem Begriff "εὐαγγέλιον" umgeht, läßt m.E. für
die Frage, ob Ignatius ein schriftliches Evangelium gekannt und
benutzt hat, zwei Schlüsse zu:
- Es gab für Ignatius - wie wohl auch für seine Gegner - kein
"εὐαγγέλιον", das er oder sie wie das AT als "γραφή" bezeichnet
hätten.[2]
- Es läßt sich durchaus nicht ausschließen, daß Ignatius ein schriftliches Evangelium gekannt hat.

   Von diesen beiden Ergebnissen der Untersuchung des "εὐαγγέλιον"-
Begriffs bei Ignatius her erweist sich gegen KÖSTER die Frage
nach der Mt-Rezeption in den Ignatiusbriefen als prinzipiell möglich und sinnvoll.

3.2. Analyse einzelner Stellen

3.2.1. Stellen, an denen Mt-Abhängigkeit wahrscheinlich ist

a) Sm 1,1 - Mt 3,15

Daß Ignatius das Mt rezipiert hat, geht mit an Sicherheit grenzender
Wahrscheinlichkeit aus Sm 1,1 hervor.

---

1   Von daher ist auch nicht verwunderlich, daß sich vom Gebrauch des
     Wortes "εὐαγγέλιον" her keine eindeutige Antwort auf die Frage nach
     der Überlieferungs f o r m des Evangelienstoffes geben läßt.
     Im Rahmen dieser den Ignatiusbriefen eigentlich unangemessenen Frage-
     stellung betonen - m.E. zu Recht - LOHMANN (43) und MICHEL (1225) die
     Ambivalenz des Befundes ; für sie scheint in Phld 8,2 u. Sm 7,2
     eher ein schriftliches, in Phld 5,1f. u. 9,2 eher ein mündliches Evan-
     gelium im Blick zu sein.
2   Dies bemerkt zu Recht auch GRANT (Formation, 98).

Sm 1,1 ... τὸν κύριον ἡμῶν, ἀληθῶς ὄντα ἐκ γένους Δαυὶδ
κατὰ σάρκα, υἱὸν θεοῦ κατὰ θέλημα καὶ δύναμιν θεοῦ, γεγεν-
νημένον ἀληθῶς ἐκ παρθένου, βεβαπτισμένου ὑπὸ ᾽Ιωάννου, ἵνα
πληρωθῇ_πᾶσα_δικαιοσύνη ὑπ᾽ αὐτοῦ,...

Mt 3,15 ἀποκριθεὶς δὲ ὁ ᾽Ιησοῦς εἶπεν πρὸς αὐτόν· ἄφες ἄρτι,
οὕτως γὰρ πρέπον ἐστὶν ἡμῖν πληρῶσαι_πᾶσαν_δικαιοσύνην ...

In Sm 1,1 verwendet Ignatius sehr wahrscheinlich eine kerygma-
tische oder liturgische Formel,[1] die er aber wohl für seine Zwecke
erweitert und ergänzt. Sein inhaltliches Anliegen ist es, die
"ἄπιστοι" zu widerlegen, die meinen, Jesus habe nicht wirklich gelitten. Diesem Anliegen dient die wohl von Ignatius stammende Einfügung von "ἀληθῶς", die in Sm 1,1f. dreimal begegnet.[2] Prinzipiell
muß also damit gerechnet werden, daß Ignatius nicht einfach nur
eine Glaubensformel übernimmt, sondern daß er sie vielmehr nach
seinen Vorstellungen ausgestaltet. Innerhalb der in Sm 1,1f. angeführten Formel findet sich nun als Zweckangabe der Taufe Jesu durch
Johannes "ἵνα πληρωθῇ πᾶσα δικαιοσύνη ὑπ᾽ αὐτοῦ". Daß Jesus von
Johannes dem Täufer getauft wurde, um alle Gerechtigkeit zu erfüllen,
ist in den synoptischen Berichten nur im Mt zu finden und dort
sehr wahrscheinlich redaktionelle Aussage des Evangelisten.
Ignatius kennt auch noch einen anderen Zweck der Taufe Jesu: in
Eph 18,2 gibt er an, Christus sei getauft worden, "ἵνα τῷ πάθει
τὸ ὕδωρ καθαρίσῃ". Da der Kontext in Eph 18 wahrscheinlich macht,
daß es sich dort um die "eigene" Interpretation des Ignatius
handelt, spricht einiges dafür, daß Ignatius die Zweckangabe in
Sm 1,1 einer Vorlage verdankt. Hat Ignatius die in Sm 1,1 angegebene
Abzweckung der Taufe Jesu aus dem Mt,[3] oder war sie bereits
Bestandteil einer von ihm übernommenen Credoformel?[4]

---

1   So KÖSTER (Überlieferung, 58); vgl. auch BERTRAND (baptême, 28f.) u. MEEKS/
      WILKEN (19).
2   Vgl. auch Sm 2 "... ἀληθῶς ἔπαθεν, ὡς καὶ ἀληθῶς ἀνέστησεν ..."
3   So z.B. ZAHN (Testament, 922 Anm. 2), INGE (70f.), VÖLTER (Polykarp, 108),
      MASSAUX (Influence, 98f.) u. FRANK (39).
4   So KÖSTER (Überlieferung, 59) und MORGAN (39); allein die unterschiedliche
      Interpretation der Taufe Jesu in Sm 1,1 und Eph 18,2 ist dabei gegen BERTRAND
      (baptême, 29) noch kein zuverlässiger Hinweis darauf, daß beide Interpreta-
      tionen von Ignatius stammen müssen; BERTRAND leitet aus solchen Überlegungen
      Mt-Benutzung des Ignatius in Sm 1,1 ab (ebd.).

In neuerer Zeit wird nur von SMIT-SIBINGA, der für Sm 1,1 und Mt
3,15 eine gemeinsame Quelle annimmt (Ignatius, 277), bestritten,
daß Sm 1,1 in seiner jetzigen Gestalt auf dem Mt basiert. Auch
KÖSTER (Überlieferung, 59) gesteht zu, daß wegen der Übereinstimmung mit dem redaktionellen Anliegen des Mt zumindest für die
Credoformel Mt-Kenntnis anzunehmen ist, auch wenn er eine solche
Kenntnis für Ignatius an gleicher Stelle verneint.
Angesichts dessen, daß Ignatius die Credoformel offensichtlich nicht
einfach unverändert übernimmt, sondern sie in seinem Sinn interpretiert und deswegen umgestaltet, erscheint es als nicht zwingend,
wie KÖSTER für Ignatius selbst die Kenntnis des Mt zu verneinen.
Rein formal erscheint das "ἵνα πληρωθῇ πᾶσα δικαιοσύνη" als so
locker mit seinem Kontext verbunden, daß eher gegen KÖSTER eine
Zugehörigkeit dieses Finalsatzes zur Credoformel nicht recht einleuchtend erscheinen will.[1] Ebensowenig einleuchtend ist die -
nicht begründete - Behauptung SMIT-SIBINGAs, daß der Wortlaut
in Sm 1,1 weniger wahrscheinlich "secondary" ist als der in Mt
3,15, wo das Verb im Aktiv steht (Ignatius, 277).
Meines Erachtens spricht nichts dagegen und einiges dafür, daß
IgnSm 1,1 deutlich darauf hinweist, daß Ignatius das Mt gekannt
hat.[2] Gerade im Mt wird die Geschichte von der Taufe Jesu durch
Johannes verstanden als ein Hinweis auf den Gehorsam des Gottessohnes. Die matthäische Deutung der Taufe Jesu paßt gut zum aktuellen
Anliegen des Ignatius: er will ja gerade nicht die Hoheit Jesu
betonen, sondern ihn - gegen die Doketen - "auf die Erde zurück-
holen". Sowohl vom Wortlaut in Sm 1,1 als auch vom Anliegen des
Ignatius her erscheint es als sehr wahrscheinlich, daß Ignatius
sich in Sm 1,1 bewußt auf die matthäische Erzählung von der Taufe
Jesu bezieht. Die passivische Formulierung "πληρωθῇ" erklärt sich
gut als gedächtnismäßige Aufnahme des Mt, die ja für Ignatius
a priori als wahrscheinlich erschien und spricht eher gegen die Zugehörigkeit des Finalsatzes zu einer in Orientierung am Mt gebildeten traditionellen Formel.

---

1   So auch schon der anonyme Verfasser von SUPERNATURAL RELIGION (268) u.
     BORNEMANN (31).
2   So auch LUZ (Jünger, 414 Anm. 121).

b) Phld 3,1 - Mt 15,13

Auch von Phld 3,1 her ist wahrscheinlich zu machen, daß Ignatius
das Mt gekannt und benutzt hat. Ignatius fordert die Gemeinde in
Philadelphia dazu auf, sich fernzuhalten "von den schlimmen Ge-
wächsen, die Jesus Christus nicht zieht, da sie nicht Pflanzung
des Vaters (φυτεία πατρός) sind". Der Ausdruck "φυτεία πατρός"
ist möglicherweise Bildung des Ignatius; er benutzt ihn auch noch
in Trall 11,1. Im NT kommt "φυτεία" nur in Mt 15,13 vor, und zwar
in einer Wendung, die als verkürzende Zusammenfassung das "φυτεία
πατρός" des Ignatius nahelegt: "... πᾶσα φυτεία ἣν οὐκ ἐφύτευσεν
ὁ πατήρ μου ὁ οὐράνιος ἐκριζωθήσεται."
Auch INGE (76), VÖLTER (Polykarp, 108), BARTSCH (Gut, 29) und MAS-
SAUX (Influence, 98) halten hier direkten Mt-Bezug für sehr wahrscheinlich.[1] Ignatius geht es in Phld 3,1 um eine anschauliche
und prägnante Bezeichnung der Irrlehrer. Von daher ist gar nicht
zu erwarten, daß er Mt 15 ausführlicher rezipiert, und das "Fehlen"
von Mt-Spezialvokabular (wie z.B. "οὐράνιος" als Adjektiv zu
"πατήρ") in Phld 3,1 ist keinesfalls mit SMIT-SIBINGA (Ignatius,
279) dahingehend zu interpretieren, daß Ignatius mit der Vorlage
des Mt gegen dieses übereinstimmt. Angesichts dessen, daß von
Sm 1,1 her Mt-Benutzung des Ignatius wahrscheinlich ist, erscheint
allerhöchstens theoretisch als möglich, daß Mt 15,13 auch außerhalb
des Mt umlief und Ignatius so damit bekannt werden konnte.

Eine Reihe von weiteren Stellen in den Ignatiusbriefen vermag
für sich genommen die Benutzung des Mt nicht wahrscheinlich zu machen, läßt diese aber immerhin als gut möglich erscheinen.

3.2.2. Stellen, an denen Mt-Abhängigkeit gut möglich ist

a) Eph 5,2 - Mt 18,19f.

In Eph 5,2 argumentiert Ignatius, um die Autorität des Bischofs

---

1   Anders KÖSTER (Überlieferung, 38).

und der Versammlung der Gesamtgemeinde zu begründen, folgendermaßen: "Wenn nämlich das Gebet eines Menschen und eines zweiten
solche Macht besitzt, wieviel mehr dann das des Bischofs und der
ganzen Kirche!"[1]

Wer meint, daß Ignatius sich hier auf das Mt bezieht,[2] muß erklären,
wieso Ignatius "ἑνὸς καὶ δευτέρου" schreibt anstatt wie in Mt 18,19
"δύο"[3] und muß zugleich behaupten, daß Ignatius einen Spruch über
die Macht des Gebetes schon zweier Menschen nur aus dem Mt haben
konnte.[4] Elegant aus der Affäre zieht sich W BAUER (Briefe, 206),
indem er sagt: "Ignatius dachte wohl an Sprüche wie Mt 18,19.20,
ohne die Nötigung zu empfinden, näher darauf einzugehen."

So sehr Vorsicht angebracht scheint,[5] und so wenig der MAURERsche
Erklärungsversuch[6] zwingend ist, so sehr erscheint Mt-Bezug doch
immerhin als möglich. Kannten Ignatius und die Epheser, an die er
schrieb, das Mt nicht, so muß beiden jedenfalls der in Mt 18,19f.
wiedergegebene Inhalt bekannt und Autorität gewesen sein, da Ignatius
auf diesem Inhalt seine Argumentation aufbaut.

b) Eph 15,1 (vgl. Magn 9,1) - Mt 23,8

In Eph 15,1 wird wie in Magn 9,1 Jesus als der eine, einzige Lehrer
bezeichnet. Diese Wendung erinnert an Mt 23,8. Der jeweilige Kontext ist durchaus voneinander verschieden. Im Eph will Ignatius
Jesus als den, bei dem Wort und Tat, Lehre und Leben zusammen-
stimmten, der Gemeinde als Vorbild und einzigen Lehrer vor Augen
stellen. In Magn 9,1 wird diese Bezeichnung als nicht weiter er-
läuterte Charakterisierung der Beziehung Christi zu den Christen
verwandt. Im Mt hat das Wort von dem einen Lehrer deutlich die
Funktion, den Jüngern ihre Gleichordnung in der Unterordnung diesem

---

1   Zitiert nach der Übersetzung von FISCHER.
2   So z.B. VÖLTER (Polykarp, 107) und MASSAUX (Influence, 96).
3   MAURER (Ignatius, 24) meint, daß "ἑνος καὶ δευτέρου" aus Mt 18,16 eingedrun-
     gen sei. STREETER (Gospels, 505) erklärt die Modifikationen gegenüber Mt
     18,19f als Angleichungen an die Situation der Adressaten, was mir nicht
     einleuchten will.
4   KÖSTER (Überlieferung, 39) meint dagegen, daß Mt 18,19 wohl schon vormatthä-
     isch Bestandteil eines Gemeindekatechismus gewesen sei.
5   So auch INGE (77), der die Stelle der Kategorie "C" (geringe Wahrscheinlich-
     keit) zuweist.
6   S.o. Anm. 3.

einen Lehrer gegenüber einzuschärfen.[1] Immerhin scheint Ignatius
im Eph wie im Magn mit der sich aus dem Kontext nicht schlüssig
ergebenden Betonung der Einzigartigkeit des Lehrerseins Jesu auf
Bekanntes zurückzugreifen. Ein Bezug auf das Mt erscheint von
daher als gut möglich.

c) Eph 17,1 - Mt 26,6-13 par.

In Eph 17,1 wird auf die sowohl bei den Synoptikern als auch im
Joh überlieferte Geschichte von der Salbung Jesu angespielt. Die von
Ignatius für die Salbung Jesu als Zweck angeführte "ἀφθαρσία" der
Kirche schießt weit über die in unseren Evangelien gegebenen Deu-
tungen hinaus; daß Jesus "ἐπὶ τῆς κεφαλῆς αὐτοῦ" gesalbt wurde,
steht von der Sache her so nur bei Mt und Mk; bei Lk und Joh werden
die Füße Jesu gesalbt. Vom Wortlaut her ist an diesem Punkt die
Ähnlichkeit mit dem Mt am größten.[2] Sicherlich ist von dieser Übereinstimmung mit dem Mt her auf Abhängigkeit des Ignatius vom Mt
zuungunsten einer solchen vom Mk nicht zwingend zu schließen.
Deutlich aber ist immerhin, daß Ignatius sich nur auf die Fassung
der Salbungsgeschichte stützen kann, die auch Mk und Mt überlie-
fern; wenn auch vielleicht zufällig, so stimmt Ignatius vom Wortlaut her mehr mit Mt als mit dessen Quelle Mk überein.[3] Eine Abhängigkeit vom Mt erscheint als gut möglich, so wenig sie zwingend
ist, da die Doppelüberlieferung bei Mt/Mk/Lk und Joh darauf hinweist,
daß diese Geschichte frei umgelaufen ist.[4]

---

1   SMIT-SIBINGA (Ignatius, 281) hält Mt 23,8 für eine nachmatthäische Interpo-
     lation "at a late stage" und meint, es lasse sich nicht entscheiden, ob Ign
     diesen Vers gekannt habe, bevor er ins Mt gelangt sei, oder ob er ihn erst
     in seinem matthäischen Kontext kennengelernt habe. M.E. ist die Annahme einer
     Interpolation unnötig, weil sich Mt 23,8 gut in das Ganze matthäischer Theo-
     logie einpaßt.
2   Vgl. Eph 17,1 "μύρον ἔλαβεν ἐπὶ τῆς κεφαλῆς αὐτοῦ" mit Mt 26,7 "κατέχεεν ἐπὶ
     τῆς κεφαλῆς αὐτοῦ" u. Mk 13,3 "κατέχεεν αὐτοῦ τῆς κεφαλῆς".
3   Darauf macht auch SMIT-SIBINGA (Ignatius, 275) aufmerksam.
4   Schon INGE (78) hielt Abhängigkeit von einem unserer Evangelien aus diesem
     Grund für unwahrscheinlich, bemerkte aber, daß, wenn Ignatius sich auf eines
     unserer Evangelien bezöge, dies nur das Mt sein könnte; KÖSTER (Überlieferung,
     57) lehnt Mt-Abhängigkeit ab, da sie nicht zu erweisen sei; selbst MASSAUX
     (Influence, 101) ist vorsichtig und hält Mt-Einfluß nur für wahrscheinlich.
     Mt-Einfluß nahmen ZAHN (Ignatius, 596) u. VÖLTER (Polykarp, 107) an.

d) Eph 19 - Mt 2,2.9

In Eph 19 spricht Ignatius von "drei laut rufenden Geheimnissen",
die in der "Stille Gottes" vollbracht wurden. Es sind dies die Jung-
frauenschaft Marias, ihre Niederkunft und der Tod des Herrn - allesamt verborgen vor dem "Fürst dieser Welt". Offenbart wurden sie den
Äonen durch einen Stern, der - heller als alle anderen Sterne - am
Himmel erstrahlte. Deutlich sprengt dies alles wie auch das weiter
in Eph 19 Folgende den Rahmen der Erwähnung des Sterns in Mt 2, der
den "μάγοι" den Weg wies. Liegt in der Rede vom Stern, die wir bei
Ignatius finden, eine ausschweifende Ausschmückung von Mt 2,2.9
vor,[1] die zumindest als "Matthean in origin"[2] bezeichnet werden
muß, und in der Rede vom Aufhören der Zauberei in Eph 19,3 eine ver-
allgemeinernde Schlußfolgerung aus dem Besuch der Magier von Mt 2[3]?
Oder beruht Eph 19,2 auf apokrypher Überlieferung und sind deshalb
Mt 2 und IgnEph 19,2 nur Parallelversionen ein und desselben Stern-
mythos, die miteinander direkt nichts zu tun haben?[5] Jedenfalls
scheint es sich bei Ignatius eher um einen Mythos "vom einzigartigen
Stern"[6] als um den Mythos vom "verborgen auf die Erde herabgekommenen,
aber offenbar wieder aufsteigenden Erlöser, dessen Parusie das Ende
dieses Äons bedeutet"[7], zu handeln. Gemeint ist - und das verbindet
IgnEph 19,2 mit Mt 2 - eben gerade nicht, daß der Erlöser als Stern
am Himmel erscheint,[8] sondern daß ein Stern das Kommen des Erlösers
offenbart. Der Stil von Eph 19,2 könnte darauf hindeuten, daß Ignatius hier eine ihm bekannte Dichtung aufnimmt oder zumindest verwertet[9]; es ist aber auch nicht auszuschließen, daß Ignatius hier -
ausgehend von Mt 2 - selbst weiter"phantasiert" hat. Abhängigkeit

---

1   So ZAHN (Ignatius, 596 u. Testament, 922 Anm. 2); vorsichtig ebenso CAMELOT
    (88 Anm. 2) u. MEIER in BROWN/MEIER (25).
2   So GRANT (Hermeneutics, 200).
3   So HILGENFELD (Apostolische Väter, 280)
4   So z.B. KRÜGER (Briefe, 195).
5   So BARTSCH (Gut, 151) und KÖSTER (Überlieferung, 32), die Mt 2 als histori-
    sierten Nachhall dieses Sternmythos betrachten.
6   So BARTSCH (Gut, 151).
7   So SCHLIER (32).
8   Gegen SCHLIER, der m.E. dem Textbefund nicht gerecht wird.
9   In diese Richtung vermutet z.B. FISCHER (159, Anm. 88).

des Ignatius vom Mt erscheint immerhin als möglich; dabei ist aber
vor allem interessant, wie sehr Ignatius vom Mt abweicht.

e) Phld 2,2 - Mt 7,15

In Phld 2 wird vor Irrlehrern gewarnt, die als Wölfe bezeichnet
werden. Ein Bezug auf das Mt erscheint immerhin als möglich: auch
dort wird die Gemeinde vor innerkirchlichen Feinden als vor Wölfen
gewarnt. Zwingend ist der Bezug auf das Mt gegen MASSAUX (Influence,
96) sicherlich nicht: die Bezeichnung der Feinde der Gemeinde als
Wölfe findet sich nicht nur im Mt, sondern ist überhaupt im urchristlichen Schrifttum verbreitet.[1] Deutlich ist, daß Ignatius voraussetzt, daß seine Adressaten wissen, wer mit den Wölfen gemeint ist:
er bleibt nicht im Bild, sondern hat als Prädikat zu "λύκοι" "αἰχ-
μαλωτίζουσιν", was, wie BAUER (Briefe, 256) richtig bemerkt, nicht
recht zu "Wölfen" passen will.

f) Phld 6,1 - Mt 23,27

Mit Mt 23,27 verbindet IgnPhld 6,1, daß Menschen mit Gräbern verglichen werden. Ein solcher Vergleich findet sich im NT nur im Mt;
das Wort "τάφος" ist Mt-Spezialvokabel. Bezieht Ignatius seinen
Vergleich aus dem Mt? KÖSTER (Überlieferung, 36f.) macht mit Recht
darauf aufmerksam, daß der intendierte Vergleichspunkt ein jeweils
anderer ist. Bei Ignatius soll gesagt werden, daß die "Judaisten"
insofern Gräbern gleichen, als sie eigentlich tot sind und nur noch
rein äußerlich den Namen von Menschen tragen. Ihnen wird polemisch
unterstellt, daß sie eigentlich gar nicht als lebende Wesen existieren. Im Mt wird das Äußere und Innere des Menschen verglichen mit
dem Äußeren und Inneren eines Grabes, wobei das widerliche Innere
kontrastiert wird mit der äußerlich schönen Fassade. Ignatius geht
also mit dem auch bei Mt zu findenden Bild selbständig um. Daß
Irrlehrer nur zum Schein existieren, ist eine polemische, genuin

---

1   Vgl. Joh 10,12, Act 20,29 u. Did 16,3; KÖSTER (Überlieferung, 34) meint, aus
     diesem Grunde Mt-Einfluß ausschließen zu können; ihm folgt darin MORGAN (33).

ignatianische Behauptung.[1] Falls Ignatius sein Bild für die Charakterisierung der Irrlehrer aus einem synoptischen Evangelium entnommen hat, kommt nur das Mt in Frage.[2] Gegen KÖSTER, der als Folge seiner Beobachtung der Verschiedenartigkeit der jeweiligen Vergleichs-
punkte Abhängigkeit des Ignatius vom Mt verneint (Überlieferung,
36f.),[3] ist festzuhalten, daß es zwar nicht letztlich sicher,[4]
aber durchaus gut möglich ist, daß Ignatius den Vergleich von Menschen mit Gräbern aus dem Mt aufnahm und auf seine Weise interpretierte.[5]

g) Pol 1,2f. - Mt 8,17 (vgl. Jes 53,4 LXX)

In Pol 1,2 fordert Ignatius den Polykarp dazu auf, alle zu ertragen
"ὡς καί σε ὁ κύριος". In Pol 1,3 wird diese Aufforderung wiederholt
mit den Worten "πάντων τὰς νόσους βάσταζε ὡς τέλειος ἀθλητής ".
Mit der Wendung "τὰς νόσους βάσταζε" und der Aufforderung, alle
"wie der Herr dich" zu tragen, wird deutlich angespielt auf den -
christlich verstandenen - alttestamentlichen Vers Jes 53,4. Interessant ist dabei, daß der Wortlaut der Anspielung sich nicht mit der
LXX, wohl aber mit dem Wortlaut der Zitation von Jes 53,4 in Mt 8,17
in Einklang bringen läßt.[6]

---

1   Vgl. Sm 2 u. Trall 10.
2   Gegen SMIT-SIBINGA (Ignatius, 274f.) ist es methodisch nicht sinnvoll, Über-
     einstimmungen mit Textvarianten von Lk 11,44 anzuführen, da durch das (wie
     SMIT-SIBINGA (ebd.) auch selbst zugibt) redaktionelle "τάφος" eindeutig auf
     das Mt gewiesen ist. Der von SMIT-SIBINGA (Ignatius, 281) ins Feld geführte
     Unterschied zur Mt-Redaktion, daß zu "παρομοιάζειν" bei Ignatius kein Äquiva-
     lent zu finden sei, kann keinesfalls als Argument dafür dienen, daß Ignatius
     nicht das Mt, sondern dessen Quelle benutzt hat: in Phld 6,1 liegt deutlich
     Aufnahme eines Bildes vor und nicht wörtliches Zitat; in der Sache ist bei
     Ignatius durchaus Übereinstimmung mit dem matthäischen "παρομοιάζειν" gege-
     ben, es sei denn, man wolle behaupten, daß Ignatius seine Gegner mit Gräbern
     nicht vergliche, sondern identifizierte.
3   Vgl. auch MORGAN (47), der - wie zumeist - KÖSTER folgt.
4   Auch MASSAUX (Influence, 103f.) hält Mt-Abhängigkeit nicht für sicher, son-
     dern nur für wahrscheinlich.
5   MEES (Parallelstellen, 76f.) hält Mt-Einfluß für unwahrscheinlich und meint:
     "Es handelt sich vielmehr um Sprichwort und Bildersprache, wie sie der kate-
     chetischen Unterweisung aller Zeiten von Nöten sind."
6   Der griechische Wortlaut von Mt 8,17 scheint auf den masoretischen Text
     zurückzugehen.

Weil damit gerechnet werden muß, daß Jes 53 im Urchristentum allgemein bekannt war, ist Mt-Abhängigkeit des Ignatius an dieser Stelle
nicht beweisbar; möglich ist ebenso, daß Ignatius und das Mt aus
einer gemeinsamen Quelle "zitieren", wie auch KÖSTER (Überlieferung,
33) annimmt. Die jeweils verschiedene Anwendung des Zitates zwingt
nicht dazu, Mt-Einfluß für unwahrscheinlich zu halten.[1] Es erscheint
mir als nicht möglich, sich zwischen der Annahme, daß Ignatius hier
vom Mt abhängig ist,[2] und der, daß beide eine gemeinsame Quelle
haben, zu entscheiden.

h) Pol 2,2 - Mt 10,16

In Pol 2,2 ergeht an Polykarp die Aufforderung: "φρόνιμος γίνου ὡς
ὄφις ἐν ἅπασιν καὶ ἀκέραιος εἰς ἀεὶ ὡς ἡ περιστερά." Eine solche
Aufforderung findet sich auch in Mt 10,16, wenn auch in der 2. plur.
formuliert und ohne das jeweils verstärkende "ἐν ἅπασιν" und "εἰς
ἀεί". Diese Abweichungen erklären sich - Mt-Abhängigkeit einmal
vorausgesetzt - gut als Angleichungen an den neuen Adressaten dieses
Wortes.[3] Angesichts des Sprichwortcharakters des Satzes, auf den
vor allem KÖSTER (Überlieferung, 43) aufmerksam macht, muß damit
gerechnet werden, daß dieser Satz auch unabhängig vom Mt umlief[4]
oder Ignatius und das Mt für ihn eine gemeinsame Quelle haben.[5] Ich
möchte deswegen einen Bezug auf das Mt nur für gut möglich halten.[6]

i) Sm 6,1 - Mt 19,12

In IgnSm 6,1 wird - sehr ähnlich wie in Mt 19,12 - mit "ὁ χωρῶν
χωρείτω" eine "schwierige" Aussage abschließend noch einmal als

---

1   Anders KÖSTER (Überlieferung, 33).
2   So ZAHN (Ignatius, 597), (vorsichtig) INGE (77), VÖLTER (Polykarp, 108),
     MASSAUX (Influence, 100) u. STEIDLE (450).
3   So auch STREETER (Gospels, 505).
4   So KÖSTER (Überlieferung, 43).
5   So SMIT-SIBINGA (Ignatius, 278).
6   Bezug auf das Mt für sicher halten HILGENFELD (Apostolische Väter, 280), ZAHN
     (Testament, 922 Ann. 2), INGE (77) (Kategorie "B" = high degreee of probabi-
     lity"), VÖLTER (Polykarp, 108) u. MASSAUX (Influence, 100).

solche qualifiziert. Beweisen kann der Gebrauch einer solchen Wendung die Benutzung des Mt sicher nicht. Immerhin aber weist der
Gebrauch des Wortes "χωρεῖν", das hier eine ganz andere Bedeutung
hat als sonst bei Ignatius, darauf hin, daß Ignatius den fraglichen
Satz als feststehende Redewendung oder aus einer Quelle aufgenommen
hat.[1] Daß Ignatius die Kenntnis dieses Satzes dem Mt verdankt, ist
durchaus möglich.[2]

j) Der Wortstamm "μαθητ-" und speziell die Bezeichnung "μαθητής"[3]

Ignatius setzt traditionell deutlich einen Jüngerbegriff voraus,
der unter "Jünger" den Christen schlechthin und allgemein versteht.[4]
Deutlich ist auch, daß Ignatius diesen allgemeinen Jüngerbegriff
aktuell verengt: wahrer Jünger, ja Jünger überhaupt ist nur der, der
das Martyrium erleidet.[5] Man "ist" deswegen nicht Jünger, sondern
fängt nur an, es zu werden.
Wie verhalten sich nun diese beiden Jüngerbegriffe zueinander?

---

1   Darauf macht auch SMIT-SIBINGA (Ignatius, 279) aufmerksam.
2   INGE (77) hält Mt-Abhängigkeit für sehr wahrscheinlich, VÖLTER (Polykarp, 108)
     für sicher. MASSAUX (Influence, 104) sieht Mt-Abhängigkeit nur als wahr-
     scheinlich an. Gegen eine solche Abhängigkeit sprechen sich KÖSTER (Überlie-
     ferung, 39), MORGAN (48) u. SMIT-SIBINGA (Ignatius, 279) aus.
3   Vgl. μαθητεία Trall 3,2, μαθητεύω (Mt-Spezialvokabel!) Eph 3,1; 10,1; Röm
     5,1; μαθητής Eph 1,2; Magn 9,1f.; 10,1; Trall 5,2; Röm 4,2; 5,3; Pol 2,1;
     7,1. Auf die Verbindung des ignatianischen Jüngerbegriffs zum matthäischen
     weist auch TREVETT (Matthew, 60) hin.
4   Vgl. Magn 10,1 u. Pol 2,1.
5   So Eph 1,2; Röm 4,2; 6,3; Trall 5,2; Eph 3,1; evtl. auch Röm 5,1, wo nicht
     eindeutig genug zu entscheiden ist, ob "μαθητεύεσθαι" mit "belehrt werden"
     zu übersetzen ist oder hier "Jünger werden" im prägnant ignatianischen
     Sinne heißt. In Pol 7,1, wo gegen W BAUER (Briefe, 280) und LIGHTFOOT
     (II,2, 356) "εἰς τὸ εὑρεθῆναι με ἐν τῇ ἀναστάσει ὑμῶν μαθητήν" zu lesen ist,
     muß "μαθητής" wohl mit "Schüler" übersetzt werden. Ignatius arbeitet hier mit
     bewußtem understatement. Daß er den Wortstamm "μαθητ-" auch in seiner Grund-
     bedeutung "lehren" bzw. pass. "belehrt werden" gebraucht, zeigen Eph 10,1
     u. Trall 3,2, evtl auch (s.o.) Röm 5,1. Zu anderen Textlesarten für Pol 7,1
     Zuflucht zu nehmen ist man nur gezwungen, wenn man für die Ignatiusbriefe
     einen einheitlichen Gebrauch des Wortstamms "μαθητ-" voraussetzt. Vom
     prägnant ignatianischen Jüngerbegriff in z.B. Eph 1,2 her ist Pol 7,1
     natürlich nicht zu verstehen; die Voraussetzung eines einheitlichen Wort-
     stammgebrauchs ist aber m.E. ein unbegründetes Vorurteil.

Stehen sie unverbunden nebeneinander, oder läßt sich der "verengte"
aus dem allgemeinen ableiten? Die inhaltliche Klammer zwischen der
allgemeinen Bezeichnung für jeden Christen und der auf Einzelne
verengenden Spezialbezeichnung für den Märtyrer bildet m.E. nicht
etwa schon die einfache Bezeichnung aller Christen als "μαθηταί",
wie sie z.B. auch in Act 6-21 zu finden ist, sondern eine mit
dieser Allgemeinbezeichnung mitgegebene Begründung dieser Bezeichnung in der lernenden Orientierung des Christen am irdischen Jesus.
Genau diese Begründung und inhaltliche Verankerung der Bezeichnung
"μαθητής" für den Christen findet sich redaktionell im Mt.[1] Ist der
Christ dadurch "Jünger", daß er sich an Jesus orientiert, so ist es
naheliegend, diese Orientierung nicht nur auf die Lehre Jesu zu beziehen. Gerade der, der sein Christsein versteht als lernende Orientierung an Jesus, wird die Vollendung dieser Orientierung im Leiden
und Sterben erblicken können und vielleicht sogar müssen. Wahrer
Jünger ist erst der, der von seinem Herrn auch dieses eine, letzte
noch gelernt hat.
Das "μαθητής"-Verständnis des Mt kann also für Ignatius gut die
Grundlage, von der aus er sein eigenes Verständnis dieser Bezeichnung
entwickelt, gewesen sein. Allerdings ergeben sich dabei deutliche
Unterschiede zwischen Ignatius und dem Mt. Legt Mt gerade Wert darauf,
daß die Kirche die Gemeinschaft der von Jesus lernenden "μαθηταί"
ist, denen allen die Vollkommenheit befohlen ist, so fehlt bei
Ignatius jeder ekklesiologische Bezug des "μαθητής"-Begriffs. Konstituiert nach Mt das "μαθητής"- S e i n aller die Gemeinde, so muß
bei Ignatius die Gemeinde gebeten werden, den Einzelnen nicht daran
zu hindern, wahrer "μαθητής" zu w e r d e n . Die Ausblendung des
für den matthäischen Jüngerbegriff konstitutiven ekklesiologischen
Bezuges erklärt sich für Ignatius gut aus seiner besonderen Situation. Orientierung an Jesus mußte für den einzelnen Verurteilten
ja etwas anderes bedeuten als für die nicht direkt vom Martyrium
bedrohte Gemeinde. Von daher schließen die inhaltlichen Unterschiede zwischen Ignatius und Mt gerade nicht aus, daß Ignatius seinen
Jüngerbegriff gewonnen hat, indem er den matthäischen "weiterdachte".

---

1   S. dazu LUZ (Jünger, passim).

3.2.3. Stellen, an denen Mt-Abhängigkeit allenfalls theoretisch
       möglich ist

a) Eph 6,1 - Mt 10,40 u. 21,33-41

In Eph 6,1[1] könnte Ignatius beeinflußt sein durch Mt 10,40[2] und
Mt 21,33-41[3]. Nur VÖLTER (Polykarp, 107) sieht Eph 6,1 als eindeu-
tigen Beleg für Mt-Kenntnis des Ignatius an; KÖSTER (Überlieferung,
40) ist zuzustimmen, wenn er meint, daß Eph 6,1 als Zitatenkombina-
tion der beiden in Frage kommenden Mt-Stellen nicht vorstellbar
sei. Immerhin ist an der Einbindung in den Kontext in Eph 6[4]
deutlich, daß Ignatius auf vorgegebenes Gut Bezug nimmt.

b) Eph 10,3 - Mt 13,25

In Eph 10,3[5] liegt allerhöchstens ein sehr freier Bezug auf
Mt 13,25[6] vor.[7]

c) Eph 11,1 - Mt 3,7b par.

Mit Mt 3,7b = Lk 3,7b verbindet Eph 11,1 nur die Wendung "μέλλουσα
ὀργή". Der Satz, in dem diese Wendung im synoptischen Zusammenhang
steht, stand wohl schon so in der Logienquelle; zwischen Mt-, Lk-
oder Q-Einfluß ist nicht begründet genug zu unterscheiden, falls
überhaupt Abhängigkeit von der synoptischen Tradition vorliegt.

---

1   Eph 6,1 πάντα γάρ, ὃν πέμπει ὁ οἰκοδεσπότης εἰς ἰδίαν οἰκονομίαν, οὕτως
     δεῖ ἡμᾶς αὐτὸν δέχεσθαι, ὡς αὐτὸν τὸν πέμψαντα. τὸν οὖν ἐπίσκοπον ....
2   Mt 10,40 Ὁ δεχόμενος ὑμᾶς ἐμὲ δέχεται, καὶ ὁ ἐμὲ δεχόμενος δέχεται τὸν
     ἀποστείλαντά με.
3   Mit Mt 21,33-41 verbindet Eph 6,1 höchstens das Wort "οἰκοδεσπότης", das
     aber eher für das Mt-Sondergut als für Mt-Redaktion typisch ist; so auch
     SMIT-SIBINGA (Ignatius, 273). Zu vergleichen ist noch Joh 13,20: ... ὁ
     λαμβάνων ἄν τινα πέμψω ἐμὲ λαμβάνει, ὁ δὲ ἐμὲ λαμβάνων λαμβάνει τὸν πέμψαν-
     τά με.
4   Einleitung mit "γάρ", Folgerung mit "οὖν" genau wie beim argumentativ
     verwandten AT-Zitat in IgnEph 5,3!
5   Eph 10,3 ... ἵνα μὴ τοῦ διαβόλου βοτάνη τις εὑρεθῇ ἐν ὑμῖν,...
6   Mt 13,25 ... ἦλθεν ... ὁ ἐχθρὸς καὶ ἐπέσπειρεν ζιζάνια ...
7   V.d. GOLTZ (138 Anm. 1) sieht diese Stelle als einen Beleg für Mt-Abhängig-
     keit an.

d) Eph 16,2 - Mt 3,12 par.

Mit Eph 16,2 verbindet Mt 3,12, Lk 3,17 und Mk 9,43 in gleicher
Weise nur der Ausdruck "πῦρ ἄσβεστον". Bezug auf speziell das Mt
ist weder wahrscheinlich noch naheliegend.

e) Magn 5,2 - Mt 22,19

Mit Mt 22,19 verbindet Magn 5,2 das Nt-Hapaxlegomenon "νόμισμα";
angesichts der Allgemeinheit und Profanität dieses Wortes erscheint
mir Mt-Bezug als nicht naheliegend.[1]

f) Phld 7,2 - Mt 16,17

In Phld 7,2 liegt eher eine Sachparallele zu Mt 16,17 als Abhängigkeit des Ignatius vom Mt vor.[2] KÖSTER (Überlieferung, 34) macht
zu Recht darauf aufmerksam, daß die Nähe zu I Kor 2,13 größer ist
als die zu Mt 16,17.

g) Röm 9,3 - Mt 10,41f. u. Mt 18,5 par.

In Röm 9,3 ist weder zu Mt 10,41f. noch zu Mt 18,5 par. Mk 9,37
deutliche Nähe zu erkennen.[3]

h) Sm inscr. - Mt 12,18

In der Überschrift des Briefes an die Smyrnäer wird Jesus absolut
als "ἠγαπημένος" bezeichnet. Die absolute Bezeichnung Jesu als

---

1   So auch INGE (78), der diese Stelle der Kategorie "D" ("possible, but
     too uncertain") zuweist; anders VÖLTER (Polykarp, 107f.).
2   Auch MASSAUX (Influence, 106) hält hier Mt-Einfluß für unsicher.
3   Anders ZAHN (Ignatius, 518), der hier einen deutlichen Hinweis auf Mt
     10,41 sieht. MASSAUX (Influence, 103) hält Mt-Einfluß nicht für sicher,
     sondern nur für wahrscheinlich; INGE (78) ordnet die Stelle zutreffend
     der Kategorie "D" ("possible, but too uncertain") zu.

"Geliebter" findet sich bei den Synoptikern nur im Mt (12,18);
dort allerdings wird Jesus "ἀγαπητός" genannt. Mt-Einfluß erscheint
mir als nicht naheliegend.

i) Sm 6,2 - Mt 6,28

In Sm 6,2 ist "καταμανθάνεσθαι" mit folgendem "πῶς" genauso konstruiert wie in Mt 6,28;[1] sonst im NT findet sich ein derartiger
Gebrauch dieses Wortes nicht. Die Übereinstimmung kann aber auch
gut auf Zufall beruhen, da in Sm 6,2 nichts weiter auf Mt 6,28
weist.

j) Trall 9,1 - Mt 11,19 par.

Mit Mt 11,19 verbindet - wie übrigens auch mit Lk 7,34 - Trall
9,1 nur die Aussage, daß Jesus aß und trank. Der "Sitz im Leben"
dieser Aussage ist jeweils völlig verschieden. Abhängigkeit des Ignatius vom Mt ist zwar nicht auszuschließen, aber keinesfalls naheliegend.[2]

k) Gebrauch des Wortes "ἄξιος"

Im Gebrauch des Wortes "ἄξιος" zeigt Ignatius wie Matthäus eine gewisse Vorliebe für Konstruktion mit folgendem gen. pers.[3] Obwohl
sich "ἄξιος" mit gen. pers. im NT sonst nur noch einmal außerhalb
des Mt findet (Hebr 11,38), erscheint mir eine Prägung des Ignatius
durch das Mt an diesem Punkte nicht nahezuliegen.

---

1   Darauf macht auch BAUER (Briefe, 269) aufmerksam.
2   Gegen Mt-Abhängigkeit sprechen sich KÖSTER (Überlieferung, 28) u. MORGAN
     (55) aus.
3   So in Eph 2,1; 4,1; 15,1; Röm 10,2; Sm 11,3; dies sind 5mal von insgesamt
     16mal, die das Wort in den Ignatiusbriefen überhaupt vorkommt.

3.2.4. Stellen, an denen Mt-Abhängigkeit eher unwahrscheinlich ist

a) Eph 4,4 - Mt 5,16 u. 25,31-46

Eph 4,4 verbindet mit dem Mt höchstens der Gedanke, daß der Christ
an seinen guten Werken erkannt wird. Wie allerdings dieser Christ
bezeichnet wird, ist dem Mt fremd: er ist "Glied des Sohnes".

b) Eph 14,2 - Mt 12,33 par.

In Eph 14,2 wird die Aussage, daß der Baum an seiner Frucht erkannt wird, wie folgt erläutert: "οὕτως οἱ ἐπαγγελλόμενοι Χριστοῦ
εἶναι δι' ὧν πράσσουσιν ὀφθήσονται". Daß der Baum an seinen Früch-
ten erkannt werden kann, ist nicht nur im Mt zu lesen.[1] Es ist
nicht einmal sicher, daß Ignatius sich hier überhaupt auf ein
Jesuswort bezieht, wie gerne angenommen wird.[2] Möglich ist genauso, daß er auf ein "profanes Sprichwort"[3] oder besser auf einen
allgemein bekannten und leicht eingängigen Sachverhalt rekurriert.
Keinesfalls ist Mt-Einfluß sicher[4] oder auch nur wahrscheinlich.
Auffällig ist vor allem, wie MORGAN (35f.) richtig bemerkt, daß
bei Ignatius nicht das synoptische "γινώσκεται" steht, sondern
"φανερόν", was sonst für Ignatius nicht typisch ist. So wahrscheinlich deswegen ist, daß Ignatius an dieser Stelle Überkommenes
aufnimmt, so wenig wahrscheinlich ist, daß er die Kenntnis des
aufgenommenen Sachverhaltes dem Mt verdankt.

c) Magn 3,2 - Mt 6,4

Die in Magn 3,2 ergehende Aufforderung, dem Bischof ohne Heuchelei
zu gehorchen, hat in Mt 6,4 und im Mt überhaupt höchstens eine
sehr entfernte Sachparallele,[5] indem im Mt im 6. Kapitel   deutlich

---

1   Ganz an Mt 12,33, wie HILGENFELD (Apostolische Väter, 280) meint, erinnern
     die betreffenden Worte nur, wenn man vorhandenes anderes Vergleichsmate-
     rial beiseite läßt; vgl. nur Lk 6,44.
2   S. z.B. BAUER (Briefe, 213).
3   So KÖSTER (Überlieferung, 42f.) als eine zu erwägende Möglichkeit.
4   So MASSAUX (Influence, 97).
5   Anders VÖLTER (Polykarp, 107), der Magn 3,2 als Beleg für Mt-Kenntnis an-
     führt.

gegen Heuchelei Stellung bezogen und auch sonst z.B. das Wort
"ὑποκρίτης" deutlich öfter gebraucht wird als bei Mk oder Lk.

d) Magn 8,2 - Mt 5,11f. par.

Daß in Magn 8,2 die Aussage, daß schon die Propheten um Christi
willen verfolgt wurden, zwingend auf Abhängigkeit von Mt 5,11
weist, ergibt sich für MASSAUX (Influence, 95), wie MORGAN (31)
richtig bemerkt, daraus, daß er Lk 6,22f als Parallele übersieht
und stattdessen Lk 11,47-51 anführt. Abgesehen davon erscheint mir
die Nähe zum Mt weder von der "Sache", noch von den Formulierungen
her einleuchtend.

e) Magn 9,2 - Mt 27,52

Interpretationsprobleme wirft Magn 9,2 auf. Strittig ist vor allem,
was überhaupt gemeint ist. Ignatius sagt, daß die Propheten Christus
erwarteten und im Geist seine Schüler waren und fährt fort:
"καὶ διὰ τοῦτο, ὃν δικαίως ἀνένεμον, παρὼν ἤγειρεν αὐτοὺς ἐκ
νεκρῶν." KÖSTER (Überlieferung, 30) schließt Mt-Einfluß deswegen
aus, weil sich bei Ignatius der Mythos von der Hadesfahrt Christi
widerspiegele; dieser habe nichts mit Mt 27, worauf die Aussage,
daß die Propheten auferweckt wurden, anspielen könnte, zu tun.
ZAHN (Ignatius, 599), VÖLTER (Polykarp, 108), MAURER (Ignatius, 74)
und MASSAUX (Influence, 102) sehen in der Aussage, daß die Propheten auferweckt wurden, einen mehr (so ZAHN, VÖLTER u. MAURER)
oder weniger (so MASSAUX) sicheren Bezug auf Mt 27,52. Mir erscheint ein Bezug auf die Hadesfahrt Christi, den z.B. MEINHOLD
(Studien, 41) annimmt, zwar keinesfalls als sicher, aber auch Mt-
Bezug als äußerst undeutlich und deshalb eher unwahrscheinlich.[1]

---

1   Für sehr unsicher hält Mt-Bezug auch INGE (78); äußerst vorsichtig äußern
     sich auch FASCHER (40) u. AGUIRRE MONASTERIO (156 mit Anm. 6), die Mt-
     Bezug aber immerhin für möglich halten.

f) Pol 1,1 - Mt 7,25 par.

Die Nähe von Pol 1,1[1] zu Mt 7,25[2] erscheint nicht als ausreichend, Abhängigkeit zu postulieren.[3] Die Wendung "τεθεμελίωτο γὰρ ἐπὶ τὴν πέτραν" stand wohl schon in Q[4] und ist bei Ignatius ganz anders formuliert; die Nähe in der Sache kann sich ebensogut aus der Allgemeinheit des Bildes wie aus einem Bezug auf die synoptische Tradition ergeben.

g) Pol 3,2 - Mt 16,3

Aus der Wendung "τοὺς καιροὺς καταμάνθανε" in Pol 3,2 auf Abhängigkeit von Mt 16,3 schließen zu wollen, wie es vorsichtig v.d. GOLTZ (138, Anm. 1) tut, erscheint mir als hergeholt.

h) Röm 6,1 - Mt 16,26 par.

"Οὐδέν με ὠφελήσει τὰ πέρατα τοῦ κόσμου οὐδὲ αἱ βασιλεῖαι τοῦ αἰῶνος τούτου" in Röm 6,1 ist allenfalls "a very doubtful allusion"[5] auf Mt 16,26 par.[6]

i) Sm 10,1 - Mt 10,42

Daß in Sm 10,1 eine Anspielung auf Mt 10,42 vorliegen soll, wie SMIT-SIBINGA (Ignatius, 268) annimmt, leuchtet nicht recht ein. Weitergehende Beobachtungen, daß Ignatius in "οὐ μὴ ἀπόληται" mit Mt 10,43 D it sy[s.c] bo übereinstimme[7] und daraus folgernde Schlüsse sind nur begrenzt sinnvoll, weil ihre textliche Basis bei Ignatius sehr schmal ist.[8]

---

1   Pol 1,1 Ἀποδεχόμενός σου τὴν ἐν θεῷ γνώμην, ἡδρασμένην ὡς ἐπὶ πέτραν ἀκίνητον,...
2   Mt 7,25 ... τεθεμελίωτο γὰρ ἐπὶ τὴν πέτραν ...
3   So auch KÖSTER (Überlieferung, 33) u. MORGAN (57).
4   Vgl. POLAG (38).
5   So INGE (81); ebenso äußert sich KÖSTER (Überlieferung, 34).
6   Anders SCHOLTEN (52), der Röm 6,1 als Beleg für Mt-Abhängigkeit ansieht.
7   So SMIT-SIBINGA (Ignatius, 269f.).
8   Die Lesart "ἀπόληται", die nur der Berliner Papyrus P bietet, erklärt sich ebenso gut als Angleichung an den westlichen Text von Mt 10,42 wie als Aufnahme dieses Verses durch Ignatius.

j) Trall 8,2 - Mt 5,23

Die Mahnung "μηδεὶς ὑμῶν κατὰ τοῦ πλησίον ἐχέτω" in Trall 8,2 ist
zu allgemein, als daß sich ein Bezug auf Mt 5,23 nahelegen würde.[1]

3.3. Zusammenfassung und Auswertung

Überblickt man die vorangegangenen Analysen im Zusammenhang, läßt
sich folgendes feststellen:
Mit an Sicherheit grenzender Wahrscheinlichkeit hat Ignatius das
Mt gekannt und rezipiert; dies ist für einen antiochenischen Bischof
zu Beginn des zweiten Jahrhunderts auch nicht weiter verwunderlich.
Ebenfalls und aus dem gleichen Grund nicht verwunderlich ist, daß
in den Ignatiusbriefen immer wieder Nähe zu uns sonst nur im Mt
überlieferten Stoff festzustellen ist;[2] sehr viel weniger oft
findet sich Nähe zu für andere Evangelien spezifischem Stoff.[3]
Daß Ignatius sich insgesamt gesehen nicht allzuoft und wenn, dann
recht "ungenau" auf Evangelienstoff bezieht, mag an der Abfassungssituation seiner Briefe liegen, die eine direkte Benutzung schriftlicher Quellen a priori eher als unwahrscheinlich erscheinen läßt
und zudem dafür verantwortlich zu machen sein dürfte, daß Ignatius
keinesfalls das Ziel hatte, Evangelienstoff zu "reproduzieren",
sondern daß er diesen nur zur Unterstützung "praktischer" Anliegen
aufnahm. Außer im Röm geht es Ignatius nahezu ausschließlich
darum, die Gemeinden, an die er schreibt, zur Einheit zu ermahnen,
wozu er gegen "Judaismus", "Doketismus" und Tendenzen, die die Position des Bischofs zu untergraben drohen, Front macht.[4] Im Rahmen

---

1   So auch KÖSTER (Überlieferung, 32) und MORGAN (56).
2   Vgl. neben Sm 1,1 u. Phld 3,1 vor allem Eph 5,2; 15,1; 19,2; Magn 9,1;
     Pol 2,1; Sm 6,1. Auch in der Literatur wird diese Nähe des Ignatius zu für
     das Mt spezifischem Stoff immer wieder betont; vgl. HILGENFELD (Apostoli-
     sche Väter, 281), SCHOLTEN (52), ZAHN (Testament, 922), v.d. GOLTZ (138),
     WAITZ (Matthäusevangelium, 25 u. Untersuchungen, 66), GOPPELT (198), CORWIN
     (67) u. MEIER in BROWN/MEIER (78 Anm. 174).
3   Zu Lk vgl. Sm 1,2 (Lk 23,7-12), Sm 3,2 (Lk 24,39.37) u. Pol 2,1 (Lk 6,32);
     zu Joh vgl. vor allem Sm 3,2 (Joh 20,20.27).
4   Zum Problem der Gegner des Ignatius vgl. zuletzt die überzeugenden Ausfüh-
     rungen von TREVETT (Prophecy).

dieses aktuellen Interesses ist dabei der matthäische Stoff zumeist
allerhöchstens Ausgangspunkt der Ausführungen des Ignatius.
Theologisch zustimmend ist das Mt von Ignatius so gut wie nicht
aufgenommen worden; dies mag vielleicht auch darin begründet
sein, daß es in bezug auf die Strukturierung der christlichen Gemeinde eher seinen Gegnern als gerade Ignatius Argumente bieten
konnte und möglicherweise auch geboten hat.[1]
Die Frage, ob Ignatius seine Kenntnis des "matthäischen" Stoffes
dem Mt[2] oder der auch diesem zugrundeliegenden oder verwandten
Tradition[3] verdankt, muß meines Erachtens abgesehen von Phld 3,1
und Sm 1,1 offenbleiben.[4] Gerade für Antiochien muß zu Beginn des
zweiten Jahrhunderts damit gerechnet werden, daß neben dem Mt auch
die vormatthäische Tradition weiter lebendig war. Gewißheit läßt
sich in dieser Frage vor allem deswegen nicht erreichen, weil Ignatius weder an der Reproduktion noch auch nur an der exakten Benennung der Quellen, aus denen er Hilfsargumente für seine Anliegen
entnahm, interessiert war.

---

1   Vgl. dazu TREVETT (Prophecy), die m.E. überzeugend die These entwickelt,
     daß Ignatius in seinen Briefen u.a. Gegner vor Augen hat, die in Aufnahme
     von Tendenzen, die auch im Mt und in der Did zum Tragen gekommen sind,
     eine prophetisch-antiepiskopalistische Position vertraten (vgl. vor allem
     a.a.O. 13-19).
2   So z.B. V H STANTON (Gospels, 15), TURNER (Pattern, 242), GRANT (Ignatius,
     43) u. MEIER in BROWN/MEIER (24f. mit Anm. 57).
3   So z.B. WAITZ (Matthäusevangelium, 25 u. Untersuchungen, 66; WAITZ nimmt
     an, daß Ignatius auf das griechische Nazaräerevangelium rekurriert) und
     OSBORN (131), DENKER (34) und KÖSTER (Gospels, 108), die von der Aufnahme
     vorsynoptischer mündlicher Tradition ausgehen.
4   So - allerdings für Ign insgesamt - auch BARNARD (Background, 204f.). Vgl.
     auch TREVETT (Matthew), die - für viele Stellen mit Recht - darauf hinweist,
     daß die Frage der Mt-Benutzung des Ignatius sehr viel offener ist als
     allgemein gerne angenommen wird (64); vgl. auch ihre tabellarische Erfassung
     der Forschungsgeschichte zu den wichtigsten und meistverhandelten Ign-
     Stellen a.a.O. 62f.

4. POLYKARPBRIEF

4.1. Einleitung

Der "Brief des Polykarp an die Philipper"[1] besteht sehr wahrscheinlich aus zwei Briefen,[2] die dahingehend sicher voneinander abge-
grenzt werden können, daß c. 13 zum ersten und c. 1-12 deutlich
zum zweiten Brief gehören. Die Zugehörigkeit von c. 14 läßt sich
nicht sicher bestimmen.[3] Ausgangspunkt der Aufteilung des Polyk
auf zwei verschiedene Briefe ist die Beobachtung, daß in c. 13 vorausgesetzt wird, daß der Verfasser über das Schicksal des Ignatius
nicht genau informiert ist, während in c. 9 davon ausgegangen wird,
daß Ignatius den Märtyrertod erlitten hat. Für die Datierung bedeutet diese Beobachtung, daß die Abfassung von c. 13 zeitlich in die
unmittelbare Nähe der letzten Reise des Ignatius anzusetzen ist; für
c. 1-12 ergibt sich nur der Tod des Ignatius als terminus post
quem. Mir erscheint fraglich, ob inhaltliche Gründe dazu zwingen,
c. 1-12 zwanzig Jahre später als den ersten Brief zu datieren; mit
VIELHAUER (Geschichte, 563) und LINDEMANN (Paulus, 87) kann ich
keinen Grund dafür erkennen, Markion als den Gegner des Polykarp anzunehmen, wie dies vor allem HARRISON (315) und MEINHOLD (Polykarp,
1684) glauben machen wollen. Die Datierung von c. 1-12 muß offenbleiben,[4] da weder äußere noch innere Gründe für eine absolute

---

1   Textausgabe: FISCHER; zur Überlieferungslage s. BIHLMEYER/SCHNEEMELCHER
    (XXXIXf.) u. FISCHER (244f.).
2   Dies hat erstmals HARRISON behauptet und überzeugend begründet; die Einheit-
    lichkeit des Polyk wird in neuerer Zeit nur noch von SCHOEDEL (Polycarp, 4)
    vertreten.
3   Tendierte HARRISON (s. z.B. 15f.) noch deutlich dahin, c. 14 zum ersten
    Brief hinzuzuzählen, worin ihm - sicherer als er selbst - z.B. QUASTEN
    (80) und zuletzt wieder KÖSTER (Introduction 2, 306) folgten, plädieren
    (deutlich) FISCHER (234f.) und (weniger deutlich) KLEIST (Didache, 82)
    und in ihrem Gefolge dann VIELHAUER (Geschichte, 558f.) dafür, c. 14 als
    Schlußkapitel des zweiten Briefes zu verstehen. Mit KLEIST (Didache), der
    zwar auf S. 82 c. 14 an den Schluß von c. 1-12 setzt, an anderer Stelle (71)
    aber deutlich sagt, daß die Zugehörigkeit dieses Kapitels offenbleiben muß,
    und zuletzt wieder ALTANER/STUIBER (51) will ich auf eine Festlegung ver-
    zichten.
4   So auch VIELHAUER (Geschichte, 563) und LINDEMANN (Paulus, 87); anders z.B.
    ALTANER/STUIBER (51), der HARRISON und MEINHOLD folgt.

Datierung existieren.[1]

Inhalt und Charakter von c. 13 und 14 lassen es von vorneherein
nicht erwarten, daß in diesen Kapiteln auf "Quellen" Bezug genommen
wird oder Traditionen verarbeitet werden: sie sind durchweg aktuell
motiviert und eher "technischer" als "theoretischer" Natur. Von daher
muß auch vermieden werden, aus dem Fehlen von Anspielungen auf das
Mt voreilig Schlüsse zu ziehen: c. 13 u. 14 gehören deutlich nicht
zu dem, was Polykarp inhaltlich vermitteln will und sind denkbar ungeeignet, Mt-Benutzung oder -Nichtbenutzung des Polykarp zu begründen.

Anders liegt der Fall in c. 1-12: hier läßt Polykarp deutlich und
explizit immer wieder erkennen, daß er mit auch seinen Adressaten
Bekanntem argumentieren will. Explizite Zitate finden sich dabei
- gemessen an der fast durchgängigen Aufnahme "fremder" Wendungen
und Gedanken - erstaunlich selten;[2] etwas häufiger sind Verweise
auf das "Wissen" seiner Adressaten, die nicht deutlich erkennen
lassen, ob Polykarp wörtlich oder nur der Sache nach rezipieren
will.[3] Zitier- und Verweisformeln lassen nicht deutlich genug erkennen, ob zu dem Polykarp bekannten und vom ihm verwandten "Material"
auch das Mt gehörte. Wäre in c. 12,1 der neutestamentliche Eph als
"Schrift" zitiert[4], so ließe sich daraus für die Kenntnis des Mt und
die Rolle, die dieses Evangelium im Denken des Polykarp spielte,
nichts ableiten. Immerhin fällt aber auf, daß im Polyk zweimal
deutlich auf Herren w o r t e Bezug genommen wird.[5] Läßt sich

---

1   Ohne Angabe von Gründen datieren den zweiten Brief relativ spät QUERE
     (222) und KÖSTER (Introduction 2, 306: "several years, or, more likely,
     several decades later"; aufschlußreich ist der Vergleich mit der früheren
     deutschen Fassung (Einführung, 745: "einige Jahre oder Jahrzehnte später"),
     in der KÖSTER sich noch nicht in Richtung einer Spätdatierung festlegt.
2   S. c. 2,3 mit der einleitenden Wendung "μνημονεύοντες δὲ ὧν εἶπεν ὁ κύριος
     διδάσκων"; c. 7,2 eingeleitet durch "καθὼς εἶπεν ὁ κύριος"; s. auch c. 11,2
     (sicut Paulus docet) u. c. 12,1 (ut his scripturis dictum est).
3   S. c. 1,3; 4,1.3; 5,1; 6,1.
4   So nur I FRANK (49); anders z.B. HARNACK (Chronologie 1, 386), KRÜGER
     (Briefe, 202), LIETZMANN (Bücher, 39), FLESSEMANN-VAN LEER (43) u. KÖSTER
     (Überlieferung, 113).
5   S. c. 2,3 u. 7,2; zu den Einleitungsformeln vgl. oben Anm. 2.

daraus entnehmen, daß Polykarp nicht etwa das Mt, sondern nur mündliche Herrenworttradition kennt, oder bedeutet der Hinweis auf die
"Worte" des Herrn nichts für die Schriftlichkeit oder Mündlichkeit
ihrer Übermittlung?
Meines Erachtens ist es vom Wortlaut einiger Stellen im Polyk
her sehr wahrscheinlich, daß Polykarp das Mt gekannt und benutzt
hat.

4.2. Analyse einzelner Stellen

4.2.1. Stellen, an denen Mt-Abhängigkeit wahrscheinlich ist

a) Polyk 2,3b - Mt 5,3 par. u. Mt 5,10

In Polyk 2,3b wird - mit "καὶ ὅτι" an die in c. 2,3a zu findende
Einführungsformel "μνημονεύοντες δὲ ὧν εἶπεν ὁ κύριος διδάσκων"
angeschlossen - eine doppelte Seligpreisung als Wort des Herrn
zitiert:

> Polyk 2,3b μακάριοι οἱ πτωχοὶ καὶ οἱ διωκόμενοι ἕνεκεν δικαιο-
> σύνης, ὅτι αὐτῶν ἐστιν ἡ βασιλεία τοῦ θεοῦ.

> Mt 5,3 Μακάριοι οἱ πτωχοὶ τῷ πνεύματι, ὅτι αὐτῶν ἐστιν
> ἡ βασιλεία τῶν οὐρανῶν.

> Lk 6,20b Μακάριοι οἱ πτωχοί, ὅτι ὑμετέρα ἐστὶν ἡ βασιλεία
> τοῦ θεοῦ.

> Mt 5,10 μακάριοι οἱ δεδιωγμένοι ἕνεκεν δικαιοσύνης,
> ὅτι αὐτῶν ἐστιν ἡ βασιλεία τῶν οὐρανῶν.

Zur Seligpreisung der um der Gerechtigkeit willen verfolgten findet
sich in den synoptischen Evangelien nur in Mt 5,10 eine Parallele;
dabei geht dieser Makarismus im Mt sehr wahrscheinlich auf den Evangelisten selbst zurück, wie eine vokabelstatistische Analyse

zu belegen vermag. Die Zitation einer redaktionellen matthäischen
Seligpreisung macht m.E. das Zugrundeliegen des Mt sehr wahrscheinlich. Daß Polykarp für das zitierte Jesuswort neben dem Mt auch
noch das Lk benutzte, erscheint mir als eine unnötige Annahme.[1]
Zum einen ist nicht recht einsichtig zu machen, warum Polykarp Mt
und Lk gerade s o   hätte "mischen" sollen oder gar wollen; zum
anderen erklären sich die Abweichungen des Polykarp vom Text des
Mt allesamt gut als aus gedächtnismäßiger Zitation resultierend.
Bei Zitation nach dem Gedächtnis ist durchaus damit zu rechnen, daß
das nur bei Mt zu findende "τῶν οὐρανῶν" ersetzt wird durch das
allgemeiner verbreitete und im griechischen Denkbereich verständ-
lichere "τοῦ θεοῦ". Auch das Fehlen von "τῷ πνεύματι" erklärt sich
ebensogut als unbewußte Auslassung wie als bewußte Aufnahme des lukanischen Textes. Die Abweichung in der Wortform "διωκόμενοι" für
das matthäische "δεδιωγμένοι" erklärt sich gleichfalls gut durch
die Annahme gedächtnismäßiger Zitation.
Sicherlich war das Mt nicht "Schreibtischvorlage" des Polykarp, als
er seinen Brief an die Philipper schrieb.[2] Sehr wahrscheinlich
aber ist, daß Polykarp sich in c. 2,3b bewußt auf die matthäischen
Seligpreisungen bezieht.
Er versteht sie dabei als das, was sie auch bei Matthäus sein wollen:
Worte des Herrn, die die Christen belehren. Ihre Autorität bekommen
die matthäischen Seligpreisungen für Polykarp offensichtlich dadurch,
daß sie Worte des Herrn, und nicht dadurch, daß sie Bestandteil eines
schriftlichen Evangeliums sind. Von daher ist es auch nicht verwunderlich, daß wir von Polykarp nicht erfahren, woher er seine Herrenworte nahm. Wichtig war die Verbindlichkeit ihres Inhaltes, nicht
die Art und Form ihrer Überlieferung.

b) Polyk 12,3 - Mt 5,44 par. u. Mt 5,16.48

Auch in c. 12,3 zeigt Polykarp Kenntnis redaktioneller Anliegen des

---

1   So auch z.B. ZAHN (Ignatius, 603), VÖLTER (Polykarp, 31), MASSAUX (Influence,
     68) u. KÖSTER (Überlieferung, 118); anders z.B. MORGAN (65).
2   Nur insofern ist WREGE (26.f. Anm. 4) zuzustimmen, der an dieser Stelle
     für Polykarp literarische Abhängigkeit vom Mt verneint.

Evangelisten Matthäus. Er fordert die Philipper auf:

> Polyk 12,3 Orate ... pro persequentibus et odientibus vos
> et pro inimicis crucis, ut fructus vester manifestus sit in
> omnibus, ut sitis in illo perfecti.

Vom Wortlaut dieser Gebetsaufforderung her läßt sich ein Bezug auf
das Mt nicht ausreichend wahrscheinlich machen; zur Aufforderung,
für die Feinde zu beten, bietet Did 1,3 die nächste, wenn auch keine
völlig exakte Parallele. Interessant aber ist, wie Polykarp das
Gebet für die Feinde motiviert. Zu beiden Abzweckungen, die er
angibt, finden sich in Mt 5 deutliche Parallelen, zur zweiten
sogar im Polyk 12,3 entsprechenden Kontext des Gebotes von der
Feindesliebe.[1] Nur wer Mt 5,48 nicht mit in seine Überlegungen einbezieht, wird für Polyk 12,3 einem Bezug auf das Mt vorsichtig oder
gar reserviert gegenüberstehen.[2]
Daß auch das Lk benutzt ist, wie VÖLTER (Polykarp, 30f.), KÖSTER
(Überlieferung, 119) und MORGAN (68f.) annehmen, erscheint mir nicht
als zwingend. Wie schon in c. 2,3b ist nicht zu begründen, warum
Polykarp gerade in dieser Weise kombiniert haben sollte. Zu beachten
ist auch, daß - anders als in c. 2,3b - Polykarp in c. 12,3 nicht
ausdrücklich zitiert, sondern ohne Verweis auf eine Quelle mit
"eigenen" Worten sagt, was ihm wichtig ist. Daß der Wortlaut von
Polyk 12,3, die "Verengung" des Liebesgebotes auf die Mahnung zum
Gebet für die Feinde und das Verständnis dieses Gebetes als sichtbare Tat im Mt zwar immerhin, aber auch nicht mehr als einen Anhaltspunkt haben, spricht weniger gegen Bezug des Polykarp auf das
Mt als für die Art und Weise, in der Polykarp mit dem Mt umging.[3]

---

1   Zur ersten Abzweckung "ut fructus vester manifestus sit in omnibus" s.
     Mt 5,16, zur zweiten vgl. Mt 5,48.
2   So z.B. BENECKE (103) und MASSAUX (Influence, 172).
3   Daß Polykarp den Wortlaut von c. 12,3 wie die Verwendung des matthäischen
     Gebotes der Feindesliebe als Gebetsmahnung der liturgischen Praxis seiner
     Gemeinde verdankt, wie KÖSTER (Überlieferung, 119) und in seinem Gefolge
     I FRANK (48) annehmen, erscheint möglich, aber nicht zwingend. Methodisch
     ist nicht zu begründen, wieso nicht Polykarp, sondern eher seiner Gemeinde
     dieses Vorgehen zuzutrauen sein sollte. Zudem gibt es mit Did 1,3 nur für
     die "Umwandlung" des Feindesliebegebotes in eine Gebetsmahnung einen Hinweis
     darauf, daß Polykarp sich hier möglicherweise auf ihm Vorgegebenes bezieht.
     Ohne schlüssige Parallele außerhalb des Mt ist der inhaltliche Kontext, in
     den diese Gebetsmahnung im Polyk eingebunden ist.

Das, was er sagen will, findet er nicht einfach im Mt dergestalt
vor, daß er es wort- und sachgetreu übernehmen könnte oder wollte.
Immerhin aber scheint in c. 12,3 das Mt gleichsam den "Hintergrund"
für seine eigenen Aussagen abzugeben.
Das matthäische Gebot der Feindesliebe wird bei Polykarp zum Gebot,
für die Feinde zu beten. Dieses Gebet wird den matthäischen "guten
Werken", die deutlich sichtbar werden sollen, gleichgestellt. Die
Neuinterpretation des Gebotes der Feindesliebe behält zwar nicht den
Wortlaut, wohl aber den Horizont des matthäischen Feindesliebege-
botes bei: Es geht um die Vollkommenheit der Christen, die gerade
nach außen sichtbar werden soll.

Weil für Polyk 2,3b und 12,3 jeweils nicht mit letzter Sicherheit ausgeschlossen werden kann, daß Polykarp sich nicht direkt,
sondern gleichsam indirekt via die (nachmatthäische) Tradition
seiner Gemeinde auf das Mt bezieht, kann für beide Stellen direkte
Mt-Benutzung des Polykarp nicht bewiesen werden, immerhin aber
doch als sehr wahrscheinlich gelten. An anderen Stellen ist der
Bezug auf das Mt nicht in gleicher Weise wahrscheinlich zu machen,
erscheint aber immerhin als gut möglich:

4.2.2. Stellen, an denen Mt-Abhängigkeit gut möglich ist

a) Polyk 6,2 - Mt 6,12 par. (vgl. Mt 18,23-35)

In Polyk 6,2 wird mit dem Satz "εἰ οὖν δεόμεθα τοῦ κυρίου, ἵνα
ἡμῖν ἀφῇ, ὀφείλομεν καὶ ἡμεῖς ἀφιέναι" wahrscheinlich auf das Unser-
Vater angespielt. Aufgrund der weiten Verbreitung des Herrengebetes erscheint ein Bezug auf das Mt zwar als möglich, ist aber
durchaus nicht zwingend. Eine weitere Sachparallele zu Polyk 6,2
findet sich in Mt 18,23-35, wo es ebenfalls um das Bitten um Vergebung und das der erhaltenen Vergebung entsprechende Verhalten
anderen Menschen gegenüber geht. Da Polykarp das Mt wahrscheinlich
gekannt hat, ist es durchaus möglich, daß er in c. 6,2 nicht nur
auf das Herrengebet, sondern auch auf Mt 18,23-35 anspielen will.
Als Beweis für Mt-Abhängigkeit aber kann Polyk 6,2 sicherlich nicht

dienen.[1]

b) Polyk 7,2 - Mt 6,13 par. u. 26,41 par.

In Polyk 7,2 werden die Philipper aufgefordert, die "Irrlehre der
Vielen" zu verlassen und, um nicht in Versuchung zu geraten, Gott,
der alles sieht, zu bitten, nicht in Versuchung zu führen:

Polyk 7,2 ...μὴ εἰσενεγκεῖν ἡμᾶς εἰς πειρασμόν, καθὼς εἶπεν
ὁ κύριος· Τὸ μὲν πνεῦμα πρόθυμον, ἡ δὲ σὰρξ ἀσθενής.

Diese Aufforderung zum Gebet erinnert sachlich sowohl an die Unser-
Vater-Bitte Mt 6,13 (= Lk 11,4) als auch an die Worte Jesu in Gethsemane (Mt 26,41 par.). Für sich genommen ist Polyk 7,2 kein Hinweis
auf Mt-Abhängigkeit des Polykarp: in der Formulierung der Unser-Vater-
Bitte unterscheiden sich Mt und Lk nicht, während für die offensichtliche Anspielung auf die Gethsemaneperikope zwischen Mk und Mt kein
signifikanter Unterschied zu verzeichnen ist.[2] Gegen I FRANK (48)
läßt sich Mt-Abhängigkeit keinesfalls mit Sicherheit behaupten;
eher schon ist KÖSTER (Überlieferung, 115) zuzustimmen, der aus
Polyk 7,2 folgert, daß Polyk Mk oder Mt gekannt haben muß.

c) Verständnis des Begriffs "δικαιοσύνη"

Gut möglich erscheint eine Beeinflussung des Polykarp durch das
Mt auch angesichts der Bedeutung, mit der Polykarp den Begriff
"δικαιοσύνη" gebraucht. Von den siebenmal, die das Wort im Polyk
vorkommt,[3] meint es allein viermal[4] eindeutig "menschliche Gerechtigkeit" als menschliches, einzuforderndes Tun; einmal ist das
Wort Bestandteil eines wahrscheinlich dem Mt entnommenen Zitates;[5]

---

1   So auch ZAHN (Ignatius, 604), BENECKE (102), (vorsichtig) MASSAUX (Influ-
     ence, 171), KÖSTER (Überlieferung, 120), MORGAN (67f.) u. HAGNER (279).
2   Anders WILD (6), für die in Polyk 7,2 Mt 26,41 zitiert wird.
3   S. Polyk 2,3; 3,1.3; 4,1; 8,1; 9,1.2.
4   S. Polyk 3,3; 4,1; 9,1.2.
5   S. Polyk 2,3 u. dazu oben S. 99f.

nur einmal (in c. 8,1) ist mit "δικαιοσύνη" die dem Menschen von
Gott verliehene Gerechtigkeit gemeint, für die Christus "ἀρραβών"
ist. Dabei ist aber deutlich, daß diese Aussage in c. 8,1 nicht
etwa "Gipfel" der Ausführungen über die Gerechtigkeit im Polyk ist,
wie MEINHOLD (Polykarp, 1685) meint, sondern eher einen "Nebenkrater"
Polykarpscher Theologie und eine traditionell vorgegebene, aber
nicht wirklich aufgenommene und entfaltete Vorstellung darstellt.
Das inhaltliche Schwergewicht liegt im Polyk eindeutig auf der -
fast selbstverständlich erscheinenden - Interpretation der Gerechtigkeit als des vom Menschen geforderten Tuns. Von dem in c. 11,2
zitierten Paulus hat Polykarp sich mit diesem Verständnis weit
entfernt; sehr nahe ist er dafür dem Evangelisten Matthäus, ohne
daß nun behauptet werden sollte, daß Polykarp nur aufgrund des Mt
auf den Gedanken kommen konnte, Gerechtigkeit als menschliches
Tun zu verstehen. Immerhin aber ist sowohl im Verständnis dieses
Begriffs als auch durch die zentrale Rolle, die er sowohl bei Mt
als auch bei Polykarp spielt[1], eine deutliche Affinität zum Mt gegeben, die es als möglich erscheinen läßt, daß Polykarp sein Verständnis von Gerechtigkeit dem Mt verdankt. In die Nähe des Mt weist auch,
daß die "δικαιοσύνη" bzw. die "ἐντολὴ δικαιοσύνης" in c. 4,1 formal
als "ἐντολὴ κυρίου" und in c. 3.3 inhaltlich als Liebe zu Gott, zu
Christus und zum Nächsten verstanden wird: wie im Mt wird die als
Erfüllung des Willens des Herrn verstandene Gerechtigkeit inhaltlich interpretiert als Erfüllung des doppelten Liebesgebotes.

4.2.3. Stellen, an denen Mt-Abhängigkeit allenfalls theoretisch
       möglich ist

a) Polyk 5,2 - Mt 20,28 par.

Mit Mt 20,28 verbindet Polyk 5,2 nur die Bezeichnung Jesu als
"Diener". Mk 9,35 scheidet als exakte Parallele aus, weil anders

---

1   "Περὶ δικαιοσύνης" ist nach c. 3,1 Themaangabe des Briefes; zur "Gerechtig-
      keit" gehört für Polykarp, worauf VIELHAUER (Geschichte, 564) mit Recht
      aufmerksam macht, als menschliche Tat nicht nur die "Rechtschaffenheit",
      sondern auch die "Rechtgläubigkeit".

als in Polyk 5,2 dort gerade nicht Jesus als "Diener aller" bezeichnet wird. Daß Jesus Diener aller war, kann Polykarp zwar aus dem Mt
abgeleitet haben; er wird dies aber auch anderswoher "gewußt" haben
können.

b) Polyk 6,1 - Mt 25,36.43

In bezug auf Polyk 6,1 ist selbst MASSAUX (Influence, 172) unsicher,
ob an dieser Stelle Aufnahme von Mt 25,36.43 vorliegt. Mit dem Mt
verbindet Polykarp nur, daß - bei Mt indirekt, bei Polykarp direkt -
dazu aufgefordert wird, Kranke zu besuchen. Dagegen, daß Polykarp
die Anregung zur Aufnahme dieser Aufforderung dem Mt verdankt,
spricht immerhin, daß die "Motivation" der Krankenbesuche durch das
Aufzeigen ihrer Relevanz für das Jüngste Gericht im Polyk vollkommen
fehlt.[1]

4.2.4. Stellen, an denen Mt-Abhängigkeit eher unwahrscheinlich ist

a) Polyk 2,3a

In Polyk 2,3a wird mit der Einleitungsformel "μνημονεύοντες δὲ ὧν
εἶπεν ὁ κύριος διδάσκων" die folgende Zusammenstellung von Aufforderungen zitiert:

    Polyk 2,3a, a Μὴ κρίνετε, ἵνα μὴ κριθῆτε·
              b ἀφίετε, καὶ ἀφεθήσεται ὑμῖν·
              c ἐλεᾶτε, ἵνα ἐλεηθῆτε·
              d ᾧ μέτρῳ μετρεῖτε, ἀντιμετρηθήσεται ὑμῖν·

Es fällt auf, daß alle vier Glieder der im Polyk zitierten Zusammenstellung von Herrenworten auch in einer im I Clem zitierten Herrenwortsammlung vorkommen:[2]

    I Clem 13,1 ... μάλιστα μεμνημένοι τῶν λόγων τοῦ κυρίου

---

1   Mit Recht spricht sich MORGAN (70) gegen Mt-Abhängigkeit des Polykarp an
     diesem Punkt aus.
2   Zur Analyse dieser Herrenworte s.o. S. 67-71.

Ἰησοῦ, ὃυς ἐλάλησεν διδάσκων ἐπιείκειαν καὶ μακροθυμίαν·

2 οὕτως γὰρ εἶπεν·

a Ἐλεᾶτε, ἵνα ἐλεηθῆτε·

b ἀφίετε, ἵνα ἀφεθῇ ὑμῖν·

c ὡς ποιεῖτε, οὕτω ποιηθήσεται ὑμῖν·

d ὡς δίδοτε, οὕτως δοθήσεται ὑμῖν·

e ὡς κρίνετε, οὕτως κριθήσεσθε·

f ὡς χρηστεύεσθε, οὕτως χρηστευθήσεται ὑμῖν·

g ᾧ μέτρῳ μετρεῖτε, ἐν αὐτῷ μετρηθήσεται ὑμῖν.

Auch die Einleitungsformel in Polyk 2,3a weist große Ähnlichkeit
mit der in I Clem 13,2 auf. Des weiteren ist bemerkenswert, daß
vom Wortlaut her nur Polyk 2,3a,c exakt mit seiner Parallele im I
Clem zusammenstimmt. Von den sieben in I Clem 13,2 zusammengefaßten
Sprüchen fehlen in Polyk 2,3a drei;[1] die mit dem I Clem gemeinsamen
Sprüche bietet Polyk in veränderter Reihenfolge.[2]
Polyk 2,3a,a stimmt- anders als I Clem 13,2e - exakt mit dem Wort-
laut von Mt 7,1 überein, der sich allerdings nicht wesentlich vom
Wortlaut von Lk 6,37 unterscheidet.[3]
Zu Polyk 2,3a,b findet sich eine formale Entsprechung weder in einem
der synoptischen Evangelien[4] noch im I Clem. Sachlich stimmen Polyk,
I Clem und die Synoptiker überein; die Konditionierung göttlicher
Vergebung durch ihre Bindung an menschliche Vergebung bekommt dabei
im Mt besonderen Nachdruck, ist aber schon im allgemein verbreiteten
Herrengebet fest verankert.
Polyk 2,3a,c findet sich wörtlich in I Clem 13,2; synoptische Paral-
lelen existieren nur von der Sache her und nur im Mt,[5] der zum
Ausdruck gebrachte Inhalt findet sich aber schon im Alten Testament.[6]

---

1   I Clem 13,2c;d;f.
2   I Clem 13,2a;b;e;g stehen in Polyk 2,3 in der Reihenfolge e;b;a;g.
3   Mt 7,1 Μὴ κρίνετε, ἵνα μὴ κριθῆτε·
     Lk 6,37 Καὶ μὴ κρίνετε, καὶ οὐ μὴ κριθῆτε·
4   Vgl. Mt 6,12 par. Lk 11,4; Mt 6,14 par. Mk 11,25; Mt 18,35.
5   S. Mt 5,7 u. 18,33.
6   S. Prov 14,21 u. 17,5 LXX.

In Polyk 2,3a,d[1] stimmt Polykarp in "ἀντιμετρηθήσεται" mit Lk
gegen Mk, Mt und I Clem überein.

In Polyk 2,3a finden sich Affinitäten sowohl zum Mt, als auch
zum I Clem, als auch - in geringerem Maße - zum Lk. Hat Polykarp
die Herrenwortsammlung, die er im I Clem[2] oder in dessen Quelle[3]
fand, bewußt oder unbewußt in Anlehnung an die synoptischen Evangelien
umgestaltet?[4] Oder zitiert er eine - mündliche oder schriftliche -
katechismusartige Zusammenstellung von Herrenworten, deren Ähnlichkeit mit ihren Parallelen dann nicht auf ihn, sondern auf die
katechetische Gemeindetradition zurückginge?[5]

Am wahrscheinlichsten erscheint mir die Annahme, daß Polykarp
in c. 2,3a - wie wohl auch schon der Verfasser des I Clem in c.
13,2 - katechetisch durchgeformtes Material zitiert. Anders als
in Polyk 2,3b, wo deutlich zwei Seligpreisungen zu einer zusammengefaßt und also bewußt verkürzt zitiert werden, deutet die formale
Struktur von Polyk 2,3a darauf hin, daß sich Polykarp hier auf
eine Vorlage bezieht und im Wortlaut nicht von dieser abweicht.
Ein direkter Bezug auf das Mt erscheint von daher als höchst unwahrscheinlich. Anders als bei der Aufnahme der matthäischen Seligpreisungen in c. 2,3b erklärt für c. 2,3a die Annahme eines ge-
dächtnismäßigen Bezuges weder die Struktur der zitierten Herren-
wortzusammenstellung noch die Umstellungen und Auslassungen gegen-

---

1   Vgl. Mk 4,24; Mt 7,2b; Lk 6,38c; I Clem 13,2g.
2   So z.B. ZAHN (Ignatius, 603), WESTCOTT (62), BAUER (Briefe, 286), HARRISON
    (286f.) und KÖSTER (Überlieferung, 114).
3   So z.B. SANDAY (86) u. JACQUIER (55); unentschieden ist V H STANTON (Gospels,
    16). BENECKE (102) stellt - wenig hilfreich und zugleich unbestreitbar -
    fest, daß auf jeden Fall der I Clem nicht direkt zitiert wird.
4   So z.B. ZAHN (Ignatius, 603), V H STANTON (Gospels, 16), HARRISON (s86f.),
    KÖSTER (Überlieferung, 117f. u. Introduction 2, 306) und MORGAN (63f.).
5   So z.B. MASSAUX (Influence, 167), der annimmt, daß Polykarp eine Weiter-
    entwicklung der Vorlage von I Clem 13,2 zitiert; prinzipiell ähnlich auch
    FISCHER (239) und HAGNER (279).

über den anzunehmenden Vorlagen.[1] Für Polyk 2,3a ist demgegenüber
die Annahme des Bezuges auf eine in dieser Form vorgegebene, unter
dem Gesichtspunkt der inhaltlichen Steigerung der Aussage kompo-
nierten Herrenwortsammlung[2] die wahrscheinlichere Hypothese.

Daß Polyk 2,3a und I Clem 13,2 direkt auf eine gemeinsame
Quelle zurückgehen, ist gerade angesichts von Art und Zahl der gra-
vierenden Unterschiede nicht recht wahrscheinlich und allenfalls
theoretisch möglich.[3] Aus dem gleichen Grund ist unwahrscheinlich,
daß Polyk 2,3a in Abhängigkeit von I Clem 13,2 gebildet worden ist.
Die Ähnlichkeit der jeweiligen Zitationsformel erklärt sich gut
daraus, daß im I Clem wie im Polyk Worte des Herrn als Lehre für
die Gegenwart in Erinnerung gerufen werden; auf genau diese inhaltliche Übereinstimmung erstreckt sich die Übereinstimmung in den
Formulierungen.[4] Auch wenn an anderen Stellen Abhängigkeit des
Polyk vom I Clem wahrscheinlich zu machen ist,[5] ist damit noch längst
nicht gesagt, daß eine solche Abhängigkeit auch für c. 2,3a anzunehmen ist.[6] I Clem 13,2 ist wie Polyk 2,3a ein deutlicher Hinweis
darauf, daß die eigenständig (um)gestaltende Überlieferung von
Herrenworten mit der Abfassung der Evangelien noch nicht zum Abschluß gekommen ist. Die Verschiedenheit der uns überlieferten
Ergebnisse solcher Umgestaltungen sollte trotz der ebenso vorhandenen
großen Ähnlichkeiten zur Vorsicht davor mahnen, vorschnell Ab-

---

1   Anders z.B. ZAHN (Ignatius, 603) u. KÖSTER (Überlieferung, 118), die es
     sich m.E. zu leicht machen.
2   S. dazu MEES (Schema, 262), der zur "dispositio" von Polyk 2,3a bemerkt:
     "Sie schreitet in der Form einer Klimax von der äußeren Kundgebung des
     Richtens ... zur inneren Tat der Vergebung weiter, um schließlich in
     die Geisteshaltung des Erbarmens einzumünden." M.E. liegt die Steigerung
     der Aussage eher im Übergang vom Verbot zum Gebot und von der "inneren"
     Tat der Vergebung zur "äußeren" der Barmherzigkeit.
3   So schon WESTCOTT (62).
4   So auch HAGNER (142), der darüber hinaus meint, daß die Einleitungsformel
     darauf verweise, daß hier mündliche Tradition zitiert werde.
5   So gut begründet LIGHTFOOT (II,1, 149-153); vgl. auch HARNACK (Chronologie 1,
     386), BARDENHEWER (1, 167), QUASTEN (79), FISCHER (238) und HAGNER (142
     Anm. 1).
6   Anders z.B. KÖSTER, dessen Argumente aber nicht einleuchten wollen. Von
     der sonst im Polyk festzustellenden Abhängigkeit vom I Clem her ist für
     Polyk 2,3a nur die Möglichkeit einer solchen Abhängigkeit zu erweisen.

hängigkeitsverhältnisse zu postulieren.

b) Polyk 1,3 - Mt 25,21 u. 13,17

Mit Mt 25,21 verbindet Polyk 1,3 nur die Wendung "εἰς τὴν χαρὰν
εἰσελθεῖν"; mit Mt 13,17 nur das Wort "ἐπιθυμεῖν". Wegen der
Undeutlichkeit des Bezuges auf ein Evangelium überhaupt und speziell
das Mt erscheint mir jeweils Mt-Abhängigkeit als unwahrscheinlich.

c) Polyk 10,1 - Mt 18,10

Gegen HARRISON (287) spricht nichts dafür, für Polyk 10,1 Einfluß von Mt 18,10 anzunehmen.

d) Polyk 11,2 - Mt 18,17

Anders als VÖLTER (Polykarp, 30) erscheint mir in Polyk 11,2
Mt-Bezug als äußerst unwahrscheinlich.

e) Polyk 6,1 - Mt 13,14f.

Schlichtweg Phantasie GRANTs (Formation, 105) ist es, daß in Polyk
6,1 ein exaktes Zitat von Mt 13,14f. vorliegen soll.[1]

4.3. Zusammenfassung und Auswertung

Daß Polykarp das Mt gekannt und benutzt hat, ergibt sich mit großer
Wahrscheinlichkeit aus c. 2,3b und c. 12,3; mögliche Hinweise auf
das "daß" und "wie" dieser Benutzung sind in c. 6,2 und c. 7,2 festzustellen. Nicht naheliegend erscheint Mt-Bezug in c.5,2 und c. 6,2;
unwahrscheinlich ist ein solcher Bezug in c. 1,3; 2,3a; 10,1; 11,2.
Mit dieser Beurteilung unterscheide ich mich nicht prinzipiell, wohl
aber in der Art der Begründung und der Beurteilung einzelner Stellen

---

1   Nicht völlig klar ist, ob GRANT die Zitation in c. 6,1 (so a.a.O. 105)
     oder in c. 6,2 (so a.a.O. 104) verortet.

von dem in neuerer Zeit nahezu allgemeinen Konsens, daß Polykarp
das Mt gekannt hat.

> Als sicherer Hinweis auf die Mt-Benutzung des Polykarp wird c.2,3; 7,2; 12,3
> angeführt von ZAHN (Testament, 923 Anm. 1) und VIELHAUER (Geschichte, 564).
> Nur c. 2,3 und c. 7,2 für sichere Hinweise auf Mt-Kenntnis halten MASSAUX
> (Influence, 166-170) und KÖSTER (Introduction 2, 306), der früher c. 2,3
> (Überlieferung, 117) und c. 12,3 (Überlieferung, 119) als sichere Hinweise
> auf Mt-Benutzung auffaßte und für c. 7,2 nur die Abhängigkeit von Mt o d e r
> Mk für gesichert hielt (a.a.O. 115).

Die Kenntnis und Benutzung anderer Evangelien ist für den Polyk
nicht mit dem gleichen Maß an Wahrscheinlichkeit zu behaupten wie
für das Mt, sondern allerhöchstens als gut möglich zu betrachten.[1]
Rezipiert werden aus dem Evangelienstoff nur Jesusworte. Für
seine ethischen Mahnungen war Polykarp unter anderem die Autorität
des Kyrios wichtig. Quelle für dessen Worte waren sehr wahrscheinlich
sowohl das Mt als auch parallel zu diesem umlaufende "selbständige"
Herrenworttraditionen, für die ihrerseits ein Bezug auf das Mt nicht
von der Hand zu weisen ist.

Die alternativ verstandene Frage nach der Aufnahme von mündlicher
Tradition oder schriftlichen Evangelien erweist sich damit für den
Polykarpbrief als eine nicht angemessene Einengung des Fragehorizon-
tes. Es ist schade, daß eine exakte zeitliche Einordnung dieses
Befundes nicht möglich ist.

---

1   Anders I FRANK (52) u. SCHOEDEL (Polycarp, 5), die Kenntnis auch des Lk
     annehmen.

5. BARNABASBRIEF

5.1. Einleitung

Ziel des Barn[1] ist es, das Alte Testament den Juden zu entreißen und
- mittels unter anderem allegorischer Auslegung - ausschließlich
für die Christen zu reklamieren. Von daher erscheint a priori eine
explizite und häufige Bezugnahme auf Schriften unseres Neuen Testamentes als eher unwahrscheinlich.

Der Abfassungsort des Barn läßt sich weder mit äußeren noch mit inneren Gründen hinreichend sicher bestimmen;[2] zu datieren ist
der Barn sehr wahrscheinlich um 130.[3]

Die Inhomogenität des Briefes erklärt sich gut aus der stilistisch
nicht immer glücklichen Verarbeitung verschiedener Traditionen[4]
und zwingt keinesfalls dazu, die literarische Integrität des Briefes zu bezweifeln.[5]

5.2. Analyse einzelner Stellen

5.2.1. Stellen, an denen Mt-Abhängigkeit gut möglich ist

a) Barn 4,14 - Mt 22,14

    Barn 4,14 ... προσέχωμεν μήποτε, ὡς γέγραπται, <u>πολλοὶ κλητοί,</u>

---

1   Ausgabe: WENGST (Didache).
2   So auch z.B. KLAUSER (12), LIETZMANN (Bücher, 45 u. Geschichte, 233), H
    STEGEMANN (150), VIELHAUER (Geschichte, 612), SOFFRITTI (22), KNOCH (Stel-
    lung, 361), KÖSTER (Introduction 2, 277), sowie WENGST (Barnabasbrief 239;
    davor (Tradition, 118) und wieder zuletzt (Didache, 117) plädierte WENGST
    vorsichtig für eine Lokalisierung nach Kleinasien).
3   Für die Argumente, die eine solche Datierung wahrscheinlich machen, s.
    WENGST (Didache, 114f.). Die in neuester Zeit z.B. von KÖSTER (Introduction
    2, 277) und GUNTHER (26-29) vertretene Datierung ins 1. Jh. basiert vor
    allem auf der Annahme, daß der Verfasser des Barn die synoptischen Evange-
    lien nicht benutzt hat.
4   So z.B. ANDRY (265) und WENGST (Didache, 111).
5   Anders z.B. J WEISS (124), VÖLTER (Clemens, besonders 331-335), WINDISCH
    (Barnabasbrief passim, besonders 410), ROBILLARD (passim; vgl. dort (184,
    Anm. 1) auch das gute Referat über die verschiedenen Lösungsversuche) und
    (in Anlehnung an WINDISCH) VIELHAUER (Geschichte, 607).

ὀλίγοι δὲ ἐκλεκτοί εὑρεθῶμεν.[1]

Mt 22,14 πολλοὶ γάρ εἰσιν κλητοί, ὀλίγοι δὲ ἐκλεκτοί.

Barn 4,14 ist die einzige Stelle im Barn, an der mit Zitationsformel auf einen Satz verwiesen wird, der in einer neutestamentlichen
Schrift steht. Wird sonst zitiert, werden fast ausschließlich[2]
alttestamentliche Texte angeführt. Die hier verwandte Zitationsformel "γέγραπται" findet sich im Barn insgesamt fünfmal;[3] darüber
hinaus wird noch sechsmal die "γραφή" als Autorität herangezogen.[4]
Vom Wortlaut her weist die zitierte Passage zwar deutliche Ähnlichkeit mit dem Mt auf, Mt-Abhängigkeit aber erscheint angesichts der
Sprichwörtlichkeit und Allgemeinheit der betreffenden Wendung nur
als gut möglich. Wäre mit "γέγραπται" das Mt gemeint, so wäre diese
Bezeichnung einer neutestamentlichen Schrift im Barn singulär.
Es nimmt von daher nicht Wunder, daß immer wieder bestritten wurde,
daß sich das "γέγραπται" in Barn 4,14 auf unser Mt bezieht.[5] Die anstatt des Mt vorgeschlagenen Bezugsmöglichkeiten vermögen aber nicht
restlos zu überzeugen; ein Bezug auf IV Esra[6] ist vom Wortlaut
her eher unwahrscheinlich. Weniger gewaltsam, aber nicht weniger
unwahrscheinlich ist es, eine verlorengegangene Schrift zu postulieren[7]. Möglich ist auch, daß der Verfasser des Barn irrtümlich
dachte, er zitiere ein Wort aus dem AT,[8] wie er sich ja auch sonst

---

1   Nach WENGST (Tradition, 22) ist Barn 4,14b dem Verfasser des Barn und
     nicht seiner Tradition zuzuweisen; auch ROBILLARD (191) schreibt diese
     Passage dem letzten Bearbeiter, B3, zu.
2   Zweimal wird Henoch zitiert, davon einmal als Henochzitat (c. 4,3), einmal
     als "γραφή" (c. 16,5); einmal ist der Bezug eines Zitates in uns bekannten
     Schriften nicht zu identifizieren (c. 6,13); in c. 7,11 wird ein Herren-
     wort mit der Wendung "φησιν" eingeleitet. An allen anderen Stellen mit
     Zitateinleitungsformeln ist jeweils eindeutig eine AT-Schrift zitiert.
3   C. 4,14; 5,2; 14,6; 16,6.
4   C. 4,7.11; 5,4; 6,12; 13,2; 16,5.
5   So z.B. WEIZSÄCKER (34), der anonyme Verfasser von SUPERNATURAL RELIGION
     (239-245), J WEISS (109), VÖLTER (Clemens, 379), BARTLET (Barnabas, 19),
     WILLIAMS (339), FLESSEMANN-VAN LEER (49f.), KÖSTER (Überlieferung, 126),
     KRAFT (91) u. (vorsichtig) WENGST (Didache, 198 Anm. 64).
6   Vgl. IV Esra 8,3.41 u. 9,15; so SCHOLTEN (11) und (als eine Möglichkeit)
     LIPSIUS (371).
7   So (als eine Möglichkeit) LIPSIUS (ebd.).
8   So BARTLET (Barnabas, 19), WINDISCH (Barnabasbrief, 326), KÖSTER (Überlie-
     ferung, 157) und PRIGENT (testimonia, 157 u. in DERS./KRAFT 41f. u. 104f.)

manchmal sogar explizit über seinen exakten Bezugspunkt nicht sicher
ist.[1]

Allen diesen Möglichkeiten gegenüber ist auf jeden Fall ein Doppeltes
festzuhalten:

- der Verfasser des Barn bezeichnet das von ihm in c. 4,14 zitierte
Wort als ein schriftlichen fixiertes.

- in den uns bekannten Schriften findet sich dieses Wort nur im Mt.
Man wird also nicht umhinkönnen, sich zumindest der vorsichtig formulierten Meinung HARNACKs anzuschließen, daß "... in unserem Brief
ein bei Matthäus stehendes Herrenwort wie das A.T. als γραφή citirt
ist" (Chronologie 1, 417). Anzunehmen, daß der Verfasser des Barn
dieses Wort für ein AT-Wort hielt, ist man nur dann gezwungen, wenn
man meint, daß dieser nicht nur das AT für die Christen reklamieren
wollte, sondern darüber hinaus ausschließlich das AT als die Legiti-
mationsquelle christlicher Lehre ansah. Bei der als wahrscheinlich
anzunehmenden Abfassung des Barn im zweiten Viertel des zweiten
Jahrhunderts ist ein solches Vorgehen, das ja die Existenzberechti-
gung jeder christlichen Schrift abgesehen vom AT abrogiert, schlechterdings nicht vorstellbar. Es ist zwar richtig, daß das AT als
Schrift für Barnabas absolute Autorität hat,[2] da nach der Meinung
des Barn alles christlich Wichtige schon alttestamentlich verheißen
oder präfiguriert ist. Es wäre allerdings kurzschlüssig, daraus
ableiten zu wollen, daß das AT für den Barn die alleinige Autorität
ist.

Angesichts der vorgebrachten Argumente erscheint es mir zwar nicht
als zwingend, aber doch immerhin zumindest als gut möglich, daß
Barn 4,14 sich auf das Mt bezieht.[3]

---

1   S. z.B. c. 6,14.
2   So WENGST (Tradition, 99).
3   So auch schon TISCHENDORF (Evangelien, 93), der allerdings mit seiner Ablei-
      tung der Kanonizität des Mt und aller anderen Evangelien aus dieser Stelle
      weit über das Ziel hinausschießt; ferner (vorsichtig) HARNACK (Chronologie
      1, 417), ZAHN (Testament, 847f. u. 924), WINDISCH (Barnabasbrief, 326),
      KLAUSER (72), THIEME (229 Anm. 28), MASSAUX (Influence, 74f.), PRIGENT
      (testimonia, 157), I FRANK (58) u. HAGNER (275).

b) Barn 5,8f

Barn 5,8 πέρας γέ τοι διδάσκων τὸν 'Ισραὴλ καὶ τηλικαῦτα τέρατα καὶ σημεῖα ποιῶν ἐκήρυξεν καὶ ὑπερηγάπησεν αὐτόν. 9 ὅτε δὲ
τοὺς ἰδίους ἀποστόλους τοὺς μέλλοντας κηρύσσειν τὸ εὐαγγέλιον
αὐτοῦ ἐξελέξατο ὄντας ὑπὲρ πᾶσαν ἁμαρτίαν ἀνομωτέρους, ἵνα
δείξῃ, ὅτι <u>οὐκ ἦλθεν καλέσαι δικαίους, ἀλλ' ἁμαρτωλούς</u>,
τότε ἐφανέρωσεν ἑαυτὸν εἶναι υἱὸν θεοῦ.[1]

Mt 9,13 ... <u>οὐ</u> γὰρ <u>ἦλθον καλέσαι δικαίους ἀλλὰ ἁμαρτωλούς</u>.

Mk 2,17 ... <u>οὐκ</u> ἦλθον καλέσαι δικαίους ἀλλὰ ἁμαρτωλούς.

Lk 5,32 <u>οὐκ ἐλήλυθα καλέσαι δικαίους ἀλλὰ ἁμαρτωλοὺς</u> εἰς
μετάνοιαν.

In Barn 5,8 in der Reihenfolge von Lehren und Heilen eine Inspi-
ration durch das Mt[2] zu sehen, wie es z.B. MASSAUX (Influence, 66-
69) will, erscheint als nicht zwingend. Das auch in Barn 5,8 zugrundeliegende Schema ist sicherlich nicht die "Erfindung" des Mt.[3] Allerdings paßt Barn 5,8 durchaus gut zu einer Mt-Kenntnis des Barn
und widerspricht ihr auf jeden Fall nicht.
In Barn 5,9 liegt deutlich Kenntnis des synoptischen Evangelienstoffes allgemein vor. Speziell auf das Mt könnte verweisen, daß man
"εὐαγγέλιον" in Barn 5,9 als "Lehre des irdischen Jesus" zumindest
verstehen kann; ein solches Verständnis findet sich in den synoptischen Evangelien nur bei Mt. Ebenfalls gut mit Kenntnis des Mt verträgt sich die zu Mt 9,13 parallele Aussage, ohne daß deutlich genug zwischen Mt und Mk als Grundlage entschieden werden könnte.[4]

---

1   WENGST (Tradition, 25) bemerkt zu Barn 5,8-10 m.E. mit Recht, daß dieses
    Stück nicht die in c. 5,5-7 begonnene Tradition fortsetzt. Wie er muß man
    wohl offenlassen, ob der Verfasser des Barn c. 5,8-10 selbst formuliert
    oder aus einem anderen Zusammenhang übernommen hat. Auf jeden Fall erweckt
    c. 5,8-10 nicht den Eindruck, als sei diese Passage vom Verfasser ad hoc
    formuliert worden.
2   Vgl. Mt 5-7.8f.
3   So mit Recht KÖSTER (Überlieferung, 139 u. 145).
4   Anders MÜLLER (145), ZAHN (Testament, 924), KLAUSER (72), PRIGENT (testi-
    monia, 161) u. HEUBERGER (99 Anm. 5), die Mt-Benutzung annehmen.

Von Barn 5,9 her muß der Verfasser des Barn das Mt nicht gekannt
haben,[1] es spricht allerdings auch nichts gegen eine solche Kenntnis.[2]

c) Barn 7,9b - Mt 27,28 par.

    Barn 7,9 ... ἐπειδὴ ὄψονται αὐτὸν τότε τῇ ἡμέρᾳ τὸν ποδήρη
    ἔχοντα τὸν κόκκινον περὶ τὴν σάρκα καὶ ἐροῦσιν·...[3]

Für einen Bezug auf das Mt spricht nur der Gebrauch des Adjektivs
"κόκκινος". Daß sich dieses Wort schon in Barn 7,8 findet, könnte
seinen Gebrauch in Barn 7,9 erklären,[4] entbindet aber nicht von
der Frage, woher der Verfasser wußte, daß die Farbe des Mantels
Jesu "κόκκινος" war. Aus Lk, Joh oder Mk konnte er diese Information
nicht erhalten, sondern nur aus dem Mt oder der diesem zugrundeliegenden Tradition. Ein Bezug auf das Mt erscheint nicht unbedingt zwingend, weil die Bezeichnung für "Mantel", die sich in Barn
7,9 findet, eine andere ist als die in Mt 27,28. Die Argumente für
und gegen einen Bezug auf das Mt halten sich ungefähr die Waage.
Zu beachten ist, daß in jedem Fall Barn 7,9 für die Beantwortung
der Frage nach der Mt-Kenntnis des Verfassers des Barn nichts aus-
trägt, da die betreffende Passage sehr wahrscheinlich traditionell
ist.[5]

5.2.2. Stellen, an denen Mt-Abhängigkeit allenfalls theoretisch
       möglich ist

a) Barn 5,11 - Mt 23,31f. (vgl. Lk 11,47f.)

    Barn 5,11 οὐκοῦν ὁ υἱὸς τοῦ θεοῦ εἰς τοῦτο ἐν σαρκὶ ἦλθεν,

---

1   Ebenfalls in diese Richtung äußern sich BARTLET (Barnabas, 19), KÖSTER
     (Überlieferung, 144) und I FRANK (56).
2   Anders MORGAN (97), der für c. 5,8f. Mt-Bezug ausschließt.
3   Nach WENGST (Tradition, 31), dem wieder zuzustimmen ist, Tradition.
4   So z.B. BARTLET (Barnabas, 21) u. KÖSTER (Überlieferung, 156).
5   S.o. Anm. 3.

ἵνα τὸ τέλειον τῶν ἁμαρτιῶν ἀνακεφαλαιώσῃ τοῖς διώξασιν ἐν
θανάτῳ τοὺς προφήτας αὐτοῦ.[1]

Ein Bezug auf das Mt erscheint als nicht naheliegend.[2] "Propheten
verfolgen und zu Tode bringen" war ein allgemeiner Topos urchristlicher Judenpolemik.[3] Ganz und gar fernliegend ist es zu behaupten,
daß Barn 5,11 aus dem Mt genommen sein müßte.[4] Demgegenüber ist
festzuhalten, daß höchstens die Grundidee (daß die Juden die Propheten verfolgt haben und mit der Ablehnung Jesu das Maß voll machen)
dieselbe ist; in Aussageinteresse und -anwendung ergeben sich
dagegen nicht unerhebliche Unterschiede,[5] indem Barn 5,11 offensichtlich die Meinung vertritt , Jesus sei nur Mensch geworden, um den
Juden das Maß der Sünde zum Überlaufen zu bringen. Immerhin ist
es möglich, Barn 5,11 als weiterführende Auslegung des auch in Mt
23,31f. verwandten Topos auf der Textgrundlage von Mt 23,31f. zu
erklären. Die Möglichkeit eines Bezuges auf das Mt ist also
prinzipiell offenzuhalten,[6] so wenig sich dieser Bezug allerdings
positiv wahrscheinlich machen läßt.

b) Barn 5,12 - Mt 26,31 par.

Barn 5,12 οὐκοῦν εἰς τοῦτο ὑπέμεινεν. λέγει γὰρ ὁ θεὸς τὴν
πληγὴν τῆς σαρκὸς αὐτοῦ, ὅτι ἐξ αὐτῶν· ὅταν πατάξωσιν
τὸν ποιμένα ἑαυτῶν, τότε ἀπολεῖται τὰ πρόβατα τῆς ποίμνης.[7]

  Mt 26,31 ... γέγραπται γάρ· πατάξω τὸν ποιμένα, καὶ διασκορπισθήσονται τὰ πρόβατα τῆς ποίμνης.

  Mk 14,27 ... γέγραπται γάρ· πατάξω τὸν ποιμένα, καὶ τὰ ...

---

1 Nach WENGST (Tradition, 26) schließt c. 5,11b in der verwendeten Tradition
   an c. 5,7 an; eine evtl. Evangelienbenutzung wäre als nicht dem Verfasser
   des Barn, sondern der von ihm aufgenommenen Tradition zuzurechnen.
2 So übereinstimmend MASSAUX (Influence, 77f.) und KÖSTER (Überlieferung,
   138 u. 157); ebenso PRIGENT (testimonia, 163) u. MORGAN (107).
3 Vgl. Act 7,51-53, Jak 5,10, Mt 5,12b par. Lk 6,23b.
4 So MÜLLER (147).
5 So zutreffend schon BARTLET (Barnabas, 20).
6 So auch WINDISCH (Barnabasbrief, 331).
7 Nach WENGST (Tradition, 26) Tradition.

πρόβατα διασκορπισθήσονται.

Sach 13,7 LXX ... λέγει κύριος παντωκράτωρ· πατάξετε
τοὺς ποιμένας καὶ ἐκσπάσατε τὰ πρόβατα, καὶ ἐπάξω τὴν
χεῖρά μου ἐπὶ τοὺς ποιμένας.

Schon WEIZSÄCKER (36) wies darauf hin, daß im Barn Sach 13,7 völlig
anders bezogen wird als bei Mt: sind im Barn die Folgen des Todes
für Israel im Blick, so ist bei Mt auf die Auswirkung dieses Todes
auf die Jünger Bezug genommen. Deswegen aber auszuschließen[1], daß
dem Barn an dieser Stelle das Mt zugrundeliegen könnte, erscheint
als voreilig. So wahrscheinlich es ist, daß Barn und Mt sich unabhängig voneinander auf Sach 13,7 beziehen, so sehr muß doch die Möglichkeit offengehalten werden, daß hier Mt 26,31 uminterpretiert
wurde.[2] Auffällig sind immerhin die Wortlautübereinstimmungen
zwischen Barn und Mt.[3]

c) Barn 7,3.5 - Mt 27,34.48 par.

Barn 7,3 ἀλλὰ καὶ σταυρωθεὶς ἐποτίζετο ὄξει καὶ χολῇ. ...
5 ... μέλλετε ποτίζειν χολὴν μετὰ ὄξους,...[4]

Mt 27,34 ἔδωκαν αὐτῷ πιεῖν οἶνον μετὰ χολῆς μεμιγμένον·
καὶ γευσάμενος οὐκ ἠθέλησεν πιεῖν. 48 καὶ εὐθέως δραμὼν
εἷς ἐξ αὐτῶν καὶ λαβὼν σπόγγον πλήσας τε ὄξους καὶ περιθεὶς καλάμῳ ἐπότιζεν αὐτόν.

Mk 15,23 καὶ ἐδίδουν αὐτῷ ἐσμυρνισμένον οἶνον· ὃς δὲ οὐκ
ἔλαβεν. 36 δραμὼν δέ τις καὶ γεμίσας σπόγγον ὄξους
περιθεὶς καλάμῳ ἐπότιζεν αὐτὸν ...

---

1   So WEIZSÄCKER (36), J WEISS (109) u. MORGAN (98); wesentlich vorsichtiger
    lehnen Mt-Bezug ab BARTLET (Barnabas, 20), KÖSTER (Überlieferung, 157),
    PRIGENT (testimonia, 165) u. I FRANK (56).
2   Auch WINDISCH (Barnabasbrief, 332) und MASSAUX (Influence, 70) halten Mt-
    Einfluß für möglich.
3   KÖSTER (Überlieferung, 129) nimmt deswegen an, daß Barn eine Rezension des
    Sach-Wortes vorlag , die mit der Vorlage des Mt verwandt ist; ähnlich ver-
    mutet I FRANK (56) die Benutzung einer Testimonienreihe ähnlicher Rezension.
4   Gegen KÖSTER (Überlieferung, 128) und WINDISCH (Barnabasbrief, 374) ist
    Barn 7,3.5 wohl keine eigene Bildung des Verfassers, sondern von diesem
    aufgenommene Tradition; so auch WENGST (Tradition, 30f.).

Lk 23,36 ... ὄξος προσφέροντες αὐτῷ

Ps 68,22 LXX καὶ ἔδωκαν εἰς τὸ βρῶμά μου χολὴν καὶ εἰς
τὴν δίψαν μου ἐπότισάν με ὄξος.

Möglicherweise ist für die Zusammenstellung von "ὄξος" und "χολή"
das Mt aufgenommen worden. Angesichts von Ps 68,22 LXX aber erscheint es als genausogut möglich, daß diese Psalmstelle hinter
Barn 7,3.5 steht. Es ist dem Sachverhalt nicht angemessen zu
behaupten, daß Barn 7,3 ohne die Kenntnis des Mt kaum zu erklären
sei, wie I FRANK (57) dies tut. Ein Bezug auf speziell das Mt
wird durch nichts nahegelegt.[1]
Auffällig, aber wegen der unsicheren Datierung des EvPetr nicht
sicher auszuwerten ist die Parallele zum Barn in EvPetr § 16:[2]

EvPetr § 16 καί τις αὐτῶν εἶπεν· ποτίσατε αὐτὸν χολὴν μετὰ
ὄξους.

So naheliegend angesichts der Formulierungsübereinstimmungen zwischen EvPetr und Barn ein Abhängigkeitsverhältnis erscheint, so
wenig kann entschieden werden, welche der beiden Schriften von
der anderen abhängig ist.

d) Barn 7,9c.10 - Mt 26,63f. par.

Barn 7.9c ἀληθῶς οὗτος ἦν, ὁ τότε λέγων ἑαυτὸν υἱὸν θεοῦ
εἶναι. 10 πῶς γὰρ ὅμοιος ἐκείνῳ; εἰς τοῦτο ὁμοίους τοὺς
τράγους, καλούς, ἴσους, ἵνα ὅταν ἴδωσιν αὐτὸν τότε ἐρχόμενον,
ἐκπλαγῶσιν ἐπὶ τῇ ὁμοιότητι τοῦ τράγου.[3]

Deutlich ist, daß in Barn 7,9c.10 auf die synoptische Passionsgeschichte Bezug genommen ist.[4] Ob darüber hinaus ein Bezug auf
speziell das Mt vorliegt,[5] ist nicht mit Sicherheit zu entschei-

---

1   So auch VÖLTER (Clemens, 462), BARTLET (Barnabas, 18), MASSAUX (Influence,
     71), KÖSTER (Überlieferung, 151) u. MORGAN (101); für Mt-Abhängigkeit
     spricht sich neben I FRANK (s.o.) noch KLAUSER (72) aus.
2   S. dazu unten S. 444 mit Anm. 2.
3   Nach WENGST (Tradition, 31) gehört c. 7,9.10 zur vom Verfasser aufgenom-
     menen Tradition.
4   So z.B. auch BARTLET (Barnabas, 21).
5   So I FRANK (57) u. PRIGENT (testimonia, 106).

den, wie selbst MASSAUX (Influence, 73) einräumt. Ernsthaft gerechnet werden muß wohl auch mit dem Einfluß der gottesdienstlichen
Liturgie.[1] In jedem Fall ist ein Bezug auf das Mt nicht ausgeschlossen,[2] so wenig Indizien auch positiv auf ihn hinweisen.

e) Barn 8,3 - Mt 10,1-5

In Barn 8,3 wird die Zwölfzahl der Jünger in Bezug gesetzt zur
Zwölfzahl der Stämme Israels. Nichts weist positiv darauf hin, hier
einen Bezug auf gerade das Mt anzunehmen. Zwar ist bei Mt die
Sendung der Jünger zuerst zu Israel verbunden mit dem Hinweis
auf die Zwölfzahl des Jüngerkreises; daß die Zwölfzahl des Jüngerkreises in Entsprechung zur Zahl der Stämme Israels gesehen wurde,
ist aber wohl eher auch durch den Barn bezeugt, als daß dieser
diesbezüglich notwendig vom Mt abhängig wäre.

f) Barn 12,10 - Mt 22,43f. par.

Barn 12,10 ... ἐπεὶ οὖν μέλλουσιν λέγειν, ὅτι Χριστὸς υἱὸς
Δαυίδ ἐστιν, αὐτὸς προφητεύει Δαυίδ φοβούμενος καὶ συνίων
τὴν πλάνην τῶν ἁμαρτωλῶν· εἶπεν κύριος τῷ κυρίῳ μου· κάθου ἐκ
δεξιῶν μου ἕως ἂν θῶ τοὺς ἐχθρούς σου ὑποπόδιον τῶν ποδῶν σου.[3]

Angesichts der weitgehenden Übereinstimmungen der Parallelen in
Mt 22,43f., Mk 12,36, Lk 20,43 und Ps 109,1 LXX ist Bezug auf
speziell das Mt kaum nachzuweisen und legt sich auch durch die
Einleitung des Zitates nicht gerade nahe. Die Deutung von Ps 110,1
auf die Gottessohnschaft Jesu war im Urchristentum so verbreitet,[4]
daß nur mit dem Hinweis auf diese Deutung der Psalmstelle, die sich
ja auch im Mt findet, keinesfalls Benutzung des Mt begründet werden
kann.[5]

---

1   So JAUBERT (Echo, 197)
2   Auch KÖSTER (Überlieferung, 156) räumt dies ein.
3   Nach WENGST (Tradition, 44) ist c. 12,10 Bestandteil einer vom Verfasser
     aufgenommenen Tradition.
4   Vgl. neben den obengenannten Stellen nur Act 2,34 und Hebr 10,12f.
5   So auch J WEISS (109), BARTLET (Barnabas, 22), KÖSTER (Überlieferung,146),
     WENGST (Tradition, 44) und I FRANK (57); anders vorsichtig PRIGENT (testi-
     monia, 124).

g) Barn 12,11 - Mt 22,45 par.

Barn 12,11 ... ἴδε, πῶς Δαυὶδ λέγει αὐτὸν κύριον καὶ υἱὸν
οὐ λέγει.[1]

Wie in Barn 12,10 weisen weder die Formulierungen noch der Inhalt
von Barn 12,11 deutlich speziell auf das Mt. Mt-Bezug ist allenfalls
möglich, aber nicht naheliegend.[2]

h) Barn 15,5 - Mt 24,29 par.

Barn 15,5 ... ὅταν ἐλθὼν ὁ υἱὸς αὐτοῦ καταργήσει τὸν καιρὸν
τῆς ἀνομίας καὶ κρινεῖ τοὺς ἀσεβεῖς καὶ ἀλλάξει τὸν ἥλιον καὶ
τὴν σελήνην καὶ τοὺς ἀστέρας, ...[3]

Die Parallelen zum Mt ergeben sich m.E. aufgrund dessen, daß in Barn
15,5 wie in Mt 24,29 auf traditionelle Topoi zurückgegriffen wird.
Die geraffte Aufzählung der Veränderung von Sonne, Mond und Sternen
erinnert dabei eher an Lk 21,25 als an einen anderen der Synoptiker,
ohne daß die Übereinstimmungen ausreichten, Lk-Abhängigkeit wahrscheinlich zu machen. Beeinflussung des Barn durch Mt erscheint
allerhöchstens theoretisch als möglich, ist aber keinesfalls naheliegend.

5.2.3. Stellen, an denen Mt-Abhängigkeit eher unwahrscheinlich ist

a) Barn 4,3 - Mt 24,22 par.

Zu Barn 4,3b bietet Mt 24,22 nur von der Sache her eine Parallele;
die Formulierungen sind derart unterschiedlich, daß mir Mt-Abhängigkeit als sehr unwahrscheinlich erscheinen will.[4]

---

1   Nach WENGST (Tradition, 44) ist Barn 12,11 Bestandteil einer vom Verfasser
     aufgenommenen Tradition.
2   Vgl. auch MORGAN (110), der Mt-Bezug ablehnt.
3   Nach WENGST (Tradition, 49) geht c. 15,5 auf den Verfasser des Barn zurück.
4   So auch J WEISS (109), KÖSTER (Überlieferung, 130 u. 157), PRIGENT (testi-
     monia, 149 und DERS./KRAFT, 95 Anm. 3), MORGAN (105) und sogar MASSAUX
     (Influence, 76).

b) Barn 6,13 - Mt 19,30 par. u. Mt 20,16

Barn 6,13 ... λέγει κύριος· ἰδού, ποιῶ τὰ ἔσχατα ὡς τὰ πρῶτα.[1]...

Daß der Inhalt von Barn 6,13 verböte, hier an einen Bezug auf das
Mt zu denken,[2] ist wohl ebensowenig richtig wie daß es vom Inhalt
her geboten wäre, Mt-Bezug anzunehmen.[3] Die Quelle des Barn ist
m.E. nicht auszumachen.[4] Die nächste, inhaltlich allerdings antithetische Parallele ist Jes 43,18f. Ein Bezug auf das Mt erscheint
mir als eher unwahrscheinlich.[5]

c) Barn 15,9

Barn 15,9 διὸ καὶ ἄγομεν τὴν ἡμέραν τὴν ὀγδόην εἰς εὐφροσύνην,
ἐν ᾖ καὶ ὁ ᾿Ιησοῦς ἀνέστη ἐκ νεκρῶν καὶ φανερωθεὶς ἀνέβη εἰς
οὐρανούς.

Daß von Barn 15,9 her die Kenntnis des Mt auszuschließen wäre, wie
z.B. BARTLET (Barnabas, 17) will, vermag nicht einzuleuchten. Der
Wortlaut zwingt nicht dazu anzunehmen, daß Jesus am s e l b e n
Tage auferstand und gen Himmel fuhr, sondern kann genausogut besa-
gen, daß Auferstehung und Himmelfahrt am gleichen Tag, nämlich an
einem Sonntag, stattfanden. Diese Aussage geht zwar über das, was
man in den synoptischen Evangelien finden kann, hinaus und hat keinen Anhalt an diesen, widerspricht deren Aussagen aber keinesfalls.

d) Barn 18-20

Möglicherweise zu vermutenden Mt-Bezüge[6] erweisen sich bei näherer

---

1   Nach WENGST (Tradition, 28) ist c. 6,11-18 Tradition; auch hier wäre ein
     evtl. Mt-Bezug also sehr wahrscheinlich nicht direkt dem Verfasser des
     Barn, sondern nur seiner Tradition zuzurechnen.
2   So WEIZSÄCKER (33).
3   So MÜLLER (172).
4   So auch PRIGENT in DERS./KRAFT (125 Anm. 1).
5   Anders z.B. THIEME (230 Anm. 39) und KLEIST (Didache, 73).
6   Vgl Barn 19,5 (Mt 22,39), 19,7 (Mt 9,13) u. 20,1 (Mt 15,19).

Betrachtung allesamt als höchst unwahrscheinlich.[1]

e) Barn 21,2 - Mt 26,11 par.

Barn 21,2 ἐρωτῶ τοὺς ὑπερέχοντας. εἴ τινά μου γνώμης ἀγαθῆς
λαμβάνετε συμβουλίαν· ἔχετε μεθ' ἑαυτῶν, εἰς οὓς ἐργάσησθε
τὸ καλόν·...

Ein Bezug auf das Mt erscheint als unwahrscheinlich. Eher nimmt
der Verfasser eine vorsynoptische, jüdische Tradition auf, wie
KÖSTER (Überlieferung, 137) vermutet. Daß hier überhaupt ein
Herrenwort zugrundeliegt, wie WINDISCH (Barnabasbrief, 407) will,
ist keinesfalls naheliegend.

Über die bisher dargestellten Stellenanalysen hinaus ergeben
sich keine weiteren Anhaltspunkte für die Benutzung des Mt durch
den Verfasser des Barn oder die von ihm verarbeitete Tradition.
Weder die Frage nach möglicherweise gemeinsamen AT-Zitationen
noch die Frage nach der Aufnahme matthäischer Sprache oder Theologie führt zu positiven Ergebnissen. Im Gegenteil zeigt gerade
die Frage nach der Aufnahme matthäischer Theologie an entscheiden-
den Punkten erhebliche Unterschiede zwischen beiden Schriften auf;
man denke nur an die Bewertung der heilsgeschichtlichen Rolle
Israels vor der Zeit Christi und an die unterschiedliche Deutung
des Gesetzes: das Mt verzichtet so gut wie völlig auf die allegori-
sche Umdeutung des Gesetzes, die für den Barn konstitutiv ist.

5.3. Zusammenfassung und Auswertung

An keiner Stelle des Barn läßt sich ausschließen, daß sein Verfasser das Mt gekannt haben könnte. Ebenso weisen allerdings an
keiner Stelle deutliche Indizien zwingend positiv auf Mt-Kenntnis
oder -Benutzung hin. Gut möglich erscheint Mt-Kenntnis in Barn

---

1   So auch MORGAN (113).

4,14; 5,8.9 ; 7,9. Eindeutig und zweifelsfrei dem Verfasser des
Barn zuzuweisen ist davon aber nur c. 4,14. Andere Stellen machen -
wie auch der Brief als Ganzes - deutlich, daß das Mt, wenn es denn
überhaupt dem Verfasser des Barn vorlag, nur eine Quelle unter
vielen war, die weitgehend sehr frei benutzt wurde. Insgesamt
vermag der Barn die Beweislast für eine Mt-Kenntnis seines Verfassers nicht zu tragen; ebenso aber kann aus ihm auch die Nichtbenutzung des Mt durch seinen Verfasser nicht bewiesen werden.[1]
Deutlich ist immerhin, daß der Verfasser des Barn sein Wissen über
Jesus weitestgehend, wenn nicht ausschließlich der synoptischen
Tradition verdankt. Daß seine diesbezüglichen Quellen nicht
exakt zu bestimmen sind, war von Abfassungszweck und inhaltlichem
Ziel des Barn her a priori nicht anders zu erwarten gewesen. Der
Barn ist nur ein zweitrangiger Zeuge für die Evangelienbenutzung
seiner Zeit.

---

1   Dies Urteil gilt entsprechend auch für die Frage der Benutzung der
     anderen synoptischen Evangelien.

6. HIRT DES HERMAS

Der "Hirt des Hermas"[1] gibt für die Antwort auf die Frage nach
der Rezeption des Mt in der frühchristlichen Literatur kaum etwas
her.[2] An keiner Stelle der Schrift ist Einfluß des Mt als wahrscheinlich anzusehen. An den Stellen, an denen Mt-Benutzung als
möglich erscheint, läßt sich die Herkunft der jeweiligen Motive
und Gedanken auch gut anders als durch Mt-Einfluß erklären. Insgesamt erscheint zwar keinesfalls als ausgeschlossen, ist aber auch
durchaus nicht naheliegend, daß der Verfasser des Herm bei der
Abfassung seiner Schrift direkt oder indirekt vom Mt beeinflußt
worden ist.

Dieser Befund ist von vorneherein zu erwarten, da Herm - nach Stil
und Form eine Apokylapse - mit dem Anspruch geschrieben ist, direkte
göttliche Offenbarung widerzugeben. Ein Bezug auf autoritative
schriftliche Quellen würde zu diesem Anspruch schlecht passen.[3]

Weil für den Herm Mt-Benutzung weder zu beweisen noch nur wahrscheinlich zu machen ist, kann darauf verzichtet werden, die kontrovers diskutierten Probleme der Integrität, Verfasserschaft und
Abfassungszeit des Herm ausführlich darzustellen und selbst eine Position zu beziehen, die als Basis der Analyse notwendig wäre, um
ein positives Ergebnis der Frage nach der Mt-Benutzung richtig
einordnen zu können.[4]

---

1   Textausgabe: Joly, Hermas; zu den Textzeugen und zur Wertung der neueren
     kritischen Ausgaben s. HILHORST (15-18).
2   Auch für die anderen Evangelien ergibt sich kein anderes Bild.
3   Im ganzen Herm findet sich nur in vis 2,3,4 ein Verweis auf eine andere
     Schrift. Dieser bezieht sich auf eine verlorengegangene Apokalypse, also
     auf eine von der Art her dem Herm verwandte Schrift; vgl. dazu KLEVINGHAUS
     (113) u. HAGNER (275f.).
4   Zum Problem von Integrität u. Verfasserschaft s. z.B. SPITTA (Studien), der
     eine jüdische Grundschrift annimmt; eine Liste der von ihm postulierten
     Interpolationen findet sich S. 339-341. HARNACK (Chronologie 1, 263) läßt
     die Schrift durch die Hand eines Verfassers in sechs Etappen entstanden sein;
     eine ähnliche Lösung vertreten VÖLTER (Clemens, 327; (vier Überarbeitungs-
     stufen)) und in neuerer Zeit SNYDER (23) u. BARNARD (Church, 160). GIET
     (Hermas) nimmt drei verschiedene Verfasser zu drei verschiedenen Zeiten an;
     zur Darstellung und Kritik seiner Position s. BARNARD (Shepherd, 30-32 u.
     Church, 171ff.). In neuester Zeit spricht sich vorsichtig OSIEK (Wealth, 729
     u. Shepherd, 6-8) für die Lösung GIETs aus. Wie GIET, aber wesentlich kom-
     plizierter nimmt auch COLEBORNE verschiedene Verfasser an (vgl. COLEBORNE,
     Shepherd u. ders., Approach. Beide Artikel sind Zusammenfassungen seiner
     mir im Leihverkehr nicht zugänglichen unveröffentlichten Dissertation "A

Äußere Gründe machen immerhin wahrscheinlich, daß der Verfasser
des Herm das Mt gekannt hat. Auch wenn umstritten ist, wann und
von wievielen Autoren die Schrift als Ganzes oder Teile von ihr
abgefaßt wurden, herrscht doch weitestgehend Konsens darüber,
daß die Abfassungszeit des Herm in die erste Hälfte des zweiten
Jahrhunderts anzusetzen ist.[1] Der Verfasser des Herm, der in
seiner Schrift die einmalige Möglichkeit einer umfassenden zweiten
Buße nach der Taufe predigt, lebte wohl in Rom[2] und muß als Mit-
glied der römischen Gemeinde zumindest einige unserer neutestamentlichen Schriften gekannt haben. Neben der zeitlichen Ansetzung
des Herm spricht für eine Mt-Kenntnis durch den/die Verfasser
immerhin auch, daß schon für den Verfasser des I Clem Mt-Benutzung
zwar nicht bewiesen, aber auch nicht ausgeschlossen werden konnte.[3]

Im folgenden sollen nun ohne nähere Erörterung die Stellen aufgeführt werden, an denen
a) es immerhin als möglich erscheint, daß ein Bezug auf das Mt vorliegt,
b) die Möglichkeit eines solchen Bezuges zwar noch zugegeben werden
kann, dieser Bezug aber alles andere als naheliegend ist,
und an denen
c) ein Bezug auf das Mt als unwahrscheinlich zu betrachten ist.

  a) Mt-Bezug erscheint als möglich in Herm vis 1,1,8 (Mt 5,28); 3,6,5 (Mt
  13,20.22); 3,6,6 (Mt 19,21-24); mand 4,1,1 (Mt 5,28); 4,1,6 (Mt 19,9);
  11,16 (Mt 7,15f.); 12,1,2 (Mt 22,11); 12,6,3 (Mt 10,28); sim 5,2,1 (Mt 21,
  33); 6,3.6b (Mt 21,22 u. 7,2f.); 9,13,2 (Mt 22,11).
  b) Mt-Bezug erscheint als allenfalls theoretisch möglich, ist jedoch nicht
  naheliegend in Herm vis 3,7,3 (Mt 13,22); 3,8,3 (Mt 9,22); 3,8,9 (für die

_____

Linguistic Approach to the Problem of Structure and Composition of the
Shepherd of Hermas", Diss. Newcastle 1965).
Zur Darstellung und Kritik der verschiedenen Lösungsversuche s. A FRANK
(9-11), HILHORST (19-31) und OSIEK (Shepherd, 6-8); die Unstimmigkeiten
und Neueinsätze, die derartige Überlegungen rechtfertigen, finden sich
am übersichtlichsten bei VIELHAUER (Hirt, 447).

1   So z.B. SNYDER (24), BARNARD (Church, 160), (vorsichtig) KÖSTER (Introduc-
     tion 2, 258), OSIEK (Shepherd, 11-14) u. BROWN in DERS./MEIER (203); eine
     frühere Datierung zumindest einzelner Passagen (vor allem vis 1-4) schlagen
     z.B. BAUCKHAM (28) und (vorsichtig) KÖSTER (Introduction 2, 258) vor.
2   So z.B. auch KÖSTER (Introduction 2, 257f.) und OSIEK (Shepherd, 13f.)
3   S. dazu oben S. 57-72.

Wendung "συντέλεια τοῦ αἰῶνος"); vis 3,9,8 (Mt 5,35); 4,2,6 (Mt 26,24);
mand 4,1,6 (Mt 5,32); sim 5,1,5 (Mt 19,17); 5,2,5 (Mt 25,19); 5,2,9 (Mt
13,27); 9,22,3 (Mt 23,12); 9,28,6 (Mt 5,11).
c) Mt-Bezug ist unwahrscheinlich in Herm vis 2,2,7 (Mt 24,21); vis 2,2,8
(Mt 10,33); mand 5,2,7 (Mt 12,43); 6,2,4 (Mt 7,16); 7,4 (Mt 10,28); 9,4
(Mt 7,7.11 u. 21,22); 10,1,5 (Mt 13,22); 12,5,4 (Mt 12,43-45); sim 3,3
(Mt 13,24-30); 4,2.4 (Mt 13,40); 4,6 (Mt 7,7 u. 18,19); 5,2,2 (Mt 25,14);
5,2,4 (Mt 13,7); 5,2,6 (Mt 21,37f.); 5,3,2f. (Mt 19,17.21); 5,3,8 (Mt
5,24); 5,5,2 (Mt 13,38); 5,6,1.4 (Mt 28,18); 5,6,2 (Mt 18,10b); 6,3,6a
(Mt 16,27); 8,3,2 (Mt 13,31f.); 8,7,6 (Mt 18,4 u. 23,6-12); 9,12,3 (Mt
5,20); 9,20,1 (Mt 13,22); 9,20,2 (Mt 19,23); 9,21,1 (Mt 13,20f.); 9,29,
1-3 u. 9,31,2f (Mt 18,34 u. 19,14); 9,31,6 (Mt 26,31).

Nur vereinzelt wird in der Literatur ein von dem oben aufgeführten
Ergebnis prinzipiell abweichendes Urteil vertreten, so sehr sich
in den Bewertungen einzelner Stellen Divergenzen ergeben können und
ergeben.
Ausführlich begründet und einer näheren Erwähnung wert sind die
Ausführungen von DRUMMOND und MASSAUX (Influence, bes. 261-272).
Innerhalb der vier Kategorien des Committee der Oxford Society of
Historical Theology weist DRUMMOND und mit ihm das Committee die behandelten Stellen maximal der Kategorie "C" (lower degree of probability) zu. Das ist immerhin noch etwas mehr, als ich zugestehen will.
MASSAUX hält Mt-Einfluß für sicher oder zumindest sehr wahrscheinlich in vis 1,1,8; 2,27; 3,8,9; 3,9,8; mand 4,1,1; 6,2,4; 11,16; 12,
1f.; sim 3,3; 5,2; 6,3,6; 9,20,2.
Mehr oder weniger vorsichtig und deutlich gehen auch WESTCOTT (193-
205), V H STANTON (Gospels, 34-47), JACQUIER (76f.), Joly (Hermas,
46) HAGNER (281f.) und LINDEMANN (Paulus, 284, Anm.161) von Mt-
Kenntnis des Verfassers aus. Die textliche Basis für solche Vermutungen und Schlüsse ist m.E. äußerst schmal. Den Herm verbindet
mit dem Mt allerhöchstens Gemeinsamkeit in Motiven und (Neben-)Ge-
danken, die sich allesamt auch anderweitig herleiten lassen als
aus Mt-Kenntnis. Gerade an sim 5,2 und sim 9 wird deutlich, daß
sich - Mt-Bezug einmal angenommen - nur schwer erklären ließe,
warum der Verfasser des Herm seine Quelle nun gerade so benutzte
und umgestaltete, wie er es im Falle der Benutzung des Mt getan
hätte. Der Verfasser des Herm scheint den Bezug auf schriftliche
Evangelien und damit auch auf das Mt sogar bewußt zu vermeiden.
Selbst da, wo ein Bezug nahegelegen hätte, ist keine Spur einer
Bezugnahme auf das Mt zu entdecken: so bezieht sich der Verfasser
für die ihn bewegende Frage nach dem Verhältnis von empirischer

und wahrer Kirche gerade nicht auf Mt 13. Seine Lösung des Problems
der Existenz von Sündern innerhalb der Gemeinde ist eine völlig
andere als die des Mt. Vielleicht will er sogar den matthäischen
Verzicht auf die Reinigung der Gemeinde durch die Gemeinde selbst
bewußt ersetzen und beiseitedrängen.
Deutlich ist auf jeden Fall, daß die Evangelien zur Zeit der Abfassung des Herm noch kein kanonisches Ansehen besaßen.[1] Hätten sie
es besessen, so wäre zwar nicht die Abfassung des Herm unmöglich
gewesen, wohl aber wäre nicht zu erklären, wieso der Herm offensichtlich allgemein große Wertschätzung erfahren hat.
Der Verfasser des Herm versucht eine Antwort auf die Frage, was
zur Sünde der Christen zu sagen sei - eine Frage, auf die wenig
später ja auch der Montanismus auf seine Weise eine Antwort bereithielt. Daß der Verfasser des Herm dabei jeden offensichtlichen
Bezug auf die Evangelien vermeidet , sagt noch nichts über deren
Rezeption zu seiner Zeit aus.[2] Der die ganze Schrift prägende innere
Anlaß des Herm ließ für seinen Verfasser einen Bezug auf das Mt
weder als nötig noch überhaupt als sinnvoll erscheinen. Für ihn
bedurfte es ja gerade einer neuen Offenbarung und nicht etwa der
Rückbesinnung auf die Tradition.

---

1   Völlig indiskutabel ist die Meinung TAYLORs (Witness), der aus vis 3,13,1-3
     die Existenz eines Vierevangelienkanons zur Zeit der Abfassung des Herm
     herleiten will (vgl. z.B. a.a.O., 25). S. dazu die gute Widerlegung KÖSTERs
     (Überlieferung, 253f.) und die beißende Kritik HOLTZMANNs, der in seiner
     Rezension (230) vor allem die mustergültige äußere Aufmachung des TAYLOR-
     schen Werkes lobt.
2   Es ist deshalb dem Befund nicht angemessen, Mt-Kenntnis und -Benutzung
     für den Verfasser des Herm zu negieren, wie es z.B. der anonyme Verfasser
     von SUPERNATURAL RELIGION (254), OSBORN (132), HEUBERGER (234) und
     SCHENK (80 Anm. 67) tun.

7. 2. KLEMENSBRIEF[1]

7.1. Einleitung

Aus II Clem 2,4[2] und 8,5[3] wird deutlich, daß der Verfasser des
II Clem Evangelienstoff in schriftlicher Form gekannt hat.[4] Auffällig
ist dabei, daß in c.8,5 ein Jesuswort als aus "dem Evangelium"
(sing.!) zitiert wird. Während lange Zeit überwiegend angenommen
wurde, daß der Verfasser des II Clem sich für seine Evangelienzitate auf mehrere voneinander verschiedene Quellen bezieht, hat in
neuerer Zeit KÖSTER wahrscheinlich zu machen versucht, daß für
den Verfasser des II Clem eine einzige Quelle Grundlage seiner
Evangelienzitate gewesen ist: eine Herrenwortsammlung, die auf
dem kanonischen Mt und Lk basierte und außerdem apokryphe Stücke
enthielt.[5] Die gleichsam entgegengesetzte Position vertreten
DONFRIED (passim, bes. 1 u. 79), (eher beiläufig) WREGE (147 Anm.
4), LINDEMANN (Paulus, 271) und POWELL (Clemensbrief, 122), die
damit rechnen, daß der Verfasser des II Clem durch synoptische
Tradition auf deren v o r literarischer Stufe beeinflußt worden
ist.
Die sich widersprechenden Thesen der Forschung werden im folgenden
zu überprüfen sein.

Aus der Analyse der Zitateinleitungen ergibt sich kein zwingender
Hinweis darauf, daß dem Verfasser des II Clem für seine Evangelienzitate nur e i n e Quelle zur Verfügung stand. Gerade II Clem
8,5 mit dem singularischen Verweis auf "das Evangelium" kann den
Beleg für eine solche Annahme nicht bieten. Aus der Zitateinleitung
wird deutlich, daß ihr Aussageschwerpunkt nicht im Hinweis auf
"das Evangelium" liegt, sondern daß sie beabsichtigt, den "Herrn"

---

1   Ausgabe: WENGST, Didache.
2   Vgl. dazu unten S.135f.
3   Vgl. dazu unten S.146.
4   So auch WENGST (Didache, 220) u. KÖSTER (Introduction 2, 235); mit der Mög-
     lichkeit, daß an diesen Stellen das mündliche "εὐαγγέλιον" gemeint sein
     könnte, rechnet in neuerer Zeit nur BENOIT (166).
5   S. KÖSTER (Überlieferung, 66 u. passim zum II Clem u. ders., Introduction 2,
     235); vgl. auch OSBORN (131), der KÖSTER zustimmend aufnimmt, sowie WENGST
     (Didache, 220 u. 224), der vorsichtig die KÖSTERsche Position vertritt.

als die das Zitat tragende Autorität zu benennen. Auch das Alte
Testament hat im II Clem nicht qua Schriftlichkeit Autorität, sondern weil es Wort Gottes oder Jesu ist. Auf der Basis der am Anfang
des "Briefes" mitgeteilten Denkvoraussetzung, daß über Christus
wie über Gott zu denken sei (II Clem 1,1), ist Christus in c. 17,4,
3,5 und sehr wahrscheinlich auch in c. 13,2 die Autorität für
Zitationen aus dem Alten Testament.[1] Zwar findet sich im II Clem
für das AT auch die im zweiten Jahrhundert allgemein übliche
Bezeichnung als "γραφή",[2] es ist aber deutlich, daß das AT ver-
bindlich ist, weil der Herr selbst aus ihm spricht. Evangelienstoff
wie Altes Testament bekommen ihre Autorität durch den Kyrios. In
diesem Zusammenhang hat der Hinweis auf "das Evangelium" möglicherweise weniger die Funktion, exakt eine bestimmte Quellenschrift
zu benennen,[3] als vielmehr die Aufgabe, auf "neutestamentliche"
Herrenworte im Unterschied zu "alttestamentlichen" hinzuweisen.[4]
Daß der Verfasser des II Clem dabei nicht zwischen der "Schriftlichkeit" des AT und der anderer "Schriften" differenziert[5] und
daß der Hinweis auf die Schriftlichkeit seiner Quellen offensichtlich k e i n Hinweis auf deren Autorität ist, erklärt sich eben
dadurch, daß alle "Schrift" und Überlieferung ihre Autorität einzig
und allein durch den "Herrn" bekommt.[6]

    Da sich anhand der Zitateinleitungen des II Clem nicht entschei-

---

1 In c. 3,5 ist das Subjekt "Christus" aus dem Kontext zu erschließen; in
   c. 17,4 und 13,2 wird als Autorität der "κύριος" benannt, wobei man sich in
   c. 13,2 darüber streiten kann, ob damit Gott oder Christus gemeint ist.
2 Vgl. c. 2,1 (zu erschließen aus 2,4); 6,8; 14,1;14,2.
3 Auffällig ist im II Clem generell, eine wie geringe Rolle die Quellenangaben
   spielen; nur drei von neun AT-Zitaten werden direkt und explizit mit Verweis auf die "γραφή" eingeleitet (s. c. 6,8; 14,1; 14,2).
4 Ähnlich und vergleichbar ist der singularische Hinweis Tryphos auf "das
   Evangelium" in Justin, Dial 10,2, aus dem ebenfalls keineswegs die Kenntnis nur e i n e r Evangelienschrift abgeleitet werden kann.
5 Vgl. nur c. 2,4!
6 Diese These vermag ein Überblick über die im II Clem verwandten Zitationsformeln eindrücklich zu bestätigen; vgl. dazu KÖSTER (Überlieferung, 63f.)
   und DONFRIED (49), wo sich übersichtliche Zusammenstellungen der Zitateinleitungsformeln des II Clem finden.

den läßt, ob der Verfasser eine oder mehrere Quellen für den von
ihm aufgenommenen Evangelienstoff benutzte, muß die Entscheidung
über die Quelle(n) der Evangelienzitate des II Clem bei der Analyse
des Wortlautes dieser Zitate fallen.

7.2. Analyse einzelner Stellen

7.2.1. Stellen, an denen Mt-Abhängigkeit wahrscheinlich ist

a) II Clem 3,2 - Mt 10,32 par.

In II Clem 3,2 wird ein Herrenwort mit der Einleitungsformel
"λέγει δὲ καὶ αὐτός" angeführt:

> II Clem 13,2 τὸν ὁμολογήσαντά με ἐνώπιον τῶν ἀνθρώπων ὁμολο-
> γήσω καὶ αὐτὸν ἐνώπιον τοῦ πατρός.

Das zitierte Jesuswort ist deutlich kürzer als seine synoptischen
Parallelen in Mt 10,32 und Lk 12,8:

> Mt 10,32 Πᾶς οὖν ὅστις ὁμολογήσει ἐν ἐμοὶ ἔμπροσθεν τῶν
> ἀνθρώπων, ὁμολογήσω κἀγὼ ἐν αὐτῷ ἔμπροσθεν τοῦ πατρός
> μου τοῦ ἐν (τοῖς) οὐρανοῖς.

> Lk 12,8 Λέγω δε ὑμῖν, πᾶς ὃς ἂν ὁμολογήση ἐν ἐμοὶ ἔμ-
> προσθεν τῶν ἀνθρώπων, καὶ ὁ υἱὸς τοῦ ἀνθρώπου ὁμολογήσει
> ἐν αὐτῷ ἔμπροσθεν τῶν ἀγγέλων τοῦ θεοῦ·

Die wahrscheinlichste Annahme ist die gedächtnismäßiger Zitation
des Mt. Auf das Mt als Zitiergrundlage weist immerhin die Wendung
"τοῦ πατρός μου" hin. Interessant ist auch, daß im II Clem keine
der Eigentümlichkeiten der Lk-Parallele begegnet. Die Abweichungen
vom Text des Mt erklären sich allesamt gut aus der "... Freiheit
des citierenden Predigers ..."[1]. Daß das Herrenwort dem Verfasser
des II Clem in einer vom Text des Mt und Lk verschiedenen mündlichen
oder schriftlichen Rezension vorgelegen hat, muß als Möglichkeit
in Erwägung gezogen werden,[2] ohne daß diese Annahme zur Erklärung

---

1   So ZAHN (Testament, 936 Anm. 2); vgl. auch LIGHTFOOT (I,2, 216).
2   So z.B. v. SCHUBERT (Clemensbrief, 249) und BARTLET (II Clement, 130).

des Wortlautes wirklich notwendig ist. Sicher ist der Einfluß des
Mt keineswegs,[1] wenn auch festgehalten werden muß, daß der Wortlaut
in II Clem 3,2 der Mt-Fassung wesentlich näher steht als der Lk-Fassung.[2] Hilfreich ist der Hinweis KÖSTERs (Überlieferung, 72), daß
II Clem 3,2 in besserem Griechisch abgefaßt ist als die synoptischen
Parallelversionen. Daraus ist gerade nicht zwingend der Schluß zu
ziehen, daß der Verfasser des II Clem hier einer von den Synoptikern
verschiedenen, von diesen unabhängigen Tradition folgt, die deutlich
weniger semitisch ist als Mt oder Lk,[3] sondern genauso oder sogar
eher die Annahme zu stützen, daß es der (heidenchristliche) Verfasser des II Clem selber ist, der das Herrenwort in "seiner" Sprache
wiedergibt.

b) II Clem 4,2 - Mt 7,21 par.

In II Clem 4,2 wird zur Begründung der Aufforderung, Christus nicht
nur Herr zu n e n n e n , weil das (allein) noch nicht rette, ein
Herrenwort zitiert:

   II Clem 4,2 λέγει γάρ˙ οὐ πᾶς ὁ λέγων μοι κύριε, κύριε, σωθήσεται, ἀλλ᾽ ὁ ποιῶν τὴν δικαιοσύνην.

In Frage kommende synoptische Parallelen sind Mt 7,21 und Lk 6,46.

   Mt 7,21 οὐ πᾶς ὁ λέγων μοι˙ κύριε κύριε, εἰσελεύσεται
   εἰς τὴν βασιλείαν τῶν οὐρανῶν, ἀλλ᾽ ὁ ποιῶν τὸ θέλημα τοῦ
   πατρός μου τοῦ ἐν τοῖς οὐρανοῖς.

   Lk 6,46 Τί δέ με καλεῖτε˙ κύριε κύριε, καὶ οὐ ποιεῖτε
   ἃ λέγω;

Satzbau und Wortlaut des Herrenwortzitates stimmen weitestgehend
mit der matthäischen Fassung dieses Herrenwortes überein; an zwei
Stellen hat der II Clem von der Bedeutung her gleiche, jedoch wesentlich kürzere Ausdrücke als das Mt: der abstraktere, kurze Be-

---

1   Anders MASSAUX (Influence, 142f.).
2   Darauf weist auch KNOPF (Lehre, 157) hin.
3   So DONFRIED (60f.).

griff "σῴζεσθαι" steht an Stelle des matthäischen "εἰσέρχεσθαι εἰς
τὴν βασιλείαν τῶν οὐρανῶν"; für das matthäische "τὸ θέλημα τοῦ
πατρός μου τοῦ ἐν τοῖς οὐρανοῖς" ist im II Clem "τὴν δικαιοσύνην"
zu lesen. Weisen diese Abweichungen darauf hin, daß hier nicht
das Mt, sondern eine von diesem verschiedene schriftliche Quelle
oder die mündliche Tradition zitiert wird?
LIGHTFOOT (I,2, 217), MASSAUX (Influence, 144) und MEES (Herrenworte, 204) nehmen das kanonische Mt als Quelle des Zitates im
II Clem an; BARTLET (II Clement, 131) läßt offen, ob eine nachmatthäische schriftliche Quelle oder die mündliche Tradition für
den Wortlaut des Zitates verantwortlich zu machen ist. Ebenso wie
BARTLET äußert sich KNOPF (Lehre, 158), der darüber hinaus bemerkt, daß Gründe für eine freie Umformung des Mt-Textes durch
den Verfasser des II Clem nicht einzusehen seien (ebd.). WREGE
(157 Anm. 4) erklärt die Unterschiede zwischen Mt und II Clem
als Überlieferungsvarianten der katechetischen Tradition. MORGAN
(75) sieht hier das Mt zugrundeliegen, ohne sich zur Frage nachmatthäischer Quellen oder Traditionen zu äußern. DONFRIED (63)
schließlich hält den Wortlaut des Zitates in II Clem für vormat-
thäisch: da der Autor des II Clem sonst matthäische Terminologie
kenne und verwende, sei nicht recht einsichtig, aus welchem Grund
er sie hier ersetzt haben sollte.
Meines Erachtens ist die lukanische Fassung des Herrenwortes älter
als die matthäische und die Formulierung in der 3. Person sing.,
die sich in Mt 7,21 findet, Werk des Redaktors des Mt.[1] Von daher
ist die Annahme der Beeinflussung des II Clem durch vormatthäische
Tradition abzulehnen. Die Annahme einer nachmatthäischen schriftlichen Quelle, von der z.B. KÖSTER (Überlieferung, 111) ausgeht,
oder nachmatthäischer mündlicher Tradition erscheint immerhin als
möglich, so wenig sie die Abweichungen des II Clem vom Mt positiv
zu erklären vermag. Mir erscheint als am wahrscheinlichsten, daß
dem Wortlaut des Zitates im II Clem die Fassung des Herrenwortes,
die Mt 7,21 bietet, direkt zugrundeliegt. Die aus c. 4,1 ersicht-
liche Zitierabsicht des Verfassers liegt in der Kontrastierung von
"λέγειν" und "ποιεῖν". Von daher ist nicht zu erwarten, daß der

---

1   So auch KÖSTER (Überlieferung, 111).

Verfasser primär an einer wortwörtlichen Wiedergabe seiner Vorlage
interessiert ist. Was ihm wichtig ist, ist die inhaltliche Spitze
des aufgenommenen Herrenwortes. "Σωθήσεται" erklärt sich gut als
(bewußte oder unbewußte) Angleichung an den Kontext im II Clem.[1]
"Δικαιοσύνη" ist - auch und gerade vom Mt her - inhaltlich äqui-
valente Wiedergabe der entsprechenden matthäischen Wendung.[2]
Die Annahme, daß der Verfasser des II Clem eine fest formulierte
(mündliche oder schriftliche) nachmatthäische Fassung des zitierten
Herrenwortes wortgetreu aufnimmt, erweist sich als unnötig, weil
sich die Abweichungen des Zitates vom Text des Mt allesamt gut erklären lassen, wenn man freie Zitation des matthäischen Textes
annimmt. Gut zur Annahme gedächtnismäßiger Zitation paßt auch die
Beobachtung, daß das Zitat im II Clem kürzer und komprimierter ist
als seine wahrscheinliche Vorlage.

c) II Clem 6,2 - Mt 16,26 par.

Ohne besondere Kennzeichnung als Zitat wird in II Clem 6,2 zur
Begründung dafür, daß man nicht Gott und dem Mammon dienen könne,
ein Fragesatz angeführt, der sich in ähnlicher Form auch in Mt 16,26,
Mk 6,36 und Lk 9,25 findet.

> II Clem 6,2 τί γὰρ τὸ ὄφελος, ἐάν τις τὸν κόσμον ὅλον κερδήσῃ,
> τὴν δὲ ψυχὴν ζημιωθῇ;

>> Mt 16,26 τί γὰρ ὠφεληθήσεται ἄνθρωπος ἐὰν τὸν κόσμον ὅλον
>> κερδήσῃ τὴν δὲ ψυχὴν αὐτοῦ ζημιωθῇ;...

>> Mk 8,36 τί γὰρ ὠφελεῖ ἄνθρωπον κερδῆσαι τὸν κόσμον ὅλον καὶ
>> ζημιωθῆναι τὴν ψυχὴν αὐτοῦ;

>> Lk 9,25 τί γαρ ὠφελεῖται ἄνθρωπος κερδήσας τὸν κόσμον ὅλον
>> ἑαυτὸν δὲ ἀπολέσας ἢ ζημιωθείς;

---

1   Vgl. c. 4,1 "οὐ γὰρ τοῦτο σώσει ἡμᾶς" und 3,3 "δι' οὗ ἐσώθημεν".
2   MASSAUX (Influence, 144) bemerkt mit Recht: "Le Pseudo-Clément commente
     excellement la pensée matthéenne ..."

Die größte Nähe zum II Clem weist zweifellos die matthäische Fassung der zitierten Frage auf.[1] Interessant ist, daß der II Clem sich gerade an den Punkten mit dem Mt berührt, wo dieses von seiner Vorlage Mk abweicht.[2] Von daher wird man die Entscheidung zwischen Mk- und Mt-Abhängigkeit nicht wie LIGHTFOOT (I,2, 221) und v. SCHUBERT (Clemensbrief, 249) offenlassen müssen. Daß dem Wortlaut von II Clem 6,2 tatsächlich das Mt zugrundeliegt, ist zwar nicht völlig sicher, wie z.B. MASSAUX (Influence, 145) behauptet, aber doch wohl die wahrscheinlichste Annahme.[3]

7.2.2. Stellen, an denen Mt-Abhängigkeit gut möglich ist

a) II Clem 2,4 - Mt 9,13 par.

In II Clem 2,4 wird mit der Einleitung "καὶ ἑτέρα δὲ γραφὴ λέγει, ὅτι" ein Herrenwort zitiert, zu dem alle drei Synoptiker eine Parallele bieten.

II Clem 2,4   οὐκ ἦλθον καλέσαι δικαίους, ἀλλὰ ἁμαρτωλούς

Mt 9,13   ... οὐ γὰρ ἦλθον καλέσαι δικαίους ἀλλὰ ἁμαρτωλούς.

Mk 2,17   ... οὐκ ἦλθον καλέσαι δικαίους ἀλλὰ ἁμαρτωλούς.

Lk 5,32   οὐκ ἐλήλυθα καλέσαι δικαίους ἀλλὰ ἁμαρτωλους εἰς μετάνοιαν.

Am größten sind die Ähnlichkeiten mit der Mk-Fassung. Von der Mt-Fassung unterscheidet II Clem 2,4 nur das fehlenden "γάρ", wogegen das Lk so deutlich von den anderen Parallelen abweicht, daß es als Grundlage für den II Clem an dieser Stelle wohl nicht in Frage kommt, während ein Bezug auf Mk oder Mt in gleicher Weise als möglich

---

1   Darauf weist auch KNOPF (Lehre, 161) hin.
2   So auch KÖSTER (Überlieferung, 73).
3   So auch KÖSTER (Überlieferung, 73), der meint, daß dem II Clem das Mt zu-
        mindest indirekt zugrundeliegt. Auch MORGAN (83) nimmt Mt-Einfluß an;
        DONFRIED (83) hält Benutzung des Mt immerhin für möglich.

erscheint.[1]

Daß in II Clem 2,4 aus einer Evangelien s c h r i f t zitiert wird,
sollte nicht bestritten oder relativiert werden. Dagegen, daß in
II Clem 2,4 das Mk aufgenommen wird, spricht immerhin, daß an keiner
anderen Stelle des II Clem sich ein Bezug auf das Mk nahelegt und
sich das Zitat genausogut als Mt-Zitat erklärt. Die Annahme, daß
das zitierte Herrenwort einer außerkanonischen Quelle entnommen
sein könnte,[2] ist nicht mehr als eine Hypothese, die an dieser
Stelle durch nichts positiv nahegelegt wird. Abzulehnen ist auch
die These MASSAUXs, der (Influence, 139) meint, daß Mt-Einfluß
mit Sicherheit anzunehmen sei, weil es im jeweiligen Kontext in
gleicher Weise um die Barmherzigkeit ginge. Gegen MASSAUX ist einzuwenden, daß Aussagen wie die in II Clem 1,7 und 3,1, die MASSAUX
als Beleg für seine These anführt, gerade nicht in einem vergleichbaren logischen Verhältnis zu II Clem 2,4 stehen wie in Mt 9,13
die Aussage "ἔλεος θέλω καὶ οὐ θυσίαν" zum diese Aussage illustrie-
renden Begründungssatz "οὐ γὰρ ἦλθον ...". Als ganz unwahrscheinlich
erscheinen mir die Ausführungen DONFRIEDs, der zwar einerseits
(wenn auch widerwillig) zugibt, daß in II Clem 2,4 ein Herrenwort
aus einer schriftlichen Vorlage zitiert werden soll (80f.), andererseits aber behauptet, daß der Verfasser des II Clem von Traditionen
seiner Gemeinde abhängig sei (59f.).

Daß die vom Verfasser des II Clem in c. 2,4 zitierte Evangelienschrift das Mt ist, erscheint mir insgesamt als durchaus gut möglich;
nicht völlig ausgeschlossen werden kann allerdings die Möglichkeit,
daß an dieser Stelle Mk-Bezug vorliegt.[3]

b) II Clem 6,7a - Mt 11,29

In II Clem 6,7a kann die Vorstellung, daß der, der den Willen
Christi tut, Ruhe finden wird, durchaus dem Mt entnommen sein.

---

1   So z.B. LIGHTFOOT (I,2, 215).
2   So z.B. BARTLET (II Clement, 133) als Möglichkeit.
3   Dem Befund angemessen ist es, Mt-Bezug nur vorsichtig zu behaupten, wie es
     z.B. GRANT (Formation, 84) tut; deutlicher und weniger vorsichtig sprechen
     sich für Mt-Aufnahme KÖSTER (Überlieferung, 71), MORGAN (73), I FRANK (97),
     C STEGEMANN (119) und LINDEMANN (Paulus, 271 Anm. 63) aus.

Da bis auf "εὑρίσκειν ἀνάπαυσιν" keine weitere Wortlautübereinstimmung zwischen II Clem und Mt vorliegt, ist trotz der inhaltlichen
Übereinstimmung zwischen beiden Schriften Mt-Abhängigkeit nur als
möglich zu betrachten. Auch MASSAUX (Influence, 148) hält Mt-Bezug
für nicht völlig sicher. Gegen KÖSTER (Überlieferung, 106f.) bleibt
allerdings festzuhalten, daß die Übereinstimmung zwischen II Clem
und Mt durch die Anbindung des "Ruhe Findens" an das Tun des Willens
Christi weit über das hinausgeht, was der Verfasser des II Clem wie
der Evangelist Matthäus aus der jüdischen Erbauungssprache hätten
übernehmen können.

c) II Clem 9,11 - Mt 12,50 par.

II Clem 9,11 καὶ γὰρ εἶπεν ὁ κύριος· ἀδελφοί μου οὗτοί εἰσιν

οἱ ποιοῦντες τὸ θέλημα τοῦ πατρός μου.

    Mt 12,50 ὅστις γὰρ ἂν ποιήσῃ τὸ θέλημα τοῦ πατρός μου
    τοῦ ἐν οὐρανοῖς αὐτός μου ἀδελφὸς καὶ ἀδελφὴ καὶ μήτηρ
    ἐστίν.

    Mk 3,35 ὃς (γὰρ) ἂν ποιήσῃ τὸ θέλημα τοῦ θεοῦ, οὗτος
    ἀδελφός μου καὶ ἀδελφὴ καὶ μήτηρ ἐστίν.

    Lk 8,21 ... μήτηρ μου καὶ ἀδελφοί μου οὗτοί εἰσιν οἱ τὸν
    λόγον τοῦ θεοῦ ἀκούοντες καὶ ποιοῦντες.

Vom Satzbau her stimmt der II Clem mit ·Lk 8,21 gegen Mk und Mt
überein. Mit Mt 12,50 verbindet II Clem 9,11 die Wendung "θέλημα
τοῦ πατρός μου", wobei - Mt-Bezug einmal angenommen - wieder wie
in II Clem 3,2 "τοῦ ἐν οὐρανοῖς" "fehlt".
"Τὸ θέλημα τοῦ πατρός" ist eine Lieblingswendung des Verfassers
des II Clem.[1] Es ist nicht auszuschließen, daß er diese Wendung
nicht nur in c. 9,11, sondern auch sonst dem Mt verdankt.
Abgesehen von dieser Wendung fallen in II Clem 9,11 deutliche

---

1   S. II Clem 7,1; 8,4; 9,11; 10,1; 14,1.

Unterschiede zu Mt 12,50 auf.

Die Erklärung der Herkunft des Zitates in II Clem 9,11 ist sehr umstritten. Erschwert wird seine Herleitung auch dadurch, daß nahe,
wenn auch nicht exakte Parallelen zu dieser Stelle im Ebionitenevangelium[1], bei Klemens von Alexandrien[2] und im koptischen Thomasevangelium[3] zu finden sind. So will z.B. v. SCHUBERT (Clemensbrief,
251) nicht entscheiden, ob der Verfasser des II Clem frei nach den
synoptischen Evangelien oder aus einer apokryphen Quelle zitiert.
Letzteres nimmt z.B. BARTLET (II Clement, 134) an, der meint, daß
Clem Al und der II Clem für diese Stelle auf eine gemeinsame apokryphe "Quelle" zurückgehen, von der nicht zu entscheiden sei, ob
sie schriftlich oder mündlich vorgelegen habe. Auch KNOPF (Lehre,
167) vermutet eine außerkanonische Quelle. MASSAUX (Influence, 146f.)
hält dagegen Abhängigkeit von Mt und Lk für sicher. KÖSTER (Überlieferung, 78f.) begnügt sich bei der Analyse der Stelle damit,
nur das Vorliegen von sowohl Mt- als auch Lk-Redaktion im Wortlaut
von II Clem 9,11 zu konstatieren, um dieses dann später (111) auf
eine nachsynoptische Herrenwortharmonie zurückzuführen.

Mir erscheint zur Erklärung des Wortlautes von II Clem 9,11
die Annahme als ausreichend, daß der Verfasser des II Clem Mt 12,
50 frei zitiert.[4] Daß der Anfang des Zitates mit Lk 8,21 wörtlich
übereinstimmt und das ganze Zitat syntaktisch große Ähnlichkeit
mit dieser Lk-Stelle aufweist, kann auch darauf beruhen, daß der
Verfasser des II Clem - bedingt durch den Kontext seiner Ausführungen[5] - "ἀδελφοί" an den Anfang seines Zitates stellte; die

---

1   Epiph Panar 30,14 οὗτοί εἰσιν οἱ ἀδελφοί μου καὶ ἡ μήτηρ, οἱ ποιοῦντες
     τὰ θελήματα τοῦ πατρός μου.
2   Ecl Proph 20 Ἀδελφοί μου γάρ, φησὶν ὁ Κύριος, καὶ συγκληρονόμοι οἱ
     ποιοῦντες τὸ θέλημα τοῦ πατρός μου.
3   Ev Th II,2 log 99 ... die den Willen meines Vaters tun, diese sind meine
     Brüder und meine Mutter ...
4   Anders z.B. DONFRIED (73), der es für unwahrscheinlich hält, daß der Ver-
     fasser des II Clem für Teile des Wortlautes von c. 9,11 selbst verant-
     wortlich ist.
5   II Clem 9.10 endet mit "ἵνα ἡμᾶς προσδέξηται ὡς υἱούς."; es ist naheлie-
     gend, das Zitat dann auch mit einer Verwandtschaftsbezeichnung beginnen
     zu lassen, um es näher an seinen Kontext anzubinden.

"lukanische" Satzstellung ergibt sich dann zwangsläufig und auch
die wörtliche Übereinstimmung mit dem Lk ist inhaltlich so wenig
signifikant, daß sie rein zufällig sein kann. Zwingend ist ein
Bezug auf das Lk keinesfalls, wenn auch immerhin gut möglich.

d) II Clem 12,6

II Clem 12,6 ταῦτα ὑμῶν ποιούντων, φησίν, ἐλεύσεται ἡ βασιλεία τοῦ πατρός μου.

II Clem 12,6 gehört entweder zum Zitat in II Clem 12,2 oder ist Erläuterung dieses Zitates durch den Verfasser des II Clem. Mir erscheint die zweite Möglichkeit als die wahrscheinlichere.[1] In
jedem Fall faßt II Clem 12,6 - und dies sehr wahrscheinlich in
den eigenen Worten des Verfassers - das Anliegen von c. 12 abschließend zusammen. Auffällig ist dabei besonders die Wendung "βασιλεία
τοῦ πατρός", die so nur im Mt zu finden ist.[2] Aus dieser Wendung
allein ist natürlich noch nicht abzuleiten, daß der Verfasser
des II Clem hier vom Formulierungsgut des Mt geprägt ist. Zusammen
aber mit anderen Beobachtungen ist II Clem 12,6 ein weiterer Stein
in dem Mosaik, das zusammengesetzt Mt-Kenntnis und -Benutzung und
darüber hinaus eine sich bis in einzelne Formulierungen erstreckende
Geprägtheit durch das Mt für den Verfasser des II Clem wahrscheinlich macht, so sehr diese für einzelne Steine des Mosaiks jeweils
nur als gut möglich erscheinen.

e) Gebrauch und Verständnis des Begriffs "δικαιοσύνη"

Der Gebrauch dieses Begriffs ist im II Clem und im Mt nahezu identisch. "Gerechtigkeit" ist - im II Clem wie im Mt - immer die vom

---

1   Anders z.B. KNOPF (Lehre, 171), der II Clem 12,6 als formal zum Zitat
     zugehörig ansieht; ähnlich auch KÖSTER (Überlieferung, 103), der aber
     zugibt, daß "in Wirklichkeit" nicht mehr als eine vom Verfasser gezogene
     Schlußfolgerung vorliegt. Nach BAARDA (2 Clement, 548-550) ist ταῦτα ὑμῶν
     ποιούντων" Zusammenfassung des Verfassers des II Clem, während "φησίν"
     das folgende Zitat ("ἐλεύσεται ἡ βασιλεία τοῦ πατρός μου") einleitet.
2   Vgl. Mt 13,43 sowie Mt 26,29 mit charakteristischer Abweichung gegenüber
     Mk 14,25.

Menschen einzufordernde Tat, die dem Willen Jesu und dem des
Vaters entspricht.[1] Auch die Verknüpfung von "δικαιοσύνη" und
Rettung findet sich im II Clem ebenso wie im Mt.[2] Darüber hinaus
vertritt der Verfasser des II Clem wie der Evangelist Matthäus
dezidiert und explizit die Auffassung von der missionarischen Relevanz des Verhaltens der Christen,[3] das bei Mt wie im II Clem
als "δικαιοσύνη" bezeichnet werden kann.

f) Inhaltliche Übereinstimmungen mit dem Mt, die nicht an einzelnen
   Formulierungen festzumachen sind

Auf den ersten Blick unterscheidet sich der II Clem in seiner
Ekklesiologie deutlich vom Mt. Für den II Clem ist die Kirche
ein himmlisches Wesen.[4] Eine solche "spekulative" Ekklesiologie
ist dem Mt fremd. Große Nähe zur "Ekklesiologie" des Mt ist aber
darin gegeben, daß nach II Clem 14,1 die Kirchenzugehörigkeit des
einzelnen Christen konstituiert wird durch das Tun des Willens
Gottes. Auch die spekulative Ekklesiologie des II Clem ist dadurch
der Ethik nicht über-, sondern in diese eingeordnet.

7.2.3. Stellen, an denen Mt-Abhängigkeit allenfalls theoretisch
       möglich ist

Zu diesen Stellen gehören II Clem 3,4 (vgl. Mt 7,24 und 22,37 par.);
3,5 (vgl. Mt 15,8 par. sowie I Clem 15,2); 5,5 (vgl. Mt 11,29,
Sir 6,28 u. 51,19 sowie II Clem 6,7); 6,7b[5]; 11,6 (vgl. Mt 16,27,
Ps 61,13 LXX, Prov 24,12 u. Sir 35,22); 14,1 (vgl. Mt 21,13 par.
u. Jer 7,11)[6]; 17,7 (vgl. Mt 3,12 u. Mk 9,43).

---

1   Vgl. II Clem 4,2; 6,9; 11,7; 12,1; 13,1; 18,2; 19,2f.
2   Vgl. Mt 5,20 und II Clem 11,7.
3   S. dazu Mt 5,16 u. II Clem 13,1.
4   Vgl. vor allem II Clem 14,2f.
5   Mit Mt 25,46 verbindet II Clem 6,7b nur die Wendung "κόλασις αἰώνιος"
     sowie das Drohen mit dem Gericht als Mittel der Paränese; beides ist
     zu wenig signifikant, als daß sich dafür Mt-Bezug nahelegte.
6   Woher der Verfasser zitiert, ist nicht genau auszumachen; "γραφή" in der
     Zitateinleitung spricht möglicherweise dafür, daß die Quelle hier Jer
     7,11 ist, wie auch DONFRIED (54) annimmt.

Näher eingegangen werden soll nur kurz auf II Clem 3,5.
MASSAUX (Influence, 144) hält hier Mt-Einfluß für sicher. Auch
KNOPF (Lehre, 158) nimmt an, daß der Verfasser aus der synoptischen
Überlieferung zitiert. Ähnlich äußert sich auch LIGHTFOOT (I,2,
217), der die Abweichungen vom LXX-Wortlaut, die in II Clem 3,5
begegnen, der synoptischen Form des Zitates von Jes 29,13 zuschreibt. Einer solchen Annahme steht immerhin entgegen, daß sich
das Zitat von II Clem 3,5 nahezu wörtlich in I Clem 15,2 findet,
und zwar mit jeweils identischen Abweichungen sowohl vom LXX-Wortlaut als auch vom Wortlaut des Zitates bei Mk und Mt, die ihrerseits vollkommen miteinander übereinstimmen. Mir erscheint deswegen
wahrscheinlich, daß entweder der II Clem vom I Clem abhängig ist,
wofür sich aber abgesehen von dieser Stelle nur wenig Anhaltspunkte finden lassen, oder daß beide ihr Zitat aus derselben Quelle[1]
geschöpft haben.[2] Unwahrscheinlicher, aber immerhin auch möglich ist,
daß II Clem 3,5 Gedächtniszitat der Jesajastelle ist, dessen Wortlaut durch den synoptischen Wortlaut mitbeeinflußt wäre. Die Entscheidung zwischen Mk- und Mt-Einfluß wäre dann offenzulassen bzw.
nur aufgrund äußerer Kriterien (wie z.B. der sonstigen Nichtbenutzung
des Mk im II Clem) zugunsten des Mt zu entscheiden. Die Übereinstimmung zwischen I und II Clem beruhte dann auf Zufall.

7.2.4. Stellen, an denen Mt-Abhängigkeit eher unwahrscheinlich ist

Sehr unwahrscheinlich ist Mt-Bezug in II Clem 2,7[3]; 4,5; 5,2.4;
6,1; 8,5; 11,3 (vgl. Mt 24,32-36 u. I Clem 23,3f.); 13,4a; 14,2[4];
17,4[5].

---

1   Von dieser Quelle läßt KÖSTER (Überlieferung, 105) offen, ob es sich um
     eine LXX-Rezension oder um eine besondere Zitatensammlung handelt.
2   Auch DONFRIED (51) entscheidet sich nicht zwischen diesen beiden Möglich-
     keiten.
3   Die Bezeugung des Verses Mt 18,11 ist derart schlecht, daß ich ihn nicht
     für einen ursprünglichen Bestandteil des Mt halte; vgl. aber Lk 19,10.
4   Hier liegt eher ein verkürztes LXX-Zitat als Bezug auf Mt 19,4 oder Mk
     10,6 vor.
5   S. auch II Clem 11,6 (oben S. 140); die Nähe zu Mt 16,27 ist hier noch
     geringer als dort.

Interessant sind dabei vor allem zum einen II Clem 6,1 und 13,4a,
wo sich große Ähnlichkeiten zur entsprechenden Lk-Parallele finden,
und zum anderen II Clem 4,5, 5,2.4 und 8,5, wo jeweils offensichtlich ein Zitat aus einer nichtkanonischen Quelle vorliegt, sich
für einzelne Wendungen aber auch kanonische Parallelen finden.

a) II Clem 6,1

In II Clem 6,1 wird "οὐδεὶς οἰκέτης δύναται δυσὶ κυρίοις δουλεύειν"
mit der Einführungsformel "λέγει δὲ ὁ κύριος" als Herrenwort zitiert. Im II Clem geht das Zitat deutlich nur bis "δουλεύειν".
Anders als in den synoptischen Parallelen Mt 6,24 und Lk 16,13
ist das Folgende deutlich nicht mehr Herrenwort, sondern Auslegung
des Verfassers: "ἐὰν ἡμεῖς θέλωμεν καὶ θεῷ δουλεύειν καὶ μαμωνᾷ,
ἀσύμφορον ἡμῖν ἐστιν." Bezüglich des Zitates ist auffällig, daß es
sich wortwörtlich in Lk 16,13 findet. Vor allem das Wort "οἰκέτης"
kann der Verfasser des II Clem eigentlich nur aus dem Lk entlehnt
haben.

b) II Clem 13,4a

Eine II Clem 6,1 entsprechende Beobachtung läßt sich auch in II
Clem 13,4a machen. Dort wird mit der Einführungsformel "λέγει ὁ
θεός" ein Satz zitiert, der in seinen Formulierungen stark an Lk
6,32 erinnert und deutlich von der matthäischen Parallele abweicht.

> II Clem 13,4a ... οὐ χάρις ὑμῖν, εἰ ἀγαπᾶτε τοὺς ἀγαπῶντας
> ὑμᾶς, ἀλλὰ χάρις ὑμῖν, εἰ ἀγαπᾶτε τοὺς ἐχθροὺς καὶ τοὺς μι-
> σοῦντας ὑμᾶς.

> Lk 6,27 ... ἀγαπᾶτε τοὺς ἐχθροὺς ὑμῶν, καλῶς ποιεῖτε
> τοῖς μισοῦσιν ὑμᾶς. 32 καὶ εἰ ἀγαπᾶτε τοὺς ἀγαπῶντας ὑμᾶς,
> ποία ὑμῖν χάρις ἐστίν; ...

> Mt 5,44 ἀγαπᾶτε τοὺς ἐχθροὺς ὑμῶν καὶ προσεύχεσθε ὑπὲρ
> τῶν διωκόντων ὑμᾶς, 46 ἐὰν γὰρ ἀγαπήσητε τοὺς ἀγαπῶντας
> ὑμᾶς, τίνα μισθὸν ἔχετε; ...

LIGHTFOOT (I,2, 243) hält II Clem 13,4a für eine "loose quotation
from Luke", BARTLET (II Clement, 132) vermutet eher eine apokryphe
Quelle; auch KNOPF (Lehre, 182f.) zweifelt angesichts von Justin
Apol 15,9 an der lukanischen Herkunft dieses Zitates. Im Unterschied
zur Meinung DONFRIEDs (78) erklären sich für mich die Unterschiede
zur Lk-Fassung genausogut aus der Annahme freier Zitation des Lk
wie durch die Annahme einer nichtkanonischen Quelle, die mit dem Lk
starke Ähnlichkeiten aufgewiesen hätte.

Über die nach den bisherigen Beobachtungen zumindest mögliche,
wenn nicht sogar wahrscheinliche Kenntnis des Mt und Lk hinaus
hat der Verfasser des II Clem offensichtlich auch Zugang zu nach
unseren heutigen Maßstäben außerkanonischem Material gehabt.[1]
Trotz vorhandener und z.T deutlicher Parallelen in synoptischen Evangelien ergibt sich dies jeweils zwingend aus dem Wortlaut von
II Clem 4,5, 5,2.4 und 8,5 sowie auch aus II Clem 11,2 und 12,2.
Zu den beiden letztgenannten Stellen[2] existiert überhaupt keine
kanonische Parallele; in bezug auf die drei erstgenannten stellt
sich der Befund wie folgt dar.

c) II Clem 4,5

II Clem 4,5 διὰ τοῦτο ... εἶπεν ὁ ᾽Ιησοῦς· ἐὰν ἦτε μετ᾽ ἐμοῦ
συνηγμένοι ἐν τῷ κόλπῳ μου, καὶ μὴ ποιῆτε τὰς ἐντολάς μου,
ἀποβαλῶ ὑμᾶς καὶ ἐρῶ ὑμῖν· ὑπάγετε ἀπ᾽ ἐμοῦ, οὐκ οἶδα ὑμᾶς πόθεν ἐστέ, ἐργάται ἀνομίας.

Mt 7,23 καὶ τότε ὁμολογήσω αὐτοῖς ὅτι οὐδέποτε ἔγνων
ὑμᾶς· ἀποχωρεῖτε ἀπ᾽ ἐμοῦ οἱ ἐργαζόμενοι τὴν ἀνομίαν.

Lk 13,27 ...ἐρεῖ λέγων ὑμῖν· οὐκ οἶδα (ὑμᾶς) πόθεν ἐστέ·
ἀπόστητε ἀπ᾽ ἐμοῦ πάντες ἐργάται ἀδικίας.

---

1   S. dazu WENGST (Didache, 221-224).
2   Zu II Clem 12,2 vgl. EvTh II,2 log 22; Clem Al weist ein ähnliches Zitat
     in Strom 3,92,2 dem Ägypterevangelium zu. BAARDA (2 Clement, 547) sieht
     mit guten Argumenten II Clem 12,2, Ev Th II,2 log 22 und Clem Al Strom 3,
     92,2 als voneinander unabhängige Entwicklungen desselben Wortes an.

Zur ersten Hälfte des Zitates existiert keine synoptische Parallele.[1]
Die zweite Hälfte (ab "ἐρῶ") wirkt wie eine kunstvolle Kombination
aus Mt 7,23 und Lk 13,27, wobei auffällt, daß sich nicht jedes
Wort als harmonisierende Kombination von Mt und Lk erklärt[2] und daß
der zweifelsfrei auf das Mt zurückgehende Anteil nur in dem
einen Wort "ἀνομίας" bestünde.
BARTLET (II Clement, 135) meint, daß das Zitat aus einem apokryphen
Evangelium stamme; dieser Ansicht ist auch KNOPF (Lehre, 158). MOR-
GAN (77) nimmt an, daß - direkt oder indirekt - ein Wort aus dem Mt
und elf Worte aus dem Lk entlehnt seien. DONFRIED (67) lehnt mit
Recht ab, die von KÖSTER (Überlieferung, 90) herangezogenen Parallelen bei Justin (Apol 16,9-12 u. Dial 76,5) zur Interpretation
der Genese des Zitates im II Clem mit heranzuziehen: sie erklären
gerade nicht das Zustandekommen des Zitates als ganzes, weil sie
keinerlei Auskunft geben können über die Herkunft der ersten Zitathälfte.
Festzuhalten ist, daß der Verfasser des II Clem beide Zitathälften
als Einheit zitiert. Für diese Einheit gibt es keine Parallele. Auf
eine genauere Identifizierung der Quelle des Zitates muß deswegen
verzichtet werden. Lk und wahrscheinlich auch Mt sind wohl nicht
Zitiervorlage des Verfassers des II Clem, wohl aber Grundlage
der im II Clem zitierten Quelle gewesen.

d) II Clem 5,2.4

In II Clem 5,2-4 wird ein Gespräch zwischen dem "κύριος" und Petrus
wiedergegeben:

   II Clem 5,2 λέγει γὰρ ὁ κύριος· ἔσεσθε ὡς ἀρνία ἐν μέσῳ λύκων.

          Mt 10,16 ᾽Ιδοὺ ἐγὼ ἀποστέλλω ὑμᾶς ὡς πρόβατα ἐν μέσῳ λύκων ...

          Lk 10,3 ὑπάγετε· ἰδοὺ ἀποστέλλω ὑμᾶς ὡς ἄρνας ἐν μέσῳ λύκων.

---

1   Vgl. aber die Parallele im EvNaz (VIELHAUER Frgm. 6): ἐὰν ἦτε ἐν τῷ κόλπῳ
     μου καὶ τὸ θέλημα τοῦ πατρός μου τοῦ ἐν οὐρανοῖς μὴ ποιῆτε ἐκ τοῦ κόλπου
     μου ἀπορρίψω ὑμᾶς. Zur Diskussion dieses Fragments und seiner Zugehörigkeit
     zum EvNaz, die mir nicht als gesichert erscheint, s.u. 298 sowie 297-299.
2   S. nur "ὑπάγετε".

3 ἀποκριθεὶς δὲ ὁ Πέτρος αὐτῷ λέγει· ἐὰν οὖν διασπαράξωσιν οἱ
λύκοι τὰ ἀρνία; 4 εἶπεν ὁ Ἰησοῦς τῷ Πέτρῳ· μὴ φοβείσθωσαν
τὰ ἀρνία τοὺς λύκους μετὰ τὸ ἀποθανεῖν αὐτά· καὶ ὑμεῖς μὴ
φοβεῖσθε τοὺς ἀποκτέννοντας ὑμᾶς καὶ μηδὲν ὑμῖν δυναμένους
ποιεῖν· ἀλλὰ φοβεῖσθε τὸν μετὰ τὸ ἀποθανεῖν ὑμᾶς ἔχοντα ἐξουσίαν ψυχῆς καὶ σώματος τοῦ βαλεῖν εἰς γέενναν πυρός.

Mt 10,28 καὶ μὴ φοβεῖσθε ἀπὸ τῶν ἀποκτεννόντων τὸ σῶμα,
τὴν δὲ ψυχὴν μὴ δυναμένων ἀποκτεῖναι· φοβεῖσθε δὲ μᾶλλον
τὸν δυνάμενον καὶ ψυχὴν καὶ σῶμα ἀπολέσαι ἐν γεέννῃ.

Lk 12,4 ... μὴ φοβηθῆτε ἀπὸ τῶν ἀποκτεινόντων τὸ σῶμα καὶ
μετὰ ταῦτα μὴ ἐχόντων περισσότερόν τι ποιῆσαι. 5 ὑποδείξω
δὲ ὑμῖν τίνα φονηθῆτε· φοβήθητε τὸν μετὰ τὸ ἀποκτεῖναι
ἔχοντα ἐξουσίαν ἐμβαλεῖν εἰς τὴν γέενναν.

Für die Worte Jesu gibt es bei den Synoptikern Parallelen, für die
Worte Petri und die Darstellung des Ganzen als Gespräch zwischen
Jesus und Petrus nicht.
KÖSTER (Überlieferung, 96) bemerkt zu II Clem 5,2, daß im Wortlaut
besondere Berührungen mit dem Lk festzustellen sind. Mit DONFRIED
(68) ist dagegen einzuwenden, daß "ἀρνία" in II Clem 5,2 als De-
minutivform durchaus verschieden ist vom lukanischen "ἄρνας", so
daß sich gegen KÖSTER Mt- und Lk-Berührungen die Waage halten.
In II Clem 5,4 sind nach KÖSTER (Überlieferung, 95f.) Spuren der
Redaktionsarbeit des Evangelisten Lk festzustellen, andererseits
aber auch Ähnlichkeiten mit dem Mt zu erkennen. WREGE (162 Anm. 3)
meint dagegen, daß der II Clem hier nicht von einer der beiden
synoptischen Fassungen oder gar von beiden beeinflußt sei, da II
Clem 5,4 gegenüber der ersten Hälfte des Spruches in Mt 10,28 und
der zweiten Hälfte von Lk 12,4f. ältere Tradition bewahrt habe.
Einen zusätzlichen Hinweis auf die Unabhängigkeit des II Clem von
den Synoptikern erblickt WREGE an gleicher Stelle in der Übereinstimmung zwischen II Clem 5,4 und Justin Apol 19,7. DONFRIED (70) nimmt
für Justin und den II Clem Bezug auf die gleiche - Mt und Lk harmonisierende - Textfassung einer außerkanonischen Quelle an, die dem
Lk näher gestanden habe als dem Mt.

Da II Clem 5,2-4 deutlich als Zusammenhang zitiert wird, erscheint
mir als wahrscheinlich, daß dieser Zusammenhang vom Verfasser des
II Clem aus einer außerkanonischen Quelle übernommen wurde.[1] Dieser
Quelle könnte sowohl das Mt als auch das Lk zugrunde gelegen haben.
Allerdings läßt sich auch die These WREGEs nicht völlig von der
Hand weisen, daß diese Quelle vorlukanische und vormatthäische Tra-
ditionselemente bewahrt hat. In jedem Fall ist deutlich, daß II
Clem 5,2-4 allerhöchstens indirekt von den synoptischen Evangelien
beeinflußt wurde.

e) II Clem 8,5

In II Clem 8,5 wird mit der Einleitungsformel "λέγει γὰρ ὁ κύριος
ἐν τῷ εὐαγγελίῳ" ein längeres Herrenwort zitiert:

> II Clem 8,5 εἰ τὸ μικρὸν οὐκ ἐτηρήσατε, τὸ μέγα τίς ὑμῖν
> δώσει ; λέγω γὰρ ὑμῖν, ὅτι ὁ πιστὸς ἐν ἐλαχίστῳ καὶ ἐν πολλῷ
> πιστός ἐστιν.

Für den ersten Teil des Zitates existiert keine synoptische Parallele.
Zum zweiten Teil sind für die Sache Mt 25,21-23, für die Formulierungen Lk 16,10 und 19,17 zu vergleichen. Der zweite Zitatteil er-
klärte sich gut als Aufnahme von Lk 16,10. Da er aber mit dem ersten
zusammen als eine Einheit zitiert wird, ohne daß eine Zäsur zwischen
beiden Zitatteilen erkennbar ist, wird das Zitat insgesamt aus einer
apokryphen Quelle stammen.[2] Durch die Einleitungsformel wird deutlich, daß diese Quelle eine schriftliche Vorlage und nicht die
mündliche Tradition war.[3]

7.3. Zusammenfassung und Einordnung des Befundes

Der Überblick über die analysierten Passagen läßt es als ratsam

---

1   So auch z.B. LIGHTFOOT (I,2, 219), v. SCHUBERT (Clemensbrief, 249), BARTLET
    (II Clement, 136), KNOPF (Lehre, 160), KÖSTER (Überlieferung, 97) und
    DONFRIED (68).
2   So auch v. SCHUBERT (Clemensbrief, 250), LAKE (Apostolic Fathers 1, 124f.),
    KNOPF (Lehre, 160) u. KÖSTER (Überlieferung,102).
3   So auch I FRANK (96); abwegig erscheint mir die Ansicht DONFRIEDs, der (72)
    meint, daß mit "εὐαγγέλιον" "the oral message of salvation" gemeint sei.

erscheinen, für die Herkunft des im II Clem aufgenommenen Evangelienstoffes zur Hypothese der Benutzung verschiedener Quellen zurück-
zukehren. Die KÖSTERsche These ist mit Sicherheit "attractive", aber
ebenso sicher bleibt sie "beyond proof", wie HAGNER (282 Anm. 2) zutreffend bemerkt. Es ist der Sachlage durchaus angemessen, daß KÖSTER
sich in neuerer Zeit eher vorsichtig äußert.[1] Als verfehlt ist auf
jeden Fall die Interpretation DONFRIEDs abzulehnen, der die deutliche Aufnahme redaktioneller Terminologie der Evangelisten im II
Clem nicht ausreichend beachtet und würdigt.
Den Vierevangelienkanon hat es für den Verfasser des II Clem
deutlich noch nicht gegeben. Er zitiert neben Altem Testament und
synoptischer Tradition ungezwungen Stücke apokrypher Provenienz.[2]
Dabei bedient er sich seiner Quellen mit einer recht großen Freiheit.[3] Keine der Wortlautabweichungen von synoptischen Stücken
kann deswegen dazu zwingen, eine nachlukanische oder nachmatthäische Quelle als Grundlage der Zitationen von Herrenworten anzunehmen.
Fast alle Zitate des II Clem erklären sich gut als gedächtnismäßige,
freie Aufnahme ihrer Vorlagen; dies gilt insbesondere für II Clem
3,2, 4,2, 6,7a und 9,11. Der gedächtnismäßige Bezug erklärt sich
dabei gut gerade aus der Charakterisierung der Zitate als Worte
des Kyrios, die ein "Nachschlagen" in schriftlichen Evangelien
als unnötig erscheinen lassen konnte. Umso stärker fallen angesichts
dessen Wortlautübereinstimmungen gerade mit offensichtlich redaktionellen Wendungen unserer synoptischen Evangelien ins Gewicht.
Dabei ist, was die auf bestimmte Perikopen bezogenen Wortlautübereinstimmungen angeht, schwer zu entscheiden, ob das Lk oder das
Mt den Verfasser des II Clem mehr geprägt hat. Interpretiert man
aber den diesbezüglichen Befund auf dem Hintergrund der Theologie
und vor allem der Ethik des II Clem, wird man wohl doch sagen

---

1   Vgl. KÖSTER, Einführung, 672, wonach der Verfasser des II Clem Mt und Lk
     voraussetzt und "vielleicht eine auf Grund dieser beiden Evangelien ver-
     faßte Harmonie von Herrenworten"; etwas anders äußert KÖSTER sich in der
     engl. Übersetzung, wo es heißt: "The sayings of Jesus ... presuppose
     the NT gospels of Matthew and Luke; they were probably drawn from a har-
     monizing collection ... " (Introduction 2, 235).
2   Vgl. außer den oben analysierten Stellen noch II Clem 11,2 u. 13,2.
3   S. z.B. auch das paraphrasierende Ez-"Zitat" in II Clem 6,8!

können, daß der Verfasser des II Clem in besonderer Weise mit dem
Mt übereinstimmt.

Die gleichwertige Benutzung von (nach späteren Maßstäben) kanonischem und außerkanonischem Material gehört aus der Entfernung der
heutigen Zeit betrachtet einem kurzen Zwischenstadium in der
Geschichte der Evangelienrezeption an. Leider gibt es im II Clem
selbst keinen Anhaltspunkt dafür, in welche Zeit und an welchen
Ort dieses Zwischenstadium näher einzuordnen ist.

Der Entstehungsort des II Clem kann m.E. überhaupt nicht, seine
Entstehungszeit nur sehr ungefähr bestimmt werden. In den uns erhaltenen Handschriften[1] ist der II Clem immer in Verbindung mit dem
gegen Ende des 1. Jahrhunderts von Rom nach Korinth gesandten I Clem
überliefert. Trotz darüber hinaus festzustellender innerer Parallelen zum I Clem[2] läßt sich weder aus der (überlieferungsbedingten)
äußeren noch aus der inneren Verbindung zum I Clem etwas über Abfassungsort oder gar -zeit des II Clem entnehmen.[3]

Bezüglich des Abfassungsortes lassen sich für Rom, Korinth, Ägypten[4]
und Syrien in gleicher Weise keine überzeugenden und zwingenden
Gründe anführen. Für die allgemein angenommene Datierung auf die
Mitte des zweiten Jahrhunderts wird als Grund zumeist die Art
und Weise der Evangelienbenutzung des II Clem genannt.[5] Eine Präzi-
sierung dieser Datierung durch andere Gründe ist unerfülltes und

---

1   S. dazu WENGST (Didache, 207f.).

2   Vgl. nur das wahrscheinlich auf eine gemeinsame Quelle zurückgehende apo-
     kryphe Zitat in c. 11,2 (vgl. I Clem 23,3f.) und das Jer-Zitat in
     c. 3,5 (vgl. I Clem 15,2).

3   Als Beispiele für m.E. übereilte und konstruierte Schlüsse ist zuletzt
     DONFRIED zu nennen, der (1 u. passim) annimmt, daß der II Clem kurz nach
     dem I Clem als "hortatory discourse", der in Korinth im Gottesdienst
     verlesen wurde, von den Presbytern, um deren Wiedereinsetzung der I Clem
     sich bemüht, abgefaßt worden sei; I und II Clem seien zusammen überliefert
     worden, weil sie zusammen eine schwere Krise der korinthischen Gemeinde
     beseitigt hätten. Zum Verhältnis I Clem - II Clem allgemein s. C STEGEMANN,
     für die (136 u. passim) der II Clem eine Art Anhang zum I Clem ist; zur
     (vernichtenden) Kritik an ihrer Position s. WENGST (Didache, 211f.).

4   So in neuester Zeit immerhin KÖSTER (Introduction 2, 234-236) und (vor-
     sichtig) WENGST (Didache, 227).

5   Vgl. z.B. C STEGEMANN, die die Frage der Evangelienbenutzung des II Clem
     nur unter dem Gesichtspunkt der Datierung dieses Schreibens verhandelt.

vielleicht unerfüllbares Desiderat.

Gerade angesichts dessen, daß mit einem hohen Maß an Wahrscheinlichkeit davon ausgegangen werden kann, daß das Mt für den Verfasser des II Clem von großer Bedeutung und Wichtigkeit war, ist
es mißlich, daß Datierung und Lokalisierung des II Clem so unsicher bleiben müssen.

8. PAPIAS[1]

Aus dem Werk des Papias "Λογίων κυριακῶν ἐξηγήσεως συγγράμματα
πέντε" sind uns nur Fragmente erhalten.[2] Am ausführlichsten über
Papias informiert uns Euseb,[3] dessen "Informationen" allerdings
das Ziel haben, Papias als einen beschränkten Sonderling, der sich
auf obskure und minderwertige Quellen beruft, zu charakterisieren.[4]
Nach der Mitteilung des Titels des papianischen Werkes bestreitet
Euseb zuerst einmal, daß Papias primär informierte Gewährsmänner
persönlich gekannt hat.[5] Danach erst teilt er auch Inhalte aus dem
Werk des Papias mit, die sämtlich mit den in unseren Evangelien überlieferten Stoffen nicht allzuviel zu tun haben. Papias erscheint
so als jemand, der sich hauptsächlich auf obskure mündliche Tradition beruft.[6] Sicherlich hat Euseb diesen Eindruck beabsichtigt.
Zu beachten ist aber, daß Euseb auch noch anderes mitzuteilen weiß.
Man erfährt z.B., daß Papias Mk und Mt gekannt hat;[7] des weiteren

1   Textausgabe: BIHLMEYER/SCHNEEMELCHER. Eine Zusammenstellung und Übersetzung
     der erhaltenen Fragmente aus den kritischen Ausgaben, jedoch ohne deren
     textkritischen Apparat findet sich bei KÜRZINGER (Papias und die Evangelien,
     89-137 (übersetzt von KÜRZINGER, hg. v. R M HÜBNER)). Zu den zu diskutie-
     renden Problemen vgl. auch die kommentierte Bibliographie für die Jahre
     1960 - 1981 von E KÖNIG und M VINZENT (ebd. 139-250).
2   Zur Charakterisierung dieser Fragmente s. z.B. BEYSCHLAG (Herkunft).
3   S. Hist eccl 3,39.
4   Nicht durchgesetzt hat sich der Versuch GRANTs, für Eusebs Äußerungen eine
     (auch von Eusebs Hand stammende) spätere papiaskritische Überarbeitung anzu-
     nehmen; nach GRANT (Papias, passim u. 212) hätte sich Euseb anfänglich
     (d.h. in Hist eccl 3,39,1.3-4.9-10.14-17 ohne den letzten Satz; vgl. 3,36,
     12 längere Version u. 2,15,2) zu Papias durchaus neutral bis positiv geäu-
     ßert. Die Vermutungen GRANTs haben m.E. keinen ausreichenden Anhalt am Text
     der Eusebschen Kirchengeschichte.
5   Euseb widerlegt die Behauptung des Irenäus (haer 5,33,4), daß Papias
     auditor des Johannes gewesen sei, indem er sich anhand eines Zitates aus
     dem Proömium des papianischen Werkes darum bemüht nachzuweisen, daß Papias
     selbst zugebe, nie Kontakt zu den Aposteln gehabt zu haben; vgl. Hist eccl
     3,39,3ff.
6   Der Stoff, den Papias aus der mündlichen Tradition übernahm, ist für Euseb
     nicht vertrauenswürdig; das wird deutlich daran, wie Euseb über Papias
     spricht: nach Euseb erzählt Papias "παράδοξά τινα" (Hist eccl 3,39,8) sowie
     "ξένας τέ τινας παραβολὰς τοῦ σωτῆρος καὶ ... ἄλλα μυθικώτερα" (Hist eccl
     3,39,11).
7   S. Hist eccl 3,39,14.16.

gibt Euseb - wenn auch indirekt - darüber Auskunft, daß das Werk
des Papias nicht ausschließlich eine Sammlung obskurer Traditions-
stücke war: aus dem Teil des Proömiums, den Euseb zitiert, erfahren
wir, daß Papias nicht etwa ausschließlich, sondern nur a u c h
mündliche Tradition verwertet hat, deren Aufnahme er ausführlich
rechtfertigt.

Da Euseb Teile aus dem Proömium des Papias nicht zitiert, um das
Werk des Papias inhaltlich vollständig oder auch nur hauptsächlich
zu charakterisieren, sondern um Einleitungsfragen in einer für
die Zuverlässigkeit des Papias und seiner Informationen ungünstigen
Richtung entscheiden zu können, ist es verfehlt, unter Berufung
auf Euseb oder gar Papias selbst den Papias zu einem grundsätzli-
chen Bücherfeind zu machen.[1] Seine - zugegeben - prinzipiell formulierte Aussage "οὐ γὰρ τὰ ἐκ τῶν βιβλίων τοσοῦτόν με ὠφελεῖν ὑπ-
ελάμβανον, ὅσον τὰ παρὰ ζώσης φωνῆς καὶ μενούσης" (Euseb, Hist eccl
3,39,4) dient dazu, die für seine Leser offensichtlich nicht selbstverständlich legitime Aufnahme auch mündlicher Tradition zu rechtfertigen[2] und hat insofern eher defensive Funktion.[3] Schon aus dem
Titel seines Werkes ist deutlich, daß es Papias mehr um die Erläuterung und Auslegung als um die Mitteilung von "λόγια κυριακά"
zu tun ist.[4] Daß von einem Bezug des Papias auf schriftliche Evangelien, von denen wir zumindest nicht ausschließen können, daß Papias sie gekannt hat, in den uns erhaltenen Fragmenten herzlich
wenig zu spüren ist, liegt vielleicht weniger an Papias selbst
als vielmehr an der Art und Weise, in der Euseb über ihn referiert

---

1   Als ein deutliches Beispiel für eine derartige Interpretation sei HAENCHEN
     (Weg, 5) genannt; andere ließen sich unschwer anfügen.
2   So z.B. auch I FRANK (85).
3   Zu beachten ist auch, daß gerade der "Bücherfeind" Papias selbst ein Buch
     schreibt, in dem er - m.E. unter anderem - die mündliche Tradition "durch
     Verschriftlichung zu sichern sucht" (so KÖRTNER, 227).
4   So auch ZAHN (Testament, 853), W BAUER (Rechtgläubigkeit, 207), PERUMALIL
     (Papias, 363) und VIELHAUER (Geschichte, 761); anders vorsichtig KÖRTNER
     (163), der "ἐξήγησις" als "auslegende Darstellung", für die Papias gattungs-
     mäßig weder Vorläufer noch Nachfolger hatte, interpretiert (a.a.O. 167).
     KÜRZINGER (Papias, Titel, 179) übersetzt "ἐξήγησις" mit "Darbietung, Mit-
     teilung"; auch für SCHENK (60f.) war das Werk des Papias eher eine Samm-
     lung von Herrenworten als ein Kommentar zu diesen.

hat.[1] Dabei ist auch zu beachten, daß nicht alles, was Euseb
berichtet, unter die Rubrik "Diffamierung des Papias" eingeordnet
werden kann; teilweise sind die Intentionen Eusebs nicht recht
auszumachen. So ist z.B. nicht recht deutlich, wieso es für Euseb
"notwendig" war, die Mk-Notiz mitzuteilen.[2]
Während in keinem der uns erhaltenen Fragmente deutlich wird,
daß Papias das Mt benutzt hat, setzt doch zumindest Euseb voraus,
daß Papias das Mt gekannt hat. Im Anschluß an die Mk-Notiz, deren
Mitteilung er abschließt mit den Worten "ταῦτα μὲν οὖν ἱστόρηται
τῷ Παπίᾳ περὶ τοῦ Μάρκου" (Euseb, Hist eccl 3,39,15), teilt Euseb
mit, was bei Papias über das Mt zu lesen ist: "Ματθαῖος μὲν οὖν
Ἑβραΐδι διαλέκτῳ τὰ λόγια συνετάξατο, ἡρμήνευσεν δ' αὐτά, ὡς ἦν
δυνατὸς ἕκαστος." (Hist eccl 3,39,16). Eingeleitet wird diese
Notiz von Euseb durch "περὶ δὲ τοῦ Ματθαίου ταῦτ' εἴρηται·" (ebd.).
Daß bei Papias mit "λόγια" nicht nur Worte Jesu gemeint sind, wird
aus der Mk-Notiz (Euseb, Hist eccl 3,39,15) deutlich, in der das,
was Markus aufschrieb, zuerst als "τὰ ὑπὸ τοῦ κυρίου ἢ λεχθέντα ἢ
πραχθέντα", wenig später dann als "λόγια κυριακά" bezeichnet wird.
Auch die von Euseb mitgeteilten Inhalte des papianischen Werkes
sind nicht ausschließlich "Worte", wie der Titel des Werkes erst
einmal vermuten lassen könnte. Spätestens seit der Untersuchung
GRYSONs (témoignage) sollte nicht mehr bestritten werden, was
eigentlich schon immer hätte akzeptiert werden können: für Papias
läßt sich die Bedeutung des Wortes "λόγια" nicht auf "Worte", "Re-
destoff" o.ä. beschränken.[3] Damit ist der Weg frei dafür, "λόγια"

---

1   Von daher ist es methodisch nicht gerechtfertigt, aus dem Fehlen von
     Äußerungen des Papias über Lk und Joh Schlüsse zu ziehen und unter anderem
     daraus abzuleiten, daß Papias in seinem Werk kein Evangelium ausgelegt hat,
     wie z.B. VIELHAUER (Geschichte, 760) es tut. Für Lk-Kenntnis des Papias
     plädiert anhand eines armenischen Fragmentes (hg. v. SIEGERT in KÜRZINGER,
     Papias und die Evangelien, Fragm. Nr 23, 129ff.; vgl. dazu auch SIEGERT,
     Papiaszitate) TUCKETT (Gospel of Truth, 140 Anm. 63); aus den armenischen
     Fragmenten (s. KÜRZINGER, Papias und die Evangelien, 128-137) ergibt
     sich auch Kenntnis des Joh.
2   S. Euseb, Hist eccl 3,39,14 "ἀναγκαίως προσθήσομεν"; ob Euseb mit dieser
     Bemerkung dem Rechnung tragen wollte, daß Papias eben nicht nur der Sach-
     walter unglaubwürdiger apokrypher Traditionen war?
3   So auch SCHENK (63) und KÖRTNER (156), nach dem "λόγιον κυριακόν" "ganz
     allgemein eine kurze Geschichte über Jesus" meint.

nicht auf eine Spruchsammlung unter der Autorität des Matthäus[1],
die möglicherweise Quelle des Mt gewesen ist, sondern auf das Mt
selbst zu deuten.[2]

Allerdings ist auch bei denen, die davon ausgehen, daß Papias sich
auf das Mt bezieht, das Verständnis der Mt-Notiz sehr umstritten.
Die "Normalhypothese" konzentriert sich in ihrer Interpretation
zumeist auf die erste Hälfte der Papiasnotiz und versteht diese
als eine Mitteilung des Inhaltes, daß unser heutiges Mt ursprünglich "hebräisch" (d.h. aramäisch) abgefaßt worden sei. Da aber
das Mt keine Übersetzung eines semitischsprachigen Urtextes ist,
ist die Meinung des Papias falsch und Papias also für die Frage
der Entstehung des Mt ein unzuverlässiger Gewährsmann.[3] Mit dieser
Negativmeinung über Papias befindet man sich in guter Gesellschaft
mit Euseb, wobei allerdings zu beachten ist, daß Euseb zu seiner
Meinung über Papias gerade nicht durch die Mt-Notiz kam, die er
als zuverlässig betrachtete. In das Bild vom unzuverlässigen Papias
paßt dann im zweiten Teil der Mt-Notiz auch gut die Annahme des
Papias, es existierten (oder zumindest: hätten existiert) mehrere
Übersetzungen des "hebräischen" Urmatthäus: weder von der Existenz
solcher Übersetzungen noch von der des Originals gibt es außer
der Papiasnotiz irgendeine auch noch so kleine Spur.[4]

---

1   So z.B. SCHLEIERMACHER (passim), SANDAY (155f.), STREETER (Gospels, 21);
    in neuerer Zeit wieder de SOLAGES (témoignage, 13f.), DEEKS, KÖSTER
    (Gospels, 112 u. Introduction 2, 172) u. SCHMITHALS (574); sie alle be-
    streiten die Identität des von Papias gemeinten Werkes mit unserem Mt.
2   Völlig abwegig erscheint mir die Meinung GRANTs, daß "λόγια" alttestament-
    liche Weissagungen meine (so GRANT, Formation, 71).
3   So in neuerer Zeit z.B. E LOHSE (Entstehung, 90), KÜMMEL (91), J SCHMID
    in WIKENHAUSER/SCHMID (230-232), VIELHAUER (Geschichte, 261f.), SCHWEIZER
    (Mt, 3) u. KÖRTNER (204); anders z.B. GAECHTER (20), der Papias als "viel
    geschmäht und doch gut informiert" bezeichnet, weil er von der hebräischen
    Abfassung des Mt ausgeht.
4   Die Unzuverlässigkeit des Papias wird nicht gemindert, sondern nur erklärt,
    wenn man wie MUNCK (Tradition, 256) davon ausgeht, daß die Annahme eines
    hebräischen Mt zur Erklärung der Unterschiede zwischen den Synoptikern
    im Zusammenhang mit der frühen Kanonbildung entstand oder wie VIELHAUER
    (Geschichte, 261) im Gefolge von W BAUER (Rechtgläubigkeit, 207f.) der An-
    sicht ist, daß Papias mit der Annahme vieler (unzuverlässiger) Übersetzungen
    die Tatsache im Auge hatte, daß das Mt bei Gnostikern und Judenchristen hoch
    geschätzt war und letztere sogar eigene Evangelien besaßen, die mit dem Mt
    verwandt waren; Ziel des Papias wäre es nach VIELHAUER gewesen, zu behaupten,
    daß das, was die Ketzer aus dem Mt gemacht hätten, durch den Apostel Mt nicht
    gedeckt sei. Zu erwähnen sind in diesem Zusammenhang noch die Erklärungs-

Im Jahre 1960 hat KÜRZINGER (Papiaszeugnis) ein radikal von dieser
Normalinterpretation abweichendes Verständnis in die Diskussion
eingebracht, damit aber insgesamt mehr Ablehnung als Zustimmung
geerntet.[1] Ausgehend von der Voraussetzung, daß im Werk des Papias
die Notizen über Mk und Mt zusammengehört und eine Einheit gebildet
hätten, versteht KÜRZINGER diese beiden Notizen als ein Sinnganzes,
das erst Euseb durch eine gliedernde Zwischenbemerkung zertrennt
habe. Nach KÜRZINGER hat Papias das Mk verteidigen wollen gegen den
Vorwurf, daß es rhetorischen und literarischen Ansprüchen nicht
genüge. Bei Mk fehle - so Papias nach KÜRZINGER - eine befriedigende
literarische Gestaltung, weil Markus in der Anordnung seines Stoffes abhängig sei von den Predigten des Petrus, dessen getreuer
Ohrenzeuge Markus gewesen sei. Ziel der papianischen Argumentation
sei: die literarische Anspruchslosigkeit des Mk ist nicht Manko,
sondern Qualitäts-, weil Zuverlässigkeitsmerkmal, da sie sich direkt
aus der markinischen Quellentreue ergibt. Die Notiz über das Mt be-
sagte dann soviel, daß im Unterschied zu Markus, der "ἀκριβῶς, οὐ
μέντοι τάξει" berichtet habe, Mt bei der Darstellung seines Stoffes
nach literarischen Ordnungsprinzipien verfahren sei. Die Darstellungsweise[2] des Mt sei jüdisch[3]. "Ἑρμηνεύειν" übersetzt KÜRZINGER
(Papiaszeugnis, 26) mit "vermitteln" und bezieht dies sachlich auf
den (einmaligen) Vorgang der Evangelienkomposition (a.a.O. 30);
"ἕκαστος" bezieht sich seiner Meinung nach auf die Verfasser des
Mt und Mk.
In der Mt-Notiz geht es nach KÜRZINGER dem Papias also gar nicht
so sehr um das Mt, als vielmehr um die Verteidigung des Mk gegen

---

    versuche von SCHENK und GRANT, die annehmen, daß Papias mit "Ματθαῖος"
    das EvEb (so SCHENK, 79) oder das EvHeb (so GRANT, Papias and the Gospels,
    222) gemeint habe.

1   Vgl. auch die weiteren Arbeiten KÜRZINGERs (s.u. im Literaturverzeichnis),
    die jetzt gesammelt greifbar sind in KÜRZINGER, Papias und die Evangelien.
    Für Gegenargumente gegen die Position KÜRZINGERs s. zuletzt KÖRTNER (pas-
    sim u. besonders 203f.).

2   So übersetzt KÜRZINGER (Papiaszeugnis) "διάλεκτος"; interessant ist in
    diesem Zusammenhang der Vorschlag SCHENKs (64), "ἑβραῖδι διαλέκτῳ" nicht
    als Dativus modi zu verstehen und dann wie KÜRZINGER zu übersetzen, son-
    dern als Dativus commodi aufzufassen; übersetzt werden müßte dann
    "für den hebräischen Dialekt", was soviel hieße wie "für die Juden". Dieser
    Erklärungsvorschlag bringt die Schwierigkeit mit sich, daß eine derartige
    gleichsam indirekte Adressatenbezeichnung ohne Parallelen wäre.

3   Als Belege für die jüdische Darstellungsweise des Mt führt KÜRZINGER (Pa-
    piaszeugnis, 34) Zahlensymbolik, -schemata und -mystik an.

den Vorwurf literarischer Anspruchslosigkeit; die Mt-Notiz ist
nur "Folie" für die Mk-Notiz.

Die These KÜRZINGERs hat den Vorteil, daß sie nicht dazu zwingt,
entweder die Aussagen des Papias oder den Kenntnisstand der heutigen
neutestamentlichen Wissenschaft als korrekturbedürftig zu betrachten, wobei dann zumeist Papias den kürzeren zieht.[1] Sie erspart
die "Härte" der Annahme der Existenz mehrerer schriftlicher Übersetzungen des Mt, der ja schon oft mit der These begegnet wurde,
daß "ἡρμήνευσεν δ᾽ αὐτά, ὡς ἦν δυνατὸς ἕκαστος" sich auf die
gottesdienstliche Praxis der (mündlichen) Übersetzung des aramä-
ischen Mt in einer gemischtsprachigen Gemeinde bezöge.[2] Sie hat den
Nachteil, daß sie auf schwachen Füßen steht. Ihr stärkeres "Bein"
sind die angenommenen Wortbedeutungen, die z.B. "ἐρμηνεύειν" und
"διάλεκτος" als rhetorische Fachtermini verstehen. Ein solches
Verständnis erscheint angesichts der von KÜRZINGER beigebrachten
Belege immerhin als möglich, wenn auch nicht als zwingend. Ihr
schwächeres "Bein" ist die - m.E. alles entscheidende - Voraussetzung, daß Mt- und Mk-Notiz erst von Euseb (der zumindest die
Mt-Notiz in ihrem Bezug zur Mk-Notiz nicht richtig verstanden hätte)
getrennt worden seien und ursprünglich zusammengehört hätten.
Gegen diese Voraussetzung spricht immerhin sowohl die Meinung des
Euseb als auch der Anfang der Mt-Notiz mit "Ματθαῖος μ ὲ ν ...".
Wäre die Mt-Notiz bei Papias direkt auf die Mk-Notiz gefolgt, wäre
eher ein "δέ" zu erwarten gewesen.

Meines Erachtens muß die Frage, in welchem Kontext die Mt-Notiz
bei Papias gestanden hat, gegen KÜRZINGER offenbleiben.

Ebenfalls offenbleiben muß, ob Papias in bezug auf das Mt die
Meinung eines Gewährsmannes wiedergibt oder seine eigene mitteilt.[3]

---

1   Dafür, nicht Papias, sondern die neutestamentliche Wissenschaft zu korri-
     gieren, spricht sich deutlich z.B. PETRIE aus.
2   So ZAHN (Testament, 894 und Einleitung, 257) u. BARDENHEWER (1, 453f.).
3   Anders z.B. ZAHN (Einleitung, 254 und Mt, 10), KÜMMEL (29) und SCHMID in
     WIKENHAUSER/SCHMID (230f.); sie nehmen an, daß bei der Mt-Notiz Papias
     selbst spricht. GRUNDMANN (41) läßt die Frage zuerst offen, um sie dann
     (42) dahingehend zu beantworten, daß die Mt-Notiz vom Gewährsmann des
     Papias stammt. Die letztere Position vertritt auch de SOLAGES (témoignage,
     13).

Der Wortlaut der einleitenden Bemerkung Eusebs gibt für die
Beantwortung dieser Frage keine Entscheidungshilfe.[1]

Für die Frage nach dem Einfluß und der Wirkung des Mt trägt
die Papiasnotiz, wie immer man sie auch interpretiert, so gut wie
nichts aus. Ganz gleich, ob sie unabhängig von der Reflexion über
andere (synoptische) Evangelien etwas über das Mt aussagen will,
oder ob sie gar das Mt und Mk in Beziehung setzt zu anderen
Evangelien[2] und ihre Entstehung vielleicht sogar nur dem Umstand
verdankt, daß man im zweiten Jahrhundert die Pluralität der Evangelien als Problem zu sehen begann: in jedem Fall will sie nicht
über die Rezeption, sondern "nur" über die Entstehung des Mt Auskunft geben. Weder die "Normalhypothese" noch die Lösung KÜRZINGERs
beseitigen alle Schwierigkeiten. Die "Normalhypothese" ist in ihren
Voraussetzungen solider, läßt dafür aber in ihren Ergebnissen mehr
offen. Die KÜRZINGERsche Lösung erklärt nahezu alles, wird sich
aber gegen den Vorwurf mangelnder Solidität ihrer Voraussetzungen
nur schwer verteidigen lassen. Hat KÜRZINGER recht, bleibt
für meine Fragestellung als Ergebnis, daß Papias das Mt gekannt
hat und seinen Verfasser der jüdischen Gedankenwelt zuordnete.
Schon der Schluß, daß Papias eine Verteidigung des Mt im Unterschied zu der des Mk nicht für nötig befunden habe,[3] überstrapa-
ziert den Befund bei Euseb. Gibt man der "Normalhypothese" den
Vorzug, läßt sich wiederum nur die Kenntnis des Mt und die Einordnung seines Verfassers in die jüdische Gedanken- und Sprachwelt
feststellen.
Darüber, wie Papias das Mt einschätzte und ob und inwieweit er es
ablehnend oder zustimmend rezipierte, wissen wir in jedem Falle
nichts. Gibt man KÜRZINGER den Vorzug, ist deutlich, daß Papias
dem Mt und Mk und damit wohl den kirchlich rezipierten Evangelien
überhaupt positiv gegenüberstand; läßt man die "Normalhypothese"
als wahrscheinlicher gelten, ist offen, ob die Mt-Notiz eine

---

1   Auch bei der Mk-Notiz ist m.E. nicht deutlich festzustellen, ob und wenn,
     wo ein Übergang stattfindet von der Aussage des Presbyters zu der des
     Papias; so auch KÜRZINGER (Aussage, 248).
2   So MERKEL (47-49).
3   So I FRANK (81).

abwertende Tendenz hat oder nicht.[1]

Fraglich bleibt, welcher Zeit die nach Euseb für Papias
vorauszusetzende Mt-Kenntnis genau zuzuordnen ist. Sicherer terminus ante quem für die Abfassung des papianischen Werkes ist die
Erwähnung dieses Werkes bei Irenäus (haer 5,33,4). Unsicher müssen
alle genaueren Datierungen bleiben, sofern man der Angabe des
bei Philippus Sidetes überlieferten Fragmentes, nach der Papias
in der Regierungszeit Hadrians oder danach geschrieben hätte,[2] nicht
trauen will. Guten Gewissens läßt sich die Abfassungszeit des
papianischen Werkes nicht exakter als in die erste Hälfte des zweiten Jahrhunderts datieren. Genauere Datierungen haben keine ausreichenden Gründe für sich.[3]

Wir haben in Papias einen Schriftsteller vor uns, von dem
wir wissen, daß er das Mt gekannt hat. Mehr wissen wir nicht. Daß
Papias schriftliche Evangelien grundsätzlch abgelehnt habe, ist
eine leicht als unbegründet zu erweisende Behauptung. Deutlich
ist aber immerhin, daß unsere Evangelien nicht die einzige Quelle
seiner Kenntnis von Herrenworten und -taten waren. Die uns erhaltenen Fragmente und Informationen mahnen uns eher zur Zurückhaltung
in der Beurteilung des Papias, als daß sie uns ermöglichten, z.B.
Näheres über seine Rezeption des Mt auszusagen.

---

1   Daß Papias mit seiner Mt-Notiz das Mt gegen Angriffe in Schutz nehmen woll-
     te, meinen z.B. NEPPER-CHRISTENSEN (47) und E LOHSE (Entstehung, 90); daß
     Papias das Mt mit dem Hinweis auf seine Entstehungsgeschichte abwerten woll-
     te , wird z.B. von STREETER (Gospels, 19-21), HAENCHEN (Weg, 10) und
     VIELHAUER (Geschichte, 261) vertreten.
2   S. BIHLMEYER/SCHNEEMELCHER 139 Z. 5.
3   Das stellt in bezug auf die meisten der vor dem Erscheinen seines Aufsatzes
     vorgenommenen Datierungen mit Recht PERUMALIL (Papias and Irenaeus) fest.
     Seine eigene Datierung auf ca 100 (so a.a.O., 333) oder um 95 (so a.a.O.,
     335) entbehrt an der Stelle, auf der sie basiert (Euseb, Hist eccl 3,36,2),
     einer gesicherten textlichen Grundlage. Zu den Datierungsfragen allgemein
     s. auch YARBROUGH, der auf 95-110 datiert (182 u. 190).

9. DIOGNETBRIEF[1]

Der "Brief" an Diognet, den man als "apologetisch-protreptisches
Schreiben"[2] charakterisieren kann, setzt zwar deutlich Evangelienstoff voraus; es ist aber an keiner Stelle Bezug auf speziell das
Mt oder auch ein anderes Evangelium positiv wahrscheinlich zu
machen.

Als gut möglich erscheint Mt-Bezug immerhin in c. 4,3 (Mt 12,12),
c. 9,2 (Mt 20,28) und c. 9,6 (Mt 6,25-34); allenfalls theoretisch
möglich, aber keinesfalls naheliegend ist Mt-Bezug in c. 6,6 (Mt
5,44), c. 8,8 (Mt 19,17) und c. 8,11 u. 11,5 (Mt 3,17 u. 17,5).

---

1   Ausgabe: Wengst (Didache). Zur Datierung ins 2. Jh. vgl. ALTANER/STUIBER
     (77); nach WENGST (Didache, 309) läßt sich nicht mehr sagen, als daß der
     Diog "... frühestens am Ende des zweiten Jahrhunderts ... und vor der Zeit
     Konstantins ..." verfaßt worden ist.
2   So WENGST (Didache, 309).

III. JUSTIN

1. Einleitung

Als gesichert echte Werke Justins betrachte ich nur die Apologien[1]
und den "Dialog mit dem Juden Tryphon"[2]. Ob die von manchen so
bezeichnete "2. Apologie" als ein selbständiges Werk, ein Nachtrag
zur "1. Apologie" oder als ein genuiner Bestandteil derselben zu
betrachten ist,[3] ist für meine Untersuchung unerheblich, da die
"2. Apologie" nichts für meine Fragestellung Relevantes enthält.[4]

> Zur umstrittenen Adressatenfrage beider Werke[5] sei nur soviel bemerkt:
> die Apologien wenden sich sicherlich auch, aber keinesfalls vorrangig an
> Christen;[6] der Dialog behandelt Probleme, die auch innerchristlich von
> entscheidendem Belang waren und ist - anders als die vorgestellte Dialog-
> situation glauben machen könnte - mit Sicherheit keine Schrift, die um
> Juden wirbt.[7]

Der Dialog ist mit Sicherheit nach der "1. Apologie" verfaßt.[8]
Ein wie großer Zeitraum zwischen beiden Werken liegt, ist nicht
sicher auszumachen; in der Forschung wird zumeist ein Zeitraum von

---

1   Ausgabe: PAUTIGNY; diese Ausgabe liegt auch den Angaben der BP zugrunde.
2   Ausgabe: ARCHAMBAULT.
3   S. dazu zusammenfassend ALTANER/STUIBER (66f.).
4   So auch MASSAUX (Influence, 503); da aus diesem Grund nur aus der "1. Apo-
     logie" zitiert wird, kürze ich im folgenden Apologiezitate und -verweise
     mit "Apol" ab.
5   S. dazu zuletzt COSGROVE.
6   MARTIN (28f.; vgl. auch 35 u. 268) meint, daß die Apologie hauptsächlich
     an Christen gerichtet sei. Dagegen spricht m.E. die Art und Weise, in der
     in Apol mit dem Evangelienstoff und mit dem AT umgegangen wird; s. dazu
     unten 258 f.
7   Vgl. dazu NILSON (539 u. passim), der als Adressaten des Dial primär eine
     nichtchristliche heidnische Hörerschaft annimmt, um die die christliche
     Gemeinde in Missionskonkurrenz mit der jüdischen Synagoge steht, sowie
     COSGROVE (221), der meint, daß der Dialog an eine christliche Leserschaft
     gerichtet sei. In gewisser Hinsicht dürfen Apol und Dial in bezug auf die
     jeweilige Adressatenschaft durchaus mit WIELAND (80) sehr eng zusammen-
     gesehen werden: beide Schriften wenden sich zumindest auch an "Heiden".
     Die Personengruppe, die dabei im Dial angeredet ist, weist deutliche Nähe
     zum Judentum auf, was man von den Adressaten der Apologie nicht gerade
     behaupten können wird. Sind die vorgestellten außerchristlichen Adressaten
     der Apologie gebildete Nichtchristen mit "griechischen" Denkvoraussetzungen,
     so könnte man die des Dialogs als "Gerade-noch-nicht-Juden" bezeichnen.
8   Das ergibt sich aus Dial 120,6, wo explizit auf Apol 26 Bezug genommen wird.

maximal zehn Jahren angenommen. Sicher ist über die Abfolge Apol -
Dial hinaus nur, daß beide Werke um die Mitte des zweiten Jahrhunderts abgefaßt worden sind. Für meine Untersuchung ergibt
sich aus der zeitlichen Abfolge der Schriften, daß nicht ausgeschlossen werden kann, daß sowohl in der Art zu zitieren als auch
in der Auswahl und Bewertung der zur Verfügung stehenden Quellen
mit Änderungen im Vorgehen Justins zu rechnen ist. Zu beachten ist
zusätzlich, daß es im Bereich des Möglichen liegt, daß im Dialog
ältere Stücke verarbeitet sind, die - auch von Justin, und zwar
im Rahmen seiner Lehrtätigkeit verfaßt - später von ihm selbst in
den Dialog mit "eingebaut" wurden.[1]
Die Untersuchung der Evangelienrezeption in den uns erhaltenen
Schriften Justins steht unter dem Vorbehalt, daß sie sich de facto
nur auf eine einzige Handschrift, der noch dazu kaum herausragende
Qualität in bezug auf ihre Überlieferungstreue attestiert werden
kann, stützen kann.[2] Es muß gerade bei den Evangelienzitaten damit
gerechnet werden, daß der Wortlaut dieser Zitate nicht der ist,
in dem Justin sie wiedergab, sondern sich den "Korrekturen" späterer Abschreiber verdankt. Auffällig in diesem Zusammenhang - und
vielleicht eine Ermutigung dazu, zumindest für die Evangelienzitate
Überlieferungstreue der Handschrift nicht von vorneherein auszuschließen - ist die geringe Zahl von wirklich exakten Wortlautübereinstimmungen zwischen Justins Evangelienzitaten und unseren Evangelien.[3] In den wenigsten Fällen stimmt Justin vom Wortlaut her
mit seinen kanonischen Parallelen exakt überein. Umso beachtlicher

---

1   S. dazu BOUSSET (Schulbetrieb, 299), v. CAMPENHAUSEN (Entstehung, 112 Anm.
     174), KÖSTER (Introduction 2, 342) und ABRAMOWSKI (Erinnerungen, 342).
2   Es handelt sich dabei um den Codex Parisinus Graecus Nr 450 aus dem
     Jahre 1364; vgl. dazu das Urteil HARNACKs (Überlieferung der Apologeten,
     175): "Eine einzige ganz junge und schlechte Handschrift ist uns allein
     gerettet." Dieses Urteil HARNACKs wurde oft und dabei nur z.T. unter
     Berufung auf ihn wiederholt; s. z.B. PAUTIGNY (XXVIff.) u. ARCHAMBAULT (1,
     XXXV). Die textkritischen Erwägungen W SCHMIDs führen kaum weiter und
     verdeutlichen eher eine bestehende Aporie, als daß sie einer Lösung näher
     kämen; vgl. hierzu HYLDAHL (Philosophie, 14) u. OSBORN (13).
     Eine weit positivere Bewertung der Handschrift vertritt v. WINDEN (126).
3   Ähnlich und mit demselben Argument BELLINZONI (6) und in seinem Gefolge
     sein Lehrer KÖSTER (Introduction 2, 342).

ist, daß sich in den meisten, wenn auch nicht in allen Fällen der
von Justin aufgenommene Evangelienstoff zumindest ähnlich in den
synoptischen Evangelien findet.[1]

Diese weitgehende Wortlautabweichung bei überwiegender inhaltlicher
Übereinstimmung mit den synoptischen Evangelien ist der Ausgangspunkt für eine kaum zu übersehende Zahl von sich gegenseitig widersprechenden Erklärungsmöglichkeiten, die in der Forschung für
diesen Befund angeboten werden.[2]

Immerhin scheint sich in letzter Zeit ein Konsens darüber angebahnt
zu haben, daß Justin für seinen Evangelienstoff mehrere Quellen zur
Verfügung hatte und benutzte. Strittig ist, ob er den auch in den
synoptischen Evangelien vorkommenden Stoff direkt aus diesen[3] oder
aus einer bzw. mehreren nachsynoptischen Evangelienharmonien[4] entnommen hat.

> Oft wird eine Kombination beider Thesen vertreten; man nimmt dann Benutzung
> der kanonischen Evangelien und einer außerkanonischen (oder mehrerer außer-
> kanonischer) Quelle(n) an.[5] Die Identifizierung der außerkanonischen Quel-
> len wird dabei sehr unterschiedlich und zumeist recht unbestimmt vorgenom-
> men; einig ist man sich unter den Vertretern einer solchen These immerhin
> darüber, daß die außerkanonischen Quellen Justins ihrem Charakter nach
> solche "nach Art der Synoptiker"[6] sind.
> Nicht wenige Forscher gehen vom ausschließlichen Gebrauch der kanonischen
> Evangelien als schriftlicher Quellen (und zusätzlich Kenntnis "unkanoni-
> scher" mündlicher Tradition) aus.[7]

---

1   Für die Abweichungen von synoptischen Inhalten s. die Aufstellung bei
    JACQUIER (117f.).
2   Zur Darstellung der Forschungsgeschichte s. CREDNER (133-148), SEMISCH (16-
    59), den anonymen Verfasser von SUPERNATURAL RELIGION (286-288), ZAHN (Ge-
    schichte, 535-537), BOUSSET (Evangeliencitate, 1-12) u. BALDUS (3-6); in
    neuerer Zeit BELLINZONI (1-4), O'NEILL (30f.), OSBORN (120f.) und KLINE
    (Harmonized Sayings, 224).
3   So zuletzt KÖSTER (Introduction 2, 343f.); anders noch DERS., Septuaginta
    (77).
4   So z.B. BELLINZONI (passim, z.B. 139) und OSBORN (121 u. 131), der annimmt,
    daß derartige (schriftliche) Harmonien primär mündlich überliefert wurden.
5   So z.B. CREDNER (92-267; besonders 266), de WETTE (100), BOUSSET (Evange-
    liencitate, 114f.), BALDUS (98f.), BUCKLEY (175), (vorsichtig) HEARD (Ἀπο-
    μνημονεύματα, 123), QUISPEL (Hebräerevangelium, 140) u. I FRANK (125).
6   So z.B. I FRANK (125).
7   So BINDEMANN (357), SEMISCH (411), SCHOLTEN (21 u. 24), WESTCOTT (127f.),
    BONWETSCH (649), JACQUIER (107), ALTANER/STUIBER (70) und KÖSTER (Intro-
    duction 2, 343f.).

Die Annahme einer vorsynoptischen Quelle[1] hat sich nicht durchgesetzt.

Für die Benutzung einer (oder mehrerer) Evangelienharmonie(n) werden
vor allem zwei Argumente angeführt:

zum einen zwängen parallele Zitationen bei anderen Kirchenschriftstellern dazu, für die Justin und ihnen gemeinsamen Abweichungen von
den synoptischen Evangelien eine gemeinsame schriftliche Quelle als
Grundlage anzunehmen; zum anderen wiesen Übereinstimmungen im von
den synoptischen Evangelien abweichenden Wortlaut von Zitaten solcher Evangelienstellen, die Justin im Laufe seiner Schriften mehr-
mals zitiert, darauf hin, daß zumindest für diese Stellen eine
außerkanonische Vorlage benutzt worden sei.

Beide Argumente sind m.E. schon a priori nicht stichhaltig. Sie
begründen jeweils nur die Möglichkeit, daß eine solche (harmonisierende) außerkanonische Quelle benutzt wurde, weisen jedoch nicht
deren tatsächliche Benutzung zwingend nach. Zum einen kann selbst
bei identisch vom kanonischen Wortlaut abweichenden Evangelienzitaten in verschiedenen Kirchenschriftstellern nur dann gesichert von
einer gemeinsamen Quelle ausgegangen werden, wenn Bekanntschaft
dieser Autoren miteinander auszuschließen ist. Dies ist aber weder
bei vor Justin zu datierenden noch bei ihm zeitlich folgenden Autoren
der Fall. Zum anderen besagt die wiederholte Wortlautabweichung von
den synoptischen Evangelien bei einem mehrfach gebrachten Zitat
nichts Sicheres in bezug auf die Benutzung einer außerkanonischen

---

1   So z.B. BOUSSET (Evangeliencitate, 114), der anonyme Verfasser von SUPER-
     NATURAL RELIGION (298ff.), der die Kenntnis der synoptischen Evangelien
     für Justin bestreitet, PAUL (49) und WAITZ (Matthäusevangelium, 26 u.
     Untersuchungen, 66), der mit dem von ihm als Vorgänger des Mt angesehenen
     griechischen Nazaräerevangelium als Zitatgrundlage rechnet. In neuerer
     Zeit sind für diese Position nur O'NEILL und FAU zu nennen; O'NEILL (29)
     meint, daß Justin neben dem Mt eine Sonderquelle benutzte, die ihrerseits
     auch vom Verfasser des Lk verwertet wurde. Nach FAU kannte Justin nur
     nach Themen geordnete Sammlungen von einzelnen Jesusworten (14), und zwar
     in einer Form, die von der der Quellen des Mt u. Lk verschieden war (ebd.).
     Apol 65-67 paßt in dieses Bild nicht hinein und ist für FAU deshalb eine
     spätere Interpolation (23). I FRANK, der (s.o. S. 163 Anm. 6) neben der
     Benutzung der Synoptiker die einer Schrift nach Art der Synoptiker postu-
     liert, läßt offen, ob diese Schrift vor- oder nachsynoptischen Charakters
     gewesen ist (125 Anm. 28).

Quelle, da der Verfasser ja fraglos sich selber zitieren könnte.
Umgekehrt ist ein Abweichen im Wortlaut der Zitatwiederholungen
voneinander aber ein zuverlässiger Hinweis darauf, daß für die
in diesem Falle ja je verschiedenen Abweichungen vom synoptischen
Wortlaut eben nicht eine außerkanonische Vorlage verantwortlich zu
machen ist.
Sowohl in bezug auf die patristischen als auch in bezug auf die
innerjustinischen Zitationsparallelen wird sorgfältig darauf zu
achten sein, ob sich je gemeinsame Abweichungen vom Wortlaut der
Evangelien finden. Lassen sich solche Abweichungen an der Stelle,
an der sie zum ersten Male vorkommen, nicht auf die Verwendung des
Zitates in seinem jeweiligen Kontext zurückführen, so ist die Annahme der Benutzung einer außerkanonischen Quelle eine gute Erklä-
rungs m ö g l i c h k e i t . Sie verliert an Wahrscheinlichkeit
in dem Maße, in dem sich die Abweichungen ebensogut als ad hoc entstandene Gedächtniszitation erklären lassen.

Aus der oben dargestellten Forschungssituation ergibt sich
methodisch für die Analyse der Mt-Rezeption bei Justin das Postulat,
nicht nur nach der Wahrscheinlichkeit oder Möglichkeit eines Bezuges auf das Mt zu fragen, sondern besonders jeweils die Frage
mitzubedenken, ob sich der Wortlaut der Evangelienzitate Justins
gut oder sogar mit Notwendigkeit durch die Annahme des Zugrundeliegens einer nachsynoptischen Evangelienharmonie oder sonstigen
außerkanonischen Quelle erklärt. Die folgende Darstellung und Einordnung der analysierten Stellen versucht, beiden Fragerichtungen
gerecht zu werden; daß dabei die Gliederung das Ergebnis der
Analysen gewissermaßen vorwegnimmt, ist keine petitio principii,
sondern soll nur der besseren Übersichtlichkeit des umfangreichen
Materials dienen und so gerade die Nachprüfung der erzielten Ergebnisse erleichtern. Es wird dabei im einzelnen begründet werden, daß
die "Harmoniethese" dem bei Justin zu erhebenden Befund keinesfalls
gerecht wird, und daß die Annahme der Benutzung der synoptischen
Evangelien den Wortlaut der Evangelienzitate Justins hinreichend zu
erklären vermag. Das bei den Stellenanalysen en détail zu gewinnende
Bild wird dann in der "Zusammenfassung und Auswertung" im Zusammenhang dargestellt und u.a. im Horizont der von Justin verwandten

Zitateinleitungsformeln beleuchtet werden.

2. Analyse einzelner Stellen

2.1. Stellen, an denen Mt-Abhängigkeit wahrscheinlich ist

2.1.1. Stellen, an denen sowohl die Aufnahme von für das Mt spe-
       zifischem Stoff/ Formulierungsgut als auch zugleich die
       Aufnahme von für synoptische oder sonstige Parallelen spezi-
       fischem Stoff/ Formulierungsgut wahrscheinlich ist

a) Apol 15,9

In Apol 15,9 wird mit der Einleitung "Περὶ δὲ τοῦ στέργειν ἅπαντας
ταῦτα ἐδίδαξεν" ein Zusammenhang von Jesusworten zitiert, der
Parallelen in Mt 5,46f.44 und Lk 6,32f.27f. hat.

> Apol 15,9 Εἰ ἀγαπᾶτε τοὺς ἀγαπῶντας ὑμᾶς, τί καινὸν ποιεῖτε;
> καὶ γὰρ οἱ πόρνοι τοῦτο ποιοῦσιν.

> Mt 5,46 ἐὰν γὰρ ἀγαπήσητε τοὺς ἀγαπῶντας ὑμᾶς, τίνα μισθὸν
> ἔχετε; οὐχὶ καὶ οἱ τελῶναι τὸ αὐτὸ ποιοῦσιν; 47 καὶ ἐὰν
> ἀσπάσησθε τοὺς ἀδελφοὺς ὑμῶν μόνον, τί περισσὸν ποιεῖτε;
> οὐχὶ καὶ οἱ ἐθνικοὶ τὸ αὐτὸ ποιοῦσιν;

> Lk 6,32 καὶ εἰ ἀγαπᾶτε τοὺς ἀγαπῶντας ὑμᾶς, ποία ὑμῖν
> χάρις ἐστίν; καὶ γὰρ οἱ ἁμαρτωλοὶ τοὺς ἀγαπῶντας αὐτοὺς
> ἀγαπῶσιν. 33 καὶ (γὰρ) ἐὰν ἀγαθοποιῆτε τοὺς ἀγαθοποιοῦντας
> ὑμᾶς, ποία ὑμῖν χάρις ἐστίν; καὶ οἱ ἁμαρτωλοὶ τὸ αὐτὸ
> ποιοῦσιν.

> Ἐγὼ δὲ ὑμῖν λέγω· Εὔχεσθε ὑπὲρ τῶν ἐχθρῶν ὑμῶν καὶ ἀγαπᾶτε
> τοὺς μισοῦντας ὑμᾶς καὶ εὐλογεῖτε τοὺς καταρωμένους ὑμῖν καὶ
> εὔχεσθε ὑπὲρ τῶν ἐπηρεαζόντων ὑμᾶς.

> Mt 5,44 ἐγὼ δὲ λέγω ὑμῖν· ἀγαπᾶτε τοὺς ἐχθροὺς ὑμῶν καὶ
> προσεύχεσθε ὑπὲρ τῶν διωκόντων ὑμᾶς,

Lk 6,27 Ἀλλὰ ὑμῖν λέγω τοῖς ἀκούουσιν· ἀγαπᾶτε τοὺς
ἐχθροὺς ὑμῶν, καλῶς ποιεῖτε τοῖς μισοῦσιν ὑμᾶς, 28 εὐλογεῖτε τοὺς καταρωμένους ὑμᾶς, προσεύχεσθε περὶ τῶν ἐπηρεαζόντων ὑμᾶς.

Die Gegenüberstellung mit den synoptischen Parallelen zeigt, daß
bei Justin sowohl Elemente, die nur bei Mt, als auch solche, die
nur bei Lk vorkommen, aufgenommen sind.[1] Auffällig ist dabei, daß
die für Lk spezifischen Formulierungen deutlich überwiegen.[2]
Darüber hinaus fallen deutliche Abweichungen gegenüber den synoptischen Fassungen der Aufforderung Jesu zur Feindesliebe auf. Daß
Justin statt "τίνα μισθὸν ἔχετε"(Mt) bzw. "ποία ὑμῖν χάρις ἐστίν"
(Lk) "τί καινὸν ποιεῖτε" liest, erklärt sich gut als Änderung, die
Justin selbst mit Rücksicht auf seine vorgestellten nichtchristlichen Adressaten der Apologie vorgenommen hat. Für einen nicht
christlich oder jüdisch geprägten "Heiden" mußte die bei Justin
zu findende Formulierung einleuchtender sein und seinem Denken
näher liegen als die synoptischen Formulierungen; zudem bringt
die Formulierung in Apol 15,9 gut und ausdrücklich die "neue"
Qualität der christlichen Liebe zur Sprache. Aus der Rücksicht auf
den vorgestellten Adressatenkreis heraus erklären sich auch die
übrigen Abweichungen von den synoptischen Evangelien gut: Quali-
fikationen und Bezeichnungen wie "τελῶναι" und "ἀδελφοί" bzw.
"ἁμαρτωλοί" mag Justin aus je unterschiedlichen Gründen als für
seine Adressaten nicht besonders passend empfunden haben; dabei
wird die Änderung von "ἐθνικοί" bzw. "ἁμαρτωλοί" in "πορνοί" nicht
zuletzt auch inhaltliche Gründe gehabt haben: in der Sprache seiner
Adressaten brachte der Ausdruck "πορνοί" das Gleiche zum Ausdruck
wie für die Leser der Evangelien die entsprechenden Bezeichnungen:
jeweils handelt es sich in der Sicht der Adressaten um disqualifi-
zierte Randgruppen mit normabweichendem, negativ qualifiziertem

---

1   Darüber besteht in der Forschung auch weitgehend Einigkeit; s. z.B. MASSAUX
     (Influence, 472), BELLINZONI (80), MORGAN (193f.), OSBORN (122), KLINE
     (Harmonized Sayings, 229) und STRECKER (Evangelienharmonie, 310).
2   Anders zu Unrecht MASSAUX (Influence, 472), der den Mt-Einfluß als stärker
     ansieht als den Lk-Einfluß.

Verhalten.[1]

Die Aufforderung zum qualitativ anderen, neuen Verhalten beginnt
bei Justin mit der Ermahnung, für seine Feinde zu beten. Justin
hat diese Aufforderung auch sonst in seinem Werk gern als "spezi-
ficum Christianum" angeführt.[2] Parallelen zu dieser Aufforderung
finden sich in Pap Ox 1224, Did 1,3 und Ps Clem Hom 12,32,1.[3] Es
ist gut möglich, daß ihr bei Justin eine außerkanonische Tradition
oder Quelle zugrundeliegt.[4] Weniger wahrscheinlich erscheint mir,
die Annahme des Zugrundeliegens außerkanonischer Tradition auf weitere Glieder des Zitates in Apol 15,9 auszuweiten, da für die zusätzlich zum Gebot, für die Feinde zu beten, mit den patristischen
Parallelen übereinstimmenden Wendungen in Apol 15,9 sämtlich Parallelen auch im Lk vorhanden sind und die zu vergleichenden patristischen Parallelen noch dazu mehr oder weniger stark, aber doch
alle deutlich von Justin abweichen.[5] Meines Erachtens kann die Annahme einer außerkanonischen Quelle für den Wortlaut der Jesusworte
in Apol 15,9 zwar nicht ausgeschlossen werden; man kommt aber auch
gut ohne sie aus. Die Abweichungen Justins von den synoptischen Evangelien machen es durchaus nicht notwendig, eine schriftliche außerkanonische Quelle zu postulieren. Die Aufforderung, für die Feinde
zu beten, kann gut der mündlichen Gemeindetradition entstammen,
von der wiederum wahrscheinlich ist, daß sie die synoptischen Evangelien sachlich voraussetzt. Alle anderen Abweichungen vom synoptischen Wortlaut erklären sich gut als bewußte Änderungen Justins,
die den Zitatsinn für seine Adressaten verständlicher machen sollten.

---

1   WRIGHT (61f.) nimmt - kaum einleuchtend - für die Änderungen Justins "dog-
     matic motivation" an; vgl. auch TITUS, der ebenfalls die Änderungen von
     Mt 5,46 (so 76f.) und Lk 6,27 (so 118-120) als dogmatisch motiviert ansieht.
2   Vgl. Apol 14,3; Dial 35,8; 96,3; 133,6.
3   Vgl. dazu BELLINZONI (80f.), der die genannten Parallelen abdruckt.
4   MASSAUX (texte, 431) nimmt mit Hinweis u.a. auf die Didache liturgische oder
     katechetische Tradition als Quelle Justins an; mit Verweis auf ihn äußert
     sich ähnlich BELLINZONI (80), der schriftliche katechetische Überlieferung
     auf der Grundlage (mündlicher) liturgischer Praxis als Basis des Zitates
     postuliert.
5   KLINE (Harmonized Sayings, 229) postuliert als Grundlage für Justin, die
     Pseudoklementinen und die Didache wenigstens "some common tradition" nach-
     synoptischen, harmonisierenden Charakters. STRECKER (Evangelienharmonie, 310)
     erklärt die Gemeinsamkeiten der patristischen Parallelen durch eine "Sen-
     tenz", der wiederum Mt u. Lk zugrundelägen.

Die naheliegendste Erklärung für den Zitatwortlaut bei Justin ist
meines Erachtens, daß Justin auf der Grundlage von Mt und Lk mit
Blick auf seine Adressaten unter Berücksichtigung ihm bekannter,
sachlich entsprechender mündlicher Tradition die Aufforderung Jesu
frei "zitierte". Dabei kam es ihm offensichtlich weniger auf wort-
lautgetreue Zitation als vielmehr auf klare, für seine Adressaten
verständliche Wiedergabe des mit der Aufforderung Jesu Gemeinten
an.

b) Apol 15,10-12

In Apol 15,10-12 wird unter der Überschrift "Εἰς δὲ τὸ κοινωνεῖν
τοῖς δεομένοις καὶ μηδὲν πρὸς δόξαν ποιεῖν" ein Zusammenhang von
Jesusworten zitiert, zu dem sich im Mt und Lk an verschiedenen Stellen Parallelen finden. Insgesamt sind sowohl deutliche Bezüge zum
für das Lk spezifischen Stoff als auch solche zum für das Mt spezifischen Stoff nicht zu verkennen.

Zum Wortlaut der Aufforderung "Παντὶ τῷ αἰτοῦντι δίδοτε καὶ τὸν
βουλόμενον δανείσασθαι μὴ ἀποστραφῆτε" existieren Parallelen in Mt
5,42 und Lk 6,30, wobei die Nähe zu Mt so viel größer ist als die
zu Lk, daß ein Zugrundeliegen des Mt sehr wahrscheinlich, ein solches des Lk allenfalls möglich ist:

> Apol 15,10 Παντὶ τῷ αἰτοῦντι δίδοτε καὶ τὸν βουλόμενον δανεί-
> σασθαι μὴ ἀποστραφῆτε.
>
> Mt 5,42 τῷ αἰτοῦντί σε δός, καὶ τὸν θέλοντα ἀπό σου δανί-
> σασθαι μὴ ἀποστραφῇς.
>
> Lk 6,30 παντὶ αἰτοῦντί σε δίδου, καὶ ἀπὸ τοῦ αἴροντος τὰ
> σὰ μὴ ἀπαίτει.

Zum Wortlaut der direkt anschließenden rhetorischen Frage "Εἰ γὰρ
δανείζετε παρ᾽ ὧν ἐλπίζετε λαβεῖν, τί καινὸν ποιεῖτε; τοῦτο καὶ οἱ
τελῶναι ποιοῦσιν" finden sich deutliche Parallelen sowohl im Mt
als auch im Lk.

Apol 15,10 Εἰ γὰρ δανείζετε παρ' ὧν ἐλπίζετε λαβεῖν, τί
καινὸν ποιεῖτε; τοῦτο καὶ οἱ τελῶναι ποιοῦσιν.

Mt 5,47 καὶ ἐὰν ἀσπάσησθε τοὺς ἀδελφοὺς ὑμῶν μόνον, τί
περισσὸν ποιεῖτε; οὐχὶ καὶ οἱ ἐθνικοὶ τὸ αὐτὸ ποιοῦσιν;
46 ἐὰν γὰρ ἀγαπήσητε τοὺς ἀγαπῶντας ὑμᾶς, τίνα μισθὸν
ἔχετε; οὐχὶ καὶ οἱ τελῶναι τὸ αὐτὸ ποιοῦσιν;

Lk 6,34 καὶ ἐὰν δανίσητε παρ' ὧν ἐλπίζετε λαβεῖν, ποία
ὑμῖν χάρις (ἐστίν); καὶ ἁμαρτωλοὶ ἁμαρτωλοῖς δανίζουσιν
ἵνα ἀπολάβωσιν τὰ ἴσα. 32 καὶ εἰ ἀγαπᾶτε τοὺς ἀγαπῶντας
ὑμᾶς, ποία ὑμῖν χάρις ἐστίν; καὶ γὰρ οἱ ἁμαρτωλοὶ τοὺς
ἀγαπῶντας αὐτοὺς ἀγαπῶσιν.

Das Zitat erklärt sich gut als geraffte gedächtnismäßige Wiedergabe
der synoptischen Texte, wobei sich sowohl für das Mt als auch für
das Lk spezifische Formulierungen durchgesetzt haben.[1]

Zur Aufforderung, sich nicht irdische Schätze zu sammeln, die sich
dann in Apol 15,11 anschließt, weist nur das Mt deutliche Parallelen auf; eine sehr entfernte Parallele findet sich in Lk 12,33.

Apol 15,11 Ὑμεῖς δὲ μὴ θησαυρίζητε ἑαυτοῖς ἐπὶ τῆς γῆς, ὅπου
σὴς καὶ βρῶσις ἀφανίζει καὶ λῃσταὶ διορύσσουσι· θησαυρίζετε
δὲ ἑαυτοῖς ἐν τοῖς οὐρανοῖς, ὅπου οὔτε σὴς οὔτε βρῶσις ἀφανίζει.

Mt 6,19 Μὴ θησαυρίζετε ὑμῖν θησαυροὺς ἐπὶ τῆς γῆς, ὅπου
σὴς καὶ βρῶσις ἀφανίζει καὶ ὅπου κλέπται διορύσσουσιν
καὶ κλέπτουσιν· 20 θησαυρίζετε δὲ ὑμῖν θησαυροὺς ἐν οὐρανῷ, ὅπου οὔτε σὴς οὔτε βρῶσις ἀφανίζει καὶ ὅπου κλέπται οὐ
διορύσσουσιν οὐδὲ κλέπτουσιν.

---

1   Mit MASSAUX (Influence, 474; vgl. auch DERS., texte, 432) halte ich die
     Annahme einer Harmonie als Vorlage für Justin nicht für notwendig. Ob die
     fraglos vorhandene "Harmonisierung" bewußt (so TITUS (22f) , WRIGHT (25f)
     u. HOWARD (483f)) oder unbewußt vollzogen wurde, ist m.E. nicht sicher
     zu entscheiden. Daß die Abweichungen von den synoptischen Texten darauf
     hinweisen, daß Justin hier eine Überlieferung anführt, in der sich die
     (ja naheliegende) Kombination der hinter Mt 5,42 u. Lk 6,34 stehenden Tradi-
     tionen bereits vollzogen hatte (so WREGE, 79), will mir angesichts des
     Wortlautes des Zitates nicht einleuchten.

Lk 12,33 Πωλήσατε τὰ ὑπάρχοντα ὑμῶν καὶ δότε ἐλεημοσύνην·
ποιήσατε ἑαυτοῖς βαλλάντια μὴ παλαιούμενα, θησαυρὸν ἀν-
έκλειπτον ἐν τοῖς οὐρανοῖς, ὅπου κλέπτης οὐκ ἐγγίζει οὐδὲ
σὴς διαφθείρει·

Wieder wirkt das Justinzitat im Vergleich mit seinen synoptischen
Parallelen gekürzt und gerafft. Mt-Einfluß ist sehr wahrscheinlich,[1]
Lk-Einfluß allerhöchstens möglich und, wenn überhaupt vorhanden,
äußerst geringfügig.[2]

In Apol 15,12 schließlich wird der in Apol 15,10-12 zitierte Zusammenhang wie folgt beschlossen: "Τί γὰρ ὠφελεῖται ἄνθρωπος, ἂν τὸν
κόσμον ὅλον κερδήσῃ, τὴν δὲ ψυχὴν αὐτοῦ ἀπολέσῃ; ἢ τί δώσει αὐτῆς
ἀντάλλαγμα;".
Hieran schließt sich als letztes dann die Wiederholung der Aufforderung, sich nicht irdische, sondern himmlische Schätze zu sammeln,
an: "θησαυρίζετε οὖν ἐν τοῖς οὐρανοῖς, ὅπου οὔτε σὴς οὔτε βρῶσις
ἀφανίζει".
Der Vergleich mit den synoptischen Parallelen ergibt die größte
Nähe eindeutig zur Mt-Parallele; von den Formulierungen her ist
aber auch Einfluß der Lk-Parallele anzunehmen:[3]

Apol 15,12 Τί γὰρ ὠφελεῖται ἄνθρωπος, ἂν τὸν κόσμον ὅλον κερδήσῃ, τὴν δὲ ψυχὴν αὐτοῦ ἀπολέσῃ; ἢ τί δώσει αὐτῆς ἀντάλλαγμα;

Mt 16,26 τί γὰρ ὠφεληθήσεται ἄνθρωπος ἐὰν τὸν κόσμον ὅλον
κερδήσῃ τὴν δὲ ψυχὴν αὐτοῦ ζημιωθῇ; ἢ τί δώσει ἄνθρωπος
ἀντάλλαγμα τῆς ψυχῆς αὐτοῦ;

Mk 8,36 τί γὰρ ὠφελεῖ ἄνθρωπον κερδῆσαι τὸν κόσμον ὅλον
καὶ ζημιωθῆναι τὴν ψυχὴν αὐτοῦ; 37 τί γὰρ δοῖ ἄνθρωπος
ἀντάλλαγμα τῆς ψυχῆς αὐτοῦ;

---

1   So auch MASSAUX (Influence, 475 u. texte, 421ff).
2   Der Plural "οὐρανοῖς" kann, aber muß nicht auf das Lk zurückgehen. BELLIN-
     ZONI hält ihn für ein Kennzeichen der außerkanonischen Quelle Justins (62);
     er ist allerdings auch ein typisches Kennzeichen matthäischen Sprachgebrauchs.
3   Vgl. dazu HOWARD (479): "The text in Justin is striking in that it is a mix-
     ture of elements in Matthew and Luke."

Lk 9,25 τί γὰρ ὠφελεῖται ἄνθρωπος κερδήσας τὸν κόσμον
ὅλον ἑαυτὸν δὲ ἀπολέσας ἢ ζημιωθείς;

Da Justin Apol 15,10-12 als einen Zusammenhang zitiert, kann nicht
ausgeschlossen werden, daß er diesen Zusammenhang so in einer
Quelle vorfand. Genausogut möglich ist allerdings, daß Justin selbst
die thematisch zusammengehörenden Zitate zusammenfaßte, wobei er
auf der Grundlage von Mt und Lk frei verfahren wäre und den Evangelientext gekürzt und gerafft hätte. Letzteres erscheint mir als
die wahrscheinlichere Annahme, da sich gerade Kürzungen gut als aus
gedächtnismäßiger Zitation resultierend erklären, und nichts zur
Annahme einer außerkanonischen Quelle zwingt.

Insgesamt gesehen überwiegt in Apol 15,10-12 deutlich die Nähe
zu für das Mt spezifischem Stoff; bis auf Apol 15,10b sind die Zitate jeweils deutlich nach Mt zitiert; das Lk hat nur für einzelne
Formulierungen Pate gestanden.

c) Apol 15,13-16

Apol 15,13-16 wird - locker mit "Καὶ" angeschlossen - unter der
gleichen Überschrift wie Apol 15,10-12 angeführt. Auch dieser
Zitatzusammenhang - von Justin wieder deutlich als eine Einheit
zitiert - hat Parallelen an verschiedenen Stellen im Mt und Lk und
erweist sich insgesamt ebenfalls als Mt/Lk-Harmonisierung.

Zu Apol 15,13 existiert eine Parallele in Dial 96,3; vom Wortlaut
und Kontext her weichen beide Stellen aber nicht unbeträchtlich
voneinander ab.[1]

> Apol 15,13 Γίνεσθε δὲ χρηστοὶ καὶ οἰκτίρμονες, ὡς καὶ ὁ
> πατὴρ ὑμῶν χρηστός ἐστι καὶ οἰκτίρμων, καὶ τὸν ἥλιον αὐτοῦ
> ἀνατέλλει ἐπὶ ἁμαρτωλοὺς καὶ δικαίους καὶ πονηρούς.

> Dial 96,3 (Καὶ πρὸς τούτοις πᾶσιν εὐχόμεθα ὑπὲρ ὑμῶν, ἵνα ἐλεη-

---

1   S. dazu den Textabdruck, in dem durch Unterstreichungen nur auf die Über-
     einstimmungen mit den synoptischen Parallelen hingewiesen ist; die Unter-
     schiede und Gemeinsamkeiten der beiden Justinstellen sind nicht eigens
     gekennzeichnet.

θῆτε ὑπὸ τοῦ Χριστοῦ. Οὗτος γὰρ ἐδίδαξεν ἡμᾶς καὶ ὑπὲρ τῶν
ἐχθρῶν εὔχεσθαι, εἰπών·) Γίνεσθε χρηστοὶ καὶ οἰκτίρμονες, ὡς
καὶ ὁ πατὴρ ὑμῶν ὁ οὐράνιος. Καὶ γὰρ τὸν παντοκράτορα θεὸν
χρηστὸν καὶ οἰκτίρμονα ὁρῶμεν, τὸν ἥλιον αὐτοῦ ἀνατέλλοντα
ἐπὶ ἀχαρίστους καὶ δικαίους, καὶ βρέχοντα ἐπὶ ὁσίους καὶ πονηρούς, οὓς πάντας ὅτι καὶ κρίνειν μέλλει ἐδίδαξε.

Mt 5,48 Ἔσεσθε οὖν ὑμεῖς τέλειοι ὡς ὁ πατὴρ ὑμῶν ὁ οὐράνιος
τέλειός ἐστιν. 45 ὅπως γένησθε υἱοὶ τοῦ πατρος ὑμῶν τοῦ
ἐν οὐρανοῖς, ὅτι τὸν ἥλιον αὐτοῦ ἀνατέλλει ἐπὶ πονηροὺς
καὶ ἀγαθοὺς καὶ βρέχει ἐπὶ δικαίους καὶ ἀδίκους.

Lk 6,35 ... καὶ ἔσεσθε υἱοὶ ὑψίστου, ὅτι αὐτὸς χρηστός
ἐστιν ἐπὶ τοὺς ἀχαρίστους καὶ πονηρούς. 36 Γίνεσθε οἰκτίρμονες καθὼς (καὶ) ὁ πατὴρ ὑμῶν οἰκτίρμων ἐστίν.

In Dial 96,3 geht das Zitat nur bis "οὐράνιος". Im folgenden
weicht der Text im Dial deutlich von der in der Apol gegebenen
Zitatfortsetzung ab. Der Apol und Dial gemeinsame Zitatwortlaut
dürfte auf das Lk zurückgehen; "χρηστός" als Eigenschaft Gottes
findet sich in Lk 6,35, die Aufforderung, "barmherzig zu sein wie
Euer Vater" steht nahezu wörtlich so in Lk 6,36. "Οὐράνιος", das
in Dial 96,3 das Zitat abschließt, findet sich nicht im Lk, wohl
aber in Mt 5,48, wie "ὁ πατὴρ ὁ οὐράνιος" im Mt überhaupt eine be-
liebte Bezeichnung für Gott ist.
Im zweiten Teil des Zitates in Apol 15,13 finden sich deutliche
Anklänge an Mt 5,45, aber auch Affinitäten zum Lk fehlen nicht.[1]
Nicht nur die Zusammenstellung von "ἁμαρτωλοὺς καὶ δικαίους καὶ
ἀδίκους" in Apol 15,13, sondern das ganze dort wiedergegebene Zitat
wirkt wie eine seltsam planlose Mixtur aus matthäischen und lukanischen Elementen. Dieser Eindruck gilt ebenfalls für das Zitat
in Dial 96,3, erst recht aber für die ihm folgende Paraphrase.
Daß Justin als Vorlage für beide Zitate bzw. für das Zitat in Apol
15,13 und für Zitat und Paraphrase in Dial 96,3 eine außerkanonische nachsynoptische Quelle, die ihrerseits Mt- und Lk-Stoff harmonisiert hätte, benutzt hat, kann zwar nicht ausgeschlossen werden.
Die von BELLINZONI (11f.) beigebrachten patristischen Belege für

---

1   Vgl. nur das Wort "ἁμαρτωλοί", das in Lk 6,32-34 viermal vorkommt.

die Existenz einer solchen Zitiergrundlage können als solche aber
auf keinen Fall akzeptiert werden. Zum einen sind sie, da allesamt
später zu datieren als Justin, von vorneherein nicht beweiskräftig,
zum anderen stimmen sie, wie auch STRECKER (Evangelienharmonie, 313)
richtig bemerkt, nur insoweit untereinander und mit Justin überein, als sie und Justin jeweils mit den Synoptikern übereinstimmen.
Zudem müßte man annehmen, daß Justin jeweils von seiner Quelle abge-
wichen ist.[1]

Die Annahme einer nachsynoptischen oder von den Synoptikern unabhängigen[2] Tradition oder Quelle legt sich keinesfalls zwingend
nahe.[3] Der Wortlaut der Justinschen Zitate erklärt sich jeweils
gut als freie Zitation nach dem Gedächtnis auf der Grundlage
von Mt und Lk.

In Apol 15,14 wird die Aufforderung Jesu, sich nicht um den Lebensunterhalt zu sorgen, zitiert. Als Parallelen sind Mt 6,25f. und
Lk 12,22-24 heranzuziehen.

Apol 15,14 Μὴ μεριμνᾶτε δὲ τί φάγητε ἢ τί ἐνδύσησθε. Οὐχ ὑμεῖς
τῶν πετεινῶν καὶ τῶν θηρίων διαφέρετε; καὶ ὁ θεὸς τρέφει αὐτά.

Mt 6,25 ... μὴ μεριμνᾶτε τῇ ψυχῇ ὑμῶν τί φάγητε (ἢ τί πίητε), μηδὲ τῷ σώματι ὑμῶν τί ἐνδύσησθε. οὐχὶ ἡ ψυχὴ πλεῖόν
ἐστιν τῆς τροφῆς καὶ τὸ σῶμα τῆς ἐνδύματος; 26 ἐμβλέψατε
εἰς τὰ πετεινὰ τοῦ οὐρανοῦ ὅτι οὐ σπείρουσιν οὐδὲ θερίζουσιν οὐδὲ συνάγουσιν εἰς ἀποθήκας, καὶ ὁ πατὴρ ὑμῶν ὁ οὐράνιος τρέφει αὐτά· οὐχ ὑμεῖς μᾶλλον διαφέρετε αὐτῶν;

Lk 12,22 ... μὴ μεριμνᾶτε τῇ ψυχῇ τί φάγητε, μηδὲ τῷ σώματι
τί ἐνδύσησθε. 23 ἡ γὰρ ψυχὴ πλεῖόν ἐστιν τῆς τροφῆς καὶ τὸ
σῶμα τοῦ ἐνδύματος. 24 κατανοήσατε τοὺς κόρακας ὅτι οὐ
σπείρουσιν οὐδὲ θερίζουσιν, οἷς οὐκ ἔστιν ταμεῖον οὐδὲ
ἀποθήκη, καὶ ὁ θεὸς τρέφει αὐτούς· πόσῳ μᾶλλον ὑμεῖς δια-

---

1   So tut dies dann auch BELLINZONI (13); vgl. auch den Rekonstruktionsversuch
     des Wortlautes der von ihm postulierten Quelle S. 14.
2   So z.B. WREGE (86).
3   So auch MASSAUX (Influence, 479 u. texte, 434).

φέρετε τῶν πετεινῶν.

Der Vergleich mit den synoptischen Parallelen ergibt, daß in der
ersten Zitathälfte nicht auszumachen ist, ob Justin sich auf die
Mt- oder auf die Lk-Fassung bezieht; sein Zitat erscheint deutlich
als gerafft und gekürzt. In der zweiten Zitathälfte fallen Wortlautübereinstimmungen sowohl mit dem Mt als auch mit dem Lk auf.[1]
Ins Auge fällt zusätzlich die "Umstellung" der Satzglieder bzw.
Kurzsätze, die ebenso wie die Wendung "καὶ τῶν θηρίων" (die sich
leicht als naheliegende ergänzende Erweiterung erklärt) keinen
Anhalt an den synoptischen Parallelen hat. Der Befund erklärt sich
m.E. am leichtesten, wenn man für Justin freie Zitation nach dem
Gedächtnis auf der Grundlage der beiden synoptischen Fassungen annimmt. Das Lk scheint dabei keine prinzipiell von der des Mt verschiedene Rolle gespielt zu haben, wenn auch die Übereinstimmungen
mit dem Lk die mit dem Mt leicht überwiegen. Die Annahme der
Benutzung einer außerkanonischen Quelle ist nicht auszuschließen,
legt sich aber auch nicht zwingend nahe.[2]

In Apol 15,15 wird die Aufforderung, sich nicht um den Lebensunterhalt zu sorgen, noch einmal in etwas anderen Worten zitiert.
Dabei scheidet hier das Lk als Zitationsquelle eindeutig aus, wie
auch MORGAN (306) zutreffend bemerkt.

Apol 15,15 Μὴ οὖν μεριμνήσητε τί φάγετε ἢ τί ἐνδύσησθε· οἶδε
γὰρ ὁ πατὴρ ὑμῶν ὁ οὐράνιος ὅτι τούτων χρείαν ἔχετε.

Mt 6,31 μὴ οὖν μεριμνήσητε λέγοντες· τί φάγωμεν; ἢ· τί
πίωμεν; ἢ· τί περιβαλώμεθα; 32 πάντα γὰρ ταῦτα τὰ ἔθνη
ἐπιζητοῦσιν· οἶδεν γὰρ ὁ πατὴρ ὑμῶν ὁ οὐράνιος ὅτι χρήζετε τούτων ἁπάντων.

Lk 12,29 καὶ ὑμεῖς μὴ ζητεῖτε τί φάγητε καὶ τί πίητε καὶ
μὴ μετεωρίζεσθε· 30 ταῦτα γὰρ πάντα τὰ ἔθνη τοῦ κόσμου ἐπι-
ζητοῦσιν, ὑμῶν δὲ ὁ πατὴρ οἶδεν ὅτι χρήζετε τούτων.

---

1   So auch BELLINZONI (16 u. 83) u. MORGAN (304).
2   BELLINZONI (16 u. 83) läßt offen, ob der Wortlaut des Zitates auf Justin
     oder auf dessen Quelle zurückgeht.

Der Anfang des Zitates entspricht wie sein Schluß deutlich Mt 6,31f.,
während für "τί φάγητε ἢ τί ἐνδύσησθε" Apol 15,14 die nächste Parallele bietet. Wie im Mt, so steht auch bei Justin die Aufforderung,
sich nicht um den Lebensunterhalt zu sorgen, zweimal. Die Abweichungen vom Mt-Text in Apol 15,15 erklären sich gut als Angleichung des
Wortlautes an das Erstzitat in Apol 15,14 oder als stilistische Änderung, die mitbewirkt sein mag durch Mt 6,8b.[1] Die Benutzung einer
außerkanonischen Quelle legt sich nicht nahe. Die von KLINE (Harmonized Sayings, 226) angeführte patristische Parallele Ps Clem Hom
3,55,3, die nach KLINE wie Justin Mt 6,32 und 6,8b kombiniert, erscheint mir aus mehreren Gründen als kein geeigneter Hinweis auf
eine Justin und den Pseudoklementinen gemeinsame außerkanonische
Evangelienquelle zu sein: zum einen kann aufgrund der unsicheren
Datierung der Quellen der Pseudoklementinen nicht ausgeschlossen werden, daß Ps Clem Hom 3,55,3 auf Justin basiert; zum anderen ist fraglich, ob in Apol 15,15 eine bewußte Kombination der beiden Mt-Stellen vorliegt: "χρείαν ἔχετε" kann auch eine rein stilistisch moti-
vierte Änderung des matthäischen "χρῄζετε" sein; zum dritten stimmen Justin und die Pseudoklementinen - wie auch KLINE selbst zugibt - nur (wenn überhaupt) darin überein, d a ß sie, nicht jedoch
darin, wie sie beide Mt-Stellen kombinieren.

In Apol 15,16 schließlich finden sich deutliche Parallelen zu Mt 6,
33.21, die vermuten lassen, daß an dieser Stelle das Mt die Grundlage
für das Zitat bei Justin bildet.

  Apol 15,16 Ζητεῖτε δὲ τὴν βασιλείαν τῶν οὐρανῶν, καὶ ταῦτα
  πάντα προστεθήσεται ὑμῖν.

  Mt 6,33 ζητεῖτε δὲ πρῶτον τὴν βασιλείαν (τοῦ θεοῦ) καὶ τὴν
  δικαιοσύνην αὐτοῦ, καὶ ταῦτα πάντα προστεθήσεται ὑμῖν.

  Lk 12,31 πλὴν ζητεῖτε τὴν βασιλείαν αὐτοῦ, καὶ ταῦτα προς-
  τεθήσεται ὑμῖν.

---

1   So z.B. MORGAN (306); vgl. bei Justin "χρείαν ἔχετε" mit Mt 6,8b: ...
     οἶδεν γὰρ ὁ πατὴρ ὑμῶν ὧν χρείαν ἔχετε πρὸ ... BELLINZONI (17) weist nur
     auf Mt 6,32 als Parallele hin.

῞Οπου γὰρ ὁ θησαυρός ἐστιν, ἐκεῖ καὶ ὁ νοῦς τοῦ ἀνθρώπου.

Mt 6,21 ὅπου γάρ ἐστιν ὁ θησαυρός σου, ἐκεῖ ἔσται καὶ
ἡ καρδία σου.

Lk 12,34 ὅπου γάρ ἐστιν ὁ θησαυρὸς ὑμῶν, ἐκεῖ καὶ ἡ καρδία
ὑμῶν ἔσται.

In Apol 15,16a "fehlen" gegenüber Mt 6,33 "πρῶτον" und "καὶ τὴν
δικαιοσύνην", während Justin über Mt 6,33 hinaus "τῶν οὐρανῶν"
als Genetivattribut zu "βασιλεία" bietet, das sich zwar sonst
im Mt überaus häufig, nicht aber in Mt 6,33 findet. Die "matthäische"
Zufügung Justins erklärt sich gut aus der Annahme freier Zitation
des Mt; ohne Attribut war es kaum sinnvoll, von der "βασιλεία" zu
reden. Es ist möglich, daß "δικαιοσύνη" als "too technical"[1] für
die heidnischen Adressaten Justins von diesem bewußt fortgelassen
worden ist; deutlich ist aber schon vom Kontext her,[2] daß Justin vor
allem am Nachsatz "καὶ ταῦτα πάντα προστεθήσεται ὑμῖν" interessiert
sein mußte und vielleicht deshalb alles für sein aktuelles Aussageinteresse nicht unmittelbar Förderliche weggelassen hat. So könnte
sich auch die Auslassung von "πρῶτον" erklären.
Stärker als Apol 15,16a weicht Apol 15,16b von den in Frage kommenden
synoptischen Parallelen ab; dabei finden sich zum Wortlaut Justins
auch patristische Parallelen.[3] Sie sind - wie BELLINZONI (92) auch
zugibt - wenig aussagekräftig, da sie - zeitlich später als Justin
anzusetzen - nichts darüber aussagen können, ob z.B. die Änderung
von "καρδία" in "νοῦς" auf Justin oder auf eine ihm vorliegende
Quelle oder Tradition zurückzuführen ist.[4] Zu beachten ist zudem,
daß die patristischen Parallelen übereinstimmend gegen Justin, Lk

---

1   So BELLINZONI (91) mit Verweis auf MASSAUX (Influence, 485); vgl. auch
     MASSAUX, texte, 438.
2   S. z.B. die "Überschrift" der verschiedenen Zitate in Apol 15,10.
3   S. dazu BELLINZONI (92).
4   Anders MEES (Sprichwort, 87), der meint, daß aufgrund der patristischen
     Parallelen für Justin Bezug auf eine Tradition, "die dann wohl das gleiche
     Alter wie unsere kanonische Form aufweist", anzunehmen ist. Vgl. auch
     DERS., Form, passim; nach MEES (Form, 291f.) hat Justin die Form der in
     Apol 15-17 wiedergegebenen Jesusworte bereits in der katechetischen Unter-
     weisung vorgefunden; auf ihn selbst gehen nur die Formung des Zusammenhangs
     Apol 15-17 und die kunstgerechte Einfügung der Einzel- und Gruppenzitate
     zurück.

und Mt "umstellen" und den Inhalt von Haupt- und Nebensatz vertau-
schen. MASSAUX (texte, 438) ist durchaus im Recht, wenn er meint,
daß im Vergleich dazu Justin den matthäischen Sinn weitaus besser bewahrt habe.

Daß die Wortlautänderungen Justins gegenüber den synoptischen
Fassungen rein stilistisch motiviert sind, wie WRIGHT (31) annimmt,
kann nur für die gegenüber den Synoptikern umgestellten Worte
"ὁ ϑησαυρός" und für "τοῦ ἀνϑρώπου" gelten; daß Justin "καρδία" in
"νοῦς" ändert, ist eher aus inhaltlichen Gründen mit Rücksicht auf
seine Adressaten geschehen, da für diese das die Person allgemein
und ihre Wünsche speziell bestimmende "Organ" eher der "νοῦς" als
die "καρδία" gewesen sein dürfte.

   Insgesamt ist in Apol 15,13-16 deutlich sowohl für das Mt als
auch für das Lk spezifisches Gut aufgenommen worden; wie schon in
in Apol 15,10-12 wird dabei der matthäische Stoff stärker rezipiert
als der lukanische.

Die Annahme einer außerkanonischen Quelle legte sich für keines
der untersuchten Zitatteile nahe, so wenig die Existenz und Benutzung einer solchen Quelle ausgeschlossen werden kann. Man kann
nur vermuten, aber nicht beweisen, daß Justin für die "Herstellung"
des von ihm deutlich als Einheit zitierten Zitatzusammenhanges
selbst verantwortlich zu machen ist. Für diese Vermutung sprechen
immerhin die durch den Kontext und die vorgestellte Adressatensituation erklärbaren Wortlautabweichungen von den kanonischen Evangelien. Sie lassen auf jeden Fall als wahrscheinlich erscheinen, daß
Justin seine Quellen - seien es nun die kanonischen Evangelien oder
eine nachsynoptische Harmonie - nicht sklavisch genau reproduziert,
sondern frei an sein aktuelles Verwertungsinteresse anpaßt.

d) Apol 16,1f

In Apol 16,1f. wird unter der Überschrift "Περὶ δὲ τοῦ ἀνεξικακους
εἶναι καὶ ὑπηρετικοὺς πᾶσι καὶ ἀοργήτους ἃ ἔφη ταῦτά ἐστι·" ein
Zusammenhang von Jesusworten zitiert, zu denen an verschiedenen
Stellen der synoptischen Evangelien Parallelen existieren.

Zum ersten der zitierten Jesusworte in Apol 16,1 existiert eine

Parallele sowohl im Mt als auch im Lk. Die Nähe zum Lk ist dabei
deutlich größer als die zum Mt: es findet sich kein einziges für
das Mt spezifisches, d.h. nicht auch in der Lk-Parallele vorkom-
mendes Wort, während dem einige Worte im Zitat Justins, die nur
in der Lk-Parallele zu finden sind, gegenüberstehen:

Apol 16,1 Τῷ τύπτοντί σου τὴν σιαγόνα πάρεχε καὶ τὴν ἄλλην,
καὶ τὸν αἴροντά σου τὸν χιτῶνα ἢ τὸ ἱμάτιον μὴ κωλύσῃς.

Mt 5,39 ... ἀλλ᾽ ὅστις σε ῥαπίζει εἰς τὴν δεξίαν σιαγόνα (σου), στρέψον αὐτῷ καὶ τὴν ἄλλην· 40 καὶ τῷ θέλοντί
σοι κριθῆναι καὶ τὸν χιτῶνά σου λαβεῖν, ἄφες αὐτῷ καὶ τὸ
ἱμάτιον·

Lk 6,29 τῷ τύπτοντί σε ἐπὶ τὴν σιαγόνα πάρεχε καὶ τὴν
ἄλλην, καὶ ἀπὸ τοῦ αἴροντός σου τὸ ἱμάτιον καὶ τὸν χιτῶνα μὴ κωλύσῃς.

Dieser Beobachtung wird auch in der Literatur nicht widersprochen.
Daß der Wortlaut des Zitates bei Justin zum Teil nur in der Wortwahl, nicht aber in der Wortform oder -stellung mit Lk 6,29 übereinstimmt, erklärt sich mindestens so gut als aus freier Zitation
resultierend wie aus der Benutzung einer vom Lk verschiedenen,
außerkanonischen Quelle.

Zu den bei Justin in Apol 16,2 folgenden Jesusworten existieren
biblische Parallelen nur im Mt:

Apol 16,2a ῞Ος δ᾽ ἂν ὀργισθῇ, ἔνοχός ἐστιν εἰς τὸ πῦρ.

Mt 5,22 ... πᾶς ὁ ὀργίζομενος τῷ ἀδελφῷ αὐτοῦ ἔνοχος ἔσται
τῇ κρίσει·...

Apol 16,2b Παντὶ δὲ ἀγγαρεύοντί σε μίλιον ἀκολούθησον δύο.

Mt 5,41 καὶ ὅστις σε ἀγγαρεύσει μίλιον ἕν, ὕπαγε μετ᾽
αὐτοῦ δύο.

Apol 16,2c Λαμψάτω δὲ ὑμῶν τὰ καλὰ ἔργα ἔμπροσθεν τῶν ἀνθρώπων, ἵνα βλέποντες θαυμάζωσι τὸν πατέρα ὑμῶν τὸν ἐν τοῖς οὐρανοῖς.

Mt 5,16 οὕτως λαμψάτω τὸ φῶς ὑμῶν ἔμπροσθεν τῶν ἀνθρώπων, ὅπως ἴδωσιν ὑμῶν τὰ καλὰ ἔργα καὶ δοξάσωσιν τὸν πατέρα ὑμῶν τὸν ἐν τοῖς οὐρανοῖς.

Apol 16,2a erklärt sich gut als verkürzte freie Zitation eines nur im Mt überlieferten Sachverhaltes; auch in Apol 16,2b erscheint mir die Annahme des Mt als Zitationsgrundlage gerade angesichts der patristischen Parallele Ps Clem Hom 15,5,5 als die einfachste Lösung, sowenig die Annahme der Benutzung einer außerkanonischen Quelle ausgeschlossen werden kann.[1]

Apol 16,2c erweist sich sachlich und stilistisch in jedem Fall als nachmatthäisch; die gravierendste Abweichung ist die Hereinnahme von "τὰ καλὰ ἔργα" von der Sach- in die Bildhälfte, die dazu führt, daß das interpretierte Bildwort seinen Charakter als solches verliert, während dieser im beibehaltenen "λαμψάτω" noch deutlich durch"scheint". Dadurch wird das Zitat merklich gerafft und das Jesuswort auf seinen Aussagegehalt reduziert, wozu auch die Partizipialkonstruktion anstelle des finiten Verbs, das mit "καὶ" hätte angeschlossen werden müssen, das ihre beiträgt. Ohne die Mt-Fassung des Jesuswortes als Grundlage wäre die Entstehung des Wortlautes der Justin-Fassung dieses Wortes gar nicht denkbar.

Die Ersetzung von "φῶς" durch "καλὰ ἔργα" findet sich nicht nur bei Justin, sondern auch in zahlreichen patristischen Parallelen.[2] Es ist jedoch nicht sicher, daß die betreffenden Kirchenschriftsteller auf eine mit Justin gemeinsame Tradition oder Quelle zurückgehen, da sie allesamt später als Justin schreiben und seine Schriften nicht nur gekannt haben können, sondern wohl auch gekannt haben werden. Eher als angesichts dieser Parallelen könnte aufgrund der Tatsache, daß Justin Apol 16,1.2 als einen Zusammenhang zitiert, damit gerechnet werden, daß er diesen Zusammenhang nicht selbst zusammen-

---

1   KLINE (Harmonized Sayings, 232) u. BELLINZONI (94) halten eine gemeinsame
     Quelle für Justin und Ps Clem für möglich.
2   Vgl. dazu BELLINZONI (94).

gestellt, sondern schon so in einer Quelle vorgefunden hat. Auf
der anderen Seite spricht m.E. aber auch nichts gegen die Annahme,
daß Justin selbst für die Zitatzusammenstellung verantwortlich zu
machen ist und dabei frei die synoptischen Evangelien benutzt hat.[1]
In jedem Fall ist festzuhalten, daß innerhalb des Zitatzusammenhanges
deutlich die Elemente dominieren, für die Parallelen nur im Mt vorhanden sind.

e) Apol 16,9-13

Auch in Apol 16,9-13 wird ein längerer Zusammenhang von Jesusworten zitiert; Themaangabe für diesen Zusammenhang ist, daß nicht die,
die nur reden, sondern ausschließlich die, die auch als Christen
l e b e n , gerettet werden.[2]

In Apol 16,9 ist nahezu vollständige Identität mit Mt 7,21 gegeben.[3]

Apol 16,9 Οὐχὶ πᾶς ὁ λέγων μοι Κύριε κύριε εἰσελεύσεται εἰς
τὴν βασιλείαν τῶν οὐρανῶν, ἀλλ᾿ ὁ ποιῶν τὸ θέλημα τοῦ πατρός
μου τοῦ ἐν τοῖς οὐρανοῖς.

Mt 7,21 Οὐ πᾶς ὁ λέγων μοι· κύριε κύριε, εἰσελεύσεται εἰς
τὴν βασιλείαν τῶν οὐρανῶν, ἀλλ᾿ ὁ ποιῶν τὸ θέλημα τοῦ
πατρός μου τοῦ ἐν οὐρανοῖς.

Lk 6,46 Τί δέ με καλεῖτε· κύριε κύριε, καὶ οὐ ποιεῖτε ἃ
λέγω;

---

1   So z.B. auch MASSAUX (Influence, 484 u. texte, 439f.) u. STRECKER (Evange-
     lienharmonie, 306); vgl. auch MEES (Parallelstellen, 116-119), der betont,
     daß das Rahmenthema "Geduld und Verträglichkeit mit allen, besonders mit
     denen, die es nach menschlichem Ermessen nicht verdienen" Formung und Kom-
     position der Herrenworte in Apol 16,1f. bedingt, die deshalb und in diesem
     Sinne als "unabhängig von unseren Evangelien" betrachtet werden müssen (alle
     Zitate a.a.O. 116).
2   S. Apol 16,8 οὐ γὰρ τοὺς μόνον λέγοντας, ἀλλὰ τοὺς καὶ τὰ ἔργα πράττοντας
     σωθήσεσθαι ἔφη. 9 Εἶπε γὰρ οὕτως· ...
3   MASSAUX (Influence, 487 u. texte, 415) vermutet aus diesem Grund - m.E.
     zu Recht - Mt-Abhängigkeit; auch BELLINZONI (67) kann nicht umhin festzu-
     stellen, daß Justin hier auf einem Text "substantially identical with Mt.
     7:21" basiert.

In Apol 16,10 und 63,5 wird zweimal dasselbe Jesuswort zitiert,
jedoch in deutlich voneinander abweichendem Wortlaut. Als Evange-
lienparallelen sind Mt 10,40 und Lk 10,16 sowie zu Apol 16,10
zusätzlich noch Mt 7,24 und Lk 6,47 zu vergleichen.

Apol 16,10 ῝Ος γὰρ ἀκούει μου καὶ ποιεῖ ἃ λέγω ἀκούει τοῦ

ἀποστείλαντός με.

Apol 63,5 ... ῾Ο ἐμοῦ ἀκούων ἀκούει τοῦ ἀποστείλαντός με

Mt 10,40 ῾Ο δεχόμενος ὑμᾶς ἐμὲ δέχεται, καὶ ὁ ἐμὲ δεχόμενος
δέχεται τὸν ἀποστείλαντά με.

Mt 7,24 Πᾶς οὖν ὅστις ἀκούει μου τοὺς λόγους τούτους καὶ
ποιεῖ αὐτούς, ...

Lk 10,16 ῾Ο ἀκούων ὑμῶν ἐμοῦ ἀκούει, καὶ ὁ ἀθετῶν ὑμᾶς
ἐμὲ ἀθετεῖ· ὁ δὲ ἐμὲ ἀθετῶν ἀθετεῖ τὸν ἀποστείλαντά με.

Lk 6,47 Πᾶς ὁ ἐρχόμενος πρός με καὶ ἀκούων μου τῶν λόγων
καὶ ποιῶν αὐτούς, ...

Angesichts der Wortlautabweichungen der beiden Justinstellen voneinander ist es nicht möglich anzunehmen, daß Justin hier jeweils
dieselbe Quelle wortgetreu aufnimmt; auch der jeweilige Kontext
erklärt die Wortlautunterschiede nicht zufriedenstellend.
Auffällig ist vor allem in Apol 63,5 die Übereinstimmung mit abweichenden Lesarten von Lk 10,16.

> In Lk 10,16 lesen D und it "ἐμοῦ ἀκούων ἀκούει τοῦ ἀποστείλαντός με" für
> "ἐμὲ ἀθετῶν ἀθετεῖ τὸν ἀποστείλαντά με", während θ, f[13], r[1] und sy[(s).c.h]
> dieselbe, mit dem Wortlaut von Apol 63,5 identische Wendung an den Text
> von Lk 10,16 als viertes Glied anhängen. Falls Justin in Apol 63,5 direkt
> auf den Text des Lk Bezug nähme, wäre er der erste Zeuge für das vierte
> Glied des Lk-Textes, das auch von späteren Kirchenschriftstellern noch
> reichlich bezeugt wird.[1] Die Übereinstimmung zwischen Justin und den patri-
> stischen Parallelen kann allerdings auch daher rühren, daß die vom wohl
> ursprünglichen Text[2] abweichenden Lesarten ihrerseits von Justin abhängig
> sind.

---

1   S. dazu die Belege bei BELLINZONI (21).
2   Zur Begründung der Annahme, daß das vierte Glied nachträglich hinzugefügt
     wurde, s. JEREMIAS (Jesusworte, 40), der vermutet, daß es den Parallelis-
     mus membrorum ergänzen und vervollständigen sollte.

Eine spezifische Nähe zur ursprünglichen Textfassung einer oder
mehrerer der oben angeführten synoptischen Parallelen läßt sich
weder für Apol 16,10 noch für Apol 63,5 feststellen; dabei ist die
Nähe beider Justinstellen zur ursprünglichen Fassung von Lk 10,16
zweifellos größer als die zu Mt 10,40.[1] Zwingend ist aber auch ein
Bezug auf das Lk durchaus nicht, zumal nicht der Inhalt der Aussage, sondern nur das Wort "ἀκούειν" als Bindeglied in Betracht
kommt. Die These BELLINZONIs, daß in Apol 16,10 eine Kombination
des vierten Gliedes von Lk 10,16 mit Lk 6,46 vorliegt (22f. Anm. 1
u. 99), ist nur eine Erklärungsmöglichkeit , die allein schon text-
kritisch nicht auf den sichersten Beinen steht. Zudem kann auch der
Einfluß von Mt 7,24 keinesfalls ausgeschlossen werden, zumal der
unmittelbare Kontext in Apol 16,9-11 deutlich auf das Mt verweist.
Wenn auch nicht von der Formulierung, so wären doch von der Sache
her als nächste Parallelen zu dem von Justin zitierten Wort Stellen
wie z.B. Joh 5,23, 12,44f. und 13,20 zu vergleichen.
Insgesamt erscheint als gut möglich, daß der Wortlaut des Herrenwortes in Apol 16,10 und 63,5 sich jeweils gedächtnismäßiger Zitation verdankt, wobei als sprachlicher Hintergrund Lk 10,16 par. und
Mt 7,24 par. angenommen werden können, während - abgesehen von
den abweichenden Lesarten zu Lk 10,16 - den inhaltlichen Hintergrund
der Aussage durchaus das Joh abgegeben haben könnte. In diesem -
allerdings nicht zu beweisenden - Fall wäre eine johanneische Aussage in synoptischem Sprachgewand zitiert.
Die Annahme der Benutzung einer außerkanonischen Quelle erscheint
mir als allenfalls theoretisch möglich, ist jedoch durchaus nicht
naheliegend.

In Apol 16,11 und Dial 76,5 wird - verschieden ausführlich - ein
Jesuswort zitiert, das deutliche Parallelen in Mt 7,22f. und
Lk 13,26f. hat.

---

1   So auch MASSAUX (Influence, 488) zu Apol 16,10 und MORGAN (340) zu Apol
     63,5.

Apol 16,11 Πολλοὶ δὲ ἐροῦσί μοι· Κύριε, κύριε, οὐ τῷ σῷ ὀνόματι
ἐφάγομεν καὶ ἐπίομεν καὶ δυνάμεις ἐποιήσαμεν; καὶ τότε ἐρῶ
αὐτοῖς· Ἀποχωρεῖτε ἀπ᾽ ἐμοῦ, ἐργάται τῆς ἀνομίας.

Dial 76,5 Πολλοὶ ἐροῦσί μοι τῇ ἡμέρᾳ ἐκείνῃ· Κύριε, κύριε, οὐ
τῷ σῷ ὀνόματι ἐφάγομεν καὶ ἐπίομεν καὶ προεφητεύσαμεν καὶ δαι-
μόνια ἐξεβάλομεν; Καὶ ἐρῶ αὐτοῖς· Ἀναχωρεῖτε ἀπ᾽ ἐμοῦ.

> Mt 7,22 πολλοὶ ἐροῦσίν μοι ἐν ἐκείνῃ τῇ ἡμέρᾳ· κύριε κύριε,
> οὐ τῷ σῷ ὀνόματι ἐπροφητεύσαμεν, καὶ τῷ σῷ ὀνόματι δαιμόνια
> ἐξεβάλομεν, καὶ τῷ σῷ ὀνόματι δυνάμεις πολλὰς ἐποιήσαμεν;
> 23 καὶ τότε ὁμολογήσω αὐτοῖς ὅτι οὐδέποτε ἔγνων ὑμᾶς· ἀπο-
> χωρεῖτε ἀπ᾽ ἐμοῦ οἱ ἐργαζόμενοι τὴν ἀνομίαν.

> Lk 13,26 τότε ἄρξεσθε λέγειν· ἐφάγομεν ἐνώπιόν σου καὶ
> ἐπίομεν καὶ ἐν ταῖς πλατείαις ἡμῶν ἐδίδαξας· 27 καὶ ἐρεῖ
> λέγων ὑμῖν· οὐκ οἶδα (ὑμᾶς) πόθεν ἐστέ· ἀπόστητε ἀπ᾽ ἐμοῦ
> πάντες ἐργάται ἀδικίας.

Die Übereinstimmungen zwischen den beiden Justinstellen sind auffällig; für alle Übereinstimmungen finden sich jedoch Parallelen
entweder bei Lk oder bei Mt.
Betrachtet man die Ähnlichkeiten, die die Justinstellen mit dem Mt
einerseits und dem Lk andererseits aufweisen, so ergibt sich für
beide Stellen, daß primär und vor allem für das Mt spezifische Wendungen und Worte aufgenommen sind, daß aber auch für das Lk charakteristische Worte durchaus nicht fehlen.[1] Den Nachweis, daß Justin
hier eine außerkanonische Quelle zitiert, vermögen weder die
Übereinstimmungen der beiden Justinstellen noch die vorhandenen
patristischen Parallelen zu erbringen.[2] Beide lassen die Annahme der
Benutzung einer solchen Quelle immerhin als möglich erscheinen;

---

1   Über die Aufnahme von größtenteils aus dem Mt und kleinerenteils aus
     dem Lk stammenden Stoff herrscht angesichts der Deutlichkeit des Befun-
     des in der Literatur Einigkeit; vgl. z.B. MASSAUX (Influence, 489f. u. 523
     u. texte, 426f.), MORGAN (364) und BELLINZONI (23-25). Die Bewertung dieses
     Sachverhaltes unter der Frage, ob die Synoptiker direkt oder indirekt über
     eine nachsynoptische Quelle zugrundeliegen, wird aber sehr unterschiedlich
     vorgenommen.
2   S. dazu BELLINZONI (27f.).

zugleich aber mit der Annahme einer solchen Quelle ist man gezwungen anzunehmen, daß Justin sich durchaus nicht exakt an seine
Quelle hielt und in Dial dieses, in Apol jenes, was die Quelle bot,
einfach wegließ. Die patristischen Parallelen sind gerade in ihrer
Verschiedenheit voneinander eher ein Hinweis auf jeweilige Benutzung
der synoptischen Parallelen als auf die eines harmonisierten nachsynoptischen Textes. Bis auf II Clem 4,5 sind sie zudem alle deutlich
jünger als Justin. Die Gemeinsamkeiten von II Clem 4,5 und Justin
beschränken sich auf den Ausdruck "ἐργάται ἀνομίας", der als Basis
für die Behauptung einer gemeinsamen Quelle nicht gerade geeignet
ist.
Mindestens genausogut, wenn nicht besser als durch die Annahme einer
Mt und Lk harmonisierenden Quelle erklärt sich der jeweilige Wortlaut bei Justin durch die Annahme freier, gedächtnismäßiger Zitation
der synoptischen Evangelien. Interessant ist in jedem Fall die - bewußte oder unbewußte - deutliche Bevorzugung des Mt.

In Apol 16,12 wird die ethische Mahnung eingeschärft und dringlich
gemacht mit dem Hinweis auf das in der Zukunft liegende Gericht.
Vom Wortlaut her ist dazu vor allem Mt 13,42f. zu vergleichen; inhaltlich hat die Einbeziehung der Eschatologie in die Ethik eine
deutliche Parallele im matthäischen Umgang mit den vorgegebenen
eschatologischen Vorstellungen, ohne daß dies rezeptionsgeschichtlich
als spezifisch matthäisch bezeichnet werden könnte.

> Apol 16,12 Τότε κλαυθμὸς ἔσται καὶ βρυγμὸς τῶν ὀδόντων, ὅταν
> οἱ μὲν δίκαιοι λάμψωσιν ὡς ὁ ἥλιος, οἱ δὲ ἄδικοι πέμψωνται
> εἰς τὸ αἰώνιον πῦρ.

> Mt 13,42 (vgl. 13,50) καὶ βαλοῦσιν αὐτοὺς εἰς τὴν κάμινον
> τοῦ πυρός· ἐκεῖ ἔσται ὁ κλαυθμὸς καὶ ὁ βρυγμὸς τῶν ὀδόντων.
> 43 τότε οἱ δίκαιοι ἐκλάμψουσιν ὡς ὁ ἥλιος ἐν τῇ βασιλείᾳ
> τοῦ πατρὸς αὐτῶν. ...

> Mt 8,12b (vgl. 22,13, 24,51b, 25,30) ἐκεῖ ἔσται ὁ κλαυθμὸς
> καὶ ὁ βρυγμὸς τῶν ὀδόντων.

> Lk 13,28 ἐκεῖ ἔσται ὁ κλαυθμὸς καὶ ὁ βρυγμὸς τῶν ὀδόντων, ...

Vor allem der Mittelteil des Zitates weist deutlich auf Mt 13,42f
als Parallele hin.[1] Die geringfügigen Abweichungen vom Wortlaut des
Mt bzw. der synoptischen Parallelen im Anfangs- und Mittelteil
des Zitates erklären sich allesamt gut als stilistische Änderungen,
die bei freier Zitation ohne besondere Motivation mehr oder weniger
unbewußt vorkommen können.

Für den Schlußteil des Zitates existiert keine exakte synoptische
Parallele. Die Anfügung dieser Passage erklärt sich aber gut aus
dem justinschen Kontext, in dem es ja um eben zwei Gruppen geht:
die eine Gruppe derer, die gerettet werden, die andere derer, die
verlorengehen.

Die Annahme der Benutzung einer außerkanonischen Quelle legt sich
m.E. also kaum nahe, so wenig sie allerdings ausgeschlossen werden
kann.[2]

Auch in Apol 16,13 (vgl. Dial 35,3a) ist die Annahme der Benutzung
des Mt sehr wahrscheinlich, die Aufnahme einer außerkanonischen
Quelle allerhöchstens eine der zu erwägenden Erklärungsmöglichkeiten.

Apol 16,13 Πολλοὶ γὰρ ἥξουσιν ἐπὶ τῷ ὀνόματί μου,

Dial 35,3 Πολλοὶ ἐλεύσονται ἐπὶ τῷ ὀνόματί μου,

　　Mt 24,5 πολλοὶ γὰρ ἐλεύσονται ἐπὶ τῷ ὀνόματί μου λέγοντες ...

　　Mk 13,6 πολλοὶ ἐλεύσονται ἐπὶ τῷ ὀνόματί μου λέγοντες ...

　　Lk 21,8 ... πολλοὶ γὰρ ἐλεύσονται ἐπὶ τῷ ὀνόματί μου
　　λέγοντες ...

　　Apol 16,13 ἔξωθεν μὲν ἐνδεδυμένοι δέρματα προβάτων, ἔσωθεν δὲ
　　ὄντες λύκοι ἅρπαγες·

　　Dial 35,3 ἔξωθεν ἐνδεδυμένοι δέρματα προβάτων, ἔσωθεν δέ εἰσι
　　λύκοι ἅρπαγες.

1　　Auch MASSAUX (Influence, 490) sieht in Apol 16,12 deutliche Mt-Abhängigkeit
　　vorliegen.
2　　So auch BELLINZONI (69).

Mt 7,15 Προσέχετε ἀπὸ τῶν ψευδοπροφητῶν, οἵτινες ἔρχονται
πρὸς ὑμᾶς ἐν ἐνδύμασιν προβάτων, ἔσωθεν δέ εἰσιν λύκοι
ἅρπαγες.

Apol 16,13 ἐκ τῶν ἔργων αὐτῶν ἐπιγνώσεσθε αὐτούς.

Mt 7,16 ἀπὸ τῶν καρπῶν αὐτῶν ἐπιγνώσεσθε αὐτούς. ...

Apol 16,13 Πᾶν δὲ δένδρον, μὴ ποιοῦν καρπὸν καλόν, ἐκκόπτεται
καὶ εἰς πῦρ βάλλεται.

Mt 7,19 πᾶν δένδρον μὴ ποιοῦν ...
Mt 3,10 = Lk 3,9 ... πᾶν οὖν δένδρον μὴ ποιοῦν ...

In Apol 16,13 hat das Zitat die Funktion, mit anderen Zitaten zusammen zu begründen, daß nicht alle, die sich Christen nennen,
so auch genannt zu werden verdienen bzw. es wirklich sind. Der Kontext des Zitates in Dial 35,3 beginnt in Dial 34,7f. Dort erwähnt
Justin, daß Salomo eines Weibes wegen Götzendienst getrieben habe
und behauptet, daß Christen sich so etwas nicht zuschulden kommen
lassen würden, sondern daß sie vielmehr, um Götzendienst und den Ge-
nuß von Götzenopferfleisch zu vermeiden, jede Art von Mißhandlungen
und Strafen ertrügen. Dagegen wendet Trypho ein, daß doch durchaus
viele Christen Götzenopferfleisch zu sich nähmen und behaupteten,
sie würden dadurch keinen Schaden erleiden. Justin akzeptiert diesen
Vorwurf[1] und kontert: solche, die behaupten, sie seien Christen,
es aber im Grunde gar nicht sind und falsche Lehren verbreiten,
könnten die wahren Christen in deren Glauben eigentlich nur bestär-
ken, da ihr Auftreten ja von Jesus selbst vorhergesagt sei. Als
Beleg für diese Aussage werden dann vier Jesusworte zitiert, um
deren erstes es mir hier zu tun ist.
Apol 16,13 und Dial 35,3 stimmen darin überein, daß jeweils Elemente,
die sich sonst z.B. in Mt 7,15 finden, mit solchen, die sonst auch
in Mt 24,5 par.[2] stehen, verbunden sind. Auffällig sind vor allem

---

1   Zu einer grundsätzlich anderen Wertung des Opferfleischgenusses s. I Kor
    8,1-13; ob Justin bei seiner Auseinandersetzung mit Trypho letztlich an
    ein innerchristlich diskutiertes Problem denkt?
2   Da die Synoptiker an diesem Punkt nahezu gleich lauten, ist nicht zu ent-
    scheiden, ob Mt, Mk oder Lk als Parallele in Anschlag gebracht werden soll.

die beiden Justinstellen gemeinsamen Abweichungen vom Wortlaut der
synoptischen Evangelien. Zu nennen ist hier das wohl zur Verdeutlichung eingefügte "ἔξωθεν" und die diese Einfügung stützende und
unterstreichende Partizipialkonstruktion ("ἐνδεδυμένοι") sowie das
Objekt "δέρματα". An Abweichungen der beiden Stellen voneinander
sind zu nennen die Differenz zwischen "ἥξουσιν" und "ἐλεύσονται",
das "γάρ" und das "μέν", das Apol zusätzlich hat und die Differenz
zwischen Partizipialkonstruktion und finitem Verb "ὄντες" - "εἰσι".
Während das ja auch vom Text der synoptischen Evangelien abweichende
"ἥξουσιν" sich kaum inhaltlich begründen läßt und wohl einfach ein
Ausdruckswechsel ist, kann man bei den Apol und Dial gemeinsamen
Abweichungen vom Mt-Wortlaut in zweiten Teil des Zitates die Tendenz zur Korrektur der matthäischen Aussage feststellen: natürlich
haben Schafe, wie Mt voraussetzt, keine "Kleider"; korrekt ausgedrückt
kann man ja nicht in "Schafskleidern" herumlaufen, sondern nur ange-
zogen mit Schaffellen oder in Schaffellen.
Die Frage, auf wen diese "Korrektur" des matthäischen Wortlautes
zurückgeht, ist nicht eindeutig zu beantworten. Nähme man als Justins
Zitiergrundlage eine außerkanonische Quelle an, so müßte man zugleich annehmen, daß Justin ihr zwar z.T. eng folgt, sie teilweise
aber auch - ohne erkennbaren Grund - frei im Ausdruck variiert.
Nimmt man dagegen die synoptischen Evangelien bzw. das Mt als Zitiergrundlage an, so kommt man mit der Annahme durchgängig freier Zitation gut zum justinschen Wortlaut. M.E. ist die Benutzung einer
außerkanonischen Quelle durch Justin zwar nicht auszuschließen, aber
auch nicht zu beweisen.
Setzt man das Zugrundeliegen einer solchen Quelle voraus, so ist
nicht zu entscheiden, ob sie nur den beiden Justinstellen gemeinsamen Bestand aufwies oder auch noch Elemente aus Mt 7,16.19 enthielt, wie z.B. BELLINZONI (46f.) meint.
Die von BELLINZONI (46) angeführten patristischen Parallelbelege
dürften der Annahme einer ihnen und Justin gemeinsamen Quelle
geradezu widersprechen.

> Eine gewisse Schwierigkeit und Unausgewogenheit in der Argumentation BEL-
> LINZONIs liegt darin, daß er für Dial 35,3a aus dem Vergleich mit Apol
> 16,13 die Benutzung einer gemeinsamen außerkanonischen Quelle für beide
> Stellen begründet (46f.), während er später (100-107) im Vergleich aller
> vier in Dial 35,3 zitierten Jesusworte mit Const Ap 6,13 zu dem Ergebnis
> kommt, daß Dial 35,a-d komplett aus einem christlichen "Vademecum" gegen

Häresien und nicht aus einer harmonisierenden Quelle entnommen sei. Zum
einen ist m.E. die Annahme der Existenz eines solchen Vademecum allein
aufgrund von Const Ap 6,13 und Dial 35,3 noch nicht zwingend; zum anderen
wird nicht recht klar, wie sich die jeweils postulierten Quellen zueinander
verhalten: sind sie identisch, oder benutzt das Vademecum die Apol und
Dial gemeinsame Quelle oder umgekehrt die gemeinsame Quelle das Vademecum,
oder sind beide völlig unabhängig voneinander zu denken? Schwierig ist in
jedem Fall der Überschuß in Apol 16,13 zu erklären, der doch nach BELLINZO-
NI (46f.) zur gemeinsamen Quelle gehörte, jedoch kaum zum Vademecum gehört haben kann.

Wenn auch weniger, als BELLINZONI meint, auf die Existenz der von
ihm für Apol 16,13 und Dial 35,3a postulierten außerkanonischen
Quelle hinweist, muß doch festgehalten werden, daß die Existenz
einer solchen Quelle und ihre Benutzung durch Justin nicht ausgeschlossen werden kann. Genauso wenig ist aber ausgeschlossen, daß
Justin in jeweils verschiedenem Kontext eine thematisch ja nicht
fernliegende Kombination zweier Evangelienstellen relativ frei und
in einer "logisch" verbesserten Fassung zitiert.[1]

Insgesamt gesehen überwiegt in Apol 16,9-13 deutlich die Nähe
zum Mt; die Annahme der Benutzung einer außerkanonischen Quelle,
die deutlich als nachsynoptisch zu qualifizieren wäre, erscheint
weder grundsätzlich noch im Einzelnen als ausgeschlossen, ist aber
an keiner Stelle und erst recht nicht für den Gesamtzusammenhang
der zitierten Jesusworte die einzige und auch nicht die naheliegendste Erklärungsmöglichkeit.

f) Apol 19,7

Das 19. Kapitel der Apologie dient dazu, den Nachweis zu erbringen,
daß der Glaube an die Auferstehung nicht deshalb als vernunftwidrig
abzulehnen ist, weil er unser natürliches Vorstellungsvermögen und
unsere Erfahrung übersteigt.
Als Argument dafür, daß es durchaus sinnvoll sei, auch an das zu
glauben, was "τῇ ἑαυτῶν φύσει καὶ ἀνθρώποις" unmöglich sei, wird
unter anderem eine Aufforderung Jesu, die Parallelen in Mt 10,28

---

1   So auch MASSAUX (Influence, 492), der zu Apol 16,13 darauf hinweist, daß
     Justins primäres Interesse ja nicht die Zitation an sich, sondern die Ar-
     gumentation mit dem Inhalt des Zitierten sei; zu Dial 35,3a vgl. DERS.
     (Influence, 515 u. texte, 427f.)

und Lk 12,4f. sowie im 2. Klemensbrief und in den pseudoklementi-
nischen Homilien hat, angeführt:

Apol 19,7 Μὴ φοβεῖσθε τοὺς ἀναιροῦντας ὑμᾶς καὶ μετὰ ταῦτα
μὴ δυναμένους τι ποιῆσαι, εἶπε, φοβήθητε δὲ τὸν μετὰ τὸ ἀποθανεῖν δυνάμενον καὶ ψυχὴν καὶ σῶμα εἰς γέενναν ἐμβαλεῖν.

II Clem 5,4 μὴ φοβείσθωσαν τὰ ἀρνία τοὺς λύκους μετὰ τὸ ἀποθανεῖν αὐτά· καὶ ὑμεῖς μὴ φοβεῖσθε τοὺς ἀποκτέννοντας ὑμᾶς
καὶ μηδὲν ὑμῖν δυναμένους ποιεῖν· ἀλλὰ φοβεῖσθε τὸν μετὰ τὸ
ἀποθανεῖν ὑμᾶς ἔχοντα ἐξουσίαν ψυχῆς καὶ σώματος τοῦ βαλεῖν
εἰς γέενναν πυρός.

Ps Clem Hom 17,5,2 Μὴ φοβηθῆτε ἀπὸ τοῦ ἀποκτέννοντος τὸ σῶμα,
τῇ δὲ ψυχῇ μὴ δυναμένου τι ποιῆσαι· φοβήθητε δὲ τὸν δυνάμενον
καὶ σῶμα καὶ ψυχὴν εἰς τὴν γέενναν τοῦ πυρὸς βαλεῖν. ...

> Mt 10,28 καὶ μὴ φοβεῖσθε ἀπὸ τῶν ἀποκτεννόντων τὸ σῶμα,
> τὴν δὲ ψυχὴν μὴ δυναμένων ἀποκτεῖναι· φοβεῖσθε δὲ μᾶλλον
> τὸν δυνάμενον καὶ ψυχὴν καὶ σῶμα ἀπολέσαι ἐν γεέννῃ.

> Lk 12,4 ... μὴ φοβηθῆτε ἀπὸ τῶν ἀποκτεινόντων τὸ σῶμα καὶ
> μετὰ ταῦτα μὴ ἐχόντων περισσότερόν τι ποιῆσαι. 5 ὑποδείξω
> δε ὑμῖν τίνα φοβηθῆτε· φοβήθητε τὸν μετὰ τὸ ἀποκτεῖναι
> ἔχοντα ἐξουσίαν ἐμβαλεῖν εἰς τὴν γέενναν. ...

Bis auf "τοὺς ἀναιροῦντας ὑμᾶς" und "ἀποθανεῖν" finden sich alle
Worte des Justinschen Zitates entweder bei Mt oder bei Lk. Die
Kombination der Elemente aus beiden Evangelien erscheint dabei als
seltsam unmotiviert und planlos.
Gemeinsame Abweichungen vom synoptischen Wortlaut lassen sich beim
Vergleich Justins mit dem II Clem und den Pseudoklementinen kaum
feststellen; die wenigen derartigen Übereinstimmungen sind nicht
aussagekräftig.[1] Darüber hinaus stimmen Justin und die patristischen
Parallelen nur dort überein, wo sie auch jeweils mit mindestens

---

1   Zu nennen sind am Anfang des Zitates "ὑμᾶς" für "τὸ σῶμα", was Justin mit
     dem II Clem gemeinsam hat gegen alle anderen Parallelen, sowie - ebenfalls
     Justin gemeinsam mit II Clem - die Wort f o r m "ἀποθανεῖν".

einem der synoptischen Evangelien übereinstimmen. Mir erscheint
die Annahme einer gemeinsamen außerkanonischen Quelle für Justin
und eine oder beide der patristischen Parallelen als sehr weit hergeholt und alles andere als wahrscheinlich.[1]
Deutlich liegen der "Justinfassung" des Jesuswortes, ob nun direkt
oder indirekt über eine außerkanonische Quelle, Mt und Lk zugrunde.[2]
Meines Erachtens spricht nichts dagegen, die nicht immer inhaltlich
zu motivierende "Harmonisierung" von Mt- und Lk-Text darauf zurückzuführen, daß Justin hier frei nach dem Gedächtnis zitiert. Er
drückt sich dabei insgesamt klarer und knapper aus als seine synoptischen Vorgänger; daß er nicht das Ziel hat, einen vollständig
aus Mt und Lk zusammengestückelten Text darzubieten, wird u.a. durch
den Gebrauch des Wortes "ἀναιρεῖν" deutlich. Die Annahme der Benutzung einer außerkanonischen Quelle kann zwar nicht völlig ausgeschlossen werden, ist aber sehr unwahrscheinlich.

g) Apol 33,5

In Apol 33 wird von Justin der Nachweis erbracht, daß die Jungfrauengeburt schon im Alten Testament vorausgesagt gewesen sei. Um die
Annahme zu widerlegen, der Jungfrau Maria sei von (einem) Gott
aus Lust beigewohnt worden, wird behauptet, daß sich diese Annahme
schon von der Verheißung in Jes 7,14[3] her als Mißverständnis erweisen lasse; daß die Jungfrau gänzlich ohne Beiwohnung empfangen
habe, sei ja auch hinlänglich klar aus den Berichten derer, die
"alles auf unseren Erlöser Jesus Christus Bezügliche aufgezeichnet
haben".[4] Als deren Bericht wird dann zitiert:

---

1   So auch STRECKER (Evangelienharmonie, 305); anders BELLINZONI (110),
     MORGAN (336) und KLINE (Harmonized Sayings, 233f.).
2   So auch MASSAUX (Influence, 494), die eine außerkanonische Quelle annehm-
     menden Autoren (s. Anm. 1) u. auch STRECKER (Evangelienharmonie, 305).
3   Jes 7,14 wird auch in Mt 1,23 zitiert, und zwar exakt nach LXX; Justins
     Zitatwortlaut weicht von LXX/Mt vor allem in der zweiten Zitathälfte deut-
     lich ab.
4   Die an das auf der nächsten S. abgedruckte Zitat anschließende ausleitende
     "Zitierformel" "ὡς οἱ ἀπομνημονεύσαντες πάντα τὰ περὶ τοῦ σωτῆρος ἡμῶν
     Ἰησοῦ Χριστοῦ ἐδίδαξαν" ist vor allem interessant wegen der in ihr vorge-
     nommenen Bewertung der evangelischen Berichte: diese sind glaubwürdig, inso-
     fern als und weil sie Dinge als geschehen berichten, die im AT vorausge-
     sagt sind.

Apol 33,5 Καὶ ὁ ἀποσταλεὶς δὲ πρὸς αὐτὴν τὴν παρθένον κατ'
ἐκεῖνο τοῦ καιροῦ ἄγγελος θεοῦ εὐηγγελίσατο αὐτὴν εἰπών·
"'Ιδοὺ συλλήμψῃ ἐν γαστρὶ ἐκ πνεύματος ἁγίου καὶ τέξῃ υἱόν,
καὶ υἱὸς ὑψίστου κληθήσεται, καὶ καλέσεις τὸ ὄνομα αὐτοῦ 'Ιησοῦν, αὐτὸς γὰρ σώσει τὸν λαὸν αὐτοῦ ἀπὸ τῶν ἁμαρτιῶν αὐτῶν", ...

Mt 1,20 ... τὸ γὰρ ἐν αὐτῇ γεννηθὲν ἐκ πνεύματός ἐστιν
ἁγίου. 21 τέξεται δὲ υἱόν, καὶ καλέσεις τὸ ὄνομα αὐτοῦ
'Ιησοῦν· αὐτὸς γὰρ σώσει τὸν λαὸν αὐτοῦ ἀπὸ τῶν ἁμαρτιῶν
αὐτῶν.

Lk 1,31 καὶ ἰδοὺ συλλήμψῃ ἐν γαστρὶ καὶ τέξῃ υἱὸν καὶ καλέσεις τὸ ὄνομα αὐτοῦ 'Ιησοῦν. 32 οὗτος ἔσται μέγας καὶ
υἱὸς ὑψίστου κληθήσεται, καὶ δώσει ....

Mt 1,18 ... εὑρέθη ἐν γαστρὶ ἔχουσα ἐκ πνεύματος ἁγίου.

Die vorgestellte Situation weist deutlich auf die lukanische Geburtsgeschichte.[1]

Jedes Wort im Engelwort Justins hat eine Parallele in mindestens
einer der zu vergleichenden synoptischen Parallelstellen; das ganze
Engelwort erscheint als eine geschickte Harmonisierung.[2] Die Abweichungen von den synoptischen Fassungen sind minimal.

Im ersten Teil des Zitates ist deutlich Lk 1,31f die Grundlage;
dabei wird die Formulierung "ἐν γαστρὶ ἐκ πνεύματος ἁγίου" aus
Mt 1,18 eingeflossen sein. Sie setzt an dem Punkt ein, wo Mt- und
Lk-Wortlaut sich zum ersten Mal überschneiden ("ἐν γαστρί"); wieder
an einem solchen Überschneidungspunkt wird an die bei Mt und
Lk zu findende Wendung "καὶ καλέσεις τὸ ὄνομα αὐτοῦ 'Ιησοῦν" die
matthäische Fortsetzung dieses Satzes angehängt, für die Lk keine
Parallele bietet.

Daß Justin diese Harmonisierung nicht selbst vorgenommen hat, sondern sich für den Wortlaut seines Zitates auf eine außerkanonische

---

1   Vgl. Lk 1,26ff.
2   So auch MASSAUX (Influence, 495f.) und MORGAN (399); vgl. auch TITUS (23f.),
     der hier eine "harmonistic variation" vorliegen sieht, die vielleicht auch
     dogmatisch motiviert ist.

Quelle bezieht, ist zwar möglich, aber nicht zu beweisen und m.E.
auch kaum wahrscheinlich.
Auffällig ist, daß die Art und Weise der Harmonisierung deutlich von
der in Apol 15,13 oder Apol 19,7 festzustellenden abweicht.

h) Apol 33,8

Der zweite Teil des zuletzt analysierten Zitates in Apol 33,5 wird
in Apol 33,8 wortwörtlich wiederholt als Begründung für die Etymo-
logie des Namens "Jesus", der hebräisch das bedeute, was der Grie-
che mit "σωτήρ" bezeichne. Deshalb habe der Engel gesagt:

> "καὶ καλέσεις τὸ ὄνομα αὐτοῦ ᾽Ιησοῦν, αὐτὸς γὰρ σώσει τὸν
> λαὸν αὐτοῦ ἀπὸ τῶν ἁμαρτιῶν αὐτῶν."

Als Textgrundlage ist hier wohl die Erstzitation dieses Wortes in
Apol 33,5 vorauszusetzen; von daher ist auch hier Nähe sowohl zu Lk
als auch zu Mt zu konstatieren. Für sich genommen ließe sich die
Engelrede aber auch als nur nach dem Mt zitiert beurteilen.

i) Apol 66,3

In Apol 66,3 werden die Abendmahlseinsetzungsworte zitiert. Entgegen
seiner sonst so oft geübten Praxis gibt Justin hier an, wonach er
zitiert: die Apostel hätten in ihren "ἀπομνημονεύματα", die auch
Evangelien genannt werden, überliefert, daß Jesus ihnen folgendermaßen befohlen habe: nachdem er das Brot genommen und gedankt hatte,
habe er gesagt: "Τοῦτο ποιεῖτε εἰς τὴν ἀνάμνησίν μου, τοῦτό ἐστι
τὸ σῶμά μου"; nachdem er den Becher in gleicher Weise genommen und
gedankt hatte, habe er gesagt: "Τοῦτό ἐστι τὸ αἷμά μου".
Die Probleme, die die Einleitungsformel dieser Zitate mit sich
bringt, sollen unten erörtert werden.[1] Hier ist es mir zunächst nur
um den zitierten Wortlaut zu tun.

---

1   S.u. S. 259-262.

Apol 66,3 Οἱ γὰρ ἀπόστολοι ἐν τοῖς γενομένοις ὑπ' αὐτῶν
ἀπομνημονεύμασιν, ἃ καλεῖται εὐαγγέλια, οὕτως παρέδωκαν ἐντε-
τάλθαι αὐτοῖς· τὸν Ἰησοῦν λαβόντα ἄρτον εὐχαριστήσαντα εἰπεῖν·
"Τοῦτο ποιεῖτε εἰς τὴν ἀνάμνησίν μου, τοῦτό ἐστι τὸ σῶμά μου"·

> Mt 26,26 Ἐσθιόντων δὲ αὐτῶν λαβὼν ὁ Ἰησοῦς ἄρτον καὶ
> εὐλογήσας ἔκλασεν καὶ δοὺς τοῖς μαθηταῖς εἶπεν· λάβετε
> φάγετε, τοῦτό ἐστιν τὸ σῶμά μου.

> Mk 14,22 Καὶ ἐσθιόντων αὐτῶν λαβὼν ἄρτον εὐλογήσας ἔκλασεν
> καὶ ἔδωκεν αὐτοῖς καὶ εἶπεν· λάβετε, τοῦτό ἐστιν τὸ σῶμά
> μου.

> Lk 22,19 καὶ λαβὼν ἄρτον εὐχαριστήσας ἔκλασεν καὶ ἔδωκεν
> αὐτοῖς λέγων· τοῦτό ἐστιν τὸ σῶμά μου τὸ ὑπὲρ ὑμῶν διδόμε-
> νον· τοῦτο ποιεῖτε εἰς τὴν ἐμὴν ἀνάμνησιν.

καὶ τὸ ποτήριον ὁμοίως λαβόντα καὶ εὐχαριστήσαντα εἰπεῖν·
"Τοῦτό ἐστι τὸ αἷμά μου"·

> Mt 26,27 καὶ λαβὼν ποτήριον καὶ εὐχαριστήσας ἔδωκεν αὐτοῖς
> λέγων· πίετε ἐξ αὐτοῦ πάντες, 28 τοῦτο γάρ ἐστιν τὸ αἷμά
> μου τῆς διαθήκης τὸ περὶ πολλῶν ἐκχυννόμενον ...

> Mk 14,23 καὶ λαβὼν ποτήριον εὐχαριστήσας ἔδωκεν αὐτοῖς,
> καὶ ἔπιον ἐξ αὐτοῦ πάντες. 24 καὶ εἶπεν αὐτοῖς· τοῦτό
> ἐστιν τὸ αἷμά μου τῆς διαθήκης τὸ ἐκχυννόμενον ...

> Lk 22,20 καὶ τὸ ποτήριον ὡσαύτως μετὰ τὸ δειπνῆσαι, λέγων·
> τοῦτο τὸ ποτήριον ἡ καινὴ διαθήκη ἐν τῷ αἵματί μου τὸ ὑπὲρ
> ὑμῶν ἐκχυννόμενον.

Neben den synoptischen Parallelen ist auch I Kor 11,23-26 zu vergleichen; der Wortlaut dieser Stelle ist jedoch jeweils weiter vom
Wortlaut Justins entfernt als der der nächsten synoptischen Parallele.
Wortlaut und Einleitung des Brotwortes sind der Lk-Parallele in
Lk 22,19 am ähnlichsten, während beim Becherwort Lk-Bezug wohl auszuschließen und nicht recht zwischen Mt- und Mk-Nähe zu entscheiden

ist.

Dafür, daß Justin hier eine Fassung der Einsetzungsworte überliefert, die älter ist als die in den synoptischen Evangelien überlieferten Fassungen,[1] spricht m.E. kaum etwas. Möglich ist immerhin,
daß Justin den Wortlaut der Einsetzungsworte der für ihn üblichen
Abendmahlsliturgie verdankt.[2] Ich möchte die Frage nach der genauen
"Quelle" Justins hier als nicht definitiv zu entscheiden offenlassen, meine aber, Apol 66,3 vorsichtig für - direkten oder indirekten - Einfluß der Evangelien sowohl des Lk als auch des Mk oder Mt in
Anschlag bringen zu können. Die Abweichungen von den kanonischen Parallelen sind aber so stark, daß bei diesem liturgischen und deswegen in seinem Wortlaut relativ festen Stück ernsthaft mit einer
außerkanonischen Quelle gerechnet werden muß. In jedem Fall ist
nicht sicher, ob sich die Abendmahlseinsetzungsworte überhaupt für
die Frage nach der E v a n g e l i e n rezeption Justins in Betracht
ziehen lassen.

j) Dial 17,4 (vgl. Dial 112,4)

In Dial 17 wird den Juden vorgeworfen, sie hätten sich darum bemüht,
das Christentum als gottlose Sekte zu diffamieren. Als Grund für
diese Diffamierung wird von Justin in Dial 17,3 die offene Kritik
Jesu an den Juden angegeben, die diesen lästig gefallen sei. Als
Beleg dafür werden dann in Dial 17,3f. judenkritische Worte Jesu
zitiert.

In Dial 112 wendet sich Justin gegen die jüdische Schriftauslegung
und vor allem gegen die jüdischen Schriftausleger. Auch dabei werden
judenkritische Worte Jesu als "Beweis" angeführt. Die jüdischen Lehrer, die sich - auch "jetzt" noch - an Einzelheiten festhalten und
den Sinn für "die Besprechung und Darlegung der großen Gedanken "[3]
nicht haben, haben nach Justins Meinung schon damals Jesu Kritik
zu Recht zu hören bekommen.

---

1   So BELLINZONI (138 Anm. 2).
2   Nur insofern ist BELLINZONI (138 Anm. 2) zuzustimmen; auch MASSAUX (Influence,
    501) rechnet mit Einfluß der Eucharistieliturgie.
3   Dial 112,4; zitiert nach der Übersetzung von HÄUSER.

Dial 17,4a Οὐαὶ ὑμῖν, γραμματεῖς καὶ Φαρισαῖοι, ὑποκριταί,
ὅτι ἀποδεκατοῦτε τὸ ἡδύοσμον καὶ τὸ πήγανον, τὴν δὲ ἀγάπην
τοῦ θεοῦ καὶ τὴν κρίσιν οὐ κατανοεῖτε·

Dial 112,4β τὸ ἡδύοσμον ἀποδεκατοῦντες, τὴν δὲ κάμηλον καταπί-
νοντες, τυφλοὶ ὁδηγοί;

    Mt 23,23 Οὐαὶ ὑμῖν, γραμματεῖς καὶ Φαρισαῖοι ὑποκριταί,
    ὅτι ἀποδεκατοῦτε τὸ ἡδύοσμον καὶ τὸ ἄνηθον καὶ τὸ κύμινον
    καὶ ἀφήκατε τὰ βαρύτερα τοῦ νόμου, τὴν δε κρίσιν καὶ τὸ
    ἔλεος καὶ τὴν πίστιν· ταῦτα (δε) ἔδει ποιῆσαι κάκεῖνα μὴ
    ἀφιέναι. 24 ὁδηγοὶ τυφλοί, οἱ διϋλίζοντες τὸν κώνοπα, τὴν
    δὲ κάμηλον καταπίνοντες.

    Lk 11,42 ἀλλὰ οὐαὶ ὑμῖν τοῖς Φαρισαῖοις, ὅτι ἀποδεκατοῦτε
    τὸ ἡδύοσμον καὶ τὸ πήγανον καὶ πᾶν λάχανον καὶ παρέρχεσθε
    τὴν κρίσιν καὶ τὴν ἀγάπην τοῦ θεοῦ· ταῦτα δὲ ἔδει ποιῆσαι
    κάκεῖνα μὴ παρεῖναι.

Dial 17,4b τάφοι κεκονιαμένοι, ἔξωθεν φαινόμενοι ὡραῖοι, ἔσωθεν
δὲ γέμοντες ὀστέων νεκρῶν.

Dial 112,4a Τάφοι κεκονιαμένοι, ἔξωθεν φαινόμενοι ὡραῖοι καὶ
ἔσωθεν γέμοντες ὀστέων νεκρῶν, ...

    Mt 23,27 Οὐαὶ ὑμῖν, γραμματεῖς καὶ Φαρισαῖοι ὑποκριταί,
    ὅτι παρομοιάζετε τάφοις κεκονιαμένοις, οἵτινες ἔξωθεν μὲν
    φαίνονται ὡραῖοι, ἔσωθεν δὲ γέμουσιν ὀστέων νεκρῶν καὶ πάσης
    ἀκαθαρσίας.

Dial 17,4c Καὶ τοῖς γραμματεῦσιν· Οὐαὶ ὑμῖν, γραμματεῖς, ὅτι
τὰς κλεῖς ἔχετε, καὶ αὐτοὶ οὐκ εἰσέρχεσθε καὶ τοὺς εἰσερχομέ-
νους κωλύετε; ὁδηγοὶ τυφλοί.

    Mt 23,13 Οὐαὶ δὲ ὑμῖν, γραμματεῖς καὶ Φαρισαῖοι ὑποκριταί,
    ὅτι κλείετε τὴν βασιλείαν τῶν οὐρανῶν ἔμπροσθεν τῶν ἀνθρώ-
    πων· ὑμεῖς γὰρ οὐκ εἰσέρχεσθε οὐδὲ τοὺς εἰσερχομένους
    ἀφίετε εἰσελθεῖν.

    Lk 11,52 Οὐαὶ ὑμῖν τοῖς νομικοῖς, ὅτι ἤρατε τὴν κλεῖδα τῆς
    γνώσεως· αὐτοὶ οὐκ εἰσήλθατε καὶ τοὺς εἰσερχομέμους ἐκωλύ-
    σατε.

Mt 23,16 (vgl. 23,24) ... ὀδηγοὶ τυφλοὶ ...

Die in Dial 17,4 und 112,4 zitierten Jesusworte - die in Dial 17
wesentlich ausführlicher und zahlreicher angeführt werden als in
Dial 112 - überschneiden sich an zwei Stellen, die in den synoptischen Evangelien ihre Entsprechung in Mt 23,23 par. Lk 11,42 und
Mt 23,27 haben. Für die erste Überschneidung (Verzehntung der Minze)
fällt auf, daß die Justinstellen in bezug auf den ihnen gemeinsamen
Wortbestand zwar in der Wortwahl, nicht jedoch in der Wortform
übereinstimmen. Justin kann also nicht beide Male seine Quelle wortwörtlich abgeschrieben haben, wenn für beide Jesusworte dieselbe
Quelle anzunehmen ist. Als solche bietet sich dabei eher Lk 11,42
als Mt 23,23 an; die Annahme einer außerkanonischen Quelle wird
durch nichts nahegelegt. Wesentlich deutlicher stimmen die Zitate
innerhalb der zweiten Überschneidung (Bezeichnung der Gegner Jesu
als getünchte Gräber) überein, jedoch wäre auch hier die gemeinsame
Quelle jeweils nicht wortwörtlich gleich zitiert; vgl. dazu nur
das "δέ" in Dial 17,4 und das "καί" in Dial 112,4. Gegen das Mt,
das hier als einzige Parallele in Frage kommt, stimmen die Justinzitate inhaltlich darin überein, daß die jüdischen Gegner mit Gräbern nicht nur verglichen, sondern direkt identifiziert und als
solche angeredet werden; ebenfalls gegen Mt verwenden Dial 17,4 und
112,4 als Prädikat die sich von der Anrede her naheliegende Partizipialkonstruktion. Als Erklärung für diese Abweichungen bietet sich
die Annahme des Zugrundeliegens einer außerkanonischen Quelle als
e i n e   Möglichkeit an; genausogut wird der Sachverhalt aber auch
durch die Annahme gedächtnismäßiger freier Zitation erklärt. Zudem
könnte Justin in Dial 112 fraglos auch sich selbst zitieren.

Läßt die Analyse der beiden Dial-Stellen gemeinsamen Passagen die
Annahme der Benutzung einer außerkanonischen Quelle immerhin als
möglich erscheinen, so läßt sich diese Annahme im von Dial 17,4
über Dial 112,4 hinaus gebotenen Zitatbestand nicht erhärten.
In Dial 17,4c sind die Abweichungen vom Wortlaut der kanonischen
Evangelien minimal. Gegenüber Lk und Mt wirkt Justins Zitat dabei
gerafft und gekürzt. Es sind deutlich Formulierungen, die sich so
nur bei Mt, als auch solche, die sich so nur bei Lk finden, aufgenommen. Der Zitatwortlaut erklärt sich gut, wenn man annimmt, daß

Justin die Jesusworte frei und weitgehend nach dem Gedächtnis auf
der Grundlage von Mt 23,13.16.23.24.27 und Lk 11,42.52 zitiert.
Dabei ist in Dial 17,4a der Bezug zum Lk stärker als der zum Mt,
während in Dial 17,4b Lk-Einfluß völlig ausscheidet und in Dial
17,4c Mt-Nähe leicht überwiegt.
Auch Dial 112,4 erscheint insgesamt als eine Kombination matthäischer
und lukanischer Elemente, wobei wiederum der matthäische Anteil
deutlich überwiegt.

k) Dial 51,3

Um zu begründen, daß im jüdischen Volk "kein Prophet mehr sein wird,
und daß man erkennt, daß der ehedem von Gott angekündigte Neue
Bund, das ist Jesus als der Christus, seinerzeit bereits gekommen
sei"[1], wird in Dial 51,3 ein Jesuswort zitiert, zu dem Parallelen
in Mt 11,12-15 und Lk 16,16 existieren.

> Dial 51,3 ... Ὁ νόμος καὶ οἱ προφῆται μέχρι Ἰωάννου τοῦ
> βαπτιστοῦ· ἐξ ὅτου ἡ βασιλεία τῶν οὐρανῶν βιάζεται, καὶ
> βιασταὶ ἁρπάζουσιν αὐτήν. Καὶ εἰ θέλετε δέξασθαι, αὐτός ἐστιν
> Ἠλίας ὁ μέλλων ἔρχεσθαι. Ὁ ἔχων ὦτα ἀκούειν ἀκουέτω.

> Mt 11,12 ἀπὸ δὲ τῶν ἡμερῶν Ἰωάννου τοῦ βαπτιστοῦ ἕως
> ἄρτι ἡ βασιλεία τῶν οὐρανῶν βιάζεται καὶ βιασταὶ ἁρπάζου-
> σιν αὐτήν. 13 πάντες γὰρ οἱ προφῆται καὶ ὁ νόμος ἕως Ἰωάν-
> νου ἐπροφήτευσαν· 14 καὶ εἰ θέλετε δέξασθαι, αὐτός ἐστιν
> Ἠλίας ὁ μέλλων ἔρχεσθαι. 15 ὁ ἔχων ὦτα ἀκουέτω.

> Lk 16,16 Ὁ νόμος καὶ οἱ προφῆται μέχρι Ἰωάννου· ἀπὸ τότε
> ἡ βασιλεία τοῦ θεοῦ εὐαγγελίζεται καὶ πᾶς εἰς αὐτὴν βιάζεται.

Am Anfang des Zitates scheint Lk 16,16, im folgenden Mt 11,12-15
aufgenommen zu sein. Es ist gut möglich, daß diese "Harmonisierung"
nicht nur unbewußt im Rahmen einer Gedächtniszitation, sondern be-

---

1   Zitiert nach der Übersetzung von HÄUSER.

wußt vorgenommen wurde. Ob sie aber auf eine vorjustinische Quelle
zurückzuführen ist oder auf Justin selbst zurückgeht, ist nicht sicher zu entscheiden, wie auch BELLINZONI (125) bemerkt.
Insgesamt überwiegt deutlich der für das Mt charakteristische Stoff;
Abweichungen vom Text der synoptischen Evangelien finden sich kaum.

1) Dial 77,4 und 78

In Dial 77,4 und 78,1.2.4b.7.8 bezieht Justin sich deutlich auf die
Geburtsgeschichte Jesu nach Mt. Dabei ist seine Paraphrase dieser
Geschichte erkennbar vom matthäischen T e x t geprägt. Dies ist
u.a. daran deutlich, daß Justin - wohl aufgrund seiner Vorlage -
in Dial 78.1a aus der Satzkonstruktion fällt, wenn er von der indirekten Rede seines eigenen Referates in die direkte Rede seiner Vorlage wechselt:[1]

> Dial 78,1 Καὶ γὰρ οὗτος ὁ βασιλεὺς ᾿Ηρῴδης μαθὼν παρὰ τῶν
> πρεσβυτέρων τοῦ λαοῦ ὑμῶν, τότε ἐλθόντων πρὸς αὐτὸν τῶν ἀπὸ
> ᾿Αρραβίας μάγων, καὶ εἰπόντων ἐξ ἀστέρος τοῦ ἐν τῷ οὐρανῷ φα-
> νέντος ἐγνωκέναι ὅτι βασιλεὺς γεγέννηται ἐν τῇ χώρᾳ ὑμῶν, καὶ
> ἤλθομεν προσκυνῆσαι αὐτόν, καὶ ...

> Mt 2,1 Τοῦ δὲ ᾿Ιησοῦ γεννηθέντος ἐν Βηθλέεμ τῆς ᾿Ιουδαίας ἐν
> ἡμέραις ᾿Ηρῴδου τοῦ βασιλέως, ἰδοὺ μάγοι ἀπὸ τῶν ἀνατολῶν
> παρεγένοντο εἰς ᾿Ιεροσόλυμα 2 λέγοντες· ποῦ ἐστιν ὁ τεχθεὶς
> βασιλεὺς τῶν ᾿Ιουδαίων; εἴδομεν γὰρ αὐτοῦ τὸν ἀστέρα ἐν τῇ
> ἀνατολῇ καὶ ἤλθομεν προσκυνῆσαι αὐτῷ.

Auffällig ist dabei sowohl die Übereinstimmung mit dem Mt als auch
das Anführen solcher Details, die Justin nicht dem Mt entnommen haben
kann: so z.B., daß die "μάγοι" aus "Arabien" kamen. Möglicherweise
erklärt sich diese Ortsangabe als spezifizierende Interpretation
der unbestimmten matthäischen Angabe "ἀπο τῶν ἀνατολῶν" durch Justin.[2]

---

1   Diese Beobachtung macht auch MASSAUX (Influence, 524).
2   Eine einleuchtende Erklärung bietet KÖSTER (Septuaginta, 74), der darauf hin-
     weist, daß die Magier nach Dial 77,1-4 in Erfüllung der Verheißung von Jes
     8,4 aus Damaskus kamen, was nach Dial 78,10 eben in "Arabien" liegt.

Daß Justin mit der matthäischen Geburtsgeschichte - mit Ausnahme der
in ihr enthaltenen alttestamentlichen Zitate[1] - recht eigenständig
umgeht, wird auch im weiter folgenden Text von Dial 78 deutlich:
"καὶ ἐν Βηθλεὲμ τῶν πρεσβυτέρων εἰπόντων, ὅτι γέγραπται ἐν τῇ προφήτῃ ..." liest sich wie eine verkürzende und zusammenfassende Paraphrase von Mt 2,3-5; Dial 78,2 referiert weitgehend mit eigenen
Worten Mt 2,11-12:

> Dial 78,2 Τῶν ἀπὸ ᾿Αρραβίας οὖν μάγων ἐλθόντων εἰς Βηθλεὲμ
> καὶ προσκυνησάντων τὸ παιδίον καὶ προσενεγκάντων αὐτῷ δῶρα,
> χρυσὸν καὶ λίβανον καὶ σμύρναν, ἔπειτα κατ᾿ ἀποκάλυψιν, μετὰ
> τὸ προσκυνῆσαι τὸν παῖδα ἐν Βηθλεέμ, ἐκελεύσθησαν μὴ ἐπανελ-
> θεῖν πρὸς τὸν ᾿Ηρώδην.
>
> Mt 2,11 καὶ ἐλθόντες εἰς τὴν οἰκίαν εἶδον τὸ παιδίον μετὰ Μα-
> ρίας τῆς μητρὸς αὐτοῦ, καὶ πεσόντες προσεκύνησαν αὐτῷ καὶ ἀν-
> οίξαντες τοὺς θησαυροὺς αὐτῶν προσήνεγκαν αὐτῷ δῶρα, χρυσὸν
> καὶ λίβανον καὶ σμύρναν. 12 καὶ χρηματισθέντες κατ᾿ ὄναρ μὴ
> ἀνακάμψαι πρὸς ᾿Ηρῴδην, δι᾿ ἄλλης ὁδοῦ ἀνεχώρησαν εἰς τὴν
> χώραν αὐτῶν.

In der weiteren Fortsetzung des Kapitels wird erkennbar, daß Justin
neben dem Inhalt der matthäischen Geburtsgeschichte[2] auch den der
lukanischen gekannt hat;[3] zusätzlich finden sich Erzähldetails,
die in keinem der kanonischen Evangelien belegt sind.[4] Insgesamt
erweist sich die Geburtsgeschichte Justins als hauptsächlich von
den bei Mt berichteten Fakten geprägt. Die deutliche Rezeption
vor allem des Mt bei der Wiedergabe der Geburtsgeschichte erklärt
sich leicht daraus, daß Justin stark daran interessiert war, die
Lebensumstände Jesu und damit auch die Ereignisse bei seiner Geburt
als Erfüllung alttestamentlicher Voraussagen zu erweisen: auch und

---

1   S. dazu unten S. 212-215.
2   Vgl. dazu Dial 78,4b (Mt 2,13); 78,7f (Mt 2,12-18).
3   S. dazu Dial 78,3f , wo der Inhalt von Mt 1,18-20 mit dem von Lk 2,1-5
     verbunden wird.
4   Zu nennen wäre hier z.B. die Geburt Jesu in einer Höhle, die in den kanoni-
     schen Evangelien immerhin einen Anhalt an der Lk-Fassung hat und von der
     z.B. auch in Protev 17,3 erzählt wird.

gerade im Mt wird die Anbindung der Geburtsgeschichte Jesu an die
alttestamentlichen Weissagungen prononciert vorgenommen.

Daß Justin sich für die Geburtsgeschichte auf eine außerkanonische
Quelle bezieht, die den gesamten von ihm wiedergegebenen Stoff geboten hätte, ist immerhin möglich; allerdings hätte eine solche Quelle
vorrangig den bei Mt überlieferten Stoff wiedergegeben. Wahrscheinlich oder gar zwingend ist die Annahme einer solchen Quelle durchaus
nicht.

m) Dial 101,2 (vgl. Apol 16,7)

In Dial 101,2 wird wie in Apol 16,7 deutlich auf die Geschichte
vom "reichen Jüngling" Bezug genommen. Anlaß, auf diese Geschichte
zurückzukommen, ist für Justin die Anrede Jesu als "guter Lehrer".
Diese findet sich bei Mk und Lk, nicht jedoch bei Mt.[1] Die Reaktion
Jesu auf diese Anrede wird bei Justin jeweils sehr verschieden wiedergegeben und scheint in Apol 16,7 kontextbedingt sehr frei formuliert zu sein: Thema ist wie schon in Apol 16,6 die auch und gerade
von Jesus anerkannte Einzigkeit und Alleinigkeit Gottes; sowohl die
Bezeichnung Gottes als "μόνος" als auch der Hinweis auf sein Schöp-
ferwirken passen dazu gut.

In Dial 101,2 ist nicht so sehr die Einzigkeit Gottes als vielmehr
die Niedrigkeit Jesu das verhandelte Thema. Für die Antwort Jesu
in Dial 101,2 sind deutlich Parallelen im Mt festzustellen: die
Wendung "εἷς ἐστιν ἀγαθός" findet sich sehr ähnlich in Mt 19,17,
und die Bezeichnung Gottes als "ὁ πατὴρ ... ὁ ἐν οὐρανοῖς" ist
für das Mt typisch.

> Dial 101,2 Καὶ γὰρ ἐπὶ γῆς τὸ αὐτὸ ἔπραξε· λέγοντος αὐτῷ τινος·
>
> Διδάσκαλε ἀγαθέ, ἀπεκρίνατο· Τί με λέγεις ἀγαθόν; Εἷς ἐστιν
>
> ἀγαθός, ὁ πατήρ μου ὁ ἐν τοῖς οὐρανοῖς. ...
>
> Apol 16,7 Καὶ προσελθόντος αὐτῷ τινος καὶ εἰπόντος· "Διδάσκαλε

---

1   Die Mt-Handschriften, die "ἀγαθέ" lesen, harmonisieren wohl sekundär mit
     Mk/Lk.

ἀγαθέ", ἀπεκρίνατο λέγων· "Οὐδεὶς ἀγαθὸς εἰ μὴ μόνος ὁ θεός,
ὁ ποιήσας τὰ πάντα."

Mt 19,16 Καὶ ἰδοὺ εἷς προσελθὼν αὐτῷ εἶπεν· διδάσκαλε, τί
ἀγαθὸν ποιήσω ἵνα σχῶ ζωὴν αἰώνιον; 17 ὁ δὲ εἶπεν αὐτῷ·
τί με ἐρωτᾷς περὶ τοῦ ἀγαθοῦ; εἷς ἐστιν ὁ ἀγαθός...

Mk 10,17 Καὶ ἐκπορευομένου αὐτοῦ εἰς ὁδὸν προσδραμὼν εἷς
καὶ γονυπετήσας αὐτὸν ἐπηρώτα αὐτόν· διδάσκαλε ἀγαθέ, τί
ποιήσω ἵνα ζωὴν αἰώνιον κληρονομήσω; 18 ὁ δὲ Ἰησοῦς εἶπεν
αὐτῷ· τί με λέγεις ἀγαθόν; οὐδεὶς ἀγαθὸς εἰ μὴ εἷς ὁ θεός.

Lk 18,18 Καὶ ἐπηρώτησέν τις αὐτὸν ἄρχων λέγων· διδάσκαλε
ἀγαθέ, τί ποιήσας ζωὴν αἰώνιον κληρονομήσω; 19 εἶπεν δὲ
αὐτῷ ὁ Ἰησοῦς· τί με λέγεις ἀγαθόν; οὐδεὶς ἀγαθὸς εἰ μὴ
εἷς ὁ θεός.

Die Annahme einer Apol und Dial gemeinsamen außerkanonischen Quelle
ist äußerst unwahrscheinlich; auch BELLINZONI (20) verzichtet auf
sie und nimmt eine je verschiedene Zitationsgrundlage an.
Für Apol 16,7 scheint mir Mt-Einfluß kaum beweisbar zu sein;[1] zwischen Mk- oder Lk-Einfluß ist nicht sicher zu entscheiden.[2]
Für Dial 101,2 liegt die Annahme von Mt-Einfluß wesentlich näher;
dabei scheint die Antwort Jesu bei Mt in eigenartiger Weise mit der
bei Mk/Lk verquickt zu sein.
Vielleicht in Apol 16,7 und Dial 101,2, zumindest aber an der zweiten Stelle hat Justin, wenn auch nicht unbedingt planvoll und vielleicht auch nicht bewußt, "harmonisiert". Mir scheint aber nichts
gegen die Annahme zu sprechen, daß er sich an beiden Stellen frei
auf die Berichte der synoptischen Evangelien bezieht.
Die patristischen Parallelen[3] zur in Dial 101,2 wiedergegebenen

---

1   MORGAN (322) nimmt wie schon vorher BELLINZONI (83) Mt-Einfluß für die
     Worte "εἰπόντος" und "προσελθόντος αὐτῷ" an; mir erscheinen diese Wor-
     te als zu allgemein und zu wenig aussagekräftig als daß man hier mehr
     als die Möglichkeit von Mt-Abhängigkeit behaupten sollte.
2   So z.B. auch MORGAN (322).
3   S. dazu BELLINZONI (19).

Reaktion Jesu stimmen vor allem für die Wendung "ὁ πατὴρ (μου ὁ)
ἐν τοῖς οὐρανοῖς" auffällig untereinander und mit Justin überein;
deshalb für sie und Justin eine außerkanonische Quelle anzunehmen,
wie es z.B. auch KLINE (Harmonized Sayings, 238) tut, ist nicht
zwingend, da keine der anzuführenden Parallelen älter ist als das
Schrifttum Justins und deshalb prinzipiell mit der Möglichkeit gerechnet werden muß, daß sich der Wortlaut der Parallelen dem bei
Justin verdankt.

Zusammenfassend läßt sich sagen, daß Justin in je verschiedenem
Kontext zweimal darauf Bezug nimmt, daß Jesus für sich die Bezeichnung als "gut" abgelehnt und dieses Prädikat als nur für Gott passend bezeichnet habe. Indem es ihm nur um diesen Sachbezug auf die
synoptische Geschichte geht, formuliert er in Apol 16,7 die Reaktion
Jesu so, daß sie speziell die Einzigkeit und Alleinigkeit Gottes
des Schöpfers begründet; in Dial 101,2 liegt Justin vom Kontext
her vor allem daran, daß Jesus in Niedrigkeit und Bescheidenheit
von sich selbst weg auf Gott verweist. Die gleichzeitige Nähe und
Distanz Jesu zu Gott anzeigende matthäische Wendung "Vater in den
Himmeln" paßte dabei sehr gut zum Aussageinteresse Justins.
Grundlage seiner Äußerungen an beiden Stellen ist nicht mehr und
nicht weniger als die synoptische Geschichte als solche. Nicht
ihre Hauptintention jedoch ist es, die Justin aufnimmt, sondern er
entfaltet einen ihrer Nebengedanken, der ihm Anlaß bot, zu verdeutlichen, was er selbst - völlig unabhängig von dieser Geschichte -
seinen Adressaten einleuchtend machen wollte.

n) Apol 35,11 (vgl. Dial 53,3) u. Dial 123,8 (vgl. Dial 135,2)

In Apol 35,11 (vgl. Dial 53,3) und Dial 123,8 (vgl. Dial 135,2)
weist jeweils der Wortlaut eines AT-Zitates Besonderheiten sowohl
der Mt- als auch der LXX-Fassung dieses Zitates auf - und zwar im
Gegensatz zu den innerjustinischen Parallelen, wo die Anklänge an
den matthäischen Wortlaut fehlen.

Als alttestamentliche Voraussage über Art und Weise des Einzuges
Jesu in Jerusalem zitiert Justin in Apol 35,11 und Dial 53,2 Sach

9,9. Dabei fällt auf, daß der Wortlaut des Zitates in der Apologie recht verschieden ist von dem des Zitates im Dialog, und daß auch die jeweiligen Einleitungsformeln stark voneinander abweichen: in Apol 35,10 wird das Zitat (unrichtig) Zephanja zugewiesen, während es im Dialog korrekt als Sacharjastelle zitiert wird.

Apol 35,10 Καὶ ὅτι ῥητῶς καθεσθησόμενος ἐπὶ πῶλον ὄνου καὶ εἰσελευσόμενος εἰς τὰ Ἱεροσόλυμα προεπεφήτευτο, ἑτέρου προφήτου τοῦ Σοφονίου τὰς τῆς προφητείας λέξεις ἐροῦμεν. 11 Εἰσὶ δὲ αὗται· "Χαῖρε σφόδρα, θύγατερ Σιών, κήρυσσε, θύγατερ Ἱερουσαλήμ· ἰδοὺ ὁ βασιλεύς σου ἔρχεταί σοι πρᾶος, ἐπιβεβηκὼς ἐπὶ ὄνον καὶ πῶλον υἱὸν ὑποζυγίου".

Dial 53,3 Προεφητεύθη δὲ ὑπὸ Ζαχαρίου, ἑνὸς τῶν δώδεκα, τοῦτο μέλλειν γίνεσθαι οὕτως· Χαῖρε σφόδρα, θύγατερ Σιών, ἀλάλαξον, κήρυσσε, θύγατερ Ἱερουσαλήμ· ἰδοὺ ὁ βασιλεύς σου ἥξει σοι δίκαιος καὶ σώζων αὐτὸς καὶ πραῢς καὶ πτωχός. ἐπιβεβηκὼς ἐπὶ ὑποζύγιον καὶ πῶλον ὄνου.

Mt 21,4 τοῦτο δὲ γέγονεν ἵνα πληρωθῇ τὸ ῥηθὲν διὰ τοῦ προφήτου λέγοντος· 5 εἴπατε τῇ θυγατρὶ Σιών· ἰδοὺ ὁ βασιλεύς σου ἔρχεταί σοι πραῢς καὶ ἐπιβεβηκὼς ἐπὶ ὄνον καὶ ἐπὶ πῶλον υἱὸν ὑποζυγίου.

Sach 9,9 LXX Χαῖρε σφόδρα, θύγατερ Σιων· κήρυσσε, θύγατερ Ιερουσαλήμ· ἰδοὺ ὁ βασιλεύς σου ἔρχεταί σοι, δίκαιος καὶ σῴζων αὐτός, πραῢς καὶ ἐπιβεβηκὼς ἐπὶ ὑποζύγιον καὶ πῶλον νέον.

Vergleicht man den je verschiedenen Wortlaut in Apol und Dial mit Sach 9,9 und Mt 21,4f., so stellt man fest, daß Apol 35,11 im ersten Teil des Zitates (bis θύγατηρ Ἱερουσαλήμ") mit Sach 9,9 LXX, im zweiten Teil dagegen mit Mt 21,4f. gegen Sach 9,9 LXX jeweils ziemlich genau übereinstimmt. Dial 53,3 weist demgegenüber keinerlei spezifische Ähnlichkeit mit dem Mt auf und stimmt im wesentlichen, wenn auch nicht vollständig mit Sach 9,9 LXX überein.
Für die beste Erklärung für diesen Sachverhalt halte ich, daß Justin in Apol 35,10f. die Sacharjaweissagung nach dem Gedächtnis zitiert, während er sich im Dial an die LXX hält. So erklärt sich sowohl die

falsche Zuweisung des Zitates an Zephanja als auch das "Springen"
im Wortlaut von der LXX- auf die Mt-Fassung des Sacharjawortes in
Apol am besten.

Daß Justin bewußt auf Mt überwechselt, weil er während des Zitierens
in ihm einen Vorgänger erkannt hat, wie MASSAUX (Influence, 447)
annimmt, ist möglich, aber nicht zu beweisen. Die Annahme, daß der
"jetzige" Zitatwortlaut sich der späteren Überarbeitung durch einen
Abschreiber verdankt, die BOUSSET (Evangeliencitate, 35) in die
Diskussion einbrachte, ist nicht völlig auszuschließen, aber auch
nicht gerade wahrscheinlich: das Interesse des Überarbeiters wäre
doch zweifelsohne die Angleichung an den Mt-Wortlaut gewesen. Wieso
nun hätte er dieses sein Interesse nur halbherzig und nur in bezug
auf die zweite Zitathälfte ins Werk setzen sollen?

Inwieweit Justin die Kombination von Mt- und LXX-Text planmäßig
oder zufällig vollzog, wird wohl offenbleiben müssen; man kann aber
wohl begründet davon ausgehen, daß es sehr wahrscheinlich Justin
selbst war, der hier Mt und Sacharja kombinierte.[1]

Dafür, daß Justin sich in Dial 53 bewußt an der LXX-Fassung von Sach
9,9 orientiert, auch wenn er diese nicht exakt übernimmt, spricht
schon, daß er in der "Quellenangabe" für das Zitat exakter ist als
das Mt, obwohl Justin sonst in Dial 53 die Details für die Geschichte vom Einzug in Jerusalem weitgehend aus dem Mt übernimmt.[2] Ob
ihm im Bewußtsein war, daß sein Zitat in Apol 35,11 vom Wortlaut her
deutlich von dem in Dial abweicht, ist nicht sicher, wenn auch nicht
auszuschließen.

Die Benutzung einer außerkanonischen Quelle für das Sacharjazitat
in Apol und Dial scheidet sowohl wegen der unterschiedlichen Zitat-
zuweisung als auch wegen des divergierenden Zitatwortlautes eindeutig aus.

In Dial 123,8 und 135,2 wird Jes 42,1-4 zitiert, beide Male deutlich
als AT-Zitat, beide Male mit der begleitenden Behauptung, daß diese
alttestamentlichen Verse als auf Christus bezogen verstanden werden
müßten.

---

1   So auch STRECKER (Evangelienharmonie, 298).
2   So auch MASSAUX (Influence, 521) u. MORGAN (405).

Beim Vergleich der beiden Justinstellen fällt auf, wie stark unterschiedlich jeweils zitiert wird; während Dial 123,8 große Ähnlichkeit mit dem Jes-Zitat in Mt 12,18-22 aufweist, fehlen diese Ähnlichkeiten in Dial 135 fast völlig; Dial 135 ist vom Wortlaut her
dafür sehr viel näher an der LXX-Fassung der zitierten Jes-Stelle.

> Dial 123,8 Ἰακὼβ ὁ παῖς μου, ἀντιλήψομαι αὐτοῦ· Ἰσραὴλ ἐκλεκ-
> τός μου, θήσω τὸ πνεῦμά μου ἐπ᾽ αὐτόν, καὶ κρίσιν τοῖς ἔθνεσιν
> ἐξοίσει. Οὐκ ἐρίσει οὐδὲ κράξει, οὔτε ἀκούσεταί τις ἐν ταῖς
> πλατείαις τὴν φωνὴν αὐτοῦ· κάλαμον συντετριμμένον οὐ κατεάξει
> καὶ λίνον τυφόμενον οὐ μὴ σβέσει, ἀλλὰ εἰς ἀλήθειαν ἐξοίσει,
> κρίσιν ἀναλήψει καὶ οὐ μὴ θραυσθήσεται, ἕως ἂν θῇ ἐπὶ τῆς γῆς
> κρίσιν· καὶ ἐπὶ τῷ ὀνόματι αὐτοῦ ἐλπιοῦσιν ἔθνη.

> Dial 135,2 Ἰακὼβ ὁ παῖς μου, ἀντιλήψομαι αὐτοῦ· καὶ Ἰσραὴλ
> ὁ ἐκλεκτός μου, προσδέξεται αὐτὸν ἡ ψυχή μου. Δέδωκα τὸ πνεῦμά
> μου ἐπ᾽ αὐτόν, καὶ κρίσιν τοῖς ἔθνεσιν ἐξοίσει. Οὐ κεκράξεται,
> οὐδὲ ἀκουσθήσεται ἔξω ἡ φωνὴ αὐτοῦ· κάλαμον τεθραυσμένον οὐ
> συντρίψει καὶ λίνον τυφόμενον οὐ σβέσει, ἕως οὗ νῖκος ἐξοίσει,
> κρίσιν ἀναλήψει, καὶ οὐ θραυσθήσεται, ἕως ἂν θῇ ἐπὶ τῆς γῆς
> κρίσιν· καὶ ἐπὶ τῷ ὀνόματι αὐτοῦ ἐλπιοῦσιν ἔθνη.

Mt 12,18 ἰδοὺ ὁ παῖς μου ὃν ᾑρέτισα, ὁ ἀγαπητός μου εἰς ὃν
εὐδόκησεν ἡ ψυχή μου· θήσω τὸ πνεῦμά μου ἐπ᾽ αὐτόν, καὶ
κρίσιν τοῖς ἔθνεσιν ἀπαγγελεῖ. 19 οὐκ ἐρίσει οὐδε κραυγάσει,
οὐδε ἀκούσει τις ἐν ταῖς πλατείαις τὴν φωνὴν αὐτοῦ. 20 κάλαμον συντετριμμένον οὐ κατεάξει καὶ λίνον τυφόμενον οὐ
σβέσει, ἕως ἂν ἐκβάλῃ εἰς νῖκος τὴν κρίσιν. 21 καὶ τῷ ὀνόματι αὐτοῦ ἔθνη ἐλπιοῦσιν.

Jes 42,1 LXX Ιακωβ ὁ παῖς μου, ἀντιλήψομαι αὐτοῦ· Ισραηλ
ὁ ἐκλεκτός μου, προσεδέξατο αὐτὸν ἡ ψυχή μου· ἔδωκα τὸ
πνεῦμά μου ἐπ᾽ αὐτόν, κρίσιν τοῖς ἔθνεσιν ἐξοίσει. 2 οὐ
κεκράξεται οὐδε ἀνήσει, οὐδε ἀκουσθήσεται ἔξω ἡ φωνὴ αὐτοῦ.
3 κάλαμον τεθλασμένον οὐ συντρίψει καὶ λίνον καπνιζόμενον
οὐ σβέσει, ἀλλὰ εἰς ἀλήθειαν ἐξοίσει κρίσιν. 4 ἀναλάμψει
καὶ οὐ θραυσθήσεται, ἕως ἂν θῇ ἐπὶ τῆς γῆς κρίσιν. καὶ
ἐπὶ τῷ ὀμόματι αὐτοῦ ἔθνη ἐλπιοῦσιν.

Daß Justin den"selben" Jes-Text in nicht allzu großem Abstand so
verschieden zitiert, läßt die Annahme, daß er den jeweiligen Zitatwortlaut ein und derselben Zitiervorlage verdankt, als völlig ausgeschlossen erscheinen.

Die Verschiedenheit der beiden Zitate macht deutlich, daß es Justin
bei der Zitation offensichtlich nicht um Exaktheit des Wortlautes
ging; wichtig scheint jeweils hauptsächlich die Funktion des Zitates innerhalb des Argumentationszusammenhanges zu sein.

Für die Frage nach der Mt-Rezeption bei Justin läßt sich feststellen,
daß zumindest für Dial 123,8 direkter oder indirekter Einfluß des
Wortlautes des matthäischen Jes-Zitates angenommen werden muß.[1]

Justin zitiert wohl an beiden Dialogstellen nicht sklavisch an seine
Vorlage gebunden, sondern weitgehend frei und nach dem Gedächtnis.

Die Annahme einer außerkanonischen Quelle als Zitatgrundlage kann
sich kaum auf die beiden Dialogstellen gemeinsamen Abweichungen von
den kanonischen Parallelen berufen; "ἀναλήψει" für "ἀναλάμψει" mit
"κρίσιν" als Objekt[2] ist ein Verständnisfehler, der gut zweimal vorkommen kann; die Umstellung von "ἔθνη ἐλπιοῦσιν" in "ἐλπιοῦσιν ἔθνη"
kann zufällig übereinstimmen.

o) Apol 61,4

In Apol 61,4 wird eine Begründung für die christliche Taufe gegeben,
zu der als Parallelen Mt 18,3 und Joh 3,3.5 zu vergleichen sind.

> Apol 61,4 Καὶ γὰρ ὁ Χριστὸς εἶπεν· "Ἂν μὴ ἀναγεννηθῆτε, οὐ
> μὴ εἰσέλθητε εἰς τὴν βασιλείαν τῶν οὐρανῶν".

> Mt 18,3 καὶ εἶπεν· ἀμὴν λέγω ὑμῖν, ἐὰν μὴ στραφῆτε καὶ
> γένησθε ὡς τὰ παιδία, οὐ μὴ εἰσέλθητε εἰς τὴν βασιλείαν
> τῶν οὐρανῶν.

---

1   So auch MASSAUX (Influence, 543), der Einfluß von Mt und Jes annimmt, und
    MORGAN (397); MASSAUX (ebd.) schließt auch für Dial 135,2 Mt-Einfluß nicht
    aus.
2   So auch die LXX-Handschriften 88 u. 4O7 (vgl. ZIEGLER, 277); zumindest für
    88, die zu einer Untergruppe der hexaplarischen Origenesrezension gehört,
    kann ausgeschlossen werden, daß Justin sie gekannt hat.

Joh 3,3 ἀπεκρίθη ᾿Ιησοῦς καὶ εἶπεν αὐτῷ· ἀμὴν ἀμὴν λέγω σοι,
ἐὰν μή τις γεννηθῇ ἄνωθεν, οὐ δύναται ἰδεῖν τὴν βασιλείαν
τοῦ θεοῦ. 5 ... ἐὰν μή τις γεννηθῇ ἐξ ὕδατος καὶ πνεύματος,
οὐ δύναται εἰσελθεῖν εἰς τὴν βασιλείαν τοῦ θεοῦ.

Von den Formulierungen her finden sich Ähnlichkeiten vor allem
mit Mt 18,3; inhaltlich ist jedoch auch Joh 3,3.5 als Parallele zu
berücksichtigen.
Daß das Joh Justin überhaupt bekannt war, ist in der Forschung sehr
umstritten, weil sich kaum deutliche Spuren seiner Benutzung nachweisen lassen. Dabei spielt gerade Apol 61,4 eine wichtige Rolle
in der Diskussion um Joh-Kenntnis und -Benutzung Justins. Während
z.B. ROMANIDES (133) aus dieser Stelle ableitet, daß Justin das Joh
gekannt hat, sind sich STRECKER (Evangelienharmonie, 307) und BEL-
LINZONI (138) darin einig, daß sie ablehnen, von Apol 61,4 her Joh-
Kenntnis Justins zu begründen. Die beiden Letztgenannten erklären
jedoch die Entstehung des Wortlautes des Justinzitates recht unterschiedlich. BELLINZONI (138) nimmt als die Quelle Justins v o r synoptische Evangelientradition aus der Taufliturgie an, während
STRECKER (Evangelienharmonie, 307) Abhängigkeit von der Interpretation, die Mt 18,3 in der frühchristlichen Taufüberlieferung erfuhr,
vermutet.
Mir scheint hier - wie vielleicht auch schon in Apol 16,10[1] - ein
johanneischer Gedanke in zumindest teilweise synoptischem Sprachgewand vorzuliegen. Ich halte es für wahrscheinlich, wenn auch nicht
für sicher, daß sowohl das Mt als auch das Joh für Inhalt und Formulierungen des Jesuswortes, das Justin in Apol 61,4 zitiert, Pate
gestanden haben. Es muß ernsthaft erwogen werden, ob dieser Hintergrund Justin vielleicht nicht mehr präsent war, weil er das Jesuswort aus der ihm bekannten Tauftradition übernahm. Die Annahme, daß
von Justin v o r synoptische Taufüberlieferung aufgenommen wurde,
erscheint mir als nicht begründet.

---

1   S. dazu oben S. 182f.

Daß Justin das Joh überhaupt nicht gekannt und deswegen auch nicht benutzt
hat, wurde bzw. wird z.B. von HILGENFELD (Untersuchungen, 304), SCHOLTEN
(24 u. 39), BELLINZONI (140) und KÖSTER (Introduction 2, 9) behauptet.
Andere Forscher äußern sich eher positiv zur Joh-Kenntnis Justins und
führen die Nichtbenutzung bzw. kaum feststellbare Aufnahme auf den mehr
"esoterischen" Charakter des Joh zurück, der sich mit dem Charakter der
Schriften Justins schlecht vertragen habe.[1]

2.1.2. Stellen, an denen die Nähe zu für das Mt spezifischem Stoff/ Formulierungsgut deutlich größer ist als die zu den synoptischen oder sonstigen Parallelen

a) Apol 15-17 - Passagen innerhalb größerer Zitatzusammenhänge

Die hier zu nennenden Stellen wurden jeweils schon oben innerhalb
ihres größeren Zusammenhanges im Werk Justins analysiert.
Es handelt sich um Apol 15,10 (s.o. 169), 15,11 (s.o. 170f.), 15,12
(s.o. 171f.), 15,16 (s.o. 176-178) und 16,9 (s.o. 181).

b) Apol 15,2

In Apol 15,2 wird als zweites Beispiel für Jesu Äußerungen "Περὶ ...
σωφροσύνης" das "Wort vom Auge" zitiert, zu dem Parallelen in
Mt 5,29, 18,9 und Mk 9,47 zu vergleichen sind.

Apol 15,2 ... "Εἰ ὁ ὀφθαλμός σου ὁ δέξιος σκανδαλίζει σε,
ἔκκοψον αὐτόν· συμφέρει γάρ σοι μονόφθαλμον εἰσελθεῖν εἰς τὴν
βασιλείαν τῶν οὐρανῶν, ἢ μετὰ τῶν δύο πεμφθῆναι εἰς τὸ αἰώνιον
πῦρ".

Mt 5,29 εἰ δὲ ὁ ὀφθαλμός σου ὁ δεξιὸς σκανδαλίζει σε, ἔξελε αὐτὸν καὶ βάλε ἀπὸ σοῦ· συμφέρει γάρ σοι ἵνα ἀπόληται

---

[1]   So z.B. WESTCOTT (167f.), ZAHN (Geschichte, 516-534), BOUSSET (Evangelien-
        citate, 115-121), BONWETSCH (649), LIPPELT (95), LIETZMANN (Bücher, 43f.),
        v. LOEWENICH (39 u. 50), MASSAUX (Influence, 569), ROMANIDES (passim; beson-
        ders 134), CHADWICK (Defence, 296) u. HILLMER (51-73); vgl. dazu auch unten
        S. 264.

ἐν τῶν μελῶν σου καὶ μὴ ὅλον τὸ σῶμά σου βληθῇ εἰς γέενναν.

Mt 18,9 καὶ εἰ ὁ ὀφθαλμός σου σκανδαλίζει σε, ἔξελε αὐτὸν καὶ βάλε ἀπὸ σοῦ· καλόν σοί ἐστιν μονόφθαλμον εἰς τὴν ζωὴν εἰσελθεῖν ἢ δύο ὀφθαλμοὺς ἔχοντα βληθῆναι εἰς τὴν γέενναν τοῦ πυρός.

Mk 9,47 καὶ ἐὰν ὁ ὀφθαλμός σου σκανδαλίζῃ σε, ἔκβαλε αὐτόν· καλόν σέ ἐστιν μονόφθαλμον εἰσελθεῖν εἰς τὴν βασιλείαν τοῦ θεοῦ ἢ δύο ὀφθαλμοὺς ἔχοντα βληθῆναι εἰς τὴν γέενναν,

Im ersten Teil des Zitates erscheint mir deutlich Mt 5,29 Zitiergrundlage für Justin gewesen zu sein. Im zweiten Zitatteil sind stär-
kere Abweichungen von den kanonischen Parallelen festzustellen; das
Zitat ist hier nicht einfach und deutlich auf eine Stelle allein
zurückzuführen: erinnert "συμφέρει γάρ σοι" noch deutlich an Mt 5,29,
so findet sich für "μονόφθαλμον" eine Parallele in Mt 18,9 und Mk 9,
47; für "εἰσελθεῖν εἰς τὴν βασιλείαν" bietet sich nur Mk 9,47 als
Parallele an, "βασιλείαν τῶν οὐρανῶν" aber kann nicht aus dem Mk
stammen, sondern ist matthäische Spezialwendung. Der Schluß des Zitates weicht noch stärker als sein Mittelteil von den kanonischen
Parallelen ab; "αἰώνιον πῦρ" findet sich deutlich häufiger bei Mt
als bei Mk oder Lk. Angesichts dieses Befundes erscheint mir nur
Mt 5,29 als gesicherte Grundlage des Zitates; Mk-Einfluß ist zwar
möglich, aber durchaus nicht sicher; m.E. erklärt sich der Wortlaut
des Zitates bei Justin gut, wenn man annimmt, daß Justin frei und
nach dem Gedächtnis Mt 5,29 zitiert hat. Ein bewußtes Heranziehen
weiterer Parallelen erscheint mir als sehr unwahrscheinlich, da
die Ähnlichkeiten mit diesen doch zu gering sind.[1]
Daß Justin hier nicht die kanonischen Evangelien selbst, sondern
den Wortlaut einer außerkanonischen Evangelienquelle zitiert, kann
nicht ausgeschlossen werden; die vorhandenen patristischen Parallelen[2] vermögen allerdings nicht, die Annahme der Benutzung einer
solchen Quelle zu erhärten.

---

1   So auch MASSAUX (Influence, 468 u. texte, 420f); anders BELLINZONI (88)
     u. MORGAN (284), die Mt/Mk-Harmonisierung annehmen.
2   S. dazu BELLINZONI (87f).

c) Apol 16,5

In Apol 16,5 wird unter der Überschrift "Περὶ δὲ τοῦ μὴ ὀμνύναι
ὅλως, τἀληθῆ δὲ λέγειν ἀεί, οὕτως παρεκελεύσατο" Jesu Schwurverbot
zitiert.

Apol 16,5 Μὴ ὀμόσητε ὅλως· ἔστω δὲ ὑμῶν τὸ ναὶ ναί, καὶ τὸ
οὒ οὒ· τὸ δὲ περισσὸν τούτων ἐκ τοῦ πονηροῦ.

Mt 5,34 ἐγὼ δὲ λέγω ὑμῖν μὴ ὀμόσαι ὅλως· μήτε ἐν τῷ οὐρανῷ,
ὅτι θρόνος ἐστιν τοῦ θεοῦ, 35 μήτε ἐν τῇ γῇ, ὅτι ὑποπόδιόν
ἐστιν τῶν ποδῶν αὐτοῦ, μήτε εἰς ᾿Ιεροσόλυμα, ὅτι πόλις ἐστιν
τοῦ μεγάλου βασιλέως, 36 μήτε ἐν τῇ κεφαλῇ σου ὀμόσῃς, ὅτι
οὐ δύνασαι μίαν τρίχα λευκὴν ποιῆσαι ἢ μέλαιναν. 37 ἔστω
δὲ ὁ λόγος ὑμῶν ναὶ ναί, οὒ οὒ· τὸ δὲ περισσὸν τούτων ἐκ
τοῦ πονηροῦ ἐστιν.

Jak 5,12 Πρὸ πάντων δέ, ἀδελφοί μου, μὴ ὀμνύετε μήτε τὸν
οὐρανὸν μήτε τὴν γῆν μήτε ἄλλον τινὰ ὅρκον· ἤτω δὲ ὑμῶν τὸ
ναὶ ναὶ καὶ τὸ οὒ οὔ, ἵνα μὴ ὑπὸ κρίσιν πέσητε.

Anfang und Ende des Zitates weisen m.E. deutlich auf das Mt als die
Grundlage dieses Zitates hin. Auffällig ist aber, daß Justin darin
mit Jak 5,12 übereinstimmt, daß er vor dem doppelten "ja" und "nein"
jeweils den Artikel "τὸ" bezeugt.
Die Jak-Fassung der positiven Alternative zum Schwören ist dabei
wohl als sprachliche Verbesserung der Mt-Fassung zu betrachten,
steht mit ihrer Formulierung aber in sachlicher Entsprechung zu der
von Mt wahrscheinlich umgestalteten ursprünglichen Fassung des Jesuswortes.[1] Die in der matthäischen Gemeinde wohl gebräuchliche Beteuerungsformel " ja ja" bzw. "nein nein", mit der Mt das "Schwören
bei etwas" durch eine einfache Beteuerungsformel ersetzt und damit
letztlich das generelle Schwurverbot Jesu aufweicht, konnte für
Außenstehende, die diese Formel nicht kannten, kaum verständlich
sein. Die Änderung der matthäischen Fassung des Schwurverbotes in

---

[1]   So auch STRECKER (Evangelienharmonie, 308), der auch zum folgenden zu ver-
      gleichen ist.

Richtung der auch vom Jak bezeugten Fassung war also naheliegend.
Nicht leicht zu entscheiden ist die Frage, ob Justin seinerseits
vom Jak, von der vormatthäischen Tradition, vom Mt selbst, dessen
ihm unverständliche Passagen er wegläßt bzw. korrigiert, oder
von einer außerkanonischen Tradition oder Quelle, die solche Änderungen vorgenommen hatte, abhängig ist. Die Antwort auf diese Frage
wird nicht gerade erleichtert durch die zahlreichen patristischen
Parallelen, die mit Justin/Jak gegen Mt übereinstimmen.[1]
Als am leichtesten auszuschließen erscheint mir die auch in der Literatur nicht ernsthaft erwogene oder deutlich abgelehnte bewußte
Aufnahme des Jak-Textes.
Ob Justin völlig selbständig den matthäischen Text korrigierte[2]
oder mit dieser Korrektur nur aufnahm, was in der Tradition lebendig
war[3], ist m.E. deswegen nicht zu entscheiden, weil sich die "Änderung" gegenüber dem Mt-Wortlaut ja schon aus der Sachanforderung des
besseren Verständnisses ergeben mußte. Kaum zu entscheiden ist auch
die Frage, ob es die vormatthäische Tradition oder die nachmatthäische Korrektur (die inhaltlich wieder zur vormatthäischen Tradition
zurückführt) war, die die breit bezeugte kirchliche Tradition geprägt
hat. Vom Zitatrahmen her scheint mir bei Justin allerdings deutlich
das Mt als Zitatgrundlage vorausgesetzt zu sein; entweder hat sich
zusätzlich zur matthäischen Fassung die vor- oder nachmatthäische
Tradition oder die eigene Überlegung Justins durchgesetzt.
Wie dem auch sei: wir haben hier den interessanten Fall, daß Justin
zwar offensichtlich auf der matthäischen Fassung eines Jesuswortes
basiert, mit dem Anliegen des Evangelisten aber aufgrund einer veränderten Situation nichts mehr anfangen kann. Sachlich wird er
damit radikaler als Mt es war und stimmt inhaltlich so wieder mit
dem Schwurverbot Jesu überein.

d) Apol 34,1 und Dial 78,1

In Apol 34,1 und Dial 78,1 zitiert Justin als alttestamentliche Ver-

---

1   S. dazu BELLINZONI (66).
2   In diese Richtung äußert sich auch MASSAUX (Influence, 485).
3   So DERS. (!) (texte, 425) und wohl auch BELLINZONI (67).

heißung Mi 5,1 jeweils in fast demselben Wortlaut, in dem dieses
Wort in Mt 2,6 angeführt wird.

In Apol 34,1 ist vom Kontext her nicht die Magiergeschichte angesprochen, sondern die Michaverheißung des Alten Testamentes. Ab Apol
31 löst Justin das in Apol 30 gegebene Versprechen ein, die Zuverlässigkeit des Glaubens an Christus damit zu begründen, daß Jesu
Leben und Sterben ja schon im Alten Testament geweissagt sei und man
im Vergleich neutestamentlicher Ereignisse mit alttestamentlichen
Voraussagen die Erfüllung dieser Voraussagen nachprüfen könne.

Als Beweis für den Geburtsort Jesu, Bethlehem, wird dabei die Übereinstimmung der diesbezüglichen Evangelienangabe mit Micha 5,6 angeführt.

Anders als in Apol 34,1 weist in Dial 78,1 der Kontext der AT-Zita-
tion deutlich auf das Mt. Im Zuge des von Trypho geforderten Beweises dafür, daß Jes 7,14ff. auf Christus und dessen jungfräuliche
Geburt hin zu deuten sei und diese angekündigt habe, beweist Justin
unter anderem, daß Jes 8,4 "Ehe er versteht, Vater oder Mutter zu
rufen, erhielt er die Macht von Damaskus und die Beute von Samaria
vor dem König der Assyrer" auf Christus hin gesagt sei. Als Beweis
wird dabei die Behauptung aufgestellt, daß dieses Wort bisher auf
keinen Juden zugetroffen sei, die Erfüllung dieses Wortes sich aber
in bezug auf Jesus ereignet habe mit dem Besuch der Magier bei
seiner Geburt. Diese Behauptung wird erläutert durch eine Nacherzählung der Magiergeschichte. Innerhalb dieser Nacherzählung wird berichtet, daß Herodes sich bei den Ältesten der Juden erkundigte,
diese ihn auf Bethlehem verwiesen und erklärten, daß "beim Propheten" ("ἐν τῷ προφήτῃ") solches geschrieben stünde. Es folgt das
Zitat aus Mi 5,1 par. Mt 2,6, das deutlich nach seinem matthäischen
Wortlaut zitiert wird.

Apol 34,1 ῞Οπου δὲ καὶ τῆς γῆς γεννᾶσθαι ἔμελλεν, ὡς προεῖπεν
ἕτερος προφήτης ὁ Μιχαίας, ἀκούσατε. ῎Εφη δὲ οὕτως·

Dial 78,1 ... καὶ ἐν Βηθλεὲμ τῶν πρεσβυτέρων εἰπόντων, ὅτι
γέγραπται ἐν τῷ προφήτῃ οὕτως·

Mt 2,5 ... οἱ δὲ εἶπαν αὐτῷ· ἐν Βηθλέεμ τῆς Ἰουδαίας·
οὕτως γὰρ γέγραπται διὰ τοῦ προφήτου·

Apol 34,1 = Dial 78,1 ... "Καὶ σὺ Βηθλεέμ, γῆ Ἰούδα, οὐδαμῶς ἐλαχίστη εἶ ἐν τοῖς ἡγεμόσιν Ἰούδα· ἐκ σοῦ γὰρ ἐξελεύσεται ἡγούμενος, ὅστις ποιμανεῖ τὸν λαόν μου".

Mt 2,6 καὶ σὺ Βηθλέεμ, γῆ Ἰούδα, οὐδαμῶς ἐλαχίστη εἶ ἐν τοῖς ἡγεμόσιν Ἰούδα· ἐκ σοῦ γὰρ ἐξελεύσεται ἡγούμενος, ὅστις ποιμανεῖ τὸν λαόν μου τὸν Ἰσραήλ.

Mi 5,1 LXX Καὶ σύ, Βηθλεεμ οἶκος τοῦ Εφραθα, ὀλιγοστὸς εἶ τοῦ εἶναι ἐν χιλιάσιν Ιουδα· ἐκ σοῦ μοι ἐξελεύσεται τοῦ εἶναι εἰς ἄρχοντα ἐν τῷ Ισραηλ, ...

Vergleicht man Mi 5,1 LXX und Mt 2,6 mit den Justinzitaten, so fällt auf, daß Justin Wort für Wort mit dem Mt gegen die LXX übereinstimmt. Daß Justin in Dial 78 das Mt zitiert, ist nicht weiter verwunderlich, da der ganze Zusammenhang den Bezug auf Mt 2 nahelegt. Auffälliger ist schon, daß auch in Apol 34 der Mt- und nicht der von ihm abweichende Mi-Wortlaut zitiert wird, obwohl vom Zusammenhang her klar ist, daß nur Micha und eben nicht das Mt Gewährsmann für das Zitat sein kann. Offensichtlich hat Justin das Michazitat in seinem matthäischen Wortlaut im Gedächtnis gehabt und - obwohl dies bei Mt nicht steht - richtig als Michazitat erkannt, oder sogar direkt im Mt den Wortlaut seines Zitates nachgeschlagen. Eine dritte Möglichkeit wäre, daß Justin (vorausgesetzt, Mt hätte sein Zitat nicht selbst "umformuliert") die Quelle des matthäischen Zitates gekannt hat. Als vierte Erklärungsmöglichkeit muß schließlich auch noch in Betracht gezogen werden, daß gar nicht Justin, sondern ein späterer Abschreiber für den Wortlaut des Zitates verantwortlich zu machen ist.[1]
Ins Auge fällt auf jeden Fall, daß Justin hier wie sonst nur selten exakt und wortwörtlich zitiert.
MASSAUX (Influence, 496 u. 524f.) versucht, diese Exaktheit zu erklären, indem er darauf hinweist, daß es in Apol 34 wie in Dial 78 vom Kontext her deutlich um den Nachweis der Erfüllung von Voraussagen gehe. Die Exaktheit Justins erkläre sich eben daraus, daß es

---

1   So z.B. BOUSSET (Evangeliencitate, 37).

Justin gerade wegen der nur so zu erreichenden Deutlichkeit des
Beweises hier nicht nur um den zitierten Sachverhalt, sondern auch
um den Wortlaut seines Zitates zu tun sei. Die Auswahl gerade des
Mt-Wortlautes resultiere daraus, daß auch Matthäus genau wie Justin
am Nachweis der Erfüllung des Michawortes interessiert sei und
Justin sich deshalb an Mt als Gewährsmann für sein Zitat halten
wollte.

So sehr die MASSAUXsche Erklärung auf den ersten Blick einleuchten
mag, so wenig vermag sie zu erklären, wieso sich dann bezüglich der
ja auch im Dienste des Nachweises der Erfüllung alttestamentlicher
Voraussagen stehenden Zitation von Jes 42,1-4 in Dial 123,8 und
130,2 ein so anderes Bild ergibt: dort scheint Justin ja eben gerade
nicht an einen bestimmten Wortlaut gebunden zu sein, sondern nur
und gerade auf den zitierten Sachverhalt Wert zu legen.

Die BOUSSETsche These von der nachträglichen Abschreiberkorrektur
hat die schlechte und unbefriedigende Überlieferungslage der Werke
Justins sowohl für als auch gegen sich; ginge man von ihr aus,
müßte man zugleich festhalten, daß die "matthäisierende" Überarbeitung der AT-Zitate Justins keinesfalls konsequent und an allen dazu
geeigneten Zitaten in gleicher Weise erfolgt ist.

Mir scheint nichts dagegen zu sprechen, daß wir den zweimal identisch
überlieferten Wortlaut des Michazitates Justin und nicht einem Abschreiber zu verdanken haben. Dabei ist durchaus möglich, daß Justin
in dem Wissen, daß Mt für die Abstammung Jesu aus Bethlehem ein Michazitat anführt, Micha zu zitieren meint, während er de facto das
Mt zitiert. Die Verbindung zum Mt lag nicht nur anhand der einen
Michastelle, sondern überhaupt für jemand wie Justin nahe, der ja
das Vorhergesagtsein des Weges Jesu im AT nachweisen und zur Darstellung bringen wollte. Gerade im Mt ist der Gedanke, daß die ganze Geschichte Jesu die Erfüllung alttestamentlicher Vorhersagen ist, breit
zur Ausführung gekommen.

e) Apol 63,3.13 und Dial 100,1

   Apol 63,3 Καὶ Ἰησοῦς δὲ ὁ Χριστός, ὅτι οὐκ ἔγνωσαν Ἰουδαῖοι
   τί πατὴρ καὶ τί υἱός, ὁμοίως ἐλέγχων αὐτοὺς καὶ αὐτὸς εἶπεν·

"Οὐδεὶς ἔγνω τὸν πατέρα εἰ μὴ ὁ υἱός, οὐδὲ τὸν υἱὸν εἰ μὴ
ὁ πατὴρ καὶ οἷς ἂν ἀποκαλύψῃ ὁ υἱός".

Apol 63,13 Καὶ πάλιν ὁ 'Ιησοῦς, ὡς ἐδηλώσαμεν, παρ' αὐτοῖς ὢν
εἶπεν· "Οὐδεὶς ἔγνω τὸν πατέρα εἰ μὴ ὁ υἱός, οὐδὲ τὸν υἱὸν εἰ
μὴ ὁ πατὴρ καὶ οἷς ἂν ὁ υἱὸς ἀποκαλύψῃ".

Dial 100,1 ..., καὶ ἐν τῷ εὐαγγελίῳ δὲ γέγραπται εἰπών· Πάντα
μοι παραδέδοται ὑπὸ τοῦ πατρός, καὶ οὐδεὶς γινώσκει τὸν πατέρα
εἰ μὴ ὁ υἱός, οὐδὲ τὸν υἱὸν εἰ μὴ ὁ πατὴρ καὶ οἷς ἂν ὁ υἱὸς
ἀποκαλύψῃ.

> Mt 11,27 Πάντα μοι παρεδόθη ὑπὸ τοῦ πατρός μου, καὶ οὐδεὶς
> ἐπιγινώσκει τὸν υἱὸν εἰ μὴ ὁ πατήρ, οὐδὲ τὸν πατέρα τις
> ἐπιγινώσκει εἰ μὴ ὁ υἱὸς καὶ ᾧ ἐὰν βούληται ὁ υἱὸς ἀποκα-
> λύψαι.

> Lk 10,22 πάντα μοι παρεδόθη ὑπὸ τοῦ πατρός μου, καὶ οὐδεὶς
> γινώσκει τίς ἐστιν ὁ υἱὸς εἰ μὴ ὁ πατήρ, καὶ τίς ἐστιν ὁ
> πατὴρ εἰ μὴ ὁ υἱὸς καὶ ᾧ ἐὰν βούληται ὁ υἱὸς ἀποκαλύψαι.

Das Zitat in Dial 100,1 ist deutlich länger und "vollständiger" als
die Zitate in Apol 63,3.13.
Zieht man die synoptischen Parallelen zum Vergleich heran, so ist
für den Anfang des Zitates in Dial 100,1 nicht deutlich zwischen
Mt- und Lk-Nähe zu entscheiden, da deren Fassungen des Jesuswortes
identisch sind für diesen seinen Beginn.[1] Für die Zitatfortsetzung
in Dial 100,1 und die Zitate in Apol 63,3.13 weisen die Übereinstimmungen mit den synoptischen Texten mehr auf das Mt als auf das
Lk.

> Über die auch bei Lk zu findenden Gemeinsamkeiten der Zitate Justins mit
> dem Mt hinaus stimmt der matthäische Text mit diesen Zitaten in der Satz-
> konstruktion deutlich mehr überein als der lukanische; bei Mt ist wie bei
> Justin das Erkenntnisobjekt als grammatisches (Akkusativ-)Objekt des Haupt-
> satzes ausgedrückt; vgl. dagegen die Nebensatzkonstruktion bei Lk. MORGAN,
> der mehr auf das Zählen von Worten achtet, vernachlässigt hier derartige
> syntaktische Überlegungen und kann sich deshalb zwischen Mt- u. Lk-Einfluß
> nicht entscheiden (340).

Auffälliger als die Übereinstimmungen mit den Synoptikern sind aber

---

1   So auch MORGAN (380); anders MASSAUX (Influence, 534), der Mt-Einfluß
     annimmt.

die Abweichungen Justins von den synoptischen Texten.
Die wichtigste inhaltliche Abweichung ist, daß "Vater" und "Sohn"
als Erkenntnissubjekt bzw. -objekt bei Justin im Vergleich zu Mt
und Lk jeweils vertauscht sind: wird bei Mt und Lk gesagt, daß keiner den Sohn erkennt außer dem Vater und keiner den Vater außer
dem Sohn und wem es der Sohn offenbart, und liegt damit der quantitative und qualitative Schwerpunkt dieser Doppelaussage deutlich
auf der Erkenntnis des Vaters, die durch den Sohn vermittelt wird,
so liegt bei Justin der Aussageschwerpunkt deutlich auf der Erkenntnis des Sohnes, die der Vater u n d der Sohn vermitteln. Der
Kontext in der Apologie macht deutlich, daß diese so gestaltete
Aussage über die Erkennbarkeit Christi polemisch antijüdisch gemeint ist. Der Unterschied zwischen dem justinschen und dem synoptischen Wortlaut erklärt sich gut aus der argumentativen Funktion,
die das Jesuswort bei Justin hat; es kann deshalb durchaus nicht
ausgeschlossen werden, daß Justin selbst für die Abweichungen vom
synoptischen Wortlaut verantwortlich zu machen ist.[1] In der Auseinandersetzung mit dem Judentum war die Verstärkung der Aussagen
über die Stellung des Sohnes ja durchaus naheliegend. Die Juden
erkennen eben nicht, "was der Vater und was der Sohn sei" (Apol
63,3) und sind blind und taub für die Stimme Jesu, die als "λόγος
ϑεοῦ" schon im Alten Testament deutlich vernehmbar ist.
Auch in Dial 100,1 ist es Justin eher um den Sohn als um den Vater
zu tun. Das Jesuswort wird dort zitiert als Beleg für die Herrlichkeit Jesu. Nachdem Justin für diese schon aus dem Segen über Joseph
und Juda alttestamentliche Belege beigebracht hatte, wie er im
Rückverweis in Erinnerung bringt, zitiert er als zusätzliche Bekräftigung nun noch eine dem inhaltlich entsprechende und dies zum
Ausdruck bringende Selbstaussage Jesu, die er als "im Evangelium
geschrieben"[2] qualifiziert.
Die Annahme einer gemeinsamen außerkanonischen Quelle für die drei
Justinzitate legt sich m.E. nicht nahe. Zwar sind gemeinsame Abwei-

---

1   So wohl auch WRIGHT (63), der die Änderungen gegenüber dem synoptischen
     Wortlaut wie TITUS (122f.) als dogmatisch motiviert erklärt. Die Charakteri-
     sierung dieser Änderungsmotivation als "dogmatisch" berücksichtigt m.E.
     zu wenig den polemischen Kontext, in dem diese dogmatische Aussage steht.
2   Zur Deutung und Einordnung dieser Zitationsformel s.u. S.263.

chungen vom synoptischen Wortlaut festzustellen; diese erklären
sich in der Apologie aber gut aus dem jeweiligen Kontext des
Zitates und können ohne weiteres Justin selbst zuzuschreiben sein;
im Dialog hätte Justin dann dasselbe Jesuswort aus dem Gedächtnis
und dabei vollständiger zitiert. Dieses vollständigere Zitieren erklärt sich wiederum gut aus dem argumentativen Zusammenhang, in
dem das Zitat im Dialog steht: ging es in der Apologie primär um
die Erkennbarkeit des Sohnes, so geht es im Dialog deutlich um den
Nachweis einer seiner "Eigenschaften", nämlich seiner Herrlichkeit;
hierzu war der erste Teil des Zitates sinnvoll und geeignet. Zudem
ermöglicht der Wortlaut der drei Zitate in Apol und Dial die Annahme
des Zugrundeliegens einer gemeinsamen außerkanonischen Quelle nur
dann, wenn man zugleich annimmt, daß diese Quelle jeweils nicht
wortwörtlich zitiert worden ist. Die frappierende, wenn auch durchaus
nicht vollständige Wortlautübereinstimmung Justins mit Zitaten bei
anderen Kirchenschriftstellern[1] zwingt durchaus nicht zu der Annahme
einer außerkanonischen Quelle. Es bleibt zwar festzuhalten, daß
die Abweichungen Justins von den synoptischen Evangelien im zweiten
Jahrhundert breit bezeugt sind. Abhängigkeit von einer allen oder
einigen Zeugen gemeinsamen vorsynoptischen[2] oder nachsynoptischen[3]
Quelle ist aber weder wahrscheinlich noch etwa sogar zwingend.[4]

f) Dial 49,3-5

In Dial 49 steht im Rahmen der Frage nach Jesu Messianität die Rolle
Johannes des Täufers zur Debatte. Mit ihm beschäftigt sich Justin

---

1   Vgl. dazu BELLINZONI (26f.) und WINTER (passim).
2   So z.B. WINTER (passim); dagegen zu Recht STRECKER (Evangelienharmonie, 311).
3   So vorsichtig BELLINZONI (28), der offenläßt, ob diese "Quelle" eine Text-
     lesart zu Mt oder Lk oder ein selbständiger nachsynoptischer Text war;
     KLINE (Harmonized Sayings, 235) gibt zu, daß die Justinstellen für sich
     genommen den Beweis für die Justin und anderen Autoren gemeinsame Benutzung
     einer außerkanonischen Quelle durchaus nicht erbringen könnten; im Verein
     mit anderen Belegen könnten sie seiner Meinung nach aber durchaus die An-
     nahme der Benutzung einer außerkanonischen nachsynoptischen Quelle stützen.
4   So auch STRECKER (Evangelienharmonie, 311).

ausführlich in Dial 49,3-5. Es geht ihm dabei um den Nachweis,
daß Johannes der Täufer der von Mal 4,5 verheißene wiederkommende
Elias war. Damit und als solcher ist er - so Justin - der Herold
der zweiten Parusie Christi, die nicht wie die erste "ohne Ehre
und Schönheit", sondern "in Herrlichkeit als Weltenrichter" vonstat-
ten gehen wird.

Zur Charakterisierung des Täufers als des prophetischen Elia werden
von Justin neben "historischen" Details, für die jeweils nicht genau festzustellen ist, welches bestimmte Evangelium ihnen letztlich
zugrundeliegt,[1] auch (in Dial 49,3) die Predigt des Täufers und
(in Dial 49,5) ein Wort Jesu über den Täufer angeführt. An beiden
Stellen ist deutlich das Mt Grundlage des Wortlautes der Zitate
Justins.

Für die in Dial 49,3 zitierte Predigt des Täufers erscheint mir Mt-
Bezug als sehr wahrscheinlich; Lk-Bezug ist allenfalls möglich, aber
nicht zwingend; Einfluß des Joh oder der Mk-Fassung der Täuferpre-
digt ist zwar nicht gänzlich auszuschließen, aber alles andere als
naheliegend.

Dial 49,3 Ἐγὼ μὲν ὑμᾶς βαπτίζω ἐν ὕδατι εἰς μετάνοιαν· ἥξει
δὲ ὁ ἰσχυρότερός μου, οὗ οὐκ εἰμὶ ἱκανὸς τὰ ὑποδήματα βαστάσαι.
αὐτὸς ὑμᾶς βαπτίσει ἐν πνεύματι ἁγίῳ καὶ πυρί. οὗ τὸ πτύον
αὐτοῦ ἐν τῇ χειρὶ αὐτοῦ, καὶ διακαθαριεῖ τὴν ἅλωνα αὐτοῦ καὶ
τὸν σῖτον συνάξει εἰς τὴν ἀποθήκην, τὸ δὲ ἄχυρον κατακαύσει
πυρὶ ἀσβέστῳ.

Mt 3,11 Ἐγὼ μὲν ὑμᾶς βαπτίζω ἐν ὕδατι εἰς μετάνοιαν, ὁ
δὲ ὀπίσω μου ἐρχόμενος ἰσχυρότερός μου ἐστιν, οὗ οὐκ εἰμὶ
ἱκανὸς τὰ ὑποδήματα βαστάσαι· αὐτὸς ὑμᾶς βαπτίσει ἐν πνεύ-

---

1   S. z.B. die Bemerkung in Dial 49,3, daß Jesus gesagt habe, Elia werde
    wiederkommen, wo zwischen Mt 17,11 und Mk 9,11f. nicht zu entscheiden ist,
    und die Nacherzählung der Geschichte vom Tod des Täufers (ebd.), die Justin
    wohl selbst formuliert hat und für deren Faktenangaben sowohl Mt als auch
    Mk Grundlage gewesen sein kann (vgl. Mt 14,3-12 par.).

ματι ἁγίῳ καὶ πυρί· 12 οὗ τὸ πτύον ἐν τῇ χειρί αὐτοῦ καὶ
διακαθαριεῖ τὴν ἅλωνα αὐτοῦ καὶ συνάξει τὸν σῖτον αὐτοῦ
εἰς τὴν ἀποθήκην, τὸ δὲ ἄχυρον κατακαύσει πυρὶ ἀσβέστῳ.

Mk 1,7 ... ἔρχεται ὁ ἰσχυρότερός μου ὀπίσω μου, οὗ οὐκ
εἰμὶ ἱκανὸς κύψας λῦσαι τὸν ἱμάντα τῶν ὑποδημάτων αὐτοῦ.
8 ἐγὼ ἐβάπτισα ὑμᾶς ὕδατι, αὐτὸς δὲ βαπτίσει ὑμᾶς ἐν πνεύματι ἁγίῳ.

Lk 3,16 ... ἐγὼ μὲν ὕδατι βαπτίζω ὑμᾶς· ἔρχεται δὲ ὁ ἰσχυρότερός μου, οὗ οὐκ εἰμὶ ἱκανὸς λῦσαι τὸν ἱμάντα τῶν ὑποδημάτων αὐτοῦ· αὐτὸς ὑμᾶς βαπτίσει ἐν πνεύματι ἁγίῳ καὶ πυρί·
17 οὗ τὸ πτύον ἐν τῇ χειρὶ αὐτοῦ διακαθᾶραι τὴν ἅλωνα αὐτοῦ
καὶ συναγαγεῖν τὸν σῖτον εἰς τὴν ἀποθήκην αὐτοῦ, τὸ δὲ
ἄχυρον κατακαύσει πυρὶ ἀσβέστῳ.

Joh 1,26 ... ἐγὼ βαπτίζω ἐν ὕδατι· μέσος ὑμῶν ἔστηκεν ὃν
ὑμεῖς οὐκ οἴδατε, 27 ὁ ὀπίσω μου ἐρχόμενος, οὗ οὐκ εἰμὶ
(ἐγὼ) ἄξιος ἵνα λύσω αὐτοῦ τὸν ἱμάντα τοῦ ὑποδήματος.

Ähnlich wie ich urteilen auch MASSAUX und MORGAN; während MASSAUX
(Influence, 518) geringfügigen Lk-Einfluß nicht ausschließt, rechnet
MORGAN positiv mit - allerdings ebenfalls als geringfügig betrachte-
tem - Lk-Bezug (403).
Die Annahme der Benutzung einer außerkanonischen Quelle erscheint
mir als zwar nicht völlig ausgeschlossen, es weist aber auch nichts
positiv auf eine solche Annahme hin.

Auch für das Wort Jesu über den Täufer in Dial 49,5 bietet deutlich
das Mt die nächste Parallele:

Dial 49,5 Διὸ καὶ ὁ ἡμέτερος Χριστὸς εἰρήκει ἐπὶ γῆς τότε τοῖς
λέγουσι πρὸ τοῦ Χριστοῦ Ἠλίαν δεῖν ἐλθεῖν· Ἠλίας μὲν ἐλεύσεται
καὶ ἀποκαταστήσει πάντα· λέγω δὲ ὑμῖν ὅτι Ἠλίας ἤδη ἦλθε, καὶ
οὐκ ἐπέγνωσαν αὐτόν, ἀλλ᾽ ἐποίησαν αὐτῷ ὅσα ἠθέλησαν. Καὶ γέγραπται ὅτι Τότε συνῆκαν οἱ μαθηταὶ ὅτι περὶ Ἰωάννου τοῦ βαπτιστοῦ εἶπεν αὐτοῖς.

Mt 17,10 Καὶ ἐπηρώτησαν αὐτὸν οἱ μαθηταὶ λέγοντες· τί
οὖν οἱ γραμματεῖς λέγουσιν ὅτι Ἡλίαν δεῖ ἐλθεῖν πρῶτον;
11 ὁ δὲ ἀποκριθεὶς εἶπεν· Ἡλίας μὲν ἔρχεται καὶ ἀποκαταστήσει πάντα· 12 λέγω δὲ ὑμῖν ὅτι Ἡλίας ἤδη ἦλθεν, καὶ
οὐκ ἐπέγνωσαν αὐτὸν ἀλλὰ ἐποίησαν ἐν αὐτῷ ὅσα ἠθέλησαν·
οὕτως καὶ ὁ υἱὸς τοῦ ἀνθρώπου μέλλει πάσχειν ὑπ' αὐτῶν.
13 τότε συνῆκαν οἱ μαθηταὶ ὅτι περὶ Ἰωάννου τοῦ βαπτιστοῦ
εἶπεν αὐτοῖς.

Mk 9,11 Καὶ ἐπηρώτων αὐτὸν λέγοντες· ὅτι λέγουσιν οἱ γραμματεῖς ὅτι Ἡλίαν δεῖ ἐλθεῖν πρῶτον; 12 ὁ δὲ ἔφη αὐτοῖς·
Ἡλίας μὲν ἐλθὼν πρῶτον ἀποκαθιστάνει πάντα·
καὶ πῶς γέγραπται ἐπὶ τὸν υἱὸν τοῦ ἀνθρώπου ἵνα πολλὰ πα-
θῃ καὶ ἐξουδενηθῇ; 13 ἀλλὰ λέγω ὑμῖν ὅτι καὶ Ἡλίας ἐλή-
λυθεν, καὶ ἐποίησαν αὐτῷ ὅσα ἤθελον, καθὼς γέγραπται
ἐπ' αὐτόν.

Die Abweichungen Justins vom Wortlaut des Mt sind minimal und keinesfalls als Argument für eine vom Mt verschiedene Vorlage Justins
zu verwenden.[1] Das Zitat Justins reicht zuerst einmal nur bis
"ἠθέλησαν"; interessant ist, daß im Anschluß daran nicht etwa ein
Jesuswort, sondern eine Bemerkung des Evangelisten Matthäus mit der
einleitenden Wendung "γέγραπται" angeführt wird.[2]

g) Dial 51,2a

In Dial 51,2a wird im Rahmen einer Beschreibung des Auftretens Jesu
unter anderem gesagt: "καὶ αὐτὸς λέγων ὅτι ἐγγύς ἐστιν ἡ βασιλεία
τῶν οὐρανῶν". Justin referiert hier, soviel macht der Kontext
deutlich, in eigenen Worten. Dabei ist interessant, daß er sich
des matthäischen Spezialausdrucks "βασιλεία τῶν οὐρανῶν" bedient,
wenn er von Jesu Reich-Gottes-Verkündigung spricht. Mir erscheint

---

1   BELLINZONI (123) läßt offen, ob hier das Mt selbst oder eine auf diesem
     basierende außerkanonische Schrift die Quelle Justins für diese Zitation
     war.
2   Darauf weist auch MASSAUX (Influence, 520) hin; zum Problem der Einlei-
     tungsformel s.u. S. 259.

als sehr wahrscheinlich, daß an dieser Stelle Prägung durch den
matthäischen Sprachgebrauch vorliegt. Daß die Parallelen zu Mt 4,17
nicht über diesen Ausdruck hinausgehen,[1] ist nicht verwunderlich,
da Justin hier ja nicht zitieren, sondern inhaltlich referieren
will. Verwunderlich ist eher, daß gerade Justins "eigener" Sprachgebrauch an dieser Stelle offensichtlich von dem des Mt geprägt
ist.

h) Dial 53,2

Die Vertrautheit Justins mit dem für das Mt spezifischen Stoff läßt
sich nicht nur anhand einzelner Formulierungen, sondern unter anderem auch anhand von für das Mt spezifischen Erzähldetails nachweisen.
So berichtet z.B. nur Mt davon, daß Jesus zum Einzug nach Jerusalem
von seinen Jüngern eine "Eselin mitsamt ihrem Füllen" holen ließ;
die anderen Evangelien genügen sich im Unterschied zu Mt 21,1-9
mit einem Füllen. Justin muß also, wenn er in Dial 53,2 dieses nur
bei Mt überlieferte Erzähldetail anführt, die matthäische Einzugsgeschichte als " d i e " Geschichte vom Einzug in Jerusalem in
Erinnerung gehabt haben.[2]

i) Dial 76,4 (vgl. Dial 120,6 und 140,4)

Dial 76,4 ῞Ηξουσιν ἀπὸ ἀνατολῶν καὶ δυσμῶν, καὶ ἀνακλιθήσονται
μετὰ ᾿Αβραὰμ καὶ ᾿Ισαὰκ καὶ ᾿Ιακὼβ ἐν τῇ βασιλείᾳ τῶν οὐρανῶν·

---

1   MASSAUX (Influence, 531f.) hält aus diesem Grund Bezug auf das Mt höchstens
    für möglich, MORGAN (358) lehnt die Annahme eines derartigen Bezuges sogar
    deutlich ab.
2   Vgl. auch die Bezugnahme auf die Einzugsgeschichte in Apol 32,6, wo die
    Verbindung zur matthäischen Einzugsgeschichte weniger deutlich ist und wo
    auch Details berichtet werden, von denen unsere Evangelien nichts wissen;
    so z.B., daß das Füllen an einen Weinstock angebunden war. Daß Justin diese
    Information einer außerkanonischen Quelle verdankt, ist möglich, aber nicht
    sicher; da er mit ihr die Erfüllung von Gen 49,10f. in bezug auf Christus
    begründet, war vielleicht der Wunsch (des "historischen" Belegs für das
    Eintreffen der Verheißung) hier der Vater des Gedankens an dieses Erzähl-
    detail oder, schärfer formuliert, der Vater der Erfindung dieses Einzelzuges
    der Erzählung. Zu Dial 53,2 gehen auch MASSAUX (Influence, 521) und MORGAN
    (405) von der Aufnahme der matthäischen Einzugsgeschichte aus. Zu Apol 32,6
    s. auch unten 249.

οἱ δὲ υἱοὶ τῆς βασιλείας ἐκβληθήσονται εἰς τὸ σκότος τὸ
ἐξώτερον.

Dial 120,6 Ἥξουσι γάρ, εἶπεν, ἀπὸ δυσμῶν καὶ ἀνατολῶν, ...(weiter wie Dial 76,4)

Dial 140,4 Ἥξουσιν ἀπὸ δυσμῶν καὶ ἀνατολῶν, ...(weiter wie
Dial 76,4)

> Mt 8,11 λέγω δὲ ὑμῖν ὅτι πολλοὶ ἀπὸ ἀνατολῶν καὶ δυσμῶν
> ἥξουσιν καὶ ἀνακλιθήσονται μετὰ ᾿Αβραὰμ καὶ ᾿Ισαὰκ καὶ
> ᾿Ιακὼβ ἐν τῇ βασιλείᾳ τῶν οὐρανῶν, 12 οἱ δὲ υἱοὶ τῆς βασι-
> λείας ἐκβληθήσονται εἰς τὸ σκότος τὸ ἐξώτερον· ἐκεῖ ἔσται
> ὁ κλαυθμὸς καὶ ὁ βρυγμὸς τῶν ὀδόντων.

> Lk 13,28 ἐκεῖ ἔσται ὁ κλαυθμὸς καὶ ὁ βρυγμὸς τῶν ὀδόντων,
> ὅταν ὄψησθε ᾿Αβραὰμ καὶ ᾿Ισαὰκ καὶ ᾿Ιακὼβ καὶ πάντας τοὺς
> προφήτας ἐν τῇ βασιλείᾳ τοῦ θεοῦ, ὑμᾶς δὲ ἐκβαλλομένους
> ἔξω. 29 καὶ ἥξουσιν ἀπὸ ἀνατολῶν καὶ δυσμῶν καὶ ἀπὸ βορρᾶ
> καὶ νότου καὶ ἀνακλιθήσονται ἐν τῇ βασιλείᾳ τοῦ θεοῦ.

Die Abweichungen der drei Justinstellen voneinander sind äußerst
geringfügig; ebensowenig gewichtig sind die jeweiligen Abweichungen
vom in Mt 8,11f. gebotenen Wortlaut des zitierten Jesuswortes.
In der Voranstellung von ""Ἥξουσιν" Aufnahme von Lk 13,29 zu sehen,
wie BELLINZONI (30), MORGAN (363, 387f. u. 392) und MEES (Parallelstellen, 62) es tun, ist meines Erachtens nicht zwingend. Eher erscheint mir als wahrscheinlich, daß dem Zitatwortlaut Justins jeweils
nur Mt 8,11f. zugrundeliegt.[1] Der Wortlaut der drei Zitate läßt
sich gut als freie Zitation dieser Stelle verstehen. Dabei ist
aufgrund der innerjustinischen Abweichungen der Zitate voneinander
deutlich, daß Justin seine Quelle nicht exakt wiedergeben wollte.
Die Annahme einer außerkanonischen Quelle ist zwar möglich, aber
nicht notwendig oder naheliegend. Daß Justin die Umstellung von
"ἥξουσιν" gegenüber dem Mt-Text nicht dreimal in je gleicher Weise
vorgenommen hätte, wenn er hier nicht auf einer außerkanonischen
Quelle basierte, wie BELLINZONI (30) annimmt, will mir nicht einleuchten.

---

1   So zu Dial 120,6 auch MASSAUX (Influence, 541), der zu Dial 76,4 Lk-Ein-
     Einfluß für nicht ausgeschlossen hält (a.a.O. 522).

j) Dial 88,7f

Auch in Dial 88,7f. läßt sich Bekanntschaft Justins mit für das
Mt spezifischen Details feststellen; für den Hinweis des Täufers
auf Jesus in Dial 88,7 ("ἥξει γὰρ ὁ ἰσχυρότερός μου, οὗ οὐκ εἰμὶ
ἱκανὸς τὰ ὑποδήματα βαστάσαι") bietet das Mt deutlich die nächste
Parallele;[1] daß Jesus als Sohn des Zimmermanns Joseph galt, wie
Dial 88,8 berichtet, hat eine exakte Parallele nur in Mt 13,55.[2]

k) Dial 99,2 und 103,8

In Dial 99,2 und 103,8 wird auf die Gethsemanegeschichte Bezug
genommen; dabei wird jeweils die Bitte Jesu, den Kelch, wenn möglich,
an ihm vorübergehen zu lassen, als Argument für die reale Leidens-
fähigkeit des Gottessohnes benutzt, und zwar in Dial 103,8 wohl,
um sich dadurch gegen Doketen abzugrenzen, in Dial 99,2, um zu begründen, daß mit dem ja auch bewußt leidenden Psalmbeter von Ps
22 Jesus gemeint sei.

Dial 99,2 Πάτερ, εἰ δυνατόν ἐστι, παρελθέτω τὸ ποτήριον τοῦτο
ἀπ᾿ ἐμοῦ. Καὶ μετὰ τοῦτο εὐχόμενος λέγει· Μὴ ὡς ἐγὼ βούλομαι,
ἀλλ᾿ ὡς σὺ θέλεις·

Dial 103,8 Παρελθέτω, εἰ δυνατόν, τὸ ποτήριον τοῦτο.

Mt 26,39 ... πάτερ μου, εἰ δυνατόν ἐστιν, παρελθάτω ἀπ᾿
ἐμοῦ τὸ ποτήριον τοῦτο· πλὴν οὐχ ὡς ἐγὼ θέλω ἀλλ᾿ ὡς σύ.

Mk 14,36 ... αββα ὁ πατήρ, πάντα δυνατά σοι· παρένεγκε
τὸ ποτήριον τοῦτο ἀπ᾿ ἐμοῦ· ἀλλ᾿ οὐ τί ἐγὼ θέλω ἀλλὰ τί σύ.

Lk 22,42 ... πάτερ, εἰ βούλει παρένεγκε τοῦτο τὸ ποτήριον
ἀπ᾿ ἐμοῦ· πλὴν μὴ τὸ θέλημά μου ἀλλὰ τὸ σὸν γινέσθω.

---

1 Zum Vergleich mit dem Wortlaut der synoptischen Parallelen s.o. zu Dial
   49,3 S. 219f.
2 Die Angabe, daß Jesus selbst Zimmermann war bzw. für einen solchen gehalten
   wurde, wie Justin wenig später in Dial 88,8 zu berichten weiß, hat eine
   deutliche Parallele nur in Mk 6,3.

Der Wortlaut der Bitte Jesu wird an den beiden Justinstellen recht
verschieden wiedergegeben; beide aber weisen deutliche Verwandtschaft zur matthäischen Bitte auf, die hier wohl - je verschieden -
nach dem Gedächtnis zitiert wird.[1] In Dial 103,8 ist die Zitation
dabei deutlich gerafft und auf das inhaltlich Wesentliche reduziert.
Die Annahme einer außerkanonischen Quelle ist zwar nicht auszuschließen, legt sich aber auch durch nichts nahe.

1) Dial 100,4

In Dial 100,4 berichtet Justin, daß einer der Jünger Jesu, der
vorher "Simon" geheißen habe, aufgrund göttlicher Offenbarung erkannt habe, daß Jesus der Christus und Gottes Sohn sei, und daraufhin von Jesus den Beinamen "Petrus" erhalten habe.
Die Verbindung von Christusbekenntnis und Umbenennung des Simon in
Petrus findet sich so nur im Mt.[2] Zumindest indirekt, wenn nicht
sogar direkt liegt hier also wohl Einfluß des Mt vor.[3] Ein Wortlautvergleich ist nicht ergiebig und erübrigt sich, da Justin hier
deutlich nur an "Fakten" interessiert ist und nicht zitiert, sondern
wohl mit eigenen Worten zusammenfassend referiert.

m) Dial 103,6 und 125,4

Mit je unterschiedlicher, wohl frei formulierter Ein- und "Aus"leitung wird in Dial 103,6 und 125,4 berichtet, daß Jesus auf die
Versuchung des Teufels mit dem Gottesliebegebot antwortet.[4]

> Dial 103,6 ... καὶ ἀποκρίνασθαι αὐτῷ τὸν Χριστόν· Ὕπαγε
> ὀπίσω μου, σατανᾶ· κύριον τὸν θεόν σου προσκυνήσεις καὶ αὐτῷ
> μόνῳ λατρεύσεις.

---

1   Lk-Einfluß erscheint mir als unwahrscheinlich; anders für Dial 103,8 z.B.
     MASSAUX (Influence, 538) und auch MORGAN (384); m.E. inkonsequent ist, daß
     sich MASSAUX für Dial 99,2 mit der Annahme von Mt-Einfluß begnügt (a.a.O.,
     533).
2   Vgl. Mt 16,15-18 par.
3   So auch MASSAUX (Influence, 534f.).
4   Zur Funktion des Gottesliebegebotes in Apol 16,6 und Dial 93,2 s.u. S.
     238-241.

Dial 125,4 ... Ἀποκρίνεται γὰρ αὐτῷ· Γέγραπται· Κύριον τὸν
θεόν σου προσκυνήσεις καὶ αὐτῷ μόνῳ λατρεύσεις.

Mt 4,10 τότε λέγει αὐτῷ ὁ Ἰησοῦς· ὕπαγε, σατανᾶ· γέγραπται
γάρ· κύριον τὸν θεόν σου προσκυνήσεις καὶ αὐτῷ μόνῳ λατρεύσεις.

Lk 4,8 καὶ ἀποκριθεὶς ὁ Ἰησοῦς εἶπεν αὐτῷ· γέγραπται·
κύριον τὸν θεόν σου προσκυνήσεις καὶ αὐτῷ μόνῳ λατρεύσεις.

Der Wortlaut des Zitates an den beiden Justinstellen ist identisch
und stimmt mit dem - ebenfalls identischen - Zitatwortlaut bei Mt
und Lk überein.[1] Deutlich ist dabei das Gottesliebegebot nach seinem
synoptischen Wortlaut zitiert und nicht etwa nach Dtn 6,13 oder 10,
20. Die wohl aus Mt 16,23 stammende Wendung "Ὕπαγε ὀπίσω μου, σα-
τανᾶ" findet sich nur in Dial 103,6, nicht aber in Dial 125,4. Von
daher ist mir unverständlich, wie BELLINZONI (39) behaupten kann,
daß es offensichtlich sei, daß Justin als Quelle für Dial 125,4 und
103,6 entweder selbst Mt 4,10 und Mt 16,23 harmonisierte oder eine
Vorlage aufnahm , in der diese Elemente bereits harmonisiert waren.
Läßt sich vom zitierten Wortlaut des Gottesliebegebotes her nicht
zwischen Mt und Lk als Zitationsgrundlage entscheiden, so ist doch
an beiden Stellen deutlich, daß Justin davon ausgeht, daß die mit
dem Gebot der Gottesliebe beantwortete Versuchung des Teufels die
letzte, abschließende gewesen sei, nach der der Versucher sein Vor-
haben als endgültig gescheitert aufgegeben habe. Diese Meinung
Justins findet eine Bestätigung aber nur im Mt, nicht jedoch in der
lukanischen Version der Versuchungsgeschichte. Auch hier ist also
wieder festzustellen, daß Justin in besonderer Weise vom Mt geprägt
ist.

n) Dial 107,1

In Dial 107,1 wird von Justin bezüglich der Auferstehung Jesu darauf

---

1   BELLINZONI (38) liest in Lk 4,8 mit A, θ, 0102,𝔪, a u. r[1] "προσκυνήσεις"
     vor "κύριον τὸν θεόν σου"; sieht man diese Lesart als ursprünglich an, so
     stimmt Justin in der Wortstellung nur mit Mt, nicht aber mit Lk überein.

verwiesen, daß in den "ἀπομνημονεύματα" der Apostel geschrieben sei,[1]
daß die Juden mit Jesus disputiert und ihn dabei aufgefordert hätten, ihnen ein Zeichen zu geben. Darauf habe Jesus ihnen geantwor-
tet, sie würden kein Zeichen außer dem des Jona bekommen. Der Wortlaut der Antwort Jesu hat seine engsten Parallelen in Mt 16,4 u.
12,39.

Dial 107,1 ... Γενεὰ πονηρὰ καὶ μοιχαλὶς σημεῖον ἐπιζητεῖ,

καὶ σημεῖον οὐ δοθήσεται αὐτοῖς εἰ μὴ τὸ σημεῖον Ἰωνᾶ.

Mt 16,4 γενεὰ πονηρὰ καὶ μοιχαλὶς σημεῖον ἐπιζητεῖ, καὶ
σημεῖον οὐ δοθήσεται αὐτῇ εἰ μὴ τὸ σημεῖον Ἰωνᾶ...

Mk 8,12 ... τί ἡ γενεὰ αὕτη ζητεῖ σημεῖον; ἀμὴν λέγω ὑμῖν,
εἰ δοθήσεται τῇ γενεᾷ ταύτῃ σημεῖον.

Mt 12,39 ... γενεὰ πονηρὰ καὶ μοιχαλὶς σημεῖον ἐπιζητεῖ,
καὶ σημεῖον οὐ δοθήσεται αὐτῇ εἰ μὴ τὸ σημεῖον Ἰωνᾶ τοῦ
προφήτου.

Lk 11,29 ... ἡ γενεὰ αὕτη πονηρά ἐστιν· σημεῖον ζητεῖ, καὶ
σημεῖον οὐ δοθήσεται αὐτῇ εἰ μὴ τὸ σημεῖον Ἰῶνα.

Deutlich ist, daß das Mt und nicht Mk oder Lk die Grundlage für
den Wortlaut des bei Justin als Bestandteil der "ἀπομνημονεύματα"
zitierten Jesuswortes ist. Beiden Mt-Stellen ist gemeinsam, daß
sie wie Justin und im Unterschied zu ihren synoptischen Parallelen
von einer vorausgehenden Zeichenforderung der Gesprächspartner Jesu
berichten. Dabei weist das Zitat Justins noch größere Nähe zu Mt
16,4 als zu Mt 12,39 auf.[2] Die nahezu vollständige Übereinstimmung
Justins mit seinen kanonischen Parallelen ist für die Annahme einer
außerkanonischen Quelle nicht gerade günstig, es sei denn, diese
Quelle hätte an dieser Stelle den matthäischen Wortlaut nahezu
exakt übernommen.

---

1   Zu dieser Einleitungsformel s.u. S. 259-262.
2   Auch BELLINZONI (121) und MORGAN (385f.) nehmen Abhängigkeit von Mt 16,4
     an.

o) Dial 78,8

Wie in Dial 78,1[1] orientiert sich Justin auch in Dial 78,8 für ein
AT-Zitat deutlich am Mt; auch die Einleitungsformeln entsprechen
sich. Deutlich weiter entfernt ist die AT-Parallele Jer 38,15 LXX.

Dial 78,8 Καὶ τοῦτο ἐπεπροφήτευτο μέλλειν γίνεσθαι διὰ Ἱερε
μίου, εἰπόντος δι' αὐτοῦ τοῦ ἁγίου πνεύματος οὕτως· Φωνὴ ἐν
Ῥαμᾶ ἠκούσθη, κλαυθμὸς καὶ ὀδυρμὸς πολύς· Ῥαχὴλ κλαίουσα τὰ
τέκνα αὐτῆς, καὶ οὐκ ἤθελε παρακληθῆναι, ὅτι οὐκ εἰσί.

Mt 2,17 τότε ἐπληρώθη τὸ ῥηθὲν διὰ Ἱερεμίου τοῦ προφήτου
λέγοντος· 18 φωνὴ ἐν Ῥαμὰ ἠκούσθη, κλαυθμὸς καὶ ὀδυρμὸς
πολύς· Ῥαχὴλ κλαίουσα τὰ τέκνα αὐτῆς, καὶ οὐκ ἤθελεν
παρακληθῆναι, ὅτι οὐκ εἰσίν.

Jer 38,15 LXX Οὕτως εἶπεν κύριος Φωνὴ ἐν Ραμα ἠκούσθη θρή
νου καὶ κλαυθμοῦ καὶ ὀδυρμοῦ· Ραχηλ ἀποκλαιομένη οὐκ ἤθελεν
παύσασθαι ἐπὶ τοῖς υἱοῖς αὐτῆς, ὅτι οὐκ εἰσίν.

Wie zu Dial 78,1, so hat auch für Dial 78,8 BOUSSET (Evangeliencitate, 37) die Erklärung bereit, daß die Wortlautidentität mit dem
Mt auf einen späteren Abschreiber und nicht auf Justin selbst zurückgeht. Mir erscheint eine solche Annahme aber gerade für Dial
78 alles andere als zwingend. Warum sollte Justin hier nicht das
Mt zur Hand gehabt und ausnahmsweise einmal exakt zitiert haben?

2.1.3. Stellen, an denen für das Mt spezifisches Gut aufgenommen
       ist, zu dem keine synoptische oder sonstige Parallele
       existiert

a) Apol 15,1

Unter der Überschrift "Περὶ μὲν οὖν σωφροσύνης τοσοῦτον εἶπεν"
wird in Apol 15,1 ein Wort Jesu über den Ehebruch zitiert, zu dem

---

1   S. dazu oben S. 212-215.

nur Mt 5,28 eine deutliche Parallele bietet.

Apol 15,1 ῍Ος ἂν ἐμβλέψῃ γυναικὶ πρὸς τὸ ἐπιθυμῆσαι αὐτῆς ἤδη ἐμοίχευσε τῇ καρδίᾳ παρὰ τῷ θεῷ.

Mt 5,28 ἐγὼ δὲ λέγω ὑμῖν ὅτι πᾶς ὁ βλέπων γυναῖκα πρὸς τὸ ἐπιθυμῆσαι αὐτὴν ἤδη ἐμοίχευσεν αὐτὴν ἐν τῇ καρδίᾳ αὐτοῦ.

Auffällig sind die Abweichungen vom matthäischen Text. Sie erklären sich zum großen Teil als nachmatthäische "Korrektur"[1]: "ἐπιθυμῆσαι" mit dem Genetiv "αὐτῆς" ist grammatische Korrektur der matthäischen Akkusativkonstruktion ; die Hinzufügung "παρὰ τῷ θεῷ" sollte wohl der Verdeutlichung und Erklärung dienen.[2]

Von daher erscheint mir als sehr wahrscheinlich, daß dem Zitatwortlaut bei Justin direkt oder indirekt das Mt zugrundeliegt. Die Abweichungen vom Mt könnten zwar als Hinweis auf die Benutzung einer außerkanonischen Quelle verstanden werden, lassen sich aber auch ohne Probleme auf Justin selbst zurückführen, der dann das Mt-Zitat entweder frei nach dem Gedächtnis oder in bewußter Korrektur und Verdeutlichung des matthäischen Textes angeführt hätte.[3]

Die patristischen Parallelen, die zum Zitatwortlaut bei Justin angeführt werden können,[4] sind allesamt deutlich jünger als Justins Schriften; zudem sind sie voneinander im Wortlaut so verschieden, daß sie die Annahme, daß Justin eine außerkanonische Quelle benutzte, nicht stützen können.

b) Apol 15,4

Als viertes Jesuswort zum Thema "σωφροσύνη" wird in Apol 15,4 das Wort von den Eunuchen zitiert.

---

1   So auch BELLINZONI (59).
2   TITUS (63f.) und WRIGHT (37) nehmen für diese Abweichung vom matthäischen
     Text zu Recht "explanatory motivation" an.
3   MASSAUX (Influence, 467 u. texte, 417-419) nimmt Mt-Bezug an und erklärt
     die Abweichungen vom Mt als stilistische Änderungen; MORGAN (283) rechnet
     mit der Benutzung einer außerkanonischen Quelle.
4   S. dazu BELLINZONI (57f.).

Apol 15,4 Εἰσί τινες οἵτινες εὐνουχίσθησαν ὑπὸ τῶν ἀνθρώπων,
εἰσὶ δὲ οἳ ἐγεννήθησαν εὐνοῦχοι, εἰσὶ δὲ οἳ εὐνούχισαν ἑαυτοὺς
διὰ τὴν βασιλείαν τῶν οὐρανῶν· πλὴν οὐ πάντες τοῦτο χωροῦσιν.

Mt 19,12 εἰσὶν γὰρ εὐνοῦχοι οἵτινες ἐκ κοιλίας μητρὸς ἐγεννήθησαν οὕτως, καὶ εἰσὶν εὐνοῦχοι οἵτινες εὐνουχίσθησαν
ὑπὸ τῶν ἀνθρώπων, καὶ εἰσὶν εὐνοῦχοι οἵτινες εὐνούχισαν
ἑαυτοὺς διὰ τὴν βασιλείαν τῶν οὐρανῶν. ὁ δυνάμενος χωρεῖν
χωρείτω. 11 ... οὐ πάντες χωροῦσιν τὸν λόγον (τοῦτον) ἀλλ᾿
οἷς δέδοται.

Mit BELLINZONI (61), MASSAUX (Influence, 470) und MORGAN (288)
scheint mir in Apol 15,4 direkt oder indirekt das Mt zugrundezuliegen. Die von BLINZLER (50-53) vertretene These, daß Justin eine
gegenüber der bei Mt zu findenden ältere Form des Jesuswortes wiedergibt, scheitert m.E. daran, daß bei Justin deutlich die Aufnahme
von für den Evangelisten Mt typischen Wendungen festzustellen ist.
Zugleich ist das Justinzitat wesentlich kürzer als das matthäische,
ohne inhaltlich weniger auszusagen; es ist wahrscheinlicher, daß
Justin gekürzt, als daß Mt erweitert hat. Der Wortlautbefund und
die gegenüber dem Mt vorgenommenen Umstellungen erklären sich gut,
wenn man annimmt, daß Justin an dieser Stelle das Mt frei nach dem
Gedächtnis zitiert hat.

c) Apol 15,17

In Apol 15,17 wird - eingeleitet mit "Καὶ" und so als eigene "Einheit" zitiert - als letztes Jesuswort unter der Überschrift "Εἰς
δὲ τὸ κοινωνεῖν τοῖς δεομένοις καὶ μηδὲν πρὸς δόξαν ποιεῖν" (Apol
15,10) ein Jesuswort angeführt, zu dem eine Parallele nur in
Mt 6,1 existiert.

Apol 15,17 Μὴ ποιῆτε ταῦτα πρὸς τὸ θεαθῆναι ὑπὸ τῶν ἀνθρώπων·
εἰ δὲ μή γε, μισθὸν οὐκ ἔχετε παρὰ τοῦ πατρὸς ὑμῶν τοῦ ἐν τοῖς
οὐρανοῖς.

Mt 6,1 Προσέχετε (δὲ) τὴν δικαιοσύνην ὑμῶν μὴ ποιεῖν ἔμπροσθεν τῶν ἀνθρώπων πρὸς τὸ θεαθῆναι αὐτοῖς· εἰ δὲ μή γε,

μισθὸν_οὐκ_ἔχετε_παρὰ_τῷ_πατρὶ_ὑμῶν_τῷ_ἐν_τοῖς_οὐρανοῖς.

Auffällig ist, daß bei Justin der wohl auf matthäische Redaktionsarbeit zurückgehende Begriff "δικαιοσύνη" fehlt. Ist dieses Fehlen
ein Hinweis darauf, daß Justin hier eine ältere Lesart des matthäischen Wortes bewahrt hat oder gar auf eine vormatthäische Quelle
rekurriert?[1]
Gegen beide Annahmen spricht m.E., daß sich für das Weglassen des
Wortes "δικαιοσύνη" zwei mögliche Motivationen Justins anführen lassen: zum einen könnte Justin in der Apologie Rücksicht auf seine
Adressaten genommen haben;[2] als zusammenfassende Kennzeichnung für
das von Gott gewünschte menschliche Verhalten wird dieses Wort
in der Apologie nie, im Dialog dagegen häufig verwandt.[3] "Heiden"
ohne inneren Bezug zur jüdischen Gedankenwelt war dieser Terminus
sicherlich nicht ohne weiteres in genau dieser Bedeutung verständlich. Zum anderen ist die Änderung von "Προσέχετε (δὲ) τὴν δικαιοσύνην ὑμῶν μὴ ποιεῖν ..." in "Μὴ ποιεῖτε ταῦτα" durch den Anschluß
an Apol 15,10-16 zu motivieren: hatte Justin in Apol 15,10 Zitate
zu zwei Themen angekündigt, nämlich zum "den Bedürftigen Anteil
Geben" und zum "nichts zur (eigenen) Ehre Tun", so löst er die zweite Hälfte dieser Ankündigung erst mit seinem letzten Zitat ein.
Durch das rückverweisende "ταῦτα" wird nun sehr geschickt auf alle
voranstehenden Jesusworte zugleich Bezug genommen.
Auch die Änderung des Kasus, mit dem "παρά" konstruiert wird, die
inhaltlich die möglicherweise anstößige Vorstellung vom Lohn "im
Himmel" bzw. "beim Vater" ersetzt durch die vom Lohn "vom Vater",
erklärt sich gut als adressatenbedingte nachmatthäische Korrektur.
Die Annahme, daß Justin eine vormatthäische Tradition aufnimmt, ist
unwahrscheinlich, weil nicht einsichtig zu machen ist, warum der
Evangelist Mt die knappe Formulierung, die Justin für den Zitatan-
fang bezeugt, durch die wesentlich umständlichere, weniger elegante
Wendung "ἔμπροσθεν τῶν ἀνθρώπων πρὸς τὸ θεαθῆναι αὐτοῖς" ersetzt

---

1   BELLINZONI (63f.) hält zwar Abhängigkeit von einer vormatthäischen Quelle
     für unwahrscheinlich, rechnet aber damit, daß Justin eine ältere Lesart
     als die jetzt im Mt bezeugte bewahrt hat.
2   So auch MASSAUX (texte, 438).
3   S. Dial 3,5; 4,3.7; 23,4.5; 45,3; 88,8; 93,1.2.3; 110,3.

haben sollte.

Insgesamt erscheint mir als sehr wahrscheinlich, daß Justin in Apol
15,17 frei das Mt zitiert und das matthäische Jesuswort dabei mit
Rücksicht auf den Kontext seiner Ausführungen und die vorgestellten
Adressaten in seinen eigenen Worten wiedergibt.[1]

d) Apol 16,13 und Dial 35,3a

Zu Apol 16,13 und Dial 35,3a erschien mir oben (186-189) als wahrscheinlich, daß beiden Stellen jeweils unter anderem auch Mt 7,15f.
direkt zugrundeliegt.

e) Dial 76,5b

In Dial 76,5b wird mit der Einleitungsformel "Καὶ ἐν ἄλλοις λόγοις,
οἷς καταδικάζειν τοὺς ἀναξίους μὴ σώζεσθαι μέλλει, ἔφη ἐρεῖν" ein
Jesuswort zitiert, zu dem sich eine biblische Parallele nur im Mt
findet. Zu vergleichen ist zusätzlich eine ähnliche Zitation in
Ps Clem Hom 19,2,5.

> Dial 76,5b ʽΥπάγετε εἰς τὸ σκότος τὸ ἐξώτερον, ὃ ἡτοίμασεν ὁ
> πατὴρ τῷ σατανᾷ καὶ τοῖς ἀγγέλοις αὐτοῦ.

> Ps Clem Hom 19,2,5 καὶ ἄλλη που εἰπεῖν ὑπέσχετο τοῖς ἀσεβέσιν·
> "ʽΥπάγετε εἰς τὸ σκότος τὸ ἐξώτερον, ὃ ἡτοίμασεν ὁ πατὴρ τῷ
> διαβόλῳ καὶ τοῖς ἀγγέλοις αὐτοῦ".

> Mt 25,30 καὶ τὸν ἀχρεῖον δοῦλον ἐκβάλετε εἰς τὸ σκότος τὸ
> ἐξώτερον· ἐκεῖ ἔσται .... 41 τότε ἐρεῖ καὶ τοῖς ἐξ εὐωνύ-
> μων· πορεύεσθε ἀπ' ἐμοῦ οἱ κατηραμένοι εἰς τὸ πῦρ αἰώνιον
> τὸ ἡτοιμασμένον[2] τῷ διαβόλῳ καὶ τοῖς ἀγγέλοις αὐτοῦ.

---

1 So auch MASSAUX (Influence, 482 und texte, 438).
2 Zu beachten ist auch die von D, f[1], it, mae, Ir[lat] u. Cyprian bezeugte
   Lesart "ὃ ἡτοίμασεν ὁ πατήρ μου"; Abhängigkeit Justins von dieser ja erst
   nachjustinisch bezeugten Lesart ist aber nicht zu beweisen, denn auch das
   umgekehrte Abhängigkeitsverhältnis ist denkbar.

Die Übereinstimmungen zwischen Dial 76,5b und Ps Clem Hom 19,2,5
gerade in den Abweichungen vom matthäischen Wortlaut sind frappierend. Es verwundert deswegen nicht, daß in der Literatur durchweg
eine diesen beiden Schriften gemeinsame Quelle oder Tradition angenommen wird.[1] Mir scheint auf jeden Fall der Zitation Justins
direkt oder indirekt das Mt zugrundegelegen zu haben. Die Wortlaut-
gleichheit der beiden Zitate kann möglicherweise zwar daher rühren,
daß Ps Clem Hom 19,2,5 von Justin abhängig ist; ebensogut möglich
ist aber auch, daß beide Zitate auf dieselbe außerkanonische Grundlage zurückgehen. Eine sichere Entscheidung zwischen diesen Möglichkeiten kann wohl kaum getroffen werden.

f) Dial 105,6

In Dial 105,6 wird mit der Einleitung "Καὶ γὰρ πρὸς τὸ ὑπερβάλλειν
τὴν Φαρισαίων πολιτείαν τοὺς μαθητὰς αὐτοῦ συνωθῶν, εἰ δὲ μή γε,
ἐπίστασθαι ὅτι οὐ σωθήσονται, ταῦτα εἰρηκέναι ἐν τοῖς ἀπομνημονεύ-
μασι γέγραπται" ein Jesuswort zitiert, das sich wortwörtlich so
in Mt 5,20 findet.

> Dial 105,6 Ἐὰν μὴ περισσεύσῃ ὑμῶν ἡ δικαιοσύνη πλεῖον τῶν
> γραμματέων καὶ Φαρισαίων, οὐ μὴ εἰσέλθητε εἰς τὴν βασιλείαν
> τῶν οὐρανῶν.

Die exakte Wortlautübereinstimmung mit dem Mt läßt es als nahezu
sicher erscheinen, daß hier - direkt oder indirekt - das Mt zugrundeliegt.[2] Hinweise auf die Benutzung einer außerkanonischen Quelle
könnte allerhöchstens die Einleitungsformel bieten;[3] der Zitatwortlaut bietet zu solchen Vermutungen nicht den geringsten Anlaß.

---

1   S. z.B. BELLINZONI (116), der meint, daß die Quelle "διαβόλῳ" gelesen
     habe, was von Justin in "σατανᾷ" geändert worden sei; ihm stimmt MORGAN
     (365) zu. KLINE (Harmonized Sayings, 225f.) nimmt wie STRECKER (Evangelien-
     harmonie, 314) eine deutlich nachmatthäische Textform als Zitatgrundlage
     an; beide rechnen mit einer außerkanonischen Tradition bzw. Quelle.
2   So auch MASSAUX (Influence, 538 u. texte, 414), BELLINZONI (120) und MORGAN
     (385).
3   S. dazu unten S. 259-262.

g) Aufnahme matthäischer Erzähl- oder Formulierungsdetails in
   Apol 28,1; 31,7; Dial 51,9; 88,1; 102,2; 103,3; 106,4 sowie
   Dial 14,3 u. 18,3

Über die Aufnahme "matthäischer" Jesusworte und AT-Zitate hinaus
ist an einigen Stellen im Werk Justins die Aufnahme von Inhalten
oder Formulierungen festzustellen, die nur im Mt eine deutliche
Parallele haben.

In Apol 28,1 wird ein Sachverhalt angesprochen, für den es nur bei
Mt eine zumindest anhaltsweise Entsprechung gibt. Justin sagt
dort, daß der Satan mit seinem Heer und den ihm anhangenden Menschen ins Feuer geworfen werde zur ewigen Bestrafung; dies habe
Christus vorausgesagt. In den uns bekannten Quellen, die Jesusworte anführen und die Justin im Sinn gehabt haben könnte, kann
sich diese Aussage nur auf Mt 25,41 beziehen.

In Apol 31,7 findet sich die Wendung "θεραπεύοντα πᾶσαν νόσον καὶ
πᾶσαν μαλακίαν" in einem Summar des Lebens und der Taten Jesu.
Die nächste Parallele dazu findet sich in den matthäischen Summa-
ren in Mt 4,23 und 9,35; Mt 10,1, wo die Vollmacht zur Heilung
jeder Krankheit an die J ü n g e r übertragen wird, kommt als
Parallele nur von der Formulierung, nicht von der Sache her in
Frage. Auch MASSAUX (Influence, 494) und MORGAN (398) gehen für
Apol 31,7 von Einfluß des Mt aus.

Sehr wahrscheinlich liegt auch in Dial 51,9 für die als Jeremia-
wort[1] zitierte Aussage, daß der Menschensohn mit "seinen" Engeln
kommt, direkter oder indirekter Mt-Einfluß vor. Zumindest findet
sich außerhalb von Mt 24,31 und Mt 25,31 keine weitere Sachparallele für diese Aussage. In den Formulierungen verrät Justin allerdings nicht viel Ähnlichkeit mit den wohl inhaltlich zugrundeliegenden Mt-Stellen.

Im Rahmen christologischer Erörterungen wird in Dial 88,1 mit der

---

[1]   Einen Jeremiabeleg für diese Aussage sucht man vergeblich, wie auch MAS-
        SAUX (Influence, 503) bemerkt; vgl. aber Dan 7,13 LXX.

nur bei Mt berichteten Anbetung Jesu durch die "μάγοι" begründet,
daß Jesus seine göttliche Kraft schon bei seiner Geburt besaß. Außer
diesem Bezug auf Mt 2,1-11 finden sich Anspielungen auf die matthäische Geburtsgeschichte in Dial 102,2 (Mt 2,13-15), 103,3 (Mt 2 insgesamt) und in Dial 106,4 (Mt 2,2.9-11).

Nur auf dem Mt und dessen Kenntnis kann basieren, daß Justin Jesus
als den "neuen Gesetzgeber" bezeichnen kann.[1] Ein solches Verständnis Jesu findet wohl nur an der matthäischen Bergpredigt und deren
Antithesen, nicht aber am Lk, Mk, Joh oder einer anderen neutestamentlichen Schrift Anhalt. Daß Justin sich dabei keineswegs in Übereinstimmung mit der matthäischen Sicht des Gesetzes befindet,
hat schon HARNACK (Geschichte, 197f.) ausführlich und einleuchtend
dargelegt.

2.2. Stellen/ Gedanken im Werk Justins, für die Mt-Abhängigkeit
     als gut möglich erscheint

2.2.1. Stellen/ Gedanken, für die Mt-Abhängigkeit möglich ist ange-
       sichts anderer Parallelen, deren Aufnahme durch Justin eben-
       falls als möglich erscheint

2.2.1.1. Inhaltliche Übereinstimmungen mit dem Mt

Die Übereinstimmungen Justins mit dem Mt beschränken sich durchaus
nicht auf Zitate z.B. von Jesusworten und erzählerische Details.
Darüber hinaus finden sich wie selbstverständlich ins justinsche
Gedankengut integrierte Gedanken und Formulierungen, die für das
Mt charakteristisch sind. Dabei ist die Frage, ob es sich jeweils
um eine Parallele oder um Abhängigkeit handelt, oft nicht zu entscheiden.

Wie der Evangelist Matthäus, so hat auch Justin das Bestreben zu
beweisen, daß das Leben und die Sendung Jesu sowohl im ganzen als

---

1   So Dial 14,3 u. 18,3; vgl. auch Dial 12,2.

auch im einzelnen von den Propheten vorhergesagt worden sei; daß
diese Nähe Justins zum matthäischen Anliegen keine Nähe ohne Bezugs-
punkte ist, wird deutlich unter anderem an den z.T. im matthäischen
Wortlaut zitierten AT-Zitaten Justins.[1] Nicht bewiesen werden kann
aber, daß Justin durch das Mt selbst dazu veranlaßt wurde, den
"Erfüllungsgedanken" zu entwicklen und in seinen Werken zur Ausführung zu bringen. Genausogut kann Justin in Mt "nur" einen Vorgänger
erblickt haben.

Eine direkte Beeinflussung Justins durch das Mt ist ebenfalls nicht
zu beweisen anhand des Gebrauchs des Begriffes "δικαιοσύνη": dieses
Wort meint im Dialog - in der Apologie kommt es nicht vor[2]- fast
ausschließlich das menschliche Tun.[3]   Auch Mt gebraucht dieses Wort
so. Daß Justin sich für sein Verständnis von Gerechtigkeit am Mt
orientiert, ist nicht zu beweisen, aber auch nicht auszuschließen.
Möglich ist aber auch, daß Justin sich hier im Sprachgebrauch seinem
(vorgestellten "jüdischen") Gesprächspartner anpaßt; dessen Verständnis von Gerechtigkeit wird damit nicht grundsätzlich hinter-
fragt, sondern akzeptiert und damit "einklagbar" gemacht.

Auffällig ist schließlich auch noch, daß Justin - wie auch Mt - den
Ausdruck "μαθητής" sowohl als "historisierende" Bezeichnung für
die Jünger, die Jesus zu seinen Lebzeiten begleiteten, als auch
als aktuelle Bezeichnung für den Christen "heute" gebrauchen kann;
so verwendet Justin z.B. in Dial 35,2 diesen Begriff als christliche
Selbstbezeichnung. Dem entspricht, daß das Verb "μαθητεύεσθαι" in
Dial 39,2 soviel wie "zum Glauben kommen" heißt.

2.2.1.2. Wortlautübereinstimmungen an einzelnen Stellen
Über die genannten möglichen inhaltlichen Bezüge Justins auf das
Mt hinaus erscheint mir literarische Abhängigkeit vom Mt als gut

---

1   S. dazu oben S. 203-205 zu Apol 35,11, S. 205-207 zu Apol 123,8, S. 212-
      215 zu Apol 34,1 u. Dial 78,1 u. S. 228 zu Dial 78,8.
2   S. dazu oben S. 231.
3   Auf die Glaubensgerechtigkeit (Abrahams) bezieht sich nur Dial 119,6.

möglich an den folgenden Stellen:

> Apol 15,9 (Mt 5,46); 15,14 (Mt 6,25); 15,16 (Mt 6,21); 16,6 (Mt 4,10);
> 16,10 (Mt 7,24 u. 10,40); 16,13 (Mt 24,5 u. 7,19); 33,1 (Mt 1,23); 35,8
> (Mt 27,35); 38,8 (Mt 27,39-44); 54,10 (Mt 11,5); Dial 12,2 (Mt 11,5); 17,3
> (Mt 21,12);25,1 (Mt 3,9); 35,3 (Mt 24,5.24); 35,4 (Mt 24,5); 35,7 (Mt 10,
> 21f.); 35,8 (Mt 5,44); 44,1 (Mt 3,9); 49,3 (Mt 17,11); 49,4 (Mt 14,3-12);
> 51,2 (Mt 3,2f.13; 4,17; 24,11; 26,29); 69,3 (Mt 11,5); 82,2 (Mt 10,22; 24,5-
> 11.23-25); 85,7 (Mt 5,44); 88,3 (Mt 3,13-16); 88,6 (Mt 21,1-11); 88,7 (Mt
> 3,1-4); 95,2 (Mt 23,31); 97,1 (Mt 27,57); 97,3 (Mt 27,35); 99,2 (Mt 26,37);
> 100,1 (Mt 16,21; 11,27); 101,3 (Mt 27,39); 102,5 (Mt 27,13f.); 103,1 (Mt
> 26,47); 103,2 (Mt 26,56); 103,5 (Mt 4,10); 103,9 (Mt 26,62f.); 104,1 (Mt
> 26,57); 106,1 (Mt 16,21; 26,30); 107,2 (Mt 12,41); 125,1 (Mt 13,3-8); 125,2
> (Mt 25,14-27); 125,4 (Mt 4,1-10.11); 140,2 (Mt 3,9; 15,9).

2.2.2. Stellen, für die wegen Undeutlichkeit des Bezuges Mt-Abhängigkeit nur als möglich erscheint, obwohl keine weiteren Parallelen vorhanden sind

Zu solchen Stellen gehören:

> Apol 61,3 (Mt 28,19); Dial 35,3 (Mt 7,15); 69,7 (Mt 27,63); 93,2 (Zitat-
> einleitungsformel) (Mt 22,40); 115,5 (Mt 7,2); 122,1 (Mt 23,15).

2.2.3. Stellen, an denen Mt-Abhängigkeit als möglich erscheint, aber die Nähe Justins zu anderen Parallelen deutlich größer ist als die zum Mt

a) Apol 15,8

In Apol 15,8 belegt Justin mit einem Jesuswort, daß Jesus nicht
die "δίκαιοι" oder "σώφρονες", sondern die "ἀσεβεῖς" und "ἀκόλαστοι"
und "ἄδικοι" zur Buße gerufen habe.

Apol 15,8 Εἶπε δὲ οὕτως· "Οὐκ ἦλθον καλέσαι δικαίους, ἀλλὰ

ἁμαρτωλοὺς εἰς μετάνοιαν".

Mt 9,13 ... οὐ γὰρ ἦλθον καλέσαι δικαίους ἀλλὰ ἁμαρτωλούς.

Mk 2,17 ... οὐκ ἦλθον καλέσαι δικαίους ἀλλὰ ἁμαρτωλούς.

Lk 5,32 οὐκ ἐλήλυθα καλέσαι δικαίους ἀλλα ἁμαρτωλους εἰς

μετάνοιαν.

M.E. hat am meisten Wahrscheinlichkeit die Annahme für sich, daß
Justin hier frei das Lk zitiert. Die Übereinstimmung in der Wortform "ἦλθον" zwischen Justin und Mk/Mt sollte nicht überbewertet
werden; sie erklärt sich gut als aus gedächtnismäßiger Zitation
resultierende stilistische Abweichung. Deutlich auf das Lk verweist die Wendung "εἰς μετάνοιαν".[1] Daß hier bewußt Mt/Mk und Lk
harmonisiert sind[2], ist zwar möglich, aber nicht zu beweisen.
Wären Mt/Mk am Zustandekommen des Zitatwortlautes in Apol 15,8
beteiligt, so wäre kaum zu entscheiden, ob denn nun die Mk- oder
die Mt-Fassung des Jesuswortes herangezogen worden ist.[3]

b) Apol 16,1

Wie schon oben (179) ausgeführt wurde, ist in Apol 16,1 die Nähe zu
Lk 6,29 deutlich größer als die zu Mt 5,39f.

c) Apol 16,6 und Dial 93,2

Anders als in Dial 103,6 und 125,4[4] verweist der Kontext in Apol
16,6 und Dial 93,2 auf das "doppelte Liebesgebot" als Parallele zur
Zitation des Gottesliebegebotes an diesen beiden Stellen.
Dabei geht es in Apol 16,6 um den Nachweis, daß Jesus dazu aufgefordert habe, Gott allein anzubeten, also um die Bejahung der Gottesliebe durch Jesus. Die Wertung des Gottesliebegebotes als des größten Gebotes, die in Apol 16,6 vorgenommen wird, erinnert an die
Fragen, die bei Mk und Mt die Einleitung für Jesu Nennung des doppelten Liebesgebotes bilden; bei Mk wird danach gefragt, welches
Gebot "das erste" von allen sein, bei Mt geht es um die Frage nach

---

1   Diese Wendung wird auch für Mt 9,13 bezeugt von C, L, f[13], 𝔐 , c, g[1], sy[s.hmg],
     sa, mae, bo[pt]; die Textlesart (s.o. im Textabdruck) erscheint mir als deut-
     lich besser bezeugt. Daß Justin diese Wendung in seinem Mt-Text gelesen ha-
     ben könnte, ist zwar nicht völlig auszuschließen, aber auch nicht zu bewei-
     sen.
2   So BELLINZONI (76), der Mt/Lk-Harmonisierung annimmt.
3   So auch - m.E. zu Recht - MORGAN (290); MASSAUX (Influence, 471) lehnt Mk-
     Einfluß mit der Begründung ab, daß sonst bei Justin nie das Mk zitiert sei.
4   S.o. S. 225f.

dem Gebot, das im Gesetz "groß" ist.[1] Von daher verwundert es auch
nicht, daß in die Zitation des Gottesliebegebotes, die dann folgt,
der Wortlaut dieses Gebotes aus Mt 22,37 par., wo es um das Gottesliebegebot ja nur im Rahmen des doppelten Liebesgebotes geht, ein-
fließt.
Ein solches Einfließen von Wendungen aus gerade dieser Evangelienstelle steht von vorneherein in Dial 93,2 zu erwarten, wo es deutlich um das doppelte Liebesgebot und nicht um das Gottesliebegebot
allein geht.[2]

Apol 16,6 "Μεγίστη ἐντολή ἐστι· Κύριον τὸν θεόν σου προσκυνήσεις καὶ αὐτῷ μόνῳ λατρεύσεις ἐξ ὅλης τῆς καρδίας σου καὶ ἐξ
ὅλης τῆς ἰσχύος σου, κύριον τὸν θεὸν τὸν ποιήσαντά σε".

Dial 93,2 Ἀγαπήσεις κύριον τὸν θεόν σου ἐξ ὅλης τῆς καρδίας
σου καὶ ἐξ ὅλης τῆς ἰσχύος σου, καὶ τὸν πλησίον σου ὡς σεαυτόν.

Mt 22,37 ὁ δὲ ἔφη αὐτῷ· ἀγαπήσεις κύριον τὸν θεόν σου
ἐν ὅλῃ τῇ καρδίᾳ σου καὶ ἐν ὅλῃ τῇ ψυχῇ σου καὶ ἐν ὅλῃ τῇ
διανοίᾳ σου· 38 αὕτη ἐστὶν ἡ μεγάλη καὶ πρώτη ἐντολή. 39
δευτέρα δὲ ὁμοία αὐτῇ· ἀγαπήσεις τὸν πλησίον σου ὡς σεαυτόν.

Mk 12,30 καὶ ἀγαπήσεις κύριον τὸν θεόν σου ἐξ ὅλης τῆς
καρδίας σου καὶ ἐξ ὅλης τῆς ψυχῆς σου καὶ ἐξ ὅλης τῆς
διανοίας σου καὶ ἐξ ὅλης τῆς ἰσχύος σου. 31 δευτέρα
αὕτη· ἀγαπήσεις τὸν πλησίον σου ὡς σεαυτόν. μείζων τούτων ἄλλη ἐντολὴ οὐκ ἔστιν.

---

1   MASSAUX (Influence, 485) sieht hier nur die Nähe zur matthäischen For-
     mulierung und vernachlässigt die zur markinischen.
2   Dial 93,2 ... ἐν δυσὶν ἐντολαῖς πᾶσαν δικαιοσύνην καὶ εὐσέβειαν πληροῦσθαι.
     Für diese Qualifizierung des doppelten Liebesgebotes bietet Mt 22,40 eine
     Sachparallele, in der Formulierung jedoch weicht Justin beträchtlich vom
     Mt ab; da auch der Zitatwortlaut nicht deutlich auf das Mt verweist, er-
     scheint mir für die Zitateinleitung Mt-Bezug alles andere als deutlich,
     sondern nur als gut möglich.

Lk 10,27 ... ἀγαπήσεις κύριον τὸν θεόν σου ἐξ ὅλης (τῆς) καρδίας σου καὶ ἐν ὅλη τῇ ψυχῇ σου καὶ ἐν ὅλη τῇ ἰσχύϊ σου καὶ ἐν ὅλη τῇ διανοίᾳ σου, καὶ τὸν πλησίον σου ὡς σεαυτόν.

Mt 4,10 = Lk 4,8 ... κύριον τὸν θεόν σου προσκυνήσεις καὶ αὐτῷ μόνῳ λατρεύσεις.

Es fällt auf, daß genau an all den Stellen, an denen die von Einleitung und Wortlaut her sonst so verschiedenen Justinstellen übereinstimmen, sie ebenfalls mit dem Mk übereinstimmen. Die Annahme einer beiden Stellen gemeinsamen außerkanonischen Quelle legt sich m.E. durch nichts nahe.

Die Verschiedenartigkeit des Wortlautes der beiden Zitate Justins bewegt denn auch BELLINZONI (42f.) dazu, hier mit der Behauptung einer solchen Quelle vorsichtiger zu sein als sonst bzw. ganz auf sie zu verzichten. Für ihn liegt in Apol 16,6 eine Harmonie aus Mt 22,38, Mt 4,10, Mk 12,30 und - für die Schlußwendung - nichtsynoptischem Didache-ähnlichem Material vor, während Dial 93,2 seiner Meinung nach auf einer Harmonisierung von Mk 12,30 und Lk 10, 27 basiert.

Mir erscheint für beide Zitate die Annahme freier Zitation der Synoptiker als eine gute und ausreichende Erklärung. Dabei wird sich Justin weder in Apol 16,6 noch in Dial 93,2 wortwörtlich an eine bestimmte Vorlage gehalten haben.[1] Die Aufnahme von Mt 4,10 und Mt 22,37 in Apol 16,6 und Mt 22,37-39 in Dial 93,2 erscheint zwar als gut möglich, insgesamt aber ist an beiden Stellen die Nähe zum Mk deutlich größer als die zu den anderen Evangelien.[2] Für die Wendung "κύριον τὸν θεὸν τὸν ποιήσαντά σε" ist in Apol 16,6 deutlich auch nichtsynoptisches Material aufgenommen; es ist kaum zu entscheiden, ob die "Quelle" für diese Wendung die mündliche Tradition oder Did 1,2 oder Barn 19,2 war. Ein Einfluß der alttestamentlich

---

1 So z.B. auch MASSAUX (Influence, 485) zu Apol 16,6.
2 Zwischen Mt 4,10 und Lk 4,8 ist wegen der Wortlautidentität dieser Stellen nicht zu entscheiden. BELLINZONI (43) und MORGAN (319f.) nehmen Einfluß von Mt 4,10 an, weil sie in Lk 4,8 gegen das überwiegende Gewicht der Textzeugen als lectio difficilior die nicht mit der bei Mt übereinstimmende Stellung des Wortes "προσκυνήσεις"vor "κύριον" für die ursprüngliche Lesart halten; s. auch oben S. 226. Vom Kontext her erscheint in Apol 16,6 Bezug auf die Versuchungsgeschichte keinesfalls als naheliegend.

belegten Formulierung des Gottesliebegebotes etwa aus Dtn 6,5 LXX
oder Jos 22,5 LXX erscheint mir als nicht wahrscheinlich und wird
auch vom jeweiligen Kontext bei Justin nicht nahegelegt.
Die bei BELLINZONI (41f.) aufgeführten patristischen Parallelen,
denen noch Ps Clem Hom 17,7,1[1] hinzuzufügen wäre, widerlegen die
These einer ihnen allen oder einigen von ihnen gemeinsamen außerkanonischen Quelle zwar nicht zwingend,[2] vermögen aber in ihrer
Verschiedenheit die Annahme einer solchen Quelle auch nicht gerade
plausibler zu machen.

d) Apol 17,2

In Apol 17,2 führt Justin die Geschichte vom Zinsgroschen als Argument für die gute Steuermoral der Christen an; schon Jesus habe
ja gelehrt, Steuern zu zahlen.

Apol 17,2 Κατ' ἐκεῖνο γὰρ τοῦ καιροῦ προσελθόντες τινὲς ἠρώ-
των αὐτόν, εἰ δεῖ Καίσαρι φόρους τελεῖν. Καὶ ἀπεκρίνατο· "Εἴ-
πατέ μοι, τίνος εἰκόνα τὸ νόμισμα ἔχει"; Οἱ δὲ ἔφασαν· "Καίσαρος". Καὶ πάλιν ἀνταπεκρίνατο αὐτοῖς· "Ἀπόδοτε οὖν τὰ Καίσαρος τῷ Καίσαρι καὶ τὰ τοῦ θεοῦ τῷ θεῷ".

Mt 22,17 ... ἔξεστιν δοῦναι κῆνσον Καίσαρι ἢ οὔ; 18 γνοὺς
δὲ ὁ Ἰησοῦς τὴν πονηρίαν αὐτῶν εἶπεν· τί με πειράζετε,
ὑποκριταί; 19 ἐπιδείξατέ μοι τὸ νόμισμα τοῦ κήνσου. οἱ δὲ
προσήνεγκαν αὐτῷ δηνάριον. 20 καὶ λέγει αὐτοῖς· τίνος ἡ
εἰκὼν αὕτη καὶ ἡ ἐπιγραφή; 21 λέγουσιν αὐτῷ· Καίσαρος.
τότε λέγει αὐτοῖς· ἀπόδοτε οὖν τὰ Καίσαρος Καίσαρι καὶ
τὰ τοῦ θεοῦ τῷ θεῷ.

Mk 12,14 ... ἔξεστι δοῦναι κῆνσον Καίσαρι ἢ οὔ; δῶμεν ἢ μὴ
δῶμεν; 15 ὁ δὲ εἰδὼς αὐτῶν τὴν ὑπόκρισιν εἶπεν αὐτοῖς· τί
με πειράζετε; φέρετέ μοι δηνάριον ἵνα ἴδω. 16 οἱ δὲ ἤνεγ-

---

1   Vgl. dazu KLINE, Harmonized Sayings, 228f.
2   So auch KLINE (a.a.O., 229).

καν . καὶ λέγει αὐτοῖς· τίνος ἡ εἰκὼν αὕτη καὶ ἡ ἐπιγραφή; οἱ δὲ εἶπαν αὐτῷ· Καίσαρος. 17 ὁ δὲ Ἰησοῦς εἶπεν
αὐτοῖς· τὰ Καίσαρος ἀπόδοτε Καίσαρι καὶ τὰ τοῦ θεοῦ τῷ
θεῷ. καὶ ἐξεθαύμαζον ἐπ᾽ αὐτῷ.

Lk 20,22 ἔξεστιν ἡμᾶς Καίσαρι φόρον δοῦναι ἢ οὔ; 23 κατα-
νοήσας δὲ αὐτῶν τὴν πανουργίαν εἶπεν πρὸς αὐτούς· 24 δείξατέ
μοι τὸ δηνάριον· τίνος ἔχει εἰκόνα καὶ ἐπιγραφήν; οἱ δὲ
εἶπαν· Καίσαρος. 25 ὁ δὲ εἶπεν πρὸς αὐτούς· τοίνυν ἀπόδοτε
τὰ Καίσαρος Καίσαρι καὶ τὰ τοῦ θεοῦ τῷ θεῷ.

Der Vergleich mit den synoptischen Parallelversionen macht deutlich,
daß Justin die Geschichte in seinen eigenen Worten wiedergibt. Auffällig ist dabei vor allem die Nähe zu für das Lk spezifischen Formulierungen. Das abschließend zitierte und die Pointe der Geschichte
zum Ausdruck bringende Jesuswort stimmt bis auf das "τῷ" vor "Καίσαρι" exakt mit der Mt-Fassung des Jesuswortes überein; diese wiederum
unterscheidet sich von den übrigen synoptischen Fassungen nur durch
das "οὖν". Ich halte diese Unterschied für nicht erheblich; sollte
Justin das Jesuswort "nachgeschlagen" und exakt nach einer schriftlichen Quelle zitiert haben, so hätte diese zu Mt 22,21 wie D, K,
Δ, Θ, 565, 700[C], 892 et al ein "τῷ" vor "Καίσαρι" gelesen; genausogut möglich erscheint mir aber, daß Justin das Jesuswort nach dem
Gedächtnis zitiert.
Gesichert ist m.E. nur der Einfluß der lukanischen Fassung der Geschichte. Mt-Einfluß ist gut möglich, aber weniger wahrscheinlich
als das Zugrundeliegen des Lk.[1] Insgesamt ist die Aufnahme der Ge-
schichte vom Zinsgroschen bei Justin dadurch gekennzeichnet, daß
Justin ihre Aussage deutlich in einen anderen Kontext stellt: die
Pharisäer, die - seien sie nun explizit erwähnt wie bei Mk und Mt
oder nicht genannt wie bei Lk - aus den synoptischen Fassungen der
Geschichte nicht wegzudenken sind, spielen bei Justin keine Rolle

---

1   Anders BELLINZONI (86) und MORGAN (331), die beide für die Geschichte vom
     Zinsgroschen Mt- und Lk-Einfluß annehmen; die Verbindung zum Mt, die
     MASSAUX (Influence, 493) im Wort "νόμισμα" erblickt, erscheint mir wegen
     der Allgemeinheit dieser hier ja durchaus naheliegenden Vokabel als nicht
     zwingend.

mehr. Wichtig ist nur noch das Jesuswort und sein Bezug zur "eigenen" aktuellen Situation. Die Worte Jesu werden dabei offensichtlich als zeitlos gültige Lehren verstanden. Sie dienen als Argument
für die eigene Position, nicht mehr - wie bei den Synoptikern -
zur Entlarvung der Gegner Jesu. Dem entspricht, daß anders als
bei den Synoptikern das Aussagegewicht bei Justin nicht auf dem
zweiten, sondern allein auf dem ersten Teil des Jesuswortes liegt.

e) Apol 48,2

In Apol 48,2 wird als Beleg dafür, daß schon im AT vorausgesagt sei,
daß Christus alle Krankheiten heilen würde, ein Zusammenhang zitiert, zu dem Jes 35,5f. und Mt 11,5 par. Lk 7,22 zu vergleichen
sind.

> Apol 48,2 ... "Τῇ παρουσίᾳ αὐτοῦ ἁλεῖται χωλὸς ὡς ἔλαφος, καὶ
> τρανὴ ἔσται γλῶσσα μογιλάλων· τυφλοὶ ἀναβλέψουσι καὶ λεπροὶ
> καθαρισθήσονται καὶ νεκροὶ ἀναστήσονται καὶ περιπατήσουσιν".

> Mt 11,5 τυφλοὶ ἀναβλέπουσιν καὶ χωλοὶ περιπατοῦσιν, λεπροὶ
> καθαρίζονται καὶ κωφοὶ ἀκούουσιν, καὶ νεκροὶ ἐγείρονται
> καὶ πτωχοὶ εὐαγγελίζονται·

> Lk 7,22 ... τυφλοὶ ἀναβλέπουσιν, χωλοὶ περιπατοῦσιν, λεπροὶ
> καθαρίζονται, καὶ κωφοὶ ἀκούουσιν, νεκροὶ ἐγείρονται, πτω-
> χοὶ εὐαγγελίζονται·

> Jes 35,5 LXX τότε ἀνοιχθήσονται ὀφθαλμοὶ τυφλῶν, καὶ ὦτα
> κωφῶν ἀκούσονται. 6 τότε ἁλεῖται ὡς ἔλαφος ὁ χωλός, καὶ
> τρανὴ ἔσται γλῶσσα μογιλάλων, ὅτι ...

Das Zitat Justins, das gegen ABRAMOWSKI (Erinnerungen, 351) zumindest
nach Justins Meinung schon mit "Τῇ παρουσίᾳ" und nicht erst mit
"ἁλεῖται" beginnt, ist deutlich ein Mischzitat. Der erste Zitatteil
hat eine deutliche Parallele nur in Jes 35,6; der zweite Teil weist
deutliche Verbindungen zu Mt 11,5/Lk 7,22 auf. Wegen der nahezu vollständigen Identität der synoptischen Parallelen ist nicht zu entschei-

den, ob Mt oder Lk als Grundlage für die zweite Zitathälfte anzunehmen ist. Kaum zu beantworten dürfte auch die Frage sein, ob
Justin das von ihm angeführte Mischzitat als solches vorgefunden hat
oder ob er selbst für dessen Wortlaut verantwortlich zu machen ist.
Angesichts der benannten Unsicherheiten erscheint mir Mt-Abhängigkeit
als nur gut möglich, aber nicht zu beweisen.

f) Dial 51,2, 76,7 und 100,3

Insgesamt dreimal wird im Dialog eine Leidensankündigung Jesu zitiert, davon zweimal in direkter und einmal in indirekter Rede. An
synoptischen Parallelen sind vor allem Mt 16,21, Mk 8,31, Lk 9,22
und Lk 24,7 zu vergleichen:

Dial 76,7 ... Δεῖ τὸν υἱὸν τοῦ ἀνθρώπου πολλὰ παθεῖν καὶ
ἀποδοκιμασθῆναι ὑπὸ τῶν γραμματέων καὶ Φαρισαίων καὶ σταυρωθῆναι καὶ τῇ τρίτῃ ἡμέρᾳ ἀναστῆναι.

Dial 100,3 ... Δεῖ τὸν υἱὸν τοῦ ἀνθρώπου πολλὰ παθεῖν καὶ
ἀποδοκιμασθῆναι ὑπὸ τῶν Φαρισαίων καὶ γραμματέων καὶ σταυρωθῆναι καὶ τῇ τρίτῃ ἡμέρᾳ ἀναστῆναι.

Dial 51,2 καὶ ὅτι δεῖ αὐτὸν πολλὰ παθεῖν ἀπὸ τῶν γραμματέων
καὶ Φαρισαίων , καὶ σταυρωθῆναι καὶ τῇ τρίτῃ ἡμέρᾳ ἀναστῆναι.

Mt 16,21 ... ὅτι δεῖ αὐτὸν εἰς Ἱεροσόλυμα ἀπελθεῖν καὶ
πολλὰ παθεῖν ἀπὸ τῶν πρεσβυτέρων καὶ ἀρχιερέων καὶ γραμματέων καὶ ἀποκτανθῆναι καὶ τῇ τρίτῃ ἡμέρᾳ ἐγερθῆναι.

Mk 8,31 ... ὅτι δεῖ τὸν υἱὸν τοῦ ἀνθρώπου πολλὰ παθεῖν
καὶ ἀποδοκιμασθῆναι ὑπὸ τῶν πρεσβυτέρων καὶ τῶν ἀρχιερέων καὶ τῶν γραμματέων καὶ ἀποκτανθῆναι καὶ μετὰ τρεῖς
ἡμέρας ἀναστῆναι·

Lk 9,22 ... ὅτι δεῖ τὸν υἱὸν τοῦ ἀνθρώπου πολλὰ παθεῖν

καὶ ἀποδοκιμασθῆναι ἀπὸ τῶν πρεσβυτέρων καὶ ἀρχιερέων καὶ
γραμματέων καὶ ἀποκτανθῆναι καὶ τῇ τρίτῃ ἡμέρᾳ ἐγερθῆναι.

Lk 24,7 ... καὶ σταυρωθῆναι καὶ τῇ τρίτῃ ἡμέρᾳ ἀναστῆναι.

Die beiden Zitationen in direkter Rede in Dial 76,7 und 100,3 zeigen deutlich Verwandtschaft miteinander; sie weichen voneinander
ab nur in der Anordnung von "γραμματέων καὶ Φαρισαίων". Auch das
in indirekter Rede gegebene Zitat basiert deutlich auf derselben
Textform wie die beiden anderen Zitate.
Die - wenn auch geringfügigen, so doch vorhandenen - Abweichungen
der drei Zitate voneinander lassen es als wahrscheinlich erscheinen,
daß Justin seine Vorlage nach dem Gedächtnis reproduziert.
Die deutlichsten Parallelen zu den Zitaten in den synoptischen Evangelien finden sich für den ersten Teil der Zitate in Lk 9 ,22 und
Mk 8,31; der zweite Zitatteil findet sich wortwörtlich in Lk 24,7.
Dabei ist auffällig, daß die Bezeichnung derer, durch die Jesus
leiden muß, mit keiner der sonst so deutlichen Parallelen bei Mk
und Lk übereinstimmt. Die Wendung "οἱ γραμματεῖς καὶ Φαρισαῖοι"
findet sich dafür im Mt wesentlich häufiger als bei Mk oder Lk
und ist in der Form "γραμματεῖς καὶ Φαρισαῖοι" in Mt 23 stereoty-
pe Anrede für die Gegner Jesu.
Es erscheint mir als zumindest nicht ausgeschlossen, daß der im
Mt häufige Gebrauch dieser Bezeichnung der Gegner Jesu den justinschen Text an dieser Stelle beeinflußt hat.
Ob die Verbindung von Mk 8,31 oder Lk 9,22[1] mit Lk 24,7 schon vor
Justin erfolgte oder erst von ihm, vorgenommen wurde, ist nicht
sicher zu entscheiden. Für ein "Gedächtniszitat" als Ursache der
Entstehung des Wortlautes - ob nun vor oder erst bei Justin -
spricht die den direkt verwandten Mk/Lk-Parallelen fremde Bezeichnung der Gegner Jesu, die an matthäischen Sprachgebrauch erinnert.
Überhaupt spricht diese "matthäische" Bezeichnung im Justinzitat
dafür, daß die "Harmonisierung" von Lk und Mk oder die Kombination

---

1   Nach inneren Kriterien, d.h. nur von dieser Stelle her, ist zwischen Mk-
     und Lk-Einfluß nicht zu entscheiden. In der Literatur wird z.T. aus dem
     äußeren Grund, daß sonst bei Justin Mk-Benutzung kaum nachweisbar sei,
     die Kombination der beiden Lk-Stellen als Erklärung für den Wortlaut der
     beiden Zitate angenommen; so z.B. MORGAN (359, 368 u. 380).

der beiden Lk-Stellen auf jeden Fall nicht im Rahmen einer bewußten und geplanten T e x t harmonisierung stattgefunden hat, da
man sonst entweder die matthäische Formulierung oder den lukanisch/
markinischen Wortlaut der Leidensankündigung kaum hinreichend motivieren könnte.

Insgesamt scheint mir die Annahme, daß Justin unsere kanonischen
Evangelien frei nach dem Gedächtnis zitiert, zur Erklärung des
Zitatwortlautes voll auszureichen. Möglich ist allerdings auch,
daß Justin eine im Wortlaut schon vor ihm feststehende "harmoni-
sierte" Leidensankündigung zitiert.[1] In jedem Fall hat Justin seine
Vorlage jeweils nicht wortgetreu "abgeschrieben", sondern sowohl
verkürzt (Dial 51,2) als auch in der Wortstellung leicht verändert
(Dial 100,3) zitiert.

g) Dial 99,1

In Dial 99,1 zitiert Justin den Wortlaut eines in den Evangelien
angeführten Jesuswortes, mit dem Jesus das Alte Testament aufnimmt,
eher nach dem Alten Testament als nach den Evangelien.

Dial 99,1 Ὁ θεός, ὁ θεός, ἵνα τί ἐγκατέλιπές με;

Mt 27,46b ... θεέ μου, θεέ μου, ἱνατί με ἐγκατέλιπες;

Mk 15,34b ... ὁ θεός μου ὁ θεός μου, εἰς τί ἐγκατέλιπές
με;

Ps 21,2 LXX Ὁ θεὸς ὁ θεός μου, ... ἵνα τί ἐγκατέλιπές με;

Als äußerst unwahrscheinlich erscheint mir, daß Justin hier Mk-
und Mt-Fassung des Jesuswortes harmonisiert bzw. auf einer solchen
Harmonie basiert, wie BELLINZONI (120) annimmt. Eher ist Justins
Vorgehen wie folgt zu erklären: da er die Übereinstimmung von Jesuswort und Psalmvers beweisen wollte, ließ er die Worte des Psalm-
verses, für die es in den Evangelien keine Parallele gibt, weg,

---

1   So z.B. BELLINZONI (32), der bezüglich der Frage nach der Grundlage für
     diese Quelle Justins die Frage "Mk/Lk" offenläßt.

zitierte im übrigen aber nach der LXX;[1] d.h. er orientierte sich
für den Wortbestand am neutestamentlichen Jesuswort, für den Wortlaut aber - vom Kontext her naheliegend - an der LXX-Fassung von
Ps 21, dessen Erfüllung im Leben und Sterben Jesu Justin sich ja
in der Auslegung von Ps 21 nachzuweisen bemüht.

h) Dial 133,6

In Dial 133,6 wird von Justin hervorgehoben, daß die Christen nach
dem Befehl Jesu für ihre Feinde beten. Der Wortlaut des von Justin
deutlich in eigenen Worten wiedergegebenen Jesuswortes hat größere
Ähnlichkeit mit dem Lk als mit dem Mt.

> Dial 133,6 ... παραγγείλαντος ἡμῖν εὔχεσθαι καὶ ὑπὲρ τῶν ἐχ-
> θρῶν καὶ ἀγαπᾶν τοὺς μισοῦντας καὶ εὐλογεῖν τοὺς καταρωμένους.

> Mt 5,44 ... ἀγαπᾶτε τοὺς ἐχθροὺς ὑμῶν καὶ προσεύχεσθε
> ὑπὲρ τῶν διωκόντων ὑμᾶς,

> Lk 6,27 ... ἀγαπᾶτε τοὺς ἐχθροὺς ὑμῶν, καλῶς ποιεῖτε
> τοῖς μισοῦσιν ὑμᾶς, 28 εὐλογεῖτε τοὺς καταρωμένους ὑμᾶς,
> προσεύχεσθε περὶ τῶν ἐπηρεαζόντων ὑμᾶς.

Mt-Bezug erscheint mir allenfalls als möglich, ist jedoch nicht zu
beweisen.

2.3. Stellen im Werk Justins, für die Mt-Abhängigkeit zwar theore-
     tisch möglich, aber keinesfalls naheliegend ist

2.3.1. Stellen, zu denen über das Mt hinaus weitere Parallelen exi-
       stieren, deren Aufnahme durch Justin ebenfalls nicht ausge-
       schlossen werden kann

Zu solchen Stellen gehören:

> Apol 14,3 (Mt 5,44); 15,3 (Mt 5,32); 22,6 (Mt 11,5); 53,1 (Mt 13,9); 63,5

---

[1]   So auch MORGAN (377).

(Mt 10,40); 63,17 (Mt 22,31f.), Dial 35,3 (Mt 24,11); 51,2 (Mt 24,5);
69,7 (Mt 9,34 u. 12,24); 101,3 (Mt 27,40-43); 103,1 (Mt 26,30); 103,6
(Mt 3,17).

2.3.2. Stellen, zu denen nur im Mt Parallelen existieren

Hier sind zu nennen

Apol 68,2 (Mt 6,10); Dial 107,1 (Mt 27,63f.).

2.3.3. Stellen, an denen die Nähe Justins zu anderen Parallelen deutlich größer ist als die zum Mt

a) Apol 19,6

In Apol 19,6f. werden unter der "Überschrift" "Κρεῖττον δὲ πιστεύ-
ειν καὶ τὰ τῇ ἑαυτῶν φύσει καὶ ἀνθρώπους ἀδύνατα, ἢ ὁμοίως τοῖς
ἄλλοις ἀπιστεῖν παρειλήφαμεν, ἐπειδὴ καὶ τὸν ἡμέτερον διδάσκαλον
'Ιησοῦν Χριστὸν ἔγνωμεν εἰπόντα˙" zwei durch "Καὶ" voneinander
unterschiedene Jesusworte zitiert. Das erste[1] weist deutliche Nähe
zur Lk-Parallele auf.

Apol 19,6 "Τὰ ἀδύνατα παρὰ ἀνθρώποις δυνατὰ παρὰ θεῷ".

Mt 19,26 ... παρὰ ἀνθρώποις τοῦτο ἀδύνατόν ἐστιν, παρὰ
δὲ θεῷ πάντα δυνατά.

Mk 10,27 ... παρὰ ἀνθρώποις ἀδύνατον, ἀλλ' οὐ παρὰ θεῷ˙
πάντα γὰρ δυνατὰ παρὰ τῷ θεῷ.

Lk 18,27 ... τὰ ἀδύνατα παρὰ ἀνθρώποις δυνατὰ παρὰ τῷ
θεῷ ἐστιν.

Über die Nähe des Justinzitates zu Lk 18,27 herrscht in der Literatur - wie auch angesichts der Deutlichkeit des Befundes nicht anders
zu erwarten - Einigkeit.[2] Umstritten ist jedoch, ob mit direktem

---

1   Zur Analyse des zweiten Jesuswortes (Apol 19,7), für das Mt- und Lk-Ein-
     fluß anzunehmen ist, s.o. 189-191.
2   S. MASSAUX (Influence, 506), BELLINZONI (107) und MORGAN (334f.).

Lk-Einfluß zu rechnen ist [1] oder nicht entschieden werden kann,
ob hier das Lk oder eine auf diesem basierende außerkanonische
Quelle zugrundeliegt.[2] Mir erscheint die Annahme einer außerkanonischen Quelle zwar als nicht auszuschließen, sie legt sich aber
auch durch nichts nahe.

b) Apol 32,6

Apol 32,6 verbindet mit Mk und Lk, daß Jesus, der nach Jerusalem
einzieht, eindeutig auf dem Eselfohlen (πῶλον) reitet und nicht
wie bei Mt (auch) auf dessen Mutter. Interessant ist der Vergleich
mit Dial 88,6, wo für den Rekurs auf die Einzugsgeschichte nicht
zu entscheiden ist, welcher der Synoptiker Justins Ausführungen zugrundeliegt,[3] und Dial 53,2, wo deutlich die matthäische Fassung
der Einzugsgeschichte aufgenommen ist.[4]
Daß Justin einmal Mt, ein andermal Mk/Lk rezipiert, hat seinen Grund
darin, daß er in Apol 32,6 und Dial 53,2 den Nachweis der Erfüllung
je verschiedener alttestamentlicher Voraussagen erbringen will:[5]
in Apol 32,6 geht es um Gen 49,10f., in Dial 53,2 um Sach 9,9.

c) Apol 66,3b

In Apol 66,3b[6] ist für das Brotwort der Einsetzungsworte deutlich
das Lk aufgenommen; Mt-Abhängigkeit ist nicht naheliegend, so wenig
sie völlig auszuschließen ist.

d) Dial 81,4

Im Kontext von Erörterungen über die Auferstehung wird von Justin
ein Herrenwort zitiert, das Parallelen in Mt 22,30 par. hat.

---

1   So MASSAUX (Influence, 506).
2   So MORGAN (334f.) und BELLINZONI (107).
3   S.o. 236/237.
4   S.o. 222.
5   So auch KÖSTER (Septuaginta, 93).
6   S.o. 193-195.

Dial 81,4 Ο̅υ̅τ̅ε̅ γ̅α̅μ̅η̅σ̅ο̅υ̅σ̅ι̅ν̅ ο̅υ̅τ̅ε̅ γ̅α̅μ̅η̅θ̅η̅σ̅ο̅ν̅τ̅α̅ι̅, ἀλλὰ ἰ̲σ̲ά̲γ̲γ̲ε̲λ̲ο̲ι̲

ἔσονται, τέκνα τοῦ θεοῦ τῆς ἀναστάσεως ὄντες.

Mt 22,30 ἐν γὰρ τῇ ἀναστάσει ο̲υ̲τ̲ε̲ γ̲α̲μ̲ο̲υ̲σ̲ι̲ν̲ ο̲υ̲τ̲ε̲ γ̲α̲-

μ̲ι̲ζ̲ο̲ν̲τ̲α̲ι̲, ἀλλ' ὡς ἄ̲γ̲γ̲ε̲λ̲ο̲ι̲ ἐν τῷ οὐρανῷ εἰσιν.

Mk 12,25 ὅταν γὰρ ἐκ νεκρῶν ἀναστῶσιν οὔτε γαμοῦσιν οὔτε

γαμίζονται, ἀλλ' εἰσὶν ὡς ἄγγελοι ἐν τοῖς οὐρανοῖς.

Lk 20,35 οἱ δὲ καταξιωθέντες τοῦ αἰῶνος ἐκείνου τυχεῖν

καὶ τῆς ἀναστάσεως τῆς ἐκ νεκρῶν ο̲υ̲τ̲ε̲ γ̲α̲μ̲ο̲υ̲σ̲ι̲ν̲ ο̲υ̲τ̲ε̲ γ̲α̲-

μ̲ι̲ζ̲ο̲ν̲τ̲α̲ι̲· 36 οὐδὲ γὰρ ἀποθανεῖν ἔτι δύνανται, ἰ̲σ̲ά̲γ̲γ̲ε̲λ̲ο̲ι̲

γάρ εἰσιν καὶ υἱοί εἰσιν θ̲ε̲ο̲ῦ̲ τ̲ῆ̲ς̲ ἀ̲ν̲α̲σ̲τ̲ά̲σ̲ε̲ω̲ς̲ υἱοὶ ὄ̲ν̲τ̲ε̲ς̲.

Der Zitatwortlaut bei Justin stimmt mit keiner der synoptischen
Parallelen exakt überein; deutlich die größte Nähe aber ist zu
Lk 20,36 festzustellen. Die Annahme einer Harmonisierung von Mt-
und Lk-Text durch Justin oder einen Vorgänger[1] kann sich m.E. kaum
auf den Justinschen Wortlaut stützen.[2] Sehr wahrscheinlich hat Justin in Dial 81,4 frei die Lk-Fassung des Jesuswortes wiedergegeben,[3] wobei ihm kaum bewußt gewesen sein dürfte, daß er sich
speziell an Lk und nicht an Mt anlehnte. Überhaupt ist Justin
offensichtlich mehr am Inhalt als am Fundort seiner Zitate interessiert.

e) Dial 88,8

In Dial 88,8 wird das Wort, das an Jesus bei seiner Taufe ergeht,
deutlich nicht nach einer der synoptischen Fassungen, sondern nach
Ps 2,7 LXX zitiert. Daß Justin hier ein Psalmwort zitieren will,
sagt er sogar explizit:

Dial 88,8 ... καὶ φωνὴ ἐκ τῶν οὐρανῶν ἅμα ἐληλύθει, ἥτις καὶ

---

1   So BELLINZONI (127).
2   Wesentlich differenzierter als BELLINZONI äußert sich MORGAN (370), der
    für den ersten Teil des Zitates Mt-, Mk- und Lk-Einfluß für gleich gut
    möglich hält und für den zweiten Zitatteil Lk-Einfluß annimmt.
3   Lk-Abhängigkeit behauptet auch MASSAUX (Influence, 56).

διὰ Δαυῒδ λεγομένη, ὡς ἀπὸ προσώπου αὐτοῦ λέγοντος ὅπερ αὐτῷ
ἀπὸ τοῦ πατρὸς ἔμελλε λέγεσθαι· Υἱός μου εἶ σύ, ἐγὼ σήμερον
γεγέννηκά σε.[1]

2.4. Stellen im Werk Justins, zu denen über das Mt hinaus weitere Parallelen existieren und für die Mt-Abhängigkeit unwahrscheinlich ist

Zu nennen sind hier
- der erste Teil des Zitates in Apol 15,13 und Dial 96,3[2], für den
Lk-Abhängigkeit wahrscheinlich ist,
- die Anrede des "reichen Jünglings" an Jesus in Apol 16,7 und
Dial 101,2,[3] die deutlich die Mk- oder Lk-Version widerspiegelt und
- Dial 122,2, wo mir Bezug auf die synoptischen Evangelien überhaupt als sehr unwahrscheinlich erscheint.[4]

2.5. Stellen im Werk Justins, zu denen Parallelen im Mk, Lk oder Joh, nicht jedoch im Mt existieren

a) Apol 15,10

Innerhalb eines größeren Zitatzusammenhanges ist in Apol 15,10[5]
sehr wahrscheinlich Lk 6,34 aufgenommen.

b) Apol 17,4

In Apol 17,4 wird als Beleg dafür, daß sich alle Menschen im
Jüngsten Gericht verantworten müssen und dabei nach Maßgabe der
ihnen verliehenen Macht und Verantwortung beurteilt werden, ein
Jesuswort angeführt, zu dem sich eine kanonische Parallele nur in

---

1   Vgl. Ps 2,7 LXX, Lk 3,22, Mk 1,11 u. Mt 3,17.
2   S.o. 172-174.
3   S.o. 201-203.
4   Von der BP wird aus mir unerfindlichen Gründen zu Mt 10,32 Dial 122,2
     angegeben (Bd. 1, 253).
5   S.o. zu Apol 15,10-12 (169-172).

Lk 12,48 findet.

Apol 17,4 ..."ˁΩι πλέον ἔδωκεν ὁ θεός, πλέον καὶ ἀπαιθήσεται
παρ' αὐτοῦ".

Einerseits stimmt der Wortlaut bei Justin weder mit dem wohl ursprünglichen Text von Lk 12,48 noch mit der Fassung, die D bietet,
exakt überein. Andererseits ist die Ähnlichkeit der Jesusworte
in Apol 17,4 und Lk 12,48 doch deutlich. Mir erscheint als die
wahrscheinlichste Erklärung, daß Justin sein Jesuswort frei und
nach dem Gedächtnis zitiert. Die Annahme der Benutzung einer außerkanonischen Quelle ist zwar nicht auszuschließen, wird m.E. aber
durch nichts positiv gestützt oder wahrscheinlich gemacht. Auch
die von BELLINZONI (73) beigebrachten patristischen Parallelen unterstützen eher die These, daß Justin hier frei zitiert hat, als
daß sie der Annahme einer wortlautgetreuen Benutzung einer außerkanonischen Quelle günstig wären. Deswegen ist auch nicht zu beweisen,
daß das Lk hier nur indirekt zugrundeliegt, wie BELLINZONI (75)
und in seinem Gefolge MORGAN (334) anders als z.B. MASSAUX (Influence, 506) annehmen.

c) Apol 33,4

In Apol 33,4 wird die Jungfräulichkeit Marias begründet mit der
göttlichen wunderbaren Art ihrer Empfängnis; dabei erinnert die
Formulierung "δύναμις θεοῦ ἐπελθοῦσα ἐπεσκίασεν αὐτήν" deutlich an
Lk 1,35, wo der Engel zu Maria sagt: "δύναμις ὑψίστου ἐπισκιάσει
σοι".

d) Apol 50,12

In Apol 50,12 verrät Justin Kenntnis von nur bei Lk berichteten
Details; er führt dort aus, daß der Auferstandene den Jüngern erschienen sei "... und ... sie in das Verständnis der Prophezeiun-
gen, in denen ... alles ... vorhergesagt war, eingeführt ..."[1] habe. Eine Parallele hierzu bietet nur die Emmausgeschichte in Lk 24.

---

1   Zitiert nach der Übersetzung von RAUSCHEN (63).

Ihre Kenntnis ist wohl ebenfalls vorauszusetzen in Dial 106,1.

e) Dial 25,1

Zu Dial 25,1 ist für die Wendung "Σὺν ἡμῖν καὶ κληρονομῆσαι βου-
λήσονται κἂν ὀλίγον τόπον οὗτοι οἱ δικαιοῦντες ἑαυτούς" nur in Lk
16,15 eine Parallele zu finden; mir erscheint als gut möglich, daß
das Lk an dieser Stelle die Formulierungen Justins beeinflußt hat,
ohne daß dies zu beweisen wäre.

f) Dial 76,6

Dial 76,6 Καὶ πάλιν ἐν ἑτέροις λόγοις ἔφη· Δίδωμι ὑμῖν ἐξουσίαν καταπατεῖν ἐπάνω ὄφεων καὶ σκορπίων καὶ σκολοπενδρῶν καὶ
ἐπάνω πάσης δυνάμεως τοῦ ἐχθροῦ.

Mir erscheint als die wahrscheinlichste Erklärung, daß Justin hier
frei Lk 10,19 zitiert. Die Annahme der Benutzung einer außerkanonischen Quelle ist nicht zu beweisen.[1]

g) Einzelheiten der Geburtsgeschichte und andere Erzähldetails
in Dial 78,4, 84,4, 88,7, 88,8 und 100,5

Zu den nur bei Lk belegten Details der evangelischen Geschichte,
die Justin rezipiert, gehören auch wesentliche Elemente der
lukanischen Geburtsgeschichte; zusätzlich zur oben (252) behandelten
Stelle Apol 33,4 sind Dial 78,4, 84,4 und 100,5 zu nennen.
Wie oben (200) schon kurz erwähnt, bezieht sich Justin in Dial
78,4 auf Lk 2,1-5 bzw. auf die dort mitgeteilten Informationen.
In Dial 84,4 ist die Rede von Elisabeth als "ἡ τὸν βαπτιστὴν
'Ιωάννην τεκοῦσα"; hierfür kommt - direkt oder indirekt - nur Lk

---

1   So auch BELLINZONI (127), der die Frage offenläßt, ob Justin oder eine
     seiner Quellen für die Abweichungen vom Lk-Text verantwortlich zu machen
     sind; direkten Lk-Einfluß nimmt MASSAUX (Influence, 556) an.

1,57 als Informationsquelle in Frage.[1]

Für den Informationsgehalt von Dial 100,5 ist Lk 1,26.28.35.38
zu vergleichen.[2]

In Dial 88,2 ist möglicherweise Lk 2,40.52 und Lk 3,23 aufgenommen, in Dial 88,7 kann Lk 3,15 den Ausführungen Justins zugrundeliegen; in Dial 88,8 wird ein sonst nur in Mk 6,3 überliefertes
Detail erwähnt.[3]

h) Details aus der lukanischen Passionsgeschichte in Dial 103,4,
   103,8 und 105,5

In Dial 103,4 berichtet Justin, daß Pilatus Jesus zu Herodes
schickte, was wir sonst nur aus Lk 23,7f. erfahren.[4]

Dial 103,8 weiß davon, daß im Garten Gethsemane Jesu Schweiß wie
Blutstropfen zur Erde rann; sonst ist diese Information nur in der
recht breit bezeugten frühen Einfügung in die lukanische Gethsemaneperikope in Lk 22,44b erhalten; Bezug auf das Lk ist nicht zu beweisen, aber auch nicht auszuschließen.

In Dial 105,5 geht es Justin darum, daß Gott die Menschen gelehrt
habe, danach zu streben, völlig gerecht zu werden. Man solle deswegen an seinem Lebensende Gott darum bitten, daß die eigene Seele
nicht an eine böse Macht falle. Als Begründung und Vorbild
eines solchen Gebetes wird das nur in Lk 23,46 überlieferte Kreu-
zeswort Jesu "Vater, in deine Hände befehle ich meinen Geist" angeführt. Das Zitat Justins stimmt dabei exakt mit Lk 23,46 gegen Ps
30,6 LXX überein; auch vom Kontext her ist Aufnahme des Lk sehr
wahrscheinlich.[5]

i) Dial 105,1

In Dial 105,1 ist möglicherweise Joh 1,18 aufgenommen.

---

1   So auch MORGAN (410); MASSAUX (Influence, 557) nimmt - m.E. nicht über-
     zeugend - zusätzlich Einfluß von Lk 1,7 an.
2   So auch MASSAUX (Influence, 557) und MORGAN (414).
3   S. dazu oben 224.
4   Auch MASSAUX (Influence, 558) hält hier Lk-Einfluß für wahrscheinlich.
5   So auch MASSAUX (Influence, 583) u. MORGAN (384).

j) Dial 106,3

Die Interpretation von Dial 106,3 ist in der Literatur sehr umstritten.[1] Justin geht es hier darum, anhand der von Jesus in
bezug auf seine Jünger vorgenommenen Beinamengebung nachzuweisen,
daß auch für die alttestamentlichen Benennungen mit Beinamen
schon Jesus selbst verantwortlich war. Im Zuge dieser Erörterungen
werden als "neutestamentliche" Beispiele die Benennung des Simon
mit dem Namen Petrus und danach die der Zebedaiden als "Boanerges -
das ist Donnersöhne" angeführt.
Beide Beinamen finden sich im Apostelverzeichnis in Mk 3,16-19;
für die Benennung der Zebedaiden als "Donnersöhne" existiert dazu
keine synoptische Parallele.
Gegen die Annahme, daß Justin sich hier auf das Mk stützt, wird
oft die Quellenangabe, die er der Zebedaidenbenennung voranschickt,
angeführt. Setzt Justin die Benennung des Simon mit dem Beinamen
Petrus offensichtlich als bekannt voraus bzw. führt er sie ohne
nähere Quellenangabe auf Jesus zurück, so gibt er als Beleg für
die Benennung der Zebedaiden "γέγραφθαι ἐν τοῖς ἀπομνημονεύμασιν
αὐτοῦ" an. M.E. bezieht sich das "αὐτοῦ" eindeutig auf Petrus; die
Annahme einer Textverderbnis, von der zuletzt KÖSTER (Septuaginta,
58) ausging, ist unnötig und willkürlich. Das "αὐτοῦ" auf Jesus
zu beziehen (was grammatisch immerhin möglich wäre), würde dem
sonst bei Justin festzustellenden Gebrauch des Wortes "ἀπομνημονεύματα" widersprechen: der dieser Bezeichnung folgende Genetiv
bezeichnet sonst durchweg den Autor bzw. die Autoren, nie aber den
Gegenstand der "ἀπομνημονεύματα".[2] Mir scheint nichts dagegen zu
sprechen, daß Justin mit den "ἀπομνημονεύματα 'Πέτρου'" das
Mk meint; man muß dazu nur voraussetzen, daß Justin die von Euseb
für Papias bezeugte Tradition über das Mk gekannt hat,[3] in der
es heißt: "Μάρκος μὲν ἑρμηνευτὴς Πέτρου γενόμενος, ὅσα ἐμνημόνευ-
σεν, ἀκριβῶς ἔγραψεν" (BIHLMEYER/SCHNEEMELCHER Frgm. 2, 136, Z. 1f.).
Nach dieser Tradition sind die "ἀπομνημονεύματα" des Markus

---

1   BOUSSET (Evangeliencitate, 18) verzichtet deswegen darauf, die sich aus
     der Analyse dieser Stelle evtl. ergebenden Schlüsse in seine Argumentation
     aufzunehmen und läßt die Stelle beiseite.
2   S.u. S. 259-262.
3   Von einer Kenntnis dieser Tradition durch Justin geht HEARD ('ΑΠΟΜΝΗΜΟΝΕΥ-
     MATA, 127) aus.

letztlich die des Petrus, da Mk eben nichts anderes tat, als das
von seinem Gewährsmann Petrus überlieferte aufzuschreiben. Daß
Justin diese Tradition gekannt hat, ist weder unmöglich noch unwahrscheinlich; hat er sie gekannt, so besteht keine Notwendigkeit zu
der Annahme, daß er sich in Dial 106,3 auf das Petrusevangelium
bezieht. Nicht gerade für diese Annahme spricht auch, daß sich in
den uns erhaltenen Fragmenten dieses Evangeliums[1] die bei Justin
den "ἀπομνημονεύματα" des Petrus zugewiesene Information nicht findet. Angesichts dessen, daß es gut möglich ist, daß Justin sich
auf nichts anderes als auf unser Mk bezieht[2], erscheint es mir
als wenig sinnvoll, einen Phantombestandteil des Petrusevangeliums
als Quelle Justins zu postulieren; viel wahrscheinlicher ist,
daß Justin sich auf das Mk bezieht.

3. Zusammenfassung, Einordnung und Bewertung der erhobenen Ein-
   zelbefunde

Wie schon oben (164f.) in der Einleitung angedeutet wurde, ergibt
die Analyse der Evangelienzitate und -Anspielungen Justins, daß
sich ihr Wortlaut gut erklärt, wenn man annimmt, daß Justin für
den von ihm aufgenommenen Evangelienstoff auf keinen anderen
schriftlichen Quellen als auf den kanonischen Evangelien basiert.
Einwände gegen die "Harmoniethese" ergeben sich vor allem aus der
Analyse der Evangelienzitate und -anspielungen, die innerhalb der
Werke Justins mehr als einmal vorkommen. Sie seien der besseren
Übersichtlichkeit wegen hier noch einmal zusammenfassend genannt,
wobei jeweils auf ihre Behandlung oben verwiesen wird:

Apol 15,13 par. Dial 96,3 (172-174); Apol 16,6 par. Dial 93,2 (238-241);
Apol 16,7 par. Dial 101,2 (201-203); Apol 16,10 par. Apol 63,5 (182f.);
Apol 16,11 par. Dial 76,5 (183-185); Apol 16,13 par. Dial 35,3 (186-189 u.
232); Apol 33,5 par. Apol 33,8 (191-193); Apol 34,1 par. Dial 78,1 (212-
215); Apol 35,11 par. Dial 53,3 (203-205); Apol 63,3 par. Apol 63,13 par.
Dial 100,1 (215-218); Dial 17,4 par. 112,4 (195-198); Dial 51,2 par. Dial
76,7 par. Dial 100,3 (244-246); Dial 76,4 par. Dial 120,6 par. Dial 140,4

---

1   S. dazu unten S. 437-448.
2   So auch WESTCOTT (114), ZAHN (Geschichte, 512), BONWETSCH (649), und GRANT
     (Formation, 135); MASSAUX (Influence, 555f.) läßt offen, ob Mk oder EvPetr
     benutzt ist. Mit z.B. JACQUIER (121) und BELLINZONI (139) meine ich, daß
     nichts zwingend dafür spricht, daß Justin das EvPetr überhaupt gekannt
     hat.

(222f.); Dial 99,2 par. Dial 103,8 (224f.); Dial 103,6 par. Dial 125,4
(225f.); Dial 123,8 par. Dial 135,2 (205-207).

Die Analyse dieser Parallelenkomplexe ist der Annahme einer außerkanonischen Quelle nicht gerade günstig. Im Zitatwortlaut allgemein
ebenso wie in den Abweichungen von den kanonischen Evangelien speziell stimmt Justin hier nie vollständig mit sich selbst überein.
Dadurch wird deutlich, daß Justin - was auch immer seine Evangelienquellen gewesen sein mögen - diese offensichtlich sehr frei benutzt
hat. In keinem der untersuchten Parallelenkomplexe ließ sich die
Annahme der Benutzung einer außerkanonischen Quelle wahrscheinlich
machen. Der Wortlautbefund erklärt sich immer genausogut und oft
besser, wenn man annimmt, daß Justin unsere Evangelien frei benutzt,
Zitate aus ihnen weitgehend nach dem Gedächtnis zitiert und ihren
Wortlaut dabei zuweilen, aber durchaus nicht immer an ihren neuen
Kontext angepaßt hat. Dieser Freiheit der Zitation entspricht, daß
die Nähe Justins zum Wortlaut seiner wahrscheinlichen Vorlagen sehr
stark variiert. Insgesamt fällt immer wieder auf, daß sich kein
einheitliches "Rezept" für das Zitierverhalten Justins auffinden
oder nachweisen läßt. Auch für die zeitlich ja sicher einige Jahre
auseinanderliegenden Werke Apol und Dial läßt sich am Wortlaut der
Zitate kein je unterschiedlicher Quellenfundus und auch keine je
unterschiedliche Art und Weise der Quellenbenutzung wahrscheinlich
machen. In beiden Schriften erscheint Justin als kaum am exakten
Wortlaut seiner Zitationen interessiert.

Überblickt man (über die Parallelenkomplexe hinaus) die oben
analysierte Aufnahme von Evangelienstoff bei Justin insgesamt, so
fällt auf, daß die Rezeption von Stoff, der für das Mt spezifisch
ist, deutlich überwiegt. Deutlich ist aber auch, daß Justin zumindest das Lk und auch das Mk ebenfalls benutzt hat. Daß für das Mk
spezifische Wendungen und Stoffe nur vereinzelt nachgewiesen werden
können, ist angesichts der weitgehenden stofflichen und auch formulierungsmäßigen Übereinstimmung zwischen Mk und Mt/Lk nicht weiter
verwunderlich. Auffällig ist eher, daß sich Kenntnis und Benutzung
des Joh zwar nicht ausschließen, aber auch nicht nachweisen läßt.[1]

---

1   S. dazu unten S. 264.

Neben dem Mt ist deutlich am meisten das Lk rezipiert. Neu gegenüber den Apostolischen Vätern ist, daß Justin nicht nur Jesusworte, sondern auch Erzähldetails und den Wortlaut von AT-Zitaten
aus den Evangelien aufnimmt.

Bei der Analyse der Stellen, an denen deutliche Nähe zum Mt und zugleich zu einer anderen uns bekannten Schrift festzustellen war,[1]
fiel auf, daß Justin Mt und Lk, aber auch Mt und andere Schriften sehr unterschiedlich kombiniert: es finden sich sowohl sorgfäl-
tige Harmonisierungen als auch seltsam planlos anmutende Verbindungen. Die Annahme der Benutzung einer harmonisierenden außerkanonischen Quelle konnte wegen der Wortlautabweichungen von den
kanonischen Parallelen zwar nirgends ausgeschlossen werden, legte
sich allerdings auch nirgends als wahrscheinlichste Erklärungsmöglichkeit nahe. Auch die zu manchen Stellen vorhandenen patristischen
Parallelen können eine solche Annahme durchaus nicht erhärten. Wie
schon bei der Untersuchung der Parallelenkomplexe kann das Zitierverhalten Justins auch hier nicht einfach "auf einen Nenner" gebracht werden; vor allem die oft durch den Justinschen Kontext der
Zitate erklärbaren Modifikationen des Wortlautes weisen auf die große Freiheit Justins im Umgang mit seinen Quellen hin.

Lassen sich vom Wortlaut und der Genauigkeit der Zitate her keine
prinzipiellen Unterschiede zwischen Apol und Dial feststellen, so
gilt dies nicht für den inhaltlichen Stellenwert, den einzelne Zitate innerhalb der Argumentation beider Schriften haben und zumindest teilweise nicht für die Art und Weise, in der Justin seine
Zitate einleitet.
So ist z.B. interessant, daß zwar in beiden Schriften der mit AT-
und Evangelienzitaten belegte Gedanke, daß der Lebensweg Jesu die
Erfüllung alttestamentlicher Verheißungen sei, eine Rolle spielt.
Während Justin aber in der Apologie damit nur die Stimmigkeit des
Bezugsystems "AT-NT" als ganzes als e i n Argument unter anderen
für das Christentum in die Waagschale wirft,[2] hat dieser Gedanke

---

1   S. dazu oben S. 166-209.
2   Vgl. z.B. Apol 32,2-8.

im Dialog ungleich größeres Gewicht auf der Basis, daß Justin -
anders als in der Apologie - die Gültigkeit und den Wert des AT
nicht mehr beweisen muß, sondern voraussetzen kann. Dies kommt
z.B. auch darin zum Ausdruck, daß im Dialog überaus häufig, in der
Apologie dagegen überhaupt nicht mit der Einleitungsformel "γέγραπται" auf das AT verwiesen wird. Von dieser Praxis mag abgefärbt haben, daß Justin zwar nie in der Apologie, aber doch gelegentlich
im Dialog auch Evangelienstoff mit derselben Einleitungsformel
"γέγραπται" zitiert.[1] Er verrät dadurch, daß er schriftliche
Evangelien kennt. Dabei ist auch in der Apologie deutlich, daß
Justin Evangelien s c h r i f t e n   voraussetzt: was sonst könnte
im Gottesdienst vorgelesen werden?[2]

Daß Justin seine Evangelienquellen im allgemeinen nicht als
"Schrift" zitiert, liegt sowohl daran, daß sie von seinen Ge-
sprächspartnern nicht als solche akzeptiert worden wären, als auch
daran, daß es ihm eben nicht um die Autorität irgendwelcher "Schriften", sondern um die ihres Inhaltes zu tun ist. Die Evangelienschriften sind für ihn zuverlässige Erinnerung an Worte und Taten
Jesu und werden als solche wichtig. Gerade auch deswegen leitet
Justin seine Evangelienzitate, die ja primär, wenn auch nicht
ausschließlich Jesusworte enthalten, in der Apologie wie im Dialog
im allgemeinen eben nicht als "Schrift", sondern als   R e d e   Jesu
ein.

> Die Einleitungsformeln für die Jesusworte variieren; es finden sich z.B.,
> um nur einige zu nennen, "οὕτως παρεκελεύσατο" (Apol 16,5); "βοῶν παρ'
> ὑμῶν" (Dial 17,3); "ἐβόα" (Dial 17,4); "παραγγείλαντος ἡμῖν" (Dial 133,
> 6); "ἐδιδάχθημεν παρ' αὐτοῦ" (Apol 17,2); "εἶπεν" (z.B. Apol 15,1.8; 16,6
> u.ö.); "ἔφη" (z.B. Apol 15,10; Dial 100,3); "ταῦτα ἐδίδαξεν" (Apol 15,9);
> "ἃ ἔφη ταῦτά ἐστι" (Apol 16,1); "λέγων" (Dial 51,2); "προεμήνυσεν (ὁ
> Χριστός) (Apol 28,1); "προεῖπεν ἡμῖν" (Dial 35,7) "οὕτως ἔπεισεν εἰπών"
> (Apol 16,6).

Eine Ausnahme bilden hierbei allerdings die Zitate und Informationen, die als aus den "ἀπομνημονεύματα τῶν ἀποστόλων" entnommen
gekennzeichnet werden. Hier dominiert - allerdings wieder nur im

---

1   Vgl. Dial 49,5; 100,1; 111,3.
2   S. Apol 67,3.

Dialog - die Einleitungswendung "γέγραπται".
Die Bezeichnung "ἀπομνημονεύματα τῶν ἀποστόλων" findet sich in
Apol 66,3 und 67,3 sowie gehäuft in Dial 97-107 innerhalb der
Auslegung von Ps 22 (21 LXX). Hinzuzufügen wäre noch die verbale
Anspielung in Apol 33,5. Die These BOUSSETs, daß die Auslegung von
Ps 22 ein vor dem Dialog entstandenes, von Justin verfaßtes und
in der Schule Justins gebrauchtes Elaborat ist (Schulbetrieb, 292f.),
die zuletzt auch von ABRAMOWSKI (Erinnerungen, 342) zustimmend
aufgenommen wurde, führt zu der Annahme, daß bei Justin für den
Gebrauch des Begriffes "ἀπομνημονεύματα" eine Entwicklung anzunehmen ist: "ἀπομνημονεύματα" wäre dann ein Begriff des "frühen" Justin, der später im Dialog nur noch gebraucht wurde, wenn er "traditionell", d.h. in schon längst fertigen "Versatzstücken" vorgegeben war. Dabei ist gut möglich, daß die Auslegung von Ps 22,
die die Tatsächlichkeit des Leidens Christi zum Thema hat, ursprünglich antignostisch gemeint und verfaßt war, wie ABRAMOWSKI
(Erinnerungen, 343f.) annimmt. Der Verweis auf die "ἀπομνημονεύματα τῶν ἀποστόλων" hätte dann in der antignostischen Polemik die
Funktion gehabt, die Tatsächlichkeit des Heilsereignisses durch
den Hinweis auf seine schriftliche Fixierung in Evangelienschriften
zu belegen.[1] Über ABRAMOWSKIs Argumente hinaus ist ihre These zu
stützen durch die Überlegung, daß gerade die Gnostiker, die ihre
Lehren ihrerseits auf Schriften gründeten, die den Aposteln zuteil
gewordene geheime Offenbarungen zum Inhalt hatten, mit dem Hinweis
auf "Erinnerungen" der "Apostel" gut bei ihren eigenen Voraussetzungen behaftet werden konnten.
Obwohl einiges für den Erklärungsversuch ABRAMOWSKIs spricht, ist
ihre These nicht zwingend zu beweisen. Vor allem ist nicht sicher,
daß der Dial 97,3-106/7 zugrundeliegende Traktat vor der Apologie
entstanden ist, wovon ABRAMOWSKI (Erinnerungen, 344) ausgeht; der
Kampf mit der kirchlichen Gnosis dürfte auch um 150 noch nicht
abgeschlossen gewesen sein. Bildung und Gebrauch des Begriffs
"ἀπομνημονεύματα τῶν ἀποστόλων" durch Justin erklärt sich gut
nicht nur im Zuge der Abfassung eines antignostischen Traktates,
sondern auch im Rahmen der Apologie. In der Apologie bezeichnet

---

1   Vgl. dazu ABRAMOWSKI, Erinnerungen, 347 u. 350.

dieser Begriff vor allem Sachverhalte, die christliche Interna
betreffen, die für den Außenstehenden im Dunkeln liegen mußten
und deswegen Anlaß für Verdächtigungen boten. In Apol 66,3 und 67,3
geht es um Eucharistie und Gottesdienst, in der verbalen Anspielung in Apol 33,5 um die Jungfrauengeburt. Der Hinweis auf die
"ἀπομνημονεύματα" dient in der Apologie nicht so sehr dem Ziel,
die Evangelien literarisch mit der hellenistischen Memoirenlite-
ratur auf eine Stufe zu stellen, wie VORSTER (5) annimmt, als vielmehr dem Nachweis, daß die Grundlagen für die mitgeteilten Bräuche
und Glaubensinhalte zugänglich und nachprüfbar seien. Der Verweis
auf die "ἀπομνημονεύματα" ist damit den Hinweisen auf die Pilatus-
akten und ähnliche "amtliche" Dokumente in Apol 35,9, 48,3 und 34,2
zu vergleichen und keinesfalls prinzipiell von diesen zu unterscheiden.[1]
Ob die Bezeichnung "ἀπομνημονεύματα τῶν ἀποστόλων" nun im Hinblick
auf die vorgestellten Leser der Apologie oder in Hinsicht auf
die "Adressaten" eines antignostischen Traktates entstanden ist:
sie hat in jedem Falle in den Werken Justins deutlich die Funktion,
die Zuverlässigkeit und Nachprüfbarkeit der in diesen "ἀπμνημονεύ-
ματα" gebotenen Informationen zu unterstreichen und glaubwürdig
zu machen.
Daß die Anspielung auf die "ἀπομνημονεύματα Σωκράτους" des Xeno-
phon, die die Justinsche Bezeichnung zweifellos, wenn auch nicht
völlig korrekt enthält, konstitutiv für die Bildung des Begriffes
durch Justin war, daß also Justin hier bewußt eine profane Gat-
tungsbezeichnung übernimmt und in Anlehnung an sie Evangelienschriften benennt, erscheint mir trotz der Ausführungen von HYLDAHL
(passim, besonders 79) mit HEARD ('ΑΠΟΜΝΗΜΟΝΕΥΜΑΤΑ, 125) als eher
unwahrscheinlich. Sachlich scheint mir diesem Begriff, wie oben
(255) schon erwähnt, eher die Papiasnotiz über Mk bzw. die in ihr
wiedergegebene Tradition zugrundezuliegen.[2] Hätte Justin seine
Bezeichnung nach der Xenophons gebildet, hätte diese eher "ἀπομνη-

---

1   Für eine solche prinzipielle Unterscheidung votiert Abramowski (Erinnerun-
     gen, 351f.); anders KÖSTER (Septuaginta, 59).
2   So auch HEARD ('ΑΠΟΜΝΗΜΟΝΕΥΜΑΤΑ, 125f.).

μονεύματα Ἰησοῦ Χριστοῦ" als "ἀπομνημονεύματα τῶν ἀποστόλων"
lauten müssen. Den Anklang an die "ἀπομνημονεύματα" des Sokrates
mag Justin - gerade auch wegen des Todes des Sokrates - in seiner
antidoketischen Polemik wie in der Apologie gerne in Kauf genommen
und vielleicht sogar beabsichtigt haben. Auch die verbale Anspielung
in Apol 33,5 kann ein Hinweis darauf sein, daß Justin letztlich
doch eher von den verbalen Bezeichnungen, die uns für Papias überliefert sind, ausgeht.

Das, was Justin mit dem Hinweis auf die "ἀπομνημονεύματα" zitiert
oder anführt,[1] läßt nicht vermuten, daß diese Bezeichnung nur einen
Teil seiner Quellen für Evangelienstoff benannte, sondern macht
wahrscheinlich, daß er mit ihr die Gesamtheit des ihm zur Verfügung
stehenden Evangelienstoffes bezeichnet. Es legt sich nicht nahe,
daß "ἀπομνημονεύματα τῶν ἀποστόλων" eine besondere Schrift oder
eine besondere Gruppe von Schriften meint, über die hinausgehend
Justin noch andere Evangelienschriften gekannt und benutzt hätte.
Daß die "ἀπομνημονεύματα" Justins mehrere schriftliche Quellen umfaßten, ergibt sich nicht nur aus der umstrittenen Erläuterung zu
dieser Bezeichnung in Apol 66,3, wo es auf die "ἀπομνημονεύματα"
bezogen heißt "ἃ καλεῖται εὐαγγέλια"[2], sondern allein schon daraus,
daß - wie schon oben (255) ausgeführt und begründet - Justin neben
den "ἀπομνημονεύματα" der Apostel in Dial 106,3 auch die eines
Einzelnen kennt: kann man dezidiert von den "ἀπομνημονεύματα" eines
"αὐτοῦ" reden, so müssen die "ἀπομνημονεύματα" einer Mehrzahl
mehrere voneinander unterscheidbare Schriften mehrerer Verfasser
sein.

Obwohl Justin also auch explizit mehrere Evangelienschriften kennt,
zitiert er seinen Evangelienstoff überwiegend als Herrenrede.

---

1   S. dazu Apol 33,5; 66,3; 67,3; Dial 100,4; 101,3; 103,6; 103,8; 104,1;
     105,1; 105,5; 106,1; 106,3; 107,1.
2   Diese Wendung wird gerne für eine aus einer Marginalglosse entstandene
     Interpolation gehalten, und zwar bevorzugt von den Autoren, die entweder
     Kenntnis der synoptischen Evangelien oder überhaupt mehrerer Evangelien-
     schriften für Justin ablehnen; s. z.B. den anonymen Verfasser von SUPERNA-
     TURAL RELIGION (293), BOUSSET (Evangeliencitate, 17) und OSBORN (124).
     M.E. spricht nichts zwingend für eine derartige Einschätzung.

Daß er die Vielzahl seiner Evangelienschriften nicht nur gelegentlich mit der Bezeichnung "ἀπομνημονεύματα τῶν ἀποστόλων", sondern
auch generell durch die Zitation als "Herrenrede" formal unter
einem einheitlichen Gesichtspunkt begreift, hat seinen inhaltlichen Grund darin, daß sie alle für ihn ihren Wert erhalten und in
ihrem Charakter bestimmt sind dadurch, daß sie zuverlässige Erinnerungen an den einen Herrn wiedergeben.[1] Von daher können sie dann
auch in ihrer Vielzahl mit der singularischen Bezeichnung "Evangelium" belegt werden. Diese Bezeichnung ist für Justin offensichtlich eine Art Sammelname für eben alle Berichte von Worten und Taten des Herrn.[2] Sie begegnet nur in Dial 10,2 (im Munde Tryphons)
und in Dial 100,1. Daß es für Justin beim Rekurs auf die Evangelien
nicht um das Heranziehen einer "formalen" Autorität geht, sondern
um die inhaltliche Vergegenwärtigung von Worten und Taten Jesu, mag
mit der ausschlaggebende Grund dafür gewesen sein, daß es Justin
offensichtlich weniger um den "genauen" im Sinne von "quellenge-
treuen" Wortlaut seiner Zitate zu tun war.[3] Wer also an die Evangelienzitate Justins herangeht mit der Zielsetzung, dem "Text" der
Evangelien im 2. Jh. auf die Spur zu kommen, fragt seinem Gegenstand
unangemessen. Auch schon aus diesem Grunde dürfen gelegentliche
Übereinstimmungen Justins mit ja zumeist erst später bezeugten abweichenden Textlesarten nicht zu hoch bewertet werden.
Daß Justin, wie COSGROVE (passim) will, dezidierter Gegner einer
"Kanonisierung" von Evangelienschriften war und damit einer Tendenz seiner Zeit gegensteuern wollte, erscheint mir als überzogen.
Nur insofern ist COSGROVE zuzustimmen, als Justin tatsächlich keinerlei Interesse daran hat, die Autorität seiner Quellen als solche
zum Thema zu machen.

---

1   S. dazu auch KÖSTER (Septuaginta, 99), nach dem die Evangelien für Justin
     "beglaubigte schriftliche Quelle eines Geschehens" sind; vgl. auch DERS.,
     Introduction 2, 343: die Evangelien sind für Justin "historical records".
2   So z.B. auch I FRANK (125).
3   In diese Richtung bewegt sich auch die Interpretation von PIPER (165):
     "The manner in which Justin makes use of the Gospels known to him seems
     to indicate a midrashic representation of the εὐαγγέλιον rather than lite-
     ral adherence to a given text".

Daß Justin um die Mitte des 2. Jh., also zu einer Zeit, zu der
er ohne weiteres alle vier kanonischen Evangelien gekannt haben
kann, primär die synoptischen Evangelien rezipiert hat, mag unter
anderem daran liegen, daß das Joh ihm für seine Zwecke als deutlich ungeeigneter erscheinen konnte und mußte. Sowohl die Reden
des Joh als auch überhaupt das ganze Evangelium bieten wenig Hilf-
reiches, wenn man - wie Justin vor allem im Dialog, aber auch in
der Apologie - die im Alten Testament verwurzelte Begründung der
Sendung Jesu oder - so ein Schwerpunkt in der Apologie - die Erha-
benheit und den überragenden Inhalt der christlichen Ethik expli-
zieren will. Sowohl für den Bezug des christlichen Glaubens auf das
Alte Testament im Gedanken von Weissagung und Erfüllung als auch
für die Entfaltung der christlichen Ethik auf der Basis der ethischen Weisungen Jesu boten die Synoptiker und hier vor allem das
Mt von den Justin aller Wahrscheinlichkeit nach zur Verfügung stehenden Quellen deutlich am meisten. Daß auch das Lk stark rezipiert wurde, mag an dem Interesse liegen, eine zur Zuverlässigkeit
in gewissem Maße doch notwendige Vollständigkeit der Informationen zu erreichen. Gerade für diese war dann das Mk nicht mehr er-
forderlich.
Fragt man nach dem Anteil, den die redaktionelle Arbeit des Evangelisten Mt daran hat, daß das Mt für Justin zum wichtigsten Evangelium wird, so ergibt sich ein zwiespältiges Bild. Gründe für
die "Brauchbarkeit" des Mt für Justin sind hauptsächlich die
matthäischen Reden und die Reflexionszitate, also deutlich als
redaktionell zu bezeichnende Gestaltungselemente dieses Evangeliums.
Von der Theologie des Evangelisten Mt, wie sich diese - wenn auch
durchaus kontrovers diskutiert - heute der redaktionsgeschichtlichen
Forschung am Mt darstellt, erscheint Justin (sofern er eine solche
Theologie überhaupt hat erkennen können und wollen) aber als nicht
weiter beeinflußt. Für ihn sind die Evangelien nicht theologische,
sondern historische Dokumente.
Justins deutliche Bevorzugung des Mt erklärt sich - ebenso wie die
"Benachteiligung" der anderen Evangelien - gut aus den Intentionen
seiner Schriften. Sie muß deswegen nicht daher rühren, daß das
Mt bereits zur Zeit Justins das "Normalevangelium" war; im Gegen-
teil hat möglicherweise die Mt-Rezeption Justins wesentlich zur

breiten Akzeptation des Mt beigetragen.

IV. JUDENCHRISTENTUM

1. VORBEMERKUNG

Der Begriff "Judenchristentum" wird sehr unterschiedlich verstanden.[1] Ich schließe mich weitestgehend den Definitionsversu-
chen STRECKERs an.[2] Er betrachtet als konstitutiv für das Judenchristentum, daß

a) die so bezeichnete Schrift oder Gruppe überhaupt eine Christologie hat, wobei er die Art dieser Christologie bewußt nicht
näher fixiert sehen will,[3] und daß

b) in der in Frage stehenden Schrift oder Gruppe eine "jüdische
Struktur von Theologie und Lebenshaltung" festzustellen ist, wozu
z.B. Gesetzesbeobachtung, Beschneidung und zumindest tendenziell
die Bewahrung der Einheit der jüdischen Nation gehören können.[4]

> Der Vorteil der STRECKERschen Definition ist, daß sie nicht so weit
> ist wie z.B. die von DANIELOU und doch weit genug, um verschiedenste
> Erscheinungsformen von Judenchristentum zu umgreifen. Einen anderen
> Weg gehen die Definitionsversuche von RIEGEL, G N STANTON (Matthean
> Christianity, 68 Anm. 2) und MALINA, die die Einheitlichkeit des Be-
> griffs aufgeben, um durch begriffliche Differenzierungen den verschie-
> denen Formen von "Judenchristentum" besser gerecht zu werden.
> In wesentlichen Punkten stimmt auch LÜDEMANN mit STRECKER überein.
> Er lehnt die ethnischen, rein "theologischen" oder am Schema "Häresie-
> Orthodoxie" orientierten Deutungsversuche ab und äußert sich eher po-
> sitiv zum Deutungsversuch SIMONs, der eine rituelle Gesetzesobservanz
> als konstitutiv für das Judenchristentum betrachtet. LÜDEMANN selbst
> sieht in modifizierter Aufnahme F C BAURs den Antipaulinismus als mit
> das wesentlichste Merkmal des Judenchristentums an.[5]

---

1   Einen Überblick über die verschiedenen Definitions- und Deutungsversuche
     geben z.B. MANNS in der Einleitung seiner Bibliographie zum Judenchri-
     stentum (10-15) und LÜDEMANN (Antipaulinismus, 13-57, besonders 53-57).
2   S. STRECKER, Judenchristentum und Gnosis, 263.
3   Hierin unterscheidet sich STRECKER von Deutungsversuchen, wie sie z.B.
     bei SCHOEPS zu finden sind, aber auch in neuester Zeit vorkommen; vgl.
     dafür z.B. TYSON (366).
4   S. STRECKER, Judenchristentum und Gnosis, 263.
5   S. dazu LÜDEMANN, Antipaulinismus, 53-57 u. 262).

2. JUDENCHRISTLICHE EVANGELIEN

2.1. VORBEMERKUNGEN

Die uns hauptsächlich bei Klemens von Alexandrien, Origenes, Epiphanius, Euseb und Hieronymus erhaltenen Fragmente judenchristlicher Evangelien[1] werden am sinnvollsten drei verschiedenen, voneinander unabhängigen Evangelien zugeordnet: dem Ebioniten-, Naza-
räer- und Hebräerevangelium.[2] Alle drei waren wohl jeweils das
Evangelium einer bestimmten Gruppe. Die Zuweisung einzelner Fragmente ist oft umstritten. Erschwert wird sie dadurch, daß es dem
Hauptzeugen für diese Fragmente, Hieronymus, offensichtlich nicht
anders erging als uns heute: auch er hatte wohl nur Fragmente und
nicht vollständige Werke zur Hand.[3]

Der Lösungsvorschlag des Hieronymus, der aus den ihm erhaltenen
Fragmenten schloß, daß es nur e i n judenchristliches Evangelium gegeben habe, bezeichnet einen lange Zeit, aber heute nicht
mehr beschrittenen Weg der Erklärung. Für meine Untersuchung basiere ich im wesentlichen auf dem VIELHAUERschen Zuweisungsvor-
schlag.[4]

Alle drei judenchristlichen Evangelien sind wahrscheinlich in der
ersten Hälfte des zweiten Jahrhunderts entstanden,[5] also in einer

---

1   Zu den altkirchlichen Zeugnissen über die judenchristlichen Evangelien
    und ihrer Bewertung s. VIELHAUER (Evangelien, 76-90) u. KLIJN (Gospel
    Tradition, passim).
2   Die Annahme dreier judenchristlicher Evangelien hat sich in neuerer Zeit
    allgemein durchgesetzt; noch MASSAUX (Influence, 340-347) aber geht
    von nur zwei judenchristlichen Evangelien aus und weist die Fragmente
    des EvNaz und EvEb e i n e m Evangelium zu.
3   So - m.E. überzeugend - auch VIELHAUER (Evangelien, 86); anders z.B.
    WAITZ (Untersuchungen, 64), der annimmt, daß Hieronymus das EvNaz voll-
    ständig gekannt, in Händen gehabt und bei Bedarf nachgeschlagen habe.
    Zur Glaubwürdigkeit der Angaben des Hieronymus, die als nicht besonders
    groß zu erachten ist, s. BARDY.
4   S. VIELHAUER, Evangelien, passim; auch die BIBLIA PATRISTICA macht sich
    VIELHAUERs Vorschlag zu eigen. Im folgenden werden die einzelnen Fragmen-
    te nach den VIELHAUERschen Fragmentnummern zitiert.
5   So für das EvHeb z.B. WAITZ (Hebräerevangelium, 53), SURKAU (109), VIEL-
    HAUER (Evangelien, 107) u. ALTANER/STUIBER (123); für das EvEb vgl. z.B.
    WAITZ (Ebionäerevangelium, 44), VIELHAUER (Evangelien, 102) und BERTRAND
    (Evangile des Ebionites, 551); hierzu anders HARNACK (Chronologie 1,
    630) und A MEYER (Ebionitenevangelium, 25), die beide eine Entstehung erst
    gegen Ende des 2. Jh. für wahrscheinlich halten; für das EvNaz vgl. z.B.
    VIELHAUER (Evangelien, 94), DIBELIUS (Geschichte, 53) u. ALTANER/STUIBER
    (123).

Zeit, in der nach den voranstehenden Untersuchungen weitgehend,
wenn nicht überall mit Kenntnis der synoptischen Evangelien zu
rechnen ist. Von vorneherein ist für ihr Verhältnis zu den synoptischen Evangelien also zu erwarten, daß sie diese entweder ergänzen oder ersetzen wollen.

2.2. HEBRÄEREVANGELIUM

Für die uns erhaltenen Fragmente des Hebräerevangeliums[1] läßt sich
an keiner Stelle Einfluß des Mt wahrscheinlich machen.
Insgesamt unterscheidet sich das EvHebr sprachlich und sachlich
so stark von den synoptischen Evangelien, daß es sich kaum als
Fortbildung dieser Schriften oder ihrer Inhalte verstehen läßt.[2]

> Im einzelnen ist Mt-Abhängigkeit allerhöchstens möglich, aber keines-
> falls naheliegend in VIELHAUER Frgm. 2 (Mt 3,16f)[3], Frgm. 7 (Mt 26,
> 26) und Frgm. 5 und 6 (Mt 5,22; 18,6f.). Unwahrscheinlich ist Mt-Abhän-
> gigkeit in Frgm. 3 (Mt 4,1.8), Frgm. 4,a.b (Mt 7,7f u. 11,28f) und
> Frgm. 7 (Mt 26,27.29).

Soweit die erhaltenen Fragmente ein Urteil zulassen, gehört das Ev
Hebr theologisch zu einem synkretistischen[4], "stark mythologisch-
gnostischen"[5] Judenchristentum. Geographisch ist es wohl in Ägypten zu verorten.[6] Wahrscheinlich war es das Evangelium der ägyp-
tischen Judenchristen,[7] und zwar der Judenchristen insgesamt[8] und
nicht etwa das Evangelium einer als "Sekte" zu qualifizierenden
(zahlenmäßig kleinen) Sondergruppe[9].
In einer spekulativ-gnostisch geprägten Umwelt waren die synoptischen Evangelien offenbar ungeeignet, befriedigende Auskunft
über Herkunft und Wesen des Erlösers zu geben. Nicht einmal eine
Auseinandersetzung mit oder Stellungnahme zu den synoptischen

---

1 Vgl. dazu VIELHAUER (Evangelien, 107f.); zu den kritischen Ausgaben für
   die einzelnen Fragmente s. die BP 1, 25f.
2 So auch VIELHAUER (Evangelien, 89f u. 105 sowie Geschichte, 658).
3 VIELHAUER (Evangelien, 87) rechnet diese Perikope nur "mit Vorbehalt" zum
   EvHebr; für mich ergibt sich die Zugehörigkeit zum EvHebr vor allem
   aus inneren Gründen. Zum einen gehört die Christologie dieser Taufperiko-
   pe unzweifelhaft in den Umkreis gnostischer Spekulation (so auch VIELHAUER,
   Evangelien, 106) und "paßt" somit zu den übrigen Fragmenten des EvHebr; zum
   anderen verträgt sie sich schlecht mit den Taufberichten des EvEb und des
   EvNaz, zu denen sie jeweils aus inhaltlichen Gründen nicht gehören kann.
4 So ALTANER/STUIBER (123).
5 So VIELHAUER (Geschichte, 661); vgl. auch STRECKER (Ebioniten, 492).
6 So z.B. WAITZ (Hebräerevangelium, 53), SURKAU (109), VIELHAUER (Evangelien,
   107), (vorsichtig) ALTANER/STUIBER (123).
7 So schon ZAHN (Urkunden 2, 643); dann wieder W BAUER (Rechtgläubigkeit,
   56) u. mit Bezug auf BAUER VIELHAUER (Evangelien, 107).
8 So W BAUER (Rechtgläubigkeit, 56) und KLIJN (Study, 428).
9 In diese Richtung tendiert HORNSCHUH (Anfänge, 289).

Berichten ist in den erhaltenen Fragmenten deutlich oder auch nur andeutungsweise zu erkennen.

2.3. EBIONITENEVANGELIUM[1]

2.3.1. Vorbemerkungen

Deutlich anders als im EvHeb stellt sich die Sachlage im EvEb dar; hier sind die Verbindungen zur Jetztgestalt unserer Evangelien so deutlich, daß neuere Untersuchungen zu dem Ergebnis kommen, daß das EvEb eine Harmonie der synoptischen Evangelien ist.[2] Es wird zum einen zu untersuchen sein, ob und inwiefern dieser These zugestimmt werden kann; zum anderen soll geklärt werden, welche Rolle speziell das Mt im EvEb spielt und wie sich der diesbezügliche Befund dazu verhält, daß das EvEb in der altkirchlichen Tradition[3] als "Matthäusevangelium" bezeichnet wird und den Jünger Matthäus herausgehoben erwähnt[4], was möglicherweise dazu dient, das EvEb als "Matthäusevangelium" zu qualifizieren.[5]

2.3.2. Analyse der Fragmente

2.3.2.1. Fragmente mit deutlichem Mt-Einfluß

a) Frgm. 1

In Panar 30,13,2f zitiert Epiphanius den Bericht des EvEb über die Berufung der Jünger wie folgt:

---

1   Mit Sicherheit zum EvEb zu rechnen sind nur die bei Epiphanius erhaltenen Fragmente; so auch MICHAELIS (120), VIELHAUER (Evangelien, 100f u. Geschichte, 653) u. BERTRAND (Evangile des Ebionites, 551); ich zitiere die Fragmente im folgenden nach den VIELHAUERschen Fragmentnummern (vgl. VIELHAUER, Evangelien, 102-104).

2   Vgl. dazu vor allem BERTRAND (Evangile des Ebionites) sowie CAMERON (103) und SCHENK (66).

3   Vgl. Irenäus haer 1,26,2 und Epiphanius Panar 30,3,7.

4   Vgl. Frgm. 1; s. dazu unten unter 2.3.2.1. (273ff).

5   Vgl. dazu Epiphanius, der sagt, daß das von den Ebioniten "Mt" genannte Evangelium ein verfälschtes und um die Vorgeschichte verkürztes Mt ist (Panar 30,13,2 u. 14,3).

Panar 30,13,2 ἐγένετό τις ἀνὴρ ὀνόματι Ἰησοῦς, καὶ
αὐτὸς ὡς ἐτῶν τριάκοντα, ὃς ἐξελέξατο ἡμᾶς. καὶ ἐλθὼν εἰς
Καφαρναοὺμ εἰσῆλθεν εἰς τὴν οἰκίαν Σίμωνος τοῦ ἐπικληθέντος
Πέτρου καὶ ἀνοίξας τὸ στόμα αὐτοῦ εἶπεν· 3 παρερχόμενος παρὰ
τὴν λίμνην Τιβεριάδος ἐξελεξάμην Ἰωάννην καὶ Ἰάκωβον,
υἱοὺς Ζεβεδαίου, καὶ Σίμωνα καὶ Ἀνδρέαν καὶ * Θαδδαῖον καὶ
Σίμωνα τὸν ζηλωτὴν καὶ Ἰούδαν τὸν Ἰσκαριώτην, καὶ σὲ
τὸν Ματθαῖον καθεζόμενον ἐπὶ τοῦ τελωνίου ἐκάλεσα καὶ ἠκολούθησάς μοι. ὑμᾶς οὖν βούλομαι εἶναι δεκαδύο ἀποστόλους εἰς
μαρτύριον τοῦ Ἰσραήλ.

Anders als die Synoptiker wählt das EvEb die Form des Wir-Berichtes
für den erzählenden Rahmen.

> Von daher wird oft die Identität des EvEb mit dem von Origenes (Hom in Lk
> zu Lk 1,1) erwähnten "Evangelium der Zwölf" angenommen.[1] Mir erscheint
> aber mit VIELHAUER (Evangelien, 100) diese Gleichsetzung als nicht zwin-
> gend; sie ist für meine Untersuchung auch nur von peripherem Belang,
> da sie, wie auch VIELHAUER (ebd.) bemerkt, zur Vermehrung der erhalte-
> nen Fragmente nichts beiträgt.

Ebenfalls ohne Entsprechung bei den Synoptikern ist, daß die
Aufzählung der Jüngernamen[2] nicht einfach gegeben, sondern als
Jesuswort berichtet wird.

Auch die Aufzählung der Jüngernamen selbst läßt sich insgesamt
nicht einfach aus einer der synoptischen oder lukanischen Parallelen herleiten.

> Was die Reihenfolge der mitgeteilten Namen angeht, weicht das EvEb
> von den Synoptikern deutlich dadurch ab, daß Petrus von der ersten
> an die dritte Stelle gerückt ist.[3] Insgesamt ist deutlich, daß keines
> der Jüngerverzeichnisse in Mt 10,2-4, Mk 3,16-19, Lk 6,13-16 und Act
> 1,13 Vorlage für die Reihenfolge der Namen im EvEb war.[4]

---

1   So z.B. HARNACK (Chronologie 1, 828f), MASSAUX (Influence, 347), ALTANER/
     STUIBER (123) u. BERTRAND (Evangile des Ebionites, 553f u. 561).

2   Daß nur 8 Namen genannt werden, ist wohl auf ein Zitierversehen des Epi-
     phanius zurückzuführen, da das EvEb deutlich von der Zwölfzahl der Jün-
     ger ausgeht.

3   Darauf weist auch BERTRAND (Evangile des Ebionites, 553) hin, der
     meint: "L'égalité de rang de tous les apôtres est en effet certaine-
     ment l'une des thèses principales de l'apocryphe" (ebd.).

4   Nimmt man das Mt als Grundlage an und bezeichnet die dort genannten Namen
     in der Reihenfolge ihrer Nennung mit den Ziffern 1-12, so hätte das
     EvEb umgestellt in 4, 3, 1, 2, 10, 11, 12, 8; bei Mk als Grundlage in
     3, 2, 1, 4, 10, 11, 12, 7; bei Lk in 4, 3, 1, 2, 10, 12, 7; bei Act in
     2, 3, 1, 4, 10, 8.

Die im EvEb genannte Reihenfolge läßt sich nur schwer erklären und
wohl nur für die Umstellung des Simon (Petrus) theologisch motivieren.

Was die einzelnen Namen angeht, fällt auf, daß die Bezeichnung des
Simon mit dem Beinamen "ζηλωτής" nur im lukanischen Doppelwerk[1],
nicht jedoch bei Mt oder Mk[2] eine Parallele hat. Auffällig ist
an Verbindungen zu Lk/Act des weiteren:

- die Bezeichnung "λιμνή" für "See", die sich (insgesamt 11-
mal) nur im lukanischen Doppelwerk, nie jedoch bei Mk oder Mt
findet
- die Nennung des exakten Alters Jesu bei Beginn seiner Wirk-
samkeit, für die sich bei Mk und Mt keine Parallele findet
und in der Lk 3,23 und EvEb auch von der Zahl her übereinstimmen
- die Nennung der Zebedaiden in der Reihenfolge Johannes -
Jakobus, die sich so nur im EvEb und in Act 1,13 findet
- die exakt wörtlich nur mit Lk 4,38 übereinstimmende Wendung
"εἰςῆλθεν εἰς τὴν οἰκίαν Σίμωνος"[3]
- die Mitteilung des Sachverhaltes, daß Jesus Jünger "auswähl-
te", die sich so explizit nur im EvEb und in Lk 6,13 findet.

Neben solchen Verbindungslinien zum lukanischen Doppelwerk lassen
sich unschwer mindestens ebenso deutliche zum Mt feststellen:

- "καὶ ἀνοίξας τὸ στόμα αὐτοῦ" leitet im EvEb wie in Mt 5,2
Jesusrede ein; dieser Ausdruck findet sich bei Lk oder Mk
nicht
- die Bezeichnung des Judas als "τὸν Ἰσκαριώτην" im EvEb
entspricht von der Schreibweise her am ehesten Mt 10,4[4]
- der Zöllner, den Jesus beruft, heißt im EvEb wie sonst
nur in Mt 9,9 "Ματθαῖος"[5]; auch im matthäischen Jüngerver-
zeichnis wird er näher bezeichnet als "ὁ τελώνης"

---

1   Vgl. Lk 6,15 u. Act 1,13.
2   Vgl. Mt 10,4 u. Mk 3,18, die Simon den Beinamen "ὁ Καναναῖος" geben.
3   Vgl. Mt 8,14 "Καὶ ἐλθὼν ὁ Ἰησοῦς εἰς τὴν οἰκίαν Πέτρου" u. Mk 1,29
     "... ἦλθον εἰς τὴν οἰκίαν Σίμωνος".
4   Vgl. Mt 10,4 "ὁ Ἰσκαριώτης" u. Mk 3,19/Lk 6,16 "Ἰσκαριώθ".
5   Bei Lk (5,27) und Mk (2,14) ist der Name des Zöllners Levi.

- wenn mit dem Satz "ὑμᾶς οὖν βούλομαι εἶναι δεκαδύο
ἀποστόλους εἰς μαρτύριον τοῦ ῾Ισραήλ" im EvEb die Sendung
der Jünger ausschließlich zu Israel gemeint ist, so findet
sich hierzu eine Sachparallele nur in Mt 10,6.

Dabei sind die aufgeführten Übereinstimmungen mit dem Mt nicht
alle in gleicher Weise geeignet, Mt-Abhängigkeit wahrscheinlich
zu machen. Als noch signifikanter als die Übereinstimmung in Erzähldetails wie dem, daß der berufene Zöllner Matthäus hieß, erscheint mir die inhaltliche Übereinstimmung mit dem Mt in der
Sendung der Jünger nur zu Israel; die anderen Parallelen zum Mt
sind zwar terminologisch genauer als die bisher genannten, inhaltlich aber kaum signifikant und lassen für sich genommen Mt-Abhängigkeit immerhin, aber auch nicht mehr als gut möglich erscheinen.
Auffällig ist, daß sich im EvEb an dieser Stelle nur zum Mt, nicht
aber zu anderen Evangelien inhaltlich-theologische Affinität
feststellen läßt. Die Anklänge an das Lk sind rein terminologi-
scher Art.

Überblickt man die z.T. deutlichen Parallelen zu redaktionellen
Wendungen oder Gedanken sowohl des Mt als auch des Lk, so ist
in jedem Falle deutlich, daß das EvEb bei seiner Abfassung das Mt
und Lk in ihrer jetzigen Gestalt voraussetzt. Darüber herrscht
in der Forschung auch weitgehend Konsens. Umstritten ist dagegen,
ob auch das Mk bei der Abfassung des EvEb eine Rolle gespielt hat.[1]
Eine Benutzung das Mk ist für Frgm. 1 m.E. nicht nachzuweisen,

---

1   Einfluß von Mt, Mk und Lk nehmen an ZAHN (Urkunden 2, 733), A MEYER (Ebio-
    nitenevangelium, 24), RESCH (221), WAITZ (Ebionäerevangelium, 41), DI-
    BELIUS (Geschichte, 57), MICHAELIS (120), BEYSCHLAG (Überlieferung, 75),
    VIELHAUER (Geschichte, 654), WILSON (Apokryphen, 329), KÖSTER (Ein-
    führung, 642; Köster hält dort Mt- und Lk-Benutzung für sicher und
    meint, daß das EvEb "wohl auch" vom Mk abhängig sei; noch vorsichtiger
    äußert er sich in der englischen Übersetzung dieser Passage, wo er
    Mk-Aufnahme nur vielleicht als gegeben ansieht (Introduction 2, 202)).
    BERTRAND (Evangile des Ebionites, passim), SCHENK (66) u. MEES (Herren-
    worte, 194). Für Abhängigkeit nur von Mt u. Lk plädieren HARNACK (Chro-
    nologie 1, 628) und LAGRANGE (evangile selon les Hébreux, 169); ähnlich
    auch MASSAUX (Influence, 347), der zusätzlich zu Mt u. Lk Einfluß der
    synoptischen Tradition allgemein annimmt.

aber auch nicht auzuschließen.

Auf Mk-Einfluß zurückgehen könnte hier höchstens die nicht näher bezeichnete bloße Nennung des Namens "Andreas", die sich allerdings auch
in Act 1,13 findet, sowie die Nennung des Thaddäus, die nur in Mk 3,18 u.
Mt 10,3, nicht aber bei Lk oder in Act belegt ist. Daß das Haus des
Petrus in Kapernaum liegt, wissen Mk 1,21.29, Mt 8,5.14 und Lk 4,31.38
in gleicher Weise.

Wie nun hat man sich das Vorgehen des Verfassers des EvEb vorzustellen? Hat er sein Evangelium als auf den ihm schriftlich vorliegenden Berichten des Lk, Mt und möglicherweise Mk basierende
Evangelienharmonie verfaßt, mit der er die synoptischen Evangelien
verdrängen wollte? Anhand von Frgm. 1 erscheint es mir als nicht
wahrscheinlich, daß das EvEb eine planmäßige Zusammenarbeitung
der T e x t e der synoptischen Evangelien ist. Das Vorgehen
des Verfassers wäre doch gar zu unmotiviert; vor allem wäre nicht
recht zu erklären, warum er manchmal wortwörtlich zitiert, manchmal - ohne erkennbaren Grund - stark im Wortlaut von seinen Vorlagen abweicht. Auch sein "Springen" von Perikope zu Perikope
fände so kaum eine Erklärung.

Sein "Rezept" hätte ja wie folgt ausgesehen:
Eigene Einleitung (ἐγένετό τις ἀνὴρ ὀνόματι Ἰησοῦς) + (z.T. abgewandelt)
einige Worte aus Lk 3,23a (καὶ αὐτὸς ὡς ἐτῶν τριάκοντα) + in anderer
Formulierung und nur der Sache nach identisch Lk 6,13c (ὃς ἐξελέξατο
ἡμᾶς) + allgemeiner Rekurs auf Mt 8,5, Lk 7,1, Mk 1,21 oder Lk 4,31
(καὶ ἐλθὼν εἰς Καφαρναούμ) + wörtliches Zitat aus Lk 4,38 (εἰσῆλθεν
εἰς τὴν οἰκίαν Σίμωνος) + eigener Zusatz zum Namen "Simon" (τοῦ ἐπικληθέντος Πέτρου) möglicherweise nach Mt 8,14 + wörtliches Zitat aus
Mt 5,2 (καὶ ἀνοίξας τὸ στόμα αὐτοῦ) + eigenes εἶπεν (möglicherweise für
das matthäische ἐδίδασκεν αὐτοὺς εἰκών) + eigenes παρερχόμενος + wörtliches Zitat aus Lk 5,1b (παρὰ τὴν λίμνην) + eigene Bezeichnung des
Sees als Τιβεριάδος + in anderer Formulierung, aber der Sache nach identisch Lk 6,13c (ἐξελεξάμην) + Aufzählung der Jünger in eigener Reihenfolge, dabei nähere Bezeichnung des Johannes und Jakobus als Zebedaiden
in anderer Formulierung, aber sachlich identisch mit Mt 10,2 u. Mk 1,
17 (υἱοὺς Ζεβεδαίου), eigene Nennung des Simon ohne nähere Bezeichnung
oder Nennung des Beinamens (wohl deswegen, weil der Beiname "Petrus"
im EvEb gerade vorher (Panar 30,13,2) erwähnt wurde), Nennung des
Andreas ohne nähere Bezeichnung wie in Act 1,13 u. Mk 3,18, Nennung des
Thaddäus, der bei Lk gar nicht vorkommt, wie in Mt 10,3 oder Mk 3,18,
Nennung des Simon mit dem Beinamen "der Zelot" nach Lk 6,1 oder
Act 1,13, Nennung des Judas wie in Mt 10,4, hervorgehobene Nennung des
Matthäus sachlich entsprechend Mt 10,3 u. 9,9-13, jedoch in eigener Formulierung (καὶ σὲ τὸν Ματθαῖον καθεζόμενον ἐπὶ τοῦ τελωνίου ἐκάλεσα
καὶ ἠκολούθησάς μοι) + Mt 10,6 in eigener, abgewandelter Formulierung
(ὑμᾶς οὖν βούλομαι εἶναι δεκαδύο ἀποστόλους εἰς μαρτύριον τοῦ Ἰσραήλ).

Von der planmäßigen Zusammenarbeitung der synoptischen Texte ist
zu unterscheiden die intentional harmonisierende, aber im Detail
auf dem Gedächtnis fußende Wiedergabe "synoptischer" Begebenhei-
ten in "eigenen" Worten und mit eigener Tendenz. So wenig und
schlecht sich das oben besprochene Fragment als Zusammenarbeitung schriftlicher Vorlagen erklären läßt, so leicht und gut versteht es sich ohne Probleme als eine Darstellung, die auf den
nach dem Gedächtnis benutzten Evangelien des Mk u. Lk fußt. Nicht
so sehr die Ersetzung des Textes des Mt und Lk durch einen Mischtext als vielmehr die Ersetzung der verschiedenen synoptischen
Berichte durch eine neuakzentuierte Neufassung des synoptischen
Stoffes scheint Intention des Verfassers gewesen zu sein.

Das an Frgm. 1 gewonnene Bild bestätigt sich bei der Analyse der
anderen Fragmente.

b) Frgm. 2

Panar 30,13,4 ἐγένετο Ἰωάννης βαπτίζων, καὶ ἐξῆλθον πρὸς
αὐτὸν Φαρισαῖοι καὶ ἐβαπτίσθησαν καὶ πᾶσα Ἱεροσόλυμα. καὶ
εἶχεν ὁ Ἰωάννης ἔνδυμα ἀπὸ τριχῶν καμήλου καὶ ζώνην δερματίνην περὶ τὴν ὀσφὺν αὐτοῦ. καὶ τὸ βρῶμα αὐτοῦ, ... , μέλι
ἄγριον, οὗ ἡ γεῦσις ἡ τοῦ μάννα, ὡς ἐγκρὶς ἐν ἐλαίῳ·

Mt 3,4 αὐτὸς δὲ ὁ Ἰωάννης εἶχεν τὸ ἔνδυμα αὐτοῦ ἀπὸ
τριχῶν καμήλου καὶ ζώνην δερματίνην περὶ τὴν ὀσφὺν αὐτοῦ,
ἡ δὲ τροφὴ ἦν αὐτοῦ ἀκρίδες καὶ μέλι ἄγριον. 5 Τότε ἐξεπορεύετο πρὸς αὐτὸν Ἱεροσόλυμα καὶ πᾶσα ἡ Ἰουδαία καὶ
πᾶσα ἡ περίχωρος τοῦ Ἰορδάνου, 6 καὶ ἐβαπτίζοντο ἐν
τῷ Ἰορδάνῃ ποταμῷ ὑπ' αὐτοῦ ἐξομολογούμενοι τὰς ἁμαρτίας αὐτῶν. 7 Ἰδὼν δὲ πολλοὺς τῶν Φαρισαίων καὶ ...

Mk 1,4 ἐγένετο Ἰωάννης (ὁ) βαπτίζων ἐν τῇ ἐρήμῳ καὶ κηρύσσων βάπτισμα μετανοίας εἰς ἄφεσιν ἁμαρτιῶν. 5 καὶ ἐξεπορεύετο πρὸς αὐτὸν πᾶσα ἡ Ἰουδαία χώρα καὶ οἱ Ἱεροσο-
λυμῖται πάντες, καὶ ἐβαπτίζοντο ὑπ' αὐτοῦ ἐν τῷ Ἰορδάνῃ
ποταμῷ ἐξομολογούμενοι τὰς ἁμαρτίας αὐτῶν. 6 καὶ ἦν ὁ

> Ἰωάννης ἐνδεδυμένος τρίχας καμήλου καὶ ζώνην δερματίνην
> περὶ τὴν ὀσφῦν αὐτοῦ καὶ ἐσθίων ἀκρίδας καὶ μέλι ἄγριον.

Das EvEb unterscheidet sich von den Synoptikern hauptsächlich dadurch, daß es die Speise des Täufers vegetarisiert: aus "ἀκρίς"
(Heuschrecke) wird "ἐγκρίς" (Kuchen).[1]

Zum Lk lassen sich keine Verbindungen feststellen.

Mit dem Mk verbinden das EvEb vor allem die drei Worte "ἐγένετο
Ἰωάννης βαπτίζων", die sich wörtlich so in Mk 1,4 finden sowie
der "Aufriß" der Perikope mit der Reihenfolge "Auftreten des Täufers - Taufe - Bericht über seine Lebensweise".

Mit dem Mt verbinden viele identische Formulierungen (bei allerdings teilweise abweichender Wortstellung) sowie das Wissen darum,
daß auch die Pharisäer zum Täufer kamen.

MASSAUX (Influence, 349f) meint, daß zwar wohl der Anfang aus Mk
genommen, im übrigen aber doch wohl bevorzugt Mt rezipiert worden
sei. Dem stimmt MORGAN (487) zu.

M.E. läßt sich die Annahme einer Beeinflussung des EvEb durch das
Mk nicht zwingend begründen; eine solche Annahme ist gegen BERTRAND
(Evangile des Ebionites, 555) zur Erklärung des Wortlautes von
Frgm. 2 durchaus nicht nötig: die Übereinstimmung mit Mk 1,4-6
in Aufriß und Formulierungen kann auch auf Zufall beruhen. Die "Umstellung" von Mt 3,4-6 erklärt sich nicht nur durch Einfluß der
Mk-Parallele, sondern ebensogut als aus gedächtnismäßiger Zitation
der matthäischen Geschichte resultierend. Auf eine derartige gedächtnismäßige Wiedergabe der matthäischen Perikope weisen die
zahlreichen Übereinstimmungen nicht nur in der Wortwahl, sondern
auch in der Wortform hin.

Als eine Harmonisierung von Mt- und Mk-Bericht würden sich z.B.
nicht erklären lassen die Tempusänderungen "ἐξῆλθον" für "ἐξεπορεύετο" und "ἐβαπτίσθησαν" und "ἐβαπτίζοντο" sowie der inhaltliche "Sonderakzent" in der Beschreibung der Speise des Täufers.

---

1   Dieses Wortspiel ist nur Griechisch möglich und weist sicher darauf hin,
        daß das EvEb auf Griechisch abgefaßt wurde.

Wichtiger als die Berichte des Mk und des Mt zu harmonisieren
scheint dem Verfasser des EvEb gewesen zu sein, die Nahrung des
Täufers als vegetarische zu beschreiben.
Auch für Panar 30,13,4 gilt also, was oben (274-278) schon für
Panar 30,13,2f festzustellen war: das EvEb ist offensichtlich eine
Darstellung mit inhaltlichem Eigeninteresse, die synoptische Be-
richte voraussetzt und verarbeitet und wohl ersetzen will, deren
Absicht es aber nicht ist, einen "Mischtext" anzubieten.

> M.E. völlig abstrus ist der Erklärungsversuch von BOISMARD, der (352
> u. passim) in Frgm. 2 Abhängigkeit von Urmk und Mt vermutet; das EvEb
> wäre dann eine nachmatthäische Parallelerscheinung zum Mk.

c) Frgm. 4

Panar 30,13,7 τοῦ λαοῦ βαπτισθέντος ἦλθεν καὶ Ἰησοῦς καὶ
ἐβαπτίσθη ὑπὸ τοῦ Ἰωάννου. καὶ ὡς ἀνῆλθεν ἀπὸ τοῦ ὕδατος,
ἠνοίγησαν οἱ οὐρανοὶ καὶ εἶδεν τὸ πνεῦμα τὸ ἅγιον ἐν εἴδει
περιστερᾶς, κατελθούσης καὶ εἰσελθούσης εἰς αὐτόν. καὶ φωνὴ
ἐκ τοῦ οὐρανοῦ λέγουσα· σύ μου εἶ ὁ υἱὸς ὁ ἀγαπητός, ἐν σοὶ
ηὐδόκησα, καὶ πάλιν· ἐγὼ σήμερον γεγέννηκά σε. καὶ εὐθὺς
περιέλαμψε τὸν τόπον φῶς μέγα. ὃ ἰδών, ..., ὁ Ἰωάννης λέγει αὐτῷ· σὺ τίς εἶ, κύριε; καὶ πάλιν φωνὴ ἐξ οὐρανοῦ πρὸς
αὐτόν· οὗτός ἐστιν ὁ υἱός μου ὁ ἀγαπητός, ἐφ' ὃν ηὐδόκησα. 8
καὶ τότε, ..., ὁ Ἰωάννης προσπεσὼν αὐτῷ ἔλεγεν· δέομαί σου,
κύριε, σύ με βάπτισον. ὁ δὲ ἐκώλυσεν αὐτὸν λέγων· ἄφες, ὅτι
οὕτως ἐστὶ πρέπον πληρωθῆναι πάντα.

> Mt 3,13 Τότε παραγίνεται ὁ Ἰησοῦς ἀπὸ τῆς Γαλιλαίας ἐπὶ
> τὸν Ἰορδάνην πρὸς τὸν Ἰωάννην τοῦ βαπτισθῆναι ὑπ' αὐ-
> τοῦ. 14 ὁ δὲ Ἰωάννης διεκώλυεν αὐτὸν λέγων· ἐγὼ χρείαν
> ἔχω ὑπὸ σοῦ βαπτισθῆναι, καὶ σὺ ἔρχῃ πρός με; 15 ἀποκρι-
> θεὶς δὲ ὁ Ἰησοῦς εἶπεν πρὸς αὐτόν· ἄφες ἄρτι, οὕτως γὰρ
> πρέπον ἐστὶν ἡμῖν πληρῶσαι πᾶσαν δικαιοσύνην. τότε ἀφίησιν

αὐτόν. 16 βαπτισθεὶς δὲ ὁ 'Ιησοῦς εὐθὺς ἀνέβη ἀπὸ τοῦ
ὕδατος· καὶ ἰδοὺ ἠνεῴχθησαν (αὐτῷ) οἱ οὐρανοί, καὶ εἶδεν
(τὸ) πνεῦμα (τοῦ) θεοῦ καταβαῖνον ὡσεὶ περιστερὰν (καὶ)
ἐρχόμενον ἐπ' αὐτόν· 17 καὶ ἰδοὺ φωνὴ ἐκ τῶν οὐρανῶν λέ-
γουσα· οὗτός ἐστιν ὁ υἱός μου ὁ ἀγάπητός, ἐν ᾧ εὐδόκησα.

Mk 1,9 Καὶ ἐγένετο ἐν ἐκείναις ταῖς ἡμέραις ἦλθεν 'Ιησοῦς
ἀπὸ Ναζαρὲτ τῆς Γαλιλαίας καὶ ἐβαπτίσθη εἰς τὸν 'Ιορδάνην
ὑπὸ 'Ιωάννου. 10 καὶ εὐθὺς ἀναβαίνων ἐκ τοῦ ὕδατος εἶδεν
σχιζομένους τοὺς οὐρανοὺς καὶ τὸ πνεῦμα ὡς περιστερὰν
καταβαῖνον εἰς αὐτόν. 11 καὶ φωνὴ ἐγένετο ἐκ τῶν οὐρανῶν·
σὺ εἶ ὁ υἱός μου ὁ ἀγαπητός, ἐν σοὶ εὐδόκησα.

Lk 3,21 'Εγένετο δὲ ἐν τῷ βαπτισθῆναι ἅπαντα τὸν λαὸν καὶ
'Ιησοῦ βαπτισθέντος καὶ προσευχομένου ἀνεῳχθῆναι τὸν
οὐρανὸν 22 καὶ καταβῆναι τὸ πνεῦμα τὸ ἅγιον σωματικῷ
εἴδει ὡς περιστερὰν ἐπ' αὐτόν, καὶ φωνὴν ἐξ οὐρανοῦ γε-
νέσθαι· σὺ εἶ ὁ υἱός μου ὁ ἀγαπητός, ἐν σοὶ εὐδόκησα.

Lk 3,22 nach D, it; Ju, (Cl), Meth, Hil, Aug ... ἐγώ
σήμερον γεγέννηκά σε (= Ps 2,7 LXX)

Nach RESCH (223), W BAUER (Leben Jesu, 122), VIELHAUER (Evangelien,
101) und BERTRAND (baptême, 45 und Evangile des Ebionites, 556f.)
sind in Frgm. 4 alle drei Synoptiker benutzt; MASSAUX (Influence,
352) meint, daß man auf jeden Fall nicht zugunsten eines der Synoptiker entscheiden kann und nimmt (a.a.O.) einen "simple accord
avec la tradition synoptique" an.
Deutlichster Hinweis auf das Zugrundeliegen des Mt ist m.E., daß
das EvEb offensichtlich Mt 3,15 voraussetzt und aufnimmt, also auf
der Redaktion des Evangelisten Mt basiert. Obwohl sich auch darüber
hinaus deutliche Übereinstimmungen mit dem Mt feststellen lassen,
kann das Mt kaum schriftliche "Tischvorlage" des Verfassers des
EvEb gewesen sein: gerade die Abweichungen vom Text des Mt lassen
sich zum großen Teil unter dieser Voraussetzung nicht schlüssig
begründen.

   Eine Ausnahme hiervon ist die Wendung "πληρωθῆναι πάντα"; KÖSTER (Überlieferung, 59 Anm. 3) meint - wahrscheinlich zu Recht -, daß der auffäl-
   lige matthäische Gebrauch des Wortes "δικαιοσύνη" (für das man im Mt

eher "δικαιώνατα" oder Ähnliches erwarten würde) im EvEb geglättet sei
durch das Weglassen dieser im Mt doch recht ungewöhnlich gebrauchten
Vokabel.

Auffällig ist, daß das Mt sehr selbständig verwertet wird; Kontext
und damit Sinn einander ähnlicher Formulierungen sind im EvEb
zuweilen recht anders als im Mt.

> So bemerkt W BAUER (Leben Jesu, 113) z.B. richtig, daß das sich in den
> Formulierungen ähnelnde Wort Jesu an den Täufer bei Mt die Taufe Jesu
> durch Johannes begründen, im EvEb die Taufe des Johannes durch Jesus
> ablehnen soll.
> Das eher rhetorische matthäische "Ich hätte es nötig ..." ist im EvEb
> erweitert zur expliziten Bitte des Täufers an Jesus.

Neben Übereinstimmungen mit nur dem Mt fallen auch solche mit nur
dem Lk ins Auge; deutlich weniger und möglicherweise zufällig
sind die Übereinstimmungen mit speziell dem Mk.

> "Σύ μου εἶ ὁ υἱός ὁ ἀγαπητός" ist für mich keine deutliche Mk-Übereinstim-
> mung wie z.B. für BERTRAND (Evangile des Ebionites, 556f), da ich mich
> in bezug auf Lk 3,22 textkritisch anders entscheide als er. Ich halte
> die von D, it und mehreren Kirchenvätern bezeugte Lesart nicht für
> ursprünglich; damit weist die fragliche Wendung auf Mk oder Lk und
> nicht eindeutig auf eines dieser beiden Evangelien.

Fast noch auffälliger als die Übereinstimmungen vor allem mit Mt
und Lk sind die Abweichungen des EvEb von den synoptischen Evangelien. Das EvEb erzählt die Geschichte von der Taufe Jesu durch Johannes den Täufer deutlich anders als die Synoptiker. Es erweist
sich dabei zwar eindeutig als "nachsynoptisch"; wieder aber ist
die Annahme, daß der Verfasser eine Textmischung beabsichtigte,
nicht ausreichend für die Erklärung des Befundes.

> Damit ist nicht gesagt, daß das EvEb nicht alle drei Synoptiker zum Zuge
> kommen lassen wollte. Nur: m.E. bestand zumindest nicht die Hauptab-
> sicht des Verfassers darin, die synoptischen Texte miteinander zu ver-
> knüpfen und dadurch zu harmonisieren.
> Das dreimalige Berichten von den Worten der Stimme ist dabei durchaus
> nicht das glücklichste Beispiel für Harmonisierung der synoptischen
> Evangelien. Zum einen müßten die Abweichungen vom synoptischen Text
> als aus gedächtnismäßiger Zitation resultierend erklärt werden; zum ande-
> ren würde für den Verfasser des EvEb an dieser Stelle für den Lk-Text
> die westliche Textlesart vorausgesetzt. Wenn es hier überhaupt um "Harmo-
> nisierung" geht, so scheint mir das zweimalige Wiederholen der Worte der
> Stimme von der Absicht getragen zu sein, die beiden synoptischen Formen
> dieser Worte (1. u. 3. Person Singular) sowie den inhaltlich naheliegen-
> den Wortlaut von Ps 2,7 LXX kunstvoll miteinander zu verbinden.

Eher als durch die Annahme einer Textmischung erklärt sich der
Wortlaut des EvEb als ein frei auf den synoptischen Evangelien
basierender "Eigenbericht". Deutlich ist das Übergewicht der Aufnah-

me matthäischen Stoffes. Die Bekanntschaft des Verfassers mit dem
Mk ist anhand von Frgm. 4 nicht auszuschließen, aber auch nicht
zu beweisen.

Inhaltlich ist der Taufbericht des EvEb keiner der sonst bekannten
Häresien zuzuordnen.

d) Frgm. 5

Panar 30,14,5 τίς μού ἐστι μήτηρ καὶ ἀδελφοί; καὶ ἐκτείνας
ἐπὶ τοὺς μαθητὰς τὴν χεῖρα[1] ἔφη· οὗτοί εἰσιν οἱ ἀδελφοί μου
καὶ ἡ μήτηρ καὶ ἀδελφαὶ οἱ ποιοῦντες τὰ θελήματα τοῦ πατρός
μου.

Mt 12,48 ... τίς ἐστιν ἡ μήτηρ μου καὶ τίνες εἰσὶν οἱ
ἀδελφοί μου; 49 καὶ ἐκτείνας τὴν χεῖρα αὐτοῦ ἐπὶ τοὺς
μαθητὰς αὐτοῦ εἶπεν· ἰδοὺ ἡ μήτηρ μου καὶ οἱ ἀδελφοί
μου. 50 ὅστις γὰρ ἂν ποιήσῃ τὸ θέλημα τοῦ πατρός μου
τοῦ ἐν οὐρανοῖς αὐτός μου ἀδελφὸς καὶ ἀδελφὴ καὶ μήτηρ
ἐστίν.

Mk 3,33 ... τίς ἐστιν ἡ μήτηρ μου καὶ οἱ ἀδελφοί (μου);
34 καὶ περιβλεψάμενος τοὺς περὶ αὐτὸν κύκλῳ καθημένους
λέγει· ἴδε ἡ μήτηρ μου καὶ οἱ ἀδελφοί μου. 35 ὃς (γὰρ)
ἂν ποιήσῃ τὸ θέλημα τοῦ θεοῦ, οὗτος ἀδελφός μου καὶ ἀδελφὴ καὶ μήτηρ ἐστίν.

Lk 8,21 μήτηρ μου καὶ ἀδελφοί μου οὗτοί εἰσιν οἱ τὸν
λόγον τοῦ θεοῦ ἀκούοντες καὶ ποιοῦντες.

Eindeutiger bzw. zwingender Einfluß des Mk ist nicht festzustellen.
Nur mit dem Mt verbindet mehr als nur mit dem Lk, zumal sich
Verbindungen zum Mt durchgängig, zum Lk nur im zweiten Teil des
Fragmentes nachweisen lassen. Während die Bezüge zu Mt 12,48 alles

---

1   HOLL stellt in seiner Ausgabe "τὴν χεῖρα" vor "ἐπὶ τοὺς μαθητάς"; die
     oben wiedergegebene Reihenfolge ist wegen der Abweichung von Mt 12,49 si-
     cherlich die lectio difficilior; als die ursprüngliche Lesart wird sie
     auch vertreten von BERTRAND (Evangile des Ebionites, 557).

andere als deutlich sind, fallen die Übereinstimmungen mit Mt 12,
49.50 stark ins Gewicht; vor allem ist die dem EvEb und dem Mt
gemeinsame Bezeichnung Gottes als "Vater" bemerkenswert.
MASSAUX (Influence, 353) nimmt Abhängigkeit nur vom Mt, MORGAN
(491) vom Mt (21 Worte) und vom Lk (13 Worte) an.
Insgesamt paßt sich das Fragment gut in das bisher gewonnene Bild
ein, ohne wesentlich neue Erkenntnisse zu liefern. Wieder legen die
zu beobachtenden Abweichungen von den synoptischen Texten nahe,
nicht an eine Zusammenarbeit schriftlicher Quellen zu denken,
sondern eher an Aufnahme des aus Mt und Lk bekannten synoptischen
Stoffes.

e) Frgm. 6

Panar 30,16,5 Ἦλθον καταλῦσαι τὰς θυσίας, καὶ ἐὰν μὴ παύ-
σησθε τοῦ θύειν, οὐ παύσεται ἀφ' ὑμῶν ἡ ὀργή.

In Frgm. 6 scheint mir deutlich das Mt die Voraussetzung für die
Ausführungen des EvEb zu sein, so wenig dort das Mt "zitiert" oder
gar inhaltlich aufgenommen worden ist.
Während Mt 9,13 und 12,7 nur als mögliche inhaltliche Ausgangspunkte
für die Position des EvEb zu betrachten sind, ohne daß sie diese
Position ausreichend zu erklären vermöchten, fällt die formulie-
rungsmäßige Affinität zu Mt 5,17 ins Auge; "ἦλθον" und "καταλῦσαι"
verstehen sich m.E. am besten als bewußte Anspielung auf Mt 5,17
und sollen wohl die Aussagen dieser Stelle inhaltlich "ersetzen".[1]

f) Frgm. 7

Panar 30,22,4 ποῦ θέλεις ἐτοιμάσωμέν σοι τὸ Πάσχα φαγεῖν;
... μὴ ἐπιθυμίᾳ ἐπεθύμησα κρέας τοῦτο τὸ Πάσχα φαγεῖν μεθ'
ὑμῶν.

Mt 26,17 ... ποῦ θέλεις ἐτοιμάσωμέν σοι φαγεῖν τὸ
πάσχα;

---

1   Vgl. dazu auch HARNACK (Geschichte, 192).

Mk 14,12 ... ποῦ θέλεις ἀπελθόντες ἑτοιμάσωμεν ἵνα φάγῃς
τὸ πάσχα;

Lk 22,8 καὶ ἀπέστειλεν Πέτρον καὶ ᾽Ιωάννην εἰπών· πορευθέντες ἑτοιμάσατε ἡμῖν τὸ πάσχα ἵνα φάγωμεν. 9 οἱ δὲ
εἶπαν αὐτῷ· ποῦ θέλεις ἑτοιμάσωμεν;
15 καὶ εἶπεν πρὸς αὐτούς· ἐπιθυμίᾳ ἐπεθύμησα τοῦτο τὸ
πάσχα φαγεῖν μεθ᾽ ὑμῶν ...

Wie schon Johannes der Täufer in seinem Verhalten, so erweist sich
auch der ebionitische Jesus in seinem Reden als konsequenter Vege-
tarier. Die - gegenüber den synoptischen Berichten umgedeutete[1] -
Erzählung von der Vorbereitung bzw. Nicht-Vorbereitung des Passah-
mahles weist Ähnlichkeiten sowohl mit dem Mt als auch mit dem Lk
auf. Trotz ebenfalls vorhandener Ähnlichkeiten zum Mk läßt sich
Mk-Aufnahme nicht nachweisen.
Die These, daß das EvEb eine Textmischung aus den synoptischen Evangelien sei, könnte sich noch am ehesten auf Frgm. 7 stützen. Bis
auf eine kleine Umstellung im Mt-Text ließe dieses Fragment sich
als eine exakte Kombination der Jüngerfrage von Mt 26,17 mit dem
Jesuswort aus Lk 22,15 erklären.[2] Diese Kombination wäre ergänzt
durch die das ebionitische Interesse zum Ausdruck bringenden und
das Jesuswort in sein Gegenteil verkehrenden Worte "μή" und "κρέας".

2.3.2.2. Fragmente ohne nachweisbaren Mt-Einfluß

Frgm. 3

Panar 30,13,6 ἐγένετο ἐν ταῖς ἡμέραις ᾽Ηρῴδου βασιλέως τῆς
᾽Ιουδαίας ἐπὶ ἀρχιερέως Καϊάφα,

---

1   Auch Epiphanius weist in seiner Einleitung zu diesem Fragment darauf
     hin, daß die Ebioniten das im Fragment zitierte Jesuswort abgeändert
     haben.
2   So auch A MEYER (Ebionitenevangelium, 47), MASSAUX (Influence, 350), der
     literarischen Einfluß des Lk und sehr wahrscheinlich auch des Mt annimmt,
     MORGAN (492) u. BERTRAND (Evangile des Ebionites, 558).

ἦλθέν τις Ἰωάννης ὀνόματι βαπτίζων βάπτισμα μετανοίας

ἐν τῷ Ἰορδάνῃ ποταμῷ, ὃς ἐλέγετο εἶναι ἐκ γένους Ἀαρὼν τοῦ

ἱερέως, παῖς Ζαχαρίου καὶ Ἐλισάβετ, καὶ ἐξήρχοντο πρὸς αὐτὸν
πάντες.

Mt 3,1 Ἐν δὲ ταῖς ἡμέραις ἐκείναις παραγίνεται Ἰωάννης
ὁ βαπτιστὴς κηρύσσων ἐν τῇ ἐρήμῳ τῆς Ἰουδαίας 2 (καὶ)
λέγων· μετανοεῖτε· ἤγγικεν γὰρ ἡ βασιλεία τῶν οὐρανῶν.
5 Τότε ἐξεπορεύετο πρὸς αὐτὸν Ἱεροσόλυμα καὶ πᾶσα
ἡ Ἰουδαία καὶ πᾶσα ἡ περίχωρος τοῦ Ἰορδάνου, 6 καὶ
ἐβαπτίζοντο ἐν τῷ Ἰορδάνῃ ποταμῷ ὑπ' αὐτοῦ ἐξομολογούμενοι τὰς ἁμαρτίας αὐτῶν.

Mk 1,4 ἐγένετο Ἰωάννης (ὁ) βαπτίζων ἐν τῇ ἐρήμῳ καὶ κηρύσσων βάπτισμα μετανοίας εἰς ἄφεσιν ἁμαρτιῶν. 5 καὶ ἐξεπορεύετο πρὸς αὐτὸν πᾶσα ἡ Ἰουδαία χώρα καὶ οἱ Ἱεροσο-
λυμῖται πάντες, καὶ ἐβαπτίζονζο ὑπ' αὐτοῦ ἐν τῷ Ἰορδάνῃ ποταμῷ ἐξομολογούμενοι τὰς ἁμαρτίας αὐτῶν.

Lk 3,2 ἐπὶ ἀρχιερέως Ἄννα καὶ Καϊάφα, ἐγένετο ῥῆμα θεοῦ
ἐπὶ Ἰωάννην τὸν Ζαχαρίου υἱὸν ἐν τῇ ἐρήμῳ. 3 καὶ ἦλθεν
εἰς πᾶσαν (τὴν) περίχωρον τοῦ Ἰορδάνου κηρύσσων βάπτισμα
μετανοίας εἰς ἄφεσιν ἁμαρτιῶν,

Lk 1,5 Ἐγένετο ἐν ταῖς ἡμέραις Ἡρῴδου βασιλέως τῆς
Ἰουδαίας ἱερεύς τις ὀνόματι Ζαχαρίας ἐξ ἐφημερίας Ἀβία,
καὶ γυνὴ αὐτῷ ἐκ τῶν θυγατέρων Ἀαρὼν καὶ τὸ ὄνομα αὐτῆς
Ἐλισάβετ.

Nach BERTRAND (Evangile des Ebionites, 355f) sind hier Mk 1,4f und
Lk 3,2f kunstvoll miteinander verknüpft.
Für BOISMARD (329f) ist "ὃς ἐλέγετο" bis "Ἐλισάβετ" späterer Zusatz; das Übrige geht für ihn (333) auf eine von den synoptischen
Evangelien in ihrer heutigen Form unabhängige Tradition, die auch
im hebräischen Urmatthäus verarbeitet wurde und zu der sich Parallelen in Act 19,4 und Lk 7,24-35 par. Joh 1,7 finden, zurück.

Mir erscheinen die Erklärungsmöglichkeiten, die BERTRAND und BOIS-
MARD anbieten, reichlich konstruiert.

Meines Erachtens sind nur die folgenden Übereinstimmungen mit den
Synoptikern signifikant:

- die Wendung "ἐγένετο ἐν ταῖς ἡμέραις Ἡρῴδου βασιλέως τῆς
'Ιουδαίας",
- die Nennung der Namen Aron, Zacharias und Elisabet
- die Wendungen "ἐπὶ ἀρχιερέως Καϊάφα" und "βάπτισμα μετανοίας".

Es sind fast sämtlich Übereinstimmungen nur mit dem Lk. Sie betreffen vor allem die geschichtliche Verortung des Auftretens des Täufers. "Βάπτισμα μετανοίας" findet sich in gleicher Weise bei Mk
und Lk; in der Formulierung weicht das EvEb hier wie überhaupt
stark von den synoptischen Berichten ab und zeigt deutlich einen
wohl selbständigen Erzählstil.

Kenntnis des Lk scheint mir außer Zweifel zu stehen. Mt-Kenntnis
ist allenfalls möglich, aber nicht zwingend nachzuweisen. Auch Mk-
Einfluß ist höchstens möglich, aber keinesfalls zwingend.[1]

Geht man davon aus, daß die Fragmente 2 und 3 im EvEb in umgekehr-
ter Reihenfolge als bei Epiphanius referiert standen[2], ergibt sich
für den ebionitischen Bericht von Johannes dem Täufer insgesamt,
daß er in seiner ersten Hälfte primär das Lk, in seiner zweiten
Hälfte primär das Mt aufnimmt. Dieses Bild entspricht exakt dem
an Fragment 1 gewonnenen.

---

[1]   Zu den von BERTRAND (Evangile des Ebionites) angeführten "deutlichen"
       Mk-Parallelen ist im einzelnen folgendes zu sagen:
       "'Ιωάννης ... βαπτίζων βάπτισμα μετανοίας" kann, aber muß nicht aus
       Mk 1,4 genommen sein; die Übereinstimmungen können auch auf Zufall
       beruhen: "βαπτίζων βάπτισμα" erklärt sich gut als figura etymologica
       und ist als solche gerade nicht bei Mk zu finden; "'Ιωάννης" ist als
       Übereinstimmung nicht signifikant; "βάπτισμα μετανοίας" als wohl
       allgemein verbreitete Bezeichnung muß nicht unbedingt direkt auf ein
       Evangelium zurückgehen und kann sich indirekt sowohl Mk als auch Lk
       verdanken. Die Summe nicht signifikanter Übereinstimmungen ist noch
       lange keine Übereinstimmung, der Gewicht beizumessen wäre. Zu all-
       gemein sind auch die Übereinstimmungen in den Worten "πρὸς αὐτόν" und
       "πάντες".

[2]   Zu dieser Annahme führen die Angaben des Epiphanius selbst, der das
       in Panar 30,13,6 mitgeteilte Fragment ebenda als den Anfang des EvEb
       bezeichnet. BERTRAND (Evangile des Ebionites, 559f) schwankt, ob im
       EvEb dem Frgm. 3 Frgm. 1 oder Frgm. 2 direkt folgte.

2.3.3. Zusammenfassung und Einordnung des Befundes

Das EvEb setzt deutlich sowohl das Lk als auch das Mt in ihrer
jetzigen Form voraus.

Sein Verfasser war von dem Bestreben geleitet, die synoptischen
Berichte durch "neue", "eigene" in eigener Formulierung und mit
eigener Tendenz zu ersetzen.

Dabei griff er auf die ihm bekannten Evangelien überwiegend nicht
als auf schriftliche Vorlagen, die er zu einem neuen Text zusammen-
arbeiten wollte, zurück, sondern kombinierte ihre Berichte offensichtlich nach dem Gedächtnis.

Er setzt dabei nicht die Kanonisierung[1], wohl aber die Verbreitung
von Mt und Lk voraus. Daß er auch das Mk gekannt hat, läßt sich
nicht beweisen, aber auch nicht ausschließen. Keine Spur ist zu
entdecken von Bekanntschaft mit dem Joh.

Der Verfasser des EvEb will offensichtlich die später kanonischen
Evangelien ersetzen. Dabei nimmt er deutlich am meisten matthäischen Stoff auf. Das Mt muß ihm wohl als das wichtigste der ihm
bekannten Evangelien erschienen sein. Man kann nur spekulieren,
welche Gründe dafür anzuführen sind. Da das EvEb zwar deutlich
Kenntnis matthäischer Theologumena verrät, diese allerdings zumindest in den erhaltenen Fragmenten so gut wie nie eine zentrale Rolle für die dem Verfasser eigene Theologie spielen, liegt es
m.E. nicht nahe, (bewußt wahrgenommene und bejahte) theologische
Affinität des Verfassers zu Mt anzunehmen. Weiter führt die Vermutung, daß eher äußere Gründe eine wichtige Rolle für die besondere
Rezeption des Mt spielten. Ist das EvEb im syrisch-palästinischen
Raum[2] oder genauer im Ostjordanland[3] entstanden, wo die Ebioniten
nach den Nachrichten ihrer kirchlichen Gegner ihren Hauptsitz hatten[4], so liegt sein Entstehungsgebiet nicht allzuweit von dem des
Mt entfernt; die Mt-Rezeption des EvEb wäre dann ein mehr äußerer
Hinweis auf die Verbreitung und den hohen Stellenwert des Mt im
syrisch-palästinischen Raum in der ersten Hälfte des zweiten Jahrhunderts, die ja schon für die Did und den Verfasser der Ignatiusbriefe nachgewiesen werden konnten.

---

1   So z.B. HARNACK (Chronologie 1, 630).
2   So zuletzt CAMERON (104).
3   So (als Möglichkeit) VIELHAUER (Evangelien, 102) u. SCHENK (66).
4   Vgl. VIELHAUER (Evangelien, 102).

2.4. NAZARÄEREVANGELIUM

2.4.1. Vorbemerkungen

Wie schon beim EvHeb ist auch beim EvNaz die Zuweisung der einzelnen Fragmente zumindest teilweise umstritten. Ich basiere im
folgenden - wie auch schon für EvHeb und EvEb - für die Zuweisung
der Fragmente und ihre Numerierung auf dem VIELHAUERschen Vorschlag
(Evangelien, 95-100). Allerdings vermag ich diesem Vorschlag an
zwei wichtigen Punkten nicht zu folgen. Zum einen erscheint mir
die Zuweisung von Frgm. 1 zum EvNaz alles andere als sicher und
sogar eher als unwahrscheinlich; zum anderen dürfen m.E. neben den
übrigen mittelalterlichen Fragmenten auch die Lesarten des in mittelalterlichen Evangelienhandschriften erwähnten "'Ιουδαϊκον"[1]
nicht vorbehaltlos zur Rekonstruktion des EvNaz herangezogen werden.

> Zur Zuweisung von Frgm. 1 (Hieroymus, vir ill 3) ist zu bemerken, daß
> diese äußerst unwahrscheinlich wird, wenn man Hieronymus unter Berück-
> sichtigung seiner sonstigen Äußerungen zu den judenchristlichen Evange-
> lien kritisch liest. In vir ill 3 geht es Hieronymus im Rahmen seiner
> Literaturgeschichte um das Mt.
>> Hier vir ill 3 Primus in Iudaea propter eos qui ex circumcisione
>> crediderant Evangelium Christi hebraicis litteris verbisque compo-
>> suit: quod quis postea in graecum transtulerit, non satis certum
>> est. Porro ipsum hebraicum habetur usque hodie in Caesariensi bib-
>> liotheca, quam Pamphilus martyr studiosissime confecit. Mihi quoque a
>> Nazaraeis, qui in Beroea, urbe Syriae, hoc volumine untuntur, de-
>> scribendi facultas fuit.
>> In quo animadvertendum quod ubicumque evangelista, sive ex persona
>> sua sive ex Domini Salvatoris veteris scripturae testimoniis abu-
>> titur, non sequatur Septuaginta translatorum auctoritatem, sed
>> Hebraicam. E quibus illa duo sunt: "Ex Aegypto vocavi Filium meum",
>> et, "Quoniam Nazaraeus vocabitur".
> Die Behauptung, daß Hieronymus des EvNaz eingesehen hat, ist sehr wahr-
> scheinlich falsch; nur wenn er das EvNaz nicht vollständig in Händen
> gehabt hat, ist zu erklären, daß er von der Identität des EvNaz mit
> dem "hebräischen Mt" ausgeht. Schon oben (269) hatte ich darauf hinge-
> wiesen, daß die Bemerkungen des Hieronymus zu den judenchristlichen
> Evangelien sich nur auf dem Hintergrund dessen verstehen lassen, daß
> Hieronymus - wie auch wir - nur Fragmente dieser Evangelien gekannt hat.
> Die Behauptung der Identität von EvNaz und hebräischem Mt hat - so falsch

---

[1]   S. dazu u. für den griechischen Text der Fragmente SCHMIDTKE (Fragmente,
        passim) u. VIELHAUER (Evangelien, 87f.); es handelt sich um die Frgm.
        3, 4, 6, 7, 8, 9, 11-14, 15b, 19, 22.

sie auch sein mag - bei Hieronymus deutlich die Funktion, die hebräische
Abfassung des Mt zu belegen. Wenn Hieronymus also in vir ill unter der
Überschrift "Mt" vom EvNaz redet, meint er gar nichts anderes als eben
das Mt. Daß er - entgegen seinen Äußerungen - auch gar nichts anderes
als "unser" griechisches Mt vor Augen gehabt haben muß, um sich so äußern
zu können, wie er es tut, wird deutlich an den Zitatbeispielen, die er
zur Stützung seiner (gar nicht einmal so falschen) These von der Affinität
der matthäischen AT-Zitate zum hebräischen AT-Text anführt: Mt 2,3 kann
sich weder an der LXX noch am hebräischen Text eindeutig als AT-Zitat
ausweisen, während die Affinität von Mt 2,15 zum hebräischen Text sich
schon anhand des griechischen Wortlautes von Mt 2,15 ergibt. Hieronymus
verknüpft also - vielleicht bewußt - Sicheres (nämlich die Affinität
der matthäischen AT-Zitate zum hebräischen Text) und Unsicheres (nämlich
die hebräische Abfassung des Mt und seine Übereinstimmung mit dem EvNaz)
zu einem für seine Leser einleuchtenden Ganzen.
Insgesamt erscheint es mir zumindest als unsicher, daß die in vir ill 3
gebotenen Zitate tatsächlich dem EvNaz zuzuweisen sind, so sehr dies
Hieronymus auch behauptet.[1]

Einziges Argument für die Zuweisung der "'Ιουδαϊκον"-Lesarten an das
EvNaz ist die wörtliche Übereinstimmung beider in nur einem Fragment
(Frgm. 15a - 15b). Von dieser Übereinstimmung her wird oft die Identität
des "'Ιουδαϊκον" mit dem EvNaz angenommen.[2] Mir scheint eine solche Identität zwar durchaus im Bereich des Möglichen zu liegen, aber keinesfalls
beweisbar zu sein.[3] Zu denken wäre z.B. auch an eine Abhängigkeit des
"'Ιουδαϊκον" vom EvNaz oder dessen bei Hieronymus überlieferten Fragmenten. Auffällig ist auch, daß das "'Ιουδαϊκον" den Simon in Mt 16,17
als "Sohn des Johannes" bezeichnet (Frgm. 14), während das EvNaz ihn
nach Frgm. 16 "Sohn des Jona" nennt.

Methodisch ergibt sich aus den genannten möglichen Zweifeln an der
Zugehörigkeit von Frgm. 1, 3, 4, 6-9, 11-14, 15b, 19 und 22 zum
EvNaz, daß die Mt-Rezeption des EvNaz zuerst einmal unabhängig von

---

1   Auch VIELHAUER (Evangelien) deutet diese Unsicherheit der Zuweisung
     zum EvNaz zumindest an, ohne allerdings deswegen davon abzusehen, das
     betreffende Fragment dann doch dem EvNaz zuzuweisen; vgl. a.a.O. 90:
     "Wenn die Bemerkung des Hieronymus, de vir. inl. 3 (NE 1) sich nicht
     nur auf Mt. 2,15.23, sondern auch auf das NE bezieht ...". Leider unter-
     läßt Vielhauer anzugeben, was ihn dazu bewegt, das zitierte "Wenn" im
     folgenden als "Weil" zu interpretieren.
2   Vgl. z.B. WAITZ (Evangelien, 14), DIBELIUS (Geschichte, 52) u. VIEL-
     HAUER (Evangelien, 88).
3   Auch RESCH (251) hält die Basis für den Beweis einer solchen Identität
     für zu schmal.

diesen Fragmenten untersucht werden muß. Es wird dabei zu überprüfen sein, ob die These VIELHAUERs, daß auch ohne die Lesarten des
"'Ιουδαϊκον" die "nach Inhalt und Umfang" enge Verwandtschaft
des Ev Naz mit dem Mt nachzuweisen sei (Evangelien, 90), Bestand
hat. Eine solche These müßte, sofern die Verwandtschaft zwischen
EvNaz und Mt wirklich so eng ist, wie gerne behauptet wird, dann
auch ohne Frgm. 1 zu belegen sein.

2.4.2. Analyse der einigermaßen sicher dem EvNaz zuzuweisenden
Fragmente

2.4.2.1. Fragmente, für die Mt-Einfluß wahrscheinlich ist

Nur in Frgm. 16 sind m.E. die Verbindungen zum Mt so deutlich,
daß Mt-Benutzung des Verfassers vorsichtig als wahrscheinlich
bezeichnet werden kann.

In der lateinischen Bearbeitung des Mt-Kommentars des Origines
wird zu Mt 19,16ff folgendes Fragment mitgeteilt:[1]

> dixit, inquit, ad eum alter divitum: magister, quid bonum faciens vi-
> vivam? dixit ei: homo, legem et prophetas fac. respondit ad eum: feci.
> dixit ei: vade, vende omnia quae possides et divide pauperibus, et veni,
> sequere me. coepit autem dives scalpere caput suum et non placuit ei. et
> dixit ad eum dominus: quomodo dicis: feci legem et prophetas? quoniam
> scriptum est in lege: diliges proximum tuum sicut teipsum, et ecce multi
> tui filiii Abrahae amicti sunt stercore, morientes prae fame, et domus
> tua plena est multis bonis, et non egreditur omnino aliquid ex ea ad
> eos. et conversus dixit Simoni dicipulo sedenti apud se: Simon, fili
> Ionae, facilius est camelum intrare per foramen acus quam divitem in
> regnum caelorum.

Speziell mit dem Mt verbinden
- die Frage des Reichen "Meister, was soll ich Gutes tun", für die
sich nur in Mt 19,16 eine Entsprechung findet,
- die Formulierung "regnum caelorum"[2]
- die Bezeichnung Simons als "Sohn des Jona" (vgl. Mt 16,17).
Ansonsten weicht die im EvNaz erzählte Geschichte stark von allen
drei synoptischen Fassungen ab. Ihr Skopus ist die wahre Gesetzes-

---

1   MEES (Paradigma, 249) meint - m.E. zu Recht -, daß für die Einschaltung
    des Fragments aus dem EvNaz der lateinischsprachige Bearbeiter verantwort-
    lich ist.
2   Diese Wendung findet sich oft bei Mt; gerade in Mt 19,24 aber steht das
    "unmatthäische" "βασιλεία τοῦ θεοῦ".

erfüllung, die - anders als bei Mt, Mk und Lk - dem Fragenden von
Jesus bestritten wird.

Nicht nur vom Skopus, sondern auch von den Formulierungen und vielen Einzelzügen her macht die Version des EvNaz einen eigenständigen Eindruck. Umstritten ist, ob sie als älter oder jünger als
die Fassungen der synoptischen Evangelien anzusehen ist.

> Als älter betrachten sie z.B. HANDMANN (92), HARNACK (Chronologie 1, 649),
> (vorsichtig) WAITZ (Matthäusevangelium, 23f) und JEREMIAS (Jesusworte,
> 48f). Als jünger und von den synoptischen Evangelien abhängig betrachten
> sie z.B. RESCH (217), SCHMIDTKE (Fragmente, 291ff; er nimmt an, daß die Mt-
> Fassung unter Streichung der aufhaltenden Nebenzüge in Richtung des neuen
> Skopus "die Meinung, das Gesetz erfüllt zu haben, ist Selbsttäuschung" um-
> gewandelt wurde (291); die Änderung der Mt-Fassung erfolgte unter dem
> Einfluß des Lk, auf dessen Kontext der Perikope z.B. die "Hinzuerfindung"
> des zweiten Reichen zurückgeht (294); ebenfalls aus Lk stammen einzelne
> prägnante Formulierungen (295)), MASSAUX (Influence, 344) (Mt-Einfluß),
> WRIGHT (98) (Mt- und Lk-Einfluß), KLIJN (Question, 154) (Mt-Einfluß;
> KLIJN schließt nicht aus, daß der zugrundeliegende Mt-Text seinerseits
> vom Lk beeinflußt war), VIELHAUER (Evangelien, 77 u. 93) (Weiterbildung
> der Mt-Fassung) und MORGAN (481).

Angesichts der Eigenständigkeit der Erzählung ist m.E. der Vorschlag von MEES (Paradigma, 262 und Herrenworte, 212) erwägenswert,
darauf zu verzichten, von "früherer" oder "späterer" Abfassung zu
sprechen, sondern eher von "je verschiedenen, je anderen Zielsetzungen dienenden schriftlichen Schöpfungen" zu reden (Paradigma, 262).
Anstatt von Abhängigkeit vom Mt könnte dann z.B. von Affinität zum
Mt gesprochen werden.

Unbestritten ist, daß die Nähe der Fassung des EvNaz zum Mt größer
ist als die zu irgendeinem der anderen synoptischen Evangelien.
Diese Nähe erschöpft sich durchaus nicht in Formulierungsanklängen
oder -übereinstimmungen, sondern betrifft auch "theologische" Grund-
positionen. Zu nennen wäre z.B. die Rolle der Nächstenliebe als
"Prüfstein" für die rechte Erfüllung des Gesetzes, die in der
Perikope vom "Reichen Jüngling" nur bei Mt (19,19) erwähnt wird.
Auch die Auffasssung, daß Nachfolge Jesu und der Nächstenliebe entsprechende Gesetzeserfüllung nicht voneinander zu trennen sind,
könnte sich auf das Mt berufen.

Deutlich ist aber, daß der Verfasser des EvNaz seine Erzählung
nicht als eine Neubearbeitung der Mt-Fassung verfaßt hat. Eher ist
wahrscheinlich, daß er mehr oder weniger unbewußt vom Mt geprägt
war. Bis in die Formulierungen hinein ist er mehr vom Mt insgesamt

als von der Perikope Mt 19,16-22(23-30) bestimmt.

2.4.2.2. Fragmente, für die Mt-Einfluß als gut möglich erscheint

a) Frgm. 5

In dem im Mt-Kommentar des Hieronymus zu Mt 6,11 zitierten Fragment
aus dem EvNaz[1] liegt deutlich der griechische Unser-Vater-Text
zugrunde. Zwischen Mt- und Lk-Einfluß - bzw. hier besser: -Kommen-
tierung - ist nicht zu entscheiden; möglich ist auch eine Kommentierung des mündlich bekannten Unser-Vaters. Abzulehnen ist die
von HANDMANN (98) vertretene Meinung, daß das EvNaz hier den ursprünglichen Wortlaut bewahrt habe.

b) Frgm. 15a (Hieronymus, Pel 3,2)

> Si peccaverit, inquit, frater tuus in verbo, et satis tibi fecerit, sep-
> ties in die sucipe eum. Dixit illi Simon discipulus eius: Septies in die?
> Respondit Dominus et dixit ei: Etiam ego dico tibi, usque septuagies sep-
> ties ...[2]

Zu vergleichen sind Mt 18,21f und Lk 17,4; mir scheint die Ursprüng-
lichkeit deutlich auf seiten der synoptischen Fassungen zu liegen.[3]
Die Dialogform und das "septuagies septies" erinnern an Mt 18,21f,
einzelne Formulierungen eher an Lk 17,4.[4]
Einige von den synoptischen leicht abweichende Formulierungen legen
gegen JEREMIAS (Jesusworte, 90) m.E. nicht unbedingt nahe, an Aufnahme z.B. auch der vorlukanischen Tradition zu denken.

---

1   In euangelio quod appellatur secundum Hebraeos pro supersubstantiali pane
     "maar" repperi, quod dicitur crastinum, ut sit sensus: Panem nostrum
     crastinum, id est futurum, da nobis hodie.
2   Für die Fortsetzung des Fragmentes existiert keine Parallele bei den Syn-
     optikern.
3   Darauf weist m.E. schon das "in verbo" hin, das nicht mit HANDMANN (88)
     als aus dem Hebräischen abgeleitet erklärt werden kann, sondern eher eine
     Abschwächung der viel radikaleren synoptischen Fassungen ist; so auch
     SCHMIDTKE (Fragmente, 290) u. VIELHAUER (Evangelien, 94); anders z.B.
     WAITZ (Matthäusevangelium, 23 u. Untersuchungen, 70), der meint, daß das
     EvNaz auf die gemeinsame Quelle von Lk u. Mt zurückgeht.
4   So nehmen denn auch z.B. RESCH (42), SCHMIDTKE (Fragmente, 293), MASSAUX
     (Influence, 343) und MORGAN (479) eine Kombination aus Lk- und Mt-Fassung
     an.

Am leichtesten erklärt sich der Text des EvNaz hier, wenn man annimmt, daß seinem Verfasser Lk und Mt bekannt waren und er auf
diese nach dem Gedächtnis Bezug nimmt bzw. aufgrund seiner Kenntnis dieser Evangelien Spuren beider im EvNaz zu finden sind. Zu
beweisen oder auch nur wahrscheinlich zu machen ist aber die Aufnahme der synoptischen Evangelien aufgrund der Undeutlichkeit des
Bezuges nicht.

c) Frgm. 18

Unsicher in seiner Zugehörigkeit zur Theophanie des Euseb ist folgendes, wohl über das EvNaz berichtende Fragment:[1]

ʼΕπεὶ δὲ τὸ εἰς ἡμᾶς ἦκον ʼΕβραϊκοῖς χαρακτῆρσιν εὐαγγέλιον
τὴν ἀπειλὴν οὐ κατὰ τοῦ ἀ π ο κ ρ ύ ψ α ν τ ο ς ἐπῆγεν,
ἀλλὰ κατὰ τοῦ   ἀ σ ώ τ ω ς   ἐ ζ η κ ό τ ο ς - τρεῖς γὰρ
δούλους περιεῖχε, τὸν μὲν καταφαγόντα τὴν ὕπαρξιν τοῦ δεσπότου μετὰ   π ο ρ ν ῶ ν   καὶ αὐλητρίδων, τὸν δὲ πολλαπλα-
σιάσαντα τὴν ἐργασίαν, τὸν δὲ   κ α τ α κ ρ ύ ψ α ν τ α   τὸ
τάλαντον. εἶτα τὸν μὲν ἀποδεχθῆναι, τὸν δὲ μεμφθῆναι μόνον,
τὸν δὲ συγκλεισθῆναι δεσμωτηρίῳ - ἐφίστημι, μήποτε κατὰ τὸν
Ματθαῖον μετὰ τὴν συμπλήρωσιν τοῦ λόγου τοῦ κατὰ τοῦ μηδὲν
ἐργασαμένου ἡ ἐξῆς ἐπιλεγομένη ἀπειλὴ οὐ περὶ αὐτοῦ, ἀλλὰ
περὶ τοῦ προτέρου κατʼ ἐπανάληψιν λέλεκται, τοῦ   ἐ σ θ ί -
ο ν τ ο ς   κ α ὶ   π ί ν ο ν τ ο ς   μ ε τ ὰ   τ ῶ ν   μ ε -
θ υ ό ν τ ω ν .

Zu vergleichen sind Mt 24,45-51 par. Lk 12,41-46 und Mt 25,14-30
par. Lk 19,11-24.
HANDMANN (103) und WAITZ (Matthäusevangelium, 24) halten die Fassung des EvNaz für die primäre, während RESCH (219), WRIGHT (97f)
und VIELHAUER (Evangelien, 94) für "nachsynoptische" Abfassung plädieren.
Für manche der mitgeteilten Einzelzüge läßt sich die Herkunft

---

1   Die fragliche Passage fehlt z.B. in der Ausgabe GRESSMANNs; ich zitiere
     nach KLOSTERMANN (Apocrypha 2, 9).

nicht eindeutig bestimmen; der vorgestellte Rahmen der Geschichte
ist jedoch eindeutig der von Mt 25,14-30. Klare Indizien
für Lk-Abhängigkeit sind nicht zu entdecken; allerdings sind
auch die Verbindungen zum Mt so wenig deutlich, daß mir Mt-Abhängigkeit als nur möglich, aber nicht zu beweisen erscheint.

2.4.2.3. Fragmente, für die Mt-Einfluß allenfalls theoretisch mög-
lich, aber nicht naheliegend ist

a) Frgm. 2 (Hieronymus, Pel 3,2)

In Frgm. 2 kann nicht ausgeschlossen werden, daß für das Erzähldetail, daß die Mutter Jesu und seine Brüder zu Jesus kamen und ihn
ansprachen, Mt 12,46 im Hintergrund steht; dies ist allerdings wegen
der Undeutlichkeit des Formulierungsanklanges und der Ähnlichkeit
der synoptischen Parallelen nicht nachzuweisen und vom Kontext
der betreffenden Wendung innerhalb des von Hieronymus zitierten
Fragmentes her auch nicht naheliegend.

b) Frgm. 17 (Hieronymus, Mt zu Mt 23,35)

Zu Mt 23,35 berichtet Hieronymus:

> In euangelio quo utuntur Nazareni pro filio Barachiae filium Ioiadae
> scriptum reperimus.

Im Mt ist Sacharja wohl nach Sach 1,1.7 als Prophet verstanden.
Diese Identifizierung wird bei Mt auch durch den Kontext nahegelegt
und findet sich bei Lk (11,50) und wohl auch in Q[1] nicht; beide
verzichten auf eine nähere Identifizierung des Sacharja.
Das EvNaz versteht die Erwähnung des Sacharja als Anspielung auf
II Chr 24,20f.
Mit dem Mt verbindet das EvNaz immerhin, daß Sacharja unter Nennung
seines Vaternamens näher bezeichnet wird.[2] Die Lesart "Ioiadae" für

---

1   Vgl. dazu POLAG (56).
2   So vermutet denn auch RESCH (243) Mt- und nicht Lk-Abhängigkeit.

"Barachiae" erklärt sich gut entweder als erläuternde Interpretation der Q/Lk-Version oder als Korrektur der von Mt vorgenommenen Identifikation des Sacharja. Wir haben es im EvNaz also entweder mit einer Parallelversion zu Mt 23,35 ohne Berührung mit dem
matthäischen Text oder mit einer von Mt 23,35 abhängigen Korrektur
dieses Textes zu tun. M.E. ist bei Betrachtung nur von Frgm.
17 nicht möglich, sich begründet für eine der beiden Möglichkeiten
zuungunsten der anderen zu entscheiden; Mt-Bezug erscheint zwar
als durchaus möglich, ist aber nicht naheliegend.

2.4.2.4. Fragmente, für die Bezug auf das Mt eher unwahrscheinlich ist

a) Frgm. 2 (Hieronymus, Pel 3,2)

> Ecce mater Domini et fratres eius dicebant ei: Joannes Baptista baptizat
> in remissionem peccatorum: eamus et baptizemur eb eo. Dixit autem eis:
> Quid peccavi, ut vadam et baptizer ab eo? ...

Zum Fragment als ganzem existieren in den synoptischen Evangelien
keine bzw. keine signifikanten Parallelen oder Übereinstimmungen.[1]
Mit Mk 1,4 und Lk 3,3 verbindet in gleicher Weise, daß die Johannes-
taufe als "zur Vergebung der Sünden" bezeichnet wird. Ein Bezug auf
die entsprechenden matthäischen Perikopen (Mt 3,6 u. 3,13-15)   ist
unwahrscheinlich.

b) Frgm. 10 (Hieronymus, Mt zu Mt 12,9-13)

Der Mensch mit der verdorrten Hand, von dessen Heilung Mt 12,9-13
par. Mk 3,1-6 und Lk 6,6-11 berichtet wird, ist im EvNaz ein
"caementarius", der Jesus wie folgt um seine Heilung bittet:

> Caementarius eram manibus victum quaeritans, precor te Iesu ut mihi re-
> stituas sanitatem ne turpiter mendicem cibos ...

Von einer derartigen und so motivierten Bitte des Kranken wissen

---

1   So auch HANDMANN (67); JEREMIAS (Jesusworte, 33) bezeichnet die Passage
     als eine apologetisch motivierte tendenziöse Erfindung.

die synoptischen Evangelien nichts.

Nach VIELHAUER (Evangelien, 93) ist die synoptische Perikope im
EvNaz sekundär novellistisch erweitert[1] und (durch das soziale Motiv) anders pointiert worden; HANDMANN (86) hielt die "kleinen,
lebenswarmen Züge und umständlichen Beschreibungen" noch für ein
Zeichen hohen Alters und nimmt deshalb wie WAITZ (Matthäusevangelium, 23) an, daß die Fassung des EvNaz älter ist als z.B. die
matthäische.

In jedem Fall ist zu keiner der synoptischen Fassungen eine signifikante Nähe festzustellen.

> Die von SCHMIDTKE (Fragmente, 294) aufgeführten Lk-Berührungen (die
> Alternative "Arbeiten-Betteln" stamme aus Lk 16,3; die Anrede Jesu
> durch bloßes "Jesu" komme nur in Lk 23,42 vor) sind nicht zu leugnen,
> können aber zufällig sein.

c) Frgm. 20 (Hieronymus, Mt zu Mt 27,16)

Die rätselhafte Interpretation des Namens "Barrabas", die nach
Hieronymus im judenchristlichen Evangelium gestanden hat,[2] weist
keinerlei signifikante Nähe zum synoptischen Stoff auf.[3]

d) Frgm. 21 (Hieronymus, Mt zu Mt 27,51; vgl. Ep 120 ad Hed)

Zu Mt 27,51 berichtet Hieronymus in seinem Mt-Kommentar:

> In euangelio cuius saepe facimus mentionem superliminare templi infi-
> nitae magnitudinis fractum esse atque divisum legimus.

Von dieser Version abweichend berichten die synoptischen Evangelien
übereinstimmend, daß der V o r h a n g des Tempels z e r r i ß .[4]

---

1   So auch schon RESCH (238).

2   Iste in euangelio quod scribitur iuxta Hebraeos filius magistri eorum
     interpretatur.

3   Vgl. Mt 27,16, Mk 15,7 u. Lk 23,17. HANDMANN (75) meint, daß die Über-
     setzung des Namens "Barrabas" auf Hieronymus selbst zurückgeht; nach
     VIELHAUER (Evangelien, 93) ist die von Hieronymus gegebene Namensdeutung
     so unmöglich, daß sie weder in einem aramäischen Original noch in einer
     aramäischen Übersetzung und d.h. überhaupt nicht im EvNaz gestanden haben
     kann. VIELHAUER folgert daraus, daß diese Namensdeutung eine dem Hierony-
     mus anderweitig vorgegebene Tradition war, die Hieronymus selbst (fälsch-
     lich) im judenchristlichen Evangelium lokalisierte.

4   Vgl. Mt 27,51, Mk 15,38 u. Lk 23,45.

Nach RESCH (246) liegt hier eine judenchristliche Tendenzaussage
vor, da das Zerbersten der Oberschwelle des Tempels als nicht so
gravierend anzusehen sei wie das Zerreißen des Tempelvorhanges. Wie
er nehmen auch WAITZ (Matthäusevangelium, 20) und VIELHAUER (Evangelien, 93) an, daß das EvNaz die abgeleitete und die synoptische
die primäre Version ist.
Die gegenteilige Position vertreten z.B. HANDMANN (77) und HARNACK
(Chronologie 1, 649), und zwar mit der Begründung, daß in den synoptischen Evangelien das Symbolische des Vorgangs verstärkt sei.[1]

e) Frgm. 23 (Euseb, Theophan syr 4,12)

In der syrischen Theophanie des Euseb wird folgender Spruch aus
dem EvNaz mitgeteilt:

> Ich wähle je die Besten mir aus, die mir mein Vater im Himmel gibt

Einfluß des Mt erscheint mir als unwahrscheinlich.[2] Es sind eher
Ähnlichkeiten zu johanneischen Gedanken und Formulierungen festzustellen,[3] ohne daß aber deswegen die Annahme von Einfluß des Joh
zwingend wäre.

2.4.3. Zusammenfassung und Einordnung des Befundes

Aus den bisher besprochenen Fragmenten läßt sich erheben, daß das
EvNaz ein Evangelium synoptischen Typs war, das eine eigene Darstellung des synoptischen Stoffes bieten wollte. Dabei zeigt es
sich stark von Gedanken geprägt, die keine Entsprechung in den
synoptischen Evangelien haben. Zwar ist auch eine Prägung durch
das Gedanken- und Formulierungsgut des Mt nicht zu verkennen,[4]
insgesamt aber spielt der Mt-Einfluß im EvNaz nur eine eher margi-

---

1   So HARNACK (Chronologie 1, 649); HANDMANN (77) bezeichnet den Bericht
     der Synoptiker als "gekünstelt" und "absichtlich ins Wunderbare gestei-
     gert".
2   Anders WAITZ (Matthäusevangelium, 24), der Mt 20,23 als gedanklichen
     Kontext dieses Spruches betrachtet; vgl. auch WRIGHT (77), der Komposi-
     tion aus Mt 10,35-37 u. Joh 13,18; 17,6 annimmt.
3   S. dazu z.B. VIELHAUER (Evangelien, 94).
4   Vgl. dazu vor allem Frgm. 16 (oben 291-293).

nale Rolle. Dieser Eindruck mag sicher mit dadurch begründet sein,
daß für die Kirchenschriftsteller, denen wir die Fragmente verdanken, vor allem Abweichungen von den Berichten der kanonischen Evangelien von Interesse waren; es ist aber festzuhalten, daß weniger
durch den Text der sicher dem EvNaz zuzuweisenden Fragmente als
mehr durch äußere Gründe wie die zu Unrecht vorgenommene Identifikation des EvNaz mit dem hebräischen Mt durch Hieronymus[1] nahegelegt wird, im EvNaz ein durchgehend mit dem Mt verwandtes Evangelium zu sehen.

Ein anderes, nahezu gegenteiliges Bild bieten die aus dem "'Ιουδάϊκον" mitgeteilten Varianten zum Mt-Text. Es finden sich zwar auch
Belege für die von den synoptischen Evangelien "unabhängige" Eigenständigkeit dieses "Evangeliums" (vgl. vor allem Frgm. 15b); die
Fragmente, die deutlich auf das Mt als ihre Grundlage verweisen,
sind jedoch deutlich in der Überzahl. Das "'Ιουδάϊκον" war allem
Anschein nach eine Art Mt-Paraphrase, aus der es möglich war und
lohnte, "ad locum" Varianten zum Mt mitzuteilen.

> Dabei ergibt sich für die Varianten, die aus dem "'Ιουδάϊκον" mitgeteilt
> werden, bezüglich der Nähe ihres Wortlautes zum Mt das folgende Bild.
> Deutlich auf das Mt als Grundlage verweisen
> - die Variante zum Mt 5,22, wo das "'Ιουδάϊκον" (durch Nichtlesen von
> "εἰκῆ") so liest wie der wohl ursprüngliche Text (Frgm. 4)
> - die Variante zu Mt 7,21-23, bei der die Formulierungen stark an das Mt
> erinnern (Frgm. 6)
> - die Variante zu Mt 10,16 (Frgm. 7); die Hinzufügung von "ὑπέρ" vor
> "ὄφεις" ist mit SCHMIDTKE (Fragmente, 290) als inhaltliche Korrektur
> zu betrachten
> - die Variante zu Mt 11,12 (Frgm. 8); die Nähe zum Mt ist hier deut-
> lich größer als die zu Lk 16,16
> - die Variante zu Mt 16,2f (Frgm. 13)
> - der Zusatz zu Mt 18,22 (Frgm. 15b)
> - die Variante zu Mt 27,65 (Frgm. 22).
> Vom Wortlaut her nicht zwingend oder zumindest nicht deutlich lassen sich
> auf das Mt beziehen
> - die Variante zu Mt 4,5 (Frgm. 3); mit SCHMIDTKE (Fragmente, 288) ist
> diese Übereinstimmung mit Lk 4,9 möglicherweise als zufällig zu betrach-

---

[1]   Auffällig ist in diesem Zusammenhang, daß Hieronymus sich im Laufe der
       Jahre immer vorsichtiger zu dieser Identifizierung äußert; so sagt er im
       Mt-Kommentar zu Mt 12,13 (Frgm. 10) nur noch "... quod vocatur a pleris-
       que Matthaei authenticum"; noch eine Spur vorsichtiger ist sein Votum
       dann in Pel 3,2, wo es heißt "... ut plerique autument, iuxta Matthaeum";
       zur Datierung dieser Zeugnisse s. BARDY (15.25).

ten; die Präposition "ἐν" vermeidet den Anstoß, der durch die Vorstellung
entsteht, daß der Teufel Jesus nach Jerusalem geführt habe
- die Variante zu Mt 11,25 (Frgm. 9)
- die Variante zu Mt 12,40 (Frgm. 11)
- die Variante zu Mt 15,5 (Frgm. 12)
- die Variante zu Mt 16,17 (Frgm. 14)
- die Variante zu Mt 26,74 (Frgm. 19).

Mir erscheint es eher als angezeigt, zwischen "'Ιουδαϊκον" und
EvNaz zu unterscheiden, als das eine unter den Begriff des anderen
zu subsumieren. Im Unterschied zum "'Ιουδαϊκον" will das EvNaz allem Anschein nach nicht einfach nur eine paraphrasierende Überarbeitung des Mt sein; das EvNaz läßt nur an wenigen Stellen klare
Prägung durch das Mt erkennen. Der Eindruck, daß das EvNaz eine
targumartige Rezension des Mt ist, wie in der Forschung heute
fast allgemein angenommen wird,[1] kann höchstens an Frgm. 16 und
den Lesarten des "'Ιουδαϊκον" entstehen, bestätigt sich aber an
den übrigen Fragmenten nicht.

Das Mt war zwar - auch abgesehen von den "'Ιουδαϊκον"-Varianten -
für den Verfasser des EvNaz wichtiger als die anderen synoptischen
Evangelien, wenn er diese überhaupt gekannt hat: Bezüge auf marki-
nische oder lukanische Spezifica finden sich in den erhaltenen Fragmenten nirgends. Auffälliger aber noch als die Aufnahme von Mt-
Stoff ist die große Eigenständigkeit des Verfassers. Diese ist
gerade in dem Fragment am deutlichsten, in dem auch die Affinität
zum Mt am größten ist (Frgm. 16).

---

1   So z.B. SCHMIDTKE (Fragmente, 291 Anm. 3), E LOHSE (Nazaräerevangelium,
     1386), MICHAELIS (117f), MICHEL (1132), BEYSCHLAG (Überlieferung, 69f),
     J B BAUER (17), VIELHAUER (Evangelien, 93 u. Geschichte, 652), WILSON
     (Apokryphen, 328), KÖSTER (Introduction 2, 202) u. CAMERON (97). Eine
     andere Meinung wird vertreten z.B. von HANDMANN (127ff), der das EvNaz
     (das er mit dem EvHeb "in einen Topf" wirft) als eine Parallelerscheinung
     zum Mk und als Grundlage des Mt u. Lk betrachtet; ähnlich auch WAITZ
     (Matthäusevangelium, 25): er differenziert zwischen dem ursprünglich grie-
     chisch verfaßten RvNaz und dessen aramäischer Übersetzung; das griechische
     EvNaz hält er für den griechischen Urmatthäus und betrachtet folglich das
     kanonische Mt und das aramäische EvNaz als Parallelerscheinungen. Ähnlich
     wie schon JEREMIAS (Jesusworte, 49) geht auch QUISPEL (Gospel Tradition,
     113f) davon aus, daß das EvNaz auf vom Mt unabhängige judenchristliche
     Tradition zurückgeht. Interessant ist auch die Position von MEES, der
     für das EvNaz eher eine vom Mt unabhängige, selbständige Komposition auch
     bei Mt verarbeiteter Stoffe als Abhängigkeit vom Mt annimmt; vgl. MEES,
     Paradigma, passim u. Herrenworte, 212 (jeweils speziell zu Frgm. 16).

Geographisch ist das EvNaz wohl im syrisch-palästinischen Raum zu
verorten. Auf eine exaktere Lokalisierung muß m.E. verzichtet
werden.[1] Ob es aramäisch abgefaßt[2] oder griechisch verfaßt und
dann ins Aramäische übersetzt wurde,[3] ist unsicher; in jedem Fall
setzt es (in Frgm. 5) den griechischen Unser-Vater-Text und wohl
auch insgesamt das griechische Mt voraus, gilt aber allgemein
wohl zu Recht als semitischsprachiges Evangelium.

Anders als beim EvEb ist der Grund für die Bezeichnung des EvNaz
als "Mt", die immer im Zusammenhang mit seiner Kennzeichnung als
semitischsprachiges Evangelium erfolgt und zum ersten Mal bei
Epiphanius nachzuweisen ist,[4] weniger in seinem Inhalt oder mög-
lichem Titel zu suchen, als vielmehr eher darin, daß seit Papias
davon ausgegangen wurde, daß das Mt ursprünglich "hebräisch" abgefaßt worden war. Was lag näher, als daß man später das einzige
semitischsprachige Evangelium, das man kannte bzw. von dem man gehört hatte, mit dem "Urmatthäus" identifizierte?[5] Die durch diese
Identifizierung in besonderem Maße gewährleistete "Zuverlässigkeit"
des EvNaz mag mit der Hauptgrund dafür gewesen sein, daß ausgerechnet dem EvNaz im Mittelalter so viele Wendungen, Verse und ganze
Perikopen "zuwuchsen".[6]

Es kommt alles darauf an, daß hier Ursache und Wirkung sorgsam unterschieden werden: das EvNaz ist nicht als "Mt" bezeichnet worden
worden, weil es ein Mt-Targum war, sondern ist ein Mt-Targum geworden, weil es - auf dem Hintergrund der Papiasnotiz - aufgrund
seiner semitischen Sprache als "Mt" bezeichnet worden war.

---

1   WAITZ (Matthäusevangelium, 28) nimmt Antiochia an, VIELHAUER (Evangelien,
     94) nennt als Möglichkeit das cölesyrische Beröa (Aleppo), CAMERON (98)
     gibt nur allgemein Westsyrien an.
2   So z.B. ALTANER/STUIBER (123).
3   So z.B. VIELHAUER (Geschichte, 649).
4   Vgl. Panar 29,9,4 sowie dazu VIELHAUER (Evangelien, 79f.).
5   Noch Euseb hielt den "Urmt" für verloren und unterschied von diesem ein
     ihm bekanntes semitischsprachiges Evangelium; vgl. dazu VIELHAUER (Evange-
     lien, 77-80).
6   Vgl. dazu die mittelalterlichen Fragmente bei VIELHAUER (Evangelien, 98-
     100).

2.5. ZUSAMMENFASSUNG

Alle drei judenchristlichen Evangelien erwecken den Eindruck intentional eigenständiger Werke. Dabei weist das EvHeb keinerlei Verbindung zu den synoptischen Berichten auf. Das EvEb verarbeitet deutlich Stoff aus dem Mt und dem Lk; der matthäische Stoff spielt
dabei die größere Rolle. Mk-Einfluß läßt sich nicht nachweisen,
jedoch auch nicht ausschließen. Als "Tischvorlage" hat das Mt
aber sehr wahrscheinlich nicht gedient.
Dies gilt auch für das EvNaz. Dort ist der Einfluß des Mt eher
kleiner als im EvEb; Lk- und Mk-Einfluß sind nicht auszuschließen,
aber auch nicht nachzuweisen.
Auffällig ist, daß EvEb und EvNaz, die deutlich Kenntnis des Mt
verraten, wie das Mt im syrisch-palästinischen Raum zu verorten
sind, während das wohl in Ägypten entstandene EvHeb keinerlei
Kenntnis des Mt zeigt.
Alle drei judenchristlichen Evangelien wollen sehr wahrscheinlich
die ihnen bekannten synoptischen Evangelien ersetzen. Zumindest für
die Verfasser von EvEb und EvNaz war dabei das Mt eine Größe, deren
Einfluß sie sich nicht entziehen konnten, so wenig sie auch inhaltlich mit ihm einverstanden oder zufrieden waren. Beide Evangelien sind ein eher äußerer Hinweis auf die Bedeutung des Mt zu Beginn des zweiten Jahrhunderts im syrisch-palästinischen Raum, ohne
daß die erhaltenen Fragmente verdeutlichen könnten, warum das Mt
diese Bedeutung für die Verfasser besaß. Inhaltliche Übereinstimmungen mit matthäischen Anliegen finden sich jeweils nur spärlich;
soweit man dies anhand der fragmentarisch erhaltenen Quellen beurteilen kann, sind die inhaltlichen Affinitäten zum Mt in EvNaz und
EvEb keinesfalls wesentlich oder gar konstitutiv für das theologische Profil dieser Schriften.
Verwunderlich ist vor allem, daß das "eigensinnige", aber "orthodoxe" EvNaz viel geringere Nähe zum Mt zeigt als das "häretische"
EvEb, in dem sowohl die Anklänge an matthäische Formulierungen als
auch die Berührungen mit matthäischer Theologie deutlicher und
stärker sind als im EvNaz.
Ob für den Verfasser des EvEb gerade wegen seiner theologisch von
der "Großkirche" abweichenden Position die Auseinandersetzung mit

dem Evangelium, das innerhalb dieser Kirche hauptsächlich rezipiert wurde, von besonderem Interesse war?

3. HIMMELFAHRT DES JESAJA

In den christlichen Kreisen, die für die Abfassung der AscJes in
ihrer jetzigen Gestalt verantwortlich sind, hatte das Mt einen
im Vergleich mit den anderen Evangelien präponderanten Einfluß.
Das läßt sich selbst angesichts der für meine Untersuchung nicht
gerade glücklich zu nennenden Überlieferungslage des Textes in
dieser Deutlichkeit behaupten.

> Die AscJes ist vollständig nur in äthiopischer Übersetzung überliefert.
> Als Textausgaben sind die Ausgaben von DILLMANN und CHARLES sowie die
> ausführlich kommentierte französische Übersetzung von TISSERANT zu ver-
> gleichen; die letztgenannte Übersetzung liegt auch den Angaben der BP
> zugrunde. In Italien wird unter Koordination von PESCE eine neue kriti-
> sche Edition vorbereitet, die u.a. auf vier neuen äthiopischen sowie
> 15 CHARLES noch nicht bekannten slavischen Handschriften basiert. Eine
> solche Neuedition ist ein dringendes Desiderat. Erste Ergebnisse der ita-
> lienischen Bemühungen sind greifbar in einem von PESCE herausgegebenen
> Sammelband (PESCE, Isaia); zu den textlichen Problemen s. dort vor
> allem die Beiträge von PESCE (Presupposti) und (zur äthiopischen Überlie-
> ferung) PERRONE.
> Die von LEFORT (Ascension u. Fragments) und LACAU herausgegebenen kopti-
> schen Fragmente tragen für meine Fragestellung nichts aus, da sie keine
> neuen Aufschlüsse über die für diese Fragestellung wichtigen Texte ge-
> ben.
> Textzitate werden im folgenden nach der deutschen Übersetzung von FLEM-
> MING/DUENSING gegeben.

Auf Benutzung des Mt weisen vor allem drei Stellen hin.

So weiß die AscJes in <u>c. 3,14</u> darum, daß das Grab Jesu - wie im
NT nur in Mt 27,62-66 berichtet - von Wächtern bzw. einer Wache
bewacht wurde.[1]

In <u>c. 11,3-5</u> wird die Geschichte der Geburt Jesu so dargestellt,
daß der Handlungsablauf mit dem des Mt nahezu identisch ist.

> Im einzelnen sind dabei folgende Übereinstimmungen mit und Abweichungen
> von der matthäischen Geburtsgeschichte festzustellen:
> - Im Unterschied zum Bericht des Lk wird im Mt wie in der AscJes Bethle-
> hem als ständiger Wohnort der Eltern Jesu vor seiner Geburt vorausge-
> setzt.
> > Anders als bei Mt wird in der AscJes die Übersiedlung Josephs und
> > Marias nach Nazareth in c. 11,5 einfach mitgeteilt und nicht be-
> > gründet wie bei Mt durch den Ägyptenaufenthalt und die Verfolgung
> > durch Herodes.
> - Nur in Mt 13,55 ist zu erfahren, daß Joseph Zimmermann von Beruf war,
> wie AscJes 11,2 zu berichten weiß.

---

1   Darauf weist z.B. auch VIELHAUER (Geschichte, 524 Anm. 5) hin; vgl.
     auch EvPetr § 29ff; eine Abhängigkeit vom EvPetr - oder umgekehrt des
     EvPetr von der AscJes - ist angesichts der Unsicherheit der Datierung
     beider Schriften möglich, aber nicht zu beweisen.

- Mt und AscJes berichten übereinstimmend, daß die Schwangerschaft Marias nicht - wie bei Lk - vorangekündigt, sondern erst nach Eintreten festgestellt wurde (AscJes 11,3 - Mt 1,18).

> Dabei wird in der AscJes nur das "brutum factum" der Schwangerschaft mitgeteilt, während Mt 1,18 berichtet, daß Maria vom Heiligen Geiste schwanger war.

- Übereinstimmend berichten AscJes (11,3) und Mt (1,19) weiter, daß Joseph Maria daraufhin verlassen wollte.

> Die Verlaßabsicht des Joseph wird von der AscJes wieder einfach mitgeteilt, während das Mt Grund und Zweck angibt: "δίκαιος ὢν καὶ μὴ θέλων αὐτὴν δειγματίσαι".

- Nicht etwa schon vor der Empfängnis wie im Lk, sondern erst, um Joseph nach festgestellter Schwangerschaft am Verlassen Marias zu hindern, greift in der AscJes (11,4) wie im Mt (1,20-24) ein Engel ein.

> In der AscJes wird dabei nur das "daß" des Eingreifens des Engels berichtet sowie das erfolgreiche Ergebnis seiner Intervention. Im Unterschied zum Mt wird der Engel als "Engel des Geistes" bezeichnet. AscJes 11,4 weiß nichts von einem Traum Josephs; es fehlt jedes Äquivalent für die ausführlich an Joseph gerichtete Engelrede von Mt 1, 20-23.

- AscJes 11,5 und Mt 1,25 stimmen sachlich darin überein, daß Joseph mit Maria bis zur Geburt nicht geschlechtlich verkehrte.

> Die AscJes weiß zusätzlich zu berichten, daß Joseph keinem von seinem Wissen erzählte.

Mt 1,15-25 und AscJes 11,3-5 stimmen insofern überein, als die AscJes die "Fakten" des matthäischen Berichtes übernimmt und gleichsam zusammenfassend knapp wiedergibt. Bis AscJes 11,5 ist die matthäische Geburtsgeschichte die deutlich ausführlichere. Handlungsablauf und -rahmen erweisen den Verfasser von AscJes 11,2ff deutlich als abhängig von entweder der vormatthäischen Tradition oder dem Mt selbst. Ob er das Mt zusammenfassend resümiert oder die diesem zugrundeliegende Tradition relativ vollständig wiedergibt, ist aus inneren Gründen allein nicht zu entscheiden. Die zu vermutende Abfassungszeit der AscJes (s.u. 306f) und die anderweitig wahrscheinliche Benutzung des Mt lassen aber einen Rekurs auf vormatthäische Traditionen als die weniger wahrscheinliche Möglichkeit erscheinen. Gänzlich vom Mt unterscheidet sich die AscJes in ihrer übernatürlich-unnatürlichen, im Dienst einer doketischen Christologie stehenden wundersamen Schilderung der Geburt Jesu: man vergleiche nur Mt 1,25 mit der nur indirekten Beschreibung der Geburt Jesu in AscJes 11,7ff.

Schließlich fällt auf, daß in AscJes 1,4 - wie durch die ganze Schrift hindurch[1] - Jesus als der "Geliebte" bezeichnet wird. Diese substantiviert gebrauchte Bezeichnung Christi, die in der AscJes d e r christologische Titel überhaupt ist, findet sich so nur im Mt.[2]

---

1   Vgl. c. 1,5.7.13; 3,13.17f; 4,3.6.9.18.21; 5,15; 7,17.23; 8,18.25; 9,12.
2   Bei den Synoptikern und auch sonst in der urchristlichen Literatur allgemein verbreitet ist die Bezeichnung Jesu als "geliebter Sohn". Die substantivierte absolute Bezeichnung als "Geliebter" findet sich m.W. nur in der AscJes und in Mt 12,18, wo diese Bezeichnung im - redaktionell hinzugefügten - christologisch interpretierten Zitat von Jes 42,1-4 steht.

Die oben angeführten Beobachtungen zusammengenommen lassen es
als an Sicherheit grenzend wahrscheinlich erscheinen, daß bei der
Abfassung der AscJes in ihrer jetzigen Gestalt nicht nur vormatthäische Tradition[1], sondern das Mt selbst bekannt war. Nur eine iso-
lierte Betrachtung jeder einzelnen der Übereinstimmungen mit dem
Mt kann die Abhängigkeit von vormatthäischer Tradition als der der
Abhängigkeit vom Mt gleichwertige Möglichkeit erscheinen lassen.

Weniger naheliegend und kaum wahrscheinlich, aber doch immerhin
möglich ist Mt-Abhängigkeit in AscJes 3,13.14a.16.17f; 4.3; 9,9.14.

Daß Jesus "mit Übeltätern zusammen gekreuzigt werden sollte" und "daß
er in einem Grabe begraben werden würde" (AscJes 3,13) ist allgemeiner
Rekurs auf die Passionsgeschichte und wird in Mt 27,38 par. Mk 15,27-32
par. Lk 23,33b und Mt 27,60 par. Mk 15,46 par. Lk 23,53 par. Joh 19,41
jeweils übereinstimmend berichtet.
Daß die Jünger an Jesus Anstoß nehmen würden (AscJes 3,14a), ist ebenfalls nicht spezifisch matthäisch, sondern wird in Mt 26,31 und Mk 14,27
berichtet.
In Asc 3,16 wird vorausgesagt, "daß der Engel des Heiligen Geistes und
Michael, der Oberste der Engel, am dritten Tag sein Grab öffnen werden".
Z w e i Engel - allerdings ohne nähere namentliche Bezeichnung - werden
sowohl in der Passionsgeschichte des Lk (24,4) als auch in der des Joh
(20,12) im Zusammenhang mit der Auferstehung Jesu genannt. Für die Aussage, daß diese Engel das Grab öffnen (werden), gibt es aber weder bei
Lk noch bei Joh eine sachliche Entsprechung, sondern nur in Mt 28,2, wo
allerdings nur von e i n e m   Engel die Rede ist. Wenn auch nicht
für die Zahl, so kann doch für die Tätigkeit des/der an der Auferstehung
Jesu beteiligten Engel das Mt Quelle der AscJes gewesen sein.[2]
AscJes 3,17f prophezeit die Aussendung der zwölf (!) Jünger durch den
Auferstandenen: "und daß der Geliebte auf ihren Schultern (sc. der Engel) sitzend hervortreten und seine zwölf Jünger aussenden wird (18) und
daß sie alle Völker und alle Zungen die Auferstehung des Geliebten lehren
werden." Im Unterschied zu z.B. Mt 28,16-20 geht die AscJes hier wohl von
einer Aussendung direkt vom Grab aus. Gemessen an den evangelischen
Berichten "ungenau" ist die Aussendung von z w ö l f   Jüngern. Scheinbar erinnert die Wendung "daß sie alle Völker lehren werden" an Mt 28,19;
so nehmen denn auch MASSAUX (Influence, 197) und MORGAN (423) übereinstimmend für diese Passage Beeinflussung durch das Mt an. Immerhin aber fällt
doch auf, daß zum einen im Unterschied zu Mt 28,19 "μαϑητεύειν" (wenn
dieses Wort denn in ursprünglichen, griechischen Text der AscJes gestanden hat) in der AscJes nicht "zu Jüngern machen", sondern "lehren" heißt,
und daß zum anderen der Inhalt der Lehre in der AscJes "die Auferstehung
des Geliebten" und nicht der Inhalt der Reden Jesu wie im Mt ist. Gegen

---

1   Das nimmt - m.E. wenig überzeugend - BURCH (23) sowohl für den Titel "Ge-
     liebter" als auch für AscJes 3,18 (Mt 28,19) und 4,3 (Mt 15,13) an.
2   Vgl. hierzu auch NORELLI (vor allem 324-331), der in AscJes 3,15f eine dem
     EvPetr und dem Mt gemeinsame Tradition zugrundeliegen sieht, wobei die
     Identifizierung der Engel, die in dieser Tradition vorkommen, seiner Mei-
     nung nach spezifisch für die AscJes ist.

MASSAUX und MORGAN kommt für die Behauptung von Mt-Einfluß auf AscJes
3,17f gerade nicht die Wendung "alle Völker lehren", sondern nur die
Sachaussage, daß die Sendung des Auferstandenen allen Völkern gilt und
sich auf dem Wege der "Lehre" vollziehen sollte, in Frage. Diese Aussage
läßt sich freilich auch, aber gewiß nicht nur aus dem Mt, sondern z.B.
schon allein aus der rückwärtsblickenden Analyse der tatsächlichen
Entwicklung heraus erklären. Mir erscheint es zumindestens als fraglich,
ob hier wirklich eine deutliche Reminiszenz an Mt 28,19 vorliegt.[1]
Auch in AscJes 4,3, wo die Kirche als die "Pflanzung, die die zwölf
Apostel des Geliebten gepflanzt haben ..." bezeichnet wird, ist m.E.
kaum ein Einfluß von Mt 15,13 zu erblicken oder wahrscheinlich zu machen.[2] Als Vergleichspunkt kommt nur die bildhafte Verwendung des
Wortes "Pflanzung" in Betracht.
Daß Auferstandene Fromme "wie Engel" aussehen, berichtet AscJes 9,9
von Henoch und allen "die mit ihm waren"; diese Aussage findet sich
sachlich in gleicher Weise in Mt 22,30, Mk 12,25 und Lk 20,36 und ist
keinesfalls als spezifisch matthäisch zu betrachten.
In Mk 14,46 und Mt 26,50 wird in gleicher Weise berichtet, daß bei seiner Festnahme "Hand an Jesus gelegt" wurde, wie AscJes 9,14 prophezeit.

Als äußerst unwahrscheinlich und keiner näheren Erörterung bedürf-
tig erscheint mir Mt-Einfluß in AscJes 11,11.19.22. Für diese Stellen werden in der BP Mt 17,9, 27,2.35 und 28,19 als Parallelen angegeben.

Was die Einordnung der oben dargelegten Analysen betrifft, glaube
ich - ohne damit einen eigenen und fundierten Beitrag zur Diskussion um die Entstehung der AscJes[3] leisten zu wollen - zum einen
davon ausgehen zu können, daß sowohl die Endredaktion als auch
einzelne, eventuell vor der Einfügung in den jetzigen Kontext
selbständige christliche Teile der AscJes in das zweite Jahrhundert
n.Chr. zu datieren sind.[4] Gerade auch die fast allgemein als

---

1   Anders z.B. auch TISSERANT (111); noch weniger beweisbar ist die These
     BURCHs, der (23) Aufnahme vormatthäischen Materials vermutet.
2   Gut möglich ist, daß der Vergleich der Kirche mit einer Pflanzung sich
     an alttestamentlichen Vorbildern orientiert; so z.B. TISSERANT (119).
     Nur in diesem Sinne verstanden kann hier dann auch der These BURCHs
     von der vormatthäischen Herkunft der Vorlage von AscJes 4,3 (23) zu-
     gestimmt werden.
3   Vgl. dazu die immer noch grundlegenden und voneinander abweichenden Vor-
     schläge von DILLMANN und CHARLES (Ascension of Isaiah); eine gute Ana-
     lyse beider Positionen findet sich bei TISSERANT.
4   So auch VIELHAUER (Geschichte, 526) und SCHWARTE (259); auf das 1. Jh.
     datiert in letzter Zeit HAMMERSHAIMB (19), während z.B. EISSFELDT (826)
     die Endredaktion erst auf das 3./4. Jh. ansetzt.

nachträgliche Interpolation[1] und damit spätester Bestandteil der
AscJes angesehene Passage c. 11,2-22 paßt gut ins zweite Jahrhundert[2] mit ihrer Rezeption von nach späteren Maßstäben kanonischem
und außerkanonischem Evangelienstoff.[3]
Zum anderen meine ich, daß auch dann, wenn eine mehrmalige Ergän-
zung des ursprünglich jüdischen "Martyrium Jesajae" stattgefunden
haben sollte[4], alle christlichen Bestandteile der AscJes denselben
Kreisen zuzuweisen sind.[5] Eine begründete Lokalisierung dieser
Kreise und damit auch der AscJes in ihrer jetzigen Gestalt erscheint mir als nicht möglich.[6]

Die Theologie, die in der AscJes zum Ausdruck kommt, ist offensichtlich ein mixtum compositum aus jüdischen, christlichen und gnostischen Vorstellungen.[7] Das Mt lieferte dabei für die hinter
der AscJes stehenden Kreise wohl die "Basisinformation" bezüglich
der Geschichte Jesu. Obwohl die im Interesse einer doketischen
Christologie "apokryph" erweiterte Geburtsgeschichte ebenso wie
die Bezeichnung des Inhaltes der christlichen Missionspredigt mit
"Auferstehung" (c. 3,18) zum theologischen Anliegen des Mt völlig
konträr ist, durchziehen die AscJes Informationen über die Geschichte Jesu, die nur aus dem Mt stammen können und kaum auf
vormatthäische Traditionen zurückzuführen sind, da sie aus verschiedenen "Etappen" des Lebens Jesu herrühren. Anders wäre die
Sachlage z.B. zu beurteilen, wenn Berührungen nur mit der matthäischen Geburtsgeschichte vorlägen.

Wir haben in der AscJes also den Fall vorliegen, daß wohl das

---

1   Anders m.W. nur FLEMMING z.St.
2   S. dazu HORNSCHUH (Anfänge, 261).
3   Zur Forschungsgeschichte unter dem Gesichtspunkt der Frage nach den
     christlichen Interpolationen s. COLEMAN (146-181).
4   Eine derartige stufenweise Redaktion vermutet EISSFELDT (826).
5   So auch VIELHAUER (Geschichte, 526) mit Verweis auf die Terminologie der
     AscJes.
6   HORNSCHUH (Anfänge, 263-265) nimmt aufgrund von Parallelen zur EpAp
     Ägypten als Heimat zumindest der Endbearbeitung der AscJes an.
7   Damit soll nicht behauptet werden, daß die Gedanken der AscJes als
     "gnostisch" im eigentlichen Sinne bezeichnet werden können; wohl aber
     finden sich Züge, die sich gleichzeitig oder später auch in gnostischen
     Systemen und Schriften entdecken lassen; vgl. dazu HORNSCHUH (Anfänge,
     272) und HELMBOLD (passim).

Mt als Ganzes, nicht aber die Theologie seines Verfassers weiter-
gewirkt hat. Für die Auseinandersetzung mit einer jüdisch-gnosti-
schen Umgebung, durch die sich m.E. am ehesten die in der AscJes
zum Ausdruck gebrachten Vorstellungen erklären lassen, bot für
die Explikation "christlicher" Inhalte das Mt nur den äußeren Rahmen, indem und dadurch daß es die wohl allseits akzeptierten
Daten der Geschichte Jesu bereithielt. Die AscJes könnte so ein
Hinweis darauf sein, daß als das "Proprium" des Mt nicht - wie
heute in der redaktionsgeschichtlichen Forschung - die Theologie
seines Redaktors/Verfassers angesehen wurde.
Leider gibt uns die AscJes keine Auskunft über die Gründe für
die in ihr festzustellende dominante Rolle des Mt. Interessant
im Vergleich zu anderen Schriften der gleichen Zeit ist sie vor
allem dadurch, daß sie nicht die "Worte", sondern die Geschichte
Jesu zu ihrem Thema macht und rezipiert.

4. ORACULA SIBYLLINA[1]

4.1. Vorbemerkungen

Die Sammlung sibyllinischer Orakelsprüche, die uns heute in den
"Oracula Sibyllina" vorliegt, geht wohl auf das 6. Jh. n.Chr. zurück.[2] Ihre Einzelteile sind - soweit christlicher Provenienz -
sehr wahrscheinlich frühestens auf die 2. Hälfte des 2. Jh. zu datieren und wohl größtenteils später anzusetzen.[3]
Genuin christlich sind Buch 6 und 7 sowie Buch 8 ab Z. 217; intensiv christlich überarbeitet sind Buch 1 und 2. Darüber hinaus
weisen alle erhaltenen Bücher - wenn auch in unterschiedlichem
Maße - christliche Interpolationen auf.

> Im einzelnen werden die größeren christlichen Passagen wie folgt datiert:
> Buch 1.2
> - auf das 3. Jh. von HARNACK (Chronologie 1, 582), GEFFCKEN (Kompo-
> sition, 53), BARDENHEWER (2, 710f), RZACH (2151) und MICHL (Sibylli-
> nen, 728)
> - auf die 2. Hälfte des 2. Jh. von KURFESS (Oracula Sibyllina, 165
> u. Sibyllinen, 501)
> - auf die Mitte des 2. Jh. von CHARLESWORTH (Research, 185)
> - auf nicht später als die Mitte des 2. Jh. von COLLINS (in CHARLES-
> WORTH, Pseudepigrapha, 330).
> Buch 6
> - auf das 3. Jh. von GEFFCKEN (Sibyllinen NTApo 1924, 401) und AL-
> TENDORF (151)
> - auf das 2. Jh. von GEFFCKEN in der Zeit vor 1924 (Komposition, 32
> u. Sibyllinen NTApo 1904, 321), KURFESS (Weissagungen, 313), BER-
> TRAND (baptême, 52) und CHARLESWORTH (Research, 185); COLLINS (in
> CHARLESWORTH, Pseudepigrapha, 406) lehnt eine genauere Datierung
> ab und begnügt sich mit der Angabe der Benutzung durch Laktanz als
> terminus ante quem.
> Buch 7
> - auf das 3. Jh. von MICHL (Sibyllinen, 728)
> - auf das 2. Jh. von GEFFCKEN (Sibyllinen NTApo 1904, 321) und BER-
> TRAND (baptême, 72); COLLINS (in CHARLESWORTH, Pseudepigrapha, 408)
> lehnt wiederum eine genauere zeitliche Fixierung innerhalb des
> Zeitraumes 2./3. Jh. ab.
> Buch 8
> - auf das 3. Jh. von HARNACK (Chronologie 2, 188), RZACH (2146) und
> (vorsichtig und z.T.) MICHL (Sibyllinen, 729); die Akrostichie wird

---

1   Textausgabe: GEFFCKEN, Oracula Sibyllina; vgl. auch KURFESS, Weissagungen.
2   Vgl. dazu SCHÜRER (570).
3   HARNACK (Chronologie 1, 581-588 u. 2, 185f) focht vehement für Abfassung
     christlicher Orakel erst im 3. Jh.; anders z.B. QUASTEN (168) u. KURFESS
     (Oracula Sibyllina, 165).

dabei von RZACH)2145) als aus dem 2. Jh. stammend angesehen.
- auf das 2. Jh. von GEFFCKEN (Sibyllinen NTApo 1904, 321) und
(vorsichtig) KURFESS (Sibyllinen, 501); COLLINS (·in CHARLESWORTH,
Pseudepigrapha, 416) lehnt wie schon für Buch 6 und 7 eine nähere
Fixierung der Datierung ab und gibt wieder Laktanz als terminus ante quem an.

Die christlichen Einschübe in Buch 12 sind in jedem Fall erst ins
3. Jh. zu datieren[1] und gehören nicht mehr in den Untersuchungszeitraum. Für die erhaltenen Fragmente[2] ist christliche Autorschaft
unwahrscheinlich.[3] Ob und inwieweit Buch 2 von Buch 8 abhängig ist
oder umgekehrt, wird kaum geklärt werden können.[4]
Leider sind die christlichen Passagen der Sib kaum näher zu lokalisieren.[5]
Von Art, Absicht und Form der sibyllinischen Orakelsprüche her ist
von vorneherein kaum zu erwarten, daß sich klare Verweise auf
unsere Evangelien oder explizite Zitate aus diesen finden.

4.2. Mt-Rezeption in den Sib

Zu den - ex eventu formulierten - Inhalten der Weissagungs- und
Orakelsprüche gehört unter anderem auch die Geschichte Jesu. Sie
ist - wie es sich für Weissagungen gehört - ohne allzu deutliche
Formulierungsanklänge an die kanonischen Evangelien formuliert.
An mehreren Stellen verraten die Sprüche Kenntnis von Fakten, die
sie am ehesten dem Mt verdanken. Zu nennen sind vor allem Bezüge
auf die Geburtsgeschichte des Mt[6], aber auch solche auf die Bergpredigt[7] und die matthäische Passionsgeschichte[8]. Über die Aufnahme

---

1   S. dazu COLLINS (in CHARLESWORTH, Pseudepigrapha, 443).
2   Zu den Fragmenten und ihrer Einordnung s. KURFESS (Fragmente, passim).
3   So auch COLLINS (a.a.O., 469).
4   Vgl. dazu und für eine Auflistung der Parallelen, die für zufällige Über-
     einstimmungen zu zahlreich sind, COLLINS (a.a.O., 332).
5   So auch CHARLESWORTH (Research, 185); Lokalisierungen wie die von
     COLLINS (a.a.O., 322) nach Ägypten (Buch 3, 5, 11-14), Syrien (Buch 4,
     6, 7) und Kleinasien (Buch 1, 2) sind m.E. reine Spekulation.
6   S. 1,334 u. 345, 8,476 und 12,30.
7   S. 1,332f.
8   S. 6,24; möglicherweise auch 1,367f.

matthäischer Erzähldetails hinaus fällt in der größeren christlichen Interpolation am Ende des 1. Buches (1,323-399) große Nähe
zu spezifisch matthäischen Interpretationsakzenten auf; zu nennen ist die Verbindung von Tod Jesu und dem Gericht an den Juden
in der Zerstörung Jerusalems, sowie der damit verbundene Beginn
der Heidenmission (1,360-399). Sehr gut zum matthäischen Verständnis des Mt als Ganzem paßt auch, daß der Herr der Welt als
Vermächtnis "des Evangeliums Satzung" (διάθεμα) hinterläßt.[1]

Auch Anklänge an das Lk[2] und das Joh[3] sind festzustellen; auffällig ist aber, daß rein zahlenmäßig die deutlichen Anklänge an
das Mt bei weitem überwiegen.

Neben und zusätzlich zu den deutlichen Anklängen an die kanonischen
Evangelien ist eine große Zahl von Stellen anzuführen, an denen
zwar ein Zugrundeliegen der synoptischen Evangelien wahrscheinlich
ist, Abhängigkeit speziell vom Mt aber nicht nachgewiesen werden
kann.

Die Parallelen zu den synoptischen Evangelien lassen sich wie folgt
klassifizieren:

Mt-Abhängigkeit ist wahrscheinlich in
    1,332 (Mt 5,17);[4] 1,334 (Mt 2,12); 1,345 (Mt 2,13-21); 2,82 (Mt
    9,13 u. 12,7);[5] 6,24f (Mt 27,34); 8,476 (Mt 2,2-9);[6] 12,30 (Mt 2,
    2-9).
Mt-Abhängigkeit ist gut möglich, aber nicht zwingend in
    1,333 (Mt 5-7); 2,165f (Mt 24,11); 2,203.305 sowie 8,105.231.350
    (Mt 8,12; 13,42.50; 22,13; 24,51; 25,30; vgl. auch Lk 13,28);
    8,239 (Mt 24,31);[7] 8,272.286 (Mt 4,23 u. 9,35);[8] 8,324f (Mt 21,5)[9]

---

1   Vgl. 1,382-384; die zitierte Wendung Z. 382 (zitiert nach KURFESS, Sibyl-
     linen, 504).
2   S. 8,456-473; vgl. dazu W BAUER (Leben Jesu, 52).
3   S. 1,340 (Joh 3,37).
4   So auch NOACK (186).
5   Der Kontext ist übernommen aus den Γνῶμαι des Ps-Phokylides; in diesen
     findet sich aber Sib 2,82 nicht; vgl. dazu KURFESS (Mahngedicht, 178).
6   Auch MASSAUX (Influence, 238) und MORGAN (445) nehmen hier Mt-Einfluß an.
7   MASSAUX (Influence, 230f) hält hier Mt-Einfluß für möglich, MORGAN
     (437) eher für unwahrscheinlich. Vgl. auch Apk 8,7.8.10.12; I Kor 15,42;
     I Thess 4,16.
8   So auch MASSAUX (Influence, 231) und MORGAN (437f).
9   So auch MASSAUX (Influence, 238); anders MORGAN (445); vgl. auch Sach 9,9
     LXX.

8,401 (Mt 18,8 u. 25,42).

Mt-Abhängigkeit ist zwar möglich, aber nicht naheliegend in
Prolog 18 (Mt 1,23); 1,336-336 (Mt 3,3; vgl. auch Jes 40,3 u. Joh
1,23); 1,342f (Mt 14,6.10); 1,353 (Mt 11,5); 1,356-360 (Mt 14,21-
33); 1,365f (Mt 26,67); 1,367f (Mt 27,34.48; vgl. Joh 19,29); 1,
373 (Mt 27,29f);[1] 1,389f (Mt 24,7); 1,393f (Mt 24,2); 2,6 (Mt 24,7);
2,179 (Mt 24,46); 2,187 (Mt 11,14); 2,190 (Mt 24,19); 2,194 (Mt 24,
29); 2,200 (Mt 24,29); 2,241f (Mt 24,30 u. 25,31); 2,242 (Mt 16,27
u. 25,31; vgl. auch Ps 61,3 LXX); 2,243 (Mt 26,64); 2,244 (Mt 16,27;
vgl. oben zu 2,242); 2,328 (Mt 22,30); 2,332 (Mt 8,12; 13,42.50;
22,13; 24,51; 25,30); 3,636 (Mt 24,7); 6,4 (Mt 3,13-17); 6,13 (Mt
14,25); 6,23 (Mt 27,29); 7,66 (Mt 3,13-17); 7,69 (Mt 1,20); 7,134
(Mt 7,15); 8,86 (Mt 8,12 u.a.; vgl. oben zu 2,328); 8,190 (Mt 24,
29);[2] 8,206 (Mt 11,5);[3] 8,232 (Mt 24,29)[4]; 8,270 (Mt 1,18-23); 8,
273 (Mt 8,26); 8,274 (Mt 14,25); 8,275 (Mt 14,19-21);[5] 8,287 (Mt 26,
45); 8,288 (Mt 26,67);[6] 8,290 (Mt 27,26); 8,294 (Mt 27,29); 8,305
(Mt 27,51); 8,306 (Mt 27,45); 8,326 (Mt 11,29);[7] 8,341 (Mt 24,29);
8,417 (Mt 25,32); 8,479 (Mt 2,1); 8,481 (Mt 22,37.39); Frgm. 3[8],47
(Mt 19,29);[9]

Unwahrscheinlich und nahezu auszuschließen ist Mt-Abhängigkeit in
1,339 (Mt 3,6); 1,349 (Mt 25,46); 1,396 (Mt 13,25); 2,154 (Mt 13,30.
39); 2,253 (Mt 3,12); 3,264 (Mt 13,8); 4,15 (Mt 14,13-21).

Überblickt man die obenstehenden Stellen-Klassifikationen, so
fällt auf, daß in den genuin christlichen Büchern so gut wie
keine deutlichen Evangelienbezüge festzustellen sind, während die
mit dem Ziel der Christianisierung jüdischer Dokumente interpo-

---

1   Vgl. auch Joh 19,2f; in den Sib flechten - im Unterschied zu den synop-
     tischen Berichten - die Juden die Dornenkrone; darauf weist auch W BAUER
     (Leben Jesu, 205) hin.
2   Vgl. auch noch Apk 6,13 u. Jes 34,4; MASSAUX (Influence, 228) hält diese
     Stelle für näher an Jes als an den anderen Parallelen; ihm schließt sich
     MORGAN (434) an.
3   Vgl. neben Lk 7,22 auch Jes 35,5f; die Nähe zu den synoptischen Parallelen
     ist größer als die zu Jes (so auch MASSAUX (Influence, 229)); MORGAN
     (435) bemerkt mit Recht, daß, falls Evangelienabhängigkeit vorliegt,
     nicht zwischen Mt- und Lk-Einfluß zu entscheiden ist.
4   S.o. Anm. 2.
5   Vgl. neben den synoptischen Parallelen auch Joh 6,1-15; für MASSAUX (In-
     fluence, 233) kommt am ehesten Mt-Abhängigkeit in Frage; MORGAN (439)
     weist darauf hin, daß nicht alles aus Mt stammen kann.
6   Für MASSAUX (Influence, 234) ist nicht zwischen Mt- u. Mk-Einfluß zu ent-
     scheiden. Für MORGAN (440) sind "ῥαπίσματα" und "ἐμπτύσματα" aus dem
     Mt genommen.
7   MASSAUX (Influence, 238) nimmt hier - m.E. zu Unrecht - impliziten Mt-
     Bezug an; der verbindende Begriff "ζυγός" wird völlig verschieden ge-
     braucht.
8   Aus Theophil Autol 2,36,29.
9   Vgl. noch Lk 10,25 und PsSal 14,10, wo sich die Wendung "ζωὴν κληρο-
     νομεῖν" ebenfalls findet; s. dazu RZACH (2129).

lierten Passagen durchweg klare Evangelienbezüge aufweisen.
Als unwahrscheinlich erscheint mir aus mehreren Gründen, daß
die Sib auf Evangelientraditionen rekurrieren, die zeitlich vor
die Abfassung unserer Evangelien anzusetzen sind.[1] Zum einen ist
ein Bezug auf solche Traditionen angesichts der zu vermutenden Ab-
fassungszeit(en) der entsprechenden Passagen a priori unwahrscheinlich. Zum anderen erklären sich die Abweichungen von den
synoptischen Evangelien in der Sache oder in der Formulierung hinreichend durch den Weissagungs- und Orakelcharakter der sibyllinischen Sprüche. Zum dritten ist für alle längeren christlichen
Interpolationen die Aufnahme von Details aus den verschiedensten
Kapiteln des Mt deutlich oder zumindest möglich; d.h. es wird die
Gesamtheit des matthäischen Stoffes vorausgesetzt. Als zusätzli-
ches Argument für ein Zugrundeliegen des Mt sind für Buch I die
deutlichen Parallelen zur matthäischen Akzentuierung und Inbezie-
hungsetzung von Israelpolemik, Heidenmission und Passionsgeschichte
anzuführen.

Auch wenn für einen großen Teil der oben (311f) angeführten Stellen Bezug auf speziell das Mt unsicher bleiben muß, ist es doch
möglich, festzustellen, daß die matthäischen Informationen über
Geburt, Leben, Reden und Tod Jesu bei den jeweiligen Verfassern
der Sibyllensprüche einen deutlich größeren Eindruck hinterlassen
haben als die diesbezüglichen Informationen anderer Evangelien.
Auffällig ist gerade angesichts dieser Tatsache, daß die matthäische Theologie nur in 1,360ff Spuren in den Sib hinterlassen hat.
Die Sib sind insgesamt ein eher "äußerlicher" Hinweis auf die
überragende Bedeutung des Mt. Über die Gründe für diese Bedeutung
und die Wertschätzung, die das Mt erfuhr, verraten sie uns nichts.

---

1   Anders vorsichtig NOACK (189).

5. PETRUSAPOKALYPSE

Die ursprünglich griechisch abgefaßte Petrusapokalypse[1] ist in
einer äthiopischen Version[2] (im folgenden abgekürzt "Äth"), einem
größeren griechischen Fragment, das in Akhmim gefunden wurde[3] (im
folgenden abgekürzt "Akh"), sowie zwei kleineren griechischen Fragmenten[4] erhalten.
Die Schrift wird früh bezeugt und dabei sehr hoch eingeschätzt.

> So betrachtet sie Clem Al in seinen Ecl als "γραφή"[5] und petrinisch;[5]
> das älteste Zitat findet sich bei Theoph (Autol 2,19); im Kanon Murato-
> ri (Z. 71-73) wird sie recht günstig beurteilt: es gibt zwar Wider-
> spruch, die meisten aber rechnen sie zum Kanon. Euseb äußert sich ein-
> mal (Hist eccl 3,3,2) eher negativ, einmal (Hist eccl 3,25,4) eher po-
> sitiv.

Der in einem äthiopischen Corpus pseudoklementinischer Schriften
erhaltene äthiopische Text, für den ich mich an der Übersetzung
von DUENSING (in MAURER/DUENSING) orientiere, erreicht ungefähr
den in den altkirchlichen Kanonverzeichnissen angegebenen Umfang.[6]
Es ist deshalb durchaus möglich, daß wir in Äth einen Text vor uns
haben, der in der Länge ungefähr dem ursprünglichen Text entspricht.
Es wäre allerdings verfehlt, in Äth einen unmittelbaren Zeugen für
den ursprünglichen Text zu sehen. Vergleicht man Äth mit Akh, so
erweist sich keiner der beiden stark voneinander abweichenden Texte
durchgängig als jünger oder älter als der andere. Beide haben wahrscheinlich Ursprüngliches bewahrt, aber keiner bietet den ursprünglichen Text, auf dessen Wortlaut oder Bestand oft nicht einmal mehr
hypothetisch geschlossen werden kann.[7]

---

1   Sie ist zu unterscheiden von der arabischen Petrusapokalypse und von der
     koptisch-gnostischen Petrusapokalypse, die uns im Kodex VII,3 von Nag Ham-
     madi erhalten ist.
2   Editio princeps 1910 durch GREBAUT.
3   Editio princeps 1892 durch BOURIANT; daß es sich bei Akh um einen Teil
     nicht der ApkPetr, sondern des EvPetr handelt, wurde zuletzt von JAMES
     (582) behauptet; von mir wurde die Ausgabe von KLOSTERMANN (Apocrypha 1,
     8-11) benutzt.
4   Erhalten in der Bodleiana in Oxford und in der Sammlung Erzherzog Rainer
     in Wien; beide Fragmente tragen für meine Untersuchung nichts aus, da sie
     keinen Bezug auf das Mt erkennen lassen.
5   S. dazu HARNACK (Überlieferung, 29f).
6   Catalogus Claromontanus: 270 Stichen ; Stichometrie des Nikephorus:
     300 Stichen; s. dazu HARNACK (Überlieferung, 29f).
7   So auch z.B. WEINEL (Offenbarung, 316), VAN UNNIK (Petrusapokalypse, 257)
     und - am besten begründet - VIELHAUER (Geschichte, 509-511); in seinem
     Gefolge dann auch SCHWARTE (258).

Daß Äth zuweilen Älteres bietet als Akh, wird u.a. durch das "Rai-
ner-Fragment" nahegelegt, das aber zugleich zeigt, daß Äth unter
der Übersetzung ins Äthiopische wohl sehr gelitten hat.[1]

Die an die Verklärungsgeschichte der synoptischen Evangelien ange-
lehnte Erzählung von der Erscheinung der beiden gerechten Brüder
(Akh) bzw. des Mose und Elia (Äth)[2] zeigt aber deutlich, daß auch
Äth Passagen aufweist, die gegenüber Akh sekundär sind. Dies hat
zuletzt VIELHAUER (Geschichte, 511) überzeugend nachgewiesen.

Ist für Äth an einer Stelle nachträgliche Adaption an die synoptischen Evangelien bzw. hier konkret das Mt nachgewiesen, muß prinzipiell überall mit solcher Adaption gerechnet werden. Die Analyse
der Mt-Rezeption in der ApkPetr ist also mit großer Unsicherheit
belastet. Alle Anspielungen auf das Mt bzw. die in ihm enthaltenen
Worte, Wendungen und Gedanken sind bezüglich ihrer Zugehörigkeit
zum ursprünglichen Text der ApkPetr zumindest als unsicher, wenn
nicht sogar als unwahrscheinlich zu beurteilen.

Dieser inneren textlichen Unsicherheit der Analyse steht als äußere Unsicherheit zur Seite, daß sowohl Äth als auch Akh weder hinsichtlich ihres Entstehungsortes noch hinsichtlich ihrer Entstehungszeit sicher genug eingeordnet werden können. Die Petrusapokalypse selbst, die ja zu unterscheiden ist von den uns vorliegenden
Bearbeitungen Äth und Akh, wird wohl in der ersten Hälfte des zweiten Jahrhunderts entstanden sein.[3]

Über die Evangelienrezeption der ApkPetr äußern sich in der Literatur ausführlich nur MASSAUX (Influence, 247-261) und auf ihn
reagierend MORGAN (449-467). Beide stimmen vom Ergebnis her darin
überein, daß für Äth deutlich nur Mt-Einfluß, für Akh deutlich
auch Lk-Einfluß anzunehmen ist. Beide behandeln die zu berücksich-

---

1   Vgl. dazu PRÜMM (passim) u. MAURER (in MAURER/DUENSING, 470).
2   Zu dieser sekundären Angleichung an die Synoptiker s. auch TUROWSKI (37f).
3   Darauf verweist u.a. die frühe Bezeugung (s.o. 314); vgl. auch die über-
      wiegende Meinung der Forschung, z.B. HARNACK (Chronologie 1, 471), BAR-
      DENHEWER (1, 612), QUASTEN (144), MAURER (in MAURER/DUENSING, 469), VIEL-
      HAUER (Geschichte, 508), ALTANER/STUIBER (142) u. SCHWARTE (258).

tigenden Stellen aber nur zum Teil.

Auf eine ausführliche inhaltliche und mit Textvergleichen unter-
mauerte Darstellung einzelner Paralellen zu den synoptischen Evangelien soll im folgenden verzichtet werden, da angesichts der oben
erläuterten Unsicherheiten, mit denen die Analyse belastet ist,
nicht einmal sicher ist, daß die Textzeugen für die ApkPetr überhaupt in den Untersuchungszeitraum gehören. An der Stelle solcher
Detailuntersuchungen soll eine kurze, (z.T. tabellarisch) zusammenfassende Gesamtdarstellung stehen.

Äth zeigt deutlich Kenntnis des Mt. Mir erscheint Aufnahme von Worten, Wendungen oder Gedanken des Mt als sehr wahrscheinlich in[1]

§ 1	S. 472	Z. 1ff	Mt. 24,3
		7ff	24,4
		9f	24,5
		10	24,23-26
		11	24,27
		12f	24,30
		15	25,31
		17	16,27
2	473	3	24,5
6	474	32ff	25,31, vgl. 24,30
			πατὴρ οὐράνιος
16	482	2	17,3
		30	5,10
		33	17,4

Von Gattung und Thema der Apokalypse her naheliegend wird vor
allem auf Mt 24 und 25 rekurriert, es findet sich aber auch deutliche Aufnahme der Verklärungsgeschichte sowie einer Stelle aus
der Bergpredigt. Dabei sind jeweils deutlich und bewußt einzelne
Wendungen oder Formulierungen aus dem Mt aufgenommen. Für alle
oben genannten Stellen gibt es keine Parallele in Akh, obwohl Akh
zu Äth § 16 einen Parallelbericht bietet. In diesem finden sich
deutliche Anklänge an die lukanische Verklärungsgeschichte, die den
Schluß nahelegen, daß beide Fassungen der Verklärungsgeschichte sekundäre Bearbeitungen sind, wobei die Identifikation der beiden
Männer mit Mose und Elia (Äth) jedenfalls jünger ist als die bloße

---

1   Die nachstehenden Stellenangaben beziehen sich auf die Übersetzung von
     MAURER/DUENSING.

Nennung zweier "gerechter Brüder" (Akh).

Parallele Aufnahme gleicher Mt-Stellen findet sich in Äth und Akh
nur an Stellen, bei denen Mt-Bezug nicht zwingend, sondern nur
gut möglich oder möglich, aber nicht naheliegend ist.

Mt-Abhängigkeit ist gut möglich, aber nicht positiv wahrscheinlich zu machen in

Äth				Akh
§ 1	S. 472	Z. 13	Mt 24,30a	
		15	17,2	
		17	25,32ff	
2		18	24,32	
		20	13,36	
	473	2	24,24	
3		23ff	26,24	
4		42	19,26	
5	474	31	8,12	
6		32ff	26,64	
			16,27	
7	475	27	21,32	V. 22 (vgl. auch V. 28)
15	481	16ff	17,2f	7
16	482	35	16,23	
17		40f	3,17	
			17,5	
	483	1f	17,5a	
		9	17,9	
			24,11	1
			5,6	3

Besondere Aufmerksamkeit verdient der Akh und Äth gemeinsame Gebrauch der Wendung "Weg der Gerechtigkeit" (vgl. Mt 21,32). Diese
Wendung begegnet innerhalb der Synoptiker zwar nur bei Mt, ist aber
im christlich-jüdischen Denkbereich durchaus auch ohne Bezug auf
das Mt erklärbar; vgl. dazu nur Prov 8,20, 16.31 und 21,16.
Schließlich seien noch die Stellen genannt, an denen Mt-Aufnahme
allenfalls als möglich, aber durchaus nicht als naheliegend erscheint:

Äth				Akh
§ 1	S. 472	Z. 15	Mt 16,27	
2	473	12	24,24	
5	474	15	24,29	
			7,15	V. 1
			24,24	
			13,41 u.ö.	3
			17,2	6

Überblickt man Äth und Akh insgesamt, so fällt für Äth gegenüber
Akh der präponderante Einfluß des Mt auf.

> Das Lk kann, aber muß in Äth durchaus nicht aufgenommen sein; wahrschein-
> lich gemacht könnte Lk-Bezug nur in Äth § 2 werden, wo auf Lk 13,6ff Be-
> zug genommen sein könnte. Ist hier Lk direkt oder indirekt Grundlage,
> so bestätigt diese "Ausnahme" erst recht eindrucksvoll die "Regel" des
> deutlichen Mt-Bezuges.

Umgekehrt ist für Akh wohl Lk-, aber nicht Mt-Aufnahme wahrscheinlich zu machen.

Diese Beobachtungen zusammengenommen lassen vermuten, daß für die
Mt-Aufnahme innerhalb der ApkPetr nicht der Verfasser des ursprünglichen Textes, sondern erst ein späterer Bearbeiter verantwortlich
zu machen ist.[1] Wann das Wirken dieses Bearbeiters zeitlich anzusetzen ist, ist leider nicht sicher festzustellen. Seine "Matthäi-
sierung" der ApkPetr läßt vermuten, daß es seine Absicht war, die
umstrittene Petrusapokalypse durch Angleichung an die "etablierte"
Apokalypse des Mt wie an das Mt überhaupt "salonfähig" zu machen.
Daß er für seine Zwecke gerade auf das Mt zurückgriff, mag äußere
und innere Gründe gehabt haben. Von den Evangelien bot das Mt die
ausführlichste Darstellung und Ankündigung des endzeitlichen Geschehens. Zudem war das Mt, wie anderweitig schon oft gezeigt werden konnte, spätestens vom Anfang des 2. Jahrhunderts an in fast
allen Regionen d a s Evangelium, für das Lk und noch mehr Mk
bestenfalls als Seitenreferenten dienen konnten.
Ob die inneren oder äußere Grunde für die Aufnahme des Mt überwogen,
ist leider nicht mehr festzustellen.

---

1   Mit dieser Möglichkeit rechnet auch MASSAUX (Influence, 247); m.E. muß
     offengelassen werden, ob Überarbeiter und Übersetzer ein und dieselbe
     Person waren.

6. TESTAMENTE DER ZWÖLF PATRIARCHEN[1]

In den Test XII in ihrer "heutigen" Gestalt sind deutliche Affinitäten zum Mt festzustellen. Sie finden sich vor allem im TestLev
und im TestDan.

Nur aus dem Mt bekannte Erzähldetails sind in TestLev 16,3 zu
finden:

> Test Lev 16,3 Und einen Mann, der das Gesetz in der Kraft des Höchsten
> erneuern wird, werdet ihr als Verführer bezeichnen, und zuletzt ihn tö-
> ten, (doch) kennt ihr nicht seine Aufrichtung und laßt (so) das unschul-
> dige Blut in Bosheit auf eure Häupter kommen.[2]
>
> καὶ ἄνδρα ἀνακαινοποιοῦντα νόμον ἐν δυνάμει ὑψίστου πλάνον
> προαγορεύσετε, καὶ τέλος, ὡς νομίζετε, ἀποκτενεῖτε αὐτόν,
> οὐκ εἰδότες αὐτοῦ τὸ ἀνάστημα, τὸ ἀθῷον αἷμα ἐν κακίᾳ ἐπὶ
> κεφαλὰς ὑμῶν ἀναδεχόμενοι.

Daß Jesus, von dem hier offensichtlich die Rede ist, von den Juden
als "πλάνος" (Verführer) bezeichnet wird, findet sich sonst nur
in Mt 27,63.
Zum Vorwurf, daß die Juden mit dem Tod Jesu unschuldiges Blut
über sich kommen lassen, sind Mt 23,35 und besonders Mt 27,25
zu vergleichen.
Noch deutlicher als die bisher genannten Ausdrücke und Gedanken
weist auf das Mt hin, daß Jesus als "Mann, der das Gesetz erneuert"
bezeichnet wird. Eine solche Formulierung kann sich nur auf die
matthäischen Antithesen beziehen. Sie ist Ausdruck einer antijüdisch gewendeten christologisch motivierten Gesetzestheologie und
kann sich als solche zwar durchaus nicht auf die matthäische Gesetzestheologie berufen, setzt aber doch deutlich die Aussagen
der matthäischen Bergpredigt über das Gesetz voraus, um diese
dann in einem eher unmatthäischen Sinne zu interpretieren.

Eher als TestLev 16,3 ist TestDan 6,6 Zeuge für die Rezeption

---

1   Als Textausgabe lege ich die BECKERsche Übersetzung (BECKER, Testamente)
     und die vorzügliche griechische Ausgabe von DE JONGE (De JONGE, Edition)
     zugrunde, die bei Textabdrucken jeweils beide ohne näheren Zitationsbeleg
     angeführt sind.
2   Die ganze zitierte Passage ist nach BECKER (Testamente, Anm. z.St.) und
     HAUPT (124) gegen z.B. HULTGARD (Croyances, 44f) christliche Bearbeitung.

theologischer Anliegen des Evangelisten Matthäus.

> TestDan 6,6 Zur Zeit der Gottlosigkeit Israels wird der Herr von ihnen
> weggehen, und er wird zu einem Volk, das seinen Willen tut, sich hin-
> wenden
>
> ἔσται δὲ ἐν καιρῷ ἀνομίας τοῦ Ἰσραὴλ ἀφιστάμενος ἀπ' αὐτῶν
> κύριος, καὶ μετελεύσεται ἐπὶ ἔθνη ποιοῦντα τὸ θέλημα αὐτοῦ,

Speziell mit dem Mt stimmt hier überein, daß zum Kriterium der Zugehörigkeit zum Gottesvolk das "Tun des Willens Gottes" erhoben und
der Kontrastbegriff dieser Zugehörigkeitsbedingung mit der matthäischen Spezialvokabel "ἀνομία" bezeichnet wird. Ist die oben zitierte Passage ein christlicher Zusatz, wie BECKER (Testamente, z.St.
in der Anm.) annimmt, oder, allgemeiner ausgedrückt, aus christlicher Feder geflossen, so läßt sich über die in jedem Fall zu kon-
statierende Ähnlichkeit zum theologischen Anliegen matthäischer
Ekklesiologie hinaus begründet ein Abhängigkeitsverhältnis der Art
vermuten, daß der Verfasser dieser Passage in seinem Denken von dem
des Mt geprägt war.

Auch in TestDan 6,9 läßt sich christlicher und speziell matthäischer Einfluß nicht verleugnen:

> TestDan 6,9 Und was ihr von eurem Vater gehört habt, das gebt auch ihr
> euren Kindern weiter, (damit euch der Heiland der Völker aufnimmt. Er
> ist wahrhaftig und langmütig, niedrig und demütig und lehrt durch die
> Werke das Gesetz Gottes.)[1]
>
> καὶ ἃ ἠκούσατε παρὰ τοῦ πατρὸς ὑμῶν, μετάδοτε καὶ ὑμεῖς τοῖς
> τέκνοις ὑμῶν, ἵνα δέξηται ὑμᾶς ὁ σωτὴρ τῶν ἐθνῶν· ἔστι γὰρ
> ἀληθὴς καὶ μακρόθυμος, πρᾶος καὶ ταπεινός, καὶ ἐκδιδάσκων
> ἐκ τῶν ἔργων νόμον θεοῦ.

Die Art und Weise, wie hier Jesus als der Heiland der Völker charakterisiert wird, erinnert stark an die nur in Mt 11,29 zu
findende Selbstaussage Jesu. Auch daß der "Heiland der Völker"
das Gesetz durch sein Verhalten lehrt, paßt gut zum im Mt stark
betonten Gedanken von der Vorbildlichkeit gerade auch des Verhaltens des irdischen Jesus.

Andere Stellen können das bisher gewonnene Bild illustrieren, ohne

---

1   Die eingeklammerte Passage ist nach BECKER (Testamente, Anm. z.St.) u.
     JERVELL (52) christlicher Zusatz.

die Deutlichkeit der bisher dargestellten Bezüge auf das Mt zu erreichen. An diesen anderen Stellen gibt das Mt zwar nicht zwingend
oder wahrscheinlich, aber immerhin doch möglicherweise den Hintergrund für die Ausführungen der Test XII ab. Dabei handelt es sich
z.T. um Wendungen, die zwar - verglichen mit den anderen Synoptikern - spezifisch matthäisch sind, bei denen aber nicht ausgeschlossen werden kann, daß sie - wie auch die "matthäischen" Formulierungen - nur jüdisch traditionell verbreitete Wendungen und Gedanken wiedergeben; z.T. läßt aber auch die Identität oder Ähnlichkeit der synoptischen Parallelen oder die Undeutlichkeit des möglichen Mt-Bezuges keinen sicheren Schluß auf Einfluß speziell des
Mt zu.

So erinnert die Schilderung der nicht zur Buße und darum zum
Gericht führenden Ereignisse und Katastrophen in TestLev 4,1 trotz
der deutlichen Eigenständigkeit der Formulierungen an die Schilderung der Begleitumstände der Kreuzigung, wie sie uns das Mt gibt:

> TestLev 4,1 Nun wisse, daß der Herr Gericht über alle Söhne der Menschen
> halten wird; denn wenn (die Felsen sich spalten und die Sonne sich ver-
> finstert und) die Wasser austrocknen und das Feuer einfriert und jede
> Kreatur sich ängstigt und die unsichtbaren Geister schmelzen (und der
> Hades beraubt wird bei den Leiden des Höchsten) (dann) werden die unge-
> horsamen Menschen in ihren Ungerechtigkeiten verharren. Darum werden sie
> durch Bestrafung gerichtet werden.[1]

> Νῦν οὖν γινώσκετε ὅτι ποιήσει κύριος κρίσιν ἐπὶ τοὺς υἱοὺς
> τῶν ἀνθρώπων, ὅτι τῶν πετρῶν σχιζομένων, καὶ τοῦ ἡλίου σβεν-
> νυμένου, καὶ τῶν ὑδάτων ξηραινομένων, καὶ τοῦ πυρὸς καταπτήσ-
> σοντος, καὶ πάσης κτίσεως κλονουμένης, καὶ τῶν ἀοράτων πνευ-
> μάτων τηκομένων, καὶ τοῦ ᾅδου σκυλευομένου ἐπὶ τοῦ πάθει τοῦ
> ὑψίστου, οἱ ἄνθρωποι ἀπιστοῦντες ἐπιμενοῦσιν ἐν ταῖς ἀδικίαις·
> διὰ τοῦτο ἐν κολάσει κριθήσονται.

Gegenüber den anderen synoptischen Kreuzigungsberichten ist dem
Mt in c. 27,51f das Beben der Erde, das Sich-Spalten der Felsen und
die Totenauferstehung der Heiligen eigen. Zu allen drei Topoi findet sich in TestLev 4,1 eine Parallele. Allerdings stimmen die
Formulierungen nur für das Sich-Spalten der Felsen annähernd überein, und TestLev 4,1 erklärt sich keinesfalls nur aus der Annahme,

---

1   Die eckig eingeklammerten Passagen sind nach BECKER (Testamente, Anm. z.
     St.) christliche Interpolationen.

daß hier das Mt zugrundeliegt. Immerhin aber erscheint ein solches
Zugrundeliegen durchaus als gut möglich.[1]

Eine neutestamentliche Parallele nur im Mt haben Wendungen in
TestBenj 5,3 und TestLev 13,5; mir erscheint allerdings als nicht
sicher, daß an diesen Stellen das Mt Pate für die Formulierungen
stand, da sich diese genausogut durch einen jüdischen Hintergrund
des Verfassers der Test XII wie durch Abhängigkeit vom Mt erklären
lassen.[2]

> So ist "gut jüdisch", wenn im NT auch so nur in Mt 5,16 belegt, wenn
> in TestBenj 5,3 vom "Licht der guten Werke" die Rede ist;
> exakt mit dem matthäischen Verständnis von Gerechtigkeit stimmt über-
> ein, wenn in TestLev gefordert wird:
>> TestLev 13,5 Übt Gerechtigkeit, meine Kinder, auf Erden, damit ihr (sie)
>> im Himmel findet.
> Daß Gerechtigkeit menschliches Tun und nicht etwa göttliche Macht oder
> Gabe meint, kommt im NT zwar am prononciertesten im Mt zum Ausdruck, ist
> aber im jüdischen Denken so verbreitet, daß es kaum möglich ist, diesen
> Gedanken in den Test XII für die Rezeption des Mt zu reklamieren.

Die Ergebnisse meiner Analyse lassen sich dahingehend zusammen-
fassen, daß immerhin an einigen Stellen der Test XII die Übereinstimmung mit dem Mt so zu interpretieren ist, daß der Verfasser
der betreffenden Passagen das Mt rezipiert hat, und zwar sowohl
in bezug auf erzählerische Details als auch in bezug auf im Mt zum
Ausdruck gebrachte theologische Anliegen des Redaktors dieses Evan-

---

1   Weniger vorsichtig äußert sich BECKER (Testamente, in der Anm. z.St.), der
     hier Mt-Einfluß für wahrscheinlich hält. Auch AGUIRRE MONASTERIO (156)
     sieht hier klaren Bezug auf Mt 27,51b-53 vorliegen.

2   Für weitere Stellen, an denen Mt-Abhängigkeit als gut möglich erscheint,
     s. TestLev 10,3 (vgl. TestBenj 9,4) (Mt 27,51); in TestLev 18,6 u. Test
     Jud 24,2 die Wendung "οἱ οὐρανοὶ ἀνοιγήσονται" (Mt 3,16); TestJud 24,3
     (vgl. die matthäischen Antithesen, die Bergpredigt allgemein sowie den
     matthäischen Missionsbefehl); in TestIss 3,4 die Wendung "ἐν ἁπλότητι ὀφ-
     θαλμῶν" (Mt 6,22f); in TestSeb 3,3 die Wendung "τιμῇ αἵματος" (Mt 27,6);
     TestSeb 5,3 (Mt 7,2); in TestSeb 10,3 die Wendung "πῦρ αἰώνιον" (Mt 25,
     41); TestJos 1,5f (Mt 25,31-46), wo entgegen der in der Literatur vertre-
     tenen Meinung der Mt-Bezug zwar eventuell möglich, aber keinesfalls
     "striking" (so CHARLES (Testaments, LXXXI)) oder evident (so WARFIELD
     (70)) ist; TestJos 3,3 (Mt 6,6); TestJos 3,4 (Mt 6,16); in TestBenj 7,4
     die Wendung "Abel der Gerechte" (Mt 23,35); TestBenj 8,2 (Mt 5,28).

geliums.

Die Affinität der Test XII zum Mt ist in der Literatur immer wieder festgestellt, aber sehr verschieden interpretiert worden.
Während z.B. CHARLES (Testaments, LXVIIIf) und in seinem Gefolge
auch EPPEL (passim, besonders 185-188) und noch ARGYLE (passim)
direkte oder indirekte Abhängigkeit des M t   von den Test XII
annahmen, gingen z.B. WARFIELD (passim), PLUMMER (483f), JERVELL
(56f) und BECKER (Testamente, besonders 23f) vom umgekehrten Abhängigkeitsverhältnis aus. Wenn auch heute kaum noch die Abhängigkeit des Mt von den Test XII behauptet wird, so ist doch die Einordnung der Ergebnisse einer Untersuchung der Matthäus-Affinität
der Test XII angesichts der Unklarheit der Entstehungsverhältnisse
dieser Schrift(en) weiterhin äußerst schwierig.[1]
Einigkeit dürfte in der Forschung immerhin darüber bestehen, daß
die Test XII in ihrer heutigen Gestalt christliche Schriften sind.[2]
Uneinigkeit aber herrscht darüber, ob die Test XII christlich verfaßt[3] oder nur christlich bearbeitet[4] worden sind. Je nach der
Entscheidung für eine dieser beiden Möglichkeiten schwankt dann
auch die für die Bewertung der Mt-Rezeption der Testamente wichtige
zeitliche Ansetzung der Test XII insgesamt oder einzelner Bestandteile derselben.
Immerhin werden die christlichen Passagen bzw. das christliche Ganze

---

[1]   Zur Forschungslage s. die ausführliche Arbeit von SLINGERLAND , die Zu-
      sammenfassung der Diskussion auf der SNTS-Tagung 1976 von CHARLESWORTH
      (Reflections, 304) u. CHARLESWORTH, Research (212f); seit diesen Unter-
      suchungen/Äußerungen haben sich keine prinzipiell neuen Aspekte ergeben;
      s. auch COLEMAN (239ff) u. BECKER (Untersuchungen, 129-154).
[2]   Anders z.B. PHILONENKO (passim u. besonders 59), der sogar die Existenz
      christlicher Interpolationen von irgendwelcher Wichtigkeit bestreitet und
      nur die einiger späterer Marginalglossen zugibt und im übrigen Qumran-
      Einfluß annimmt; HOLLANDER (97) kommt diesbezüglich in seiner Untersuchung
      zu dem Resultat, daß allein aus der Analyse der ethischen Passagen der Test
      XII heraus nicht entschieden werden kann, ob die Test XII einen jü-
      disch-hellenistischen oder einen christlichen Verfasser haben.
[3]   So immer wieder (mit für seine Grundthese unwichtigen Modifikationen)
      DE JONGE (vgl. z.B. Testaments, 117 u. passim u. Interpretation, 184).
[4]   So z.B. KEE (passim), COLEMAN (312) u. BECKER (Testamente, passim).

überwiegend auf nicht später als das Ende des zweiten nachchrist-
lichen Jahrhunderts datiert,[1] so daß die Test XII - von späteren
Interpolationen abgesehen, mit denen auch gerechnet werden muß -
im großen und ganzen in den von von mir untersuchten Zeitraum
gehören bzw. diesen zumindest nicht nach "hinten" hin überschrei-
ten.
Eine exakte Rekonstruktion der Entstehungsgeschichte der Test XII
muß angesichts der dafür vorhandenen Quellen hypothetisch bleiben
und kann nicht Ziel meiner Untersuchungen sein. Von daher können
die Affinitäten der Test XII zum Mt nur sehr vorsichtig und quasi
versuchsweise eingeordnet und bewertet werden.
Immerhin läßt sich sagen, daß in eindeutig christlichen Passagen
der Test XII deutliche Parallelen zum Mt festzustellen sind, die
eine Abhängigkeit der Test XII vom Mt sehr wahrscheinlich machen,
während das umgekehrte Abhängigkeitsverhältnis an diesen Stellen
eher unwahrscheinlich ist. Überhaupt läßt sich keine der aufzeig-
baren Berührungen zwischen Mt und Test XII als zwingendes Argument
für eine Abhängigkeit des Verfassers des Mt von den Test XII ver-
werten, da immer damit gerechnet werden muß, daß jüdische Tradition
sowohl vom Verfasser des Mt als auch vom dem/den Verfasser/n der
Test XII unabhängig voneinander aufgenommen wurde.
Während in den Test XII selbst dann, wenn sie christlich abgefaßt wurden, die jüdische Tradition überwiegt, wir es also dort
mit genuin jüdischer Theologie im christlichen Gewande zu tun haben,
ist das Mt umgekehrt als genuin christliche Schrift im jüdischen
Gewande zu charakterisieren. Die beiden Schriften und ihren Verfassern gemeinsame Verwurzelung im jüdischen Erbe, von dem sich
der Verfasser des Mt weniger deutlich und radikal gelöst hat als
andere neutestamentliche Schriftsteller, mag neben der zumindest
partiell auch vorhandenen theologischen Affinität beider Schriften
der Hauptgrund für die Rezeption des Mt gewesen sein. Signifikante
Hinweise auf die Aufnahme anderer Evangelien finden sich in den
Test XII nicht.

---

1   Vgl. dazu zuletzt HULTGARD (Eschatologie, 230), der die christlichen Pas-
     sagen der Test XII ohne nähere Fixierung allgemein auf das 2. Jh. datiert.

7. 5. ESRA[1]

7.1. Vorbemerkungen

Das fünfte Buch Esra (d.h. die beiden Anfangskapitel des IV Esr im
Anhang der lateinischen Bibelübersetzungen) ist in seiner jetzigen
Gestalt sicher christlichen Ursprungs.[2] Es macht nicht unbedingt
den Eindruck eines planmäßig durchkomponierten und in seinen einzelnen Teilen aufeinander abgestimmten Ganzen.

> - So meint z.B. in c. 1,4 "populus meus" deutlich Israel, in 2,10(ff)
> aber die Christen, wobei das inhaltliche Anliegen des Verfassers insge-
> samt klar am Tage liegt, daß Israel "sein Volk" w a r (aber nicht
> mehr i s t): gerade von 2,10ff her ist nicht recht einsichtig, wie
> und warum überhaupt Israel noch mit "populus meus" angeredet werden kann.
> Der zeitlich sinnvolle und sachlich logische Ablauf von c. 2,33f (Sen-
> dung zu Israel, Zurückweisung, Wendung an die Völker) spiegelt sich gera-
> de nicht deutlich und stimmig in der Komposition des V Esr wieder.
> - "Haec dicit Dominus ad Ezram" in c. 2,10 verträgt sich nicht sonderlich
> gut mit "Et factum est verbum Domini ad me ..." in c. 1,4, da vom Kon-
> text her an beiden Stellen Esra als der Redende zu denken ist (der dann
> in c. 2,10 von sich in der dritten Person spricht).
> - Völlig unvermittelt spricht der redende "Dominus omnipotens" (c. 1,33)
> in c. 1,38 einen Dritten mit "pater" an: soll damit gesagt sein, daß
> Christus der "Dominus omnipotens" ist, oder ist die Vateranrede ein "Aus-
> rutscher"?
> - Auch der Weheruf gegen Assur (c. 2,8f), den Feind Israels, scheint
> nicht recht in seinen Kontext zu passen, da es hier doch gerade nicht um
> Heil, sondern um Bestrafung und Gericht für Israel geht.

Trotzdem ist es nicht möglich, eine jüdische Urfassung von einer
späteren christlichen Überarbeitung[3] zu trennen, so verlockend diese Auffassung auch sein mag[4]: trennt man vom Ganzen die "eindeutig

---

1   Zugrundeliegende Ausgabe : die Vulgata-Ausgabe von WEBER.

2   So z.B. auch DUENSING (Esra, 488) u. GUNKEL (332); anders dezidiert RIESS-
     LER, der jüdische, wahrscheinlich essenische Kreise als Verfasser annimmt
     und zur Begründung u.a. meint: "Es ist ... an sich unwahrscheinlich, daß
     ein Christ unter dem Namen eines alttestamentlichen Heiligen ein Buch ver-
     faßt haben sollte." (1285).

3   S. dazu den - hypothetischen - Vorschlag von WEINEL (Esra HNTA, 332); prin-
     zipiell ähnlich denkt auch RIESSLER (1285); vgl. auch BROCKE (46f u. pas-
     sim). Seiner Meinung nach sind V Esr 1,5-7.12.18.21.23 zum jüdischen
     Grundbestand gehörig.

4   WEINEL selbst bemerkt zu seiner Hypothese zwar einschränkend: "Ich gebe
     diese Quellenscheidung mehr als eine Probe dafür, wie leicht es in unse-
     rem literarkritischen Zeitalter ist, Überarbeitungen herauszuschälen, als
     daß sie mir wirklich der Rätsel Lösung zu sein scheinen" (Esra HNTA, 332),
     meint aber an anderer Stelle (Esra NTApo, 306), daß es "nicht gesagt" sei,
     daß V Esr "von Anfang an ein einheitliches Werk war. Manches scheint ge-
     gen diese Annahme zu sprechen und die andere nahezulegen, daß hier ein jü-
     disches Flugblatt christlich überarbeitet worden ist."

christlichen" Teile ab, so bleiben nur alttestamentlich-jüdische
"Elemente", aber nicht ein in sich zusammenhängendes Flugblatt
oder Ähnliches übrig.[1]

Obwohl keine griechischen oder orientalischen Versionen des V Esr
bekannt sind und uns diese Schrift nur in lateinischer Sprache
überliefert ist, wird allgemein das Griechische als die Abfassungs-
sprache des V Esr angenommen.[2]

> Eine - für die von ihm angenommene jüdische Grundlage eher als für ein
> christliches Werk wahrscheinliche - hebräische Urfassung als Vorläufer
> der griechischen Fassung nimmt RIESSLER (1285) an; die u.a. von LABOURT
> (422) angenommene lateinische Abfassung des V Esr ist in neuerer Zeit
> wieder von DANIELOU (Ve Esdras, 162 u. passim) in die Diskussion einge-
> bracht worden.

Bei der Untersuchung der Mt-Rezeption des Verfassers des V Esr
soll davon ausgegangen werden, daß diese Schrift von einem christlichen Verfasser auf Griechisch abgefaßt wurde.

Über den Abfassungsort lassen sich keine genauen Angaben machen;[3]
die Abfassungszeit wird nicht exakter als mit "im 2. Jh." anzuge-
ben sein.[4]

Die Untersuchung der Mt-Rezeption wird erschwert durch die Überlieferungslage, die oft kein eindeutiges Urteil über den "ursprünglichen" Text zuläßt. Die (allesamt lateinischen) Handschriften,
die sich im wesentlichen in eine fränkische (Sigla A, S) und eine
spanische Gruppe (Sigla C, M) einteilen lassen und frühestens aus dem
9. Jh. stammen, "vary so much, that it is a formidable task to re-
construct a critical Latin text, let alone a probable Greek original", wie G N STANTON (5 Ezra, 67) zutreffend bemerkt.

> Die Autoren, die eine lateinische Urfassung annehmen, favorisieren

---

1   So auch G N STANTON (5 Ezra, 68).
2   S. dazu z.B. MYERS (153); bezüglich der Gründe für diese Auffassung s.
     z.B. WEINEL (Esra HNTA, 305f).
3   Meist wird als Abfassungort das Abendland angenommen; s. z.B. WEINEL
     (Esra HNTA, 307); vgl. dazu auch unten (330f) die Ausführungen zu c. 1,11.
4   So übereinstimmend WEINEL (Esra HNTA, 307), DUENSING (Esra, 488), DANIE-
     LOU (littérature, 364) u. MYERS (153); anders LABOURT (422), der auf das
     5./6. Jh. datiert. Die Datierung G N STANTONs auf die Zeit kurz nach
     dem Bar Kochba-Aufstand (5 Ezra, 70-72) muß Hypothese bleiben.

deutlich den spanischen Text,[1] DUENSING (Esra, 488), WEBER und MYERS
(114) geben zumeist dem fränkischen Text den Vorzug, während JAMES
(in BENSLY/JAMES, XIIff u. XLIV ff) und G N STANTON (5 Ezra, 69) mit
Recht zu einem differenzierten Urteil ermutigen.

Der Gattung "Apokalypse" angemessen und dem Anspruch entsprechend,
Offenbarungsrede zu sein, fehlt im V Esr jeder explizite Hinweis
auf benutzte s c h r i f t l i c h e   Quellen oder Autoritäten.
Trotzdem ist - zumal im ersten Teil der Schrift - in fast jedem
Vers deutlich, daß das Alte Testament eine der Grundlagen des Verfassers ist. Auch zumindest Teile der neutestamentlichen Überlieferung müssen ihm bekannt gewesen sein: das verrät schon sein Hauptanliegen (die Ablösung Israels als des Volkes Gottes durch die
Christen), das ihn als einen Christen sicherlich frühestens der
zweiten Generation, auf jeden Fall der Zeit deutlich nach der Tren-
nung von Kirche und Synagoge erweist.

7.2. Mt-Rezeption im V Esr?

7.2.1. Theologische Affinität des V Esr zum Mt

Das - soeben eher beiläufig erwähnte - Hauptanliegen des V Esr,
nämlich die Ablösung Israels als des Gottesvolkes durch die Christen, spielt auch im Mt eine wichtige Rolle. Analysiert man die
Aussagen über das Verhältnis von Kirche und Israel im einzelnen,
so ist festzustellen, daß V Esr wie Mt eigenartig dialektisch die
gleichzeitige Kontinuität und Diskontinuität von neuem und altem
Gottesvolk behaupten.[2] Aber nicht nur in bezug auf ihre jeweilige
Grundthese, sondern auch für einzelne Elemente ihrer Begründung
lassen sich im V Esr Parallelen zu Aussagen des Mt finden. So betonen V Esr (c. 1,32) und Mt (z.B. 23,37) das Prophetenzeugnis,
auf das Israel nicht gehört hat, und beide werfen in diesem Zusammenhang ihren jüdischen Gegnern den Prophetenmord vor[3]. Auch
daß Gott als der enttäuschte Vater Israel schließlich grausam durch
die Zerstörung Jerusalems bestraft, spielt in beiden Schriften eine

---

1   Vgl. LABOURT (416) u. DANIELOU (Ve Esdras, 163).
2   So auch G N STANTON (5 Ezra, passim und besonders 70-72).
3   Vgl. V Esr 1,32 u. Mt 23,29-37.

wichtige Rolle.[1] Die Verbindung der genannten Einzelzüge findet
sich in der christlichen Literatur so nur in Mt 23 und V Esr 1,
29-33.

Schon von den wenigen genannten Stellen her kann also G N STANTON
zugestimmt werden, wenn er feststellt: "... the two chapters of 5
Ezra are largely taken up with themes which Matthew himself is very
much concerned" (5 Ezra, 79). Allerdings ist zu fragen, ob die
über diese Beobachtung weit hinausgehende These seines Aufsatzes,
daß V Esr nicht nur ein Zeuge für die Benutzung des Mt ist (67),
sondern auch der Hinweis darauf, daß charakteristische Merkmale
der "Matthean Christianity" sich kontinuierlich bis ins 2. Jh.
erhalten hätten,[2] mit hinreichenden Argumenten wahrscheinlich
gemacht werden kann.

Mir scheint STANTON in einigen Punkten weit übers Ziel hinauszu-
schießen. So ist die von STANTON (a.a.O. 78) neben der Behandlung
der Israelproblematik als zweite wichtige inhaltliche Übereinstimmung zwischen Mt und V Esr genannte Aufforderung zur Wachsam-
keit angesichts des nahe bevorstehenden Endes m.E. zu wenig signifikant für die Bestimmung eines Abhängigkeitsverhältnisses zweier
Schriften, da sie zu weit verbreitet ist.

Andere, für STANTON nur zusätzliche, seine These nicht tragende,
wohl aber illustrierende Beobachtungen erscheinen mir als anfecht-
bar bzw. falsch: weder setzt V Esr deutlich die Existenz christlicher Propheten voraus, wie STANTON (a.a.O. 81) zu V Esr 2,26
glauben machen will, noch ist das "parvuli" in c. 1,37 deutlicher
Reflex der matthäischen Christbezeichnung "die Kleinen", wie
STANTON (a.a.O. 82) behauptet, sondern an dieser Stelle eher mit
"Kinder" zu übersetzen, wie dies auch DUENSING (Esra, 491) tut.
Zusätzlich ist in bezug auf die Stellung des V Esr zu Israel zu
bedenken, daß der V Esr sicherlich dem Mt sehr ähnliche Positionen
vertritt, daß aber auch die Nähe zu Texten wie Act 13,46 nicht
zu übersehen ist. Für den V Esr insgesamt ist mit DANIELOU (Ve

---

1   Vgl. V Esr 1,33.35 u. Mt 23,38.
2   Vgl. die aufschlußreichen Formulierungen STANTONs; z.B. a.a.O. 68:
     "that some of the distinctive features of Matthean Christianity continued
     well into the second-century ..." oder a.a.O. 83: "... survived well
     into the second century".

Esdras, 163) sicherlich auch der Einfluß des Gal und der Apk zu
bedenken.

Ein wichtiges Argument für eine direkte Prägung des V Esr durch
das Mt wäre der Nachweis direkter literarischer Benutzung des
Mt im V Esr. Ein solcher Nachweis würde nahelegen, inhaltliche
Parallelen nicht als sensu stricto sich ja nicht berührende Phänomene zu verstehen, sondern als Abhängigkeiten zu interpretieren.
Erschwerend für einen solchen Nachweis ist Eigenart und Ziel des
V Esr. Da sich die Schrift pseudonym des Namens einer "alttestamentlichen" Gestalt bedient, ist - wie oben (331) schon erwähnt -
kaum deutliche literarische Aufnahme "neutestamentlicher" Schriften zu erwarten. Von daher erstaunt es auch nicht, daß vom Wortlautvergleich her so gut wie keine Verbindungslinien speziell zum
Mt gezogen werden können.

7.2.2. Analyse einzelner Stellen

Nur in V Esr 2,13, einer Stelle, die in STANTONs Ausführungen nicht
vorkommt, erscheint mir vom Wortlaut her Abhängigkeit des V Esr
vom Mt als möglich, so wenig sie sich als zwingend erweisen oder
auch nur wahrscheinlich machen läßt. An allen anderen in Frage
kommenden Stellen ist Mt-Einfluß so wenig naheliegend, daß er nahezu ausgeschlossen werden kann.

a) V Esr 2,13

> Text nach WEBER: Ite et accipietis, rogate vobis dies paucos
> ut minorentur; iam paratum es vobis regnum, vigilate.

> span. Text (nach JAMES, Appendix I in BENSLY/JAMES): Petite
> et accipietis, rogate vobis dies paucos. ut minorentur dies
> vestri. iam enim paratum est regnum meum advenire. vigelate
> animo.

> Mt 7,7 = Lk 11,9 Αἰτεῖτε καὶ δοθήσεται ὑμῖν, ...

> Mt 24,22 καὶ εἰ μὴ ἐκολοβώθησαν αἱ ἡμέραι ἐκεῖναι, οὐκ
> ἂν ἐσώθη πᾶσα σάρξ· διὰ δὲ τοὺς ἐκλεκτοὺς κολοβωθήσονται
> αἱ ἡμέραι ἐκεῖναι.

Mk 13,20 καὶ εἰ μὴ ἐκολόβωσεν κύριος τὰς ἡμέρας, οὐκ
ἂν ἐσώθη πᾶσα σάρξ· ἀλλὰ διὰ τοὺς ἐκλέκτους οὓς ἐξελέξατο ἐκολόβωσεν τὰς ἡμέρας.

Mt 25,34 τότε ἐρεῖ ὁ βασιλεὺς τοῖς ἐκ δεξιῶν αὐτοῦ· δεῦτε
οἱ εὐλογημένοι τοῦ πατρός μου, κληρονομήσατε τὴν ἡτοιμασ-
μένην βασιλείαν ἀπὸ καταβολῆς κόσμου.

Beeinflussung durch Mt 7,7 wäre nur zu vermuten, wenn man die Lesart des spanischen Textes für ursprünglich hielte und zugleich anderweitig wahrscheinlich machen könnte, daß dem Verfasser nur das
Mt und nicht auch das Lk vorgelegen hat. Auffällig ist auch die von
Mt und Lk abweichende aktivische Formulierung des "accipietis".
Daß für die Aufforderung zur Bitte um die Verkürzung der Tage die
diesbezügliche Verheißung bei Mk/Mt die Grundlage bildete, ist
immerhin möglich, wenn auch nicht wahrscheinlich; verhielte sich
dies so, so hätte der Verfasser des V Esr immerhin eine deutliche
Verheißung eines Geschehens durch die Bitte um dieses Geschehen
ersetzt.
Nur nach der fränkischen Fassung schließlich ist es möglich, in der
Ankündigung "iam paratum est vobis regnum" eine Aufnahme von Mt
25,34 zu sehen. Sieht man die fränkische Lesart als ursprünglich
an, so spricht auf jeden Fall nichts deutlich dagegen, hier Mt-
Einfluß zu behaupten. Immerhin aber ist die Möglichkeit zu bedenken, daß an dieser Stelle die spanische Lesart ursprünglich ist,
während die fränkische dann an den (kanonischen) Mt-Text angegli-
chen wäre.

b) V Esr 1,9

In V Esr 1,9 ist - für "usquequo eos sustinebo" einmal Synopti-
kerbezug angenommen - nicht zu entscheiden, ob Mt 17,17, Mk 9,19
oder Lk 9,41 zugrundeliegt, so fraglich für diese kurze Wendung
eine Abhängigkeit von den Synoptikern überhaupt ist.

c) V Esr 1,11

Text nach WEBER: Omnes gentes a facie eorum perdidi et in

oriente provinciarum duarum populos Tyri et Sidonis dissi-
pavi et omnes adversarios eorum interfeci.

span. Text (C) nach JAMES, Appendix I in BENSLY/JAMES: Nonne
propter vos Bethsaydam civitatem everti et ad meridianum duas
civitates, Tyrum et Sidonem igni cremavi. et eos qui adversum
eos (M: vos) fuerunt male interfeci.

In V Esr 1,11 kann ein Bezug auf die Synoptiker nur dann angenommen
werden, wenn man die spanische Lesart für ursprünglich hält und auf
dieser Basis annimmt, daß die Zusammennennung von Bethsaida einerseits und Tyrus und Sidon andererseits auf Mt 11,21f par. Lk 10,13f
zurückgeht. Die jeweilige argumentative Verwendung der Namen aber
ist grundverschieden: sind bei Mt/Lk Tyrus und Sidon - sinnvoller-
weise als noch bestehend gedachte - heidnische Städte, denen es im
Gericht besser als Israel gehen soll, weil Israel nicht glaubt, so
wird im V Esr mit der Erinnerung an die (zurückliegende) Zerstörung
dieser Städte an Gottes Heilshandeln an Israel gedacht. Selbst wenn
man synoptischen Einfluß annimmt, ist von dieser Stelle her nicht
zwischen Mt, Lk oder Q zu entscheiden.
Eine Entscheidung zwischen der spanischen und der fränkischen Lesart ist nicht leicht zu treffen.[1] Die jeweils verschiedene Ortsbe-
stimmung, die für die Lage von Tyrus und Sidon gegeben wird, stimmt
in beiden Fällen nicht mit der angenommenen Verfasserschaft durch
Esra überein.[2]

d) V Esr 1,24

Text nach WEBER: Transferam me ad alias gentes et dabo eis
nomen meum, ut custodiant legitima mea.

Text nach C: Transferam me ad gentem alteram, et dabo illi
nomen meum et custodientes custodient legitima mea.

---

1   JAMES (in BENSLY/JAMES, XLVIIf) hält die spanische Lesart für ursprüng-
     lich, weil z.B. die Weglassung von Bethsaida leichter zu erklären sei als
     die Hinzufügung dieses Ortes.
     WEINEL (Esra HNTA, 333) bemerkt m.E. zu Recht, daß C und M auf jeden Fall
     den schwierigeren Text bieten, der selbst durch Bezug auf Mt 11,21
     nicht ganz zu erklären sei.
2   Von Medien (s. V Esr 1,3) aus liegen Tyrus und Sidon weder "in oriente"
     (S,A) noch "ad meridianum" (C,M), sondern westlich!

Daß in V Esr 1,24 eine Anspielung auf bzw. Beeinflussung durch
Mt 21,43 vorliegt, ist von der spanischen Lesart her wahrscheinlicher als von der fränkischen, aber auch bei Zugrundelegung der
ersteren nicht unbedingt naheliegend. Sicher ist nur, daß wohl
nur ein Christ etwas derartiges schreiben konnte. Dafür, daß hier
das Mt zugrundeliegt, gibt es keinen Beweis; vgl. nur Act 13,46.

e) V Esr 1,30

> Text nach WEBER: Ita vos collegi ut gallina filios suos sub
> alas suas. Modo autem quid faciam vobis?

> Text nach C: Leta enim collegi vos, ut gallina pullos suos
> sub alis suis.

> > Mt 23,37 ... ποσάκις ἠθέλησα ἐπισυναγαγεῖν τὰ τέκνα σου,
> > ὃν τρόπον ὄρνις ἐπισυνάγει τὰ νοσσία αὐτῆς ὑπὸ τὰς πτέρυ-
> > γας, καὶ οὐκ ἠθελήσατε.

> > Lk 13,34 ... ποσάκις ἠθέλησα ἐπισυνάξαι τὰ τέκνα σου ὃν
> > τρόπον ὄρνις τὴν ἑαυτῆς νοσσίαν ὑπὸ τὰς πτέρυγας, καὶ οὐκ
> > ἠθελήσατε.

In V Ersr 1,30 ist Wortlautanklang an das in Mt 23,37 und Lk 13,34
wiedergegebene Jesuswort nicht zu bestreiten. Daß aber der Plural
"pullos" (C,M) oder "filios" (S,A) ein genügend starker Hinweis
darauf ist, daß hier das matthäische "τὰ νοσσία" und nicht das
lukanische "τῆς ἑαυτῆς νοσσίαν" aufgenommen ist, wie STECK (230f
Anm. 6) vermutet, kann angesichts der sonstigen leichten Abweichungen von Mt- u n d Lk-Fassung sowohl im spanischen als auch im
fränkischen Text doch wohl bezweifelt werden. So sehr mit MYERS
(155) und STECK (231 Anm. 6) Abhängigkeit des Verfassers des V Esr
vom Jerusalemwort Jesu zumindest als wahrscheinlich erscheint, so
wenig kann ich STECK und G N STANTON (5 Ezra, 75) in der Sicherheit
ihres Urteils, daß hier Mt 23,37 aufgenommen wurde, zustimmen.
Die Aussageintention ist im V Esr eine andere als bei den Synoptikern: während dort Israel der Vorwurf gemacht wird, daß es sich nicht
hat sammeln lassen wollen, wird hier vorausgesetzt, daß Gott Israel
"ut gallina filios/pullos suos" gesammelt hat (und Israel sich

dieser Sammlung dann nicht würdig erwies). Der Bezug auf die Synoptiker besteht also höchstens darin, d a ß , und nicht etwa darin,
wie das Bild von der Henne und ihren Küken auf die Beziehung Jesu/
Gottes zu Israel angewandt wird.

f) V Esr 1,32

> Text nach WEBER: Ego misi pueros meos prophetas ad vos, quos
> acceptos interfecistis et laniastis corpora illorum (C: apo-
> stolorum), quorum sanguinem exquiram, dicit Dominus.

In V Esr 1,32 liegt - wenn überhaupt Einfluß eines der synoptischen
Evangelien - eher Aufnahme von Lk 11,49 als von Mt 23,34f vor.[1]
Gibt man der fränkischen Textfassung den Vorzug, so ist die Ent-
scheidung zwischen Lk, Mt und Q nicht eindeutig genug zu treffen.

g) V Esr 1,33.35.38

Auch in V Esr 1,33.35.38 weist von den Formulierungen her gegen
G N STANTON (5 Ezra, 75) nichts auf Einfluß speziell des Mt hin.

h) V Esr 2,8f

> Text nach WEBER: Vae tibi, Assur, qui abscondis iniquos penes
> te. Gens mala, memorare quid fecerim Sodomae et Gomorrae,
> quorum terra iacet in piceis glebis et aggeribus cinerum ...

> Text nach C: Vae tibi Assur, que abscondes iniquos penes te,
> civitas mala, quid fecerim Sodomae et Gomorrae. Quorum terra
> descendit usque ad infernum.

In V Esr 2,8f wäre Einfluß von Mt 11,23 nur dann anzunehmen, wenn
man wie JAMES (in BENSLY/ JAMES LIIIf) die spanische Lesart als
ursprünglich annähme.

---

[1] So z.B. JAMES (in BENSLY/JAMES, LI), WEINEL (Esra HNTA, 334) u. MYERS
     (155); gegenteiliger Ansicht ist G N STANTON (5 Ezra, 75).

i) V Esr 2,10

Daß in V Esr 2,10 der Ausdruck "regnum Hierusalem" in Abhängigkeit
von "βασιλεία τοῦ θεοῦ" in Mt 21,43 gebildet sein soll, wie G N
STANTON (5 Ezra, 73 Anm. 1) will, erscheint mir als nicht einleuchtend.

j) V Esr 2,16

Von den Formulierungen her eher unwahrscheinlich ist ein Bezug der
Verheißung "et resuscitabo mortuos de locis suis et de monumentis
educam illos, quoniam cognovi nomen meum in illis" in V Esr 2,16
auf Mt 27,52, wo von der Totenauferstehung der Heiligen berichtet
wird.

k) V Esr 2,18

Daß in V Esra 2,18 Jesaja und Jeremia (im spanischen Text zusätzlich
auch noch Daniel) so aus der Zahl der übrigen Propheten hervorgehoben genannt werden, muß und wird nicht unbedingt daran liegen,
daß Jesaja und Jeremia auch bei Mt eine hervorgehobene Rolle spielen, wie G N STANTON (5 Ezra, 77) es will.

l) V Esr 2,20ff.34f.41

Nicht recht einleuchten will schließlich die Auffassung G N STANTONs
(5 Ezra, 78), daß der Verfasser in V Esr 2,20ff, 2,34f und 2,41
von Mt 25,31ff abhängig sein soll. Die Wortlautabweichungen sind
jeweils schwerwiegender als die - unwesentlichen und z.T. nur
in der Sache beruhenden - Ähnlichkeiten oder Übereinstimmungen.
STANTON (5 Ezra, 78 Anm. 1) selbst gibt zu, daß der Verfasser des
V Ezra - wenn er denn, was füglich zu bezweifeln ist, Mt 25,31ff
bei der Abfassung seiner Schrift vor Augen hatte - die Intention
dieser Perikope nicht verstanden hat.
Immerhin läßt die Häufung der möglichen Bezüge auf das Mt in V Esr
2 (vgl. noch 2,13; oben 329f) ein Zugrundeliegen des Mt zumindestens als nicht ausgeschlossen erscheinen.

7.3. Zusammenfassung und Bewertung des Befundes

So sehr sich von der inhaltlichen Behandlung der Israelproblematik
her Abhängigkeit des V Esr vom Mt nahelegt und wahrscheinlich
machen läßt, so wenig kann anhand von Wortlautvergleichen eine
literarische Abhängigkeit des V Esr speziell vom Mt nachgewiesen
werden.
Die theologische Übereinstimmung zwischen V Esr und Mt erklärt
sich aber durchaus nicht nur aus der Mt-Kenntnis des Verfassers
des V Esr. Auch ohne das Mt würde ein Verfasser des 2. Jh., der
die christliche Gemeinde als rechtmäßige Nachfolgerin Israels zu
"installieren" beabsichtigte, m.E. nahezu zwangsläufig auf die
verbreiteten Topoi des Prophetenmordes, der Zerstörung Jerusalems
als "Quittung" für das Verhalten Israels und auf das "Nichtwollen"
Israels zurückgreifen, so daß auch die Verbindung dieser Topoi im
Mt sich weniger einer spezifischen Leistung des Evangelisten verdanken dürfte als vielmehr durch die konkrete oder vorgestellte
Situation nahegelegt worden sein wird. Überhaupt erscheint mir
als fraglich, ob der konkrete Konflikt mit der soziologisch zu
beschreibenden Größe "Israel" oder deren aktuelles Geschick für
die Abfassung des V Esr in gleicher Weise wichtig war wie für das
Mt.[1] Die "Schlußvision" in V Esr 2.,42ff verrät deutlich die Situation der Gemeinde, für die der Verfasser des V Esr schreibt.
Die Gemeinde scheint von einer Verfolgung bedroht (gewesen?) zu
sein, die viele Opfer gekostet hat. In dieser Situation proklamiert
der Verfasser die "Kirche" als die rechtmäßige Nachfolgerin Israels
als Gottesvolk. Die Wahl des alttestamentlichen Pseudonyms
ist dabei nicht zufällig: Israel wird ja im V Esr von "Esra", dem
Prediger des Gesetzes, zum Vorwurf gemacht, daß es dem Gesetz, der
klaren Anweisung Gottes, nicht gehorcht hat. Für die christliche
Gemeinde ist die Gerichtspredigt des V Esr dabei Trost und Ermahnung
zugleich: da die Verwerfung der "historischen" Größe "Israel"
die Erwählung der christlichen Gemeinde bedeutete, ist das an Israel
ergangene Gericht gerade in der Situation eigener Gefährdung durch

---

1   Vgl. dazu G N STANTON (5 Ezra, vor allem 70-72), der von einer aktuellen
     Bedeutung der "realen" Größe "Israel" für den Verfasser ausgeht, und CON-
     ZELMANN (Heiden, 244 Anm. 151 u. 247), der meint, daß V Esr zu den theo-
     retischen Auseinandersetzungen mit der Synagoge gehört.

Verfolgung insofern Trost, als es die christliche Gemeinde mit
der Verwerfung Israels an ihre eigene Erwählung erinnert. Ermahnung
ist die Rede von der Verwerfung Israels insofern, als sie - Israel
dabei zumindest auch als "theologisches Paradigma" verstanden -
darauf hinweist, daß das Gottesvolk nur Gottesvolk bleibt, solange
es gehorsames Gottesvolk ist. So ist - abgesehen vom zum literarischen Genus "Apokalypse" gehörenden Schlußvers - der inhaltliche
"Schluß" und zugleich die conclusio des V Esr nahezu zwangsläufig
der Satz: "Ego autem magnificare eos coepi, qui fortiter pro nomine
Domini steterunt" (V Esr 2,47).

Daß dabei das "Bleiben beim Namen des Herrn" im Rahmen des V Esra
durchweg nur als "Bleiben beim Gesetz" interpretiert werden kann,
zeigt, daß die jüdisch-apokalyptische Form dieser Schrift kein
rein äußerliches Gewand ist, sondern dem "inneren" Wesen des in
dieser Schrift Gemeinten entspricht.

Auch diese Beobachtungen verorten den Verfasser des V Esr theologisch recht nahe beim Evangelisten Matthäus. Allerdings liegt
m.E. alles daran, inhaltliche Nähe zu unterscheiden von literarischer oder theologischer Abhängigkeit. Obwohl einiges dafür spricht,
daß der Verfasser des V Esr das Mt gekannt hat, kann doch nicht
mit Sicherheit von einer solchen Kenntnis ausgegangen werden.

Wenn schon die Kenntnis des Mt nicht völlig sicher ist, sollte
man vorsichtig damit sein, die matthäische Christenheit allzu un-
kontrolliert Ableger ins 2. Jh. hinein treiben zu lassen. Man kann
aus durchaus verschiedenen Gründen und ohne irgendwelche Abhängigkeit vom Mt zu verschiedenen Zeiten in derselben, "matthean"
"corner"[1] stehen. Die Behandlung der Israelproblematik im V Esr
erklärt sich m.E. viel besser aus der Situation einer von "jüdi-
schem" Denken stark geprägten christlichen Gemeinde in der Bedrohung durch eine Verfolgung, in der die Frage des "Bleibens" oder
"Nichtbleibens" so oder so zu einer Existenzfrage geworden ist, als
(allein) durch die Prägung durch das Mt oder dessen Gemeinde, wie
die Ausführungen G N STANTONs nahezulegen versuchen.[2]

---

1   Vgl. dazu G N STANTON (5 Ezra, 83).
2   Vgl. nur die m.E. nur im Blick auf das Lk in V Esr 1,32 und sonst kaum
     zu widerlegende und dennoch a priori absurde These STANTONs, der Verfasser
     des V Esr habe von den neutestamentlichen Schriften nur das Mt gekannt
     (5 Ezra, 70).

8. PSEUDOKLEMENTINEN[1]

Der pseudoklementinische Roman ist in zwei stark voneinander abweichenden Rezensionen überliefert: den Homilien (Hom) und den Rekognitionen (Recog). Den Homilien sind vorausgeschickt die "Ἐπιστολὴ
Πέτρου πρὸς Ἰακῶβον", die "Διαμαρτυρία περὶ τῶν βιβλίου λαμβανόντων"
und die "Ἐπιστολὴ Κλημέντος πρὸς Ἰακῶβον".
Einigkeit herrscht in der Forschung immerhin dahingehend, daß Hom
und Recog auf eine - verlorengegangene - gemeinsame Grundschrift
(G) zurückgehen, die allgemein ins 3. Jh. datiert wird.[2] Umstritten aber ist schon, ob Hom und Recog unabhängig voneinander auf
G zurückgehen oder die Recog zugleich die Hom benutzt haben.[3] Erst
recht muß m.E. unsicher bleiben, ob und inwieweit es möglich ist,
die Quellen der postulierten Grundschrift zu rekonstruieren.
Auch die gründliche und für manche durchaus tragfähige Analyse
STRECKERs[4] hat - m.E. zu Recht - nicht allgemein überzeugen können.
Gravierende Bedenken gegen die STRECKERsche Quellenrekonstruktion
haben zuletzt LÜDEMANN (Antipaulinismus, 228f) und WEHNERT (besonders 288-291) geäußert.
Da nur die Quellen der Grundschrift möglicherweise in der Zeit vor
Irenäus entstanden sind, ihr Wortlaut aber nicht sicher rekonstru-
iert werden kann, müssen die Pseudoklementinen bei der Analyse der
vorirenäischen Mt-Rezeption außer Betracht bleiben.

Angesichts der genannten Unsicherheiten ist die These KLINEs, daß Justin
und die Pseudoklementinen eine Evangelienharmonie als gemeinsame Quelle
benutzen,[5] nur schwer zu widerlegen, allerdings ebenso schwer zu beweisen
oder auch nur wahrscheinlich zu machen, zumal die Übereinstimmungen
zwischen Justin und den Pseudoklementinen nie völlig exakt sind.[6]

---

1   Für den Text s. die Ausgaben von REHM.
2   Zur Forschungsgeschichte s. JONES (passim) u. WEHNERT (270-282).
3   S. dazu LÜDEMANN (Antipaulinismus, 228).
4   S. STRECKER, Judenchristentum; für eine erste Orientierung vgl. dort die
     tabellarische Zusammenfassung der Ergebnisse (92-96).
5   Vgl. KLINE, Sayings u. DERS., Harmonized Sayings (jeweils passim).
6   Mit den Argumenten KLINEs setzt sich ausführlich STRECKER (Evangelienhar-
     monie, passim; vgl. auch Judenchristentum, 2. Aufl., 273 (Nachtrag zu S.
     130 der 1. Aufl.)) auseinander.

V. GNOSIS[1]

1. VORBEMERKUNG

Bei der Untersuchung der Mt-Rezeption in der Gnosis des zweiten
Jahrhunderts erscheint mir eine am Quellenbestand orientierte Zwei-
teilung der Darstellung als sinnvoll. In einem ersten Teil sollen
die Nachrichten, Referate und Exzerpte, die uns bei den Kirchenschriftstellern des 2. bis 4. Jahrhunderts überliefert sind, untersucht werden; in einem zweiten Teil sollen die in der Bibliothek von Nag Hammadi enthaltenen Texte Gegenstand der Darstellung
und Beurteilung sein.
Erschwerend für meine Fragestellung ist, daß die gnostischen Texte
als esoterische Offenbarungstexte noch viel mehr als ohnehin schon
jeder andere antike Text a priori und dann auch in praxi keinerlei
Interesse daran zeigen, ihre möglicherweise vorhandenen "irdischen"
Quellen offenzulegen oder wenigstens deutlich durchscheinen zu lassen. Die Frage nach der Rezeption eines kirchlichen Evangeliums
ist eine Frage, die den Intentionen der Verfasser gnostischer Schriften deutlich zuwiderläuft. Dennoch ist die Frage nach der Rezeption eines bestimmten Evangeliums trotz des Charakters der gnostischen Schriften durchaus sinnvoll und legitim, insofern und so
weit wir es mit Texten zu tun haben, die deutlich "christliche"
Texte sein wollen.

2. AUSSERHALB DER BIBLIOTHEK VON NAG HAMMADI ÜBERLIEFERTE QUELLEN
   UND BERICHTE

2.1. Vorbemerkung

Im folgenden soll zuerst der Befund in denjenigen Quellen und Be-

---

1   Auf die in neuerer Zeit in Bewegung gekommene Diskussion über die angemes-
     sene Terminologie zur Bezeichnung der gnostischen Strömungen soll nicht
     weiter eingegangen werden, da für meine Untersuchung nicht die äußere De-
     finition bestimmter Phänomene, sondern eher die Analyse bestimmter Schrif-
     ten von Interesse ist. Für die Vermeidung des pejorativen Begriffes
     "Gnostizismus", mit der ich von den Vorschlägen des Kongresses von Messi-
     na abweiche, s. die Erwägungen STRECKERs (Judenchristentum und Gnosis,
     266-269), H M SCHENKEs (s. zuletzt: Problem, passim u. besonders 76f)
     und RUDOLPHs (Gnosis, passim u. besonders 28).

richten dargestellt werden, bei denen Kenntnis und Aufnahme des
Mt durch die gnostischen Autoren sehr wahrscheinlich ist. In einem
zweiten Teil sollen die Quellen und Berichte gewürdigt werden,
deren Untersuchung eine Aufnahme des Mt nicht zweifelsfrei oder
überhaupt nicht wahrscheinlich machen konnte. In einem Schlußteil schließlich soll eine vorläufige zusammenfassende Auswertung
dieses ersten Teiles der Untersuchungen zur Mt-Rezeption in der
Gnosis versucht werden.

Analysiert und aufgeführt werden dabei in der nachfolgenden Darstellung nur solche Stellen und Passagen, an denen zumindest mit
der Möglichkeit der Mt-Benutzung gerechnet werden kann.

Weitgehend nicht in Betracht gezogen wurden die Eclogae propheticae
des Klemens von Alexandrien;[1] die Abgrenzung, Zuweisung und Einordnung der einzelnen Passagen dieser Schrift unter dem Gesichtspunkt, was Klemens und was (welchen genau von) den von ihm bekämpften Irrlehrern zuzuweisen ist sowie die Beantwortung der
Frage, wen Klemens genau als seine Gegner im Blick hat, ist hier
so schwierig und umstritten, daß nicht von gesicherten Annahmen
ausgegangen werden kann, ohne die wiederum eine Analyse der Ecl
im Rahmen meiner Untersuchung mir nicht als sinnvoll erscheinen
will.

2.2. Quellen und Berichte, in denen deutlich auf das Mt Bezug
genommen wird

2.2.1. PTOLEMÄUS, BRIEF AN DIE FLORA

Im Brief des Valentinianers Ptolemäus[2] an die Flora[3] läßt sich
die Benutzung des Mt deutlich nachweisen.

---

1   Zu Ausnahmen s.u. S. 377, Anm. 4.
2   Vielleicht ist der Valentinianer Ptolemäus mit dem aus Justin, 2. Apol
     2,9ff identisch (so B LOHSE, 182); vgl. auch LÜDEMANN (Geschichte, 114),
     der von dieser Identifizierung ausgeht.
3   Überliefert bei Epiphanius, Panar 33,3-7; im folgenden zitiert nach der
     Ausgabe von QUISPEL (Ptolémée), die die Kapitel- und Paragrapheneintei-
     lungen des Epiphanius übernimmt. Als Übersetzung vgl. die von FÖRSTER
     in FÖRSTER/HAENCHEN/KRAUSE.

Der Brief behandelt die zur Zeit seiner Abfassung heftig umstrittene[1] Frage des "Gesetzes" mit dem Ziel, die Herkunft des Gesetzes
vom Demiurgen plausibel zu machen (EpFlor 7,2-7) und so anhand
der Gesetzeslehre die Grundlage dafür zu schaffen, die Berechtigung
der Grundannahmen des ptolemäischen gnostischen Systems erweisen
zu können.
Nach der Verwerfung der beiden Extrempositionen, das Gesetz sei
vom vollkommenen Gott selbst oder es sei vom Teufel gegeben worden,
wird die Notwendigkeit einer Zwischenposition postuliert. Das
Gesetz wird dabei nicht einfach abgelehnt; der Verfasser der EpFlor
ist nicht grundsätzlich Antinomist, sondern nimmt durch seine Differenzierung des Gesetzesbegriffs eine "eigenartige Mittelstellung
zwischen den Extremen ein", wie H F WEISS (81) zutreffend bemerkt.
Vor der ausführlichen Begründung und Entfaltung dieser Zwischenposition wird vorab (EpFlor 3,8) angekündigt, was dann im folgenden
(EpFlor 4,3ff) auch durchgeführt wird, daß die Autorität, an der
Ptolemäus sich für seine Ausführungen orientiert und mithilfe derer er seine Thesen zu beweisen sucht, die "λόγοι" des "σωτήρ"
sind. Zusätzliche Bekräftigung für diese "λόγοι" bieten dann das
Wort seiner "μαθηταί" und das des Apostels Paulus.[2]
Das Gesetz ist dabei für den Verfasser zuerst einmal zu unterteilen
nach seiner Herkunft in das von Gott selbst, das von Mose und
das von den Ältesten gegebene Gesetz (EpFlor 4,1-2). Die Differenzierung erschöpft sich aber nicht in der dreifachen Unterscheidung
bezüglich seiner Herkunft, sondern auch innerhalb des von Gott
gegebenen Gesetzes, das allein Anspruch auf Gültigkeit haben kann,
wird (EpFlor 5,1ff) noch einmal differenziert: das von Gott stammende Gesetz wird eingeteilt in die reine Gesetzgebung, die nicht
mit dem Bösen vermischt ist[3], in das Gesetz, das mit dem Schlech-

---

1   Vgl. EpFlor 3,1 sowie H F WEISS (81).
2   Vgl. EpFlor 6,6, wo Eph 2,15 und Röm 7,12 zitiert werden, und EpFlor 3,6,
     wo auf Joh 1,3 als Wort des Apostels ("λέγει ... ὁ ἀπόστολος") Bezug ge-
     nommen wird, sowie EpFlor 5,15, wo I Kor 5,7 als Wort des "Paulus, des
     Apostels" zitiert wird.
3   EpFlor 5,1 "εἶς τε τὴν καθαρὰν νομοθεσίαν τὴν ἀσύμπλοκον τῷ κακῷ".

ten und der Ungerechtigkeit verflochten ist[1] und in das typische
und symbolische Gesetz, das nach dem Bild der besonderen, pneumatischen Dinge erlassen ist[2]. Uneingeschränkt anerkannt wird
vom Verfasser nur die reine Gesetzgebung, die mit dem Dekalog identifiziert und von der gesagt wird, daß diese es sei, die zu erfüllen Jesus gekommen sei.[3] Daraus, daß diese Gesetzgebung erfüllt
werden sollte und konnte, ergibt sich für den Verfasser ihre Unvollkommenheit; etwas Unvollkommenes aber kann nicht vom vollkommenen Gott stammen; somit ist die Notwendigkeit der Existenz eines
göttlichen Wesens "zweiter Ordnung" dargetan.[4]
Untersucht man die zur Begründung dieser Thesen angeführten "λόγοι", ergibt sich das folgende Bild:
Deutlich auf das Mt als Hintergrund der Ausführungen des Ptolemäus
weisen die folgenden Stellen hin:

In EpFlor 4,4-10 wird begründet, daß das alttestamentliche Gesetz
auch Stücke enthält, die von Mose gegeben wurden. Das dazu mit
einer längeren Einleitungswendung[5] in c. 4,4 zitierte Jesuswort
weist deutliche Ähnlichkeiten mit Mt 19,8 auf, die eine Abhängigkeit des Ptolemäus vom Mt als wahrscheinlich erscheinen lassen.[6]

---

1   EpFlor 5,1 "εἰς τὸν συμπεπλεγμένον (sc. νόμον) τῷ χείρονι καὶ τῇ ἀδικίᾳ";
     hierunter fällt, was "zur Abwehr und zur Vergeltung an denen, die vorher
     gesündigt haben, erlassen wurde" (c. 5,4); dieses Gesetz ist zwar gerecht,
     aber "fremd der Natur und der Güte des Vaters des Alls" (c.5,5; Überset-
     zungen zitiert nach FÖRSTER in FÖRSTER/HAENCHEN/KRAUSE, 210).
2   EpFlor 5,2 "εἰς τὸ τυπικὸν καὶ συμβολικὸν τὸ κατ' εἰκόνα τῶν πνευματι-
     κῶν καὶ διαφερόντων νομοθετηθέν"; dieser Teil des Gesetzes ist das Ri-
     tualgesetz, das über "Opfer, Beschneidung, Sabbat, Fasten, Passa, Unge-
     säuertes und ähnliches erlassen ist" (c. 5,8; zitiert nach FÖRSTER
     in FÖRSTER/HAENCHEN/KRAUSE, 210). Das Gesetz wird dabei auf eine höhere
     Ebene gehoben: nur die Bezeichnungen bleiben, die Sache ändert sich (c.
     5,9). M.a.W.: Es wird "umgesetzt und verändert ... vom Leiblichen zum
     Pneumatischen" (c. 6,4; zitiert nach FÖRSTER a.a.O., 211).
3   Vgl. dazu EpFlor 5,1 u. 6,1.
4   S. dazu EpFlor 3,4, 5,1 u. 7,1ff; vgl. auch HARNACK (Geschichte, 194),
     der zu c. 3,4 bemerkt: hier ist "zum ersten Male mit voller Entschieden-
     heit der Schluß auf die Unvollkommenheit des alten Gesetzes gezogen".
5   "διαλεγόμενός που ὁ σωτὴρ πρὸς τοὺς περὶ τοῦ ἀποστασίου συζητοῦντας
     αὐτῷ, ὃ δὴ ἀποστάσιον ἐξεῖναι νενομοθέτητο, ἔφη αὐτοῖς ὅτι ..."
6   So auch MASSAUX (Influence, 441) u. MORGAN (683).

EpFlor 4,4 <u>Μωϋσῆς πρὸς τὴν σκληροκαρδίαν ὑμῶν ἐπέτρεψεν</u> τὸ
<u>ἀπολύειν γυναῖκα</u> αὑτοῦ. <u>ἀπ' ἀρχῆς</u> γὰρ <u>οὐ γέγονεν οὕτως</u>. θεὸς
γάρ, φησί, <u>συνέζευξε</u> ταύτην τὴν συζυγίαν, καὶ <u>ὃ συνέζευξεν ὁ</u>
<u>κύριος</u>, ἄνθρωπος, ἔφη, <u>μὴ χωριζέτω</u>.

Mt 19,6 ... <u>ὃ</u> οὖν <u>ὁ θεὸς συνέζευξεν, ἄνθρωπος μὴ χωριζέτω</u>.
8 λέγει γὰρ αὐτοῖς ὅτι <u>Μωϋσῆς πρὸς τὴν σκληροκαρδίαν ὑμῶν</u>
<u>ἐπέτρεψεν</u> ὑμῖν <u>ἀπολῦσαι</u> τὰς <u>γυναῖκας</u> ὑμῶν, <u>ἀπ' ἀρχῆς</u> δὲ
<u>οὐ γέγονεν οὕτως</u>.

Mk 10,5 ὁ δὲ ᾽Ιησοῦς εἶπεν αὐτοῖς· πρὸς τὴν σκληροκαρδίαν
ὑμῶν ἔγραψεν ὑμῖν τὴν ἐντολὴν ταύτην. 6 ἀπὸ δὲ ἀρχῆς
κτίσεως ἄρσεν καὶ θῆλυ ... 9 ὃ οὖν ὁ θεὸς συνέζευξεν
ἄνθρωπος μὴ χωριζέτω.

Allerhöchstens die Reihenfolge der Aussagen in EpFlor könnte auf
das Mk anstatt auf das Mt als Grundlage des Zitates hinweisen.
Ansonsten findet sich die Wendung "Μωϋσῆς ... ἐπέτρεψεν" so nur
bei Mt; Mk hat zwar in Mk 10,4 "ἐπέτρεψεν Μωϋσῆς" und in Mk 10,5
"πρὸς τὴν σκληροκαρδίαν ὑμῶν"; beides aber miteinander kombiniert
und als Herrenwort findet sich so nur bei Mt. Bei Mk ist "ἐπέτρεψεν
Μωϋσῆς" Bestandteil der Rede der Gegner Jesu. Ebenfalls kein Äqui-
valent bei Mk hat die Wendung "ἀπ' ἀρχῆς γὰρ οὐ γέγονεν οὕτως".
Spezifisches Formulierungsgut des Mk findet sich in EpFlor 4,4
nicht; angesichts dieser Tatsache ist die Übereinstimmung mit dem
Mk in der Reihenfolge der Aussagen nicht überzubewerten, zumal Ptolemäus offensichtlich frei und teilweise in seinen eigenen Worten
"zitiert".
Die naheliegendste Erklärung für den Wortlaut des Jesuswortes in
EpFlor 4,4 ist m.E., daß Ptolemäus frei das Mt zitiert. Dabei
gibt er zwar den Wortlaut des matthäischen Textes leicht verändert
wieder, bleibt seinem Sinn jedoch treu. Nicht mehr vom Mt gedeckt
ist nur sein "Gesamtverständnis" der Gesetzesproblematik. Der in
EpFlor 4,4 vorliegende Einzelbestandteil seiner Argumentation ist
ohne inhaltliche Verfälschungen aus dem kirchlichen Mt übernommen.
Daß das Mt zugrundeliegt und nicht etwa das Mk, ergibt sich dabei
nicht so sehr aus dem Inhalt der aufgenommenen Aussagen als aus
deren Formulierung. Auch das freie Zitat des Ptolemäus kann seine

Quelle nicht verleugnen.

In EpFlor 4,11-13 geht es um den Nachweis der These, daß Teile des Gesetzes von den "πρεσβύτεροι" gegeben wurden. Auch hier ist ein Jesuswort Beweismittel:"῞Οτι δὲ καὶ τῶν πρεσβυτέρων εἰσίν τινες συμπεπλεγμέναι παραδόσεις ἐν τῷ νόμῳ, δηλοῖ καὶ τοῦτο ὁ σωτήρ". Das dieser Einleitungswendung folgende Zitat ist insgesamt durchaus nicht so eindeutig, wie allgemein behauptet wird,[1] mit dem Mt in Beziehung zu bringen:[2]

> EpFlor 4,11 ῾Ο γὰρ θεός, φησίν, εἶπεν, τίμα τὸν πατέρα σου καὶ τὴν μητέρα σου, ἵνα εὖ σοι γένηται. 12 ὑμεῖς δέ, φησίν, εἰρήκατε, τοῖς πρεσβυτέροις λέγων· δῶρον τῷ θεῷ, ὃ ἐὰν ὠφεληθῇς ἐξ ἐμοῦ, καὶ ἠκυρώσατε τὸν νόμον[3] τοῦ θεοῦ διὰ τὴν παράδοσιν ὑμῶν τῶν πρεσβυτέρων. 13 τοῦτο δὲ ῾Ησαΐας ἐξεφώνησεν εἰπών· ὁ λαὸς οὗτος τοῖς χείλεσί με τιμᾷ, ἡ δὲ καρδία αὐτῶν πόρρω ἀπέχει ἀπ' ἐμοῦ. μάτην δὲ σέβονταί με, διδάσκοντες διδασκαλίας, ἐντάλματα ἀνθρώπων.

Deutlich und unzweifelhaft auf das Mt weisen aber immerhin der Zitatanfang mit "ὁ θεός"[4] sowie die Wortform "ἠκυρώσατε"[5] und die Wendung "διὰ τὴν παράδοσιν".[6] Für den Wortlaut des Elterngebotes sind die nächsten Parallelen Ex 20,12 und Dtn 5,16.[7] Der Text des Jesajazitates in EpFlor 4,13 ist deutlich nach den Synoptikern zitiert, wobei diese aber im Zitatwortlaut nahezu völlig überein-

---

1   Vgl. dazu z.B. HARNACK (Brief, 528 Anm. 1 u. 529f), MASSAUX (Influence, 442f) u. MORGAN (684).
2   Vgl. Mt 15,1-9, besonders V. 4-9 par.; im oben folgenden Zitat sind die exakten Übereinstimmungen mit dem Mt durch unterbrochene, die mit dem Mk durch punktierte Unterstreichung kenntlich gemacht; zu weiteren Parallelen u. Erläuterungen s. die dem Zitat im Text folgenden Ausführungen.
3   Auffällig ist die Übereinstimmung des Ptolemäus in der Lesart "τὸν νόμον" (die im übrigen hier ja sachlich naheliegt) mit einigen Textzeugen (s. NESTLE/ALAND zu Mt 15,6), die aber wohl nicht den ursprünglichen Text bezeugen.
4   Mk liest in Mk 7,10 "Μωϋσῆς".
5   Mk 7,13 liest "ἀκυροῦντες".
6   Mk 7,13 hat dafür "τῇ παραδόσει ὑμῶν ᾗ παρεδώκατε"; zu "παράδοσις πρεσβυτέρων" vgl. Mt 15,2 u. Mk 7,5.
7   Nur an diesen Stellen ist "ἵνα εὖ σοι γένηται" zu lesen.

stimmen.[1] Da sich in EpFlor keine signifikante für das Mk spezifische Formulierung findet, erscheint mir als sehr wahrscheinlich,
daß das Mt die wichtigste Grundlage für das Zitat in EpFlor 4,11-
13 ist. Dafür spricht auch, daß - einmal abgesehen von den auch
vorhandenen deutlichen Wortlautübereinstimmungen - sich auf der
Grundlage des Mt die Entstehung des Wortlautes von EpFlor 4,11-13
wesentlich besser erklärt als auf der des Mk; zur Veranschaulichung
seien die entsprechenden Parallelen bei Mt und Mk abgedruckt, wobei
jeweils die Übereinstimmungen mit EpFlor durch Unterstreichungen
markiert sind:[2]

Mt 15,4 ὁ γὰρ θεὸς εἶπεν· τίμα τὸν πατέρα καὶ τὸν μητέρα,
καί· ὁ κακολογῶν πατέρα ἢ μητέρα θανάτῳ τελευτάτω. 5 ὑμεῖς
δὲ λέγετε· ὃς ἐὰν εἴπῃ τῷ πατρὶ ἢ τῇ μητρί· δῶρον ὃ ἐὰν ἐξ
ἐμοῦ ὠφεληθῇς, 6 οὐ μὴ τιμήσει τὸν πατέρα αὐτοῦ· καὶ ἠκυρώσατε τὸν λόγον τοῦ θεοῦ διὰ τὴν παράδοσιν ὑμῶν. 7 ὑποκριταί,
καλῶς ἐπροφήτευσεν περὶ ὑμῶν Ἡσαΐας λέγων ...

Mk 7,6 ... καλῶς ἐπροφήτευσεν Ἡσαΐας περὶ ὑμῶν τῶν ὑποκριτῶν, ὡς γέγραπται .... 10 Μωϋσῆς γὰρ εἶπεν· τίμα τὸν πατέρα
σου καὶ τὴν μητέρα σου, καί· ὁ κακολογῶν πατέρα ἢ μητέρα θανάτῳ τελευτάτω. 11 ὑμεῖς δὲ λέγετε· ἐὰν εἴπῃ ἄνθρωπος τῷ πατρὶ ἢ τῇ μητρί· κορβᾶν, ὅ ἐστιν δῶρον, ὃ ἐὰν ἐξ ἐμοῦ ὠφεληθῇς, 12 οὐκέτι ἀφίετε αὐτὸν οὐδὲν ποιῆσαι τῷ πατρὶ ἢ τῇ
μητρί, 13 ἀκυροῦντες τὸν λόγον τοῦ θεοῦ τῇ παραδόσει ὑμῶν ἧ
παρεδώκατε· καὶ παρόμοια τοιαῦτα πολλὰ ποιεῖτε.

Man hat den Eindruck, daß Ptolemäus die matthäische Perikope auf
das für ihn Wesentliche zusammenstreicht; dabei ist kaum zu entscheiden, ob diese Kürzungen nach dem Gedächtnis oder anhand der
schriftlichen Vorlage "Mt" erfolgten. Die exakte Wortlautübereinstimmung im Jesajazitat spräche dabei eher für das Mt als schriftliche Vorlage, die Abweichung im Wortlaut des Elterngebotes nicht

---

1   Einzige Abweichung ist "ὁ λαὸς οὗτος" (so Mt und EpFlor) anstatt "οὗτος
     ὁ λαός" (so Mk); vgl. dazu den stark abweichenden Text von Jes 29,13
     LXX.
2   Auf den Abdruck des Jesajazitates wird wegen der großen Übereinstimmung
     der Synoptiker in der Abweichung vom LXX-Wortlaut verzichtet; s. dazu
     auch die vorhergehende Anm.

unbedingt dagegen; geht es Ptolemäus doch darum, den Dekalog als
einzigen Bestandteil des alttestamentlichen Gesetzes hinzustellen,
der uneingeschränkt und wörtlich anzuerkennen ist.[1] Von daher ist
gut vorstellbar, daß Ptolemäus da, wo er ein Gebot des Dekalogs
zitiert, bewußt auf dessen alttestamentlichen Wortlaut rekurriert.
Als weniger intensiv an das AT gebunden erscheint er darin, daß er -
anders als die Evangelien - offensichtlich davon ausgeht, daß sich
der von ihm inkriminierte Satz aus dem "Gesetz der Ältesten" tatsächlich im mosaischen Gesetz findet, was durchaus nicht der Fall
ist.[2] Etwas gewollt ist auch die für seine These notwendige Identifizierung der Gesprächspartner Jesu mit den "πρεσβύτεροι", die für
die inkriminierten Gesetzespassagen verantwortlich zu machen sind.
Diese Identifizierung wird erreicht und sichergestellt durch das
ins Zitat eingeschobene "πρεσβυτέροις λέγων" sowie das den gleichen
Zweck erfüllende nachklappende "(ὑμῶν) τῶν πρεσβυτέρων" und ergibt
sich nicht aus den neutestamentlichen Berichten.
Anders als in EpFlor 4,4-10 sind also hier die Ausführungen des
Ptolemäus durch den buchstäblichen Sinn des von ihm aus dem Mt zitierten evangelischen Berichtes nicht gedeckt, sondern ergeben sich
erst aus den Zusätzen des Ptolemäus zu seiner Vorlage. Vielleicht
erklärt sich auch von hierher die im Anfangs- und Schlußteil des
Zitates zu findende exakte Übereinstimmung mit dem Dekalog und
dem synoptischen Jesaja-Wortlaut: gerade da es Ptolemäus hier auf
jedes Wort ankommen mußte, trug er dafür Sorge, so exakt wie
möglich zu zitieren.

Von der reinen Gesetzgebung wird in EpFlor 5,1.3 gesagt, daß sie es
sei, die eigentlich "Gesetz" heiße und die zu erfüllen Jesus gekommen sei:

> EpFlor 5,1 ὃν οὐκ ἦλθε καταλῦσαι ὁ σωτὴρ ἀλλὰ πληρῶσαι.

Eine Parallele dazu findet sich nur in Mt 5,17. Darin, daß Jesus
gekommen sei, das Gesetz zu erfüllen, nimmt Ptolemäus seine matthäische Vorlage korrekt auf. Nicht mehr von dieser gedeckt ist aber

---

1   S. dazu oben (342).
2   Ein Hinweis auf diesen Sachverhalt findet sich schon bei HARNACK (Brief,
        528).

die weitergehende Konklusion, daß sich aus der Erfüllungsbedürftig-
keit des Gesetzes seine Unvollkommenheit und Inferiorität ergibt.
Hier denkt Ptolemäus über den vom Mt vorgegebenen Rahmen weit
hinaus und kommt so zu Ergebnissen, die denen des Mt geradezu entgegengesetzt sind.

In den in der EpFlor dann folgenden Ausführungen werden auch die
Antithesen der matthäischen Bergpredigt in die Gesetzeslehre des
Ptolemäus einbezogen. Dabei versteht Ptolemäus in EpFlor 6,2f die
Antithese vom Wiedervergelten (Mt 5,38-42) als Aufhebung der alttestamentlichen Vorschrift durch Jesus; die Antithesen vom Töten
(Mt 5,21-26), Ehebrechen (Mt 5,27-32) und Schwören (Mt 5,33-37)
werden in EpFlor 6,1 als Erfüllung der entsprechenden Dekaloggebo-
te verstanden. Dabei steht jeweils deutlich der matthäische Text
im Hintergrund der Ausführungen.[1]
Auf die Antithesen vom Schwören, Ehebrechen und Töten wird jeweils
nur verwiesen; ausführlich und mit Zitaten wird auf die Antithese
vom Wiedervergelten eingegangen:

> EpFlor 6,3 ἐγὼ γὰρ <u>λέγω ὑμῖν μὴ ἀντιστῆναι</u> ὅλως <u>τῷ πονηρῷ</u>,
> <u>ἀλλὰ</u> ἐὰν τίς <u>σε ῥαπίσῃ</u>, <u>στρέψον αὐτῷ καὶ τὴν ἄλλην σιαγόνα</u>.

> Mt 5,39 ἐγὼ δὲ <u>λέγω ὑμῖν μὴ ἀντιστῆναι τῷ πονηρῷ</u>· ἀλλ'
> ὅστις <u>σε ῥαπίζει</u> εἰς τὴν δεξιὰν <u>σιαγόνα</u> (σου), <u>στρέψον</u>
> <u>αὐτῷ καὶ τὴν ἄλλην</u>·

> Lk 6,29 τῷ τύπτοντί σε ἐπὶ τὴν σιαγόνα πάρεχε καὶ τὴν
> ἄλλην, ...

Wie schon oben (344-346) zu EpFlor 4,11-13 kann man sich auch hier
des Eindruckes nicht erwehren, daß Ptolemäus den Mt-Text frei
wiedergibt und dabei kürzt. Durch die freie Wiedergabe erklärt
sich auch die unterschiedliche Stellung von "σιαγόνα" sowie der
Tempusunterschied in den Formen von "ῥαπίζειν".

> Daß schon in EpFlor 5,4 das als alttestamentliches Gebot zitierte Ver-
> geltungsgebot nach Mt 5,38 zitiert ist, erscheint mir als nicht völlig
> sicher, weil die einzige festzustellende Abweichung vom alttestamentli-

---

1   So auch MASSAUX (Influence, 444) und MORGAN (687).

chen Text in Lev 24,20 LXX, in der Ptolemäus und Mt übereinstimmen,
nur in einem "καί" besteht. Auf dieses eine Wort aber sollte man nicht
allzuviel bauen.[1]

Insgesamt verträgt sich die Interpretation des Ptolemäus gut mit
dem Wortlaut des matthäischen Textes; interessant ist das Verständnis des Ptolemäus vor allem deswegen, weil die Antithesen der Bergpredigt seiner Meinung nach in ihrem Bezug auf das mosaische Gesetz
nicht einheitlich verstanden und gedeutet werden können.

Deutlich auf das Mt verweist wegen des Zitatbeginns mit "ὁ θεὸς
εἰπών" auch der Wortlaut der in EpFlor 5,7 angeführten Bestimmung aus Ex 21,16/Lev 20,9, die an in der EpFlor inhaltlich nicht
zentral wichtiger Stelle als Teil der "παλαιὰ αἵρεσις", d.h. als
Teil der durch Jesus überwundenen alten Denkungsart bezeichnet
und offensichtlich nach dem Mt zitiert wird[2]:

>   EpFlor 5,7 ὁ θεὸς εἰπών· ὁ κακολογῶν πατέρα ἢ μητέρα θα-
>   νάτῳ τελευτάτω.

Bei Mk ist zwar die konditionierte Strafandrohung vom Wortlaut her
identisch mit der bei Mt und Ptol; abweichend aber ist die Einleitungswendung, in der die EpFlor deutlich mehr mit Mt 15,4 als
mit Mk 7,10 übereinstimmt. Die alttestamentlichen Parallelen bieten keine Einleitungswendung und weichen im Wortlaut der konditio-
nierten Strafandrohung deutlich von EpFlor/Mk/Mt ab.

Nicht zweifelsfrei auf das Mt zurückgeführt werden kann das mit
"τὰ ὑπὸ τοῦ σωτῆρος εἰρημένα" angekündigte und durch "ὁ σωτὴρ
ἡμῶν ἀπεφήνατο" abgeschlossene Jesuswort in EpFlor 3,5:[3]

>   EpFlor 3,5 οἰκία γὰρ ἢ πόλις μερισθεῖσα ἐφ᾽ ἑαυτὴν ὅτι μὴ
>   δύναται στῆναι.

Zwar findet sich "οἰκία ἢ πόλις μερισθεῖσα" nur bei Mt,[4] "ἐφ᾽
ἑαυτήν" und "μὴ δύναται στῆναι" können aber keinesfalls aus Mt

---

1   Anders offensichtlich MASSAUX (Influence, 444) und MORGAN (685), die bei-
     de Mt-Einfluß annehmen.
2   So auch MASSAUX (Influence, 444) und MORGAN (685); vgl. Mt 15,4 par. Mk
     7,10 (Textabdruck: oben 349).
3   Anders MASSAUX (Influence, 440); vgl. Mt 12,25, Mk 3,24f u. Lk 11,17f.
4   Allerdings ist die Reihenfolge der Worte nicht identisch.

stammen, sondern müßten, worauf auch MORGAN (682) hinweist, aus
Mk genommen sein. Für mich weist das "ὅτι" im "Zitat" darauf hin,
daß Ptolemäus hier gar nicht zitieren will, sondern nur beabsichtigt, den Inhalt eines Jesuswortes zu referieren. Dazu passen auch
gut Ein- und Ausleitungsformel. Daß Ptolemäus hier de facto Mt und
Mk "harmonisiert", wäre dann möglicherweise rein zufällig zustande-
gekommen.

Ebenfalls nicht sicher auf das Mt zurückgeführt werden können wegen Undeutlichkeit des Bezuges oder Identität der Parallelen EpFlor
5,13, wo ohne erkennbaren Bezug zu Mt 6,16-18 vom Fasten die Rede
ist[1], sowie EpFlor 3,7 (Mt 11,27), 7,5 (Mt 19,17)[2] und 7,10 (Mt 13,
8)[3].

Überblickt man die in der EpFlor zitierten Jesusworte insgesamt,
so ist festzustellen, daß Ptolemäus die Jesusworte, mit denen er
seine Gesetzestheologie belegt, fast ausnahmslos dem Mt entnimmt.
Es findet sich kein deutlicher Hinweis auf die Benutzung eines
anderen Evangeliums, das zu diesem Zwecke herangezogen worden wäre.
Dabei ist Ptolemäus nur in einem Fall (c. 4,11-13) willkürliche
Textbehandlung zu attestieren; in allen anderen Fällen argumentiert
er, ohne dem Wortlaut seiner Quellen Gewalt anzutun.[4]
Bezeichnend ist, daß Ptolemäus die für das matthäische Gesetzesverständnis zentralen Stellen Mt 5,43-48 und Mt 22,34-40 gerade
nicht anführt oder auch nur erwähnt. Sie hätten seiner Reduktions-

---

1   Interessant ist dabei, daß auch der Kreis um Ptolemäus (wenn auch nur
    als Hinweis auf das wahre, "geistige" Fasten) "κατὰ τὸ φαινόμενον",
    d.h. real fastete, obwohl Ptolemäus die Fastengebote als Teil des auf
    pneumatische Wirklichkeiten hinweisenden "typischen" Gesetzes versteht
    (vgl. EpFlor 6,13f).
2   So auch MASSAUX (Influence, 447) u. MORGAN (688).
3   So auch MASSAUX (Influence, ebd.) u. MORGAN (689).
4   Insofern und insoweit ist dem Urteil HARNACKs (Brief, 530) zuzustimmen,
    der sich scharf gegen HEINRICI abgrenzt, der hinwiederum dem Ptolemäus
    "ausnahmslos" (86) tendenziöse Änderungen des Evangelientextes attestiert.
    Allerdings erweist sich HEINRICIs Anklage nicht in allen Punkten als halt-
    los; dem Sachverhalt angemessen äußert sich z.B. GOPPELT, der die Zitate
    des Ptolemäus als "weithin korrekt" bezeichnet (279).

absicht allzu stark und deutlich widersprochen. Auch als Zeugen
für die Abrogation des Ritualgesetzes hat Ptolemäus das Mt keinesfalls angesehen; hierzu bezieht er sich auf Stellen aus den paulinischen Briefen. Ob Ptolemäus die matthäische Gesetzestheologie
als eine solche erkannt und bedacht hat, ist kaum sicher festzustellen, weil die matthäische Sicht des Gesetzes der des Ptolemäus diametral entgegengesetzt ist. Sicher zu sagen ist aber immerhin, daß Ptolemäus das Mt als   d i e   Quelle für Worte Jesu
über das Gesetz ansieht und dabei diese Worte bewußt selektiv rezipiert. Nicht hierin, wohl aber in der Auslegung der von ihm aufgenommenen Mt-Stellen ist ihm zu bescheinigen, daß er zu einem Re-
sultat gekommen ist, das, wie C BARTH (103) meint, "auch einem modernen Exegeten Ehre machen würde".
Ptolemäus interpretiert die kirchliche Überlieferung, deren Bestand er nicht anzweifelt, sondern seinen Argumentationszielen
dienstbar macht. Geschickt und scheinbar logisch zwingend zieht er
aus den Aussagen der kirchlich akzeptierten Überlieferung den
Schluß, daß man als Christ notwendig z.B. die Existenz eines Demiurgen annehmen müsse, sofern man die Worte Jesu ernstnehmen wolle.
Was Ptolemäus von der kirchlichen Rezeption neutestamentlicher
Schriften zu seiner Zeit, also in der Mitte des zweiten Jahrhunderts, unterscheidet, ist nicht der Bestand der von ihm akzeptierten Schriften und auch nicht Art und Sorgfalt der Zitation, sondern
einzig und allein sein gnostisches Vorverständnis.

2.2.2. HERAKLEON, JOHANNESKOMMENTAR

Auch in dem uns nur fragmentarisch bei Origenes erhaltenen Johanneskommentar des Valentinianers Herakleon[1] ist deutlich das Mt aufgenommen.

So wird in der Auslegung von Joh 4,37 (Frgm. 35) die nur bei Mt überlieferte Deutung des Gleichnisses vom Unkraut unter dem Weizen verarbeitet, ohne daß allerdings der matthäische Text, der jedoch deutlich im Hintergrund der Ausführungen steht, dabei regelrecht zitiert würde:

> VÖLKER 79,4-8 ὁ μὲν γὰρ ὑπὲρ τὸν τόπον υἱὸς ἀνθρώπου σπείρει·
> ὁ δὲ σωτήρ, ὢν καὶ αὐτὸς υἱὸς ἀνθρώπου, θερίζει καὶ θεριστὰς
> πέμπει τοὺς διὰ τῶν μαθητῶν νοουμένους ἀγγέλους, ἕκαστον
> ἐπὶ τὴν ἑαυτοῦ ψυχήν.[2]

In der Auslegung zu Joh 4,46ff (Frgm. 40) wird nach dem Referat des Origenes von Herakleon der "βασιλικός" aus Joh 4,46 als der Demiurg verstanden; gegen Schluß des Referates findet sich die Information, daß die "ἀπώλεια" der "Menschen des Demiurgen" sich für Herakleon aus dem folgenden Wort heraus ergäbe:

> VÖLKER 82,6f Οἱ υἱοὶ τῆς βασιλείας ἐξελεύσονται εἰς τὸ σκό-
> τος τὸ ἐξώτερον.

Nächste Parallele ist Mt 8,12:[3]

> Mt 8,12 οἱ δὲ υἱοὶ τῆς βασιλείας ἐκβληθήσονται εἰς τὸ σκότος
> τὸ ἐξώτερον.

Interessant ist die Übereinstimmung des zitierten Textes mit der Lesart einiger Handschriften des Mt-Textes bezüglich "ἐξελεύσονται" anstatt "ἐκβληθήσονται"[4], wobei aber nicht völlig sicher ist,

---

1   Die Fragmente sind übersichtlich und vollständig zusammengestellt bei
    VÖLKER (63-85; Frgm. 1-49) und werden im folgenden nach dieser Ausgabe
    unter Angabe von Fragmentnummer, Seite und Zeile zitiert; als Übersetzung
    vgl. die von FÖRSTER in FÖRSTER/HAENCHEN/KRAUSE (214ff).
2   Vgl. Mt 13,37.39.41; Abhängigkeit vom Mt nimmt auch MORGAN (678) an.
3   Vgl. noch Lk 13,28.
4   S. dazu den Apparat bei NESTLE/ALAND z.St.

ob es Origenes hier auf den Wortlaut so ankommt, daß man davon
ausgehen kann, daß er den von Herakleon angeführten Wortlaut exakt
wiedergibt, oder ob Origenes nicht vielmehr nur auf die Verwendung
der Stelle an sich bei Herakleon hinweisen will.

> Die Zitateinleitung mit "καὶ τῶν ἀνθρώπων δὲ τοῦ δημιουργοῦ τὴν ἀπώλειαν
> δηλοῦσθαι νομίζει (sc. Herakleon) ἐν τῷ ... " hilft bei der Entschei-
> dung dieser Frage nicht weiter; MORGAN (678f) weist das Zitat Herakleon
> zu und bezeichnet ihn demzufolge als den ältesten Zeugen für die Lesart
> "ἐξελεύσονται". Eine Analyse des Wortlautes von Mt 8,12 sonst bei Orige-
> nes (vgl. die BP 3 z.St.) ergibt allerdings keinen eindeutigen zusätz-
> lichen Beleg für "ἐξελεύσονται" als Lesart des Origenes, so daß auf jeden
> Fall nichts deutlich dagegen spricht, den Zitatwortlaut vorsichtig Hera-
> kleon zuzuweisen.

Noch deutlicher als in Frgm. 35 ist in Frgm. 40, daß Herakleon
das Mt offensichtlich als "Fundgrube" für Material zur Ausmalung
und Unterstreichung seiner gnostischen Anschauungen, von denen her
er das Joh interpretiert, benutzt. Aus den bei Mt gemeinten Juden
werden dabei dann ohne Schwierigkeiten allgemein alle "Menschen des
Demiurgen".

Ebenfalls gut auf das Mt zurückgehen können die Ausführungen des
Herakleon in Fragm. 32 (VÖLKER 77,24; vgl. Mt 13,30), Frgm. 40
(VÖLKER 80,31-81,1; vgl. Mt 10,28) und Frgm. 46 (VÖLKER 84,11f;
vgl. Mt 23,15.28.33), wobei aber jeweils der Bezug auf speziell
das Mt nicht in gleicher Weise deutlich ist wie bei den beiden oben
erwähnten Beispielen aus Frgm. 35 und 40. Mt-Abhängigkeit erscheint
mir an den genannten Stellen jeweils nur als gut möglich.

In Frgm. 32 erinnert zwar "θερισμός" und "συνάγειν εἰς τὴν ἀποθήκην" an Mt 13,30; vom Sinn und Kontext des Verses innerhalb der
matthäischen Perikope aber finden sich keine Spuren bei Herakleon.
Zusätzlich erscheinen mir das Wort "θερισμός" und die Wendung "συνάγειν εἰς τὴν ἀποθήκην" doch als zu wenig signifikant, um daraus
Mt-Abhängigkeit abzuleiten.

In Frgm. 40 wird als gnostisches Argument für die Sterblichkeit
der Seele das Wort "ψυχὴν καὶ σῶμα ἀπόλλυσθαι ἐν τῇ γεέννῃ" angeführt. Zwar ist im Vergleich mit Lk 12,5 und Mt 10,28 die Nähe zu
Mt wesentlich größer als die zu Lk; es kann aber nicht ausgeschlossen werden, daß diese Redewendung auch unabhängig vom Mt umgelaufen

ist.[1]

In Frgm. 46 wird allgemein und ohne Bezug auf den matthäischen
Kontext in der Auslegung zu Joh 8,44 anscheinend die matthäische
Pharisäerpolemik in einigen ihrer Negativattribute aufgenommen:

VÖLKER 84,11f λέγονταί τινες γεέννης τέκνα καὶ σκότους καὶ
ἀνομίας, καὶ ὄφεων καὶ ἐχιδνῶν γεννήματα.

Ein bewußter Bezug auf Mt 23,15.28.33 ist nur gut möglich, kann
aber nicht positiv als wahrscheinlich betrachtet werden.[2]

Entsprechend ist über die folgenden Stellen, die nicht ausführlicher erörtert werden sollen, zu urteilen:

Frgm.5 VÖLKER 66,6 (Mt 11,9.13f); VÖLKER 66,8 (Mt 11,9.13f); VÖLKER 66,9
(Mt 11,11); VÖLKER 66,16 (Mt 11,14); VÖLKER 66,21 (Mt 11,9); VÖLKER
66,30 (Mt 11,11); VÖLKER 66,35f (Mt 11,11); Frgm. 10 VÖLKER 68,20-23
(Mt 11,9);[3] Frgm. 13 VÖLKER 70,19 (Mt 21,13);[4] Frgm. 14 VÖLKER 70,23f
(Mt 13,30); Frgm. 33 VÖLKER 78,1-4 (Mt 9,37f)[4].

An allen diesen Stellen   k a n n   durchaus das Mt Grundlage der
Ausführungen des Herakleon gewesen sein, jedoch ist dieses nicht
zu beweisen. Ebensowenig zu beweisen ist aber auch die Benutzung
eines der anderen synoptischen Evangelien. Es wird deshalb kein

---

1   Anders MORGAN (678), der hier ohne solche Einschränkungen Zitation von
      Mt 10,28 vorliegen sieht; zuzustimmen ist MORGAN darin, daß das "τό" vor
      "ψυχήν" in VÖLTER 80,30 den Abschluß der Einleitungswendung bildet und
      das Zitat - anders als bei VÖLKER - erst mit "ψυχήν" beginnt (vgl. MORGAN
      a.a.O. ebd.).
2   Auch MORGAN (679) sieht hier Abhängigkeit vom Mt als "not too evident" an,
      entscheidet sich aber - wie im Zweifelsfalle immer - für die MASSAUXsche
      These, d.h. nimmt hier positiv Mt-Abhängigkeit an.
3   Zu den Parallelen zu Mt 11,9-14 bei Herakleon insgesamt ist zu bemerken,
      daß in der Literatur deutlich und einhellig Mt-Abhängigkeit angenommen
      wird; vgl. dazu MASSAUX (Influence, 427f) und MORGAN (675f). Hauptargu-
      ment ist dabei die Identifikation Johannes des Täufers mit Elia, die so
      nur bei Mt vorgenommen werde. Hierzu ist zu bemerken, daß diese Identifi-
      kation explizit tatsächlich nur bei Mt zu finden ist; sie ergibt sich
      aber ebenso ohne weiteres als Konsequenz aus Mk 9,13 (par. Mt 17,12),
      so daß mir der Mt-Befund als nicht so singulär erscheinen will, wie man
      auf den ersten Blick meinen könnte.
4   Für Abhängigkeit vom Mt spricht hier jeweils positiv nur, daß nirgendwo
      sonst bei Herakleon deutlich ein anderes der synoptischen Evangelien
      benutzt ist; so auch MORGAN (676 u. 677).

Zufall sein, daß bei den zur gnostischen Erläuterung des Joh herangezogenen synoptischen Evangelienzitaten und -anspielungen nur
das Mt so deutlich verwendet worden ist, daß einzig seine Benutzung als erwiesen gelten kann.

Das heißt aber nun nicht, daß das überschwengliche Urteil MASSAUXs,
daß das Mt gleichsam die Interpretationsnorm gewesen sei, an der
Herakleon das Joh gemessen hätte,[1] unwidersprochen stehengelassen
werden könnte. Selbst wenn man berücksichtigt, daß uns vom Joh-
Kommentar des Herakleon nur die sicher tendenziöse Auswahl des Origenes überliefert ist, wird man doch sagen können, daß das Mt keinesfalls die inhaltliche Norm ist, von der her Herakleon das Joh
auslegt. Zumeist wird der Inhalt des matthäischen Textes bei der
Interpretation bewußt umgebogen. Dennoch hat man immerhin den Eindruck, daß Herakleon gleichsam "selbstverständlich" den synoptischen Stoff bei seiner Auslegung des Joh miteinbezieht. Wie schon
bei Ptolemäus ergibt sich das Bild, daß nicht der Bestand der
für die Jesusüberlieferung wichtigen Schriften Gnostiker und Kirchenchristen unterschied. Allerdings wird die gemeinsam akzeptierte Überlieferung deutlich verschieden ausgelegt. Mehr noch als bei
Ptolemäus hat man bei Herakleon den Eindruck, daß sein gnostisches
Vorverständnis sich intensiv und normativ auf seine Evangelienrezeption auswirkt. Dabei ist nicht leicht zu entscheiden, ob der
Bezug auf die "kirchlichen" Evangelienschriften primär "apologetische" Funktion hatte und in antikirchlicher Apologetik und (Ge-
gen-)Polemik die Christlichkeit der Gnostiker erweisen sollte,
oder ob die Gnostiker die Evangelien selbstverständlich und ohne
apologetische Nebengedanken deswegen benutzten, weil sie sich als
Christen verstanden. In jedem Fall ist die Evangelienrezeption
des Herakleon ein deutlicher Hinweis auf das christliche Selbst-
verständnis dieses Gnostikers..

Das bisher gewonnene Bild bestätigt sich weiter bei der Untersuchung der Valentinianerreferate des Irenäus.

---

1   Vgl. MASSAUX, Influence, 434: "... il emprunte à _Mt._ ses principes d'in-
     terprétation, comme si _Mt._ était la norme à laquelle on recourt habituel-
     lement à son époque ..." (Unterstrichenes kursiv).

2.2.3. (VALENTINIANER-)REFERATE DES IRENÄUS

2.2.3.1. Vorbemerkungen

Vor allem im ersten Buch seiner Schrift "Adversus haereses"[1]
referiert Irenäus zusammenhängend die Lehren und Gedanken der von
ihm bekämpften valentinianischen Gnostiker. Dabei begreift er die
Valentinianer offensichtlich als eine im großen und ganzen lehrmä-
ßig homogene Gruppierung, die noch dazu, wie sich besonders aus
der Vorrede zum vierten Buch ergibt, typisch für alle Häresien, da
quasi eine Zusammenfassung derselben, ist. Aus dieser Gesamtschau
seiner Gegner heraus resultiert, daß im Laufe der Darstellung nur
sehr begrenzt Einzelprofile der verschiedenen von ihm behandelten
Irrlehrer und Gruppen deutlich Gestalt gewinnen; gerade auch die
herausgehobene Behandlung einzelner Personen oder Gruppen ist -
anscheinend durchaus beabsichtigt - nicht frei davon, das Typische
der jeweiligen Erscheinungsform der Häresie hervorzuheben. So
hält es Irenäus z.B. nicht für nötig, selbst explizit darauf hinzuweisen, wen genau er in c. 1-8 des ersten Buches seiner Schrift
vor Augen hat. Von daher will auch ich diese Kapitel für sich behandeln[2] und sie nicht - wie wohl zu Recht viele[3] - Ptolemäus zuweisen.
Eine hervorragende Rolle spielt für die Frage nach der Mt-Rezeption
der von ihm referierten Gnostiker für Irenäus selbst die Aufnahme
von Mt 11,27.[4] Ihr widmet er im vierten Buch ein ganzes Kapitel
(c. 6), in dem er wiederum an fast allen für ihn entscheidend wichtigen Punkten keinen konkreten Gegner benennt, nachdem er die gnostische Rezeption von Mt 11,27 schon einmal im ersten Buch (1,20,3)
in einem sich aller Wahrscheinlichkeit nach auf die Markosier be-
ziehenden[5] Referat zur Sprache gebracht hatte. Das Besondere am 6.

---

1   Ausgabe und Übersetzung: ROUSSEAU und DERS./DOUTRELEAU in SC; Buch 1
     SC 253/264, Buch 2 SC 293/294, Buch 3 SC 210/11, Buch 4 SC 100.
2   S.u. S. 357f.
3   So z.B. auch ROUSSEAU in SC 263.
4   S.u. S. 358-361.
5   So z.B. auch ROUSSEAU in SC 263 im Kapitel "Contenu et plan du livre I"
     (113-164, besonders 145).

Kapitel des 4. Buches ist, daß Irenäus nur hier auf eine bewußte
T e x t änderung der Gnostiker hinweist; überall sonst wirft
er seinen Gegnern gerade Textveränderungen nicht vor, sondern mo-
niert eher, daß sie das in den Schriften Gesagte ihren eigenen Phan-
tasiegebilden dadurch anpassen, daß sie es aus seinem ursprünglichen Zusammenhang reißen und in einen neuen hineinversetzen oder
ihre Lehren in die Schrift hineintragen.[1]
An den - die überwältigende Mehrzahl ausmachenden - Stellen, an
denen Irenäus nicht auf die Textgestalt seiner Zitate eingeht, muß
man damit rechnen, daß er gar nicht so sehr am exakten Wortlaut
der referierten gnostischen Schriftzitate interessiert war; von
daher kann man an diesen Stellen - und d.h. fast immer bei Irenäus - nicht sicher sein, wirklich den von den Gnostikern verwendeten Wortlaut des jeweiligen Schrift- oder Evangelienzitates
vor sich zu haben. Hinzu kommen noch die Schwierigkeiten, die
durch die Überlieferungslage des irenäischen Werkes gegeben sind,[2]
sowie die Tatsache, daß Irenäus oft seine "Vorlagen" nur para-
phrasierend referiert.
Dies alles zusammengenommen hat die Konsequenz, daß auf Wortlautübereinstimmungen mit dem Mt bei den von Irenäus als gnostisch
zitierten Evangelienstellen nicht allzuviel zu geben ist; zuverlässiger Hinweis auf die Benutzung des Mt durch die Gnostiker können nur solche Verse, Perikopen oder Gedanken sein, die eine Parallele ausschließlich bei Mt haben. Daß die Gnostiker diese Verse,
Stellen und Gedanken aus vor- oder nachmatthäischer mündlicher
Tradition geschöpft haben, ist zumindest von Irenäus her nicht

---

1   Vgl. dazu z.B. haer 1,3,1; 1,8,1; 1,9,1; 3,2,3; 4,35,4; die dahingehenden
     Äußerungen des Irenäus stimmen gut zusammen mit denen Tertullians (der
     ohnehin in seinen Gnostiker-Beschreibungen stark von Irenäus abhängig
     sein dürfte). Vgl. z.B. Tert, praescr haer 38,9f, wo zum Unterschied
     von Markion und Valentin gesagt wird: "Marcion exerte et palam machaera,
     non stylo usus est; quoniam ad materiam suam caedem scripturarum confe-
     cit. Valentinus autem pepercit; quoniam non ad materiam scripturas, sed
     materiam ad scripturas excogitavit; et tamen plus abstulit et plus adie-
     cit; auferens proprietates singulorum quoque verborum, et adiciens
     proprietates non comparentium rerum."
2   S. dazu wie überhaupt zu Irenäus und seinem Zeugnis über die Valentinia-
     ner die immer noch maßgebliche Arbeit von SAGNARD (gnose); zur Textpro-
     blematik vgl. dort 11-18.

wahrscheinlich, weil er deutlich davon ausgeht, daß die Gnostiker
die kirchlichen Evangelien als solche kennen und benutzen.

In den nun folgenden Ausführungen soll aus den eben dargetanen
Gründen nur auf solche Stellen eingegangen werden, an denen Mt-
Abhängigkeit für die gnostischen Gegner des Irenäus positiv wahr-
scheinlich gemacht werden kann.

2.2.3.2. Die nicht sicher einer bestimmten Gruppe/ einem bestimm-
ten Autor zuzuweisenden gnostischen Mt-Anspielungen
und -Zitate

2.2.3.2.1. ... in haer 1

Deutlich das Mt liegt den von Irenäus referierten Ausführungen der
Gnostiker zugrunde an den folgenden Stellen:
In haer 1,1,3 wird berichtet, daß und wie die Valentinianer das
Gleichnis von den Arbeitern im Weinberg aus Mt 20,1-16 auf ihre
Äonenlehre anwenden: die genannten Stunden, zu denen jeweils neue
Arbeiter angeworben werden, ergeben zusammengezählt die Zahl
dreißig und bedeuten re vera eben nicht Stunden, sondern die valentinianischen Äonen.[1]
Eine ähnliche, für unser Empfinden ebenso willkürliche Auslegung
ist die von Irenäus in haer 1,3,2 referierte Meinung, daß die innerhalb der valentinianischen Äonenlehre sehr wichtige Zahl "zehn",
mit deren Buchstabenvertreter "ι" ja auch der Name "Jesus" beginn-
ne, der Grund dafür sei, daß Jesus gesagt habe, daß kein Jota
oder Häkchen vergehe, bis alles geschehe. Deutlich ist hier Mt 5,
18 aufgenommen, wobei das Weglassen von "ἀπὸ τοῦ νόμου" (sowohl
bei Epiphanius als auch in der lateinischen Übersetzung) sich entweder der Nachlässigkeit des Irenäus oder der der Gnostiker verdanken kann und in keinem Fall, wie auch C BARTH (32) bemerkt, auf
gnostischen Antinomismus hin zu deuten ist.

---

[1]   Vgl. auch noch die Anspielung auf Mt 20,1-16 in haer 1,3,1, die ihrerseits haer 1,1,3 voraussetzt und wiederaufnimmt.

Ebenfalls deutlich gnostische Kenntnis von für das Mt speziflschem
Gut verrät das Referat des Irenäus in haer 1,6,1, wo berichtet
wird, daß die valentinianischen Gnostiker im Rahmen ihrer tricho-
tomischen Anthropologie das Prädikat "Salz und Licht der Welt"
nur dem pneumatischen, nicht aber dem seelischen oder körperlichen
Bereich des Menschen zugesprochen sehen; zu vergleichen ist hierzu
Mt 5,13f.

An allen anderen (z.B. in der BP aufgeführten) Stellen innerhalb
haer 1,1-8 ist Mt-Abhängigkeit für die Gnostiker nicht zweifelsfrei
wahrscheinlich zu machen, da man, wie oben (356f) in den "Vorbemerkungen" ausgeführt, nicht sicher sein kann, was am Wortlaut der
"Zitate" auf Irenäus selbst und was direkt auf die Gnostiker zurückgeht. Zu nennen sind vor allem die folgenden Stellen, wobei diejeni-
gen unterstrichen sind, an denen für die Gnostiker Mt-Abhängigkeit dann als wahrscheinlich gelten kann, wenn Irenäus den gnostischen Wortlaut völlig exakt wiedergegeben haben sollte, was aber
weder zu beweisen noch sehr wahrscheinlich ist:

> Haer 1,2,5 (Mt 11,27); 1,3,1 (Mt 13,10-13); 1,3,2 (Mt 10,1); 1,3,3 (Mt
> 3,13-17; 9,20-22; 10,4; 26,14-16); 1,3,5 (Mt 10,34.38; 3,12); 1,7,2 (Mt
> 3,13-17; 27,2); 1,7,4 (Mt 8,9); 1,8,2 (Mt 9,18-26; 26,38f; 27,46); 1,8,
> 3 (Mt 19,16-30; 13,33); 1,8,4 (Mt 18,12-14).

2.2.3.2.2 Mt 11,27 bei den Gnostikern und bei Irenäus

Wie schon oben (355f) in den einleitenden Vorbemerkungen angesprochen, nimmt die gnostische Rezeption von Mt 11,27 im Werk des Irenäus eine deutliche Sonderstellung ein. Da zum Problem der Rezeption dieser Stelle bei Irenäus und den von ihm referierten Gnostikern schon verschiedene Spezialuntersuchungen[1], die in den wesentlichen Punkten übereinstimmen, vorliegen, kann ich mich hier relativ kurz fassen.

---

1   S. LUCKHART, HOUSSIAU, WINTER, OCHAGAVIA u. ORBE; daß Mt 11,27 und nicht
     die Lk-Parallele rezipiert ist, ergibt sich deutlich aus dem Wortlautver-
     gleich; s. dazu den Abdruck der synoptischen Parallelen bei den Ausführun-
     gen zu Justin (oben 216) sowie u. (359f) den Abdruck der bei Irenäus
     vorkommenden Zitate.

In haer 4,6 stellt Irenäus prononciert den "gnostischen" Text von
Mt 11,27 dem Text gegenüber, den seiner Meinung nach sowohl Mt als
auch (similiter) Lk als auch (idem ipsum) Mk verbürgen:

> Haer 4,6,1 Dominus enim ostendens semetipsum discipulis, quoniam ipse
> est Verbum, qui agnitionem Patris facit, et exprobans Judaeis putantibis
> se habere Deum, cum et frustrentur Verbum eius, per quem cognoscitur
> Deus, dicebat: 'Nemo cognoscit Filium nisi Pater, neque Patrem quis
> cognoscit nisi Filius, et cui voluerit Filius revelare'. Sic et Matthaeus
> posuit, et Lucas similiter, et Marcus idem ipsum; Joannes enim praeteriit
> locum hunc. Hi autem, qui peritiores apostolis volunt esse, sic descri-
> bunt: 'Nemo cognovit Patrem nisi Filius, nec Filium nisi Pater, et cui
> voluerit Filius revelare'; et interpretantur, quasi a nullo cognitus sit
> verus Deus ante Domini nostri adventum; et eum Deum, qui a prophetis sit
> annuntiatus, dicunt esse non Patrem Christi.

Nur hier und sonst nirgendwo in seinem Werk weist Irenäus auf Textänderungen der Gnostiker hin. Er tut dies jedoch als jemand, der
selbst weit davon entfernt ist, den Text von Mt 11,27 immer gleich
und auf einen und denselben Wortlaut festgelegt zu zitieren; dies
ergibt ein Überblick über die Stellen, an denen - über die beiden
oben angeführten Zitationen hinaus - Mt 11,28 in haer aufgenommen
ist; unterschieden werden sollen dabei naheliegenderweise "gnostische" und auf Irenäus selbst zurückgehende Zitationen:[1]

Zitate der Gnostiker

haer 1,20,3[2] Nemo cognovit Patrem, nisi filius, et Filium,
nisi pater, et cuicumque Filius revelaverit.

(griechisch nach Epiphanius) καὶ οὐδεὶς ἔγνω τὸν Πατέρα, εἰ
μὴ ὁ Υἱός, καὶ τὸν Υἱόν, εἰ μὴ ὁ Πατὴρ καὶ ᾧ ἂν ὁ Υἱὸς ἀποκαλύψῃ.

haer 2,14,7[3] Nemo cognovit Patrem, nisi Filius.

haer 4,6,1[4] Nemo cognovit Patrem nisi Filius, nec Filium
nisi Pater, et cui voluerit Filius revelare.

---

1   Vgl. auch die entsprechende Aufstellung bei LUCKHART (72*).
2   Der weitere Zusammenhang macht deutlich, daß Irenäus dieses Zitat sehr
     wahrscheinlich den Markosiern zuweist; s. dazu unten S. 362.
3   Hier sind die Gnostiker bzw. Valentinianer allgemein im Blick.
4   Auch hier äußert sich Irenäus nicht deutlich über die genaue Gruppenzu-
     gehörigkeit der von ihm referierten Gnostiker.

Zitate des Irenäus

haer 2,6,1 Nemo cognoscit Patrem, nisi Filius, neque Filium, nisi Pater, et quibus Filius revelaverit.

haer 4,6,1 Nemo cognoscit Filium nisi Pater, neque Patrem quis cognoscit nisi Filius, et cui voluerit Filius revelare.

haer 4,6,3 Nemo cognoscit Patrem nisi Filius, neque Filium nisi Pater, et quibuscunque Filius revelaverit.

haer 4,6,7 Nemo cognoscit Patrem.

haer 4,6,7 Nemo cognoscit Filium nisi Pater: neque Patrem, nisi Filius, et quibuscunque Filius revelaverit.

haer 4,7,4 Nemo cognoscit Patrem, nisi Filius.

Die nach diesem Überblick einzige gnostische Besonderheit, die sich nie in den Zitaten des Irenäus, die dessen eigenem Sprachgebrauch zuzuschreiben sind, findet, ist die Tempus"änderung" in Aorist bzw. Perfekt (ἔγνω bzw. cognovit anstatt des präsentischen γιγνώς-κει bzw. cognoscit).[1] Sie ist für Irenäus dann auch explizit der (inhaltlich) alles entscheidende Punkt: leiten die Gnostiker doch von der Vergangenheitsform des Verbes ab, daß der Vater Jesu Christi vor dessen Erscheinen von keinem anderen erkannt worden sei, woraus sich konsequent die Verschiedenheit des Gottes des AT von dem des NT ergibt.

Allzuviel Wert und Gewicht kann Irenäus dem Vorwurf der T e x t - änderung aber kaum beigemessen haben, da er sich selbst ja offensichtlich auch an keinen festen Text gebunden sieht. Hierin stehen wir sachlich vor dem gleichen Phänomen wie bei Justin; auch Irenäus ist kaum am (in unserem Sinne) "exakten" Wortlaut seiner "dicta probantia" interessiert. Geändert hat sich immerhin, daß Irenäus in haer 3,11,8 explizit von einem Evangelienkanon spricht und als erster zumindest am Rande auch den exakten Wortlaut eines Jesuswortes zum Thema seiner Ausführungen und Gegenstand seiner Kritik und Reflexion erhebt. Wichtiger als derartige textliche Erwägungen

---

1 Zur Nichtursprünglichkeit von "cognoscit" in der armenischen Version (des gnostischen Zitates) in haer 4,6,1 s. LUCKHART (72*f)

aber sind für Irenäus solche inhaltlicher Art; ihm kommt es primär
auf die Darstellung und Widerlegung der Positionen seiner Gegner
an. Vielleicht auch deswegen ist er kaum daran interessiert, den
Fundort seines gnostischen Textes genauer zu lokalisieren, etwa
indem er ihn jeweils definitiv und exakt einer bestimmten Gruppe
oder Lehrrichtung zuwiese. Das Hauptaugenmerk des Irenäus kann m.E.
schlechterdings gar nicht auf textlichen Überlegungen gelegen haben;
nur so erklärt sich die nicht wegzudiskutierende Inkonsequenz,
daß der, der anderen Textänderungen einer Evangelienstelle zum
Vorwurf macht, selbst immer wieder dieselbe Evangelienstelle unterschiedlich zitiert. Zusätzlich muß darauf hingewiesen werden, daß
die Argumentation des Irenäus nicht nur in sich nicht völlig stim-
mig ist, sondern auch "nach außen hin" deutlich Schwächen zeigt:
die Lesart "ἔγνω" ist in der vorirenäischen Literatur des zweiten
Jahrhunderts keinesfalls nur für "Häretiker" bezeugt.[1] Dadurch
wird die Anklage des ohnehin selbst im "Glashaus" sitzenden Irenäus noch einmal deutlich in ihrer Überzeugungskraft gemindert
und - zumindest für uns heute - äußerst fragwürdig. Deutlich ist
aber immerhin, und insoweit ist Irenäus Recht zu geben, daß sich
die von ihm für die Gnostiker bezeugte Deutung von Mt 11,27 besser
an einem Aorist/Perfekt als an einem Präsens des Verbes γιγνώσκειν/
cognoscere festmachen läßt. Das eigentliche Vergehen der Gnostiker ist aber, nimmt man Irenäus ernst, gar nicht der Tempuswechsel
an sich, sondern besteht eher in der damit verbundenen inhaltlichen
Interpretation der zur Diskussion stehenden Evangelienstelle.
Das von Irenäus selbst gefällte Urteil über den Schriftgebrauch
der Valentinianer, aus dem sich ergibt, daß ihnen mit "Variantendiskussion" nicht beizukommen ist, sondern daß ihre Gewaltsamkeit
vielmehr auf dem Gebiet der Textinterpretation festzumachen ist,
erweist sich gerade auch anhand seiner eigenen Variantendiskussion
als zutreffend und korrekt.

---

1   S. dazu vor allem die Ausführungen von WINTER (138f); wichtig ist dabei
     vor allem die Bezeugung des "ἔγνω" durch Justin in Apol 63,3.13.

2.2.3.3. Die mit einiger Wahrscheinlichkeit einer bestimmten Grup-
         pe/ einem bestimmten Autor zuzuweisenden Mt-Zitate und
         -Anspielungen

2.2.3.3.1. MARKUS UND DIE MARKOSIER

Auf Markus den Zauberer bezieht sich haer 1,13-16, während in 1,
17-21 seine Anhänger und Schüler, die Markosier, im Blick sind.[1]
Bei beiden muß das Mt eine wichtige Rolle gespielt haben, wobei
es aber (wieder) nur die Funktion hat, einen Teil des Illustra-
tionsmaterials für die gnostischen Gedanken zu liefern; da eine
solche willkürliche Adaption des Mt an einen anderen gedanklichen
Kontext für die Frage nach der Mt-Rezeption nur ergibt, d a ß
das Mt quasi rein äußerlich rezipiert wurde, meine ich auf eine
ausführliche Erläuterung der Art und Weise, wie genau das Mt in
den gnostischen Gedanken eingebaut wurde, verzichten zu können,
da eine solche Erläuterung mehr über die (nach unserem Empfinden
als solche zu bezeichnenden) Skurrilitäten der Gnostiker als über
deren Mt-Rezeption Auskunft geben würde.
Mit großer Wahrscheinlichkeit weisen die folgenden Stellen auf
gnostische Mt-Benutzung hin:

  Haer 1,14,1 (Mt 18,10)[2]; 1,20,2 (Mt 10,5f; 11,28f); 1,20,3 (Mt 11,25-27).[3]
Als nicht positiv wahrscheinlich zu machen, sondern allenfalls gut
möglich erscheint mir Mt-Bezug in:

  Haer 1,13,2 (Mt 13,31f); 1,14,6 (Mt 17,1-8; 3,16; 27,62; 27,45); 1,15,1
  (Mt 3,16); 1,15,3 (Mt 26,64; 3,16); 1,16,1 (Mt 18,12-14); 1,18,4 (Mt
  10,2); 1,20,2 (Mt 21,23-27); 1,21,2 (Mt 3,13-17).

---

1   S. dazu ROUSSEAU in SC 263, 113-164 (c. 5 Contenu et plan du livre I).
2   Möglicherweise ist auch schon in haer 1,13,3.6 dieselbe Mt-Stelle im
     Blick; positiv wahrscheinlich zu machen ist dies aber angesichts der All-
     gemeinheit des geäußerten Gedankens nicht; diese Erklärungsmöglichkeit
     wird allererst von haer 1,14,1 her sinnvoll und naheliegend.
3   Zu Mt 11,27 s.o. (359f); daß Mt 11,25 ebenfalls aufgenommen ist, ergibt
     sich als wahrscheinlich aus der Aufnahme von Mt 11,27 heraus. Für sich
     genommen kann für Mt 11,25f kaum zwischen Mt und Lk entschieden werden.
     Das griechische Fragment bei Epiph Panar 34,18,16 stimmt hier in der ein-
     zigen Differenz zwischen Lk und Mt ("ἀπέκρυψας" (Lk) statt "ἔκρυψας"
     (Mt)) mit Lk überein.

2.2.3.3.2. KARPOKRATIANER

Nach haer 1,25,4 begründen die Karpokratianer ihren ethischen
Libertinismus unter ausdrücklicher Berufung auf Mt 5,25f; "bis zum
letzten Heller" heißt für sie, daß die Seele aus ihrem Körperge-
fängnis erst dann freikommt, wenn sie alle nur erdenklichen (bösen)
Taten ausgeführt hat. Der Libertinismus ergibt sich als Konsequenz
aus dem Wunsch, dieses Ziel möglichst schnell zu erreichen.
Der Wortlautvergleich ergibt, daß zwar auch Elemente aus Lk 12,58-
59 aufgenommen sind, insgesamt aber doch deutlich Mt 5,25f dominiert. Unsicher muß bleiben, ob und inwieweit der Zitatwortlaut
auf Irenäus zurückgeht.

> haer 1,25,4 (latein.) propter hoc dicunt Jesum hanc dixisse
> parabolam: cum es cum adversario tuo in via, da operam ut
> libereris ab eo, ne forte te det iudici et iudex ministro
> et mittat te in carcerem. Amen dico tibi, non exies inde,
> donec reddas novissimum quadrantem.

> (griech. nach Epiph Panar 27,5,3) καὶ τοῦτό ἐστι, φασίν,
> ὅπερ ὁ 'Ιησοῦς ἐν τῷ εὐαγγελίῳ εἶπεν διὰ τῆς παραβολῆς
> ὅτι 'ἴσθι εὐνοῶν τῷ ἀντιδίκῳ σου ἐν ᾧ εἶ ἐν τῇ ὁδῷ μετ'
> αὐτοῦ καὶ δὸς ἐργασίαν ἀπηλλάχθαι ἀπ' αὐτοῦ, μὴ πῶς ὁ ἀντί-
> δικος παραδῷ σε τῷ κριτῇ καὶ ὁ κριτῆς τῷ ὑπηρέτῃ, καὶ ὁ ὑπ-
> ηρέτης βάλῃ σε εἰς φυλακήν· ἀμὴν λέγω σοί, οὐ μὴ ἐξέλθῃς
> ἐκεῖθεν, ἕως ἂν ἀποδῷς τὸν ἔσχατον κοδράντην.'

> Mt 5,25 ἴσθι εὐνοῶν τῷ ἀντιδίκῳ σου ταχύ, ἕως ὅτου εἶ
> μετ' αὐτοῦ ἐν τῇ ὁδῷ, μήποτέ σε παραδῷ ὁ ἀντίδικος τῷ
> κριτῇ καὶ ὁ κριτῆς τῷ ὑπηρέτῃ καὶ εἰς φυλακὴν βληθήσῃ·
> 26 ἀμὴν λέγω σοι, οὐ μὴ ἐξέλθῃς ἐκεῖθεν, ἕως ἂν ἀποδῷς
> τὸν ἔσχατον κοδράντην.

> Lk 12,58 ὡς γὰρ ὑπάγεις μετὰ τοῦ ἀντιδίκου σου ἐπ'
> ἄρχοντα, ἐν τῇ ὁδῷ δὸς ἐργασίαν ἀπηλλάχθαι ἀπ' αὐτοῦ,
> μήποτε κατασύρῃ σε πρὸς τὸν κριτήν, καὶ ὁ κριτῆς σε πα-
> ραδώσει τῷ πράκτορι, καὶ ὁ πράκτωρ σε βαλεῖ εἰς φυλακήν.
> 59 λέγω σοι, οὐ μὴ ἐξέλθῃς ἐκεῖθεν, ἕως καὶ τὸ ἔσχατον
> λεπτὸν ἀποδῷς.

2.2.3.4. Andere gnostische Autoren/ Gruppen. Zusammenfassung

An weiteren Hinweisen des Irenäus auf Mt-Benutzung der von ihm referierten Gnostiker ist nur noch die Notiz über die Ebioniten in
haer 1,26,2 zu nennen, von denen berichtet wird, daß sie nur das
Mt gelten lassen und Paulus verwerfen, weil er ein Verächter des
Gesetzes sei. Nach dem, was Irenäus weiter berichtet und nach dem,
was wir sonst von ihnen wissen, sind die Ebioniten weniger Gnostiker als vielmehr und vor allem konsequente Judaisten gewesen, indem
sie sich an Beschneidung und jüdische Lebensformen hielten und Jerusalem als "Haus Gottes" verehrten; sie sollen deswegen in diesem
Gnosiskapitel nicht weiter behandelt werden.[1]

Sonst in haer 1 findet sich kein weiterer zuverlässiger Hinweis
auf gnostische Benutzung speziell des Mt, auch wenn durchaus noch
an manchen Stellen von dem Umgang der Gnostiker mit den kirchlichen Evangelien die Rede ist.[2] Auch in den folgenden Büchern
des irenäischen antihäretischen Werkes findet sich - abgesehen von
dem oben schon Behandelten - kein weiterer Hinweis auf gnostische
Mt-Benutzung, so daß der Zeitpunkt für ein Resümee gekommen ist.
In den voranstehenden Ausführungen sollte es darum gehen zu bestimmen, was anhand der Gnostikerreferate des Irenäus mit großer
Wahrscheinlichkeit als gnostische Mt-Rezeption anzusehen ist. Dabei erwies sich die Mt-Rezeption der Gnostiker als rein äußerliche: Über Formulierungsanleihen konnten und wollten die Gnostiker
offensichtlich nicht hinausgehen; kaum einmal wurde das Mt seinem
Literalsinn entsprechend aufgenommen, sondern immer nur das "eigene" gnostische Gedankengut mehr oder weniger gewaltsam in die
Texte hineininterpretiert.

> Einschränkend ist hier allerdings zum Quellenwert der Ausführungen des
> Irenäus zu bemerken, daß Irenäus, dem es um die Widerlegung der Gnosti-
> ker geht, kaum daran interessiert gewesen sein dürfte, ein objektives
> und vor allem vollständiges Bild zu zeichnen: er war verständlicherweise
> wohl vor allem an Skurrilitäten und Abstrusitäten interessiert.

Aus dem Bericht des Irenäus ergibt sich als Konsequenz, daß

---

1   S. dazu oben die Ausführungen zum EvEb (272-287).
2   Vgl. z.B. die Ausführungen über Kerinth in haer 1,26,1.

die gnostische Mt-Rezeption nicht mehr und nicht weniger als ein
Reflex der großkirchlichen Mt-Rezeption gewesen ist: das Mt ist
wichtig, gerade weil es in der Großkirche breit akzeptiert ist und
rezipiert wird. Dem entspricht auch, daß nach Irenäus auch die anderen Evangelien von den Gnostikern benutzt worden sind.

> Eine detaillierte Einbeziehung der Rezeption auch der anderen Evangelien
> würde das bisher erstellte Bild sicherlich bereichern, gleichzeitig aber
> doch den durch das Thema meiner Untersuchung gegebenen Rahmen sprengen.
> Keinesfalls sind die anderen Evangelien für die von Irenäus referierten
> Gnostiker unwichtig gewesen; so sagt Irenäus z.B. explizit, daß die Va-
> lentinianer zur Begründung ihrer Syzygienlehre auf das Ausgiebigste gera-
> de das Joh benutzten (haer 3,11,7).

Die Gnostiker, denen es darum ging, die "Christlichkeit" ihrer
Anschauungen darzutun, kamen am Mt nicht vorbei, ohne allerdings
dessen inhaltliche Anliegen auch nur ansatzweise ernst zu nehmen.

2.2.4. NAASSENER

Auch aus dem Bericht des Hippolyt über die Naassener (Ref 5,6,3-
11,1 und 10,9,1-3) ergibt sich deutlich, daß diese unter anderem
auch das Mt benutzt haben.[1] Auf eine detailliertere Erörterung
der Referate Hippolyts soll hier jedoch verzichtet werden, weil ihr
Quellenwert zu Recht alles andere als unumstritten ist[2] und deshalb nicht allzuviel auf sie gebaut werden kann.

2.2.5. EXZERPTE AUS THEODOT

Die Exc ex Theod sollen für sich behandelt werden, da sie eine
Sammlung von Aussprüchen verschiedener Valentinianer sind, die in
den meisten Fällen nicht sicher bestimmten Autoren zugewiesen
werden können. Erschwert wird ihre Auswertung dadurch, daß nicht
immer eindeutig zu entscheiden ist, was Referat und was eigene Bemerkung des Klemens von Alexandrien ist. Ich schließe mich für

---

1   So auch v. CAMPENHAUSEN (Entstehung, 163), nach dem Mt und Joh bevorzugt
        in Gebrauch waren u. auch Mk u. Lk bekannt.
2   Vgl. dazu KOSCHORKE (Ketzerbekämpfung , 4f u. 94 sowie passim), nach dem
        Hippolyt kein Zeuge für die direkte Begegnung von kirchlichem und gno-
        stischem Christentum ist.

das folgende den diesbezüglichen Vorschlägen von SAGNARD (Clément)
an, dessen Ausgabe auch meiner Analyse zugrundeliegt.
Auch in den Exc ex Theod ist deutlich, daß die valentinianischen
Gnostiker die kirchlichen Evangelien zur Veranschaulichung ihrer
eigenen Gedanken herangezogen haben. Daß wir wieder nur auf in
unseren Augen Abstruses und reichlich weit Hergeholtes stoßen,
liegt wohl nicht unbedingt ausschließlich und allein an den Positionen der exzerpierten Valentinianer selbst, sondern zumindest
auch am Auswahlprinzip und -verhalten ihres Exzerptoren Klemens
von Alexandrien.
Deutlich auf die Benutzung des Mt verweisen m.E. die folgenden
Stellen:
In c. 3,1 wird Mt 5,16a zur Interpretation der gnostischen Seelenlehre herangezogen; die für das Mt so wichtige Fortsetzung in
Mt 5,16b wird nicht rezipiert. Sie ist nicht interessant und würde sogar stören, da ja gerade das "φῶς", wie die dem Zitat vorangestellte Interpretation zeigt, völlig anders verstanden wird
als bei Mt:

> Exc ex Theod 3,1 Ἐλθὼν ὁ Σωτὴρ τὴν ψυχὴν ἐξύπνισεν, ἐξῆψεν
> δὲ τὸν σπυθῆρα· δύναμις γὰρ οἱ λόγοι τοῦ Κυρίου. Διὰ τοῦτο
> εἴρηκεν· Λαμψάτω τὸ φῶς ἔμπροσθεν ·τῶν ἀνθρώπων.

> Mt 5,16a οὕτως λαμψάτω τὸ φῶς ὑμῶν ἔμπροσθεν τῶν ἀν-
> θρώπων, ...

Dieselbe Stelle findet Aufnahme auch in c. 41,3, wieder im Rahmen
der gnostischen Anthropologie und nicht etwa in der Ethik. Interessant ist an beiden Stellen, daß das nur bei Mt überlieferte
Jesuswort, das dort eindeutig ethisch-paränetische Funktion hat,
bei den Gnostikern (u.a. durch das Weglassen von "ὑμῶν") zumindest
inhaltlich zur indikativischen Aussage wird.
In c. 52f werden verschiedene neutestamentliche Worte aufgenommen
und wieder auf die gnostische Seelenlehre bezogen. Sicher läßt
sich in c. 52,2 die Aufnahme von Mt 5,25 feststellen, wobei aber
auch die Lk-Parallele mit Verwendung findet.
In c. 53,1 ist das Gleichnis vom Unkraut unter dem Weizen aufgenommen. Zu vergleichen sind besonders Mt 13,25 u. 34.

Das Verständnis des Mt an den genannten Stellen ist dabei recht
eigenwillig; vor allem Mt 5,25 wird gerade entgegen seinem Wortlaut interpretiert, indem die Gnostiker dem Widersacher, d.h.
dem "Fleisch" der göttlichen Seele[1], nicht etwas nachgeben, sondern dadurch "wohlgesinnt" sein sollen, daß sie ihn durch Nichttun
des Bösen seiner Existenzgrundlage berauben und töten. Zwar ist
der Widersacher hier kein Mitmensch, die Tendenz der matthäischen
Aussage wird aber doch deutlich ins Gegenteil verkehrt.
In c. 61,8 und 63,1f wird sehr wahrscheinlich auf Mt 22,1-14 und
hier besonders auf das hochzeitliche Kleid von Mt 22,12 angespielt.
Sofern c. 86,3 nicht Klemens zuzuweisen ist, sondern den Gnostikern,
gehört zum vollständigen Bild auch noch die Aufnahme von Mt 25,1-
13, besonders Mt 25,2.

Über die bisher angeführten Stellen hinaus werden in der Literatur
noch andere für die gnostische Mt-Benutzung in Anschlag gebracht;
diese Zuordnungen vermögen aber aus z.T. unterschiedlichen Gründen
nicht zu überzeugen:
- so ist in c. 74,2 und 75,2 zwar die Aufnahme von Mt 2,2, wie auch
MCCUE (128) bemerkt, sehr wahrscheinlich; beide Stellen gehen aber
möglicherweise nicht auf die Valentinianer, sondern auf Klemens
von Alexandrien zurück.
- in c. 76,3 ist die Aufnahme von Mt 28,19 alles andere als sicher;[2]
exakte Parallele ist hier nur die triadische Taufformel an sich,
nicht einmal ihr exakter Wortlaut. Gerade eine Taufformel dürfte
kaum geeignet sein, direkte Abhängigkeit von einem schriftlichen
Evangelium wahrscheinlich zu machen.
- in c. 51,3 ist kein sicherer Bezug auf Mt 10,28 glaubhaft zu
machen,[3] weil speziell mit dem Mt nur die doch recht allgemeine
Wendung "ἀπολέσαι ἐν τῇ γεέννῃ" übereinstimmt. Gerade eine solche
Wendung, mag sie auch im synoptischen Vergleich deutlich als für
das Mt spezifisch erscheinen, ist doch von der in ihr zum Ausdruck

---

[1]   Zur Interpretation dieses Gedankens s. FÖRSTER in FÖRSTER/HAENCHEN/KRAUSE
       (204).
[2]   So auch C BARTH (36); anders und weniger vorsichtig SAGNARD (Clément,
       244) und MCCUE (129).
[3]   Anders SAGNARD (Clément, 244) und MCCUE (129) sowie C BARTH (36).

kommenden Vorstellung her so naheliegend und plausibel, daß Mt-
Abhängigkeit hier zwar als gut möglich erscheint, aber durchaus
nicht positiv wahrscheinlich gemacht werden kann.

- in c. 52,1 liegt gegen SAGNARD (Clément, 244) kein sicherer Bezug auf Mt 12,29 vor, da der einzige für das dort gegebene Zitat
relevante Unterschied zwischen Mk und Mt[1] zu geringfügig ist, als
daß man mit ihm die Annahme von Mt- anstatt Mk-Benutzung plausibel
machen könnte.

- zu c. 61,5 unterscheiden sich Mt- und Mk-Parallele nicht, so daß
auch hier nicht mit ausreichender Sicherheit auf Abhängigkeit
speziell vom Mt geschlossen werden kann.[2]

An all den eben genannten Stellen kann Mt-Abhängigkeit zwar durchaus nicht ausgeschlossen werden, sie ist aber, obwohl möglich,
nicht mit hinreichenden Gründen wahrscheinlich zu machen. Zu solchen Stellen sind noch zusätzlich die folgenden zu zählen:

> C. 16,6; 22,6; 61,6; 76,1 (Mt 3,16), c. 42,3 (Mt 10,38); c. 52,1 (Mt
> 5,25)[3]; c. 66 (Mt 13,10-13); c. 85,1 (Mt 4,11); c. 86,2 (Mt 22,20f).

Allenfalls theoretisch möglich, aber durch nichts positiv nahegelegt ist Mt-Abhängigkeit in:

> C. 22,3 (Mt 22,30); c. 49,1 (Mt 3,12).

---

1   Mt und Exc ex Theod lesen "ἁρπάσαι", Mk "διαρπάσαι".
2   Anders SAGNARD (Clément, 244); vgl. aber Mt 26,32 und Mk 14,28.
3   Deutlich auf das Mt verweist dagegen c. 52,2 (s.o. 366), so daß von
      c. 52,2 her die für c. 52,1 wegen Identität der synoptischen Paralle-
      len für die zitierten Wendungen nicht sicher anzunehmende Abhängig-
      keit vom Mt dann doch als wahrscheinlich erscheint.

2.2.6. EVANGELIUM MARIAS

Das EvMar[1] läßt sich zwar in zwei Teile aufteilen[2], ist in seiner
jetzigen Gestalt aber deutlich als ein Ganzes konzipiert. Darauf
haben zu Recht MACRAE und WILSON hingewiesen[3], die die Frage nach
der ursprünglichen Selbständigkeit und nach dem möglicherweise
nichtchristlichen Ursprung der beiden Teile bewußt offenlassen[4]
und nicht wie die deutschsprachige Forschung im Gefolge von TILL
(Schriften, 26) dahingehend beantworten, daß im EvMar zwei kleine,
ursprünglich unabhängige Werke "ziemlich künstlich"[5] miteinander
verbunden worden sind[6].

Deutliche Anspielungen auf die Evangelien finden sich vor allem
in den Passagen des EvMar, die seine - jetzige - Einheit konsti-
tuieren;[7] dabei ist zumindest für das Mt sicher, daß es dem Verfasser (oder Endredaktor) des EvMar bekannt war. Dies ergibt sich
aus p 8,21f, wo die Jünger aufgefordert werden:

> "Geht also und predigt
> das Evangelium (εὐαγγέλιον) vom Reiche."

Die Wendung "κηρύσσειν τὸ εὐαγγέλιον τῆς βασιλείας" findet sich so
nur bei Mt, und zwar in Mt 4,23 und 9,35 deutlich redaktionell in
einem Summar, sowie - ebenfalls deutlich redaktionell - in Mt 24,
14, so daß mir hier eine Geprägtheit durch das Mt als wahrscheinlich erscheint; als Parallele mitanzuführen ist noch der matthäi-

---

1   Ausgabe: s. TILL/SCHENKE, MACRAE/WILSON in PARROTT und PASQUIER; vgl.
    auch die französische Übersetzung von TARDIEU. Im folgenden werden Text-
    zitate unter Angabe von Kodexseite und -zeile nach der Übersetzung von
    TILL/SCHENKE gegeben.
    Zu datieren ist das EvMar, obwohl keine Sicherheit zu erreichen ist, wahr-
    scheinlich auf das 2. Jh.; so PUECH (255), ALTANER/STUIBER (131), TARDIEU
    (25) u. PASQUIER (4 mit Anm. 15 ebd.).
2   P 7,1-9,24 und p 10,1-19,2.
3   So schon (vorsichtig) in NHLE (471), wo sie die Aufteilbarkeit in zwei
    Teile feststellen, aber nicht die Konsequenz der Annahme ehemals selb-
    ständiger Existenz dieser Teile ziehen; deutlicher dann in ihrer Ausgabe
    in PARROTT (454f), wo sie vor allem auf p 18,17-21 hinweisen, wo deutlich
    auf p 8,21-9,4 angespielt wird.
4   Vgl. MACRAE/WILSON in PARROTT (454f): "... it remains open to debate whe-
    ther we should think of written sources or merely older material, and
    whether such older material was itself non christian."
5   So PUECH (254).
6   So z.B. auch ALTANER/STUIBER (131).
7   Darauf wies schon WILSON (New Testament, 240) hin.

sche Missionsbefehl, an den sich allerdings keine formulierungsmäßigen Anklänge feststellen lassen.

> Gut mit dem Mt und besonders mit Mt 24,14 stimmt auch die Aufnahme der
> Wendung "das Evangelium vom Reich predigen" in p 9,8-10 zusammen, wo
> es um die Heidenmission geht. Auf die Nähe zum Mt an dieser Stelle weist
> auch TUCKETT (Nag Hammadi, 179) hin; mir erscheint aber für p 9,8-10 als
> die wahrscheinlichste Annahme, daß dort p 8,21f aufgenommen wird.

Für die anderen Evangelienanklänge im EvMar läßt sich wegen Undeutlichkeit des Bezuges oder Identität der Parallelen Mt-Bezug nicht
positiv wahrscheinlich machen, wenn dieser auch an einer Reihe von
Stellen immerhin als gut möglich erscheint.

> Zu nennen sind hier p 7,8f u. 8,10f (Mt 11,15);[1] p 8,15f (Mt 24,4f); p 8,
> 17f (Mt 24,23); p 8,20f (Mt 7,7f), p 10,15f (Mt 6,21);[2] p 15,16 (Mt 7,1).

Dabei ist das Mt, wie schon ein flüchtiger Überblick zu zeigen
vermag,[3] durchaus nicht das einzige Evangelium gewesen, bei dem
der Verfasser/Endredaktor des EvMar Anleihen gemacht hat.
Das EvMar ist nicht mehr und nicht weniger als ein weiterer Hinweis
darauf, daß und wie die christlichen Gnostiker bemüht waren, ihre
speziellen Anliegen zumindest sprachlich an die kirchlich akzeptierte und rezipierte Überlieferung anzubinden; eine Rezeption von
für das Mt - oder auch eines der anderen Evangelien - spezifischen
und wichtigen Inhalten findet nicht statt.

---

1   S. dazu TUCKETT (Nag Hammadi, 180): "the proverbial nature of the saying
     makes it precarious to conclude too much about the Gospel of Mary's
     dependence on the synoptic tradition".
2   S. dazu TUCKETT (Nag Hammadi, 181); für einen Überblick über die kirch-
     lichen und gnostischen Parallelen zu diesem Wort s. PASQUIER (101-103).
3   Vgl. z.B. p 8.12-9,5.

2.2.7. ODEN SALOMOS

Die Forschungsdiskussion bezüglich der die Oden Salomos[1] betreffenden Einleitungsfragen ist zur Zeit weit von einem tragfähigen Konsens entfernt; weder über die Ursprache noch über die Abfassungszeit
noch über die Charakterisierung der Oden als "gnostisch" herrscht
Einigkeit.[2] Die OdSal haben aber mit den gnostischen Schriften auf
jeden Fall eine Fülle mythologisch-soteriologischen Materials gemeinsam[3] und sind, selbst wenn sie einen völlig eigenständigen Typ
von Christentum repräsentieren[4], der Gnosis in vielem doch sehr
nahe.

Auch über die Mt-Rezeption in den OdSal finden sich in der Literatur widersprüchliche Urteile. So sieht MASSAUX (Influence, 207)
vor allem in Ode 14,5 und 22,12 Mt-Abhängigkeit als gegeben an,
während MORGAN (443 und in der Summary, 2) diese energisch bestreitet.

Mir erscheint zumindest in der syrischen Version von Ode 22,12 Einfluß des Mt als gut möglich bis wahrscheinlich.

> OdSal 22,11 Unvergänglich ist dein Weg und dein Antlitz gewesen. Du hast
> deine(n) Welt (Äon) zum Verderben gebracht, damit alles aufgelöst und
> erneuert würde, 12 und dein Fels Fundament für alles sein solle. Und auf
> ihn hast du dein(e) Reich (Königsherrschaft) gebaut, und es (sie) ist
> ein Wohnort der Heiligen geworden. Halleluja.

---

1   Ausgabe und Übersetzung: LATTKE (Oden Salomos) und CHARLESWORTH (Odes of
     Solomon); zitiert wird nach der Ausgabe von LATTKE.
2   Zur Darstellung der verschiedenen Theorien über Abfassungszeit und -ort
     und Verfasserschaft bietet bis 1976 den besten und genauesten Überblick
     METZGER (8, Anm. 5). In neuerer Zeit sind zu nennen vor allem DRIJVERS
     (Ode, passim, besonders 355; Oden, 52; Facts, 169; für einen Überblick
     über die Datierungsversuche von DRIJVERS, der mit der Zeit eine immer
     spätere Entstehung der OdSal annahm, s. ABRAMOWSKI (Sprache, 88-90)) und
     AUNE (436), der ebenfalls für Syrien, aber für die Zeit zwischen 75 und
     125 (mit der Tendenz zum Ende dieses Zeitraums) plädiert und (437) den
     gnostischen Charakter der Oden mit Verweis auf CHARLESWORTH (Odes) dif-
     ferenziert in Frage stellt. Auch KÖSTER (Introduction 2, 217) nimmt wie
     CHARLESWORTH (Research, 189) Ende des ersten oder Anfang des zweiten Jahr-
     hunderts als Abfassungszeit der Oden an. Wesentlich vorsichtiger äußert
     sich - m.E. zu Recht - MCNEIL (122), der meint, daß genauer als auf ir-
     gendwann im 2. Jh. nicht datiert werden könne.
     Zuletzt hat ABRAMOWSKI (Sprache, 88-90) Abfassung der OdSal in der zwei-
     ten Hälfte des zweiten Jahrhunderts wahrscheinlich zu machen versucht.
3   So auch LATTKE (Odes, 298).
4   So AUNE (436).

Es ist zwar offensichtlich, daß das Mt hier nicht   z i t i e r t
wird; dennoch ist die sachliche Nähe zu Mt 16,18 auffallend.
Wenn - und da - OdSal 22 ein christliches Lied ist[1], ist hier Mt
16,18 die deutlichste und eine naheliegende Parallele[2]. Die fehlende Formulierungsaffinität erklärt sich gut aus der Freiheit
des Liederdichters. Von daher ist MASSAUX (Influence, 207) und
W BAUER (Oden Salomos, 603 Anm. 4), die Mt-Abhängigkeit annehmen,
gegen MORGAN (429f), der mit dem Hinweis auf das Fehlen von für
das Mt spezifischen Formulierungen und Gedanken Mt-Abhängigkeit verneint und Aufnahme jüdischen Materials annimmt, zuzustimmen.

An anderen Stellen ist die Mt-Nähe sehr viel weniger deutlich, Mt-
Bezug aber jeweils doch immer möglich und keinesfalls auszuschließen.

> Zu nennen sind hier OdSal 3,2 (Mt 19,5); 4,13 u. 5,3 (Mt 10,8); 7,15 (Mt
> 3,17; 17,5; 12,18); 7,16 (Mt 11,27); 7,17 (Mt 25,6); 14,5 (Mt 6,13); 24,1
> (Mt 3,16); 31,6 (Mt 11,28); 31,9 (Mt 27,35); 31,11 (Mt 7,25); 41,15 (Mt
> 13,35).

Keinesfalls naheliegend und allenfalls theoretisch möglich ist
Mt-Bezug an einer Reihe von weiteren Stellen.

> Zu solchen Stellen gehören OdSal 8,20b-21a (Mt 25,34); 23,17f (Mt 28,19);
> 42,6 (Mt 28,19f); 42,7b-8 (Mt 11,29).[3]

---

1   SPITTA (99) hält die OdSal für ursprünglich jüdisch und später christlich
    interpoliert und weist im Rahmen solcher Differenzierungen OdSal 22,12
    der jüdischen Grundschrift zu, die ihrerseits als Grundlage von Mt 16,18
    zu betrachten sei.
2   Auch MCNEIL (116f) meint, daß die fragliche Stelle diejenige Passage in
    den OdSal ist, die den synoptischen Evangelien am nächsten steht, gibt
    aber zu bedenken, daß die Aussagen inhaltlich unterschiedlich seien: im Mt
    würde die Kirche, in den OdSal das Gottesreich auf den Felsen gebaut.
    Durch diesen inhaltlichen Unterschied verringert sich seiner Meinung nach
    Deutlichkeit und Wahrscheinlichkeit eines eventuellen Mt-Bezuges. Gegen
    MCNEIL ist festzuhalten, daß auch OdSal 22,12 von der Kirche redet: das
    Gottesreich, das auf dem Felsen ruht, ist "Wohnort der Heiligen".
3   Alle diese zuletzt aufgeführten Stellen werden von MASSAUX (Influence,
    207) als mögliche Mt-Bezüge angeführt; m.E. ist MASSAUX viel zu zurück-
    haltend, wenn er sie (a.a.O. ebd.) als "moins clair" bezeichnet.

2.2.8. BASILIDES UND SEINE SCHÜLER

Auch in den Schriften des Basilides und seiner Schüler begegnet
für das Mt spezifisches Gut, das darauf hinweist, daß Basilides
das kanonische Mt direkt oder indirekt benutzt hat.
Im einzelnen ist an den folgenden Stellen die Nähe zu für das
Mt spezifischen Stoffen deutlich:

Nach Clem Al Strom 3,1,1 haben die Basilidianer sich intensiv um
die Auslegung von Mt 19,11f bemüht und diese Stelle für ihre
Ablehnung der Ehe herangezogen. Angesichts der Zitateinleitung
besteht kein Grund, diesen Mt-Bezug Basilides selbst zuzuweisen.[1]

> Clem Al Strom 3,1,1 οἱ δὲ ἀπὸ Βασιλείδου 'πυθομένων' φασὶ
> 'τῶν ἀποστόλων μή ποτε ἄμεινόν ἐστι τὸ μὴ γαμεῖν' ἀποκρί-
> νασθαι λέγουσι τὸν κύριον· 'οὐ πάντες χωροῦσι τὸν λόγον τοῦ-
> τον· εἰσὶ γὰρ εὐνοῦχοι, οἱ μὲν ἐκ γενετῆς, οἱ δὲ ἐξ ἀνάγκης'.

> Mt 19,10 Λέγουσιν αὐτῷ οἱ μαθηταὶ (αὐτοῦ)· εἰ οὕτως
> ἐστὶν ἡ αἰτία τοῦ ἀνθρώπου μετὰ τῆς γυναικός, οὐ συμφέρει
> γαμῆσαι. 11 ὁ δὲ εἶπεν αὐτοῖς· οὐ πάντες χωροῦσιν τὸν
> λόγον (τοῦτον) ἀλλ᾽ οἷς δέδοται. 12 εἰσὶν γὰρ εὐνοῦχοι
> οἵτινες ἐκ κοιλίας μητρὸς ἐγεννήθησαν οὕτως, καὶ εἰσὶν
> εὐνοῦχοι οἵτινες εὐνουχίσθησαν ὑπὸ τῶν ἀνθρώπων, καὶ
> εἰσὶν εὐνοῦχοι οἵτινες εὐνούχισαν ἑαυτοὺς διὰ τὴν βασι-
> λείαν τῶν οὐρανῶν. ὁ δυνάμενος χωρεῖν χωρείτω.

Die Mt-Stelle wird sehr frei und mit wohl eigenen, zusammenfassenden Worten "zitiert", dabei aber durchaus nicht tendenziös ent-
stellt wiedergegeben[2].

In Richtung einer gnostischen Arkandisziplin interpretiert Ba-
silides nach Epiphanius (Panar 25,5,2.4f) Mt 7,6, indem er die
Gnostiker als die Menschen, alle anderen aber als "Schweine" und
"Hunde" bezeichnet.

---

1   Anders ZAHN (Geschichte, 769-771); dagegen zu Recht WINDISCH (Evangelium,
     239); das Fragment wird im folgenden nach VÖLKER (Frgm. 7, S. 42) zitiert.
2   Anders zu Unrecht ZAHN (Geschichte, 769).

Epiph Panar 24,5,2 ἀλλά φησιν ὁ ἀγύρτης· 'ἡμεῖς', φησίν,
'ἐσμὲν οἱ ἄνθρωποι, οἱ δε ἄλλοι πάντες ὕες καὶ κύνες. καὶ
διὰ τοῦτο εἶπεν· μὴ βάλητε τοὺς μαργαρίτας ἔμπροσθεν τῶν
χοίρων μηδὲ δῶτε τὸ ἅγιον τοῖς κυσίν.'

Mt 7,6 Μὴ δῶτε τὸ ἅγιον τοῖς κυσίν μηδὲ βάλητε τοὺς μαργαρίτας ὑμῶν ἔμπροσθεν τῶν χοίρων, ...

Bis auf das Auslassen von "ὑμῶν" und die Reihenfolge der beiden
Sätze zitiert Basilides das Mt exakt.

Deutlich auf Aufnahme von Mt 5,28 verweist schließlich ein längeres Zitat, das sich in den Stromateis des Clem Al[1] mit der
folgenden Einleitungswendung findet:

Clem Al Strom 4,81,1 Βασιλείδης δὲ ἐν τῷ εἰκόστῳ τρίτῳ   τῶν
'Εξηγητικῶν περὶ τῶν κατὰ τὸ μαρτύριον κολαζομένων αὐταῖς
λέξεσι τάδε φησί·

Inhaltlich geht es Basilides um das Martyrium und hier vor allem
um die Begründung der These, daß das Martyrium von Christen wie
alles Leiden auf die Sünden der Betroffenen zurückzuführen sei.
Zur Begründung dafür, daß auch nach außen Sündlose gesündigt haben
können, wird angeführt, daß ja z.B. bei Ehebruch und Mord schon
der (nicht sichtbare) Gedanke an die Tat als Sünde zu bezeichnen
sei:

Clem Al Strom 4,82,2 ὡς γὰρ ὁ μοιχεῦσαι θέλων μοιχός ἐστί,
κἂν τοῦ μοιχεῦσαι μὴ ἐπιτύχῃ, καὶ ὁ ποιῆσαι φόνον θέλων ἀν-
δροφόνος ἐστί, κἂν μὴ δύναται φονεῦσαι, ...

Mt 5,28 ἐγὼ δὲ λέγω ὑμῖν ὅτι πᾶς ὁ βλέπων γυναῖκα πρὸς
τὸ ἐπιθυμῆσαι αὐτὴν ἤδη ἐμοίχευσεν αὐτὴν ἐν τῇ καρδίᾳ
αὐτοῦ.

Trotz der fehlenden weitergehenden Formulierungsübereinstimmungen
mit Mt 5,28 ist die sachliche Nähe doch deutlich, so daß das Mt
mit MASSAUX (Influence, 422) und MORGAN (671) als wahrscheinliche

---

1   Strom 4,81,1-83,1; im folgenden zitiert nach VÖLKER (Frgm. 2, S. 40f).

Grundlage des Gedankens angesehen werden kann. Zu berücksichtigen
ist auch, daß Basilides hier deutlich ja nicht zitieren will, sondern inhaltlich und mit "eigenen" Worten argumentiert.

Mir scheint insgesamt nichts dagegen zu sprechen, daß die festge-
stellte Affinität zum Mt sich direkter Mt-Benutzung verdankt. Die
Mitteilung des Origines in Hom in Lk 1,1, daß Basilides ein eigenes Evangelium verfaßt habe, die zu mancherlei Thesen und Spekulationen Anlaß gegeben hat[1], ist durch keine weitere Information
belegt, vielleicht (wie auch HAUSCHILD (81 Anm. 34) annimmt) unzu-
verlässig und bedeutet, selbst wenn sie korrekt sein sollte und
Origenes mit "Evangelium" eine den kanonischen Evangelien ähnliche
Schrift gemeint haben sollte,[2] keinesfalls, daß der von Basilides
in seinen Schriften verarbeitete Evangelienstoff ausschließlich
aus diesem Evangelium entnommen ist.

Die einzige sichere Information über ein Werk des Gnostikers Basilides bietet Klemens von Alexandrien, nach dem, wie oben (378)
schon zitiert, Basilides ein Werk mit dem Titel "Ἐξηγητικά" verfaßt hat. Nach den aus diesem Werk zitierten Ausführungen ist es
zumindest nicht auszuschließen, daß es sich dabei um einen Kommentar zu den kanonischen Evangelien gehandelt hat. Sicher allerdings
ist dies keineswegs, so daß man vorsichtig sein sollte, gerade
Basilides als einen frühen Zeugen dafür anzusehen, daß die Gnostiker der Großkirche darin vorangingen, die Evangelien als "Schrift"
zu betrachten und demzufolge zu kommentieren, wie dies LIETZMANN
(Geschichte, 307ff) und GRANT (Formation, 124) tun.

Außer Betracht für diese Frage müssen die Zitationsformeln im Bericht
des Hippolyt über Basilides in Ref 7,20-27 bleiben, und zwar allein schon

---

1   Vgl. dazu PUECH (257f).
2   Ein Beispiel dafür, daß im 2.Jh. eine Lehrschrift "Evangelium" genannt
     werden konnte, wobei dieser Titel als "Frohe Botschaft" und nicht als
     "Bericht von Leben, Worten und Taten Jesu" verstanden wurde, ist das EvVer
     (NHC I,3); vgl. dazu auch HAUSCHILD (81 Anm. 34), der meint, daß mit dem
     Titel "Evangelium" "urchristliches Schriftgut allgemein" bezeichnet werden
     konnte. Zu vergleichen ist auch WESTCOTT (295), für den das Evangelium
     des Basilides das war, was man auch als "philosophy of christianity" be-
     zeichnen kann.

> deswegen, weil sie vom Textzusammenhang her m.E. nicht zwingend Basi-
> lides zuzuschreiben sind.

Ein besserer und sicherer Zeuge für eine derartige gnostische
Bewertung unserer Evangelien ist Herakleon mit seinem Johannes-
"kommentar".

Reduziert man für die Frage nach der Mt-Rezeption bei Basilides
die Spekulationen über sein Evangelium und seine "Ἐξηγητικά"
auf das sicher Aussagbare, so bleibt immerhin so viel, daß der
Gnostiker Basilides für das Mt spezifisches Gut gekannt und aufgenommen hat. Daß er in der Art, in der er dies tat, der Großkirche
voranging, und sei es auch nur, indem er als erster explizit formulierte und schriftlich durchführte, was in Alexandria im frühen
2. Jh. üblich war, muß unsicher bleiben.
Die wenigen erhaltenen Fragmente zeigen, daß die Interpretation,
die Basilides einzelnen Jesusworten (denn nur von der Aufnahme
solcher haben wir Kenntnis) gab, zwar durchaus der Eigenwilligkeit nicht entbehrt, aber immer mit dem Literalsinn der entsprechenden Evangelienstelle gut in Einklang zu bringen ist. Für die
inhaltlichen Schwerpunkte seines Systems, soweit wir dieses aus
den z.T. widersprüchlichen Nachrichten rekonstruieren können[1],
hat das Mt - wie auch die anderen Evangelien - keine zentrale
Funktion gehabt.

---

1   S. dazu WILSON (Gnosis, 543).

2.3. Quellen und Berichte, in denen sich kein deutlicher Mt-
     Bezug findet

Keinerlei signifikante Bezüge auf speziell das Mt finden sich
in der APOPHASIS MEGALE[1], in den bei Epiphanius erhaltenen Informationen über die Schrift GENNA MARIAS[2], in der Schrift DE IUSTITIA
des Gnostikers Epiphanius, über die wir durch Klemens von Alexandrien wissen[3], in den abgesehen von den bei Origenes erhaltenen
Stücken seiner Johanneserklärung überlieferten FRAGMENTEn DES
GNOSTIKERS HERKALEON[4], in den erhaltenen Stücken des und Informationen über das LIBER BARUCH des Gnostikers Justin[5] und in
den auf uns gekommenen FRAGMENTEn VALENTINS[6].

Zur Wertung dieses Befundes ist festzuhalten, daß man nicht allzuviel aus ihm ableiten kann. Besonders für Valentin, aber auch
für die anderen genannten Verfasser und Schriften gilt, daß das
Bild, das wir von ihrem Wirken und von ihren Gedanken haben, ebenso fragmentarisch ist wie die Überlieferung ihrer Schriften. Daß

---

1   Ausgabe: SALLES-DABADIE; zur Diskussion um die Herkunft und Verfasser-
     schaft dieser Schrift s. FRICKEL (204f), BEYSCHLAG (Simon Magus, 37-39
     u. im Vorwort VI Anm. 1) sowie LÜDEMANN (Untersuchungen, passim) u.
     ALTANER/STUIBER (100). Mt-Bezug ist immerhin möglich in SALLES-DABADIE
     16,21 (Mt 3,12); 32,14 (Mt 3,10).
2   S. Panar 26,12 (GCS 25,290f; vgl. zu 291,1f Mt 23,35).
3   S. Strom 3,5,2-8,3; abgedruckt bei VÖLKER (33-35); vgl. zu Mt 5,45 VÖLKER
     34,15.
4   S. Clem Al Strom 4,71f u. Ecl 25,1, abgedruckt bei VÖLKER (85f); anders
     als ich sieht MORGAN (680) in Strom 4 Abhängigkeit von Mt 10,32f als
     sicher an.
5   S. dazu die Fragmente bei Hippolyt, Ref 5,24,2-27,5 (abgedruckt bei
     VÖLKER, 27-33). Zur Evangelienbenutzung und -bewertung dieses Buches so-
     wie allgemein zu Justin dem Gnostiker s. HAENCHEN (Buch Baruch, 139-141).
     Deutlicher als an das Mt sind die Anklänge an Lk und Joh; vgl. dazu HAEN-
     CHEN (a.a.O., 139). Zu VÖLKER 31,25 vgl. Mt 2,1; zu VÖLKER 31,36 vgl.
     Mt 4,1f.
6   S. die Sammlung der Fragmente bei VÖLKER (57-60). Mit v. CAMPENHAUSEN
     (Entstehung, 167 Anm. 172) ist gegen MASSAUX (Influence, 426) festzu-
     halten, daß die Anklänge an das Mt keineswegs einen literarischen Einfluß
     desselben auf Valentin als wahrscheinlich erscheinen lassen, sondern
     "äußerst unbestimmt" sind (so v. CAMPENHAUSEN a.a.O.). Zur Diskussion ste-
     hen vor allem die möglichen Bezüge auf Mt 5,8 u. 19,17 im bei Clem Al
     Strom 2,114,3-6 (VÖLKER 58) überlieferten Valentinfragment, wo mir gegen
     MASSAUX (a.a.O.) und auch MORGAN (673f) Mt-Einfluß zwar als möglich, aber
     durchaus nicht als sicher oder zwingend erscheint.

es methodisch gerechtfertigt ist, zur Erhellung des bruchstück-
haften und dunklen Bildes, das wir z.B. von Valentin haben, die
in größerem Umfang erhaltenen Schriften seiner Schüler heranzuziehen[1], erscheint mir als sehr fraglich. Aber auch der umgekehrte
Weg, aus den wenigen erhaltenen Fragmenten argumenta e silentio
abzuleiten, ist nicht gangbar. Über die Mt-Rezeption gerade Valentins, aber auch der anderen oben angeführten Verfasser und
Schriften läßt sich m.E. nichts Sicheres sagen. Dies aber gilt
positiv in gleicher Weise wie negativ.

---

1   Typisch für viele andere äußert sich LIETZMANN (Geschichte, 310): "... es
     ist durch Vergleichung verschiedener Quellen immerhin möglich, aus dem
     grundlegenden Bericht des Irenaeus eine ältere Gestalt herauszuarbeiten,
     die wir wohl dem Valentin selbst zuschreiben dürfen, sie hat schwerlich
     durch Überarbeitung der Schüler ernstliche Veränderungen erfahren".

3. DIE TEXTE VON NAG HAMMADI[1]

3.1. Vorbemerkungen

Die Texte aus den Kodizes von Nag Hammadi sind uns nicht in ihrer
Originalsprache überliefert. Es handelt sich um koptische Übersetzungen zumeist, wenn nicht sämtlich griechischer Originale. Angesichts dieser Sachlage ist es von vorneherein wenig sinnvoll, nach
Zitaten zu suchen und deren exakten Wortlaut zur Grundlage der Untersuchungen und zum Gegenstand der Reflexion zu machen.

> Auch der Vergleich mit dem koptischen NT trägt nicht viel aus, da der
> Text der HORNERschen Ausgabe a) ein Konstrukt ist und wahrscheinlich nie
> exakt so, wie wir ihn bei HORNER finden, existiert hat, und weil dieser
> Text b) erst für eine deutlich spätere Zeit bezeugt ist als die Mitte des
> 4. Jh., in der oder bald nach der die uns heute zugänglichen Handschrif-
> ten der Traktate von Nag Hammadi entstanden sind.[2]

Mehr für die Frage nach der Rezeption des Mt verspricht stattdessen die Suche nach inhaltlichen Bezügen und Aufnahme von für das
Mt spezifischen Gedanken, Versen oder Perikopen.

Die zeitliche und örtliche Einordnung der Mt-Rezeption in den
Nag-Hammadi-Texten ist leider in den meisten Fällen nicht sicher
vorzunehmen. Die überwiegende Mehrzahl der Schriften wird irgendwann zwischen 150 und 300 n.Chr. entstanden sein; zuweilen ermöglichen innere Kriterien eine approximative exaktere, zumeist aber
sehr unsichere Datierung. Zum Bild der vorirenäischen Mt-Rezeption
des 2. Jh. n.Chr. gehören die Texte aber immerhin möglicherweise
und in manchen Fällen sogar wahrscheinlich hinzu.

---

1   Als Textgrundlage ist die Faksimile-Edition (Leiden 1972-1979) heranzu-
     ziehen; s. hierzu RUDOLPH (Faksimileedition, passim). Eine Übersetzung
     der kompletten Bibliothek in einem Band existiert bisher nur auf Englisch
     (NHLE); zu einzelnen unten angesprochenen Schriften werden gegebenenfalls
     Einzelausgaben und -übersetzungen angegeben.
     Den neuesten Forschungsüberblick bietet RUDOLPH (Nag-Hammadi-Texte).
     Hingewiesen wird im folgenden auf einzelne Schriften mit Nennung des
     (abgekürzten) Titels und der Kodexzuordnung. Die Abkürzungen sind dabei
     die von KOSCHORKE (Polemik, XIIIf).
2   Zu den Datierungsfragen allgemein s. M KRAUSE (Texte, passim), KÖSTER
     (Dialog, 535) u. WILSON (Nag Hammadi, 289).

3.2. Überblick über die Nag-Hammadi-Texte unter besonderer Berücksichtigung ihres Bezuges auf das Mt

Überblickt man die Nag-Hammadi-Schriften insgesamt, so fällt auf, daß es sich um Texte sehr verschiedenen Charakters und sehr verschiedener Provenienz handelt. Die Traktate, die man als Vertreter einer von christlichen Einflüssen unberührten paganen Gnosis bezeichnen kann, weisen naturgemäß keinerlei signifikante Affinität zum Mt auf.

> Darüber können auch gelegentliche, vereinzelte Parallelen nicht hinwegtäuschen. Das - im übrigen nicht vollständige - Parallelenregister von SIEGERT ist nur mit Vorsicht zu gebrauchen; nicht jede Schrift aus Nag Hammadi, zu der die SIEGERT neutestamentliche Parallelen anführt, kann als christlich bezeichnet werden; erst recht ist es nicht statthaft, aus der Anführung von Parallelen auf Kenntnis der jeweiligen neutestamentlichen Schriften durch den Verfasser der Schriften von Nag Hammadi zu schließen.

Zu nennen wären hier ApcAd V,5, Bront VI,2, das Fragment aus Platons Politeia (588B-589B) VI,5, OgdEnn VI,6, Or VI,7, Ascl VI,8, ParSem VII,1, StelSeth VII,5, Zostr VIII,1, Nor IX,2, Mars X,1, Allog XI,3, Hyps XI,4.

Umstritten ist die Einordnung von AuthLog VI,3.

> Diese Schrift scheint - wenn auch aus je unterschiedlichen Gründen - wie Silv VII,4 und SSex XII,1 nicht recht in die Sammlung der Traktate von Nag Hammadi zu passen. Während Silv deutlich eine christliche Schrift ist, die allerhöchstens in Einzelgedanken Affinitäten zu den uns bekannten gnostischen Systemen aufweist, insgesamt aber nicht als "gnostisch" bezeichnet werden kann,[1] sind die SSex[2], denen ebenfalls alles spezifisch Gnostische fehlt, wohl wegen ihrer asketisch-enkratitischen Ethik in die Kodizes aufgenommen worden.[3] In bezug auf AuthLog gehen die Meinungen der Forscher erheblich auseinander; vor allem VAN DEN BROEK hat den Versuch unternommen, christliche Autorschaft dieser Schrift zu erweisen, während sich COLPE (JAC 1972, 13), MACRAE (Tractate on the Soul, 476 und zusammen mit PARROTT in NHLE, 278) und FUNK (Authentikos Logos) unterschiedlich vorsichtig dagegen aussprechen, AuthLog als "christlich" zu bezeichnen.[4]
> Mir scheint - einmal abgesehen von der umstrittenen Charakterisierung der Schrift - in Auth Log kein einziger deutlicher Bezug auf das Mt vorzuliegen.

---

1   Vgl. dazu ZANDEE (Lehren des Silvanus, 240 u. 252), PEEL/ZANDEE in NHLE (347), TRÖGER (Passion, 177), LINDEMANN (Paulus, 335), MUSSIES (188) u. PEARSON (Philo, 82).
2   S. dazu unten S. 508.
3   So COLPE (JAC 1974, 115f); vgl. auch WISSE in NHLE (454).
4   VAN DEN BROEK gibt selbst zu, daß die Christlichkeit des AuthLog nicht allzu deutlich zu erkennen ist, wenn er schreibt: "In reading this work one gets the impression that the author was a Christian but did not want to show that too openly"(276); zum Problem vgl. auch den Forschungsbericht von RUDOLPH (Nag Hammadi-Texte, 10-13).

Die "christlichen" oder besser "christlich-gnostischen" Schriften
in den Kodizes von Nag Hammadi lassen sich untergliedern in solche,
die genuin, d.h. bei ihrer Abfassung christlich motiviert und intendiert waren, und solche, deren Christlichkeit nicht mehr als
eine sekundäre, sehr oberflächliche und manchmal vielleicht sogar
nur interpolierte Firnisschicht ist. Dabei ist die Unterscheidung
zwischen beiden Möglichkeiten nicht immer zweifelsfrei zu treffen.

> Zum Problem der Unterscheidung beider Gruppen von Schriften s. M KRAUSE
> (Texte, 240f u. Christianization, passim u. besonders 190f). KRAUSE
> führt zusätzlich zu der benannten Differenzierung als dritte Kategorie
> die der polemischen antikirchlichen Schriften ein (s. Texte, 240f).

Zur Gruppe der nur oberflächlich christianisierten Schriften gehören m.E. AJ II,1 (vgl. III,1, IV,1 u. BG 8502)[1], HA II,4, OrigMund
II,5, EvAeg III,2, Prot XIII,1. In den christlichen Schichten all
dieser Schriften erscheint mir Mt-Abhängigkeit allenfalls als gut
möglich.

Nicht bei allen Schriften der ersten Gruppe dagegen lassen sich
Anklänge an das Mt, die Abhängigkeit als wahrscheinlich oder auch
nur möglich erscheinen lassen, finden; keinerlei Hinweise auf
Verbindungen zum Mt weisen ApcPl V,2, Melch IX,1 und ExpVal XI,2
auf. Der große Rest der übrigen Schriften läßt mehr oder weniger
deutlich Verbindungen zum Mt erkennen. Mt-Abhängigkeit erscheint
mir als gut möglich, aber nicht positiv beweisbar in Rheg I,4, Tr
Trip I,5, LibTh II,7, Dial III,5[2], 1ApcJac V,3, 2ApcJac V,4, Noema
VI,4. Als gut möglich bis sogar wahrscheinlich erscheint mir Mt-
Benutzung in EvVer I,3 (vgl. XII,2), ExAn II,6, 2LogSeth VII,2,
Silv VII,4, EpPt VIII,2, TestVer IX,3. Noch deutlicher dergestalt,
daß ich hier Mt-Abhängigkeit für sehr wahrscheinlich halte, ist
der Mt-Bezug in EpJac I,2, EvTh II,2, EvPh II,3, SJC III,4 (vgl.
BG 8502,3), ActPt VI,1, ApcPt VII,3 und Inter XI,1.

---

1   Für eine Synopse der vier Versionen dieser Schrift s. TARDIEU (83-166).
2   Anders SEVRIN (Paroles), der in p 139,8-13 deutlich Mt 10,10.24 aufgenom-
     men sieht; m.E. ist wegen der Sprichwörtlichkeit der Wendung in Mt 10,10
     und der Ähnlichkeit der Lk-Parallele zu Mt 10,24 Mt-Abhängigkeit nur
     gut möglich, aber nicht zu beweisen; zur Klassifizierung des Mt-Bezuges
     an dieser Stelle s.u. im Anhang jeweils ad locum. Eine der Position
     SEVRINs entgegengesetzte These vertritt KÖSTER (Introduction 2, 154f),
     der p 124,23-127,18, 131,19-132,15 und 137,3-147,22 für Überbleibsel
     eines noch aus dem 1. Jh. stammenden Dialoges hält.

Dieses thetisch vorangestellte Ergebnis meiner Untersuchungen soll
im folgenden in Erörterungen zu einzelnen Schriften aus den Kodizes
erläutert und begründet werden. Für die Darstellung beschränke ich
mich dabei auf die Schriften, die für die Mt-Rezeption positiv relevant und interessant sind, in denen also nicht nur mit der Möglichkeit der Benutzung des Mt zu rechnen ist, sondern darüber hinaus
zumindest eine Tendenz in Richtung Wahrscheinlichkeit der Mt-Aufnahme begründet behauptet werden kann.
Die Mt-Parallelen der Schriften, in denen Mt-Bezug allenfalls als
möglich erschien, sind im Anhang in den "Tabellen zur Mt-Rezeption
des 2.Jh." ausgewertet, ohne daß sie im Text erwähnt oder aufgeli-
stet würden.

3.3. Untersuchungen zu einzelnen Schriften

3.3.1. EPJAC I,2

Die EpJac[1] ist im wesentlichen eine Abschiedsrede des Auferstandenen an Jakobus und Petrus. Sie setzt die Existenz schriftlicher
Evangelien in p 2,7-15 explizit voraus. Die in den Ausführungen
des Erlösers behandelten Themen sind typisch gnostische;[2] die Art
ihrer Behandlung wie die Hauptperson "Jakobus" lassen bewußt judenchristliche Esoteriker als den hinter dieser Schrift stehenden
Kreis vermuten.[3] Offensichtlich stehen die synoptischen Evangelien
im Hintergrund der Ausführungen von EpJac;[4] die Bezüge auf einzelne,
bestimmte Stellen sind aber alles andere als deutlich.[5]
Immerhin finden sich von den sechs in p 8,6ff aufgezählten Gleichnissen zwei nur bei Mt.[6]
Auffällig ist auch die mehrfach vorkommende Wendung "Reich der
Himmel"[7], die typisch für das Mt ist, sich allerdings auch dem judenchristlichen Hintergrund der EpJac verdanken könnte. Da die
EpJac aber explizit schriftliche Evangelien voraussetzt, erscheint
mir als sehr wahrscheinlich, daß die festzustellenden deutlichen

---

1   Ausgabe und Übersetzung: MALININE u.a.; die deutsche Übersetzung (S. 97ff)
     besorgte TILL; vgl. auch KIRCHNER.
2   So WILLIAMS in NHLE (29); vgl. dagegen andere Charakterisierungen dieser
     Schrift: "not yet afflicted by gnosticism" (VAN UNNIK, Origin, 156), "nur
     mäßig gnostisch-heterodox" (ALTANER/STUIBER, 130). S. auch HORNSCHUH (An-
     fänge, 292): "Es dürfte kaum gelingen, unseren Brief irgendeiner der be-
     kannten gnostischen Richtungen zuzuweisen"; HORNSCHUH charakterisiert
     (ebd.) die Schrift als einer "Art 'Semi-Gnosis'" zugehörig.
3   So auch HORNSCHUH (Anfänge, 288).
4   Anders CAMERON (56), der als Quelle für den Evangelienstoff in EpJac
     "an independent sayings collection that was contemporary with other early
     Christian writings which presented sayings of Jesus" annimmt, und HEDRICK,
     der zumindest für p 13,17-19 (9), 12,22-31 und 7,22-35 (19) und 2,29-33
     (21) Aufnahme früher Jesustradition als wahrscheinlich ansieht.
     Eher unbestimmt äußert sich TRÖGER (Passion, 25): die Aussagen mit Paral-
     lelen im Mt "müssen freilich nicht direkt aus dem Matthäusevangelium, sie
     können auch aus der lebendigen Tradition stammen".
5   Vgl. hierzu wie überhaupt zur Frage der Evangelienrezeption in EpJac
     KÖSTER (Introduction 2, 225).
6   Vgl. p 8,7f (Mt 25,1-13) und p 8,8f (Mt 20,1-16); s. dazu auch SEVRIN
     (Paroles, 524), der aus p 8,4-10 Kenntnis des Mt und Lk ableitet.
7   Vgl. p 2,31; 7,23; 8,25; 9,35; 12,15; 13,25f.

Ähnlichkeiten mit dem Mt auf literarische Benutzung dieses Evangeliums zurückgehen;[1] an vielen anderen als den bisher genannten Stellen ist Bezug auf das Mt zwar gut möglich, aber wegen der Undeutlichkeit des Bezuges oder der Identität der synoptischen Parallelen
nicht zu beweisen.

> Zu nennen sind hier p 2,9 (Mt 10,1); 2,13 (Mt 13,10-13); 4,25-27 (Mt 19,
> 27); 5,10-16 (Mt 10,17f; 24,9); 5,36-6,19 (Mt 16,22); 6,30f (Mt 14,10);
> 7,1-6 (Mt 13,10-13); 7,17f (Mt 6,5.16); 8,5f (Mt 13,23); 8,6 (Mt 18,12f);
> 8,7 (Mt 7,24-27; 13,3-9.31f); 8,35f (Mt 10,17-20); 10,32-34 (Mt 7,7);
> 16,7 (Mt 28,19).

Schon ein flüchtiger Überblick zeigt, daß das Mt keinesfalls das
einzige Evangelium ist, das der Verfasser der EpJac voraussetzt.[2]
Auffällig ist insgesamt nicht so sehr, d a ß   Bezug auch auf
kirchliche Evangelien und speziell das Mt genommen wird, sondern
vielmehr die Souveränität, mit der der Evangelienstoff umgestaltet
und dem eigenen Darstellungsinteresse unterworfen und angepaßt
wird; als nur ein Beispiel sei genannt, daß in p 4,25 und 5,36
Jakobus und nicht wie an den vergleichbaren Stellen in den synoptischen Evangelien Petrus der Redende ist.

Dabei sind in der EpJac die Offenbarungen des Auferstandenen der
Schlüssel zum Verständnis der Worte des irdischen Jesus.[3] Auch
von daher erklärt sich die Undeutlichkeit des Evangelienbezuges
der EpJac, der es eher um Deutung und Wertung als um Wiedergabe
von Worten des irdischen Jesus zu tun ist.

Eine Datierung der EpJac ist nicht sicher vorzunehmen;[4] auch die
Lokalisierung muß offenbleiben.[5]

---

1   Anders z.B. KÖSTER (Dialog, 547); es ist m.E. keinesfalls sicher, daß
     EpJac eine "direkte Fortsetzung der älteren Spruchüberlieferung" ist,
     wie KÖSTER an anderer Stelle (Evangelienliteratur, 1446) will.
2   Zu den Berührungen mit johanneischem Evangelienstoff s. PERKINS (Tradi-
     tions, passim u. besonders 408-410); zu Lk vgl. p 8,6ff.
3   So auch TRÖGER (Passion, 31); interessant ist in diesem Zusammenhang die
     Überlegung von PERKINS (Traditions, 403), die meint, daß hinter EpJac
     eine wahrscheinlich gnostische Sekte steht, die ihre Art der "perception
     of tradition and salvation" gegen einen sich entwickelnden orthodoxen
     "consensus about tradition, creed and canonical scripture" verteidigen
     will.
4   Vgl. dazu WILLIAMS in NHLE (29); CAMERON (56) betrachtet eine Datierung in
     die 1. Hälfte des 2. Jh, als die wahrscheinlichste Annahme, PERKINS (Tradi-
     tions, 413f) spricht sich für Abfassung im frühen 3. Jh. aus.
5   CAMERON (56) lokalisiert die Schrift in Ägypten, PERKINS (Traditions, 414)
     in Kleinasien oder Westsyrien.

3.3.2. EVTH II,2

Auch im gnostischen Thomasevangelium[1] erscheint mir Bezug auf
das Mt als wahrscheinlich. Zwar ist an manchen Stellen durchaus
möglich, daß das EvTh eine gegenüber den synoptischen Evangelien
ursprünglichere Form der Überlieferung widerspiegelt; an anderen
Stellen jedoch, vor allem in der Wiedergabe von Gleichnissen, erscheint das EvTh deutlich als sekundär gegenüber den synoptischen
Evangelien und speziell dem Mt.[2]

Auf die sehr verwickelte und immer noch kontroverse Forschungslage und
-geschichte sei nur nebenbei und ohne den Anspruch auf Vollständigkeit
eingegangen.[3] M.E. sollte man sich vor falschen Alternativen, die sicherlich berechtigte Einzelbeobachtungen verabsolutieren und für das Gesamtbild ausgeben, hüten. Daß sowohl die Abhängigkeit des EvTh von den
synoptischen Evangelien als auch dessen Unabhängigkeit von diesen mit jeweils guten Argumenten vertreten wurde und wird, ist vielleicht nicht
so sehr (oder zumindest nicht nur) ein Hinweis auf die fehlende Solidität und gedankliche Disziplin all dieser Bemühungen, als vielmehr bedingt durch die mit einfachen Lösungen nicht adaequat zu erfassende
Entstehungsgeschichte des EvTh. Vertreter "komplizierter" Lösungen, die
bemüht sind, falschen Alternativen auszuweichen, hat es immer wieder gegeben[4], wenn sich auch in letzter Zeit eine mir nicht einleuchtende Tendenz in Richtung der Behauptung von Unabhängigkeit von den synoptischen
Evangelien deutlich abzeichnet.[5]

---

1   Ausgabe und Übersetzung: GUILLAUMONT u.a.; verwiesen wird auf das EvTh
     nach der dort vorgenommenen Logieneinteilung; auch Text- bzw. Über-
     setzungszitate sind dieser Ausgabe entnommen. Zu den Oxyrhynchus-Fragmen-
     ten, die aller Wahrscheinlichkeit nach eine griechische Vorform, wenn
     auch nicht die Übersetzungsvorlage des koptischen EvTh darstellen, vgl.
     DE SANTOS OTERO (Evangelios, 89-91) (PapOx 1; Sigel der BP EvTh 2 B) und
     WESSELY (1906, 158-172 u. 177-180) (PapOx 654f; Sigel der BP Ev Th 2 A).
     Mt-Abhängigkeit ist für diese Fragmente allerhöchstens gut möglich, aber
     an keiner Stelle wahrscheinlich zu machen.
2   Zu letzterem vgl. LINDEMANN (Gleichnisinterpretation, passim); zur Gleich-
     niswiedergabe des EvTh allgemein s. auch KÖSTER (Parables).
3   Zur Darstellung der Forschungsgeschichte s. SIEBER (11-18), SHEPPARD (49-
     131), PERRIN (Appendix 3), KAESTLI (382ff); letzter mit guter, nicht nur
     Positionen, sondern schwerpunktmäßig gerade auch Argumente nennender Dar-
     stellung.
4   So z.B. CULLMANN (Thomasevangelium, passim), WILSON (Thomas, 39), TURNER
     (39), SHEPPARD (130 u. 360); MENARD (problemes, 63), WILSON (Apokryphen,
     325), SEVRIN (évangile, 67f u. 76-79) und TYSON (206).
5   Vgl. KÖSTER (ΓΝΩΜΑΙ ΔΙΑΦΟΡΟΙ, 126f; in NHLE, 117; Gospels, 114; Introduc-
     tion 2, 152); TRÖGER (Passion, 137); MEES (Pilgerschaft, 68; Gesù, 25-41
     u. besonders 30; Herrenworte, 198);HORMANN (passim); KAESTLI (386ff); GIL-
     LABERT/BOURGEOIS/HAAS (passim, vgl. z.B. 12); VIELHAUER (Geschichte, 624-
     627); GUILLAUMONT (Sémitismes, 203f); CAMERON (24); DAVIES (Gospel of
     Thomas, 4f und Thomas, 9). Anders in neuester Zeit für das ganze EvTh K
     ALAND (Geschichte, 104); MENARD (Tradition, passim u. besonders 426; (vor-

Hauptproblem bei der Beurteilung der Entstehung des EvTh ist, welches
Maß an Eigenständigkeit und Souveränität gegenüber seinen Quellen man
dem/den Verfasser/n des EvTh zubilligen will.

Ein alle Beobachtungen und Parallelen integrierendes Gesamtbild
von der Entstehung des EvTh ist nur schwer zu erstellen und nicht
Ziel meiner Ausführungen; als ein Beitrag zu diesem Gesamtbild
bleibt jedoch festzuhalten, daß das EvTh, mag es auch in Teilen
auf älteres Material zurückgehen, in seiner jetzigen Form und Gestalt das Mt voraussetzt.

Darauf weisen vor allem folgende Beobachtungen hin:

Sehr wahrscheinlich ist die Abhängigkeit vom Mt in <u>log 33</u>. Dort
wird das folgende, auf die Predigttätigkeit der Jünger bezogene
Jesuswort zitiert:

> log 33 Was Du mit deinem (einem) Ohr
>
> (und) mit dem anderen Ohr hörst,
>
> predige(t) es von euren Dächern.

Zu vergleichen sind Mt 10,27 par Lk 12,3:

> Mt 10,27 ὃ λέγω ὑμῖν ἐν τῇ σκοτίᾳ εἴπατε ἐν τῷ φωτί, καὶ
> ὃ εἰς τὸ οὖς ἀκούετε κηρύξατε ἐπὶ τῶν δωμάτων.

> Lk 12,3 ἀνθ᾽ ὧν ὅσα ἐν τῇ σκοτίᾳ εἴπατε ἐν τῷ φωτὶ ἀκουσθήσε-
> ται, καὶ ὃ πρὸς τὸ οὖς ἐλαλήσατε ἐν τοῖς ταμείοις κηρυχθήσε-
> ται ἐπὶ τῶν δωμάτων.

> Q nach POLAG (58) ὃ ἐν τῇ σκοτίᾳ εἴπατε ἐν τῷ φωτὶ ἀκουσθή-
> σεται καὶ ὃ εἰς τὸ οὖς ἐλαλήσατε κηρυχθήσεται ἐπὶ τῶν δωμά-
> των.

Es dürfte nicht zu bestreiten sein, daß der Imperativ 2. Person
plur. (κηρύξατε) anstatt der 3. Person sing. Futur Passiv (κηρυχ-
θήσεται) auf den Evangelisten Mt zurückgeht. Noch schwerwiegender
aber ist, daß bei Mt und im EvTh übereinstimmend der Sinn des Jesuswortes ein ganz anderer ist als bei Lk und wohl auch in der
Logienquelle: bei Mt wie im EvTh werden die Jünger dazu aufgefordert, das, was sie "nichtöffentlich" von Jesus gehört haben,

---

sichtig) DEHANDSCHUTTER (Gospel of Thomas, 157 u. 159f); für die Gleich-
nisse LINDEMANN (Gleichnisinterpretation, passim); für log 30 ATTRIDGE;
letzterer allerdings mit auf unsicherer und konstruierter Textbasis er-
richtetem Gedankengebäude; die Gegenposition zu log 30 (Abhängigkeit
vom Mt) wurde zuletzt von ENGLEZAKIS vertreten.

öffentlich zu verkündigen; bei Lk und in der Logienquelle geht es
um die nicht voraussehbare Wirkung und Verbreitung der quasi im
Privaten verkündeten Botschaft. Während Q/Lk also die Rezeption
der Jüngerpredigt im Auge haben, ist es Mt und EvTh um Legitimation,
Motivation und Inhalt der Verkündigung zu tun.

Die einzige exakte Parallele zum Anfang von log 33 ist also ein gegenüber der Q-Vorlage redaktionell umgestaltetes, so nur im Mt zu
findendes Jesuswort. Falls damit zu rechnen sein sollte, daß es in
das EvTh über die mündliche Tradition gelangt ist, so ist diese
deutlich als   n a c h matthäisch zu qualifizieren.[1]

Deutlich mit der matthäischen Fassung eines Jesuswortes stimmt auch
log 99 überein; für das Tun des "Willens meines Vaters" bietet nur
Mt 12,50 eine exakte Parallele, so daß mir wie NATIONS (181f) als
wahrscheinlich erscheint, daß an dieser Stelle das Mt zugrundeliegt.

Auch in log 34 liegt sehr wahrscheinlich Abhängigkeit vom Mt vor:

> log 34 Jesus sagte: Wenn ein Blinder
> einen Blinden führt, fallen sie beide
> in eine Grube hinunter.

Als Parallelen sind Mt 15,14 und Lk 6,39 zu vergleichen.

> Mt 15,14 (mit Bezug auf die Pharisäer) ἄφετε αὐτούς· τυφλοί
> εἰσιν ὁδηγοὶ (τυφλῶν)· τυφλὸς δὲ τυφλὸν ἐὰν ὁδηγῇ, ἀμφότεροι
> εἰς βόθυνον πεσοῦνται.

> Lk 6,39 μήτι δύναται τυφλὸς τυφλὸν ὁδηγεῖν; οὐχὶ ἀμφότεροι
> εἰς βόθυνον ἐμπεσοῦνται;

Deutlich stimmen Mt und EvTh überein; Lk bietet eine abweichende
Version.

---

1   So auch MCARTHUR (64f) und SCHRAGE (79); SIEBER (110) bezweifelt m.E. zu
    Unrecht, daß der Imperativ 2. Person plur. noch nicht in Q stand. Das Ar-
    gument von MORGAN (563), warum Mt 10,27a, das doch so gut gepaßt hätte,
    weggelassen sei, wenn denn hier Mt zugrundeliege, ist kein Argument gegen
    die Aufnahme von Mt 10,27b; nicht übersehen werden darf auch, daß das
    EvTh den Bildaspekt von Mt 10,27a im folgenden ja noch einmal paränetisch
    gewendet zur Sprache bringt; zur Einordnung dieser Fortsetzung des Lo-
    gions, die Nähe zu Mt 5,15 aufweist, s.u.(392).

Während bei Lk das Wort von den blinden Blindenführern als "παρα-
βολή" Jesu eingeführt ist, die innerhalb der Feldrede fortgeführt
und entschlüsselt wird durch die Aussage, daß der Schüler nie über
seinem Meister ist, erscheint es bei Mt innerhalb der Problematik
"Rein-Unrein" in Mt 15,1-20 als Wort gegen die Pharisäer. Das Bildwort wird dabei zum Argument, die fragende ethische Mahnung zur
qualifizierenden Zustandsbeschreibung; dabei wird naheliegenderweise aus der Frage eine (konditionierte) Aussage. Die syntaktische
Form des matthäischen Bildwortes ergibt sich also schlüssig und
fast notwendig aus seiner (redaktionellen) Verwendung im matthäischen Kontext. Da also der matthäische Wortlaut sich gut als
redaktionell bedingt und verursacht verstehen läßt, liegt dem EvTh
wohl nicht einfach eine allgemeine Sentenz, die auch Mt aufgenommen hätte, sondern die matthäische Fassung dieses Bildwortes zugrunde.[1]

Auffällig ist auch, daß in <u>log 6 und 14</u> Fasten, Beten und Almosengeben zusammen erwähnt werden wie sonst nur in Mt 6,1-18. Eine
Abhängigkeit vom Mt ist allerdings nur mit Einschränkungen wahrscheinlich zu nennen, da die Reihenfolge der genannten "Tätigkeiten" im EvTh eine andere ist als bei Mt. Zusätzlich fällt auf, daß
als viertes "Problemfeld" der praktischen Frömmigkeit im EvTh jeweils Speisevorschriften genannt werden. Die Anordnung der vier
genannten Tätigkeiten dürfte sich der enkratitischen Tendenz
des EvTh verdanken, das im übrigen auch unabhängig vom Mt auf die
für eine ethisch-praktisch orientierte Schrift ja naheliegende Kombination von Almosengeben, Beten und Fasten gekommen sein kann. Zudem ist nicht auszuschließen, daß hier nur der Mt 6,1-18 zugrundeliegende Sondergutstoff und nicht das Mt selbst zur Wirkung gekommen ist.

---

1   In der Literatur wird - wie auch nicht anders zu erwarten - immer wieder
     auf die Übereinstimmung mit Mt 15,14 im Unterschied zu Lk 6,39 hingewie-
     sen; vgl. MCARTHUR (64f); GRANT/FREEDMAN (143); SCHRAGE (86); KOSNETTER
     (38); SIEBER (194); MORGAN (565); nicht einhellig ist jedoch die Meinung
     darüber, ob diese Mt-Nähe als Argument für Abhängigkeit verwandt werden
     kann. Kritisch diesbezüglich äußern sich z.B. SIEBER (194) und MORGAN
     (565). Anders und positiv für Mt-Abhängigkeit spricht sich z.B. MENARD
     (Evangile selon Thomas, z.St.) aus.

An manchen anderen Stellen im EvTh erscheint mir Mt-Abhängigkeit
zwar ebenfalls als gut möglich und vielleicht sogar wahrscheinlich;
die positive Evidenz dieses möglichen Mt-Bezuges ist allerdings
weniger deutlich, als man auf den ersten Blick vermuten könnte.
Vor allem ist in diesem Zusammenhang auf die im EvTh dreimal (log
20, 54, 114) vorkommende Wendung "Reich der Himmel" zu verweisen.
Auf den ersten Blick scheint sie auf Mt-Abhängigkeit hinzudeuten,
kommt sie doch bei Mt überaus häufig, in den anderen Evangelien dagegen überhaupt nicht vor. Sowohl die Analyse der einzelnen Logien,
in denen sie sich findet, als auch der Überblick über den Wortgebrauch des EvTh, wenn es vom "Reich" redet, insgesamt lassen aber
Zweifel an dieser Erklärung ihrer Verwendung aufkommen.
Die Analyse der Einzelstellen ergibt, daß die Wendung "Reich der
Himmel" jeweils das einzige ist, was speziell an das Mt erinnert.
In log 20 ist darüber hinaus nicht festzustellen, ob Mt 13,31, Mk
4,30ff oder Lk 13,18f Grundlage des EvTh gewesen ist. In log 54 erinnert die Seligpreisung der Armen bis auf diese matthäische Wendung nur an das Lk. Zu log 114 existiert überhaupt keine Parallele,
weder in der kanonischen, noch in der außerkanonischen Evangelienliteratur. Zweifel daran, daß das EvTh die in Frage stehende Wendung aus dem Mt übernommen hat, ergeben sich aber vor allem daraus,
daß sich ihre Verwendung im EvTh gut aus dessen nicht zu verleug-
nenden judenchristlichen Hintergrund[1] erklärt, wie ja auch der
matthäische Sprachgebrauch sich nicht dem "luftleeren Raum" ver-

---

1   Zum judenchristlichen Hintergrund des EvTh vgl. die Arbeiten QUISPELs
     (vgl. z.B. Gnosticism, 69 u. passim, Macarius, 113 u. Discussion, 88).
     Seine Aufsätze zum EvTh sind gesammelt greifbar in DERS., Gnostic Studies
     2. Darüber hinaus vgl. in neuester Zeit noch DERS., Judaism (47 u. passim)
     u. Gospel of Thomas (passim). So wenig QUISPELs Thesen bezüglich der
     Quellen und der Genese des EvTh zugestimmt werden kann (zum hierzu Nöti-
     gen s. SHEPPARD, 74-78), so sehr ist sein unbestreitbares Verdienst, den
     judenchristlichen Charakter des EvTh herausgearbeitet zu haben. Dabei
     fällt auf, daß dem nicht zu verleugnenden judenchristlichen Hintergrund
     des EvTh eine ebenso deutliche Abgrenzung gegenüber "den Juden" an die
     Seite tritt; vgl. nur log 27 "Wenn ihr den Sabbat ... nicht als Sabbat ...
     feiert, werdet ihr den Vater nicht sehen" mit log 43 und der Ablehnung
     der körperlichen Beschneidung in log 53. Von daher hat die These TRIPPs
     einiges für sich, daß das EvTh eine Tendenzschrift sei, die die Absicht
     habe, ihre Leser zu stärken und zu versichern in ihrer "increasing
     isolation from their Jewish neighbours" (TRIPP, 44).

dankt, sondern in jüdisch oder judenchristlich geprägtem Denken
seinen Ursprung hat. Eine Übereinstimmung in dieser Wendung allein
bei gleichem oder ähnlichem gedanklichem Hintergrund zweier Schriften kann noch nicht als Hinweis auf literarische Abhängigkeit der
einen Schrift von der anderen gewertet werden.

Die sich aus der Analyse der Einzelstellen ergebende Vorsicht verstärkt sich, wenn man den Gebrauch der Rede vom "Reich" im EvTh
insgesamt mit in die Überlegungen einbezieht. Neben dem nur dreimal vorkommenden Ausdruck "Reich der Himmel" kennt das EvTh auch
die attributlose Redeweise vom "Reich" sowie die vom "Reich des
Vaters".

Vom "Reich" ohne nähere Bestimmung spricht das EvTh neun- (bzw.,
wenn man das dreimalige Vorkommen in log 22 als drei Belege in
die Rechnung eingehen läßt, elf)mal.

> Zu log 27, 49, 82 und 113 sowie für die Einleitung von log 107 als "Reichs-
> gleichnis" existiert dabei keine uns bekannte Parallele. In drei Fällen
> ist die Parallele nicht klar genug auszumachen: in log 22 und 46 ist nicht
> zwischen Mt und Lk als Grundlage des EvTh zu entscheiden, in log 109 be-
> schränkt sich die Übereinstimmung mit Mt 13,44 auf das Motiv der "Aus-
> gangslage", den im Acker verborgenen Schatz: es kann also nicht mit Si-
> cherheit gesagt werden, ob das EvTh hier das bei Mk/Lk zu findende Attri-
> but "τοῦ θεοῦ" vermeiden will, oder die matthäische Näherbestimmung des
> Reichsbegriffes umgeht. Deutlich ist die Vermeidung des "lukanischen"
> Genetivattributes in log 3, sofern hier Lk oder doch zumindest der auch
> in Lk 17,21 zu findende Wortlaut Grundlage des Jesuswortes im EvTh ist.

Siebenmal ist vom "Reich des Vaters", davon einmal in log 19 vom
"Reich meines Vaters" die Rede.

> Für log 97, 98 und 113 finden sich keinerlei synoptische oder sonstige
> Parallelen; für log 57, 76 und 99 ist eine Parallele nur im Mt vorhanden.
> Dort ist jeweils von "βασιλεία τῶν οὐρανῶν" die Rede. In Log 96 kann
> nicht zwischen Mt 13,33 und Lk 13,20f als möglicher Grundlage entschie-
> den werden.

Insgesamt hat man den Eindruck, daß im EvTh deutlich vermieden
wird, vom "Reich G o t t e s " zu reden; quantitativ überwiegt
als Alternative dazu der absolute Wortgebrauch, dicht gefolgt vom
Gebrauch des Wortes mit Genetivattribut "des Vaters". Eine deutlich
geringere Rolle spielt die Wendung "Reich der Himmel". Eine Syste-
matik im Gebrauch der verschiedenen Ausdrücke läßt sich nicht feststellen, wenn man davon absieht, daß "Reich des Vaters" ein Ausdruck ist, der für Jesus reserviert bleibt, während die anderen
Bezeichnungen auch von Jüngern im Munde geführt werden können

wie "Reich der Himmel" in log 20 und "Reich" absolut in log 113.
Sollte das EvTh in Log 20, 54 und 114 in seinem Sprachgebrauch vom
Mt bestimmt sein, so ist auffällig, daß es dies in bezug auf die
fragliche Wendung in keinem der zum matthäischen Sondergut gehörenden und sämtlich im EvTh aufgenommenen Gottesreichsgleichnisse
aus Mt 13 ist.[1] Der sich in diesem Zusammenhang möglicherweise nahe-
legende umgekehrte Schluß, daß bei der Abfassung/Redaktion des EvTh
das Mt gar nicht bekannt war, ist durchaus nicht zwingend, wenn
auch nur von den Gottesreichsgleichnissen aus betrachtet durchaus
möglich. Auf keinen Fall wird man aber behaupten können, daß der
matthäische Sprachgebrauch an diesem Punkt das EvTh deutlich geprägt hätte. In seinem Reden vom "Reich" weist das EvTh - wie
überhaupt und insgesamt - eine rätselhafte Eigenständigkeit auf,
die aber keine Eigenständigkeit ohne Nähe und Berührungen mit den
synoptischen Evangelien und hier besonders dem Mt ist. Der Befund
sperrt sich einer Interpretation, die das disparate Bild zu harmonisieren trachtet.

Nicht ganz so negativ wie anhand des Redens vom "Reich" stellt
sich die Verbindung des EvTh zum Mt an anderen Stellen dar, ohne
daß an diesen jedoch der Mt-Bezug positiv nachgewiesen werden
könnte. Zu nennen sind hier log 6 (Mt 6,1-8); 16 (Mt 10,34-36); 33
(Mt 5,15); 39 (Mt 10,16); 54 (Mt 5,3); 57 (Mt 13,24-30); 75 (Mt 25,
10); 76 (Mt 13,44-46); 90 (Mt 11,28-30); 92-94 (Mt 7,7.6.8). Alle
diese Logien haben in der Literatur intensive Beachtung gefunden.
Auf eine Diskussion der divergierenden Meinungen soll aber ebenso
verzichtet werden wie auf die Darstellung einer ausführlichen, mit
Textvergleichen illustrierten eigenen Analyse. Deren - so gut wie
nicht vorhandenes - positives Ergebnis für das spezielle Thema
meiner Untersuchung würde den Aufwand nicht lohnen. Festzuhalten
ist nur, daß an den genannten Stellen Ähnlichkeiten mit für das
Mt spezifischen Perikopen, Versen oder Wendungen vorliegen, die Mt-
Abhängigkeit zwar als möglich bis wahrscheinlich erscheinen lassen,
aber doch nicht positiv nachweisen können, da die auch vorhandenen

---

1   Zur Klassifizierung dieser Stellen s.u. (392).

Abweichungen vom Mt nicht immer schlüssig als deutlich nachmatthäische Änderungen zu erweisen sind und es nicht zulässig sein dürfte,
allein aus der Aufnahme von Sondergut des Mt auf Kenntnis des Mt
zu schließen, wenn keine Spuren der redaktionellen Um- und Einarbeitung dieses Sondergutes festzustellen sind.

Der Vollständigkeit halber seien im folgenden schließlich noch die
Stellen aufgeführt, an denen wegen Undeutlichkeit des Bezuges oder
Identität der synoptischen Parallelen ein Zugrundeliegen des Mt
als allenfalls möglich erscheint, an denen aber nichts für das Mt
Spezifisches deutlich aufgenommen ist.

> Es handelt sich dabei um log 4 (Mt 19,30; 20,16); 5 (Mt 10,26); 8 (Mt
> 11,15); 9 (Mt 13,3-9); 11 (Mt 24,35); 12 (Mt 18,1 u. 16,15); 13 (Mt 23,8);
> 14 (Mt 15,11); 16 (Mt 10,34-36); 20 (Mt 13,31f); 21 (Mt 11,15 u. 24,43f);
> 22 (Mt 18,3 u. 19,14); 24 (Mt 11,15); 25 (Mt 19,19 u. 22,39); 26 (Mt 7,
> 3-5); 30 (Mt 18,20); 32 (Mt 5,14); 33 (Mt 5,15); 35 (Mt 12,29); 36 (Mt 6,
> 25.31); 38 (vgl. 104) (Mt 13,17 u. 9,15); 39 (Mt 23,13); 40 (Mt 15,13);
> 41 (Mt 13,12 u. 25,29); 43 (Mt 7,17f); 44 (Mt 12,33); 45 (Mt 7,16 u. 12,
> 34f); 46 (Mt 27,6); 47 (Mt 6,24 u. 9,16f); 48 (vgl. 106) (Mt 18,19 sowie
> 17,20 u. 21,21); 51 (Mt 17,12); 55 (vgl. 101) (Mt 10,37f); 61 (Mt 11,27);
> 62 (Mt 6,3 u. 13,11); 63 (Mt 11,15); 64 (Mt 22,2-10); 65 (Mt 21,33-39 u.
> 11,15); 66 (Mt 21,42); 67 (Mt 16,26); 68 (Mt 5,11); 69a (Mt 5,10); 69b
> (Mt 5,6); 71 (Mt 26,61); 73 (Mt 9,37); 76 (Mt 6,19f); 78 (Mt 11,7f); 86
> (Mt 8,20); 88 (Mt 16,27); 89 (Mt 23,26); 96 (Mt 13,33 u. 11,15); 100
> (Mt 22,17-21); 103 (Mt 24,43); 107 (Mt 18,12f); 109 (Mt 13,44); 110 (Mt
> 16,24-26).

Ob dem EvTh nun das Mt zugrundegelegen hat, was zumindest für
die Jetztgestalt einiger Logien zwingend, für die vieler anderer
möglich bis wahrscheinlich und für noch mehr immerhin gut möglich
ist, oder nicht: in jedem Fall ist der synoptische Stoff im EvTh
nur als Rohsteinbruch benutzt worden, der manches brauchbare Material liefern konnte, dessen Steine jedoch nicht unverändert in
ihre neue Umgebung einzupassen waren. Gerade manches, was im EvTh
sehr ähnlich klingt wie in den synoptischen Evangelien , ist doch
ganz anders gemeint. So wird z.B. sowohl im EvTh als auch bei Mt
die Bezeichnung "die Kleinen" auf die Christen angewandt. Ist diese Bezeichnung bei Mt zugleich Charakterisierung der aktuellen Situation der Christen, die aufgrund geringen Ansehens und schwacher
sozialer Stellung mit Recht "Kleine" genannt werden konnten, so
ist sie für das EvTh ein nicht leicht zu erreichendes "bonum
desiderandum": die quasi geschlechtslose und darin den Neugebo-
renen ähnliche Unschuldigkeit wird als das für den gnostischen

Christen zu erstrebende Verhaltensprädikat bezeichnet.[1]

Von Mt-Rezeption kann man deswegen auf das EvTh bezogen nur in
einem sehr äußerlichen Sinne sprechen. Die Eigenwilligkeit in
der Gestaltung und Verwendung des synoptischen Stoffes ist so
groß, daß die Frage nach den Quellen des EvTh fast schon als
unangemessen erscheint - und wohl auch nie einer befriedigenden
und konsensfähigen Lösung zugeführt werden können wird.
Gerade die Eigenwilligkeit des EvTh sollte aber auch zur Vorsicht
vor Negativschlüssen mahnen. Die deutlichen Abweichungen des EvTh
von den uns bekannten Evangelien sind kein hinreichender Grund,
die Kenntnis dieser Evangelien für den/die Verfasser des EvTh zu
verneinen.

Fast so unlösbar wie die Frage nach den genauen Quellen des EvTh
ist - damit durchaus zusammenhängend - die Frage nach seiner Entstehungszeit und seinem Entstehungsort. Bezeugt ist es als ganzes
erst am Anfang des 3. Jahrhunderts bei Hippolyt (Ref 5,7,20)
und Origenes (Hom in Lk 1 u. Hom in Jer 20,3); für das 2. Jh.
gibt es nur Belege für einzelne Logien.[2] Daß es schon im 1. Jahrhundert entstanden ist, wie z.B. KÖSTER es will[3], ist durch nichts
zu beweisen.
Auch die Lokalisierung ist sehr unsicher.[4] Die Beziehungen zum
syrischen Raum, die sich auch an Textvarianten der kanonischen
Evangelien festmachen lassen, weisen weder zwingend nach Edessa
noch favorisieren sie eine bestimmte Abfassungszeit.

Möglich ist, daß das EvTh das Diatessaron beeinflußt hat; allerdings
ist auch ein umgekehrtes Abhängigkeitsverhältnis (und d.h. eine relativ

---

1   So auch MENARD (Evangile selon Thomas, 113); vgl. Mt 18,1-6 sowie Mt
     25,31-46 mit z.B. EvTh log 22 u. 46.
2   Zu log 2 vgl. Clem Al Strom 5,14,96 u. 2,9,45, wo dieses Logion dem He-
     bräerevangelium zugewiesen wird; zu log 22 (in verkürzter Form) vgl.
     Clem Al Strom 3,13,92 (zitiert aus Cassian, als aus dem Ägypterevange-
     lium kommend qualifiziert); vgl. dazu SHEPPARD (18f).
3   S. KÖSTER (Gospels, 119; Introduction 2, 152f) sowie DAVIES (Gospel of
     Thomas, 3).
4   Vgl. dazu z.B. ALTANER/STUIBER (128).

späte "Abfassung" der Jetztgestalt des EvTh) durchaus nicht auszuschließen.[1]

---

1   S. dazu DRIJVERS (Facts, 173), der annimmt, daß der Verfasser des EvTh
     das Diatessaron benutzt hat, sowie zur textlichen Problematik des EvTh
     überhaupt die gründliche Aufstellung bei BAARDA (Transmission, 40-47).
     Für die Parallelen der Jesusworte des EvTh in den pseudoklementinischen
     Homilien und Rekognitionen s. AMERSFOORT (passim).

3.3.3. EVPH II,3

Das gnostische Philippusevangelium[1] ist nach ISENBERG (131 in NHLE)
eine Sammlung theologischer "statements" oder "excerpts" und form-
geschichtlich nicht exakt einzuordnen. Am ehesten noch ist es als
Mischform aus Sentenzensammlung und Abhandlung zu bezeichnen, wie
GAFFRON (22) vorschlägt. Obwohl es, wie auch GAFFRON an gleicher
Stelle ausführt, deutlich die Züge e i n e s Verfassers trägt,
ist es doch keine geordnete und straff gegliederte Abhandlung, allerdings auch kein "Florilegium"[2] und auch keine Spruchsammlung[3].
Ob es im 2. Jahrhundert abgefaßt[4] oder später zu datieren ist[5], ist
nicht sicher auszumachen.
Der Hintergrund des EvPh ist zumindest auch jüdisch bestimmt[6] und
setzt deutlich syrische Sprach- und Gedankenwelt voraus.[7] Daß es
ursprünglich koptisch und nicht griechisch abgefaßt wurde, ist
nicht zu beweisen.[8]

Im EvPh findet sich eine Fülle von für das Mt spezifischen Wendungen und Details.
In p 55,34 § 17 wird Gott als der Vater Jesu "im Himmel" bezeichnet.

---

1   Zu Ausgaben und Übersetzungen sowie zur Zitationsweise s. KOSCHORKE
     ("Namen", 307 Anm. 1); ich zitiere nach der Übersetzung von TILL (Evan-
     gelium nach Philippos). Bezüglich der Zitationsweise herrscht allgemein
     Unklarheit. Ich zitiere wie von KOSCHORKE (a.a.O.) vorgeschlagen sowohl
     nach Kodexseite und -zeile als auch nach der Paragrapheneinteilung von
     SCHENKE (Evangelium nach Philippus 1959). Zum Wortlaut der Übersetzung
     und zur Herstellung des Textes sind jeweils zu vergleichen die Ausgaben
     von TILL (vgl. dazu die Korrekturen von M KRAUSE in seiner Rezension) und
     MENARD (Evangile selon Philippe); zu weiteren Übersetzungen s. KOSCHORKE
     (a.a.O.).
2   So SCHENKE (Evangelium nach Philippus 1959, 2).
3   So TILL (Evangelium nach Philippos, 1); kritisch und mit guten Argumenten
     setzen sich M KRAUSE (Rez. zu TILL, 181) und MENARD (Evangile selon Phi-
     lippe, 3-6) mit der Florilegium/Spruchsammlung-Hypothese auseinander.
4   So WILSON (Gospel of Philip, 3; vgl. Apokryphen, 354), GAFFRON (70 u. 220)
     und SEVRIN (noces, 1) mit Hinweis auf den valentinianischen Charakter
     des EvPh.
5   So ISENBERG in NHLE (131), der auf die 2. Hälfte des 3. Jh. datiert.
6   Vgl. dazu GAFFRON (26); in § 4-6 (p 52,15-24) ist das Hebräersein nicht
     im gleichen Maße disqualifiziert wie das Heidesein.
7   Vgl. dazu M KRAUSE (Quellen, 94).
8   Problematisch und eventuell Argumente für koptische Abfassung sind § 109
     und 110 (p 77,7-35); s. dazu SCHENKE (Evangelium nach Philippus 1959, 2)
     pro und GAFFRON (27-32) contra koptische Abfassung des EvPh.

Diese für das Mt spezifische Benennung Gottes[1] wird dabei - ganz
unmatthäisch - als Argument zur Bestreitung der Empfängnis Jesu
durch den heiligen Geist verwandt:[2]

> p 55,23-36 Etliche sagten, daß Maria empfangen hätte
> vom Heiligen Geist (πνεῦμα). Sie irren (πλανᾶσθαι).
> Sie wissen nicht, was sie sagen. Wann
> hat je ein Weib von einem Weib empfangen?
> Maria ist die Jungfrau (παρθένος), die (Objekt) keine
> Macht (δύναμις) befleckte. Sie ist ein
> großer Eid (?) für die Hebräer (ἐβραῖος), das
> sind die Apostel (ἀπόστολος) und (die) Apostolischen (ἀποστο-
> λικός)
> Diese Jungfrau (παρθένος), (die) keine Macht (δύναμις)
> befleckte, (   ) die Mächte (δύναμις)
> befleckten sich (oder: sie, pl.) und der Herr (hätte) nicht
> gesagt:
> "Mein (Vater, der in) den Himmeln ist",
> wenn er nicht (εἰμήτι) einen anderen Vater gehabt hätte.
> Sondern (ἀλλά) er hätte einfach (ἀπλῶς) gesagt (: 'Mein Vater').

In p 68,7 § 69 wird von Jesus gesagt, daß er das "Verderben"
die "äußere Finsternis" genannt habe. Eine solche Redeweise Jesu
findet sich im NT nur im Mt;[3] sie ist dort jeweils aller Wahrscheinlichkeit nach als redaktionell zu beurteilen.

Wenig später (p 68,9-12 § 69) wird als Jesuswort Mt 6,6 zitiert.
Die Übereinstimmung ist frappierend; synoptische Parallelen existieren nicht:

> p 68,8-13 ... Er sagte:
> "Mein Vater, der im Verborgenen ist". Er sagte:
> "Geh in deine Kammer (ταμεῖον), schließe
> deine Tür ab (und) bete zu deinem Vater,
> der im Verborgenen ist", das heißt, der innerhalb
> von ihnen allen ist.
>
> Mt 6,6 σὺ δὲ ὅταν προσεύχῃ, εἴσελθε εἰς τὸ ταμεῖόν σου
> καὶ κλείσας τὴν θύραν σου πρόσευξαι τῷ πατρί σου τῷ ἐν
> τῷ κρυπτῷ· ...

Deutlich erfüllt das zitierte Jesuswort im EvPh eine andere Funktion als im Mt. Der ethische Kontext des Mt ist verlassen; während

---

1   Mt gebraucht als einziger neutestamentlicher Schriftsteller die Bezeich-
     nung "ὁ πατὴρ ὁ οὐράνιος" sowie deutlich häufiger als Mk u. Lk die Wendung
     "ὁ πατὴρ ὁ ἐν τοῖς οὐρανοῖς".
2   Vgl. nur Mt 1,20!
3   Vgl. Mt 8,12; 22,13; 25,30.

in Mt 6,6 das Interesse deutlich auf der ethischen Mahnung liegt,
für die das "Im-Verborgenen-Sein" des Vaters als Begründung dient,
spekuliert das EvPh über diese Begründung und interpretiert sie
mit dem Ziel, den Bereich des "Äußeren" ab- und den des "Inneren"
aufzuwerten. Der Vater im Verborgenen ist dann "der innerhalb von
allen ist", und das ist das πλήρωμα (p 68,12-14).

In § 89, wo gegen SCHENKE (Evangelium nach Philippus 1959 z.St.)
wohl nicht vom Tod, sondern von der Taufe die Rede ist, wird als
Jesuswort eine Wendung aus dem matthäischen Bericht von der Taufe
Jesu durch Johannes den Täufer angeführt, für die keine synoptische Parallele existiert:

        p.72,29-73,1   ) sind nicht
) hinab gehen zum Wasser (?)
) er wird ihn erlösen
) gingen die hervor (oder:vollenden die,)welche
) in seinem Namen. Denn (γάρ) er sagte
) wir werden erfüllen alle Gerechtigkeit
        (δικαιοσύνη).

        Mt 3,15 ... ἄφες ἄρτι, οὕτως γὰρ πρέπον ἐστὶν ἡμῖν πλη-
        ρῶσαι πᾶσαν δικαιοσύνην. ...

Auch der Kontext im EvPh verweist auf die synoptische Taufgeschich-
te.

In p 85,29f § 126 wird ein Jesuswort zitiert, zu dem eine Parallele
nur im Mt existiert:

        p 85,29-31   (Jede) Pflanze, die
        nicht mein Vater, der in den Himmeln ist, pflanzte, (wird
        ausgerissen (werden.)...

        Mt 15,13 ... πᾶσα φυτεία ἣν οὐκ ἐφύτευσεν ὁ πατήρ μου
        ὁ οὐράνιος ἐκριζωθήσεται.

Schließlich ist noch hinzuweisen auf die Wendung "Reich der Himmel",
die im EvPh sechsmal vorkommt[1] und für das Mt typisch ist. Auffällig ist hierbei vor allem, daß der Verfasser des EvPh, wenn er vom

---

1   P 57,21 § 24; p 70,36 § 81; p 72,19 § 87; p 74,24 § 96; p 74,26.33
       § 97.

"Reich" redet, durchgängig diese Wendung gebraucht[1] und nicht etwa
wie das EvTh im Sprachgebrauch variiert[2].

Nicht alle aufgeführten Parallelen zu Mt-Spezifika sind in gleicher Weise geeignet, Abhängigkeit des EvPh vom Mt glaubhaft zu
machen. Die Wendung "Vater in den Himmeln" (p 55,34 § 17) und
das Reden vom "Reich der Himmel" könnte jeweils erklärt werden
aus einem dem EvPh und dem Mt gemeinsamen judenchristlichen Hintergrund heraus, zumal für die Wendung "Reich der Himmel" der jeweilige Kontext dieses Ausdruckes gerade nicht auf das Mt verweist.
Auch für p 68,8-12 § 69 und p 85,29-31 § 126 ist Mt-Abhängigkeit
nicht zwingend nachzuweisen, da Mt 6,6 sehr wahrscheinlich nicht
von Mt selbst formuliert worden sein dürfte und auch für Mt 15,13
der Nachweis redaktioneller Bildung nicht zu erbringen ist.
Sehr wahrscheinlich aber ist Mt-Abhängigkeit anhand der deutlich
redaktionellen Wendungen, die sich in p 72,29-73,1 § 89 und p 68,
7 § 69 finden. Von diesen Stellen her ist dann auch für die anderen
Übereinstimmungen mit Spezifika des Mt die literarische Abhängigkeit vom Mt die naheliegendste und einfachste Erklärung. Auch für
eine Reihe von weiteren Stellen kann deswegen nicht ausgeschlossen
werden, daß Mt-Abhängigkeit vorliegt. Wegen der Undeutlichkeit
des Bezuges oder der Identität der in Frage kommenden Parallelen
ist sie jedoch nicht wahrscheinlich zu machen und nur als möglich
zu betrachten.

> Zu nennen sind hier p 62,8-14 § 47 (Mt 2,23); p 68,26f § 72 (Mt 27,46);
> p 85,5-10 § 125 (Mt 27,51); p 82,23f § 122 (Mt 15,27)[3], p 83,11-13 §
> 123 (Mt 3,10).

An einer Reihe von weiteren Stellen ist Mt-Abhängigkeit allenfalls theoretisch möglich und keinesfalls naheliegend.

> Zu solchen Stellen gehören p 52,31f § 7 (Mt 13,29); p 56,20-22 § 22 (Mt
> 13,45f); p 57,7f § 23 (Mt 6,25-34); p 58,6f § 26 (Mt 17,1-9).

Mit Ausnahme von p 78,7ff § 111, wo auf die Geschichte vom "Barm-

---

1   Die die Regel bestätigende Ausnahme ist wahrscheinlich p 57,33f § 23, wo
    wohl zu "Reich" das Genetivattribut "... Gottes" zu ergänzen ist, da
    deutlich I Kor 15,50 zitiert wird.
2   S. dazu oben 389-391.
3   Anders wird diese Stelle von TUCKETT (Nag Hammadi, 175) beurteilt, der
    für sie mit mir nicht einleuchtenden Gründen Aufnahme von Mt-Redaktion
    annimmt.

herzigen Samariter" hingewiesen wird, ist an keiner Stelle des Ev
Ph Bezug auf einen der anderen Synoptiker positiv wahrscheinlich
zu machen. Es liegt deswegen im Bereich des Möglichen, daß das Mt
das einzige synoptische Evangelium war, das der Verfasser des EvPh
benutzt hat.[1]

Ein inhaltlicher Grund für die Bevorzugung des Mt ist nicht zu erkennen; wohl aber erklärt sich die bevorzugte Aufnahme des matthäischen Stoffes gut aus dem beiden Evangelien gemeinsamen judenchristlichen Hintergrund. Eine Rezeption matthäischer Theologie
ist nicht festzustellen.[2] Deutlich ist, daß der Verfasser des Ev
Ph das Mt nur dort benutzt, wo es seinen Intentionen dienstbar
gemacht werden konnte. Er verwendet es dabei hauptsächlich als
eine Sammlung vor allem der Worte Jesu. Die so hergestellte Übereinstimmung der Phraseologie des gnostischen mit der des "kirchlichen", "matthäischen" Jesus ist vielleicht nicht einmal zufällig, sondern beabsichtigt. Auffällig ist in diesem Zusammenhang
auch, daß die matthäischen Wendungen "Vater im Himmel" und "Reich
der Himmel" ganz überwiegend im Kontext solcher Jesusworte verwandt werden, zu denen keine kanonische Parallele existiert.[3]

Hat der Verfasser des EvPh auf diese Weise seinen gnostischen
Anschauungen bewußt den Anschein der "Kirchlichkeit" geben wollen?

---

1   Die Aufnahme der Geschichte vom "Barmherzigen Samariter" allein ist noch
     kein Beweis für literarische Abhängigkeit vom Lk, wie auch GAFFRON (59)
     und TUCKETT (Nag Hammadi, 178) bemerken.
2   Ein ähnliches Bild ergibt sich auch für die "Rezeption" anderer neutesta-
     mentlicher Schriften und ihrer Theologie; ebenso deutlich wie der Verfas-
     ser des EvPh paulinische Briefe und Theologie sowie das Joh kennt, ist er
     weit davon entfernt, theologisch von diesen Schriften beeinflußt zu sein.
     Vgl. dazu für Paulus LINDEMANN (Paulus, 325-328) u. WILSON (Gospel of
     Philip, 7).
3   Eine Ausnahme bildet nur p 85,29f § 126.

3.3.4. SJC III,4

Im christianisierten Eugnostosbrief, der "Sophia Jesu Christi"[1],
ist in den christlichen Passagen nur an einer Stelle speziell
das Mt mit Sicherheit Grundlage der Ausführungen des Verfassers,
sowenig das Zugrundeliegen des Mt an anderen Stellen ausgeschlossen werden kann; es kann dort allerdings jeweils wegen Undeutlichkeit des Bezuges oder Identität der in Frage kommenden Parallelen
nicht bewiesen werden.[2]

Deutlich, wenn auch frei und trotz mancher Abweichungen ist die
Eingangsszene der SJC nach Mt 28,16-20 konstruiert,[3] es findet
sich aber keinerlei inhaltlicher oder theologischer Widerhall
der matthäischen Schlußperikope. Typisch für die freie Umgestaltung, die der Verfasser der SJC vornimmt, ist die Aussage, daß
die Jünger "zweifelten"". Sowohl vom Wortgebrauch[4] als auch vom
Sinn dieser Aussage her ergeben sich deutliche Unterschiede: ist
im Mt das dem Zweifeln positiv gegenüberstehende Verhalten die
Anbetung des Auferstandenen[5], so wird in der SJC das Zweifeln als
mangelnde Kenntnis der inneren und äußeren Ursachen des Universums
interpretiert:

> p 91,2-9 When they (sc. the twelve disciples and seven
> women) gathered together,
> they were perplexed about the origin (or: nature)
> of the universe, the plan,
> the holy providence,
> the power of the authorities, and concerning

---

1   Die SJC ist ungefähr gleichlautend in BG 8502 und NHC III,4 überliefert;
     zum Text von BG s. TILL/SCHENKE; dort findet sich auch (53f) eine Seiten-
     zahlensynopse BG/NHC III,4. Ich zitiere im folgenden nach der englischen
     Übersetzung von PARROTT in NHLE. Eine griechische Vorstufe der SJC ist
     bruchstückhaft erhalten in PapOx 1081 (abgedruckt bei WESSELY 1924, 493-
     495). Das erhaltene Fragment entspricht BG 88,18-91,17/NHC III,4 p 97,16-
     99,13. Für eine französische Übersetzung der parallelen Versionen s. TAR-
     DIEU (167ff).
2   Die Frage, ob der Eugnostosbrief von christlichen Einflüssen völlig frei
     (so HORNSCHUH, Anfänge, 105) bzw. "without apparent Christian influence"
     (so PARROTT in NHLE, 206) ist, oder ob doch christliche Elemente auch in
     der Lehre des Eug fest verwurzelt sind (so SCHENKE, System, 255), ist
     eher in Richtung der ersten Meinung zu entscheiden. In jedem Fall finden
     sich im Eug keine Anklänge an das Mt.
3   Vgl. besonders die Anklänge an Mt 28,16 in p 90,19 (Berg, Galiläa) u. 28,
     17 in p 91,3 u. 92,2 (Zweifel der Jünger).
4   Mt διστάζειν, NHC/BG ἀπορεῖν.
5   S. Mt 28,17 καὶ ἰδόντες αὐτὸν προσεκύνησαν, οἱ δὲ ἐδίστασαν.

everything that the Savior does
with them in the secret
of the holy plan.

Vgl. auch p 91,24-92,5 The Savior
laughed and said to them, "What
are you thinking about? (Why) are you perplexed?
What are you searching for?"
Philip said, "For the origin (or: nature)
of the universe and the plan."

Auch die Abweichungen vom Mt in Erzähldetails[1] zeigen deutlich,
daß das Mt nur den äußeren Rahmen der Erscheinungsgeschichte ge-
liefert hat.

Nicht auszuschließen, aber auch nicht nachzuweisen ist Einfluß des
Mt in

> p 93,17 (Mt 13,11); p 97,20 (vgl. 98,21, 105,9f u. BG 107,17f) (Mt 11,
> 15); p 101,13 (Mt 28,20).

Insgesamt rezipiert die SJC das Mt nur sehr äußerlich. Deutlich
ist auch, daß das Mt nicht die einzige Quelle für den synoptischen
Stoff ist. Die SJC ist mit Sicherheit kein vorrangiger Zeuge für
die Rezeption des Mt.

---

1   Vgl. nur die Anwesenheit von z w ö l f   Jüngern und   s i e b e n
     Frauen!

3.3.5. ACTPT VI,1

Die "Taten des Petrus und der zwölf Apostel"[1] basieren an einigen
Stellen deutlich auf dem Mt.

So fragt in p 9,8-10 Lithargoêl den Petrus, wer ihm diesen Namen gegeben habe:

> p 9,8-13 Lithargoêl antwortete: Ich
> will dich fragen, wer
> dir den Namen "Petrus" gegeben hat.
> Er (Petrus) sprach zu ihm: Jesus Christus, der
> Sohn des lebendigen Gottes, er
> hat mir den Namen gegeben.

Daß Petrus seinen Beinamen von Jesus erhielt, ergibt sich in gleicher Weise aus Mt 16,18 wie aus den synoptischen Parallelen Mk 3,16
und Lk 6,14. Deutlich an speziell das Mt erinnert aber die Charakterisierung Jesu in der Antwort des Petrus, für die es bei Mk und
Lk keine Parallele gibt[2]:

Mt 16,16 ... σὺ εἶ ὁ χριστὸς ὁ υἱὸς τοῦ θεοῦ τοῦ ζῶντος.

Auch die in p 9,19ff geschilderte Szene, in der berichtet wird, wie
die Jünger Lithargoêl als den Herrn selbst erkennen, erinnert durch
die Erwähnung des N i e d e r f a l l e n s   der   e l f Jünger
sehr viel stärker an Mt 28,16f als z.B. an Mk 16,14f, auch wenn
hier der Mt-Bezug nicht in gleichem Maße sicher ist wie in p 9,8-
13:

> p 9,19-21 ... Wir warfen uns auf
> die Erde, wir grüßten ihn unterwürfig, wir,
> die elf Jünger (μαθητής) ...

Auch p 10,18f schließlich reflektiert ein Jesuswort, das nur bei
Mt (6,34) überliefert ist. Petrus sagt dort:

> ... Nur für die Nahrung eines einzigen Tages tragen wir Sorge ...

und stellt, diese Anweisung Jesu reflektierend, die Frage, wie man
für die Armen noch etwas übrig haben könne, wenn man dieses Wort

---

1   Ausgabe und deutsche Übersetzung bei M KRAUSE/LABIB (c.VI); im folgenden
    wird nach dieser Ausgabe zitiert.
2   Vgl. auch SELL (344 u. 356), der für die ActPt ebenfalls bewußten Mt-Bezug
    annimmt.

beherzige. Die Antwort Jesu bezeichnet seinen "Namen" als den
Schatz, den es den Armen auszuteilen gilt.

Alle drei Parallelen zu matthäischen Spezifika zusammengenommen
lassen es als fast sicher erscheinen, daß den Ausführungen der Act
Pt das Mt zugrundeliegt.

> Über die angeführten Stellen hinaus erscheint mir Mt-Abhängigkeit als
> möglich, wenn auch wegen Undeutlichkeit des Bezuges oder Identität der
> Parallelen nicht zu beweisen in p 3,23 (Mt 10,10); 3,28 (Mt 11,27); 9,13
> (Mt 10,2); 10,8 (Mt 5,12 u. 19,27-29); 10,15-18 (Mt 19,27); 10,24f (Mt
> 13,34); 10,33 (Mt 10,8).

Es ist dabei aber m.E. in den ActPt kein Reflex matthäischer Theologie festzustellen. Das wird gerade an der u.a. in Anlehnung an
Mt 16,16-19 hervorgehobenen Rolle des Petrus im Gesamtjüngerkreis
deutlich. Diese entspricht sachlich eher dem Petrusbild, das Mt
vorgegeben war und das er dahingehend modifizierte, daß Petrus
im Mt insgesamt eher der exemplarische, sich prinzipiell von jedem
anderen Jünger und Christen nicht unterscheidende Christ und nicht
etwa das Haupt des Jüngerkreises ist.[1]
Die ActPt sind also nicht so sehr ein Beispiel dafür, daß die matthäische Theologie rezipiert wurde, als vielmehr ein Beleg dafür,
daß man das Mt zitieren kann, ohne von seiner Theologie berührt
zu sein.

---

[1]   Anders SELL, der gerade für das Petrusbild theologische Übereinstimmung
       der ActPt mit dem Mt behauptet (vgl. z.B. 356).

3.3.6. APCPT VII,3

Auch wenn die gnostische "Apokalypse des Petrus"[1] aller Wahrscheinlichkeit nach nicht mehr in den von mir untersuchten Zeitraum gehört[2], soll sie im Rahmen der Untersuchung der übrigen
Nag-Hammadi-Texte doch mitbehandelt werden.

Ihr Verfasser kennt ohne Zweifel das Mt und setzt auch bei seinen
Lesern die Kenntnis dieses Evangeliums voraus. So finden sich
in der Eingangsszene der ApcPt deutliche Anklänge an Mt 16,13-
20 (p 71,15-72,4).

> Dies wurde schon von KOSCHORKE (Polemik, 27-29) festgestellt; nicht alle
> von ihm angeführten Punkte sind aber für sich genommen in gleicher Weise
> ein deutlicher Hinweis auf Abhängigkeit der ApcPt speziell vom Mt.
> So ist z.B., wie schon oben (402) zu ActPt ausgeführt, die Benennung
> des Petrus als "Petrus" durch Jesus kein signifikanter Hinweis auf Mt-
> Abhängigkeit. Die in Verbindung mit dieser Namensgebung ausgesagte Befä-
> higung des Petrus zu besonderer Erkenntnis des Erlösers und die Auffassung,
> daß diese besondere Erkenntnis Grundlage der Erkenntnis der übrigen Gno-
> stiker ist (p 71,19-21), lassen es aber als berechtigt erscheinen, auch
> die übrigen Aussagen der ApcPt in diesem Zusammenhang auf dem Hintergrund
> von Mt 16,13-20 zu interpretieren. Schon der eröffnende Makarismus (p
> 70,20ff), in dem die Gnostiker als die bezeichnet werden, die auf dem
> erbaut sind, was stark ist[3], klingt an Mt 16,17 an. Auch die Erleuchtung
> der Gnostiker durch den himmlischen   V a t e r (p 70,22-24) paßt ebenso
> gut zur matthäischen Petrusperikope[4] wie auch, daß in p 71,12 vom himmli-
> schen "Menschensohn" die Rede ist.[5]
> Obwohl von KOSCHORKE (Polemik, 28) als vierter Punkt, in dem Mt 16,13-20
> in der ApcPt aufgenommen sei, genannt, liegt doch gerade ein deutlicher
> Unterschied zwischen Mt und ApcPt darin, daß dem matthäischen Petrus im

---

1   Im folgenden zitiert nach der deutschen Übersetzung des Berliner Arbeits-
     kreises von 1974 (federführend für diese Schrift: WERNER); vgl. auch
     die Übersetzung von BULLARD in NHLE, die Ausgabe und Übersetzung von M
     KRAUSE/GIRGIS sowie die Übersetzung von BROWN/GRIGGS.
2   Vgl. dazu BRASHLER (245 u. in NHLE, 340), GRIGGS (114) und KOSCHORKE
     Polemik, 17), die übereinstimmend in das 3. Jh. datieren. Für eine Da-
     tierung vor der Mitte des 2. Jh. plädiert SCHENK (80 Anm. 67); unklar
     bleibt, ob TRÖGER (Passion) auf das 2. (so 209) oder auf das 3. Jh. (so
     in These 1 seiner Zusammenfassung, 299) datiert.
3   So p 70,26f nach BULLARD in NHLE: they who are built on what is strong;
     vgl. dagegen WERNER: ... die auferbaut werden zu dem festen (Tempel).
4   Vgl. Mt 16,17: ... σὰρξ καὶ αἷμα οὐκ ἀπεκάλυψέν σοι αλλ' ὁ πατήρ μου ὁ
     ἐν τοῖς οὐρανοῖς.
5   Vgl. Mt 16,13 im Unterschied zu den synoptischen Parallelen.

Anschluß an Namensgebung und damit verbundener Funktionsbenennung für
den Bau der "ἐκκλησία" die Verheißung gegeben wird, daß die Pforten des
Hades die Kirche nicht überwältigen sollen, während an den gnostischen
Petrus eine Warnung vor dem "Nachahmer der Gerechtigkeit" ergeht. Selbst
wenn der Verfasser der ApcPt die "Pforten des Hades" als "Bedrohung durch
Irrlehre" verstanden hätte, womit er, wie KOSCHORKE (Polemik, 29 Anm. 19)
ausführt und belegt, im 2./3. Jh. durchaus nicht allein stünde, bleibt
doch der charakteristische Unterschied zwischen Verheißung und Warnung.

Petrus wird in der ApcPt unter bewußter Aufnahme der matthäischen
Petrusperikope als der erste Gnostiker hingestellt, wobei und womit
auch zugleich deutlich ist, daß der Verfasser der ApcPt den Anspruch erhebt, daß nur die Nachfahren eben dieses (gnostischen)
Petrus die wahre Kirche sind. Die ApcPt arbeitet hier also mit
einem kirchlich rezipierten und akzeptierten Text und nimmt dabei
das Prädikat "Kirchlichkeit" für sich in Anspruch, während sie der
kirchlichen Lehre dadurch das Prädikat "Häresie" zuweist. Auch der
einzige deutliche Unterschied zur matthäischen Perikope, die Um-
wandlung der Verheißung der Bewahrung in eine Ermahnung zur Wach-
samkeit, erklärt sich gut aus dieser polemischen Grundintention:
ist es doch gerade die Gefahr, daß das kirchliche Christentum über
das "wahre" gnostische Christentum den Sieg erringt, der der Verfasser der ApcPt durch die Abfassung seiner Schrift wehren will. In
einer solchen Kampfsituation und noch dazu in der Einleitung einer
Kampfschrift ist eine Warnung vor Irrlehre deutlich sinnvoller als
die Verheißung der Bewahrung.

Könnte eine Kenntnis des Inhaltes der matthäischen Petrusperikope
theoretisch auch auf der Kenntnis nachsynoptischer mündlicher
Tradition beruhen, obwohl die Subtilität der Anspielung einen
"Text" als Vorlage vermuten läßt, so wird die Kenntnis des Mt
nahezu zur Gewißheit durch die anderen in der ApcPt zu findenden
Übereinstimmungen mit nur im Mt überlieferten Inhalten und Gedanken.
So ist die ApcPt insgesamt darum bemüht, ihre kirchlichen Gegner
als die "modernen Pharisäer" hinzustellen. Dabei verdankt sie
viel der matthäischen Pharisäerpolemik.

Auch hierzu hat KOSCHORKE (Polemik, 64-67) sich ausführlich und zumindest, was die Benennung der zu diskutierenden Stellen angeht, umfassend
geäußert. Wieder aber ist ihm vorzuwerfen, daß seine Ausführungen nicht
differenziert genug sind. So ist wegen fehlender signifikanter Unterschiede zwischen den synoptischen Parallelen Mt-Abhängigkeit nicht sicher,

sondern nur gut möglich und erst von anderen Stellen her wahrscheinlich,
wenn z.B. von der Tötung der Sendboten die Rede ist.[1] Auch die Aussage,
daß die von der ApcPt ins Auge gefaßten Gegner selbst nicht (in das
Reich der Himmel) hineinkommen, und die, welche hineinwollen, daran hindern (p 78,26-31), hat eine Parallele nicht nur bei Mt.[2] Ebenso ist die
Rede vom Gericht über die, die den Vorsitz beanspruchen, nicht spezifisch
matthäisch.[3] Auch nicht zweifelsfrei ausschließlich mit Mt 23,8 in Verbindung zu bringen ist p 78,31-79,21.
Deutlicher Hinweis auf das Zugrundeliegen des Mt aber und nur im Mt zu verifizieren ist, wenn Petrus von Jesus gesagt bekommt, daß er ihm schon
o f t gesagt habe, daß die Gegner der wahren Christen blind seien;[4]
eine Parallele nur im Mt hat auch die Aussage, daß das, was die (als Pharisäer hingestellten) kirchlichen Führer fordern, den Glauben der Gemeindeglieder hindert.[5]
Gerade an den beiden letztgenannten Punkten wird aber auch deutlich, daß
der Verfasser der ApcPt nicht bestrebt ist, die matthäische Polemik exakt
und vollständig wiederzugeben. Er rezipiert das Mt äußerst selektiv und
benützt es nur da, wo es zu dem "paßt", was er ohnehin sagen will.

Zur Verurteilung der als Pharisäer hingestellten Gegner der ApcPt
werden dann auch solche matthäischen Gedanken angeführt, die bei
Mt in anderem Zusammenhang (als dem der Pharisäerpolemik) stehen.
In p 78,23f wird gesagt, daß die Gegner den Arbeitern gleichen,
die in die "äußere Finsternis" hinausgeworfen werden. Hier liegt
m.E. nicht nur allgemein deutliche Aufnahme der für das Mt spezifischen Rede von der "äußeren Finsternis" als Strafort[6] vor,
sondern speziell ein Reflex der Verwendung dieser Redeweise in
Mt 25,30 am Ende des Gleichnisses von den anvertrauten Talenten[7].

Gut zum Mt paßt auch, daß in der Eingangsszene der ApcPt positiv
die "Gerechtigkeit" der "Ungerechtigkeit und Gesetzesübertretung"
gegenübergestellt wird (p 70,28-32), auch wenn diese Begrifflich-
keit sich ebenso gut wie dem Mt dem judenchristlichen Hintergrund
der ApcPt verdanken könnte.

Im Anschluß hieran ist schließlich noch eine Reihe von Stellen zu

---

1   P 74,5ff; vgl. Mt 23,34 par.
2   Vgl. Mt 23,13 u. Lk 11,52.
3   Vgl. p 79,24-30 mit Mt 23,6-10 par.
4   S. p 72,9-13; vgl. p 73,11-14 u. 81,28-32 sowie Mt 15,14 par. Lk 6,39 u.
     Mt 23,16.17.19.26.
5   Vgl. p 78,20-22 mit Mt 23,23.
6   Vgl. Mt 8,12; 22,13; 25,30.
7   SIEGERT gibt in seinem Register als Parallele Mt 9,37 an; vom Kontext in
     der ApcPt her erscheint mir diese Parallele als weit hergeholt; zudem wäre
     für sie nicht zwischen Mt u. Lk als Grundlage zu entscheiden.

nennen, an denen Mt-Abhängigkeit als nicht sicher, aber immerhin
gut möglich erscheint, wenn der Beweis für Mt-Abhängigkeit anderweitig erbracht worden ist.

> Hierzu gehören zum einen die Stellen, an denen die Gegner, die der Ver-
> fasser der ApcPt im Auge hat, mit den für die Endzeit vorhergesagten
> Falschpredigern identifiziert oder sonstige synoptische Endzeitaussagen
> aufgenommen werden: p 73,32-74,9 (Verfolgung und Tötung der wahren Gläubi-
> gen; vgl. Mt 24,9); 74,10f und 77,24f (Auftreten von Lügenpredigern); 74,
> 20f (Zerstrittenheit des christusfeindlichen Menschheitsteiles wie in
> Mt 24,10); 78,1-6 (Beendigung der Schrecken der Endzeit durch die Parusie
> des Erlösers; vgl. Mt 24,27-31); 79,31-80,7 (Verwirrung der Auserwählten;
> Mt 24,5.11.24 par.); 80,8-11 (befristete Dauer der Endzeit; vgl. Mt 24,22
> par.).
> Zum anderen sind darüber hinaus zu nennen: p 75,7-9 (Mt 7,18); 76,4 (Mt 7,
> 16); 80,33 (Mt 26,69-75); 82,19 (Mt 13,11); 83,27-29 (Mt 13,12 u. 25,29);
> 84,8 (Mt 28,20).

Alle bisher erörterten oder nur erwähnten Stellen zusammengenommen
ergeben nicht mehr und nicht weniger, als daß der Verfasser der
ApcPt das Mt kennt, bei seinen Lesern diese Kenntnis voraussetzt
und das Mt dazu benutzt, mit kirchlich bekannten und akzeptierten
Bildern gegen die rechtgläubige Kirche selbst zu polemisieren sowie
sich und seine Gruppe als die wahren Gläubigen hinzustellen.
Daß die ApcPt darüber hinaus ein Zeugnis für eine historische Kontinuität der im Mt vorausgesetzten und geforderten Gemeindestruktur sein soll, wie z.B. SCHWEIZER[1] und G N STANTON[2] wollen, ist
nicht nur nicht zu belegen, sondern kann sogar gerade anhand des
stärksten von den Befürwortern dieser These beigebrachten "Bele-
ges" deutlich widerlegt werden. Die Befürworter dieser These gehen
von der nicht zu bestreitenden Beobachtung aus, daß in der ApcPt
Christen als "die Kleinen" bezeichnet werden[3]. Nur bei Nichtbeach-
tung des Kontextes, in dem diese Bezeichnung in der ApcPt gebraucht wird, kann man auf den Gedanken kommen, daß hier wie im
Mt alle Christen unter dieser Bezeichnung begriffen seien und daß
diese Bezeichnung somit wie im Mt auch in der ApcPt eine für die
Ekklesiologie dieser Schrift zentrale Aussage beinhalte.

---

1   Vgl. SCHWEIZER, Church, 216; Struktur, 139 ("Entwicklung eines bestimmten
     Gemeindetyps"); Christianity, 248.
2   Vgl. G N STANTON, 5 Ezra, 68; nach STANTON zeigt die ApcPt zusammen mit
     V Esr nicht nur die weite Verbreitung und Benutzung des Mt, sondern auch,
     "that some of the distinctive features of the Matthean christianity conti-
     nued well into the second century in Judaeo Christian and gnostic circles"
     (a.a.O.).
3   So p 78,22; 79,19; 80,11.

Daß man in dieser Richtung anhand der ApcPt nicht zu weit spekulieren darf, hat KOSCHORKE (Polemik, 82-84) deutlich gemacht.
Er weist überzeugend nach, daß zum einen die Gnostiker, die in der
ApcPt sprechen, und die "Kleinen" nicht einfach identisch sind[1],
und daß zum anderen die von der ApcPt vorausgesetzte Gemeindesituation gerade nicht das vom Mt geforderte hierarchiefreie Zusam-
menleben der "Kleinen" ist, sondern daß sehr wohl eine kirchliche
Hierarchie existiert.[2] Die "Kleinen" sind nicht etwa "die Christen"
allgemein, sondern die Gemeindeglieder, die im Bereich der ortho-
doxen Kirchenführer leben. Um den Einfluß auf diese "Kleinen"
streiten die Gnostiker mit der "rechtgläubigen" Kirchenleitung.
Die Bezeichnung "Kleine" ist also weniger eine - auch soziologisch
zutreffende - Zustandsbeschreibung der Praxis und des Selbstver-
ständnisses einer "matthäischen" Gemeinde oder Gruppe im 3. Jahrhundert, sondern - in geradezu genialer Aufnahme matthäischer
Theologie - Bestandteil theologischer Polemik antikirchlicher
Gnostiker. Angegriffen wird dabei nicht etwa die kirchliche Hierarchie, weil sie Hierarchie ist, sondern ausschließlich, weil sie
vom "wahren" Glauben abhält, indem sie "rechtgläubige" Positionen
vertritt.
Basis der Ausführungen des Verfassers der ApcPt ist dabei wie auch
sonst das Mt und nicht etwa vormatthäische und dann auch im Mt
aufgenommene Tradition.

> In Richtung der letzteren Annahme gehen die Ausführungen von SCHWEIZER[3]
> und WERNER[4]; die hierzu vor allem von SCHWEIZER (Christianity, 248) auf-
> geführten Argumente benennen zusätzlich zur Bezeichnung "die Kleinen" nur
> zufällige Parallelen, an denen Abhängigkeit nicht festgemacht werden kann

---

1   Anders TRÖGER (Passion, 211f); die Unterscheidung zwischen Gnostikern und
     Kleinen, die beide unsterbliche Seelen sind, liegt darin, daß die erste-
     ren sich an das Leben "erinnern", die letzteren es dagegen "vergessen" ha-
     ben; vgl. p 77,16-19 sowie zum Irrtum der Kleinen p 80,8-16 u. KOSCHORKE
     (Polemik, 82-84).
2   Vgl. nur p 79,22-27; s. auch BERGER (279), der ebenfalls darauf hinweist,
     daß die in der ApcPt vorausgesetzte Gemeindestruktur und -situation sich
     deutlich von der aus dem Mt zu erschließenden unterscheidet.
3   S. SCHWEIZER, Struktur, 139 ("zweifellos mit der im Matthäusevangelium
     vorliegenden Tradition verwandt");vgl. auch DERS., Christianity, 248.
4   "Fast durchweg fühlt man sich implizit und explizit an judenchristliche
     Traditionen erinnert, wie sie im Matthäusevangelium verarbeitet sind."
     (575).

oder die nicht einmal typisch oder spezifisch für vormatthäische Traditionen sind wie z.B. Eintreten gegen Reichtum und für sexuelle Enthaltsamkeit. Auch Visionen und apokalyptische Erscheinungen erklären sich
eher aus der Gattung der Petrusapokalypse als aus den diesbezüglich
im Mt aufgenommenen Traditionen.[1]

Das Mt dient dem Verfasser der ApcPt primär dazu, seine Gegner zu
diffamieren und sich und seine Gruppe als die wahren Gläubigen hinzustellen. Dabei werden die matthäische Pharisäerpolemik ebenso wie
die Voraussagen über die Endzeit und ihre Gefahren sehr geschickt
und oft nur andeutungsweise auf die kirchlichen Gegner bezogen,
während die matthäische Petrusperikope und die matthäische Ekklesiologie zur Stärkung der eigenen Position herangezogen werden.
Die Indirektheit des Bezuges auf das Mt ist das eigentliche Kunst-
mittel des Verfassers. Gerade dadurch, daß er nirgends explizit
ausspricht, aber deutlich permanent voraussetzt, daß die kirchlichen Gegner die modernen Pharisäer und zugleich die angekündigten
endzeitlichen Falschlehrer sind, bekommt der Angriff auf seine
Gegner eine kaum mehr zu überbietende Schärfe.

> An der Indirektheit des Bezuges mag liegen, das sich das Register von
> SIEGERT (5 Belege) und die Angaben der BP (9 Belege) nur an zwei Punkten
> (p 82,19 - Mt 13,11 und p 83,27-29 - Mt 13,12) überschneiden, und weder
> SIEGERT noch die BP die deutlichen Anspielungen auf Mt 16,13-20 und Mt 23
> in den Blick bekommen haben.

Im Rahmen der wohl noch nicht abgeschlossenen[2] Auseinandersetzung
zwischen Kirche und Gnosis ist der Bezug auf das Mt sicherlich
nicht nur polemisch und "uneigentlich" gemeint; er hat deutlich
zumindest auch die Funktion, den Gnostiker positiv als den wahren
Christen hinzustellen, und das nicht nur aus taktischen Erwägungen
heraus, sondern sicherlich auch aus ehrlicher Überzeugung.
Der eigentliche Grund dafür, daß der Verfasser seine Auseinandersetzung mit dem kirchlichen Christentum quasi anhand des Mt führt,
dürfte aber vor allem darin zu suchen sein, daß das Mt gerade im
kirchlichen Bereich breit akzeptiert und hoch geschätzt war. Nur
auf dieser Grundlage bekommen die Ausführungen der ApcPt ihren
guten Sinn und die nötige Beweiskraft, und nur so erklärt sich

---

1   Vgl. Mt 27,51.53a; 28,18b.
2   So auch KOSCHORKE (Polemik, 86) und mit etwas anderer Akzentsetzung auch
     BRASHLER (245 u. in NHLE, 340), der zwar auch Offenheit der Entscheidung
     annimmt, die ApcPt jedoch auf die letzte Phase der Auseinandersetzung
     zwischen Kirche und Gnosis datiert.

die sowohl sehr intensive als auch gleichzeitig doch sehr äußerliche Aufnahme des matthäischen Stoffes durch den gnostischen Verfasser.

3.3.7. INTER XI,1

Die "Interpretation der Gnosis"[1] ist das - valentinianische -
"Dokument einer pneumatisch-charismatischen Gemeindeorganisation"
und steht dabei "eindeutig und bewußt innerhalb der paulinischen
Tradition"[2]. Konsequenz dieses Ansatzes ist, daß von "einem wie
auch immer gearteten Amt" in Inter "nirgends die Rede" ist[3]. Interessant ist in diesem Zusammenhang, daß die diesbezügliche Lehre
des Erlösers, der deutlich als Lehrer verstanden wird, inhaltlich
und von den Formulierungen her ganz die des matthäischen Jesus
ist:

> p 9,28f Do not call out to a father upon
> the earth. Your Father, who is in heaven, is one.

> Mt 23,9 καὶ πατέρα μὴ καλέσητε ὑμῶν ἐπὶ τῆς γῆς, εἷς γάρ
> ἐστιν ὑμῶν ὁ πατὴρ ὁ οὐράνιος.

Es handelt sich hierbei in Inter deutlich um eine freie Wiedergabe
von Mt 23,9, einer Stelle, zu der keine synoptischen Parallelen
existieren und die elementarer Bestandteil der für das Mt typischen
und spezifischen Ekklesiologie ist.

Gut zur matthäischen Ekklesiologie paßt auch, daß in p 14,29
die Christen als die "small brothers", die kleinen Brüder des
Erlösers bezeichnet werden.

Auch an anderen Stellen der Inter ist Mt-Bezug wahrscheinlich.
So findet sich für die Aussage in p 9,30f, daß die Adressaten
das Licht der Welt seien, eine Parallele nur in Mt 5,14; auch zum
in p 9,31-33 direkt anschließenden Jesuswort

> They are my brothers and my fellow
> companions who do the will
> of the Father

findet sich die deutlichste Parallele in Mt 12,49 (vgl. 7,21); nur
dort ist vom Tun des Willens des V a t e r s die Rede.
Nicht sicher wegen der Identität der synoptischen Parallelen, aber

---

1   Im folgenden zitiert nach der Übersetzung von TURNER in NHLE.
2   KOSCHORKE (Gemeindeordnung, 45).
3   A.a.O., 59.

immerhin gut möglich ist Mt-Bezug in p 9,33-35:[1]

> For what use is it if you
> gain the world and you forfeit your soul?

All diese Stellen zusammengenommen lassen es als sicher erscheinen,
daß der Verfasser der Inter das Mt gekannt und benutzt hat. Daß
der Grund für seine Rezeption des Mt darin liegt, daß das Mt eben
zur Zeit der Abfassung der Inter[2] das "Normalevangelium" war,[3]
ist m.E. nicht die einzig mögliche und auch nicht die naheliegendste Erklärung. Mindestens genauso gut möglich ist, daß ihr Verfasser das Mt aus inhaltlichen Gründen bewußt heranzog, weil er in
ihm die gemeindliche Organisationsform begründet und gefordert sah,
die seinem Anliegen entsprach. Inter wäre dann das Dokument einer
"paulinisch" orientierten und "matthäisch" illustrierten Ekklesiologie und insofern ein höchst selbständiges Amalgamat, als sie
aus dem Mt äußerst fernliegenden Überlegungen eine dem Paulus
nicht gerade naheliegende Gemeindestruktur entwickelt, indem sie
Vorstellungen beider aufnimmt, aber eigenständig interpretiert
und kombiniert.

---

1   Vgl. Mt 16,26 par.
2   KOSCHORKE (Paulus, 185) vermutet Abfassung in der Mitte des 2. Jh. u.a.
     wegen Beziehungen zum EvVer und zu den Exc ex Theod; diese Datierung ist
     möglich, kann aber nicht bewiesen werden.
3   So KOSCHORKE (Polemik, 17) mit Verweis auf v. CAMPENHAUSEN (Entstehung,
     198).

3.3.8. EVVER I,3 (vgl. XII,2)

Im Unterschied zu den unter 3.3.1 - 3.3.7. behandelten Schriften
läßt sich im "Evangelium Veritatis"[1] ein Bezug auf das Mt sehr
viel weniger deutlich feststellen oder nachweisen. Dies liegt
nicht nur daran, daß das EvVer relativ selten synoptischen Stoff
aufnimmt, sondern vor allem an der Art und Weise, in der dies geschieht. Man hat den Eindruck, als seien die Reminiszenzen an
Evangelienstoff bewußt vage und indirekt gehalten.[2] So nimmt es
auch nicht Wunder, daß nur an einer Stelle Bezug auf speziell das
Mt nicht nur als möglich, sondern sogar als wahrscheinlich erscheint, während an allen anderen in Frage kommenden Stellen Mt-
Bezug allenfalls möglich, aber nie wahrscheinlich oder gar zwingend und oft nicht einmal naheliegend ist. Trotzdem wird man wohl
sagen dürfen, daß auch der Verfasser des EvVer das Mt gekannt und
benutzt hat.

Mt-Bezug ist wahrscheinlich in p 32,18 , wo die Nähe zu Mt 12,11f deutlich größer ist als die zu anderen synoptischen Parallelen:[3] nur Mt
redet wie das EvVer vom "Schaf", während das Lk in Lk 13,15 und 14,15
vom "Rind" und "Esel" spricht.
Mt-Bezug ist gut möglich, aber nicht zwingend in p 17,3f (Mt 7,7), 18,19
(Mt 22,16)[4]; 19,27-30 (Mt 11,25); 19,28f (Mt 18,2-4); 19,31f (Mt 18,10);
20,13f (Mt 20,28); 27,23f (Mt 5,48); 30,15f (Mt 9,27-30; 11,5; 12,22;
20,29-34)[5]; 30,31 (Mt 3,17; 17,5); 31,35-32,4 (Mt 18,12-14)[6]; 33,1-8 (Mt
25,35-37); 33,16f (Mt 6,19f)[7]; 33,19-21 (Mt 12,43-45); 33,26-28 (Mt 12,

---

1   Ausgabe: Evangelium Veritatis, ed. MALININE u.a. (Zürich 1956 sowie
     Supplement 1961); vgl. auch die Übersetzung von TILL (Evangelium der
     Wahrheit), Übersetzung und Kommentar von GROBEL und die Ausgabe von
     MENARD (Evangile de vérité); zur letztgenannten Ausgabe s. die Bespre-
     chung von RUDOLPH (Nag Hammadi-Texte, 30-32).
2   Vgl. dazu z.B. MCCAUGHEY (98f), der zum Gebrauch der ntl. Schriften durch
     den Verfasser bemerkt: "His way of doing this, however, is to weave re-
     miniscences of classical Christian documents into his own writing assimi-
     lating them to his own style".
3   So auch TUCKETT (Gospel of Truth, 134).
4   Vgl. TUCKETT (Gospel of Truth, 136): Joh 14,6 "seems a much more likely
     source for the languange used here".
5   Vgl. TUCKETT (Gospel of Truth, 137): "...may allude to various synoptic
     passages, but it is equally likely that John IX is in mind."
6   Eher weist der weitere Kontext (vgl. vor allem p 31,29 u. 31) auf das
     Mt als p 31,35ff, wie auch MENARD (Evangile de vérité, z.St.) bemerkt.
     Deutlich ist in jedem Falle, daß auf eine den Adressaten bekannte Ge-
     schichte angespielt wird; vgl. nur den bestimmten Artikel vor "Hirt"
     und "neunundneunzig"; s. dazu auch GROBEL (129).
7   Zu beachten ist der Hinweis GROBELs, daß der weitere Kontext eher auf Lk
     12 als auf Mt 6 verweist (GROBEL, 143); vom Wortlaut her ist die Nähe zu
     Mt größer als die zu Lk, wie auch GROBEL an gleicher Stelle bemerkt.

33.35); 33,30f (Mt 7,21; 12,50; 21,31); 33,37-39 (Mt 7,16-18)[1]; 37,21-24
(Mt 10,29); 40,23f (Mt 3,17 u. 17,5); 42,17f (Mt 11,23); 42,30 (Mt 19,
17); 42,36f (Mt 16,26); 43,19 (Mt 19,17).
Mt-Bezug ist allenfalls theoretisch möglich, aber nicht naheliegend in p
19,21-23 (Mt 16,1; 19,3; 22,18.35); 20,15 (Mt 26,28); 41,33 (Mt 18,10).

Insgesamt ergibt sich das Bild, daß die Parallelen zu synoptischem
Stoff allesamt als Anspielungen nur auf das Mt erklärt werden können; angesichts der Undeutlichkeit der Bezüge ist eine solche Annahme allerdings durchaus nicht zu beweisen.[2]
Im Vergleich mit der Aufnahme anderer Schriften des NT spielt die
Rezeption synoptischen Stoffes im EvVer eine eher geringe Rolle;
wichtiger sind paulinische Schriften[3] und das Joh[4].

Die zeitliche Einordnung dieses Befundes ist nicht sicher vorzunehmen, da weder die Identifikation mit dem von Irenäus (haer 3,11,
9) erwähnten gleichnamigen Evangelium noch die Abfassung durch den
Gnostiker Valentin als sicher gelten können.[5] Auffällig ist immerhin, daß der Begriff "Evangelium" noch nicht das Evangelien b u c h ,
sondern die "frohe Botschaft" meint.

Nicht nur die Evangelienrezeption des EvVer ist schwer zu bestimmen
und einzuordnen, sondern auch das EvVer insgesamt sperrt sich
gegen eine Einordnung in bestehende "Raster"; wie COLPE (JAC 1978)
zutreffend bemerkt, ist "ungewöhnlich schwierig abzugrenzen, was
vor, neben, hinter und im EV antike Tradition sein soll, und anzu-
geben, in welchem Abstand zur Großkirche und in der Nähe zu welcher
Gnosis das Christliche im EV stehe - um von jeder Art der Beziehung
zwischen beiden Größen gar nicht erst zu reden".

---

1   Gegen TUCKETT (Gospel of Truth, 135) ist keinesfalls sicher, sondern allen-
     falls möglich, daß hier das Mt aufgenommen ist.
2   Sehr viel weniger vorsichtig äußert sich TUCKETT (Gospel of Truth, 133.138.
     140.145), der den Befund im EvVer ähnlich beurteilt wie den im EvPh II,3.
3   S. dazu MENARD (Evangile de vérité, 3-8).
4   So TUCKETT (Gospel of Truth, 133); anders MENARD (Evangile de vérité, 8.28f),
     der den Einfluß des Joh eher gering veranschlagt.
5   So auch LINDEMANN (Paulus, 315).

3.3.9. EXAN II,6[1]

Im Unterschied zu vielen anderen Schriften aus den Kodizes von Nag
Hammadi wird in der ExAn sehr häufig explizit zitiert. Dabei
nimmt die Wortlautgenauigkeit der Zitate mit ihrer Länge deutlich
zu.[2]

Mt-Abhängigkeit ist in der ExAn nicht völlig sicher. Zwar findet
sich in p 135,16-18 die als Jesuswort zitierte Seligpreisung der
Trauernden, zu der eine Paralelle nur in Mt 5,4 existiert:

> p 135,16-18 Selig (μακάριος)
> sind die, die trauern (πενθεῖν), denn ihrer
> wird man sich erbarmen.
>
> Mt 5,4 μακάριοι οἱ πενθοῦντες
> ὅτι αὐτοὶ παρακληθήσονται.

Es fällt aber auf, daß die Parallele nicht völlig exakt ist. Zusätzlich ist zu bemerken, daß, selbst wenn hier die matthäische Seligpreisung aufgenommen sein sollte, damit noch nicht bewiesen wäre,
daß der Verfasser der ExAn sie auch aus dem Mt entnommen hat;
genauso gut denkbar ist, daß eine solche Seligpreisung auch nach
der Abfassung der Evangelien mündlich weitertradiert wurde.

Zur in der ExAn direkt im folgenden angeschlossenen Seligpreisung
der Hungernden bietet das Mt in Mt 5,6 nur für die 3. Person plur.
des Nachsatzes eine deutliche Parallele; der Vordersatz basiert,
wenn überhaupt auf einem der Evangelien, auf dem Lk:

> p 135,18f Selig (μακάριος) sind die Hungrigen, denn
> sie werden gesättigt werden.
>
> Mt 5,6 μακάριοι οἱ πεινῶντες καὶ διψῶντες τὴν δικαιοσύνην,
> ὅτι αὐτοὶ χορτασθήσονται.
>
> Lk 6,21 μακάριοι οἱ πεινῶντες νῦν,
> ὅτι χορτασθήσεσθε.

Über die genannten Seligpreisungen hinaus läßt sich kein deutlicher
Bezug auf das Mt feststellen.

> Sowohl in p 134,29 (Mt 19,28) als auch in p 135,24 (Mt 3,1) erscheint mir
> Abhängigkeit vom Mt allenfalls als möglich und keinesfalls als naheliegend.

---

1   Im folgenden wird nach der Übersetzung des Berliner Arbeitskreises (feder-
     führend für diese Schrift: H G BETHGE) zitiert; vgl. auch die Ausgabe von
     SEVRIN (L'exégèse de l'âme).
2   Vgl. dazu SEVRIN (L'exégèse de l'âme, 6 mit Anm. 23).

Auch wenn die ExAn nirgends das Mt direkt zitiert[1], ist es immerhin doch gut möglich, daß dieser Schrift direkt oder indirekt das
Mt zugrundegelegen hat. Für einen positiven Nachweis der Mt-Benutzung reichen aber weder Zahl noch Art der möglichen Belege
aus.

---

1   Anders SEVRIN (rédaction, 240 Anm. 22), der in den oben erwähnten Selig-
     preisungen Mt-Zitate erblickt; vgl. auch DERS., L'exégèse de l'âme, 5.

3.3.10. 2LOGSETH VII,2

Der "Zweite Logos des großen Seth"[1] weist eine Reihe von Parallelen vor allem, aber nicht ausschließlich zur synoptischen Passionsgeschichte auf. Die Bezüge sind jeweils zumeist derart, daß nicht sicher entschieden werden kann, welche der synoptischen Parallelen genau die Grundlage für die Ausführungen des 2LogSeth gebildet hat.[2]

> Zu nennen sind hier p 56,7 (Mt 27,34.48); 56,8 (Mt 27,30); 56,10 (Mt 27, 32); 56,13 (Mt 27,29); 58,20 (Mt 27,45); 58,24 (Mt 27,35); 58,27f (Mt 27, 51); 63,5 (Mt 1,1).

Einzige Ausnahme ist p 58,29-59,4; dort wird im Rahmen der Passionsgeschichte, die deutlich antikirchlich doketisch intendiert und ausgeführt ist (statt des lachenden Christus wird Simon von Kyrene gekreuzigt), von einer Auferstehung berichtet. Die Ähnlichkeit mit der einzigen kanonischen Parallele in Mt 27,52f beschränkt sich aber auf das "daß" der Auferstehung. Sowohl die Begleitumstände als auch die betroffenen "Personen" werden deutlich unterschiedlich beschrieben:

> p 58,29-59,4 Zittern ergriff ... das Chaos der Erde. Denn es wurden erlöst die Seelen, die sich in der Vergessenheit befanden; und sie standen auf (und) wandelten öffentlich umher, nachdem sie abgelegt ... hatten unverständigen Eifer und Unkenntnis bei den toten Gräbern und angezogen hatten den neuen Menschen.

> Mt 27,52 καὶ τὰ μνημεῖα ἀνεῴχθησαν καὶ πολλὰ σώματα τῶν κεκοιμημένων ἁγίων ἠγέρθησαν, 53 καὶ ἐξελθόντες ἐκ τῶν μνημείων μετὰ τὴν ἔγερσιν αὐτοῦ εἰσῆλθον εἰς τὴν ἁγίαν πόλιν καὶ ἐνεφανίσθησαν πολλοῖς.

Mir erscheint an dieser Stelle Mt-Abhängigkeit zwar nicht als zwingend; möglich ist sie aber immerhin und vielleicht sogar wahr-

---

1   Im folgenden zitiert nach der Übersetzung des Berliner Arbeitskreises (federführend für diese Schrift: H G BETHGE); vgl. auch Ausgabe und Übersetzung von M KRAUSE in ALTHEIM/STIEHL (106-151), die englische Übersetzung von BULLARD in NHLE und die Ausgabe von PAINCHAUD (1982).

2   M.E. lassen sich die Bezüge auf die Passionsgeschichte keinesfalls so verteilen, daß in p 56,4-13 Mk und in p 58,17-59,9 Mt aufgenommen sei, wie GIBBONS (35f) es will; zur Undeutlichkeit der Evangelienbezüge s. auch PAINCHAUD (1980, 232).

scheinlich, weil an der Aufnahme der synoptischen Passionsgeschichte insgesamt deutlich ist, daß der Verfasser nicht an der
exakten Reproduktion seiner Quellen interessiert ist. Der Verfasser des 2LogSeth steht deutlich in antikirchlicher Frontstellung
und versteht dabei sich selbst als dem wahren Christentum zugehö-
rig. Die "kirchlichen" Evangelien erfassen seiner Meinung nach
nicht das Wesentliche des Passionsgeschehens, das sich nur dem Gnostiker völlig erschließt.[1] Die Evangelien bilden nur das äußere
Datengerüst für die Geschichte des Erlösers, das erst durch die
"richtige" Interpretation und durch Ergänzungen und Korrekturen
zur "wahren" Erzählung werden kann. Die Evangelien sind gewissermaßen der "Anknüpfungspunkt", von dem aus der Verfasser - dann
aber eben doch "senkrecht von oben" - seine eigene, gnostische Theologie entfaltet.
Zeitlich gehört der 2LogSeth aller Wahrscheinlichkeit nach nicht
mehr in den Untersuchungszeitraum.[2]

---

1   Vgl. dazu GIBBONS (230f).
2   S. dazu TRÖGER (Passion, 299), GRIGGS (114) u. PAINCHAUD (1982,6); anders
     RUDOLPH (Nag Hammdi-Texte, 28), der den 2LogSeth in die 2. Hälfte des
     2. Jh. datiert.

3.3.11. SILV VII,4

In den "Lehren des Silvanus"[1] ist die Nähe zum kirchlichen Christentum so groß, daß man diese Schrift kaum als gnostisch bezeichnen können wird.

Ein klarer Beweis für Abhängigkeit vom Mt läßt sich nicht erbringen; allerdings deutet vieles auf eine solche Abhängigkeit hin
und läßt diese insgesamt als möglich bis wahrscheinlich erscheinen.
Gut zu dem Bild, das im besonderen das Mt von Jesus zeichnet,
passen die folgenden Wendungen und Aufforderungen:

> p 90,35-91,1 (Nimm) den ba(rmherzigen)
> Christus als guten Lehrer an!

> p 91,26f Halte die heiligen Gebote Jesu Christi, ...

> p 96,32-97,1 Der göttliche Lehrer ist mit (dir)
> allzeit ... und ein Helfer.[2]

> p 118,2-4 Nimm die Weisheit des geduldigen und
> freundlichen Christus an.[3]

An keiner dieser Stellen ist Abhängigkeit vom Mt zwingend, an allen jedoch gut möglich bis wahrscheinlich.

In p 103,13-28 werden die Adressaten der Schrift aufgefordert,
nicht aufzuhören, auf dem Weg Christi zu wandeln, damit sie Ruhe
von ihren Plagen empfangen. Dabei wird dann der Weg Christi als
der schmale Weg, der andere Weg als der breite Weg bezeichnet:

> p 103,13-28 Höre nicht auf, auf dem Weg Christi ...
> zu wandeln! Wandle auf ihm, damit du Ruhe
> vor Deinen Plagen empfängst! Wenn du auf
> einem anderen (Weg) wandelst, so wird der Weg, den
> du gehst, ohne Nutzen sein. Denn diejenigen, die ...
> auf dem breiten Weg wandeln, werden an ihrem
> Ende hinuntergehen in das Verderben des Schlammes.
> Denn die Hölle ist weit geöffnet für die Seele, und der
> Ort des Verderbens ist breit. Nimm Christus an, den schmalen
> Weg.

Hier kann gut eine Anspielung auf Mt 11,28f und 7,13f vorliegen,

---

1   Im folgenden zitiert nach der deutschen Übersetzung des Berliner Arbeits-
     kreises (federführend für diese Schrift: W P FUNK); vgl. auch die engli-
     sche Übersetzung von PEEL/ZANDEE in NHLE.
2   Vgl. Mt 28,20.
3   Vgl. Mt 11,29f.

ohne daß allerdings Abhängigkeit vom Mt zwingend ist: beide von Mt
sicher nicht selbst gebildeten Worte könnten auch durch vor- oder
gar nachsynoptische mündliche Tradition überliefert worden sein.

Auch für p 95,7-13 ist aus dem gleichen Grund Mt-Abhängigkeit nicht
sicher, obwohl hier - und das sehr deutlich - die sonst nur in
Mt 10,16 zu findende Aufforderung, klug wie die Schlangen und un-
schuldig wie die Tauben zu sein, aufgenommen ist:

> p 95,7-13 ... Es ist nämlich nötig, daß du an der Klugheit
> von d(ies)en beiden teilhast: an der ... Klugheit der
> Schlange und an der Unschuld der Taube, ...[1]

An anderen Stellen ist wegen Undeutlichkeit des Bezuges oder Identität der in Frage kommenden Parallelen der Bezug auf das Mt weniger deutlich, aber immerhin doch gut möglich.

> Zu nennen sind hier p 88,16f (Mt 6,20 u. 19,21); 100,24f (Mt 11,27); 103,
> 27f (Mt 8,17); 104,13 (Mt 20,28); 104,21-24 (Mt 23,12); 106,34 (Mt 7,13f);
> 109,15-17 (Mt 21,12).

Insgesamt paßt das, was man in den Silv an für das Mt spezifischen
Inhalten und Gedanken findet, gut zur paränetischen Grundintention des Verfassers der Silv. Gerade diese Beobachtung aber sollte
zur Vorsicht mahnen, allzu schnell von Parallelen auf Abhängigkeit
zu schließen. Zum einen muß gerade bei "ethischen" Stoffen damit
gerechnet werden, daß sie auch separat vom Mt überliefert worden
sind; zum anderen sind die aufgeführten Parallelen z.B. bezüglich
des Jesusbildes allesamt derart, daß ihre Inhalte auch als unabhängig vom Mt entstanden vorgestellt werden können.
Die Datierung der Silv muß unsicher bleiben.[2]

---

1   Der Berliner Arbeitskreis schlägt vor, die unterstrichenen Worte zu
     tilgen.
2   S. dazu PEEL (49), der sich vorsichtig für Abfassung im frühen 3. Jh. aus-
     spricht, und PEARSON (Philo, 79), der auf das Ende des 2. Jh. oder sogar
     etwas früher datiert.

3.3.12. EPPT VIII,2

Sehr viel deutlicher als die Beziehungen zum Mt sind in der "Epistula Petri ad Philippum"[1] die Anklänge an das Joh[2] und vor allem
an das lukanische Doppelwerk; die Abhängigkeit vom letzteren ist
in der EpPt "auf Schritt und Tritt" festzustellen, wie KOSCHORKE
(Pfingstpredigt, 326) zutreffend bemerkt.

Speziell auf das Mt weist hin, daß in p 134,15-18 und 140,21-23 den
Jüngern von Jesus zugesagt wird, daß er selbst immer bei ihnen sein
werde:

> p 134,15-18 Hört auf meine Worte, damit ich euch
> sende(n kann)... Weswegen ruft ihr mich? Ich
> bin Jesus Christus, der allezeit bei euch
> i(s)t ...
>
> p 140,21-23 Seid aber nicht furchtsam! Siehe ich
> bin bei euch in Ewigkeit.
>
> Mt 28,20 ... καὶ ἰδοὺ ἐγὼ μεϑ' ὑμῶν εἰμι πάσας τὰς
> ἡμέρας ἕως τῆς συντελείας τοῦ αἰῶνος.

Sicherlich kann von dieser Parallele zum wahrscheinlich auch unabhängig vom Mt weitertradierten matthäischen Missionsbefehl her
nicht schon auf Abhängigkeit vom Mt geschlossen werden; es ist
aber doch interessant, daß die EpPt die Gegenwart Jesu wie Mt
gleichsam "direkt" und nicht etwa wie bei Lk indirekt als durch
den Geist vermittelt denkt.

Auch in einem anderen Punkt stimmt die EpPt mit dem Mt überein.
Hier wie dort sind die Worte des Auferstandenen keine "neuen" Worte, sondern die Bekräftigung der Worte des irdischen Jesus;[3] zwischen der Verkündigung des einen und der des anderen wird jeweils
bewußt nicht unterschieden, sondern mit Nachdruck die Übereinstimmung beider betont.[4] Auch wenn auch diese Übereinstimmung mit der

---

1   Im folgenden zitiert nach der deutschen Übersetzung des Berliner Arbeits-
     kreises (federführend für diese Schrift: H G BETHGE); vgl. auch die eng-
     lische Übersetzung von WISSE in NHLE, die Ausgabe und (französische)
     Übersetzung von MENARD (lettre de Pierre à Philippe) und die kommentier-
     te Ausgabe von M W MEYER.
2   Vgl. hierzu vor allem den christologischen Abschnitt p 136,16-137,4.
3   Auf dieses Phänomen macht, ohne Verbindungslinien zum Mt zu ziehen,
     LUTTIKHUIZEN (98) aufmerksam.
4   Vgl. nur p 135,5-8 u. 138,22f.

matthäischen Theologie noch kein zwingender Hinweis auf Mt-Abhängigkeit ist, macht sie doch deutlich, daß es dem Verfasser der
EpPt nicht darum geht, das kirchliche Christentum grundsätzlich
zu verurteilen. Nicht der Überlieferungsfundus der Kirchenchristen
unterliegt seiner Kritik, sondern nur die kirchliche Interpretation
der in diesem vorgegebenen Inhalte. Der oder die Gnostiker, die
hinter der EpPt stehen, verstehen ihre Einsichten als die richtige
Deutung dessen, was die Kirchenchristen nicht völlig und deswegen
falsch verstehen.[1] Von daher erstaunt es auch nicht, daß sich in
der EpPt deutliche Anklänge an die kirchliche Überlieferung finden.
Die Abhängigkeit vom Mt, die anhand der vorhandenen Anspielungen
nur plausibel gemacht, aber nicht nachgewiesen werden kann,[2] wird
dadurch auch aus "äußeren" Gründen wahrscheinlich. Ähnlich wie
z.B. in der ApcPt bewegt sich die EpPt deutlich - und vor allem
bewußt - in dem Rahmen, in dem sich auch die Großkirche bewegt,
und zu dem nicht zuletzt auch unsere Evangelien gehören.

---

1   Vgl. dazu auch KOSCHORKE (Pfingstpredigt, 334).
2   Auch von anderen als den bisher erwähnten Stellen her läßt sich Mt-Abhän-
     gigkeit nicht wahrscheinlich machen, sondern allenfalls als möglich be-
     trachten; vgl. p 137,7-9 (Mt 5,14); 138,25f (Mt 10,27f); 139,17f (Mt 27,
     28); 139,16f (Mt 27,29).

3.3.13. TESTVER IX,3

Das "Testimonium veritatis"[1] vertritt einen asketisch begründeten
Antinomismus. Von den neutestamentlichen Zeugen haben am stärksten
Paulus und das Joh[2] auf die vielleicht erst in der Mitte des 3. Jh.
entstandene[3] Schrift eingewirkt. Daß das Mt nicht häufig und deutlich rezipiert wird, verwundert angesichts gerade der gesetzeskri-
tischen Grundstimmung des TestVer nicht. Dennoch ist an einigen
Stellen Abhängigkeit vom Mt durchaus möglich und vielleicht sogar
wahrscheinlich, wenn auch nicht zu beweisen.

So redet p 29,9ff davon, daß viele die Wahrheit nicht finden konnten, weil von ihnen der alte Sauerteig der Pharisäer und Schriftgelehrten des Gesetzes Besitz ergriffen hatte;[4] eine schlüssige
matthäische Parallele ist weniger wie von KOSCHORKE (Testimonium
Veritatis, z.St.) angeführt Mt 16,6[5], sondern vielmehr die bei
bei Mt überaus häufige Wendung "Pharisäer und Schriftgelehrte",
die im TestVer im folgenden (p 29,28f) gleich noch einmal vorkommt.

In p 30,17f liegt wegen der Sprichwörtlichkeit der Redewendung
nicht sicher ein Zitat von Mt 5,26 vor;[6] der Kontext im TextVer
hat nichts mit dem von Mt 5,26 zu tun.

Auch in p 37,5-8 (Mt 22,29) und 37,22f (Mt 11,29f) ist wegen Iden-

---

1   Im folgenden zitiert nach der deutschen Übersetzung von KOSCHORKE (Testi-
     monium Veritatis); vgl. auch die Übersetzung von GIVERSEN/PEARSON in NHLE.
2   Vgl. dazu KOSCHORKE (Testimonium Veritatis, 96) und PEARSON (Philo, 81
     u. Nag Hammadi Codices IX and X, 112).
3   Vgl. KOSCHORKE (Testimonium Veritatis, 96); s. auch TRÖGER (Passion, 95).
     PEARSON (Nag Hammadi Codices IX and X, 120) betont stark die Unsicherheit
     der Datierung und gibt als ungefähren Zeitraum der Abfassung Ende des 2./
     Beginn des 3. Jh. an; später (Philo, 79) grenzt er diesen Zeitraum auf
     das Ende des 2. Jh. ein.
4   P 29,13f ... der alte Sauerteig/ der Pharisäer (Φαρισαῖος) und der Geset-
     zeslehrer(γραμματεύς + νόμος) (Unterstrichenes kursiv).
5   Vgl. dazu TUCKETT (Gospel of Truth, 141), der zu Mt 16,6 und den Paralle-
     len bei Mk (8,14) u. Lk (12,1) bemerkt: "... no clear indication as to
     which of these three may be in mind".
6   P 30,17f bis daß sie den letzten Kodranten (κοδράντης)/bezahlt haben.
     (Unterstrichenes kursiv). PEARSON (Nag Hammadi Codices IX and X, 124)
     nimmt Zitation von Mt 5,26 an; vorsichtiger äußert sich TUCKETT (Gospel
     of Truth, 141), der Benutzung des Mt nur für möglich hält.

tität der Parallelen oder Unsicherheit des Textes Mt-Bezug allerhöchstens möglich. Auch die über die genannten Belege hinaus bei
SIEGERT im Stellenregister oder sonst in Übersetzungen und Ausgaben angeführten Stellen sind kein deutlicher Hinweis auf Rezeption
speziell des Mt.

> Als immerhin gut möglich erscheint mir Mt-Aufnahme in p 29,25 (Mt 6,24);
> 31,19f (Mt 6,19); 33,5-8 (Mt 11,5)[1]; 33,8f.23f (Mt 14,25)[2]; 39,24-28 (Mt
> 3,16); 41,5 (Mt 11,27); 41,10 (Mt 9,20); 44,16-19 (Mt 5,42.48); 45,10 (Mt
> 1,18-25)[3].

---

1   Näher als Parallele liegt Lk 7,21f; vgl. dazu auch TUCKETT (Gospel of
     Truth, 142) u. PEARSON (Nag Hammadi Codices IX and X, 131).
2   Vgl. eher Joh 6,19 (so auch TUCKETT,(Gospel of Truth, 142)).
3   Der weitere Kontext weist eher auf Lk 1.2, wie auch TUCKETT (Gospel of
     Truth, 143) ausführt.

4. ZUSAMMENFASSENDE SCHLUSSBEMERKUNGEN

Die Analyse der Schriften aus den Kodizes von Nag Hammadi, in denen
am deutlichsten das Mt aufgenommen worden ist, ergibt ein facet-
tenreiches Bild; vom Gesamtbild her aber ist es kein anderes als
das der Mt-Rezeption sonst im zweiten Jahrhundert.

Deutlich setzen die Nag-Hammadi-Schriften das Mt als ein wichtiges,
ja in einzelnen Fällen sogar als das wichtigste, auf jeden Fall
aber als das breit akzeptierte kirchliche Evangelium voraus und
sind damit Zeugen einer Entwicklung, als deren wichtigste Station
wohl Justin anzusehen ist, bei dem zum ersten Mal und zumindest
auch durch den dann überhaupt das Mt zum "Hauptevangelium" geworden
ist. Die Nag-Hammadi-Texte spiegeln dabei aller Wahrscheinlichkeit
nach nur die kirchliche Rezeption des Mt wider und sind daher und
so verstanden nicht so sehr primäre als vielmehr sekundäre Zeugen
der Rezeption des Mt.

Im einzelnen ist die Art und Weise, in der auf das Mt rekurriert
wird, ebenso wie auch im großkirchlichen Bereich sehr unterschiedlich; dabei erweist sich fast immer der Abfassungszweck und das Ab-
fassungsmilieu einer Schrift als konstitutiv für ihren Mt-Gebrauch.
So wird das Mt z.B. wegen der deutlich vorhandenen sprachlichen und
gedanklichen Affinitäten gern in einem von jüdischen Voraussetzungen her geprägten christlichen Milieu rezipiert, wofür EpJac und
EvPh die vielleicht deutlichsten Beispiele bieten; es gibt allerdings auch Gegenbeispiele wie z.B. 1ApcJac und 2ApcJac, wo sich
keinerlei deutliche Anklänge an das Mt finden, was wiederum darin
begründet sein könnte, daß vom Mt her eine Sonderstellung des Jakobus nicht gerade naheliegend ist. Umgekehrt finden sich in allen
drei in besonderer Weise mit der Gestalt des Petrus verbundenen
Schriften deutliche Anklänge zumindest auch an das Mt. Wieder gibt
es mit der EpPt ein Gegenbeispiel, an dem deutlich wird, daß die
hervorgehobene Position des Petrus noch nicht zwangsläufig intensive Rezeption des Mt nach sich zieht. Diese findet sich vor allem
dann, wenn von der hervorragenden Stellung des Petrus nicht nur
ausgegangen wird, sondern wenn diese in ihrer Begründung zum Gegenstand der Erörterungen gemacht wird wie in den ActPt oder wenn
Petrus exklusiv als einziger Offenbarungsträger gedacht wird wie
in der ApcPt. Gerade hierbei ist aber interessant, daß, obwohl

ActPt und ApcPt deutlich auf das Mt und nicht etwa auf vormatthäische Tradition rekurrieren, sie sachlich eher mit dem Mt vorgegebenen als mit dem von Mt in seinem Evangelium insgesamt gezeichne-
ten Petrusbild übereinstimmen. Die matthäische Darstellung der Gestalt des Petrus hat sich also - was auch nicht weiter verwunderlich ist - gerade in "petrinischen" Gruppen und Zirkeln nicht
durchsetzen können. Gerade ActPt und ApcPt sind ein Beleg dafür,
daß Rezeption des Mt noch lange nicht Rezeption der matthäischen
Theologie bedeutet. Diese Beobachtung gilt nicht nur für das Petrusbild der beiden genannten Schriften, sondern auch für andere
matthäische Theologumena wie z.B. die matthäische Ekklesiologie,
und gilt nicht nur für ApcPt und ActPt, sondern auch für jede
andere der untersuchten Schriften:[1] man kannte das Mt, ja, man
argumentierte sogar mit seiner Theologie, aber: man machte sich
diese Theologie im allgemeinen nicht zu eigen.

Auch die Analyse der Gnostikerreferate und -zitate der kirchlichen Schriftsteller bestätigt den Eindruck, daß die Evangelien
für die christliche Gnosis hauptsächlich die Funktion hatten, das
eigene gnostische Gedankengebäude abzusichern und so gewissermaßen zu ergänzen. Dies wurde dadurch möglich und führte dann auch
wieder dazu, daß die Gnostiker von ihren spezifischen Voraussetzungen her den Evangelienstoff völlig anders interpretierten,
als die "Großkirche" es tat. Übereinstimmungen mit der matthäischen Theologie ergaben sich nicht zuletzt dadurch so gut wie
nicht; die Evangelien waren für die Gnostiker - wie in gewisser
Weise ja auch für die "Kirche" - so etwas wie Steinbrüche für
die Jesusüberlieferung, deren Rohbestandteile es erst zuzuhauen,
zu gestalten oder zumindest einzupassen galt, wollte man den
alten "Stein" in rechter Weise neu zur Geltung bringen.
Das Mt wird dabei - wie im übrigen in der "Großkirche" kaum anders - herangezogen vor allem für die Überlieferung von Jesusworten. Es gilt als zuverlässige und akzeptierte Quelle für die Worte und Taten Jesu, nicht etwa als theologisches Dokument. Von daher wird auch nicht etwa nach der "matthäischen" Lösung für

---

1   Die die Regel bestätigende Ausnahme bildet Inter.

möglicherweise vorhandene mit dem Mt gemeinsame Sachprobleme wie
z.B. das "Gesetz" gefragt. Gerade der Brief des Ptolemäus an die
Flora macht deutlich, wie man auf dem Mt basieren und dieses Evangelium zitieren kann, ohne auch nur im geringsten von seiner Theologie berührt oder gar beeinflußt zu sein.

In dieser Hinsicht ist die Evangelienrezeption der Gnostiker der
großkirchlichen näher, als es auf den ersten Blick den Anschein
haben kann: hier wie dort werden die kirchlichen Evangelien nicht
um ihrer selbst willen und als solche, sondern mit aktuellem Verwertungsinteresse aufgenommen und interpretiert. Überwiegend scheinen Gnostiker und "Orthodoxe" durchaus keinen verschiedenen Kanon
gehabt zu haben;[1] auch eine gewisse gewaltsame Eigenwilligkeit ist
nicht nur Gnostikern, sondern oft auch kirchlichen Autoren zu
attestieren.

Damit soll nicht gesagt sein, daß die Evangelienrezeption der Gnostiker in allen Punkten der großkirchlichen ähnlich gewesen ist;
sicher war für die Gnostiker die Interpretation der (Evangelien-)
Tradition wesentlich wichtiger als deren Weitergabe, während umgekehrt die "Großkirche" zumindest intentional der Traditionsweitergabe einen höheren Stellenwert beimaß. Allerdings sind die Unterschiede hier, so deutlich sie auch hervortreten, m.E. eben
doch nur graduell.

Zur Charakterisierung der Evangelienrezeption der Gnosis kann abschließend gesagt werden, was auf die kirchliche Rezeption mutatis
mutandis ebenso zutrifft und Irenäus in haer 3,11,7 wie folgt
formulierte:

> tanta est autem circa evangelia haec firmitas, ut et ipsi
> haeretici testimonium reddant eis, et ex ipsis egrediens
> unusquisque eorum conetur suam confirmare doctrinam.

---

1   Vgl. hierzu WISSE (Prolegomena, 140-142), der meint, daß die uns erhalte-
     nen gnostischen Schriften nicht die normativen heiligen Schriften einer
     Sekte, sondern eher literarische Produkte einzelner (gewesen) seien.

VI. ALIA NON NEGLEGENDA

1. EVANGELIEN UND EVANGELIENFRAGMENTE

1.1. PROTEVANGELIUM JACOBI[1]

Einer der wenigen Punkte, die in der Forschung am Protev nicht umstritten sind, ist seine Abhängigkeit von den kanonischen Evangelien.[2] Steht also kaum in Frage, daß der Verfasser des Protev
das Mt gekannt und benutzt hat, so ist die Einordnung dieses Befundes nicht eindeutig vorzunehmen, da vor allem der Abfassungsort, aber auch die Abfassungszeit des Protev nicht mit hinreichender Sicherheit zu bestimmen sind.

Als Abfassungsort wird zumeist Ägypten angenommen,[3] aber auch Syrien ist
nicht von vornehein auszuschließen.[4] WILSON (Apokryphen, 334) entscheidet sich zu Recht nicht zwischen den von ihm referierten Positionen VIEL-
HAUERs, DE STRYCKERs und SMIDs; einig ist man sich nur, daß Palästina
aufgrund der mangelhaften geographischen Kenntnisse dieses Raumes, die
der Verfasser des Protev an den Tag legt, nicht in Frage kommt.[5]
Für die Bestimmung der Abfassungszeit gibt es kaum deutliche Anhaltspunkte; über eine unbestimmte Angabe wie "Mitte bis Ende des 2. Jh.s" wird
man wohl nicht hinauskommen.[6] Die Berührungspunkte mit Justin reichen
m.E. nicht aus, Abhängigkeit des Protev von Justin positiv wahrscheinlich

---

1 Ausgabe: DE STRYCKER (forme), dem ich mich in allen textlichen Fragen an-
   schließe; Arbeiten, die auf älteren Ausgaben basieren wie z.B. die von
   MASSAUX (Influence) sind nur mutatis mutandis zu vergleichen, da DE
   STRYCKER als erster den ältesten griechischen Textzeugen, Pap Bodmer V
   aus dem 3. (s. z.B. VAN STEMPVOORT (425)) oder 4. Jh. (so DE STRYCKER
   (Protévangile de Jacques, 343)) in einer kritischen Ausgabe verwertet
   hat. Zur Überlieferung des Protev insgesamt s. VIELHAUER (Geschichte, 667);
   speziell zur griechischen Überlieferung vgl. DE STRYCKER (Handschriften u.
   griekse Handschriften); zur slavischen Überlieferung s. DE SANTOS OTERO
   (Überlieferung, 1-32).
2 Nicht überzeugen konnte der Versuch von CONRADY (Protevangelium u. Quelle,
   jeweils passim), das Protev als die - ursprünglich hebräisch abgefaßte -
   Quelle der Kindheitsgeschichten bei Mt u. Lk zu erweisen.
3 So schon z.B. A MEYER (Protevangelium des Jakobus NTApo 1904, 53), dann
   DE STRYCKER (forme, 419ff, besonders 423 und Handschriften, 579), VIEL-
   HAUER (Geschichte, 668) und ALTANER/STUIBER (125).
4 Vgl. SMID (22) und CAMERON (108f).
5 So beläßt es z.B. MICHL (Evangelien, 1221) bei dieser Negativabgrenzung.
6 Allgemein herrscht die Tendenz, eher das Ende dieses Zeitraumes anzunehmen; so z.B. ALTANER/STUIBER (125) ("gegen 200") und WILSON (Apokryphen,
   334); vgl. auch DE STRYCKER (Handschriften, 579) (180-200).

zu machen.[1] Abzulehnen ist in jedem Fall die umgekehrte These, die z.B.
von TISCHENDORF (Evangelien, 76f u. 81) und BARDENHEWER (1, 535) vertreten wurde.

Umstritten ist auch, ob das Protev als eine ursprüngliche redaktionelle Einheit betrachtet werden kann,[2] oder ob es aus drei verschiedenen Teilen zusammengewachsen ist.

Die Nichteinheitlichkeit der Schrift wurde vor allem von HARNACK (Chronologie 1, 598-600) behauptet. Seitdem sind die Zweifel an der Einheitlichkeit nicht mehr verstummt,[3] jedoch zog man seit der Veröffentlichung des
Papyrus Bodmer durch TESTUZ im Jahre 1958 in neuerer Zeit nicht mehr die
radikale Konsequenz, die Zusammenfügung der einzelnen Teile erst ins 4.
Jh. zu datieren, wie es noch HARNACK (Chronologie 1, 602f) getan hatte.
WILSON (Apokryphen, 334) verzichtet auf ein eigenes Urteil und referiert
die Positionen von VIELHAUER und DE STRYCKER.

Deutlich auf das Mt als seine Grundlage verweist Protev 11,3:

Protev 11,3 Καὶ ἰδοὺ ἄγγελος ἔστη λέγων αὐτῇ· "Οὐχ οὕτως,
Μαρία. Δύναμις γὰρ θεοῦ ἐπισκιάσει σοι· διὸ καὶ τὸ γεννώμενον
ἅγιον κληθήσεται υἱὸς Ὑψίστου. Καὶ καλέσεις τὸ ὄνομα αὐτοῦ
Ἰησοῦν· αὐτὸς γὰρ σώσει τὸν λαὸν αὐτοῦ ἐκ τῶν ἁμαρτιῶν αὐτῶν."

Lk 1,30 καὶ εἶπεν ὁ ἄγγελος αὐτῇ· μὴ φοβοῦ, Μαριάμ, εὖρες
γὰρ χάριν παρὰ τῷ θεῷ. 31 καὶ ἰδοὺ συλλήμψῃ ἐν γαστρὶ καὶ
τέξῃ υἱὸν καὶ καλέσεις τὸ ὄνομα αὐτοῦ Ἰησοῦν. 32 οὗτος
ἔσται μέγας καὶ υἱὸς ὑψίστου κληθήσεται ... 35 καὶ ἀποκριθεὶς ὁ ἄγγελος εἶπεν αὐτῇ· πνεῦμα ἅγιον ἐπελεύσεται
ἐπὶ σὲ καὶ δύναμις ὑψίστου ἐπισκιάσει σοι· διὸ καὶ τὸ γεννώμενον ἅγιον κληθήσεται υἱὸς θεοῦ.

Mt 1,21 τέξεται δὲ υἱόν, καὶ καλέσεις τὸ ὄνομα αὐτοῦ
Ἰησοῦν· αὐτὸς γὰρ σώσει τὸν λαὸν αὐτοῦ ἀπὸ τῶν ἁμαρτιῶν
αὐτῶν.

---

1   So schon A MEYER (Protevangelium des Jakobus, NTApo 1904, 48) mit guter
      Aufzählung der in Frage kommenden Parallelen, sowie zuletzt WILSON (Apo-
      kryphen, 334); anders ALDAMA (126-129), der Abhängigkeit des Protev von
      Justin annimmt, und mit Verweis auf ALDAMA DE STRYCKER (Protévangile de
      Jacques, 353 Anm. 2).

2   So DE STRYCKER (forme, 403f u. Protévangile de Jacques, 351ff).

3   Vgl. z.B. A MEYER (Protevangelium des Jakobus NTApo 1904, 48f); BARDENHE-
      HEWER (1, 354); WAITZ (Apokryphen, 90); MASSAUX (Influence, 389f); QUASTEN
      (121); CULLMANN (Kindheitsevangelien, 378f); VIELHAUER (Geschichte, 669f).
      VIELHAUER (a.a.O., 670) läßt die Frage der Einheitlichkeit aber letztend-
      lich offen.

Es ist nicht leicht zu entscheiden, ob für die Wendung "καὶ καλέσεις τὸ ὄνομα αὐτοῦ ʼIησοῦν" Mt 1,21 oder Lk 1,31 im Hintergrund
steht; dies gilt besonders deswegen, weil vor der fraglichen Wendung deutlich für das Lk spezifisches Gut aufgenommen ist, während
an sie anschließend für das Mt spezifisches Gut zu finden ist.
Möglich ist auch, daß die bei beiden Evangelisten zu findende
Wendung für den Verfasser des Protev gewissermaßen die Schaltstel-
le oder Weiche war, an der er vom Lk- zum Mt-Stoff überging. Es
wird kaum zu entscheiden sein, ob dieser Übergang sich anhand
schriftlich vorliegender Quellen vollzog oder in der gedächtnis-
mäßigen Erinnerung des Verfassers ohne die "Hilfe" schriftlicher
Vorlagen vor sich ging. Deutlich ist in jedem Fall die Aufnahme
von Gut, das sich so nur in Mt 1,21 findet und dort aller Wahrscheinlichkeit nach auf die Formulierungen des Evangelisten Mt
zurückgeht.
In der Literatur wird für Protev 11,3 ausnahmslos eine Kombination
von Mt 1,21 und Lk 1,31 angenommen.[1]

Auch in Protev 14,2 ist die Aufnahme des Mt deutlich und dürfte
keinem Zweifel unterliegen:

> Protev 14,2 Καὶ κατέ(λαβ)εν αὐτὸν νύξ. Καὶ ἰδοὺ ἄγγελος Κυ-
> ρίου φαίνεται αὐτῷ κατʼ ὄνειρον λέγων· "Μὴ φοβηθῇς τὴν παῖδα
> ταύτην· τὸ γὰρ ἐν ἑαυτῇ ὂν ἐκ Πνεύματός ἐστιν ἁγίου. Τέξεται
> δέ σοι υἱὸν καὶ καλέσεις τὸ ὄνομα ἑαυτοῦ ʼIησοῦν· αὐτὸς γὰρ
> σώσει τὸν λαὸν αὐτοῦ ἐκ τῶν ἁμαρτημάτων αὐτῶν."Καὶ ἀνέστη
> ʼIωσὴφ ἀπὸ τοῦ ὕπνου καὶ ἐδόξασεν τὸν θεὸν τοῦ ʼIσραὴλ τὸν
> δόντα αὐτῷ τὴν χάριν αὐτοῦ.

> Mt 1,20[2] ταῦτα δὲ αὐτοῦ ἐνθυμηθέντος ἰδοὺ ἄγγελος κυρίου
> κατʼ ὄναρ ἐφάνη αὐτῷ λέγων· ʼIωσὴφ υἱὸς Δαυίδ, μὴ φοβηθῇς

---

[1]   Vgl. z.B. A MEYER (Protevangelium des Jakobus HNTA, 121), SMID (86), MAS-
      SAUX (Influence, 391) (als die wahrscheinlichste Lösung) und MORGAN (520).
[2]   Aus dem Vergleich mit Lk 1,30 (s.o. 430) ergibt sich, daß an dieser Stel-
      le das Mt die wesentlich deutlichere Parallele als das Lk bietet, obwohl
      auch Lk die Wendung "καὶ καλέσεις τὸ ὄνομα αὐτοῦ ʼIησοῦν" hat.

παραλαβεῖν Μαρίαν τὴν γυναῖκά σου· τὸ γὰρ ἐν αὐτῇ γεννηθὲν ἐκ πνεύματός ἐστιν ἁγίου. 21 τέξεται δὲ υἱόν, καὶ
καλέσεις τὸ ὄνομα αὐτοῦ ʼΙησοῦν· αὐτὸς γὰρ σώσει τὸν λαὸν
αὐτοῦ ἀπὸ τῶν ἁμαρτιῶν αὐτῶν. ... 24 ἐγερθεὶς δὲ ὁ ʼΙωσὴφ
ἀπὸ τοῦ ὕπνου ἐποίησεν ὡς προσέταξεν αὐτῷ ὁ ἄγγελος κυρίου καὶ παρέλαβεν τὴν γυναῖκα αὐτοῦ,

Mt 2,13 u. 2,19 ... ἰδοὺ ἄγγελος κυρίου φαίνεται κατʼ
ὄναρ τῷ ʼΙωσὴφ ...

Nahezu exakt ist im Protev Mt 1,20.21.24 aufgenommen.[1] Daß das
Protev hier nicht das Mt, sondern nur die diesem zugrundeliegende
Tradition zitiert, erscheint mir als nicht naheliegend oder gar
zwingend, obwohl die Nichtaufnahme der matthäischen Verse 22f zu
dieser Vermutung Anlaß geben könnte. Der Verfasser des Protev ist
in c. 14 wie überhaupt in seiner Schrift primär an denjenigen Personen interessiert, die in den kanonischen Evangelien eher die Rolle unwichtiger oder zumindest nicht hauptsächlich wichtiger Rand-
personen spielen. Von daher interessiert ihn auch nur das über diese Personen Berichtete, und nicht etwa die Deutung und Einordnung
dieser Informationen, die sich bei Mt z.B. in 1,22f findet. Von
dem überall im Protev deutlich hervortretenden Interesse seines
Verfassers her wäre also gar nicht zu erwarten, daß er Vers 22f
genommen hätte, wenn diese Verse in seiner Vorlage gestanden haben.
Von daher ist ein argumentum e silentio hier nicht beweiskräftig;
Nichtbenutzung des Mt ist mit seiner Hilfe durchaus nicht zu erweisen, und Benutzung des Mt aufgrund der deutlichen Wortlautübereinstimmungen mit dem matthäischen Text sehr wahrscheinlich.

Während sonst im Protev zwar auch das Mt, aber doch zumeist und
primär das Lk aufgenommen zu sein scheint,[2] liegt Protev 21,1-
22,1 über eine längere Passage hinweg ausschließlich Mt 2,1-16
zugrunde:

Protev 21,1 Καὶ ἰδοὺ ʼΙωσὴφ ἡτοιμάσθη τοῦ ἐξελθεῖν ἐν τῇ

---

1   So auch MASSAUX (Influence, 391f), SMID (102f) u. MORGAN (521).
2   S. dazu die diesbezüglichen Analysen bei MASSAUX (Influence) und
     MORGAN.

Ἰουδαίᾳ , καὶ θόρυβος ἐγένετο μέγας ἐν Βηθλεὲμ τῆς Ἰου-
δαίας. Ἦλθωσαν γὰρ <u>μάγοι λέγοντες</u>· "<u>Ποῦ ἐστιν ὁ βασιλεὺς τῶν</u>
<u>Ἰουδαίων; Εἴδομεν γὰρ τὸν ἀστέρα αὐτοῦ ἐν τῇ ἀνατολῇ καὶ</u>
<u>ἤλθαμεν προσκυνῆσαι αὐτῷ</u>." 2 Καὶ <u>ἀκούσας ὁ Ἡρῴδης ἐταράχθη</u>
καὶ ἔπεμψεν ὑπηρέτας πρὸς τοὺς μάγους· καὶ μετεπέμψατο καὶ
<u>τοὺς ἀρχιερεῖς</u> καὶ ἀνέκρινεν αὐτοὺς ἐν τῷ πραιτωρίῳ λέγων
αὐτοῖς· "Πῶς γέγραπται περὶ τοῦ <u>χριστοῦ</u>; <u>Ποῦ γεννᾶται</u>;" Λέγουσιν <u>αὐτῷ</u>· "<u>Ἐν Βηθλεὲμ τῆς Ἰουδαίας· οὕτως γὰρ γέγραπ-</u>
<u>ται</u>." Καὶ ἀπέλυσεν αὐτούς. Καὶ ἀπέκρινεν τοὺς μάγους λέγων
αὐτοῖς· "Τί εἴδετε σημεῖον ἐπι τὸν γεννηθέντα βασιλέα;" Καὶ
εἶπον οἱ μάγοι· "<u>Εἴδομεν ἀστέρα</u> παμμεγέθη λάμψαντα ἐν τοῖς
ἄστροις τούτοις καὶ ἀμβλύναντα αὐτούς, ὥστε τοὺς ἀστέρας μὴ
φαίνεσθαι. Καὶ οὕτως ἔγνωμεν ὅτι βασιλεὺς ἐγεννήθη τῷ Ἰσραήλ,
<u>καὶ ἤλθομεν προσκυνῆσαι αὐτῷ</u>." Καὶ <u>εἶπεν</u> αὐτοῖς Ἡρῴδης· "Ὑπ-
άγετε καὶ ζητήσατε, καὶ ἐὰν <u>εὕρητε ἀπαγγείλατέ μοι, ὅπως κἀγὼ</u>
<u>ἐλθὼν προσκυνήσω αὐτῷ</u>." 3 Καὶ ἐξῆλθον οἱ μάγοι. Καὶ ἰδοὺ <u>ὃν</u>
<u>εἶδον ἀστέρα ἐν τῇ ἀνατολῇ προῆγεν αὐτοὺς ἕως</u> εἰσῆλθαν ἐν
τῷ σπηλαίῳ, καὶ ἔστη ἐπὶ τὴν κεφαλὴν τοῦ παιδίου. Καὶ ἰδόντες
αὐτὸν οἱ μάγοι ἑστῶτα <u>μετὰ τῆς μητρὸς αὐτοῦ</u> Μαρίας, ἐξέβαλον
ἀπὸ τῆς πήρας αὐτῶν <u>δῶρα χρυσὸν καὶ λίβανον καὶ σμύρναν. Καὶ</u>
<u>χρηματισθέντες</u> ὑπὸ τοῦ ἀγγέλου μὴ εἰσελθεῖν εἰς τὴν Ἰουδαίαν,
<u>διὰ ἄλλης ὁδοῦ ἀνεχώρησαν εἰς τὴν χώραν αὐτῶν</u>. 22,1 <u>Τότε Ἡρῴ-</u>
<u>δης ἰδὼν ὅτι ἐνεπαίχθη ὑπὸ τῶν μάγων</u> ὀργισθεὶς ἔπεμψεν αὐτοῦ
τοὺς φονευτὰς λέγων αὐτοῖς ἀνελεῖν πάντα τὰ βρέφη <u>ἀπὸ διετίας</u>
<u>καὶ κάτω</u>. 2 καὶ ἀκούσασα ἡ Μαρία ὅτι τὰ βρέφη ἀναιρεῖται, φο-
βηθεῖσα ἔλαβεν τὸν παῖδα ...

Mt 2,1 Τοῦ δὲ Ἰησοῦ γεννηθέντος ἐν Βηθλέεμ τῆς Ἰουδαίας
ἐν ἡμέραις Ἡρῴδου τοῦ βασιλέως, ἰδοὺ <u>μάγοι</u> ἀπὸ ἀνατολῶν
παρεγένοντο εἰς Ἰεροσόλυμα 2 <u>λέγοντες· ποῦ ἐστιν ὁ</u> τεχ-
θεὶς <u>βασιλεὺς τῶν Ἰουδαίων; εἴδομεν γὰρ αὐτοῦ τὸν ἀστέρα</u>
<u>ἐν τῇ ἀνατολῇ καὶ ἤλθομεν προσκυνῆσαι αὐτῷ</u>. 3 <u>ἀκούσας</u> δὲ
ὁ βασιλεὺς <u>Ἡρῴδης ἐταράχθη</u> καὶ πᾶσα Ἰεροσόλυμα μετ'
αὐτοῦ, 4 καὶ συναγαγὼν πάντας <u>τοὺς ἀρχιερεῖς</u> καὶ γραμματεῖς τοῦ λαοῦ ἐπυνθάνετο παρ' αὐτῶν <u>ποῦ ὁ χριστὸς γεννᾶται</u>.
5 οἱ δὲ εἶπαν <u>αὐτῷ· ἐν Βηθλέεμ τῆς Ἰουδαίας· οὕτως γὰρ</u>
<u>γέγραπται</u> διὰ τοῦ προφήτου· 6 καὶ σὺ Βηθλεέμ, γῆ Ἰούδα,
οὐδαμῶς ἐλαχίστη εἶ ἐν τοῖς ἡγεμόσιν Ἰούδα· ἐκ σοῦ γὰρ

ἐξελεύσεται ἡγούμενος, ὅστις ποιμανεῖ τὸν λαόν μου τὸν
Ἰσραήλ.   7 Τότε Ἡρῴδης λάθρᾳ καλέσας τοὺς μάγους ἠκρίβωσεν παρ᾽ αὐτῶν τὸν χρόνον τοῦ φαινομένου ἀστέρος, 8 καὶ
πέμψας αὐτοὺς εἰς Βηθλέεμ εἶπεν· πορευθέντες ἐξετάσατε
ἀκριβῶς περὶ τοῦ παιδίου· ἐπὰν δὲ εὕρητε, ἀπαγγείλατέ μοι,
ὅπως κἀγὼ ἐλθὼν προσκυνήσω αὐτῷ. 9 οἱ δὲ ἀκούσαντες τοῦ
βασιλέως ἐπορεύθησαν καὶ ἰδοὺ ὁ ἀστήρ, ὃν εἶδον ἐν τῇ
ἀνατολῇ, προῆγεν αὐτούς, ἕως ἐλθὼν ἐστάθη ἐπάνω οὗ ἦν
τὸ παιδίον. 10 ἰδόντες δὲ τὸν ἀστέρα ἐχάρησαν χαρὰν μεγά-
λην σφόδρα. 11 καὶ ἐλθόντες εἰς τὴν οἰκίαν εἶδον τὸ παιδίον μετὰ Μαρίας τῆς μητρὸς αὐτοῦ, καὶ πεσόντες προσεκύνησαν αὐτῷ καὶ ἀνοίξαντες τοὺς θησαυροὺς αὐτῶν προσήνεγκαν
αὐτῷ δῶρα, χρυσὸν καὶ λίβανον καὶ σμύρναν. 12 καὶ χρημα-
τισθέντες κατ᾽ ὄναρ μὴ ἀνακάμψαι πρὸς Ἡρῴδην, δι᾽ ἄλλης
ὁδοῦ ἀνεχώρησαν εἰς τὴν χώραν αὐτῶν. 13 Ἀναχωρησάντων
δὲ αὐτῶν ἰδοὺ ἄγγελος κυρίου φαίνεται κατ᾽ ὄναρ τῷ
Ἰωσὴφ λέγων· ἐγερθεὶς παράλαβε τὸ παιδίον καὶ τὴν μητέρα
αὐτοῦ καὶ φεῦγε εἰς Αἴγυπτον καὶ ἴσθι ἐκεῖ ἕως ἂν εἴπω
σοι· μέλλει γὰρ Ἡρῴδης ζητεῖν τὸ παιδίον τοῦ ἀπολέσαι
αὐτό. 14 ὁ δὲ ἐγερθεὶς παρέλαβε τὸ παιδίον καὶ τὴν μητέρα
αὐτοῦ νυκτὸς καὶ ἀνεχώρησεν εἰς Αἴγυπτον, 15 καὶ ἦν ἐκεῖ
ἕως τῆς τελευτῆς Ἡρῴδου· ἵνα πληρωθῇ τὸ ῥηθὲν ὑπὸ κυρίου διὰ τοῦ προφήτου λέγοντος· ἐξ Αἰγύπτου ἐκάλεσα τὸν
υἱόν μου. 16 Τότε Ἡρῴδης ἰδὼν ὅτι ἐνεπαίχθη ὑπὸ τῶν μάγων ἐθυμώθη λίαν, καὶ ἀποστείλας ἀνεῖλεν πάντας τοὺς παῖ-
δας τοὺς ἐκ Βηθλέεμ καὶ ἐν πᾶσι τοῖς ὁρίοις αὐτῆς ἀπὸ
διετοῦς καὶ κατωτέρω, κατὰ τὸν χρόνον ὃν ἠκρίβωσεν παρὰ
τῶν μάγων. 17 τότε ἐπληρώθη τὸ ῥηθὲν διὰ Ἰερεμίου τοῦ
προφήτου λέγοντος ...

Der Wortlautvergleich ergibt frappierende Übereinstimmungen mit
Mt 2,2.3.4.5.8.9.11.12.16.[1] Auffällig ist, daß wie auch in c. 14,2
die matthäischen Reflexionszitate nicht aufgenommen sind. Auch

---

1   So ist es denn auch nicht verwunderlich, daß in der Literatur allgemein
    literarische Abhängigkeit von Mt 2 angenommen wird; vgl. A MEYER (Prot-
    evangelium des Jakobus HNTA, 128), MASSAUX (Influence, 392f), SMID (146)
    und MORGAN (528).

hier muß dies durchaus nicht so gedeutet werden, daß dem Verfasser des Protev nicht das Mt, sondern nur die auch dem Mt zugrundeliegende Tradition bekannt war; die Reflexionszitate beziehen
sich ausnahmslos auf Jesus, der eben nicht im Hauptblickfeld des
Verfassers liegt. Von dessen positivem Interesse an Maria her erklärt sich auch der vom Mt verschiedene Schluß sowie das Fehlen
der dem Joseph befohlenen und von diesem auch durchgeführten (und
mit einem Reflexionszitat begründeten) Flucht nach Ägypten. Mit anderen Worten: die "Lücken" in der Aufnahme matthäischer Redaktion
erklären sich allesamt gut aus der Intention des Verfassers des
Protev; seine in diesem - von dem des Mt grundsätzlich verschiedenen - Interesse begründete Freiheit gegenüber dem matthäischen Text
erklärt zugleich seine Formulierungsabweichungen an den Stellen,
wo er das gleiche wie das Mt mit etwas anderen Worten zum Ausdruck
bringt. Die große Übereinstimmung mit dem matthäischen Text auch
über längere Passagen hinweg läßt es dabei als wahrscheinlich
erscheinen, daß dem Verfasser des Protev das Mt schriftlich vorlag, als er es frei nach seinen Interessen umgestaltete. Er scheint
dabei ungefähr nach dem Prinzip vorgegangen zu sein, nahezu jeden
zweiten Satz mehr oder weniger deutlich an das Mt anklingen zu lassen.

Die bisherigen Beobachtungen zusammenfassend läßt sich sagen, daß
im Protev sicherer Bezug auf die matthäische Geburtsgeschichte festzustellen ist. Dabei verrät der Verfasser sowohl durch die frap-
pierenden Übereinstimmungen mit dem Mt als auch gerade durch die
Freiheiten, die er sich in Umgestaltung und Ausgestaltung des
matthäischen Stoffes nimmt, daß er das Mt gekannt hat und es bei
der Abfassung seiner Schrift schriftlich vorliegen hatte.
An anderen Stellen des Protev ist der Bezug auf das Mt nicht in
gleicher Weise deutlich wie an den bisher erörterten.

> Als gut möglich erscheint mit Mt-Bezug in c. 9,1 (Mt 3,16); 13,1 (Mt 26,
> 75); 14,1 (Mt 1,19; 17,6; 27,4); 19,1 (Mt 1,18-20); 19,2 (Mt 4,16; 17,5);
> 19,3 (Mt 1,23); 20,4 (Mt 17,9); 23,3 (Mt 23,35); 24,3 (Mt 27,51).
> Allenfalls theoretisch möglich, aber keinesfalls naheliegend ist Mt-Bezug
> in c. 9,3 (Mt 1,24); 10,1 (Mt 27,51); 16,3 (Mt 1,24); 17,3 (Mt 14,15); 24,
> 2 (Mt 23,35).

Das Protev unterscheidet sich von vielen Schriften des 2. Jahr-

hunderts dadurch, daß nicht nur die Benutzung des Mt als sicher
gelten kann, sondern daß aufgrund von Zahl und Ausmaß der Wortlautübereinstimmungen begründet davon ausgegangen werden kann,
daß das Mt auf dem "Schreibtisch" des Verfassers lag (wobei zugleich deutlich ist, daß das Mt nicht an allen Stellen gleich intensiv und exakt "nachgeschlagen" wurde).

Von den theologischen Inhalten des Mt hat den Autor des Protev
so gut wie nichts interessiert; im Gegenteil sind nahezu alle zentralen Theologumena der matthäischen Geburtsgeschichte von ihm
gestrichen worden. Dies erklärt sich jeweils gut aus der Tendenz
des Verfassers, der eben nicht die "γένεσις Ἰησοῦ Χριστοῦ",
sondern die Geschichte Marias erzählen wollte. Die Autorität des
Mt - wie im übrigen auch die des Lk - muß für ihn eine rein äußere
gewesen sein. Von daher ist also auch er ein Zeuge der breiten
Akzeptanz der kanonischen Evangelien. Daß dabei das Lk häufiger
und intensiver herangezogen wurde als das Mt, erklärt sich gut
daraus, daß es für die mariologische Interpretation der Geburtsgeschichte Jesu deutlich mehr Material als das Mt bot.[1] Theologisch
aber ist der Verfasser weder vom Lk noch vom Mt beeinflußt.

---

[1]   Für solche rein quantitativen Vergleiche ist die MORGANsche Methode,
        rezipierte Worte zu zählen, gar nicht einmal so schlecht; MORGAN (532)
        kommt auf ein Verhältnis von 120:47 des Lk gegenüber dem Mt.

1.2. PETRUSEVANGELIUM[1]

Die Beziehung des uns erhaltenen Fragmentes des EvPetr zu den kanonischen Evangelien ist seit seiner Erstveröffentlichung durch
BOURIANT im Jahre 1892 heftig umstritten. Daran hat sich auch
heute noch nichts geändert. Von den neueren Arbeiten, die sich mo-
nographisch mit dem EvPetr befassen,[2] vertreten die von DENKER
und B A JOHNSON die Ansicht, daß der Verfasser des EvPetr die kanonischen Evangelien nicht gekannt oder auf jeden Fall nicht benutzt hat,[3] während MCCANT Abhängigkeit von den kanonischen Evangelien von der Struktur und den Themen des EvPetr her für wahrscheinlich hält[4]. Betrachtet man die Forschungsgeschichte insgesamt, so
sind die Vertreter der "Unabhängigkeitshypothese" eine kleine,
aber nicht zu vernachlässigende Minderheit.

Als Vertreter der Abhängigkeitshypothese sind aufzuführen LODS (22); v.
SCHUBERT (Composition, 166); ZAHN (Evangelium des Petrus, 38.75); SABA-
TIER (évangile de Pierre, 11.24); BARNES (61); KOCH (327 u. im folgenden
passim, besonders 333); V H STANTON (Gospel of Peter, 21-23 u. passim);
STÜLCKEN (Petrusevangelium NTApo 1904, 28 u. 1924, 60); W BAUER (Leben
Jesu, 497); JACQUIER (138); BARDENHEWER (1, 526); WAITZ (Apokryphen, 86);
VAGANAY (81); MASSAUX (Influence, passim zum EvPetr); CULLMANN (Petrus-
evangelium, 260); STRECKER (Problem, 251); MARA (212); HAGNER (299);
VIELHAUER (Geschichte, 645); LAMBIASI (passim); ALTANER/STUIBER (124);
TYSON (204).
Deutlich die Unabhängigkeit von den kanonischen Evangelien vertreten neben
den schon genannten B A JOHNSON und DENKER MOULTON (300); v. SODEN (Kennt-
nis nur von Mk und Ur-Mk; 79); GARDNER-SMITH (Gospel of Peter, 270); WAL-
TER (421f.427f); KÖSTER (Introduction 2, 163; Grundlage des EvPetr ist ein
älteres, von den kanonischen Evangelien unabhängiges Evangelium unter dem
Namen des Petrus; vgl. auch DERS., Evangelienliteratur, 1527: das EvPetr
ist eine "sehr alte, wenn auch später sekundär ausgestaltete schriftliche
Fassung der Leidens- und Auferstehungsgeschichte".)
Eine differenzierte Position, die sich im Zeitraum von 1893-1897 weiter-
entwickelte, vertrat HARNACK. Er sah 1893 (Bruchstücke, 32f) nur Mk-Benutzung als "nahezu erwiesen" an; Mt-Benutzung hielt er für "nicht ebenso
wahrscheinlich" und nahm eher Kenntnis desselben "Traditions- und Legen-
denkreis"es an. Insgesamt erschien ihm (33f) die Nichtbenutzung des Mt
als wahrscheinlicher als dessen Benutzung. Ähnlich äußerte er sich im
selben Jahr in seiner Literaturgeschichte, in der er u.a. aber auch darauf
hinwies, daß EvPetr und Mt "blutsverwandt" seien (Überlieferung, 12).
Wichtig und immer noch zu beachten ist sein Hinweis in der Rezension zu
v. SCHUBERT (Composition), daß man jedenfalls in "Kleinmeisterei und

---

1   Ausgabe: MARA.
2   Zur Bibliographie bis 1978 s. FUCHS (Petrusevangelium, 81-115).
3   Vgl. dazu DENKER, 31-57 (und hier besonders 56f) u. B A JOHNSON, 120f.
4   Vgl. z.B. S. 2 des unpaginierten abstracts sowie S. 30 u. 114.

Gewaltsamkeit" gerät, wenn man die Darstellung des EvPetr überall als
aus den kanonischen Evangelien entstanden zu verstehen versucht (14).
Nichtsdestotrotz aber hielt er dann 1897 (Chronologie 1, 475) Abhängigkeit des EvPetr von den vier kanonischen Evangelien doch für "wahrscheinlich".
In neuester Zeit setzen sich CAMBE (13) und AGUIRRE MONASTERIO (138.144)
für eine differenzierte Lösung des Quellenproblems ein.

Das Hauptproblem bei der Beantwortung der Frage nach den Quellen
des EvPetr ist - ganz ähnlich wie beim koptischen Thomasevangelium - das Nebeneinander von Ähnlichkeiten mit und Abweichungen
von den kanonischen Evangelien. Verwirrend ist vor allem, daß
selbst da, wo von der erzählten Sache her Affinität z.B. zum Mt
besteht, in den Formulierungen oft keinerlei oder eine nur
sehr ungefähre Nähe zur kanonischen Parallele festzustellen ist.
Nicht immer erklären sich dabei die "Abweichungen" des EvPetr aus
einer inhaltlichen Absicht oder Tendenz seines Verfassers. Aus
diesem Grunde kommt man nicht umhin, sofern und wenn man Abhängigkeit des EvPetr von den kanonischen Evangelien wahrscheinlich machen will, dem Verfasser große Freiheit im Umgang mit seinen "Vorlagen" zu attestieren[1] oder anzunehmen, daß sich die - oft eben
inhaltlich nicht zu motivierenden - Abweichungen dem Faktum verdanken, daß der Verfasser des EvPetr seinen Evangelienstoff aus
der mündlichen Gemeindebelehrung, die ihrerseits wieder auf den
kanonischen Evangelien basiert, schöpfte.[2]
Hat man als Kriterium für den Nachweis von Mt-Abhängigkeit nur
das der Wortlautübereinstimmung zur Hand, wird man für das EvPetr
nur sehr schwer oder überhaupt nicht Abhängigkeit vom Mt wahrscheinlich machen können, da die Aufnahme z.B. von Sondergut des Mt ja
nur dann auf Abhängigkeit vom Mt hinweist, wenn sich dabei auch
Übereinstimmung in als redaktionell zu erweisenden matthäischen
Formulierungen nachweisen läßt. Eine solche sichere Abhängigkeit
aber liegt m.E. im EvPetr nirgends vor, wie an den nachfolgenden
Beispielen unschwer verdeutlicht werden kann.

EvPetr § 1 setzt voraus, daß vorher berichtet wurde, daß Pilatus

---

1   So schon LODS (22) und STÜLCKEN (Petrusevangelium NTApo 1904, 28: "der
     Schein der Selbständigkeit wird durch freies Schalten mit dem vorgege-
     benen Material erreicht"); vgl. auch ALTANER/STUIBER (124).
2   So schon V H STANTON (Gospel of Peter, 21-23) und - ohne Bezug auf ihn -
     VAGANAY (81).

seine Hände in Unschuld wusch:

> EvPetr § 1 τ(ῶν) δὲ ᾿Ιουδαίων οὐδεὶς ἐνίψατο τὰς χεῖρας,
> οὐδὲ ᾿Ηρῴδης οὐδὲ (ε)ἷς (τ)ῶν κριτῶν αὐτοῦ. Κ(αὶ μὴ) βουλη-
> θέντων νίψασθαι ἀνέσ(τ)η Πειλᾶτος.

In den kanonischen Evangelien wird von einem solchen Tun des Pilatus nur in Mt 27,24 berichtet; Abhängigkeit vom Mt aber ist nicht
zu beweisen.[1]

Mt-Sondergut findet sich auch in EvPetr § 21:

> EvPetr § 21 ... καὶ ἡ γῆ πᾶσα ἐσείσθη καὶ φόβος μέγας
> ἐγένετο ...

Für die Information, daß im Zusammenhang mit der Kreuzigung Jesu
die Erde bebte, gibt es nur in Mt 27,51 eine Parallele. Beachtlich
aber sind gleichermaßen die Unterschiede: Ist das Beben im Mt eine
Folge des Todes Jesu am Kreuz, so entsteht es im EvPetr dadurch,
daß der Körper Jesu vom Kreuz abgenommen und auf die Erde gelegt
wird. Von daher ist nicht leicht zu entscheiden, ob überhaupt als
wahrscheinlich betrachtet werden kann, daß hier das Mt zugrundeliegt.[2] Möglich aber ist dies immerhin.

In EvPetr § 29ff wird erzählt, wie und warum die "Schriftgelehrten
und Pharisäer und Ältesten" von Pilatus eine Grabwache verlangen.
Zu mehreren Details wie zur Wächtergeschichte überhaupt finden
sich Parallelen nur im Mt.

> EvPetr § 29 ἐφοβήθησαν οἱ πρεσβύτεροι καὶ ἦλθον πρὸς Πειλᾶτον
> δεόμενοι αὐτοῦ καὶ λέγοντες᾿ 30 "Παράδος ἡμῖν στρατιώτας, ἵνα
> φυλάξωμεν τὸ μνῆμα αὐτοῦ ἐπὶ τρεῖς ἡμ(έρας), μήποτε ἐλθόντες

---

1   GARDNER-SMITH (Gospel of Peter, 260) weist darauf hin, daß der Kontext
     von Mt 27,24 und EvPetr § 1 völlig verschieden ist; aus der nicht zu be-
     streitenden Kenntnis auch Mt 27,24 zugrundeliegender Traditionen ist für
     ihn noch nicht Kenntnis des Mt zu folgern; Mt-Einfluß nehmen an VAGANAY
     (48 (ressemblance frappante)), MASSAUX (Influence, 365 (Mt-Einfluß wahr-
     scheinlich)) und MORGAN (505f).
2   VAGANAY (50f) hält die Ähnlichkeit mit dem Mt für "frappante". Auch MASSAUX
     nimmt sichere literarische Abhängigkeit von Mt 27,51b-54 an (Influence,
     359); MORGAN schließt sich ihm für die Worte "καὶ ἡ γῆ ἐσείσθη" an (499).

οἱ μαθηταὶ αὐτοῦ κλέψωσιν αὐτὸν καὶ ὑπολάβῃ ὁ λαὸς ὅτι ἐκ
νεκρῶν ἀνέστη, καὶ ποιήσωσιν ὑμῖν κακά." 31 Ὁ δὲ Πειλᾶτος
παραδέδωκεν αὐτοῖς Πετρώνιον τὸν κεντυρίωνα μετὰ στρατιωτῶν
φυλάσσειν τὸν τάφον. Καὶ σὺν τούτοις ἦλθον πρεσβύτεροι καὶ
γραμματεῖς ἐπὶ τὸ μνῆμα. 32 Καὶ κυλίσαντες λίθον μέγαν μετὰ
τοῦ κεντυρίωνος καὶ τῶν στρατιωτῶν ὁμοῦ πάντες οἱ ὄντες ἐκεῖ
ἔθηκαν ἐπὶ τῇ θύρᾳ τοῦ μνήματος. 33 Καὶ ἐπέχρισαν ἑπτὰ σφρα-
γίδας, καὶ σκηνὴν ἐκεῖ πήξαντες ἐφύλαξαν.

Mt 27,60 καὶ ἔθηκεν αὐτὸ ἐν τῷ καινῷ αὐτοῦ μνημείῳ ὃ
ἐλατόμησεν ἐν τῇ πέτρᾳ καὶ προσκυλίσας λίθον μέγαν τῇ
θύρᾳ τοῦ μνημείου ἀπῆλθεν.

Mk 15,46 ... καὶ ἔθηκεν αὐτὸν ἐν μνημείῳ ὃ ἦν λελατομημέ-
νον ἐκ πέτρας καὶ προσεκύλισεν λίθον ἐπὶ τὴν θύραν τοῦ
μνημείου.

Mt 27,62 Τῇ δὲ ἐπαύριον, ἥτις ἐστὶν μετὰ τὴν παρασκευήν,
συνήχθησαν οἱ ἀρχιερεῖς καὶ οἱ Φαρισαῖοι πρὸς Πιλᾶτον
63 λέγοντες· κύριε, ἐμνήσθημεν ὅτι ἐκεῖνος ὁ πλάνος εἶπεν
ἔτι ζῶν· μετὰ τρεῖς ἡμέρας ἐγείρομαι. 64 κέλευσον οὖν
ἀσφαλισθῆναι τὸν τάφον ἕως τῆς τρίτης ἡμέρας, μήποτε ἐλθόντες οἱ μαθηταὶ αὐτοῦ κλέψωσιν αὐτὸν καὶ εἴπωσιν τῷ λαῷ·
ἠγέρθη ἀπὸ τῶν νεκρῶν, καὶ ἔσται ἡ ἐσχάτη πλάνη χείρων
τῆς πρώτης. 65 ἔφη αὐτοῖς ὁ Πιλᾶτος· ἔχετε κουστωδίαν·
ὑπάγετε ἀσφαλίσασθε ὡς οἴδατε. 66 οἱ δὲ πορευθέντες ἠσφα-
λίσαντο τὸν τάφον σφραγίσαντες τὸν λίθον μετὰ τῆς κουστω-
δίας.

Deutlich ist im EvPetr Gut aufgenommen, das wir sonst nur aus dem
Mt kennen. Allerdings weist keine der Übereinstimmungen mit dem
Mt zwingend auf Abhängigkeit des EvPetr vom Mt hin; auch in § 30,
wo sich wörtliche Übereinstimmungen mit Mt 27,64 finden, ergibt
sich die Formulierungsübereinstimmung möglicherweise allein daraus,
daß dasselbe Ereignis erzählt wird, und zumindest nicht zwingend
aus der Kenntnis des Mt. Auch z.B. Kenntnis der dem Mt zugrundeliegenden Tradition könnte - so wenig auch dieses zu beweisen ist -
für die Übereinstimmungen verantwortlich sein, zumal sich die

fragliche identische Wendung kaum als matthäisch-redaktionell
erweisen lassen dürfte.[1] Erst recht nicht lassen sich § 31-33
für die Behauptung von Mt-Abhängigkeit des EvPetr heranziehen.[2]
Daß es aber nicht auszuschließen ist, daß das Mt die Grundlage des
EvPetr war, ergibt sich nicht nur aus den Übereinstimmungen beider
Schriften, sondern gerade auch aus ihren Abweichungen voneinander.
So wird z.B. im Mt die Dauer der geforderten Wache einleuchtend
begründet, während aus der Erzählung des EvPetr nicht recht deutlich werden will, wieso das Grab ausgerechnet drei Tage lang bewacht werden soll. Der Verfasser des EvPetr hatte offensichtlich
an diesem Punkte der Erzählung nicht das stärkste Interesse; viel
wichtiger war ihm die gemeinsame Funktionsausübung von jüdischer
und römischer Obrigkeit bei der Erstellung der Grabwache. Hierfür bringt das EvPetr eine Fülle von Details, die allesamt deutlich
den Eindruck legendarischer Ausmalung erwecken; man vergleiche nur
die siebenfache Versiegelung des Grabes. An anderen Punkten dagegen
hat der Verfasser des EvPetr so sehr gerafft, daß sogar die Schlüssigkeit der erzählten Details wie z.B. die Dauer der Wache nicht
mehr gegeben ist. Aus dieser fehlenden Schlüssigkeit kann man ableiten, daß der Verfasser des EvPetr nicht etwa die von ihm verarbeiteten Vorlagen oder Traditionen unverändert wieder- und weiter-
gibt, sondern kürzt und - ausmalt. Zwar ist damit der Beweis, daß
gerade des Mt die "Arbeitsgrundlage" des Verfassers war, nicht
erbracht, immerhin aber die Möglichkeit einer solchen Annahme auf-
gezeigt.

Noch sehr viel weniger deutlich als in § 29-33 sind die Bezüge
zum Mt in EvPetr § 34-49. Neben Mt 27,62-66 sind hier Mt 28,2-4
(vgl. EvPetr § 35-44) und Mt 28,11-15 (vgl. EvPetr § 45-49) zu
vergleichen. Hier finden sich so gut wie keine Formulierungsaffi-
nitäten, und die Unterschiede zwischen beiden Schriften sind noch
größer als in § 29-33. Insgesamt ist literarische Abhängigkeit

---

1   Literarische Abhängigkeit vom Mt nehmen für § 29f z.B. MASSAUX (Influ-
     ence, 359f) u. MORGAN (499f) an.
2   Anders MASSAUX (Influence, 361) u. MORGAN (501); VAGANAY (48) sieht in
     § 32 nur für Einzelzüge (wie z.B. die Größe des Steines) eine "ressem-
     blance légère" mit Mt 27,66 vorliegen.

vom Mt in § 34-49 des EvPetr nicht zu erweisen.[1] Keinesfalls
schlüssig und zwingend ist auch der Versuch, aus den Unebenhei-
ten der matthäischen Darstellung und den Unterschieden zwischen Mt
und EvPetr abzuleiten, daß die entsprechenden Passagen beider
Schriften als voneinander unabhängige Bearbeitungen einer beiden
vorausliegenden Tradition anzusehen sind[2]. Eine solche Erklärung
läßt sich kaum beweisen und ist allenfalls möglich, aber keinesfalls zwingend.

In Zusammenfassung der voranstehenden Beispiele für Wortlautver-
gleiche zwischen EvPetr und Mt ist festzuhalten, daß im EvPetr
zwar deutliche Affinitäten zu nur bei Mt überliefertem Gut festzustellen sind, daß aber von den Formulierungen her keinesfalls
sicher mit Benutzung des Mt in seiner jetzigen Gestalt gerechnet
werden kann. Das EvPetr erweist sich dabei in seiner Gesamtheit
als ein Evangelium, das zumindest sachlich den in den kanonischen
Evangelien verarbeiteten Stoff voraussetzt und weiterentwickelt
hat.

Dabei sind die möglichen Bezüge auf das Mt[3] wie folgt zu klassifizieren:
Mt-Abhängigkeit ist wegen deutlicher Bezugnahme auf für das Mt spezifischen Stoff gut möglich in § 1 (Mt 27,24); 21b (Mt 27,51b-54); 29 (Mt
27,62-64); 30 (Mt 27,64); 32 (Mt 27,60); 33 (Mt 27,66).
An anderen Stellen ist Bezug auf das Mt zwar auch gut möglich, aber wegen
Undeutlichkeit des Bezuges oder Identität der kanonischen Parallelen nicht
positiv wahrscheinlich zu machen. Hierzu gehören § 3 (Mt 27,57f); 5c (Mt
26,17-19; 27,26); 6a (Mt 27,27)[4]; 7b (Mt 27,42); 9a (Mt 26,67)[5]; 10b (Mt

---

1   So auch (sogar) MASSAUX (Influence, 370-372) für EvPetr § 35.36f.44.47-49,
     während er in § 45f Mt-Abhängigkeit für sicher hält; VAGANAY nimmt für
     § 28-44 literarische Abhängigkeit vom Mt an (vgl. 51 und jeweils z.St.).
2   So WALTER (427 u. passim) und auch AGUIRRE MONASTERIO (142-147 u. 149).
3   Die umfangreichste und übersichtlichste Parallelenzusammenstellung aus
     allen kanonischen Evangelien, die allerdings auch viele äußerst entfernte
     und hergeholte "Parallelen" enthält, findet sich bei MARA (233-235).
4   MASSAUX (Influence, 366) hält hier Mt-Abhängigkeit für wahrscheinlich,
     MORGAN (506f) spricht sich gegen Mt-Einfluß aus. Vor allem die Parallele
     in Joh 19,10 scheint mir dagegen zu sprechen, hier eindeutig Mt-Einfluß
     anzunehmen.
5   Auf Mt 26,67 verweist nur die Konstruktion des Satzanfanges (ἐνέπτυον
     + Dativ + Genetiv), nicht aber dessen Wortwahl, sowie sonst nur noch
     das Wort "ἐράπισαν".

26,63); 17 (Mt 27,25); 19a (Mt 27,46)[1]; 23f (Mt 27,58-60)[2]; 28 (Mt 27,54);
30 (Mt 27,63; 28,13); 31 (Mt 27,65f); 36 (Mt 3,16f); 44 u. 44 (Mt 28,2);
45 (Mt 27,54[3]; 28,11-15); 46 (Mt 27,24)[4]; 47 (Mt 28,11-15)[5]; 50 (Mt 28,
1); 54 (Mt 27,60f); 55 (Mt 28,2f); 56 (Mt 28,5f); 57 (Mt 28,8).
Zu nennen sind hier auch noch die von VAGANAY (47) zu Recht als "ressemblances légères" bezeichneten Übereinstimmungen von EvPetr und Mt in einzelnen Formulierungen:
- beide benutzen den Gottessohntitel prononciert; auffällig ist hierbei
aber, daß dieser Titel im EvPetr nur von "Nichtchristen" im Munde geführt
wird, worauf auch VIELHAUER (Geschichte, 647) hinweist; vgl. EvPetr § 6.
9.45.46. Mit dem Mt stimmt dann aber immerhin wieder überein, daß die
typische "Insider"-Anrede bzw. -Bezeichnung Jesu jeweils "κύριος" ist
- die Mt-Spezialvokabel "ἑταῖρος" findet sich auch im EvPetr (§ 26)
- auch das EvPetr gebraucht das im NT nur in Mt 27,7 vorkommende Wort
"ταφή".
Weitere Ähnlichkeiten im Sprachgebrauch, die m.E. Abhängigkeit allerhöchstens als möglich erscheinen lassen, sind die folgenden:
- Zu § 2 weisen HARNACK (Bruchstücke, 23) und VAGANAY (204) darauf hin,

---

1   VAGANAY (48) sieht hier eine "ressemblance légère" mit dem Mt vorliegen,
    MASSAUX (Influence, 369f) hält Mt-Einfluß für wahrscheinlich, und auch
    MORGAN (509f) nimmt an, daß "ἀνεβόησε λέγων ... κατέλειψάς με" aus Mt
    27,46 stammt; von diesen vier Worten findet sich "κατέλειψας" so bei keinem
    der Synoptiker; auf das Mt verweisen allerhöchstens "ἀνεβόησε" (Mk: "ἐβό-
    ησε") u. "λέγων"; mir erscheinen diese Übereinstimmungen keinesfalls als
    ausreichend, Abhängigkeit speziell vom Mt positiv wahrscheinlich zu machen.
    Dies gilt besonders angesichts der zahlreichen Abweichungen des EvPetr
    von Mt 27,46 speziell und von den synoptischen Parallelen allgemein, worauf
    auch MARA (133) hinweist. Daß "ἀναβοεῖν" im NT Hapaxlegomenon ist, wie
    auch VAGANAY (255) feststellt, ist zwar bemerkenswert; das Wort ist aber
    keineswegs so ungewöhnlich, daß sich sein Gebrauch nur aus dem Bezug auf
    das Mt erklären läßt.
2   VAGANAY (48) sieht in "δέδωκα" eine "ressemblance légère" mit Mt 27,58,
    in § 24 in "λαβὼν δὲ τὸν Κύριον" eine ebensolche mit Mt 27,59. Darin, daß
    das Grab im EvPetr ("εἰς ἴδιον τάφον") wie bei Mt ("ἐν τῷ καινῷ αὐτοῦ
    μνημείῳ") das "eigene" des Joseph von Arimathia ist, sieht VAGANAY (48 u.
    267) eine "ressemblance frappante"; frappierend ist m.E. allerdings auch
    der Formulierungsunterschied, so daß mir Mt-Abhängigkeit als alles andere
    als sicher erscheint.
3   Ähnlichkeit mit dem Mt besteht in der Sache immerhin darin, daß das Be-
    kenntnis des Centurio aus Mk 15,39 ein Bekenntnis der gesamten Wachmann-
    schaft ist und von einem Gefühl der Angst begleitet wird; so auch VAGANAY
    (49). Falls hier das Mt zugrundeliegt, wäre es allerdings sehr frei be-
    nutzt, worauf auch MASSAUX (Influence, 363) hinweist. Keinesfalls müssen
    die Bekenntnisworte im EvPetr aus dem Mt stammen, wie MORGAN (503) annimmt.
4   Auch hier ist von den Formulierungen her keine Abhängigkeit vom Mt sicher-
    zustellen; vgl. dazu auch MASSAUX (Influence, 363f) und MORGAN (503ff).
    Inhaltlich kann man die Unschuldsbeteuerung des Pilatus allerdings schon
    als "ressemblance frappante" mit dem Mt betrachten, wie VAGANAY (48) es
    tut.
5   Wieder besteht die Übereinstimmung mit dem Mt nur in der Sache; so auch
    MASSAUX (Influence, 372) und MORGAN (512).

daß "τότε" (vgl. noch EvPetr § 21.22.25.57) und "κελεύειν" matthäische
Spezialvokabeln seien. Für "τότε" ist dies nicht zu bestreiten, für "κελεύειν" trifft es aber nur zu, wenn man den Befund in Act außer acht läßt.
- In § 12 begegnet, worauf wiederum HARNACK (Bruchstücke, 26) hinweist,
die matthäische Spezialvokabel "ἔνδυμα", ohne daß Kontext und Verwendung
dieses Wortes Mt-Abhängigkeit nahelegen würden.
Alle diese Übereinstimmungen des EvPetr mit dem Sprachgebrauch des Mt können auch zufällig sein und weisen keineswegs deutlich auf Abhängigkeit
des EvPetr vom Mt hin.

An einer großen Zahl weiterer Stellen erscheint mir Abhängigkeit des Ev
Petr vom Mt zwar nicht als völlig ausgeschlossen, sie ist aber alles andere als naheliegend. Hierzu gehören § 5a (Mt 27,57-62); 6a (Mt 27,42); 6b
(Mt 26,63f; 27,40); 7a (Mt 27,28); 8 (Mt 27,29)[1]; 9 (Mt 27,30); 10a (Mt
27,38); 11 (Mt 21,5; 27,37); 12 (Mt 27,35); 15 (Mt 27,45); 16 (Mt 27,34.
48)[2]; 19b (Mt 26,64); 20 (Mt 27,51); 22 (Mt 27,46); 26a (Mt 17,23); 26b
(Mt 26,61); 28 (Mt 27,19; 28,12); 30 (Mt 16,21; 17,22f; 20,19); 31 (Mt
27,54); 34 (Mt 27,1; 28,1); 35a (Mt 28,1)[3]; 35b u. 41 (Mt 3,17; 17,5);
36 (Mt 28,2-4); 38 (Mt 28,11); 59 (Mt 28,7.10.16f); 60 (Mt 10,2; 16,16).

Neben den Wortlautübereinstimmungen und -abweichungen ist für
die Frage nach der Abhängigkeit des EvPetr vom Mt auch die jeweilige Anordnung des Stoffes zu berücksichtigen. Vergleicht man die
Struktur des EvPetr mit der der kanonischen Evangelien, so stellt
man fest, daß das EvPetr bis § 49 einem Aufriß folgt, wie ihn
auch das Mt bietet:[4]

---

1   So auch MORGAN (507); VAGANAY (68) sieht hier eine "ressemblance légère",
     MASSAUX hält Mt-Einfluß gar für wahrscheinlich (Influence, 367). Mir
     scheint ebenso viel bzw. eher ebenso wenig wie auf Mt auf Mk 15,17 hinzu-
     weisen; mit dem Mt stimmt nur die Wendung "ἐπὶ τῆς κεφαλῆς" überein, mit
     Mk (bis auf die Wortstellung) "στέφανον ἀκάνθινον"; beide Übereinstimmungen
     erscheinen angesichts der Unterschiede sowohl gegenüber Mk als auch gegen-
     über Mt als nicht geeignet, Abhängigkeit von einem der beiden oder gar von
     beiden kanonischen Evangelien wahrscheinlich zu machen.
2   Vorsichtig in Richtung der Annahme von Mt-Einfluß spricht sich HARNACK
     (Bruchstücke, 26) aus; eher für weniger wahrscheinlich hält hier Mt-Ein-
     fluß MASSAUX (Influence, 367f), während KÖSTER (Überlieferung, 151 u.
     Introduction 2, 163) und MORGAN (508) Abhängigkeit eher von Ps 68,22 LXX
     annehmen; vgl. Mt 27,34 par. Mk 1,23; Mt 27,48 par. Mk 15,36, Lk 23,36
     u. Joh 19,29 sowie Ps 68,22 LXX; s. auch oben (117f) die Ausführungen zu
     Barn 7,3.
3   MASSAUX (Influence, 370) verweist auf das Mt nicht für die Formulierungen,
     sondern nur für die Sache.
4   So auch DENKER (36); die (445) folgende Tabelle ähnlich dort 35f.

	EvPetr	Mt	Mk	Lk	Joh
		c. 27	c. 15	c. 23	c. 19
Händewaschen des Pilatus und Übergabe Jesu	§ 1-2	V. 24-26	V. 15	V. 25	V. 16a(31)
Bitte des Joseph	§ 3-5	- (V. 58)	- (V. 43)	- (V. 52)	- (V. 38)
Verspottung Jesu	§ 6-9	V. 27-31	V. 16-20	-	(V. 1-3)
Todesgang	-	V. 27-31	V. 16-20	-	(V. 16b.17)
Kreuzigung und Tod Jesu	§ 10-19	V. 33-56	V. 22-41	V. 33-49	V. 18-30
Kreuzabnahme und Grablegung	§ 20-24	V. 57-61	V. 42-47	V. 50-56	V. 38-42
Reue der Juden und Trauer der Jünger	§ 25-27	-	-	- (V. 48)	-
Die Grabeswächter	§ 28-33	V. 62-66	-	-	-
Besichtigung des Grabes am Sabbat	§ 34	-	-	-	-
		c. 28	c. 16	c. 24	c. 20
Die Auferstehung	§ 35-44	V. 2-4	-	-	-
Der Betrug der Hierarchen	§ 45-49	V. 11-15	-	-	-
Das leere Grab	§ 50-57	(V. 1.5-8)	V. 1-8	V. 1-11	V. 1-10
Die Jünger	§ 58f	-	-	-	-
					c. 21
Die Erscheinung in Galiläa	§ 60	(V. 16-20)	-	-	V. 1ff

In der Forschung wird dieser Befund recht unterschiedlich bewertet.
M.E. ist McCANT (30) mehr Recht zu geben als z.B. DENKER (56f),
wenn er das "Strukturargument" in seine Begründung der Annahme von
Mt-Abhängigkeit miteinbezieht.

> Ein zusätzliches, aber nicht ganz so starkes Argument für Abhängigkeit
> des EvPetr von den kanonischen Evangelien ist die auch von MCCANT (113f)
> angeführte Beobachtung, daß das EvPt Sondergut aller vier kanonischen
> Evangelien enthält.[1] MCCANT ist zuzustimmen, daß von daher die Kenntnis
> dieser Evangelien zumindest wahrscheinlich wird.

So wenig sich dies also vom Wortlautvergleich einzelner Stellen
her nachweisen läßt, so sehr scheint mir doch insgesamt für das

---

1   Ähnlich auch zu EvPetr § 1-5 LÜHRMANN (222).

EvPetr wahrscheinlich zu sein, daß sein Verfasser die kanonischen
Evangelien gekannt und benutzt hat.

Die Einordnung dieses Ergebnisses in eine Geschichte der Mt-Rezeption im 2. Jh. ist schwierig, weil gerade das Verhältnis des EvPetr
zu den kanonischen Evangelien eines der Hauptargumente für die jeweils vorgenommene Datierung ist. Abgesehen hiervon läßt sich nur
als terminus ante quem das Ende des 2. Jh. fixieren.

> Dies ergibt sich aus dem Bericht des Euseb über Bischof Serapion von
> Antiochien in Hist eccl 6,12,3-6; die sonstigen Notizen bei Origenes
> (in Mt 10,17) und Euseb (Hist eccl 3,3,25) machen nicht gerade den
> Eindruck, daß Origenes und Euseb das EvPetr selbst gelesen haben, wie
> auch VIELHAUER (Geschichte, 642) und WILSON (Apokryphen, 331) bemerken.
> Nicht mit gleicher Sicherheit für die Datierung zu veranschlagen wie der
> Bericht über Bischof Serapion ist m.E. die Art der Bezüge auf das
> AT, die nach DIBELIUS (Motive) auf die (frühe) urchristliche Predigt
> als ihre Quelle verweisen. Das EvPetr wäre dann ein "wichtiger Zeuge
> für das Weiterleben unliterarischer Traditionen" im 2. Jh. und enthielte,
> zusätzlich Abhängigkeit von den kanonischen Evangelien angenommen, "Altes
> und Junges"[1].

Außer Betracht bleiben müssen für die Datierung die darüber hinaus
in der Forschung angeführten Argumente. Die Berührungen mit Justin
reichen m.E. nicht aus, um irgendeine Art von Abhängigkeit des
einen vom anderen glaubhaft machen zu können. Eine gute Möglichkeit
ist die Annahme einer gemeinsamen Quelle beider.[2] Auch die von
PERLER aufgezeigten Parallelen zu Melito von Sardes reichen keinesfalls aus, Abhängigkeit Melitos vom EvPetr sicherzustellen.[3]
Sicherer Anhaltspunkt für die Datierung des EvPetr ist und bleibt
einzig und allein das Serapion-Zeugnis des Euseb. Ob man von der
Verbreitung des EvPetr in Syrien her auch auf Abfassung dort schließen dürfen wird, erscheint mir als zumindest fraglich; Sicherheit

---

1   Zitate bei VIELHAUER (Geschichte, 646); der von VIELHAUER hochgeschätzte
     DIBELIUS vermag mich nicht zu überzeugen: sein engagiert geschriebener
     Aufsatz ist m.E. ein Musterbeispiel für eine petitio principii.
2   So auch WAITZ (Apokryphen, 87), VAGANAY (150-161) u. DENKER (9-12 u. 30).
     Benutzung des EvPetr durch Justin wurde behauptet u.a. von LODS (4.11f) u.
     HARNACK (Bruchstücke, 37ff u. Überlieferung, 12) und abgelehnt von u.a.
     ZAHN (Evangelium des Petrus, 66-70), V H STANTON (Gospel of Peter, 2-18)
     u. BARDENHEWER (1,527), wobei jeweils der Wunsch, das EvPetr als "alt"
     oder "jung" zu erweisen, Vater der Behauptungen und Argumente war.
3   Anders PERLER (Evangile de Pierre, 590).

jedenfalls läßt sich diesbezüglich nicht erreichen.

Trotzdem wird als Abfassungsort zumeist Syrien angenommen; MARA (217f)
plädiert für Kleinasien, HORNSCHUH (Anfänge, 296) betrachtet auch
Ägypten als "zum mindesten sehr diskutabel".

Deutlich ist, daß der Verfasser des EvPetr - selbst wenn er die
kanonischen Evangelien nicht gekannt haben sollte - seinen Stoff
selbständig und äußerst eigenwillig verarbeitet hat.
Eine überzeugende und konsensfähige Darstellung der Tendenz, die
ihn bei dieser Gestaltung leitete, steht m.E. noch aus. Festzuhalten wird dabei sein, daß das uns erhaltene Fragment des EvPetr
nicht zwingend doketisch verstanden werden muß[1], wohl aber so verstanden werden kann[2]. Daß die im ganzen EvPetr deutlich an den
Tag tretende Abgrenzung vom Judentum als "Bußruf an Israel" verstanden sein will, wie DENKER (85) behauptet, erscheint mir als
ebenso überspitzt wie die These, daß im EvPetr die Passionsgeschichte mit martyrologischem Interesse erzählt wird[3].

Vielleicht hängt mit dem eigenwilligen Gestaltungsinteresse des
Verfassers zusammen, daß das Mt im EvPetr in keinem Punkte theologisch rezipiert worden ist.[4] Das Mt war dem Verfasser wichtig
als Quelle für die "Fakten" der Geschichte Jesu. Dabei ist im
Vergleich mit den anderen Evangelien keine quantitative Bevorzugung des Mt festzustellen,[5] sicher aber ist der Verfasser Zeuge

---

1   Vgl. dazu schon HARNACK (Bruchstücke, 3): das EvPetr enthält Elemente, die
     "ans Doketische streifen"; s. auch DIBELIUS (Geschichte, 55), der den
     Doketismus des EvPetr als "zweifelhaft" bezeichnet und VIELHAUER (Ge-
     schichte, 646), der darauf hinweist, daß die mit großem Aufwand erwie-
     sene Realität der Auferstehung sich nur mit Schwierigkeiten doketisch
     interpretieren läßt. Am ausführlichsten äußert sich zu diesem Problem
     MCCANT (passim; vgl. auch den unpaginierten abstract S. 2).
2   Hierin hat der Untertitel der Arbeit von DENKER ("... ein Beitrag zur
     Frühgeschichte des Doketismus") seine Berechtigung.
3   So MCCANT im Schlußkapitel; vgl. auch den unpaginierten abstract S. 2.
4   Diesbezüglich ist vor allem wegen des Redens über "die Juden" eher an das
     Joh zu denken; vgl. dazu auch MARA (214) und VIELHAUER (Geschichte,
     645).
5   Zur (möglichen) Aufnahme der anderen Evangelien vgl. die entsprechenden
     Passagen der Arbeiten von DENKER un MCCANT.

für die große Bedeutung des Mt dadurch, daß er die Struktur
seines Evangeliums in Anlehnung an das Mt entwickelt.[1]

> Daß das EvPetr als auch zeitliche Parallelerscheinung zum kanonischen
> Mt[2] für eine gewisse Zeit in Syrien dessen direkter Konkurrent war[3]
> oder als Zeuge vormatthäischer Traditionen bezeichnet werden kann[4], ist
> demnach alles andere als wahrscheinlich.

---

1   So auch schon VIELHAUER (Geschichte, 645) und MAURER (Petrusevangelium,
     118).
2   So schon v. SODEN (85).
3   So B A JOHNSON (124f).
4   So WALTER (passim).

1.3. KINDHEITSERZÄHLUNG[1] DES THOMAS

Die in stark voneinander abweichenden Fassungen überlieferte Kindheitserzählung des Thomas[2] stammt ursprünglich sicher schon aus
dem 2. Jh.;[3] ob ihre jetzt vorliegende(n) Form(en) als Ergebnis
einer seit dem 2. Jh. immer wieder vorgenommenen kirchlichen Pur-
gierung eines ursprünglich gnostischen Textes anzusehen ist[4], ist
nicht völlig sicher.[5] In der lateinischen Fassung sind zwar eine
Reihe von deutlichen Bezügen auf vor allem die matthäische Geburtsgeschichte festzustellen, jedoch ist eher wahrscheinlich, daß die
lateinische Fassung jünger als das 2. Jh. ist, zumal sich in den
griechischen Fassungen der Kindheitserzählung keine Parallele für
die in der lateinischen Version berichtete Geburtsgeschichte findet.

> Im einzelnen sind für die lateinische Fassung die folgenden wahrscheinli-
> chen und möglichen Mt-Bezüge zu notieren:
> Mt-Bezug ist wahrscheinlich in c. 1,1 (TISCHENDORF, Evangelia Apocrypha,
> 164,2) (Mt 2,3f); (164,5) (Mt 2,13; vgl. 2,20); c. 3,1 (166,6) (Mt 2,
> 19-21); (166,9) (Mt 2,23); c. 4 inscr. (167,3) (Mt 2,19-23).
> Gut möglich, aber nicht zu beweisen ist Mt-Bezug in c. 1,1 (164,7) (Mt 2,
> 16); c. 11,1 (175,16) (Mt 13,55); c. 15,4 (179,19) (Mt 2,1).
> Allenfalls theoretisch möglich, aber nicht naheliegend ist Mt-Bezug in
> c. 4 inscr. (167,2) (Mt 10,3); c. 4,2 (167,13-16) (Mt 12,2); c. 6,9
> (172,10) (Mt 8,26); c. 6,12 (173,3-8) (Mt 11,5).

In der längeren griechischen Fassung der Kindheitserzählung finden
sich nur sehr wenige und dabei wenig deutliche Anklänge an das
Mt. So wird in c. 13,1 explizit gesagt und in c. 16,1f vorausge-

---

1   Zur Begründung des Sprachgebrauchs ("Kindheitserzählung" anstatt "Evange-
     lium") s. VIELHAUER (Geschichte, 672).
2   Zur Überlieferungslage s. GERO (49-54) (mit ausführlicher Auflistung der
     erhaltenen Versionen, Zeugen und Ausgaben sowie (56) mit dem Versuch
     eines Stemmas); zur slawischen Überlieferung speziell s. DE SANTOS OTERO
     (Überlieferung 2, 49-54). Ich berücksichtige von den griechischen Fas-
     sungen nur die ältere längere; Ausgabe: MICHEL/PEETERS (162-188). Diese
     Ausgabe ist auch für die BP benutzt; Sigel dort: EV TH 1. Zu vergleichen
     ist auch die Ausgabe von BONACCORSI (110-147), auf der für die längere
     griechische Fassung die Konkordanz von FUCHS/WEISSENGRUBER basiert. Für
     die lateinische Fassung s. TISCHENDORF (Evangelia Apocrypha, 164-180);
     Sigel der BP: EV TH 1A.
3   Vgl. dazu ALTANER/STUIBER (126).
4   So unter Berufung auf W BAUER (Leben Jesu, 94) und A MEYER (Kindheits-
     erzählung des Thomas, 95) z.B. VIELHAUER (Geschichte, 675).
5   Vgl. dazu WILSON (Apokryphen, 335), der fragt, ob nicht "eine einfachere
     Lösung wäre, daß es (sc. die Kindheitserzählung) aus einer Zeit und einem
     Gebiet stammt, wo gnostische Einflüsse zwar schon vorhanden, aber noch
     nicht weit entwickelt waren".

setzt, daß der "Vater" Jesu, Joseph, "τέκτων" war. Diese Information findet sich nur in Mt 13,55; allerdings ist diese vereinzelte Übereinstimmung mit dem Mt in nur einem Erzähldetail keinesfalls ein hinreichender Grund, Mt-Abhängigkeit anzunehmen.
Allenfalls theoretisch möglich, aber keinesfalls naheliegend ist
Bezug auf das Mt in c. 1 (Mt 2,1) und c. 2,4 (Mt 12,2).

1.4. PAPYRUS EGERTON 2

In den Fragmenten eines unbekannten Evangeliums, für die sich die
Bezeichnung "Papyrus Egerton 2"[1] eingebürgert hat, ist an einer
Stelle von den Formulierungen her deutliche Nähe zum Mt gegeben.

PapEg 2 (BELL/SKEAT 11,32) καὶ (ἰ)δοὺ λεπρὸς προσελθ(ὼν

αὐτῷ) λέγει· ...

Mt 8,2 καὶ ἰδοὺ λεπρὸς προσελθὼν προσεκύνει αὐτῷ λέγων· ...

Mk 1,40 Καὶ ἔρχεται πρὸς αὐτὸν λεπρὸς παρακαλῶν αὐτὸν
καὶ λέγων αὐτῷ

Lk 5,12 ... καὶ ἰδοὺ ἀνὴρ πλήρης λέπρας ἰδὼν δὲ τὸν
'Ιησοῦν, πεσὼν ἐπὶ πρόσωπον ἐδεήθη αὐτοῦ λέγων· ...

Deutlich ist die Nähe zum Mt größer als die zu den anderen synoptischen Parallelen. Allerdings ist die betreffende Wendung so kurz
und ihr Inhalt so allgemein, daß man nicht allzuviel auf diese
Beobachtung bauen sollte. Immerhin aber zeigt gerade der Unterschied zwischen Mt-, Mk- und Lk-Fassung, daß die Formulierungsübereinstimmung zwischen Mt und PapEg 2 möglicherweise doch nicht zufällig ist.

Möglich ist Bezug auf das Mt auch noch in 13,54-59 (Mt 15,7-9);
allenfalls theoretisch möglich, aber kaum naheliegend ist Mt-Abhängigkeit in 11,43-12,53 (Mt 22,15-18).

Für die in der Forschung heftig umstrittene Frage, ob PapEg 2 auf
den kanonischen Evangelien basiert[2] oder nicht[3], ergibt sich von
der Analyse der Affinitäten zum Mt her keine eindeutige Antwort.
Abhängigkeit vom Mt ist zwar gut möglich, aber nicht zu beweisen
oder auch nur wahrscheinlich zu machen.

---

1   Ausgabe: BELL/SKEAT (9-15).
2   So z.B. u. vor allem JEREMIAS (Evangelienfragment, 43; Jesusworte, 44;
     Evangelium, 59); s. auch GALLIZIA (213f).
3   So z.B. die Editoren (34; bezogen auf die Synoptiker); DODD (33); MAYEDA
     (68f); HORNSCHUH (Anfänge, 23.27); MORGAN (476).

In bezug auf die Frage nach der Abhängigkeit von PapEg 2 von den kanonischen Evangelien ist folgendes festzuhalten:
- PapEg 2 bietet ein traditionsgeschichtlich deutlich jüngeres Stadium
der evangelischen Überlieferung als die kanonischen Evangelien[1]
- die paläographische Datierung des Fragmentes führt auf die Mitte[2] oder
sogar den Anfang[3] des 2. Jh. In jedem Fall erlaubt sie nicht, a priori
negative Schlüsse auf die Abhängigkeit von den kanonischen Evangelien
zu ziehen[4]
- die Summe von Verschiedenheiten und Übereinstimmungen mit den kanonischen Evangelien erlaubt weder den Beweis der direkten literarischen Abhängigkeit noch ermöglicht er, ein derartiges Verwandtschaftsverhältnis
auszuschließen[5]
- sollten die kanonischen Evangelien dem PapEg 2 zugrundeliegen, so ist
indirekte Abhängigkeit (via die mündliche Tradition oder gedächtnismäßi-
gen Rekurs) wesentlich wahrscheinlicher als direkte[6].

---

1   So auch VIELHAUER (Geschichte, 637); anders KÖSTER (Gospels, 120 u. Evan-
      gelienliteratur, 1489f).
2   So z.B. VIELHAUER (Geschichte, 636).
3   So z.B. KÖSTER (Introduction 2, 182).
4   Anders zu Unrecht KÖSTER (Dialog, 554), der eine Datierung auf den Anfang
      des 2. Jh. als ausreichend ansieht, um Benutzung der kanonischen Evange-
      lien abzulehnen.
5   Anders VIELHAUER (Geschichte, 638), dem direkte literarische Benutzung
      als ausgeschlossen erscheint.
6   So plädiert denn auch JEREMIAS (vgl. schon Evangelienfragment, 43) durch-
      weg für Benutzung der kanonischen Evangelien nach dem Gedächtnis und be-
      zeichnet (Evangelium, 59) PapEg 2 als ein "Beispiel für die Überschnei-
      dung mündlicher und schriftlicher Überlieferung". GRANT (Formation, 118f)
      geht ähnlich wie JEREMIAS von der Überlagerung von schriftlicher und
      mündlicher Tradition aus, tendiert aber eher dazu, diese mündliche Tra-
      dition - anders als JEREMIAS und mehr wie KÖSTER (Überlieferung), auf den
      er (119) auch explizit verweist - als von den synoptischen Evangelien un-
      abhängig zu verstehen.

1.5. PAPYRUS EGERTON 3

In dem Evangelien(kommentar)fragment, für das sich nach dem
einzigen Zeugen, der es überliefert hat, die Bezeichnung "Papyrus Egerton 3"[1] eingebürgert hat, ist an drei Stellen deutlich
das Mt aufgenommen.

PapEg 3 (BELL/SKEAT 45,4-8) γέ)γραπτα(ι· πα)(ραλαμβάνε)ι ὁ
διάβολο(ς) (τὸν ᾿Ι(ησοῦ)ν εἰς τὴν ἁ)γίαν πόλ(ιν) (καὶ ἔστησεν αὐ)τὸν ἐπὶ τ(ὸ) (πτερύγιον το)ῦ ἱεροῦ.

Mt 4,5 Τότε παραλαμβάνει αὐτὸν ὁ διάβολος εἰς τὴν ἁγίαν
πόλιν καὶ ἔστησεν αὐτὸν ἐπὶ τὸ πτερύγιον τοῦ ἱεροῦ

Lk 4,9 ῞Ηγαγεν δὲ αὐτὸν εἰς ᾿Ιερουσαλὴμ καὶ ἔστησεν ἐπὶ
τὸ πτερύγιον τοῦ ἱεροῦ καὶ εἶπεν αὐτῷ ...

Während im zweiten Teil des zitierten Verses nicht zwischen Mt- und
Lk-Einfluß entschieden werden kann, weist der erste Teil doch
eindeutig auf das Mt hin; deutlich setzt PapEg 3 hier das Mt
voraus.

Im direkten Anschluß an die oben zitierte Passage heißt es:

PapEg 3 (45,8-12) κ(αὶ) (πάλιν γέγραπτ)αι· πολλὰ σώ(ματα τῶν
κε)κοιμημένω(ν) (ἁγίων ἠγέρθ)η καὶ εἰσῆλ(θεν εἰς τὴν ἁγ)ίαν
πόλιν ...

Eine Parallele hierzu findet sich nur in Mt 27,52f:

Mt 27,52 ... καὶ πολλὰ σώματα τῶν κεκοιμημένων ἁγίων ἐγέρ-
θησαν, 53 καὶ ἐξελθόντες ἐκ τῶν μνημείων μετὰ τὴν ἔγερσιν
αὐτοῦ εἰσῆλθον εἰς τὴν ἁγίαν πόλιν καὶ ἐνεφανίσθησαν
πολλοῖς.

An einer dritten Stelle schließlich ist die Seligpreisung derer,
die reines Herzens sind, aufgenommen, die sonst nur Mt (5,8) überliefert:

---

1   Ausgabe: BELL/SKEAT (45-49).

PapEg 3 (46,44-46) (.)εν ὁ κ(ύριο)ς εἰ(πών· μακάριοι) (ο)ἱ
καθαρο(ὶ τῇ καρδίᾳ ὅτι) (α)ὐτοὶ τὸν (θ(εὸ)ν ὄψονται)

Mt 5,8 μακάριοι οἱ καθαροὶ τῇ καρδίᾳ, ὅτι αὐτοὶ τὸν θεὸν
ὄψονται.

Die Einordnung und Verfasserzuweisung von PapEg 3 ist äußerst unsicher; auch die Abfassung im 2. Jh. kann nicht bewiesen werden.[1]
Von daher will ich mich mit der Darstellung des Befundes begnü-
gen und auf seine Einordnung verzichten.

---

1   Vgl. dazu LEANEY (216f), der als mögliche Verfasser Herakleon und Orige-
     nes angibt; beide Annahmen sind m.E. nicht beweisbar.

1.6. PAPYRUS CAIRENSIS 10735

Im unter dem Namen "Papyrus Cairensus 10735"[1] bekanntgewordenen
Evangelienfragment ist deutlich das Mt rezipiert[2]:

> PapCair 10735 (DE SANTOS OTERO, Evangelios, 86) ῎Αγγελος
> κυρίου ἐλάλησεν· ᾽Ιωσήφ, ἐγερθεὶς παράλαβε Μαρίαν τὴν γυναῖ-
> κά σου καὶ φεῦγε εἰς Αἴγυπτον καὶ ...

> Mt 2,13 ᾽Αναχωρησάντων δὲ αὐτῶν ἰδου ἄγγελος κυρίου φαί-
> νεται κατ᾽ ὄναρ τῷ ᾽Ιωσὴφ λέγων· ἐγερθεὶς παράλαβε τὸ
> παιδίον καὶ τὴν μητέρα αὐτοῦ καὶ φεῦγε εἰς Αἴγυπτον καὶ
> ἴσθι ἐκεῖ ἕως ἂν εἴπω σοι· ...

Die Einordnung des Fragmentes läßt sich bisher leider nicht zufriedenstellend vornehmen; es ist nicht zu entscheiden, ob wir es dabei
mit dem Teil einer Predigt oder eines Kommentars oder mit einem
Stück aus einem - deutlich auf den synoptischen Evangelien basie-
renden - Evangelium zu tun haben.[3]

---

1   Für den Text s. DE SANTOS OTERO (Evangelios, 86).
2   So auch MASSAUX (Influence, 414) und MORGAN (660); vgl. auch VIELHAUER
     (Geschichte, 641 Anm. 4).
3   Vgl. dazu SCHNEEMELCHER in DERS./JEREMIAS (73) und ALTANER/STUIBER (122).

1.7. EVANGELIENFRAGMENT DES STRASSBURGER KOPTISCHEN PAPYRUS

Das Evangelienfragment des Straßburger koptischen Papyrus[1] kann
bisher nicht eindeutig eingeordnet werden;[2] auch seine Datierung
bleibt unsicher. Die Art der Benutzung des NT weicht durchaus
nicht vom sonst in der zweiten Hälfte des 2. Jh. Üblichen ab, wie
exemplarisch die sich anschließende Erörterung des Mt-Bezuges zu
zeigen vermag und kann deswegen kein Argument für eine Datierung
erst ins 3. Jh. sein.[3]

Deutliche Affinität zum Mt weisen Wendungen einer Rede Jesu an
seine Jünger auf; die Aussage Jesu "Die Stunde ist nahe" (156,5
(Rückseite)) hat ihre nächste Parallele in Mt 26,45 und nicht
in Mk 14,41.

Ist der Text, der in 156,8f (Rückseite) nicht erhalten ist,
richtig ergänzt, so bieten nur das Mt (c. 26,38) und das Straßburger Fragment für die Aufforderung "(Bleibet) nun und wachet (mit
mir)" das "mit mir".

An anderen Stellen ist die Nähe zum Mt wegen der Identität oder
zumindest Ähnlichkeit der synoptischen Parallelen nicht so deutlich, aber auch gut möglich.

> Zu nennen sind hier 156,2 (Rückseite) (Mt 26,30); 156,6 (Rückseite) (Mt
> 9,15); 156,7f (Rückseite) (Mt 26,41b); 156,17-19 (Rückseite) (Mt 10,28).

---

1   Als Textgrundlage s. die Übersetzung von SCHNEEMELCHER (Evangelienfrag-
     ment); im folgenden wird das Fragment nach den Seiten- und Zeilenangaben
     dieser Übersetzung zitiert.
2   Vgl. dazu SCHNEEMELCHER (Evangelienfragment, 155) und ALTANER/STUIBER (122).
3   Anders SCHNEEMELCHER (a.a.O., 156), der auf das 3. Jh. datiert.

1.8. AGRAPHA[1]

Bei einer Reihe von Agrapha vermutet - z.T. sehr vorsichtig -
MASSAUX Abhängigkeit vom Mt. Mir erscheint in keinem Fall eine
solche Abhängigkeit auch nur als naheliegend.

Im einzelnen handelt es sich um die folgenden Agrapha:[2]
Agr KLOSTERMANN Nr. 4 (Clem Al Strom 1,24,158 und Origenes orat
141)[3]; Agr KLOSTERMANN Nr. 28 (Epiph Panar 80,5)[4]; Agr KLOSTERMANN
Nr. 42 (Shab 116[ab])[5]; Agr KLOSTERMANN Nr. 60 Ps Clem Hom 12,29)[6].

Schon aus zeitlichen Gründen entfallen für meine Untersuchung von
vorneherein Agr KLOSTERMANN Nr. 65 (Const Ap 5,7), wo die Übereinstimmung mit Mt 28,19 deutlich ist[7] und Agr KLOSTERMANN Nr. 78 (Ps Ign
Magn 9,3), wo der Bezug auf Mt 10,10 keinesfalls als deutlich bezeichnet werden kann.[8]

---

1   Textgrundlage ist die Sammlung von KLOSTERMANN (Apocrypha III, 3-17).
2   Im folgenden zitiert nach den Nummern der KLOSTERMANNschen Ausgabe.
3   MASSAUX (Influence, 415) läßt wegen Identität der synoptischen Paralle-
     len Mt 6,33 u. Lk 12,31 offen, welches dieser beiden Evangelien hier zu-
     grundeliegt; MORGAN (662f) wertet den Befund genauso und zählt für seinen
     Mt/Lk-Vergleich die betreffenden Worte (προστεθήσεται ὑμῖν) für beide
     Evangelien.
4   Vgl. MASSAUX (Influence, 407) und MORGAN (642); MASSAUX sieht Einfluß
     von Mt 10,10 als möglich an, MORGAN lehnt ihn - zu Recht - ab.
5   Vgl. MASSAUX (Influence, 407), der wie MORGAN (643) (letzterer allerdings
     unter Datierungsvorbehalt) Abhängigkeit von Mt 5,17 annimmt. Mir er-
     scheint die Datierung als viel zu unsicher, als daß man auf sie irgend-
     etwas bauen könnte.
6   MASSAUX (Influence, 407f) hält angesichts der Nähe zu Mt 18,7 und Lk 17,1
     Abhängigkeit vom matthäischen Text für sehr gut möglich, MORGAN (645) hält
     "ἀνάγκη ἐλθεῖν" für dem Mt entnommen. Mir erscheint die betreffende Wendung
     als zu allgemein und der Bezug auf speziell das Mt als nicht deutlich ge-
     nug dafür, hier Mt-Bezug für wahrscheinlich zu halten. Ein solcher Bezug
     ist allenfalls möglich, aber keinesfalls naheliegend.
7   So auch MASSAUX (Influence, 408) und MORGAN (645).
8   Auch MASSAUX (Influence, 646) lehnt Mt-Einfluß zu Recht ab.

1.9. FRAGMENTE APOKRYPHER EVANGELIEN OHNE DEUTLICHEN BEZUG AUF DAS MT

Keinerlei deutlicher Bezug auf speziell das Mt erscheint mir im Evangelienfragment von Fajjum[1], in PapOx 840[2] und PapOx 1224[3] als gegeben, obwohl jeweils nicht auszuschließen ist, daß das Mt im Hintergrund der Ausführungen steht.

> Im Evangelienfragment von Fajjum ist Bezug auf Mt 26,30-34 in WESSELY 1906, 176,1ff möglich, aber nicht zu beweisen wegen der Ähnlichkeit der synoptischen Parallelen; überhaupt scheint das Fragment eher das Mk als das Mt verkürzend zu reproduzieren[4].

> In PapOx 840 sind die Anklänge an das Mt sehr undeutlich. Zu nennen sind WESSELY 1924, 488,31 (Mt 23,16), wo Mt-Einfluß immerhin noch als gut möglich erscheint, und 489,12 (Mt 15,2) und 489,35 (Mt 23,26), wo Mt-Bezug möglich, aber alles andere als naheliegend ist.[5]

> Auch in PapOx 1224 ist Mt-Bezug allerhöchstens gut möglich, wegen Undeutlichkeit des Bezuges und/oder Ähnlichkeit der Parallelen aber jeweils nicht zu beweisen. Zu nennen sind WESSELY 1924, 491,16 (Mt 9,10); 491,18 (Mt 9,12); 492,2 (Mt 5,44)[6].

---

1   Ausgabe: WESSELY (1906, 176f).
2   Ausgabe: WESSELY (1924, 488f).
3   Ausgabe: WESSELY (1924, 490-493).
4   So auch JEREMIAS (Jesusworte, 17 Anm. 35) u. VIELHAUER (Geschichte, 636); DODD (36) nimmt Mt u. Mk als Grundlage an.
5   Die darüber hinaus von JEREMIAS (Jesusworte, 59, Anm. 38) angeführten synoptischen Parallelen erscheinen mir als noch weiter vom Mt entfernt als die oben genannten. Auch MASSAUX (Influence, 418) und MORGAN (666) sehen keinen deutlichen Bezug auf das Mt. Daß das Fragment aus einem Evangelium des 1. Jh. stammt, wie KÖSTER (Evangelienliteratur, 1490) vermutet, ist nicht zu beweisen.
6   MASSAUX (Influence, 415) nimmt wegen "προσεύχεσθε" + "ὑπέρ" eher Bezug auf das Mt als auf das Lk an; MORGAN (661) verneint Zugrundeliegen der synoptischen Parallelen überhaupt. Nach VIELHAUER (Geschichte, 639) steht PapOx 1224 hier dem Mt viel näher als dem Lk.

2. (PSEUD-)APOSTOLISCHES

2.1. APOKRYPHE APOSTELAKTEN

2.1.1. VORBEMERKUNGEN

Nur kurz und überblicksartig soll die Mt-Rezeption in den apokryphen Apostelakten verhandelt werden, da vom literarischen Genus
dieser Schriften her ebenso wie aufgrund ihrer vorgegebenen apostolischen Verfasserschaft von vorneherein kaum zu erwarten ist,
daß Evangelienschriften offene, direkte oder gar breite Aufnahme
erfahren haben.[1]

Dieses "Vorurteil" bestätigt sich bei der Durchsicht der nahezu
sicher (ActAndr, ActPaul und ActPetr) oder zumindest möglicherweise (ActJoh) im 2. Jh. abgefaßten Akten[2] durchweg, wenn auch
auf jeweils verschiedene Weise.

Im einzelnen ergibt sich das folgende Bild:

2.1.2. ANDREASAKTEN[3]

Das Mt hat keinen intensiven Eindruck beim Verfasser der ActAndr
hinterlassen; immerhin wird einmal deutlich auf eine nur bei Mt
überlieferte Perikope Bezug genommen. Dies geschieht allerdings
so, daß ein Nebenzug dieser Perikope aufgrund des speziellen Interesses der Andreasakten umgedeutet und ausgesponnen wird.

So heißt es an einer Stelle des koptischen Textes:[4]

> 284,16-24 O Jungfrauen, nicht umsonst habt ihr die Reinheit
> bewahrt und nicht vergeblich habt ihr ausgeharrt in Gebeten,
> während eure Lampen brannten um Mitternacht, bis daß diese
> Stimme euch erreichte: "Stehet auf, gehet hinaus, dem Bräu-
> tigam entgegen."

---

1   Zum Phänomen der apokryphen Apostelakten allgemein vgl. zuletzt KLIJN
     (Apocryphal Acts) sowie den überaus nützlichen und materialreichen von
     BOVON u.a. herausgegebenen Sammelband; zu den Apostelakten allgemein s.
     dort vor allem den Beitrag von KAESTLI (49-67).
2   Näheres zur Datierung s.u. bei der Behandlung der einzelnen Schriften.
3   Zur Überlieferung des Textes, der in schlechtem Zustand auf uns gekommen
     ist (vgl. dazu WILSON, Apokryphen, 345) s. PRIEUR in BOVON u.a.,(189-
     191).
4   Zitiert nach der Übersetzung von HORNSCHUH (Andreasakten).

Zu vergleichen ist Mt 25,1-13, und dort besonders V. 6:

Mt 25,6 μέσης δὲ νυκτὸς κραυγὴ γέγονεν· ἰδοὺ ὁ νύμφιος, ἐξέρ
χεσθε εἰς ἀπάντησιν.

Deutlich wird von der Theologie des Verfassers der ActAndr[1] her
die Aussage des Mt willkürlich umgebogen und gewaltsam in die
eigene Darstellung hineingezogen; die "Reinheit" und "Enthaltsamkeit" der Jungfrauen spielt in der matthäischen Geschichte
nicht die geringste Rolle.

Angesichts der zu vermutenden Abfassungszeit der ActAndr in der 2.
Hälfte[2] oder gegen Ende[3] des 2. Jh. ist sehr wahrscheinlich, daß
das Mt zumindest indirekt über die von ihm bestimmte Gemeindetradition, wenn nicht sogar direkt den Verfasser zu seinen oben zitierten Äußerungen angeregt hat oder Grundlage dieser Äußerungen
war.

Sehr viel weniger deutlich und keineswegs positiv wahrscheinlich zu
machen ist Mt-Bezug an einer Stelle des griechischen Fragmentes
Cod Vat Graec 808, § 10 (BONNET 42,18f), wo ähnlich wie in Mt 8,
20 par. Lk 9,58 das Vorhandensein oder Nichtvorhandensein einer
Ruhestätte problematisiert wird;[4] anders als in Mt 8,20, einer
Stelle, die zudem wortwörtlich identisch ist mit ihrer lukanischen
Parallele, wird in den ActAndr die Ruhe als das zu erstrebende
Ziel bezeichnet; nur der Wortlaut klingt an die synoptischen Evangelien an. Wegen der fehlenden Ähnlichkeit des Kontextes, zu der
auch gehört, daß in den ActAndr keinerlei Hinweis darauf zu finden
ist, daß hier ein Jesuswort aufgenommen ist, und der Identität der
kanonischen Parallelen erscheint mir Mt-Abhängigkeit als allenfalls
theoretisch möglich, jedoch keinesfalls als naheliegend.

---

1   Vgl. dazu HORNSCHUH (Andreasakten, 273): "Das Hauptthema der AA ist die
     Abkehr von der Welt, deren Merkmale Vergänglichkeit ... und Trug ...,
     Vielheit ... und Bewegung ... sind, und die Realisierung des eigentlichen
     Seins in der Hinkehr zum Einen, zu Gott."
2   So ALTANER/STUIBER (137).
3   So VIELHAUER (Geschichte, 705).
4   Vgl. ActAndr § 10 (BONNET 42,18f)(ἔχει ποῦ κλῖναι τὴν κεφαλήν;) mit Mt 8,
     20b = Lk 9,58 b (ὁ δὲ υἱὸς τοῦ ἀνθρώπου οὐκ ἔχει ποῦ τὴν κεφαλὴν κλίνῃ).

2.1.3. JOHANNESAKTEN[1]

Die wohl ursprünglich griechisch abgefaßten[2] ActJoh, deren Entstehungsort und -zeit unsicher ist,[3] entstammen als Ganzes wohl
erst dem 3.Jh.[4] Einzelne Passagen dagegen sind offensichtlich
früher entstanden und vom Verfasser übernommen und in sein Werk
hineingearbeitet worden. Dazu gehört die gnostische Evangelienverkündigung (c. 87-102/5) mit ihrem Hymnus Christi (c. 94-96)
und der "Offenbarung des Kreuzesgeheimnisses" (c. 97-101) sowie
das Dankgebet der Metastasis (c. 109).

> Die genaue Abgrenzung der gnostischen Evangelienverkündigung wird unter-
> schiedlich vorgenommen; umstritten ist vor allem jeweils die Hinzurech-
> nung der ein- und ausleitenden Kapitel (c. 87-93 u. 103-105). Als ihr
> Entstehungsort wird allgemein Syrien angenommen, als Entstehungszeit
> das 2. Jh.[5]

Was die Mt-Rezeption in den ActJoh betrifft, so ist für die gnostische Evangeliumsverkündigung zwar deutlich, daß hier Stoffe
der synoptischen und johanneischen Überlieferung frei verwendet
und um- oder weitergestaltet werden,[6] es ist aber wegen Undeutlichkeit des Bezuges und/oder Identität der (synoptischen) Paral-

---

1   Ausgabe: JUNOD/KAESTLI (Acta Iohannis). Zur Überlieferungslage s. darüber
     hinaus auch SCHÄFERDIEK (Johannesakten, 129f und Herkunft, 248f) sowie
     JUNOD/KAESTLI in BOVON u.a. 193f. Die in der BP verwendeten Sigel sind
     folgenden Passagen der Ausgabe von JUNOD/KAESTLI zuzuordnen:
     AC.IO.1 ≙ 159-315; AC.IO.1A (PapOx 850) ≙ 117-122; AC.IO.1B (Epistula
     Titi) ≙ 136-145. Nicht zu den alten ActJoh gehören die c. 1-17 der
     Ausgabe von BONNET (Sigel der BP: AC.IO.2), die deutlich jünger sind
     und deswegen für meine Untersuchung außer Betracht bleiben sollen.
2   Syrische Abfassung für die Akten insgesamt hält vorsichtig SCHÄFERDIEK
     (Herkunft, 255) offen.
3   So ALTANER/STUIBER (138). Als Entstehungsort nimmt QUASTEN (135) wie vie-
     le andere auch Kleinasien an. SCHÄFERDIEK (Herkunft, 255) plädiert für
     das östliche Syrien in einer zweisprachigen Umgebung, JUNOD/KAESTLI
     (histoire, 4 u. Acta Iohannis, 694) votieren für Ägypten.
4   So PULVER (146); SCHÄFERDIEK (Johannesakten, 143); BARBEL (41f); PLÜMA-
     CHER (Apostelakten, 19). Anders und auf das 2. Jh. (und dabei zumeist
     auf dessen zweite Hälfte) datieren HARNACK (Chronologie 2, 174f); QUASTEN
     (135); MICHAELIS (229); GAMPERL (50 u. 176); HALL (Paschal Homily, 95).
     JUNOD/KAESTLI (histoire, 4 u. Acta Iohannis, 700-702) lassen offen, ob
     die jetzige Gestalt der ActJoh Ende des 2. oder Anfang des 3. Jh. entstan-
     den ist.
5   Vgl. z.B. JUNOD/KAESTLI (histoire, 4) u. SCHÄFERDIEK (Johannesakten, 143).
6   Vgl. dazu SCHÄFERDIEK (Herkunft, 265).

lelen jeweils nicht möglich, Bezug auf speziell das Mt nachzuweisen. Immerhin ist an einer Reihe von Stellen die Benutzung des
Mt gut möglich:[1]

> C. 88,8 (Mt 4,18-22); 90,2 (Mt 17,1-9); 91,5 (Mt 17,3); 93,6f (Mt 14,19f);
> 94,1 (Mt 26,55); 94,2 (Mt 26,30); 97,2f (Mt 26,56); 97,5f (Mt 27,35.45);
> 97,9 (Mt 27,30).

> Allenfalls theoretisch möglich, aber durch nichts nahegelegt ist Mt-Bezug
> in c. 93,6f (Mt 15,36f); 95,27-30 (Mt 11,17); 95,39 (Mt 8,20); 97,9f
> (Mt 27,34.48)[2].

Auch im Dankgebet der Metastasis ist Mt-Bezug allenfalls gut
möglich, aber wiederum nicht positiv wahrscheinlich zu machen.

> Gut möglich, aber nicht zu beweisen ist wegen Undeutlichkeit des Bezuges
> Mt-Abhängigkeit in c. 109,8 (so Handschriftengruppe δ; γ: 109,7; β: 109,8f)
> (Mt 13,44); 1o9,8 (γ: 109,6f; β: 109,8) (Mt 13,46); 109,9 (γ: 109,7; β:
> 109,9) (Mt 13,47).

> Kaum naheliegend und allenfalls thoretisch möglich ist Mt-Bezug in c. 109,
> 8 (so δ/β; γ: -) (Mt 5,13).

Abgesehen von diesen traditionellen Stücken finden sich in den Act
Joh kaum weitere Anklänge an das Mt; die wenigen vorhandenen sind
so wenig deutlich, daß Mt-Abhängigkeit allenfalls als möglich,
keinesfalls aber als naheliegend erscheint.

> Zu nennen sind c. 22,11f (Mt 7,7)[3]; 34,4f (Mt 6,19); 46,12f (Mt 8,22).

Deutliche und zweifelsfreie Bezüge auf das Mt finden sich über die
oben erwähnten Stellen hinaus nur in der Version der ActJoh, die
die Pseudo-Prochorus-Handschrift "Q" bietet, die sicherlich jünger
als das 2./3. Jh. ist[4] und deren Mt-Bezüge hier deswegen nicht
erörtert werden sollen.

Insgesamt ist festzustellen, daß die ActJoh weder in ihren ältesten, traditionellen Passagen noch als wahrscheinlich aus dem 3.
Jh. stammendes Ganzes speziell vom Mt beeinflußt und geprägt
worden sind.

---

1   Angegeben werden im folgenden die Kapitel- und Zeilenangaben der Ausga-
     be von JUNOD/KAESTLI.
2   Vgl. dazu Ps 68,22 LXX sowie Barn 7,3 u. EvPetr § 9 sowie die diesbezüg-
     lichen Ausführungen oben (117f u. 444).
3   Eingeführt als Jesuswort durch die Wendung "αὐτὸς γὰρ εἶπας, Χριστέ".
4   Vgl. dazu SCHÄFERDIEK (Johannesakten, 131) sowie JUNOD/KAESTLI (Acta Iohan-
     nis, 145-158 u. 369-375).

2.1.4. PAULUSAKTEN

Die apokryphen ActPaul[1], deren Umfang und Inhalt sich einigermaßen
bestimmen lassen, deren ursprünglicher Text aber noch längst nicht
als gesichert gelten kann, sind nach dem Zeugnis Tertullians (bapt
17) von einem kleinasiatischen Presbyter verfaßt worden und werden
deswegen allgemein ins 2. Jh. datiert und ebenso übereinstimmend
in Kleinasien lokalisiert.

> Dabei divergieren die in bezug auf den durch die Erwähnung bei Tertullian
> gegebenen terminus ad quem vorgenommenen Datierungen erheblich; es seien
> nur einige genannt: nach HARNACK (Chronologie 1, 493) muß man die Jahre
> zwischen 120 und 170 offenlassen; ROLFFS (307) datiert auf 160-180, eher
> jedoch in die zweite Hälfte dieses Zeitraumes als in die erste; VOUAUX
> (Actes de Paul, 111) nimmt 160-170 an mit dem Hinweis, daß so erklärlich
> sei, daß der Montanismus keinerlei (positive oder negative) Erwähnung
> findet; SCHMIDT (Acta Pauli, 127) spricht sich für 190-200 aus; QUASTEN
> (131) datiert auf vor 190, SCHNEEMELCHER (Paulusakten, 241) wie nach ihm
> ALTANER/STUIBER (136) auf 185-195. PLÜMACHER (Apostelakten, 28) verzichtet
> auf eine absolute Datierung; ebenfalls sehr vorsichtig äußert sich MORARD
> in BOVON u.a. (295) (vor dem Jahre 200).

Wegen der durch verschiedene Papyrusfunde jeweils grundlegend veränderten Beurteilungslage und der Unsicherheit des Textes sollen
der 1936 von SCHMIDT und SCHUBART veröffentlichte Hamburger Papyrus (Sigel der BP: AC.Paul A) und das von TESTUZ (Pap Bodmer
10-12) 1959 veröffentlichte Fragment des Briefwechsels mit den Ko-
rinthern (Sigel der BP: AC.Paul C) jeweils getrennt untersucht
und gewürdigt werden; für den Text abgesehen von diesen beiden
Zeugen beziehe ich mich auf die Ausgabe von VOUAUX (Actes de Paul)
(Sigel der BP: AC.PAUL.)

Nach dem von VOUAUX gegebenen Text entspricht in den "Akten des
Paulus und der Thekla" der Text der ersten einer Reihe von Seligpreisungen exakt dem von Mt 5,8:

> ActPauletThecl 5 (VOUAUX 154,4) Μακάριοι οἱ καθαροὶ τῇ καρδίᾳ,
> ὅτι αὐτοὶ τὸν θεὸν ὄψονται.

Die matthäische Seligpreisung bildet dabei gleichsam den Ausgangspunkt für eine ganze Reihe von folgenden, wohl selbstgebildeten
Seligpreisungen, die allesamt das Ideal der Enthaltsamkeit zum

---

1   Zu den einzelnen Bestandteilen der ActPaul und für einen akzeptablen Re-
     konstruktionsversuch s. SCHNEEMELCHER (Paulusakten, 225-239). Zu Ausgaben
     und Übersetzungen vgl. MORARD in BOVON u.a. (296f).

Thema haben. Mit den matthäischen Seligpreisungen ist ihnen dabei
nicht viel mehr als die Form gemeinsam; gelegentlich stimmen sie
mit ihnen in den Nachsätzen mehr oder weniger überein.[1]
Wieder mit einer matthäischen Seligpreisung exakt gleich ist dann
ein Makarismus in c. 6 der ActPauletThecl:[2]

   VOUAUX 158,2f Μακάριοι οἱ ἐλεήμονες, ὅτι αὐτοὶ ἐλεηθήσονται

Keine Parallele aber gibt es im Mt für die Fortsetzung dieser Seligpreisung in den ActPaul, in der das "Erbarmen finden" interpretiert wird durch die Worte "καὶ οὐκ ὄψονται ἡμέραν κρίσεως πικράν".
Die wörtlichen Übereinstimmungen mit dem Mt, die ein direktes oder
indirektes Zugrundeliegen der matthäischen Seligpreisungen sicher
erscheinen lassen und zu der Annahme berechtigen, daß das Mt wahrscheinlich die direkte Grundlage der Ausführungen der ActPaul
gewesen ist, können nicht darüber hinwegtäuschen, daß das Interesse des Verfassers der ActPaul nicht identisch ist mit dem Interesse des Evangelisten Mt. Für diesen war das Lob der Enthaltsamkeit
keinesfalls die Hauptaussage "seiner" Seligpreisungen; ganz anders
dagegen die ActPaul, denen es auch sonst primär und prononciert um
eben die Enthaltsamkeit zu tun ist.[3] Man wird nicht fehlgehen, die
wörtliche Übereinstimmung mit dem Mt nicht so sehr als inhaltliche,
sondern eher als äußerliche, formale Affinität zum Mt zu interpretieren.[4]

Über die oben angeführten Stellen hinaus sind noch eine Reihe von
Stellen zu nennen, an denen Bezug auf das Mt als möglich, aber
wegen der Undeutlichkeit dieses Bezuges und/oder der Identität
der Parallelen als keinesfalls sicher oder auch nur wahrscheinlich
erscheint.[5]

   Gut möglich ist Mt-Bezug in VOUAUX 158,5 (Mt 10,42); 174,1 (Mt 26,47);
   188,5 (Mt 17,5); 194,3 (Mt 8,19); 226,7 (Mt 16,16); 233,6 (Mt 4,1); 234,
   2 (Mt 9,8); 236,2 (Mt 14,19); 240,20 (Mt 26,47); 240,21 (Mt 26,55); 246,

---

1   Vgl. VOUAUX, 156,6 mit Mt 5,4 und 156,8 mit Mt 5,9.
2   Vgl. Mt 5,7.
3   Vgl. dazu SCHNEEMELCHER (Acta Pauli, 251), VIELHAUER (Geschichte, 704) u.
     ALTANER/STUIBER (136).
4   So auch VOUAUX (Actes de Paul, 124).
5   Aufgeführt werden die entsprechenden Stellen im folgenden nur mit Seiten-
     und -Zeilenangabe nach VOUAUX (Actes de Paul); zur Zuordnung zu den einzel-
     nen Teilen der ActPaul s. die Übersicht bei VOUAUX (a.a.O., 384).

13 (Mt 9,25); 308,4 (Mt 27,46); 310,2 (Mt 23,35); 312,1 (Mt 28,8).

Allenfalls theoretisch möglich, aber keinesfalls naheliegend ist Mt-Bezug
in VOUAUX 156,9 (Mt 11,28); 158,1 (Mt 25,34); 212,6 (Mt 17,5); 216,8f (Mt
3,17; 17,5); 302,2 (Mt 16,27).

Kein deutlicher Bezug auf das Mt findet sich im von TESTUZ edierten
griechischen Fragment:[1]

Zu vergleichen sind hier p 34,12 u. 38,2 (Mt 1,18); 42,2 (Mt 6,30); 44,2
(Mt 3,7; 12,34; 23,33).

Anders sieht es mit dem 1936 edierten Hamburger Papyrus aus. Zwar
ist hier durchaus kein direktes Zitat oder ähnliches zu finden,
wohl aber fallen eine Fülle von Anklängen an die Evangelien ins
Auge, von denen einige das Zugrundeliegen speziell des Mt als
möglich bis sogar wahrscheinlich erscheinen lassen.
Zu nennen ist hier z.B. die Bezeichnung des Geburtsortes Jesu
als "Βηθλεεμ τῆς 'Ιουδαίας" (SCHMIDT/SCHUBART 58,29), die sonst im
NT nur in Mt 2,1.5 begegnet und die Angabe des Inhaltes der Lehre
Jesu ("διδάσκοντα") mit "ὅτι ἤγγικεν ἡ βασιλεία τῶν οὐρανῶν"
(SCHMIDT/SCHUBART 58,31), also genau mit der entsprechenden spezifisch matthäischen Wendung (vgl. nur Mt 4,17 u. 10,7). Wenig später
wird die Bedeutung des Kommens Jesu mit Worten beschrieben, die
ihre Ähnlichkeit mit den ihnen entsprechenden in Mt 4,16 nicht
verleugnen können:

SCHMIDT/SCHUBART 58,32-60,1 ... οἱ ἐν σκοτείᾳ θ(ανάτο)υ
(καθήμ)ενοι, φῶς ἀνέτιλεν (sic!) ὑμῖν.

Mt 4,16 ὁ λαὸς ὁ καθήμενος ἐν σκότει φῶς εἶδεν μέγα, καὶ
τοῖς καθημένοις ἐν χώρᾳ καὶ σκίᾳ θανάτου φῶς ἀνέτειλεν
αὐτοῖς.

Man kann sich gerade im Vergleich mit der alttestamentlichen Parallele Jes 8,23-9,1 LXX fast des Eindrucks nicht erwehren, daß der
Verfasser der ActPaul unter Verwendung des matthäischen Wortmate-
rials bewußt einen sich vom Mt unterscheidenden Satz gleichen Inhaltes formuliert hat. Selbst wenn die "Umstellung" und "Neuzuord-

---

1   Im folgenden zitiert mit den Seiten- und Zeilenangaben der Ausgabe von
     TESTUZ (Pap Bodmer 10-12).

nung" der einzelnen Worte nicht Absicht, sondern dem Zufall zu verdanken wäre, ist doch wahrscheinlich, daß das Mt die Grundlage der
Ausführungen in den ActPaul ist, worauf nicht zuletzt der Kontext
hinweist.

Sehr viel weniger deutlich ist der Bezug auf das Mt an anderen
Stellen, an denen er mir aber doch immerhin als möglich erscheint:

> Zu nennen sind hier SCHMIDT/SCHUBART 22,4 (Mt 10,28); 24,22 (Mt 3,12);
> 52,27 (Mt 14,25); 54,34 (Mt 2,9); 58,29 (Mt 2,23); 60,34 (Mt 10,1-4);
> 60,35 (Mt 11,5).

Angesichts der nicht wenigen oben erwähnten Stellen, an denen
die Aufnahme von Evangelienstoff jeweils sicher, Bezug auf ein
spezielles Evangelium aber nicht nachzuweisen ist, stellt sich
die Frage, wie dieser Befund zu erklären und zu werten ist.
Daß die Undeutlichkeit der Bezüge z.B. auf das Mt darauf zurückzuführen ist, daß der Verfasser der ActPaul deutliche Zitate bewußt vermieden hat, um seiner Schrift ein apostolisches Aussehen
zu geben,[1] oder daß sich das Fehlen von solchen Zitaten eher gat-
tungsmäßig (Sammlung von Apostellegenden) erklären läßt,[2] ist
m.E. - gegen SCHNEEMELCHER (Apostelgeschichte, 242) keine Alternative; beide "Motive" können sich durchaus ergänzen.
Deutlich ist in jedem Fall, daß die ActPaul die Evangelien voraussetzen, ohne sie als Quelle ihrer Darstellung namhaft zu machen.

---

1   So SCHUBART in SCHMIDT/SCHUBART (109) und auch schon SCHLAU (87).
2   So SCHNEEMELCHER (Apostelgeschichte, 242).

2.1.5. PETRUSAKTEN[1]

In den apokryphen Petrusakten, die schon in den ActPaul benutzt
sind[2] und deren Abfassungsort nicht sicher zu bestimmen ist[3], finden sich eine Reihe von Ähnlichkeiten mit dem Mt, die es zusammengenommen als sehr wahrscheinlich erscheinen lassen, daß der Verfasser der ActPetr nicht nur mit dem matthäischen Stoff, sondern auch
mit dem Mt selbst vertraut war.

Die Mt-Affinitäten lassen sich dabei einteilen in Übereinstimmungen
mit nur bei Mt berichteten Erzähldetails und Übereinstimmungen mit
für das Mt spezifischen Formulierungen. Die erstgenannten können
für sich genommen direkte Mt-Abhängigkeit jeweils durchaus nicht
beweisen; ihre Zahl insgesamt aber sowie die Existenz von Übereinstimmungen mit dem Mt auch in bestimmten Formulierungen lassen es
als gerechtfertigt erscheinen, das Mt als eine dem Verfasser zugäng-
liche und vertraute Quelle zu bezeichnen. Dabei stimmt das Bild
der Mt-Rezeption, das sich in den ActPetr gewinnen läßt, aber insofern mit dem an den anderen Apostelakten gewonnenen überein, als
auch in den ActPetr die Ähnlichkeiten mit dem Mt vom Verfasser keinesfalls als solche explizit kenntlich gemacht werden. Die aus dem
Mt übernommenen Informationen und Wendungen fließen gleichsam in
die Darstellung des Verfassers ein.

Im einzelnen ergibt sich das folgende Bild:

Ein so nur bei Mt berichtetes Detail wird im 10. Kapitel der Act
Petr aufgenommen. Der reumütige Markellus berichtet dort, daß
Simon Magus dem Petrus zum Vorwurf mache, daß dieser auf dem Meer

---

1   Zur Überlieferungslage und zu den einzelnen Ausgaben s. SCHNEEMELCHER (Ak-
    ten des Petrus, 183-187) und POUPON in BOVON u.a. (300); da nur in den
    "Actus Vercellenses" und nicht in den anderen überlieferten Fragmenten
    erwähnenswerte Affinitäten zum Mt festzustellen sind, beziehe ich mich
    bei allen folgenden Textverweisen auf die Ausgabe von VOUAUX (Actes de
    Pierre), auf der auch die BP basiert (Sigel dort: AC.PT.1).
2   So z.B. auch SCHMIDT (Datierung, 153f), SCHNEEMELCHER (Akten des Petrus,
    181), Plümacher (Apostelakten, 23) und WILSON (Apokryphen, 343); anders
    HARNACK (Chronologie 2, 172) u. MICHAELIS (333).
3   So SCHNEEMELCHER (Akten des Petrus, 188) und VIELHAUER (Geschichte, 696).
    In der Diskussion sind hauptsächlich Rom und Kleinasien vertreten worden,
    wobei mit SCHNEEMELCHER (a.a.O.) die Beziehung zu den ActPaul (s.o. Anm.
    2) für Kleinasien spricht, ohne daß hier hinreichende Sicherheit zu errei-
    chen wäre.

gezweifelt habe:

> ActPetr c. 10 (VOUAUX 294,112f) Te autem Petrum hic Simon in-
> fidelem dixit, in aquas dubitantem.

Eine Parallele hierzu findet sich in den kanonischen Evangelien nur
in Mt 14,30f; wegen der fehlenden Deutlichkeit des Bezuges und der
fehlenden exakten Wortlautübereinstimmungen mit der matthäischen
Perikope ist Mt-Bezug hier nicht zu beweisen, aber immerhin doch
zumindest gut möglich, wenn nicht sogar wahrscheinlich.

Auch ein weiteres nur bei Mt überliefertes Detail wird am Ende
von c. 14 dem Simon Magus in den Mund gelegt; dieser schließt
seine Rede mit den Worten:

> ActPetr c. 14 (VOUAUX 314,1-3) descende itaque Petre, et ego
> te adprobo in homine Judaeo et fabri filio credidisse.

Daß Jesus der Sohn eines "faber" war, steht so nur in Mt 13,55.
Anzuführen ist in diesem Zusammenhang auch noch das Ende von c.
23, wo wiederum Simon Kenntnis eben desselben matthäischen Erzähldetails verrät, andererseits aber auch die nur bei Mk 6,1 überlieferte Information, daß auch Jesus selbst "τέκτων" war, bietet:

> ActPetr c. 23 (VOUAUX 366,3-5) Audaciam habes loqui de Jesu
> Nazareno, fabri filio et ipsum fabrum, cujus genus in Judaea
> positum est?

Am Ende von c. 20 wird zum Abschluß einer Rede des Petrus Jesus
u.a. als "margarita" und "thesaurus" der Christen bezeichnet. Eine
Parallele hierzu bietet im NT nur Mt 13,44.46, wo allerdings nicht
von Jesus selbst, sondern von der "βασιλεία τῶν οὐρανῶν" die Rede
ist.

Schließlich ist auch im "Martyrium" des Petrus ein für das Mt spezifisches Erzähldetail aufgenommen: Petrus wird in das dem Markellus gehörende Grab gelegt, so wie Jesus nach Mt 27,59 in das dem
Joseph von Arimathia eigene Grab gebettet wird (ActPetr c. 40
(VOUAUX 460,2f)). Da die Parallelisierung des Leidens Petri mit
dem Jesu eine deutliche Tendenz des Berichtes der ActPetr ist,
kann hier ein Zugrundeliegen des Mt als wahrscheinlich angenommen
werden.

An immerhin zwei Stellen der ActPetr sind deutliche Übereinstimmungen mit dem Mt bis in die Formulierungen hinein festzustellen.
Zu einer Passage im 10. Kapitel der ActPetr bietet das Mt die
nächste Parallele; die anderen Synoptiker sind deutlich weiter
entfernt:[1]

> ActPetr c. 10 (VOUAUX 294,9ff) Christum dominum nostrum
> quem tu praedicas in veritate, coapostolis tuis coram te
> dicens: "Si habueritis fidem sicut granum sinapis; dicetis
> monti huic: transfer te et continuo se transferet."

> Mt 17,20 ... ἀμὴν γὰρ λέγω ὑμῖν, ἐὰν ἔχητε πίστιν ὡς κόκ-
> κον σινάπεως, ἐρεῖτε τῷ ὄρει τούτῳ· μετάβα ἔνθεν ἐκεῖ.
> καὶ μεταβήσεται· ...

> Mt 17,20 (Vulgata) ... amen quippe dico vobis si habueri-
> tis fidem sicut granum sinapis dicetis monti huic transi
> et transibit.

Die Übereinstimmung mit dem matthäischen Text ist zumindest für
die erste Hälfte des Zitates frappierend; für die zweite Hälfte
ergibt sich weder für den Vulgata- noch für den griechischen Text
eine entsprechende Formulierungsidentität. Mir scheint aber insgesamt doch deutlich das Mt bei der Formulierung der fraglichen
Passage im Hintergrund gestanden zu haben.

In c. 28 ist im Rahmen von Worten des Petrus deutlich die matthäische Fassung des Feindesliebegebotes vorausgesetzt. Petrus zeigt
seine Überlegenheit in der Auseinandersetzung mit Simon hier nicht
nur darin, daß dieser beim "Totenauferweckungsstreit" jämmerlich
unterliegt, sondern auch dadurch, daß er dem wütenden Volk sagt,
es solle dem Simon nichts antun, da Christen nicht Böses mit Bösem
vergelten sollten, sondern gelernt hätten, ihre Feinde zu lieben
und für ihre Verfolger zu beten. Nichts mit dem Mt hat allerdings

---

1   Vgl. Mt 17,20, Mk 11,23, Lk 17,6 u. Mt 21,21; auf einen Abdruck der Parallelen abgesehen von Mt 17,20 wird verzichtet, da die Nähe speziell zu
Mt 17,20 offensichtlich ist; auch VOUAUX (Actes de Pierre, 295 Anm. 7)
weist auf die Nähe zu dieser Stelle hin.

zu tun, daß von der Befolgung dieses Gebotes die in Frage stehende
Auferweckung des Knaben abhängig gemacht wird. Der Wortlaut des
Feindesliebegebotes lautet dabei:

> c. 28 (VOUAUX 350,1f) sed didicimus inimicos nostros diligere
> et pro persecutores nostros orare.

Die Übereinstimmung mit Mt 5,44 gegen Lk 6,27 liegt hier so deutlich auf der Hand, daß sich ein Textabdruck erübrigt.

Nur der Vollständigkeit halber seien schließlich noch die Stellen
benannt, von denen über das schon Genannte hinaus festgehalten zu
werden verdient, daß Mt-Bezug zwar nicht zu beweisen oder auch nur
wahrscheinlich ist, aber doch immerhin als gut möglich erscheint:[1]

> Gut möglich ist Mt-Bezug in c. 6 (268,3) (Mt 18,6); 7 (272,7) (Mt 14,29);
> (274,1) (Mt 26,69-75); c. 10 (292,2) (Mt 5,44); c. 20 (342,5) (Mt 17,1-
> 8); (348,2) (Mt 13,31; 14,20); c. 36 (428,8) (Mt 26,39); c. 37 (440,1)
> (Mt 26,45); c. 40 (460,4) (Mt 8,22).

---

1   Im folgenden wird nach den Kapitel-, Seiten- und Zeilenangaben der
      Ausgabe von VOUAUX zitiert.

2.2. EPISTULA APOSTOLORUM

Die Analyse der Mt-Rezeption in der EpAp ist mit großen Unsicherheiten und Schwierigkeiten belastet.

Zum einen ist die Überlieferungslage meinem Unternehmen ungünstig.
Die ursprünglich wohl griechisch abgefaßte Schrift ist nur in
einer (vollständigen) äthiopischen und einer (fragmentarisch erhaltenen) koptischen Übersetzung [1] sowie wenigen lateinischen Fragmenten auf uns gekommen;[2] dies bedeutet, daß nicht immer mit Sicherheit zu entscheiden ist, ob ein Evangelienbezug ursprünglicher
Bestandteil des Textes ist oder auf einen Übersetzer/Bearbeiter
zurückgeführt werden muß.

> Nicht an allen Stellen setzt der Äthiope einen mit der Vorlage des Kopten
> identischen Text voraus; stellenweise stellt er deutlich eine Bearbeitung
> des ursprünglichen Textes dar.[3] An manchen Stellen hinwiederum hat er ge-
> genüber dem Kopten Ursprüngliches bewahrt.[4] Zudem ist der Äthiope höchst-
> wahrscheinlich eine "Afterversion", d.h. eine Übersetzung einer Überset-
> zung.[5] Die handschriftliche Bezeugung des Äthiopen reicht nicht weiter
> als bis in das 18. Jh. zurück, während für den Kopten immerhin das 4./5.
> Jh. erreicht wird.[6]

Nur an den Stellen, an denen Äthiope und Kopte übereinstimmen, kann
man mit einiger Sicherheit auf den Urtext zurückschließen; wo Äthiope und Kopte divergieren, sind zuweilen noch Hypothesen darüber
möglich, welche der beiden Versionen als "ursprünglicher" zu betrachten ist, ohne daß damit schon als gesichert erscheinen kann,
daß man in ihr auch den ursprünglichen Text vor sich hat; wo nur
der Äthiope erhalten ist, muß auf eine Rekonstruktion des Urtextes
wohl verzichtet werden, da diese über rein hypothetische Vermutungen nicht hinausgehen könnte.

Zum anderen ist durchaus nicht sicher, wie möglicherweise - und
wegen der Überlieferungslage schon schwierig genug - zu gewinnende

---

1   Für den Text des Kopten s. SCHMIDT/WAJNBERG, für den des Äthiopen s.
    GUERRIER/GREBAUT.
2   Als Ausgabe lege ich die Übersetzung von DUENSING in den NTApo zugrunde,
    die eine Version des Kopten und Äthiopen bietet. Die lateinischen Frag-
    mente ergeben für meine Fragestellung nichts. Textzitate und -verweise
    werden im folgenden mit Kapitel-, Seiten- und Zeilenangaben der Über-
    setzung von DUENSING gegeben.
3   So auch DUENSING/SCHMIDT (242).
4   So auch DUENSING (Epistula Apostolorum 1925, 1*).
5   Vgl. dazu DUENSING (a.a.O., 1*), HORNSCHUH (Anfänge, 113) und VIELHAUER
    (Geschichte, 683).
6   Vgl. dazu VIELHAUER (Geschichte, 683).

Ergebnisse bezüglich Abfassungszeit und -ort der EpAp einzuordnen sind, da beide nur sehr unsicher zu bestimmen sind. Ein deutliches Indiz für diese Unsicherheit sind die mit unzureichenden
Argumenten, dafür aber oft umso sicherer vertretenen Lokalisierungen nach Ägypten[1], Syrien[2] und Kleinasien[3] sowie die ebenso unzureichenden Datierungen auf die erste Hälfte[4], Mitte[5] oder eher
das Ende[6] des 2. Jh.
M.E. muß die Frage nach Abfassungszeit- und -ort der EpAp offenbleiben, da für eine fundierte Festlegung ausreichende Argumente
nicht vorhanden sind.[7] Das bedeutet von vorneherein, daß die an
der EpAp gewonnenen Ergebnisse kaum oder nur sehr hypothetisch
in ein Gesamtbild der Mt-Rezeption eingeordnet werden können.

Trotz und angesichts der aufgezeigten Schwierigkeiten soll doch
versucht werden, ein Bild der Mt-Rezeption in der EpAp zu zeich-
nen, da diese Schrift zum einen mit großer Wahrscheinlichkeit in
den Untersuchungszeitraum gehört und zum anderen in ihr deutlich
das Mt aufgenommen und verarbeitet worden ist. Letzteres wird
daran sichtbar, daß beim zusammenfassenden Referat der evangelischen Geschichte in den ersten Kapiteln wie in der ganzen Schrift
überhaupt sowohl Wendungen und Formulierungen aufgenommen sind,
denen wir sonst nur oder zumindest gehäuft im Mt begegnen, als

---

1   So z.B. (als Möglichkeit) QUASTEN (150); LIETZMANN (Geschichte, 87);
     EHRHARDT (364); (sicher) HORNSCHUH (Anfänge, 129-131) u. (sehr viel
     vorsichtiger) DERS. (Studien, 109.120 sowie im unpaginierten Vorwort);
     VIELHAUER (Geschichte, 684); CAMERON (133).
2   So z.B. DE ZWAAN (344); KRETSCHMAR (Studien, 50f), STAATS (104f); I FRANK
     (101).
3   So ausführlich SCHMIDT in DERS./WAJNBERG (besonders 364-370); POSCHMANN
     (104 ("wahrscheinlich")); QUASTEN (150 (als Möglichkeit)); ALTANER/STUIBER
     (125 ("vermutlich").
4   So z.B. DELAZER (422f.430); HORNSCHUH (Anfänge, 150 u. Studien, 116);
     DUENSING (Epistula Apostolorum 1968, 127).
5   So z.B. QUASTEN (150); LIETZMANN (Geschichte, 87); I FRANK (101); VIEL-
     HAUER (Geschichte, 684); KÖSTER (DIALOG, 539); die Datierung auf die Mit-
     te des 2. Jh. erscheint mir als ausgesprochene Kompromißdatierung.
6   So z.B. SCHMIDT in DERS./WAJNBERG (402) (160-170); DE ZWAAN (344) (um
     195); EHRHARDT (308) (nicht allzu lange vor 180); ALTANER/STUIBER (125)
     (um 170?).
7   So auch LINDEMANN (Paulus, 110) für die Abfassungszeit; für die Lokali-
     sierung begnügt sich LINDEMANN (ebd.) damit festzustellen, daß diese
     umstritten sei.

auch ganze Perikopen des matthäischen Sondergutes - eigenartig
verändert - "neu" erzählt werden. Dabei lassen sich die Formulie-
rungs"anleihen" der EpAp zum Teil deutlich auf den ursprünglichen
Text dieser Schrift zurückführen.

So werden im 24. Kapitel der EpAp die Jünger als "Kleingläubige"
bezeichnet. Diese Jüngerbezeichnung findet sich im NT nur fünfmal,
davon einmal bei Lk (12,28), sonst nur bei Mt (6,30; 8,26; 14,31;
16,8).

Im 26. Kapitel der EpAp findet sich die Androhung ewiger "Strafe"
(so der Kopte 141,6) bzw. "Bestrafung" (so der Äthiope 141,6) für
Reiche am Tag des Gerichts. Eine Parallele für eine solche Drohung
findet sich im NT nur in Mt 25,46, und zwar dort in vergleichbarem
Kontext; die Differenz zwischen Kopte und Äthiope, die DUENSING
mit der je unterschiedlichen Übersetzung andeuten will, ist m.E.
nicht schwerwiegend und läßt durchaus die Möglichkeit offen, daß
beide Versionen letztlich auf ein griechisches "$\varkappa\acute{o}\lambda\alpha\sigma\iota\varsigma$" zurückgehen.

Auffällig ist auch die Wendung "Reich meines Vaters", die sich
im 29. Kapitel der EpAp sowohl beim Kopten (143,12) als auch beim
Äthiopen (143,8f) findet und in den Evangelien nur in Mt 26,29 vorkommt.

Diesen Stellen stehen solche zur Seite, die nur der Äthiope überliefert und für die der Kopte nicht erhalten ist. Hier kann man
also nicht sicher sein, daß diese Stellen zum ursprünglichen
Text gehört haben; eine solche Zugehörigkeit ist aber auch durchaus nicht auszuschließen.

Im 6. Kapitel der EpAp findet sich als Zahlenangabe bei der
Geschichte von der Speisung der Fünftausend "5000 außer den Kin-
dern und Frauen" (129,22). Eine Parallele für diese Information
gibt es in den Evangelien nur in Mt 14,21, wie auch HORNSCHUH
(Studien, 11) bemerkt.

Im 19. Kapitel der EpAp sind deutlich Elemente des matthäischen

Missionsbefehls aufgenommen.[1] In dieser Formulierungsaufnahme
kommt zugleich große theologische Nähe zum Mt zum Ausdruck. Wie
Mt ist auch der Verfasser der EpAp darum bemüht, bei der Antwort
auf die Frage, wie die Gegenwart Jesu bei den Glaubenden nach
Ostern und Himmelfahrt zu denken ist, die Gegenwart des Auferstandenen selbst in den Vordergrund zu rücken. Der Geist tritt dabei
völlig in den Hintergrund.[2] Dies ist angesichts der wohl gnostischen Gegnerschaft des Verfassers durchaus verständlich. Es muß
deswegen nicht auf das Mt zurückzuführen sein, daß der Verfasser
sich diesbezüglich so äußert, wie er es tut; immerhin aber war im
Mt Sprach- und Vorstellungsmaterial bereitgestellt dafür, von der
Gegenwart Jesu ohne Zuhilfenahme der Rede vom Geist zu sprechen.

Auffällig ist schließlich auch noch, daß der im 2. Kapitel der
EpAp erwähnte Jüngername "Judas Zelotes" sich sonst nur noch in
einigen altlateinischen Handschriften zu Mt 10,3 findet, worauf
schon STREETER (Gospels, 70) aufmerksam machte.

An einer Stelle, an der Kopte und Äthiope deutlich divergieren,
wobei der Äthiope m.E. deutlich nicht den ursprünglichen Text re-
präsentiert, bezieht sich der Äthiope sehr wahrscheinlich auf das
Mt, während dieser Bezug beim Kopten sehr viel weniger deutlich,
wenn auch immerhin möglich ist. Im 47. Kapitel der EpAp geht es
um die Zurechtweisung der Sünder. Dabei wird davor gewarnt, Sünde,
die bei anderen erkannt worden ist, gewollt zu übersehen, weil man
dem sündigenden Menschen verpflichtet ist. Als Bekräftigung der
Warnung vor solchem Tun und gewissermaßen zu ihrer Illustration
wird das Wort von den blinden Blindenführern in einer der von Mt
15,14 sehr ähnlichen (so der Kopte) oder (so der Äthiope) sogar

---

1   So z.B. 136,2f "und wie mein Vater mir die Vollmacht gegeben hat" (vgl.
     Mt 28,18); 136,7f "prediget und lehret, wie ich (denn) mit euch sein
     werde" (vgl. Mt 28,20); vgl. auch c. 21, 138,29f: "Wahrlich, ich sage
     euch, daß ich alle Gewalt von meinem Vater empfangen habe ...".
2   S. dazu KRETSCHMAR (Studien, 51): "Der Geist tritt ebenso zurück wie bei
     Matthäus"; vgl. auch die Ausführungen von HORNSCHUH (Anfänge, 153). Wäh-
     rend KRETSCHMAR die Nähe zum Mt uneingeschränkt hervorhebt, stellt HORN-
     SCHUH die Bewußtheit dieser Nähe vorsichtig in Frage.

mit ihr identischen Form zitiert:

> äth 153,29-31 Denn ein Blinder, der einen Blinden führt, die
> beiden werden in eine Grube fallen

> kopt 153,28-30 Ein Blinder aber, der einen Blinden führt, die
> (beiden) pflegen in (eine) Grube zu fallen

> Mt 15,14 ... τυφλὸς δὲ τυφλὸν ἐὰν ὁδηγῇ, ἀμφότεροι εἰς
> βόθυνον πεσοῦνται.

> Lk 6,39 ... μήτι δύναται τυφλὸς τυφλὸν ὁδηγεῖν; οὐχὶ ἀμ-
> φότεροι εἰς βόθυνον ἐμπεσοῦνται;

Der Äthiope steht dem Mt-Text wesentlich näher als der Kopte, dessen Lesart mir deshalb als ursprünglicher erscheint. Auch der Kopte
geht aber viel eher auf das Mt als auf das Lk zurück.[1]

Schon die obenstehenden Beobachtungen lassen - zusammengenommen -
Kenntnis und Benutzung des Mt in seiner heutigen Gestalt durch den
Verfasser der EpAp als sehr wahrscheinlich vermuten. Diese Vermutung wird nahezu zur Gewißheit durch die zusammenfassende Beurteilung der Stellen, an denen jeweils ganze Verse oder sogar Perikopen des für das Mt spezifischen Stoffes aufgenommen und wiedergegeben sind.

Im 5. Kapitel der EpAp, für das keine Parallele in der koptischen
Übersetzung erhalten ist, wird im Rahmen eines zusammenfassenden
Berichtes über das Wirken Jesu unter anderem auch die Geschichte
vom "Stater im Fischmaul" erzählt, die wir sonst nur bei Mt (17,
24-27) finden:

> äth 129,16-20 Und als wir, seine Jünger, keinen Denar hatten,
> sagten wir zu ihm: "Meister, was sollen wir machen hinsicht-
> lich des Steuereinnehmers?" Und er antwortete und sagte uns:
> "Einer von euch werfe die Angel, die Reuse, in die Tiefe und
> ziehe einen Fisch heraus, und er wird in ihm einen Denar fin-
> den. Den gebt dem Steuereinnehmer für mich und für euch."

Die Geschichte der EpAp hat den bei Mt angegebenen Anlaß der Episo-
de getreu bewahrt; neben der offensichtlichen Straffung und Kürzung
gegenüber der matthäischen Fassung fällt vor allem auf, daß nicht

---

1   Auch SCHMIDT in SCHMIDT/WAJNBERG (222) hält hier jeweils Mt-Einfluß für
     wahrscheinlich.

wie bei Mt speziell Petrus, sondern alle Jünger die Gesprächspartner Jesu sind. Der Straffung fällt auch die matthäische Pointe
der Geschichte zum Opfer; die die matthäische Perikope beherrschen-
de listig-dialektische Argumentation Jesu verkommt in der EpAp
zum von spärlichen Worten begleiteten Mirakel. Die "Änderungen"
gegenüber dem Mt erklären sich m.E. gut als aus Kontext und Situation der EpAp resultierend: es ging dem Verfasser ja eben nicht
darum, von einem Apostel speziell zu sprechen, sondern von dem
Geschehen, dessen Zeugen   a l l e   Jünger in gleicher Weise waren[1]; zudem ist im 4. und 5. Kapitel der EpAp die Absicht deutlich,
die Wunderwirksamkeit Jesu in den schönsten Farben zu schildern.[2]
Von daher will mir nicht als wahrscheinlich und auf jeden Fall
nicht als notwendig erscheinen, anzunehmen, daß die Geschichte dem
Verfasser der EpAp in einer anderen als der bei Mt überlieferten
Fassung bekannt war, wie HORNSCHUH (Studien, 11) es tut. Eine
solche Annahme ist nicht mehr als eine Vermutung.

Im 41. Kapitel der EpAp wird die Rolle der zum Predigen und Lehren
beauftragten Apostel in Relation zu der in Mt 23,8f überlieferten
Aufforderung, sich nicht Lehrer zu nennen oder nennen zu lassen,
reflektiert. Der Sinnzusammenhang, der der diesbezüglichen Frage
der Jünger vorausgeht, ist sowohl beim Äthiopen als auch beim Kopten nicht völlig klar; deutlich aber ist jeweils die Frage:

> äth 149,31-37 "O Herr, hast du nicht gesagt: Nicht nennt (je-
> manden) auf Erden Vater und Meister, denn einer ist euer Va-
> ter und Lehrer: der in den Himmeln? Jetzt sagst du uns, daß
> wir wie du vielen Kindern Väter werden sollen und auch Lehrer
> und Diener."

> kopt 149,32-28 "O Herr, du bist es, der zu uns gesagt hat:
> Nicht nennet euch (jemanden) Vater auf Erden, einer nämlich
> ist euer Vater, der in den Himmeln, und euer Meister - warum
> sagst du uns jetzt: Ihr werdet sein Väter vieler Kinder und
> Diener und Meister?"

In seiner Antwort geht der Auferstandene in beiden Übersetzungen
auf die Frage recht eigentlich überhaupt nicht direkt ein; er de-

---

1   Vgl. dazu auch WILHELMS (7).
2   Auch WILHELMS (ebd.) weist darauf hin, daß das Fischfangwunder in den Vor-
     dergrund tritt und dadurch die ursprüngliche Fragestellung nach der Ent-
     richtung der Steuer in den Hintergrund gedrängt wird.

kretiert ohne Begründung noch einmal, daß die Jünger "Väter und
Lehrer und Diener" sind.

Der Wortlaut des zitierten Jesuswortes weicht in beiden Fassungen
leicht von dem bei Mt gebotenen ab. Mir scheint jeweils nach dem
Gedächtnis zitiert zu sein. Von daher sollte man keine weiteren
Schlüsse aus der Beobachtung ziehen, daß äth und kopt wie einige,
vor allem westliche Mt-Handschriften anstatt "himmlischer (Vater)"
"(Vater) in (den) Himmeln" lesen.[1]

Für den Verfasser der EpAp war offensichtlich ein Problem, wie die
ja nun doch besondere Stellung der die Offenbarung des Auferstandenen empfangenden Jünger mit der prinzipiellen Gleichheit aller
Glaubenden, die hinter Mt 23,8f steht (und matthäisches Spezial-
interesse ist),zu vereinbaren ist. Der diesbezüglichen Frage der
Jünger wird - gewissermaßen zur Beruhigung - das deutliche Wort
des Auferstandenen entgegengehalten. Dadurch wird zwar nicht explizit, aber immerhin doch implizit und de facto das bei Mt überlieferte Jesuswort zurückgenommen. Daß diese Zurücknahme überhaupt
nötig wurde, zeigt, wie wichtig und allgemein anerkannt nicht nur
das Mt als Ganzes, sondern gerade auch die für das Mt spezifischen
Inhalte und Anliegen für den Verfasser der EpAp und seine Umgebung waren.

Hochinteressant, dabei schwer zu verstehen und deshalb Gegenstand
m.E. bisher ungelöster Kontroversen in der Forschung ist die im
43.-45. Kapitel der EpAp zu findende ausführliche Aufnahme und
Auslegung des nur bei Mt überlieferten Gleichnisses von den
"Zehn Jungfrauen".

Vergleicht man das matthäische Gleichnis mit dem in der EpAp,
fällt auf, daß die Unterschiede fast größer sind als die Gemeinsamkeiten. Die EpAp verbindet mit dem Mt
- daß von zehn Jungfrauen und einem Bräutigam die Rede ist
- daß von den zehn Jungfrauen die Hälfte klug, die andere Hälfte
töricht ist
- daß die Folgen der Klugheit positiv, die der Torheit negativ (und
zwar endgültig negativ) sind.

---

1   Vgl. zu Mt 23,9 D, W, θ, 0133, 0138, f[1], 𝔐, sy[h]; diese Beobachtung
       findet sich auch bei HORNSCHUH (Anfänge, 148).

In allen über diesen Grobrahmen hinausgehenden Details unterscheiden sich Mt und EpAp voneinander:
- schlafen bei Mt alle Jungfrauen, bevor der Bräutigam kommt, und
besteht ihre Klugheit bzw. Torheit in ausreichender bzw. fehlender
Vorsorge für genug Brennstoff für ihre Lampen, so ist das Vergehen der Törichten und also ihre Torheit in der EpAp ihr Schlaf im
Unterschied zur Klugheit der Klugen, die in ihrem Wachen besteht.
Vom Mt-Text aus betrachtet ist in der EpAp Mt 25,1-12 von Mt 25,13
(γρηγορεῖτε οὖν ...) her überfremdet worden dadurch, daß die resü-
mierende Anwendung Bestandteil der Bildhälfte geworden ist.
- ist die Belohnung der matthäischen Klugen der Eintritt zum Hoch-
zeitsmahl, so werden sie in der EpAp ins Brautgemach geführt.
- verzichtet das Mt auf eine über die Bildhälfte hinausgehende
nähere Beschreibung der "Klugen" und "Törichten", so werden sie
in der EpAp explizit benannt; die Klugen als "Glaube, Liebe, Freude, Friede, Hoffnung"[1], die Törichten als "Einsicht, Erkenntnis,
Gehorsam, Geduld, Barmherzigkeit"[2].
- wird im Mt die Endgültigkeit des Ausschlusses nur kurz als
Schluß der Erzählung erwähnt, so wird sie in der EpAp breit thematisiert.

> Vor allem an der Deutung der törichten Jungfrauen als "Einsicht, Erkennt-
> nis, Gehorsam, Geduld, Barmherzigkeit" scheiden sich bei der Interpreta-
> tion die Geister. Daß das ganze Gleichnis "auf den ersten Blick als ein
> abstruses Gewirr von Spekulationen ohne Sinn und Verstand" erscheint,
> wie HORNSCHUH (Gleichnis, 2) bemerkt, liegt hauptsächlich an der in
> der EpAp - scheinbar oder wirklich? - vorgenommenen Abqualifizierung
> der fünf "Tugenden" als Torheiten. Hauptstreitpunkt ist, ob nicht die Tu-
> genden an sich, sondern ihre Nicht-Nutzung diese negative Wertung erfah-
> ren, ob also der Satz "jene haben geschlafen" bedeutet, daß die schlech-
> ten Christen diese Tugenden vernachlässigt haben, wie POSCHMANN (106f)
> will, oder ob mit den fünf "Negativtugenden" "Typen des Verhaltens"
> (HORNSCHUH, Gleichnis, 8), "metaphysische Hypostasen" (HORNSCHUH, Gleich-
> nis, 4) und damit letzten Endes die Christen selbst, wie HORNSCHUH (vgl.
> auch DERS., Studien, 123) will, gemeint sind. Einigkeit herrscht immerhin
> darüber, daß die EpAp ihr Gleichnis als antignostische Allegorese erzählt,
> die zwar gnostische Vorstellungen ("Bräutigam", "Brautgemach") aufnimmt,
> aber klar zu machen versucht, daß die von den Gnostikern geschätzten Tugen-
> den eigentlich keine sind.
> POSCHMANN hat mit seinem Verständnis der Torheit als Unterlassung der

---

1   S. 151,8f (äth) bzw. 151,10-12 (kopt); der Kopte hat für "Freude" "Gnade".
2   S. 151,40f (äth); der Kopte (151,44-152,1) liest "Die Erkenntnis ist es
     und die Einsicht, der Gehorsam, die Langmut und die Barmherzigkeit."

durchaus positiv gewerteten Verhaltensweisen wenig Zustimmung erhalten.
Was die Gegenposition, die vor allem durch HORNSCHUH und STAATS vertreten wird, angeht, will mir zwar noch einleuchten, daß "Erkenntnis" und
"Einsicht" der Gnostiker für den Rechtgläubigen zu negativen Größen werden können. Wie aber paßt zu diesem Verständnis der Tugenden als negativ
zu bewertender Hypostasen "Gehorsam", "Geduld" und "Barmherzigkeit"?
Die gnostischen Texte, in denen sie die gleiche prononcierte Rolle spielen wie "Einsicht" und "Erkenntnis" müssen wohl erst noch entdeckt werden. Oder wendet sich der Verfasser nicht nur gegen eine Gruppe von Gegnern, sondern gleich gegen mehrere? Trifft z.B. der Vorwurf des (negativ
hypostasierten) "Gehorsams" das Judenchristentum?
Auch der Versuch von STAATS (passim u. in der Zusammenfassung, 114), die
fünf Torheiten mit den fünf intelligiblen Sinnen der valentinianischen
Gnosis zu identifizieren, hilft m.E. nicht weiter. Daß ein solcher In-
terpretationsversuch wohl schon bei Ps Makarius/Symeon circa 200 Jahre
nach der Abfassung der EpAp vorliegt, ändert nichts an seiner Gewaltsamkeit.
M.E. kann nur eine Interpretation, die alle fünf aufgezählten "Torheiten"
angemessen berücksichtigt, dem Befund gerecht werden. Bezichtigt man nun
die Gegner der EpAp mit STAATS und HORNSCHUH der Ausübung der aufgezählten
Größen und versteht diese auf dem Hintergrund gnostischer Gedankenwelt
als für den rechtgläubigen Christen negativ zu werten, so muß man m.E.
konsequenterweise entweder zwei Gruppen von Gegnern postulieren (und damit
den gnostischen Hintergrund als nicht ausreichend zur Erklärung der gei-
stigen Gegnerschaft, die der Verfasser vor Augen hat, bezeichnen) oder
die in in der EpAp bekämpften Gnostiker als gesetzestreue Judenchristen
verstehen. Diese Schwierigkeit vermeidet man und wird dabei m.E. dem
Text deutlich mehr gerecht, wenn man sich POSCHMANN insofern anschließt,
als man annimmt, daß den Gegnern der EpAp nicht die Ausübung bestimmter
Verhaltensweisen, sondern deren Unterlassung angekreidet wird. Ein solches
Verständnis hat durchaus Anhalt an den Ausführungen der EpAp: die fünf
"Klugheiten" werden zwar deutlich als Personen oder personifizierte Wesen
verstanden; es wird aber im direkten Anschluß an ihre Aufzählung deutlich
gemacht, daß es für den Glaubenden durchaus darum geht, diese "Klugen"
zu "haben" und das heißt doch wohl, sie zum Zuge kommen zu lassen, einzu-
setzen, auszuüben:

> äth 151,10-13 Sobald die, welche an mich glauben, diese haben, wer-
> den sie denen, die an mich ... glauben, Führer sein

> vgl. kopt 151,12-16 Die aber unter denen, welche glauben, welche
> diese haben, werden denen, die an mich ... geglaubt haben, Wegweiser
> sein

Entsprechend wird nach der Aufzählung der "Törichten" gesagt:

> äth 151,41-43 = kopt 152,1-3 Diese haben geschlafen unter denen,
> welche geglaubt und mich bekannt haben.

Dabei ist die Konsequenz des Schlafens der Törichten:

> äth 152,5-10 Indem die, welche geschlafen haben, mein Gebot nicht
> tun, werden sie außerhalb des Reiches und der Hürde des Schafhirten
> stehen; und wer außerhalb der Hürde stehen geblieben ist, den wird
> der Wolf fressen

> vgl. kopt 152,5-9 Es sind aber meine Gebote nicht getan worden durch
> die, welche geschlafen haben. Sie werden daher bleiben außerhalb des
> Reiches und der Hürde des (Hirten) und seiner Schafe ...

Die von dieser Konsequenz Betroffenen sind zweifelsfrei nicht die per-
vertierten, hypostasierten Tugenden, sondern die Gläubigen selbst. Sie
schlafen, indem "unter ihnen" die wünschenswerten Eigenschaften/Verhal-
tensweisen "schlafen".
Den gnostischen Gegnern des Verfassers der EpAp wird also nach meinem
Verständnis vorgeworfen, daß ihre "Erkenntnis" keine Erkenntnis und ihre
"Einsicht" keine Einsicht ist, und daß ihnen neben diesen beiden - von
ihnen selbst so dezidiert für sich in Anspruch genommenen - Qualitäten
auch die - eigentlich für jeden Christen verbindlichen - "Tugenden"
Gehorsam, Geduld und Barmherzigkeit abgehen. Kein Gnostiker hätte auch
nur eine der drei letztgenannten Verhaltensweisen auf seine Fahnen geschrieben; wohl aber bot die Überheblichkeit der "Erleuchteten" für
die bedrängte rechtgläubige Gemeinde ausreichenden Anlaß, fehlende Geduld,
fehlenden Gehorsam und fehlende Barmherzigkeit zu monieren.
Leider läßt der Verfasser der EpAp es an begrifflicher Klarheit fehlen.
So sind Glaube, Liebe, Freude, Friede, Hoffnung einerseits und Einsicht,
Erkenntnis, Gehorsam, Geduld und Barmherzigkeit andererseits jeweils sowohl als personifizierte Größen als auch als unpersönliche Eigenschaften,
die man "haben" kann, bezeichnet; dem entspricht, daß sowohl die Eigenschaften als auch die Menschen selbst "schlafen" können. M.E. ist es besser, dem Verfasser seine begriffliche Unschärfe zu belassen, als ihm inhaltliche Paradoxien aufzuzwingen etwa derart, daß er die "Liebe" als
"Klugheit", die "Barmherzigkeit" aber als "Torheit" bezeichnet hätte.
Es geht dem Verfasser eben nicht darum, die eine "Tugendreihe" gegen eine
andere auszuspielen und - wie STAATS (112) meint - damit die paulinische
Rechtfertigungs- und Gnadenlehre gegenüber den in der Macht des Menschen
stehenden Verhaltensweisen "Einsicht" etc. neu zur Geltung zu bringen.
Eher wirft er den Gnostikern vor, die Praxis der Liebe in Geduld, Gehorsam und Barmherzigkeit einschlafen haben zu lassen.
Ich will also durchaus nicht bestreiten, daß der Verfasser die von ihm ja
als "Kluge" bzw. "Törichte" aufgezählten Größen als personale Hypostasen
versteht; es ist nur darauf hinzuweisen, daß dieses Verständnis nicht das
einzige ist, das seinen Ausführungen zugrundeliegt: die personal gedach-
ten Eigenschaften bleiben doch immer auch Eigenschaften des Menschen,
durch den sie zum Zuge kommen oder eben nicht zum Zuge kommen.
Auch an dieser Stelle also ist deutlich, daß der Verfasser der EpAp
ein Grenzgänger zwischen gnostischem und rechtgläubigem Gedankengut ist;
er bedient sich gnostischer Formulierungen und Vorstellungen, ohne diese
inhaltlich positiv aufzunehmen.

Der Verfasser der EpAp konstruiert die Details der matthäischen
Gleichniserzählung neu und übernimmt nur Grundidee, Rahmen und
(die wichtigsten) handelnde(n) Personen.
Die Antithese "klug-töricht" expliziert er, indem er seinen Gegnern
die Torheit zuweist, damit ihre Erkenntnis und Einsicht als de facto nicht vorhanden abqualifiziert und ihnen zusätzlich vorwirft,
es an Geduld, Gehorsam und Barmherzigkeit fehlen zu lassen. Damit
befindet er sich theologisch sicherlich näher bei z.B. Matthäus
als z.B. bei Paulus, ohne daß das Mt hier diesbezüglich explizit
aufgenommen würde.
Die matthäische Geschichte wird, indem ihre möglicherweise erst

redaktionell angehängte "Moral" zum Skopus des Bildes gemacht
wird, breit ausgelegt. Dabei antwortet der Auferstandene auf genau
die Fragen, die bei der matthäischen Geschichte offen bleiben, nämlich worin Klugheit bzw. Torheit konkret bestehen und ob der Aus-
schluß der Törichten wirklich als endgültig zu betrachten ist.
Indem so das bei Mt offen Gebliebene zum Thema erhoben wird, geht
der Verfasser weit über das vom Mt Intendierte hinaus. Er legt
das Gleichnis aus und verändert dabei seinen Aussagegehalt - und
macht es so für sein spezielles Anliegen fruchtbar. Deutlich ist
dabei wieder, daß das Mt im Hintergrund seiner Ausführungen steht,
deutlich ist aber auch die große Freiheit, mit der er sich des
ihm vorgegebenen Stoffes bedient.

Wesentlich weniger kompliziert als beim Gleichnis von den "Zehn
Jungfrauen" steht es mit der Aufnahme der matthäischen "Kirchen-
ordnung" aus Mt 18,15-17 im 48. Kapitel der EpAp. Dort heißt es:

> äth 154,3-12 Wenn du mit deinen Augen gesehen hast, wie
> (einer) sündigt, so züchtige ihn, du allein (= unter vier
> Augen). Wenn er auf dich hört, so hast du ihn gewonnen. Wenn
> er aber nicht auf dich hört, so tritt selbander oder höch-
> stens selbdritt auf, züchtige deinen Bruder! Wenn er aber
> (auch dann) nicht auf dich hört, so soll er dir wie ein
> Heide und Zöllner sein.

> kopt 154,3-9 Wenn du einen Sünder siehst, so (weise ihn zu-
> recht) zwischen dir und ihm. Wenn er aber nicht auf (dich)
> hört, (so nimm) einen andern mit dir bis drei und belehre
> deinen Bruder; wiederum wenn er nicht auf dich hört, so
> stelle ihn hin vor dir wie ...

Im Vergleich mit Mt 18,15-17 fällt auf, daß die dritte Instanz in
Gestalt der Gesamtgemeinde fortgelassen ist. POSCHMANN (111) erklärt dies als "sachlich berechtigte Verkürzung des Zitates" und
erblickt die Berechtigung für diese Kürzung darin, daß es in der
EpAp vom Kontext her nicht so sehr um den   M o d u s   der Zurechtweisung ginge als vielmehr um die Einschärfung ihrer Notwendigkeit; ich meine, daß die Verkürzung darüber hinaus möglicherweise auch noch den Grund hat, daß sich im Umkreis des Verfassers
der EpAp die "Rechtgläubigen" in der Minderzahl befanden; von daher
war es nicht sinnvoll, die häretisch dominierte Gesamtgemeinde als

Instanz für die Beurteilung von Sündern anzurufen.[1] Vielleicht
ist auch durch diese Minderheitssituation bedingt, daß wir in
der EpAp so gut wie nichts von Ämtern und dergleichen erfahren;
dies hat weniger theologische, als vielmehr "praktische", taktische
Gründe.

Der Vollständigkeit halber sollen über die bisher analysierten
Stellen hinaus noch die genannt werden, an denen Mt-Abhängigkeit
gut möglich oder möglich, aber nicht naheliegend ist.

> Gut möglich ist Mt-Abhängigkeit in EpAp c. 3 (äth 128,23f) (Mt 1,20);
> c. 5 (äth 128,34-129,1) (Mt 12,10.13); (äth 129,7f) (Mt 9,22); (äth 129,
> 8f) (Mt 11,5; 15,3); (äth 129,20f) (Mt 14,17); (äth 129,21) (Mt 17,19);
> c. 9 (äth 130,19f/ kopt 130,18) (Mt 27,38); (äth 130,22f/ kopt 130,22)
> (Mt 27,33); c. 10 (äth u. kopt 130,35) (Mt 28,10); c. 11 (äth u. kopt
> 131,26) (Mt 28,10); (äth u. kopt 131,27) (Mt 26,69-75; vgl. Mt 26,34);
> c. 18 (äth 135,38f) (Mt 5,44); c. 19 (äth 136,1) (Mt 28,20); c. 21 (äth
> u. kopt 138,33f) (Mt 19,26); c. 23 (äth 139,5-7/ kopt 139,6f) (Mt 28,19f);
> c. 24 (äth 139,32/ kopt 139,35-37) (Mt 7,14); c. 27 (äth u kopt 141,28-
> 31) (Mt 7,21); c. 28 (äth 142,17-21/ kopt 142,16f) (Mt 25,34); c. 29
> (äth 142,38-42/ kopt 142,41-143,4) (Mt 13,16); (äth 143,6f/ kopt 143,
> 10f) (Mt 5,48); c. 30 (äth u. kopt 143,19-23) (Mt 28,19); c. 37 (äth 147,
> 2-4) (Mt 24,6f); c. 38 (äth 147,25-32/ kopt 147,27-32) (Mt 5,11);   c.
> 39 (äth 148,25f/ kopt 148,26-28) (Mt 7,7); c. 40 (äth 149,20f/ kopt 149,
> 23f) (Mt 5,12; 19,27); c. 49 (äth 154,23f) (Mt 3,12); c. 50 (äth
> 154,26f) (Mt 5,11).
> Allenfalls theoretisch möglich, aber nicht naheliegend ist Mt-Abhängig-
> keit in EpAp c. 5 (äth 129,9) (Mt 8,2f); (äth 129,9-14) (Mt 8,28-32);
> (äth 129,14f) (Mt 14,24f); (äth 129,15) (Mt 8,26); c. 10 (äth u. kopt
> 130,35f) (Mt 28,7); c. 16 (äth 134,25-29/ kopt 134,27-31) (Mt 24,30);
> c. 26 (äth 141,2/ kopt 141,1) (Mt 10,15; vgl. Mt 11,22.24; 12,36); c.
> 34 (äth 145,30f) (Mt 24,29).

Überblickt man die Aufnahme matthäischen Stoffes insgesamt, so
fällt vor allem die große Freiheit ins Auge, mit der sich der
Verfasser des Evangelienstoffes bedient. Die Aufnahme redaktioneller Topoi und Termini sichert zwar die Bekanntschaft des Verfassers mit dem Mt in seiner heutigen Gestalt; diese Aufnahme erfolgt aber in Umgestaltung, Ausgestaltung und Verkürzung und nur
zuweilen in großer inhaltlicher Übereinstimmung.
Die Abweichungen vom matthäischen Text und Gedankengang erklären
sich allesamt aus dem aktuellen Interesse und der Situation des
Verfassers heraus. Diese Beobachtung erhärtet zusätzlich die

---

1   So auch HORNSCHUH (Anfänge, 259).

Annahme, daß es eben das Mt war und nicht etwa nach- oder gar vormatthäische mündliche Tradition, deren sich der Verfasser der
EpAp bedient hat.

Fragt man nach dem Stellenwert, den das Mt für den Verfasser der
EpAp hatte, muß die Antwort lauten, daß das Mt zwar eine wichtige
und nicht zu vernachlässigende Quelle für Worte und Taten Jesu
war, daß man aber nicht behaupten kann, daß es für den Verfasser
eine Sonderstellung eingenommen hat. Er hat neben dem kanonischen
Stoff auch - nach heutigen Maßstäben - unkanonisches Material rezipiert, von dem wir nicht wissen, ob es ihm schriftlich oder
mündlich vorgegeben war. Von den kanonischen Evangelien läßt sich
für keines eine Sonderstellung behaupten. Die öfters angeführte
starke Prägung durch das Joh[1] beschränkt sich m.E. auf deutliche
und häufige Aufnahme johanneischer Terminologie; das Lk wird bei
der Wiedergabe von Evangelienstoff nicht deutlich mehr oder weniger
herangezogen als das Mt und - gegen GUERRIER/GREBAUT (4) - durchaus nicht bevorzugt. Da Mk-Benutzung nicht zu beweisen, aber auch
nicht auszuschließen ist, kann vorsichtig davon ausgegangen werden,
daß der Verfasser neben ihm auch zugänglichen außerkanonischen
Stoffen hautpsächlich unsere "heutigen" vier Evangelien benutzt
hat, wenn es ihm darum ging, Jesu Worte oder Taten in seine Offen-
barungsschrift einfließen zu lassen. Dabei wird der Evangelienstoff
frei und nach dem Gedächtnis zitiert. So sehr die schriftliche
Gestalt unserer Evangelien immer wieder durchscheint, so wenig kann
doch davon ausgegangen werden, daß der Verfasser die Evangelien bei
der Abfassung seiner Schrift auf dem "Schreibtisch" liegen hatte.
Die Abweichungen vom Wortlaut z.B. des Mt sind trotzdem nicht so
sehr als auf Gedächtnisfehlern beruhend zu erklären, als vielmehr
als bewußte Änderungen zu verstehen. Einen "kanonischen" Text gab
es für den Verfasser offensichtlich noch nicht.

---

1   S. z.B. SCHMIDT in DERS./WAJNBERG (224) u. QUASTEN (151).

2.3. 1. PETRUSBRIEF

Sehr interessant für die frühe Rezeption des Mt wäre der I Petr,
wenn sich für seinen Verfasser Benutzung des Mt nachweisen ließe.
Leider sind die Parallelen zur synoptischen Überlieferung im I
Petr aber nicht derart, daß man Mt-Abhängigkeit als wahrscheinlich
ansehen kann. Auch die relativ große Zahl der möglichen Bezüge,
die jeder für sich durchaus nicht ausreichen, Mt-Abhängigkeit wahrscheinlich zu machen, legt eine solche Abhängigkeit keinesfalls
nahe.[1] Das Ergebnis von Wortlautvergleichen läßt aber immerhin die
Möglichkeit offen, daß der Verfasser des I Petr das Mt gekannt
und auch rezipiert hat.

Mit noch am deutlichsten sind die Parallelen zum Mt in I Petr 2,12
und 3,14;[2] an beiden Stellen aber ist Bezug auf speziell das Mt
nicht zu beweisen oder auch nur wahrscheinlich zu machen.

In I Petr 2,12 ist die sachliche Nähe zu Mt 5,16 nicht zu übersehen; auffällig ist aber, daß gerade für das Mt wichtige redaktionelle Terminologie wie "τὸν πατέρα ὑμῶν τὸν ἐν τοῖς οὐρανοῖς"
nicht aufgenommen wird:

> I Petr 2,12 τὴν ἀναστροφὴν ὑμῶν ἐν τοῖς ἔθνεσιν ἔχοντες κα-
> λήν, ἵνα ἐν ᾧ καταλαλοῦσιν ὑμῶν ὡς κακοποιῶν ἐκ τῶν καλῶν ἔρ-
> γων ἐποπτεύοντες δοξάσωσιν τὸν θεὸν ἐν ἡμέρᾳ ἐπισκοπῆς.

> Mt 5,16 οὕτως λαμψάτω τὸ φῶς ὑμῶν ἔμπροσθεν τῶν ἀνθρώπων,
> ὅπως ἴδωσιν ὑμῶν τὰ καλὰ ἔργα καὶ δοξάσωσιν τὸν πατέρα
> ὑμῶν τὸν ἐν τοῖς οὐρανοῖς.

In I Petr 3,14 ist wiederum nur deutliche Übereinstimmung in der
Sache, aber keine spezifische Nähe der Formulierungen zu Mt 5,10
festzustellen.

> I Petr 3,14 ἀλλ' εἰ καὶ πάσχοιτε διὰ δικαιοσύνην, μακάριοι.

---

1   Anders LUZ (Mt, 76): "Sicher sind diese Berührungen für sich nicht zwin-
     gend, aber angesichts ihrer Zahl aufsehenerregend. Man muß m.E. ernsthaft
     damit rechnen, daß 1Petr Mt voraussetzt."
     Zu einem Negativresultat kommt BEST (passim).
2   So auch BEST (111) und LUZ (Mt, 76).

Mt 5,10 μακάριοι οἱ δεδιωγμένοι ἕνεκεν δικαιοσύνης, ὅτι
αὐτῶν ἐστιν ἡ βασιλεία τῶν οὐρανῶν.

Allenfalls gut möglich ist Mt-Benutzung in I Petr 2,4.7 (Mt 21,42);
2,25 (Mt 9,36); 3,8f (Mt 5,44.38-42); 4,13f (Mt 5,11f).[1]

---

1   Für eine Auflistung weiterer Parallelen, die m.E. alle so wenig deutlich
     sind, daß Mt-Abhängigkeit mir durchweg als unwahrscheinlich erscheint, s.
     BEST (110f).

2.4. 2. PETRUSBRIEF

Im II Petr ist Bezug auf das Mt zwar möglich, aber keinesfalls
sicher.[1] Die deutliche Nähe von II Petr 1,17 zu speziell Mt 17,5,
die z.B. WILCKENS (311) annimmt, läßt sich nur behaupten, wenn
man Mt 3,17 par. außer acht läßt. Zwar weist der Kontext im II
Petr deutlich auf die Verklärungsgeschichte[2], es ist aber zumindest
nicht auszuschließen, daß für den Wortlaut der Gottesstimme auch
die Geschichte von der Taufe Jesu prägend gewesen ist.[3]

---

1   So auch TUROWSKI (16 u. 22).
2   Vgl. nur II Petr 1,18.
3   Vgl. hier besonders Mk 1,11.

3. MARTYROLOGICA/ PASSIONES

3.1. MARTYRIUM POLYKARPS[1]

Die Untersuchungen v. CAMPENHAUSENs (Bearbeitungen) haben es nahezu zur Gewißheit gemacht, daß die jetzt vorliegende Gestalt des
MartPol nicht die ursprüngliche ist, sondern sich verschiedenen
redaktionellen Überarbeitungen verdankt.[2] Das Hauptverdienst v.
CAMPENHAUSENs ist dabei die Herausarbeitung einer "Euangelion-Redaktion", die verantwortlich ist für die "bekannte Parallelisierung des Polykarpmartyriums mit der Christuspassion und die betonten 'lehrhaften' Folgerungen im Sinne eines 'dem Evangelium
gemäßen' Martyriums" (Bearbeitungen, 257). Während v. CAMPENHAU-
SEN (a.a.O., 291) diese Redaktion auf ungefähr die Zeit Eusebs
datierte, hat CONZELMANN (Bemerkungen, 49) überzeugend wahrscheinlich gemacht, daß sie zeitlich schon vor Euseb anzusetzen ist.

Die Zweifel, die zuletzt DEHANDSCHUTTER an den Thesen v. CAMPENHAUSENs
angemeldet hat,[3] sind erwägenswert, vermögen aber nicht zu überzeugen.

Die Art und Weise, wie (sehr wahrscheinlich vom Euangelion-Redak-
tor) im MartPol auf das "εὐαγγέλιον" hingewiesen wird, läßt nicht
eindeutig erkennen, ob im Mart Pol mit dem "Evangelium" ein Buch

---

1   Als Ausgabe wurde die von BIHLMEYER/SCHNEEMELCHER (120-132) herange-
     zogen, auf der auch die BP basiert. Die momentan beste Ausgabe, die
     aber nicht in gleicher Weise wie die BIHLMEYERsche allgemein zugäng-
     lich sein dürfte, ist die innerhalb der Monographie zum MartPol von
     DEHANDSCHUTTER (Martyrium Polycarpi, 112-117); eine Zusammenstellung der
     Abweichungen vom BIHLMEYERschen Text findet sich dort 109.
2   Anschaulich die Thesen v. CAMPENHAUSENs zu vermitteln vermag sein mit je
     verschiedenen Unterstreichungen der einzelnen redaktionellen Schichten
     versehener Textabdruck (Bearbeitungen, 293-301).
3   S. in der englischen Summary von c. 3, § 3-4 (279): "The error of von
     Campenhausen and others was to presume that originally there was a
     simple story following the historical facts without any comment. But it
     is not at all certain that the author of M Pol did not intend to com-
     bine story and interpretation according to his clear view on the value
     of martyrdom"; vgl. auch DERS., Martyre (659f). S. auch die kritischen
     Bemerkungen MUSURRILLOs (XIIIf), der die Existenz einer Euangelion-Re-
     daktion für wahrscheinlich hält, die Annahme von vier verschiedenen Re-
     daktionsschichten aber als überzogen ablehnt; als unbewiesen verwirft
     BARNARD (Defence, 231) die Kernthese v. CAMPENHAUSENs, daß die Paralleli-
     sierung zur Christuspassion auf spätere Redaktion zurückgeht und hält im
     übrigen (235) die Annahme mehrerer Editionen für unnötig kompliziert.

oder die mündliche Verkündigung gemeint ist. Die Bedeutung des
Wortes "εὐαγγέλιον" scheint nicht auf eine dieser Bedeutungsmöglichkeiten eingeengt zu sein; die gebrauchten Wendungen sind für
beide Interpretationen offen.[1] Dies ist im Gesamtüberblick über
das 2. Jh. weniger verwunderlich, als es auf den ersten Blick erscheinen mag. Noch bei Irenäus, der zweifelsfrei schriftliche
Evangelien gekannt und auch als solche mit der Bezeichnung "Evangelium" belegt hat, findet sich noch der (ältere) Gebrauch des
Wortes im Sinne von "Heilsbotschaft" (vgl. nur haer 3,12,13). In
früherer Zeit ist gerade das eigentümliche, für beide Bedeutungen
offene "Schillern" des Begriffes des öfteren festzustellen.[2]
Ist vom Gebrauch des Wortes "εὐαγγέλιον" im MartPol her also nicht
auszuschließen, aber auch nicht zu beweisen, daß sein Verfasser
(bzw. der für die entsprechenden Passagen verantwortliche Redaktor) beim Hinweis auf das "Evangelium" die oder eines der schriftlichen Evangelien im Sinn hatte, so ergibt sich auch für die Frage
nach dem Zugrundeliegen speziell des Mt im MartPol keine davon
prinzipiell verschiedene Antwort. Mit MASSAUX (Influence, 191)
und MORGAN (711-713) ist gegen DEHANDSCHUTTER (Martyrium Polycarpi)
auch in MartPol 6,2[3] literarische Abhängigkeit vom Mt keinesfalls wahrscheinlich, sondern allenfalls gut möglich. Auch DE-
HANDSCHUTTER (Martyrium Polycarpi, 155) gibt zu, daß insgesamt
Abhängigkeit vom Mt durchaus nicht sicher ist, da der Verfasser
des MartPol nicht "zitiert", sondern in freier Aufnahme und Umgestaltung "neutestamentlicher" Wendungen selbst formuliert.

Im einzelnen erscheint mir Mt-Abhängigkeit als gut möglich in MartPol

---

1   Anders BENOIT (165); vgl.
     - MartPol 1,1 ἵνα ἡμῖν ὁ κύριος ἄνωθεν ἐπιδείξῃ τὸ κατὰ τὸ εὐαγγέλιον
       μαρτύριον
     - MartPol 4 οὐκ ἐπαινοῦμεν τοὺς προσιόντας ἑαυτοῖς, ἐπειδὴ οὐχ οὕτως
       διδάσκει τὸ εὐαγγέλιον
     - MartPol 19,1 οὗ τὸ μαρτύριον πάντες ἐπιθυμοῦσιν μιμεῖσθαι κατὰ τὸ
       εὐαγγέλιον Χριστοῦ γενόμενον
     - MartPol 22 ... ἀδελφοί, στοιχοῦντας τῷ κατὰ τὸ εὐαγγέλιον λόγῳ Ἰησοῦ
       Χριστοῦ, ...
2   Vgl. über die auch von FRIEDRICH angeführten Beispiele aus Ign u. Did
     (vgl. dazu oben S. 75-77 u. 26f) hinaus noch das 2. Kapitel der syrischen
     Fassung der Apologie des Aristides (s.u. S. 493); s. auch in der Gesamt-
     zusammenfassung u. S. 519f.
3   S. DEHANDSCHUTTER (Martyrium Polycarpi, 246), der an dieser Stelle Abhän-
     gigkeit von Mt 10,36 u. 27,5 für wahrscheinlich hält.

4 (Mt 10,23); 6,2 (Mt 10,36; 27,5); 7,1 (Mt 26,55; 6,10); 8,1 (Mt 21,7);
11,2 (Mt 25,46); 14,2 (Mt 20,22f).
Nur theoretisch möglich, aber keinesfalls naheliegend ist Mt-Abhängigkeit
in c. 2,3 (Mt 25,46).

Ein nicht gering zu gewichtender Unterschied zwischen dem Evangelisten Mt und dem Evangelienredaktor des MartPol ist, daß es Mt
in der Passionsgeschichte seines Evangeliums u.a. darum zu tun
war, die Vorbildhaftigkeit des Leidens Jesu gleichsam "direkt"
den Christen seiner Zeit zu verdeutlichen, während im MartPol die -
zweifellos auch vorhandene - Orientierung am Leiden Jesu dazu
führt, daß das Martyrium des Polykarp als leuchtendes Beispiel
hingestellt wird. In vom Ergebnis her dann ganz unmatthäischer
Weiterführung eines prononciert im Mt zu findenden Ansatzes ist
im MartPol nicht mehr Jesus selbst, sondern nur sein "Wort nach
dem Evangelium" (vgl. c. 22) Richtschnur und Orientierungshilfe
für den Christen. Das Evangelium vertritt dabei gewissermaßen den
für Mt noch selbst bei seiner Gemeinde präsenten Herrn.

Abschließend bleibt festzuhalten, daß es zwar nicht zu beweisen
ist, aber doch als gut möglich gelten kann, daß der Evangelienredaktor des MartPol nicht nur das Mt gekannt und benutzt hat,
sondern sich auch in seinen "eigenen" Gedanken entscheidend von
der matthäischen Passionsgeschichte inspirieren ließ - ohne
allerdings dabei der matthäischen Christologie im ganzen ebenfalls
zu folgen.

3.2. MÄRTYRERAKTEN DES ZWEITEN JAHRHUNDERTS

3.2.1. VORBEMERKUNGEN

In den Märtyrerakten des 2. Jh., die sich im allgemeinen im wesentlichen darauf beschränken, den Verlauf von Prozeß und Hinrichtung
des Märtyrers oder der Märtyrer zu berichten, ist von vorneherein
nicht damit zu rechnen, daß sich breite Aufnahme von Evangelienstoff findet. So ist es umso erstaunlicher, wenn zumindest in
einer dieser Akten ein einigermaßen deutlicher Hinweis auf den
Gebrauch des Mt festgestellt werden kann.

3.2.2. PASSIO APOLLONII[1]

In der PassApoll wird Apollonius vom Statthalter Perennis dazu
aufgefordert, umzukehren (μετανοεῖν) und beim Genius des Kaisers
zu schwören (ὁμόσαι τὴν τυχὴν τοῦ κυρίου). In der Antwort auf
dieses Ansinnen führt er unter anderem aus:

> PassApoll § 6 (MUSURILLO 90,25-92,8) προσέτι δὲ καὶ μηδὲ
> ὅλως ὀμνύναι ἀλλ᾿ ἐν πᾶσιν ἀληθεύειν ὑπ᾿ αὐτοῦ προστετάγμεθα·
> ὅρκος γὰρ μέγας ἐστιν ἡ ἐν τῷ ναὶ ἀλήθεια, καὶ διὰ τοῦτο
> Χριστιανῷ ὀμνύναι αἰσχρόν· ἐκ γὰρ ψεύδους ἀπιστία, καὶ δι᾿
> ἀπιστίαν πάλιν ὅρκος. βούλει δὲ ὀμνύναι με ὅτι καὶ βασιλέα
> τιμῶμεν καὶ ὑπὲρ τοῦ κράτους αὐτοῦ εὐχόμεθα; ἡδέως ἂν ὁμόσαι-
> μι ἀληθεύων τὸν ὄντως θεὸν τὸν ὄντα πρὸ αἰώνων, ὃν χεῖρες
> οὐκ ἐποίησαν ἀνθρώπων, τοὐναντίον δὲ αὐτὸς ἄνθρωπον ἀνθρώπων
> ἔταξεν βασιλεύειν ἐπὶ τῆς γῆς.

Die am Anfang der zitierten Ausführungen angegebene Autorität (ὑπ᾿
αὐτοῦ προστετάγμεθα) ist nach dem Zusammenhang Gott.
Als Parallelen sind Mt 5,34-37 und Jak 5,12 zu vergleichen.

> Mt 5,34 ἐγὼ δὲ λέγω ὑμῖν μὴ ὀμόσαι ὅλως· μήτε ἐν τῷ οὐρα-
> νῷ, ὅτι θρόνος ἐστὶν τοῦ θεοῦ, 35 μήτε ἐν τῇ γῇ, ὅτι ὑπο-

---

[1]   Im folgenden zitiert nach MUSURILLO (90-105), der auf der Ausgabe von
      KLETTE basiert; die BP fußt auf der allgemein nicht so gut greifbaren
      editio princeps von VAN DEN GHEYN. Allgemein zur PassApoll s. FREUDEN-
      BERGER u. PAULSEN (Erwägungen).

πόδιόν ἐστιν τῶν ποδῶν αὐτοῦ, μήτε εἰς Ἱεροσόλυμα, ὅτι
πόλις ἐστὶν τοῦ μεγάλου βασιλέως, 36 μήτε ἐν τῇ κεφαλῇ
σου ὀμόσῃς, ὅτι οὐ δύνασαι μίαν τρίχα λευκὴν ποιῆσαι ἢ
μέλαιναν. 37 ἔστω δὲ ὁ λόγος ὑμῶν ναὶ ναί, οὒ οὔ· τὸ δὲ
περισσὸν τούτων ἐκ τοῦ πονηροῦ ἐστιν.

Jak 5,12 Πρὸ πάντων δέ, ἀδελφοί μου, μὴ ὀμνύετε μήτε
τὸν οὐρανὸν μήτε τὴν γῆν μήτε ἄλλον τινὰ ὅρκον· ἤτω δὲ
ὑμῶν τὸ ναὶ ναὶ καὶ τὸ οὒ οὔ, ἵνα μὴ ὑπὸ κρίσιν πέσητε.

Vom Wortlaut her wird man kaum Abhängigkeit von einer der biblischen Parallelen wahrscheinlich machen können. Inhaltlich aber
spricht einiges dafür, daß der Verfasser der PassApoll auf dem Mt
basiert. So ist die Erklärung der Bereitschaft, bei Gott zu schwören, gewissermaßen die Kehrseite der Negativabgrenzungen in Mt
5,34-36, während sich dafür im Jak keine inhaltliche Parallele
findet, da dort die bei Mt zu findenden "theologischen" Begrün-
dungen der Negativabgrenzungen fehlen.
Keinen Anhalt an den biblischen Parallelen hat die für den Verfasser der PassApoll wichtige, weil rational argumentierende Ableitung des Eides aus der Lüge. Für die ihr vorausgehende Behauptung der "Wahrheit des 'Ja'", die ein "großer Eid" ist, läßt
sich sowohl das Mt als auch der Jak als Grundlage denken. Wenn sich
auch keine Sicherheit erreichen läßt, so erscheint mir doch als
sehr wahrscheinlich, daß das Mt die Grundlage der Ausführungen des
Verfassers der PassApoll ist.

Über die diskutierte Stelle hinaus scheint mir nur noch an einer
weiteren Stelle Abhängigkeit vom Mt im Bereich des Möglichen zu
liegen, ohne daß sie positiv wahrscheinlich gemacht werden kann;
es handelt sich um § 15 (Mt 4,10).

3.2.3. ANDERE MÄRTYRERAKTEN

Kein deutlicher Bezug auf das Mt findet sich in anderen Märtyrerakten, die im von meiner Untersuchung umfaßten Zeitraum entstanden
sind.

In den AKTEN DER SCILLITANISCHEN MÄRTYRER[1] ist an einer Stelle
(ROBINSON 114,9f) Bezug auf Mt 22,21 allerhöchstens gut möglich,
wegen der Identität der Parallelen aber nicht wahrscheinlich zu
machen oder gar zu beweisen.

Im BRIEF DER GEMEINDEN VON LYON UND VIENNE, der uns bei Euseb
(Hist eccl 5,1,1,-5,2,8) erhalten ist, ist Mt-Bezug möglich, aber
nicht zwingend in GCS 9,1 412,5f (Mt 25,46); 412,27f (Mt 26,41);
420,24f (Mt 22,11-13); 430,6 (Mt 16,19; 18,18).

Nicht mehr in den Untersuchungszeitraum gehören die PASSIO DER
PERPETUA UND FELICITAS[2] und die PASSIO DES PIONIUS[3], die erst weit
im 3. Jh. entstanden ist[4].

---

1   Ausgabe: ROBINSON (Passion of S. Perpetua).
2   Ausgabe: VAN BEEK; nach ALTANER/STUIBER (92) wurde diese Schrift erst
     um 202/3 angefaßt.
3   Ausgabe: v. GEBHARDT (Acta Martyrum, 96-114).
4   Vgl. dazu HARNACK (Chronologie 2, 466); BARDENHEWER (2, 687); MUSURILLO
     (XXIX); ALTANER/STUIBER (92).

4. APOLOGETICA

4.1. ARISTIDES VON ATHEN, APOLOGIE

Die Apologie des Aristides, der diese wohl schon vor der Mitte des
2. Jh. geschrieben hat[1], ist leider sehr schlecht überliefert; weder die syrische noch die griechische Fassung können für sich beanspruchen, durchweg dem - wohl griechischen - Originaltext am
nächsten zu stehen. Beide Fassungen divergieren nicht nur, was
den Wortlaut des Textes betrifft, sondern auch in der Anordnung
des Stoffes zumindest teilweise beträchtlich.[2]
Ein deutlicher Bezug auf speziell das Mt findet sich in der Apologie nicht;[3] nur an einigen Stellen erscheint Mt-Bezug als möglich, ist aber jeweils wegen Identität der Parallelen oder Undeutlichkeit des Bezuges nicht zu beweisen.

> Im einzelnen handelt es sich um die folgenden Stellen: HENNECKE (Apolo-
> gie) 3,9-13 arm (Mt 22,37-39); 9,24 gr (vgl. 10,11f syr) (Mt 27,63);
> 10,13-19 gr (vgl. syr 10,15-20 u. arm 10,15-21)(Mt 28,19); 37,5 (Mt
> 5,44); 38,7-11 syr (Mt 25,31-46); 39,21-23 syr (Mt 6,1-3); 39,24-40,1
> syr (Mt 13,44).

Vor allem c. 2 der syrischen Fassung weist darauf hin, daß Aristides auf jeden Fall schriftliche Evangelien gekannt hat, wobei
interessanterweise das Evangelium sowohl als verkündigte Botschaft
als auch als Quelle, in der man nachlesen kann, gedacht ist.[4]
Die in dieser Untersuchung vorrangig interessierende Frage, welche
Rolle speziell das Mt bei Aristides gespielt hat, läßt sich angesichts des überlieferten Textbestandes keiner weiteren Klärung zuführen.

---

1   Vgl. dazu I FRANK (112), ALTANER/STUIBER (64) u. ZEEGERS-VAN DER VORST
     (citations des poètes grecs, 15).
2   Zur Überlieferungslage vgl. die Einleitung der Ausgabe von GEFFCKEN (Apo-
     logeten, dort vor allem XXXV) und I FRANK (112); ich basiere wie die BP
     auf der Ausgabe von HENNECKE (Apologie).
3   So auch übereinstimmend MASSAUX (Influence, 462) u. MORGAN (713f) sowie
     schon JACQUIER (85).
4   Darauf weist auch FLESSEMANN-VAN LEER (70) hin.

4.2. ATHENAGORAS VON ATHEN

Als echte Schrift des Athenagoras betrachte ich nur die "Bittschrift für die Christen", nicht jedoch die eher ins 3. Jh. gehörende Abhandlung "Über die Auferstehung".[1]
In der gegen Ende des 7. Jahrzehnts des 2. Jh. verfaßten[2] "Suppli-
catio" ist an mehreren Stellen deutlich das Mt aufgenommen. Interessant ist dabei nicht zuletzt die Art und Weise der "Zitat"-
einleitung. Wie Athenagoras überhaupt in seiner Bittschrift nie
von Jesus Christus spricht[3], vermeidet er auch bei Zitaten bzw.
Anleihen aus den Evangelien nahezu ängstlich jede Klassifizierung
des Zitierten als Wort des H e r r n ; entweder fehlt jede deutliche Einleitungsformel oder es werden Jesusworte äußerst unbestimmt
mit "φησί" oder zwar deutlich als "λόγοι", jedoch nicht explizit
als "λόγοι κυρίου" eingeleitet.[4]

Im einzelnen ergibt sich für die Mt-Rezeption in der Suppl das
folgende Bild.

In § 1 wird in bezug auf die christliche Ethik unter anderem ausgeführt:

> Athen Suppl § 1 SCHWARTZ 2,23 ... τοῖς δέ, εἰ τὸν χιτῶνα
> ἀφαιροῖντο, ἐπιδιδόναι καὶ τὸ ἱμάτιον ...

---

1   Als Ausgabe für beide Schriften lege ich wie die BP die Ausgabe von
    SCHWARTZ (TU 4,2) zugrunde; für kritische Anmerkungen zu dieser Ausgabe
    s. MARCOVICH. Eine gute neuere Übersetzung findet sich bei SCHOEDEL (Athe-
    nagoras). Die Abfassung von res durch Athenagoras wird z.B. von QUASTEN
    (231) u. (vorsichtig) von BARNARD (Treatise, 245-251 u. Authenticity, pas-
    sim u. besonders 41f) vertreten. Mit guten Gründen gegen eine solche
    Abfassung votieren GRANT (Athenagoras, passim) u. SCHOEDEL (Athenagoras,
    XXV-XXXIV). Deutliche Bezüge auf das Mt finden sich in res nicht, wie auch
    übereinstimmend MASSAUX (Influence, 590) und MORGAN (706) feststellen.
2   Zur Datierung vgl. HARNACK (Chronologie 1, 318) (zwischen 170 und 180);
    QUASTEN (229) (um 177); GRANT (Formation, 139) (um 178); ZEEGERS-VAN DER
    VORST (citations des poètes grecs, 17) (zwischen Anfang 177 und Juli 177);
    ALTANER/STUIBER (74) (etwa 177).
3   Vgl. dazu I FRANK (155).
4   Ein gutes Beispiel dafür ist § 11 (SCHWARTZ 12,5ff); s.u. (495).

Mt 5,40 καὶ τῷ θέλοντί σοι κριθῆναι τὸν χιτῶνά σου λαβεῖν, ἄφες αὐτῷ καὶ τὸ ἱμάτιον·

Lk 6,29 ... καὶ ἀπὸ τοῦ αἴροντός σου τὸ ἱμάτιον καὶ τὸν
χιτῶνα μὴ κωλύσῃς.

Die Formulierung bei Athenagoras ist deutlich frei[1], wobei aber
die Reihenfolge von "τὸν χιτῶνα" und "τὸ ἱμάτιον" doch eindeutig
auf das Mt als die Grundlage der Ausführungen des Athenagoras verweist.[2] Eine Zitationsformel oder ähnliches fehlt.

Wesentlich deutlicher ist der Bezug auf das Mt in § 11, wo neben
dem Mt aber auch das Lk Aufnahme findet.

Athen Suppl § 11 SCHWARTZ 12,5ff τίνες οὖν ἡμῶν οἱ λόγοι οἷς
ἐντρεφόμεθα; "λέγω ὑμῖν· ἀγαπᾶτε τοὺς ἐχθροὺς ὑμῶν, εὐλογεῖτε
τοὺς καταρωμένους , προσεύχεσθε ὑπὲρ τῶν διωκόντων ὑμᾶς, ὅπως
γένησθε υἱοὶ τοῦ πατρὸς τοῦ ἐν οὐρανοῖς, ὃς τὸν ἥλιον αὐτοῦ
ἀνατέλλει ἐπὶ πονηροὺς καὶ ἀγαθοὺς καὶ βρέχει ἐπὶ δικαίους καὶ
ἀδίκους."

Mt 5,44 ἐγὼ δὲ λέγω ὑμῖν· ἀγαπᾶτε τοὺς ἐχθροὺς ὑμῶν καὶ
προσεύχεσθε ὑπὲρ τῶν διωκόντων ὑμᾶς, 45 ὅπως γένησθε
υἱοὶ τοῦ πατρὸς ὑμῶν τοῦ ἐν οὐρανοῖς, ὅτι τὸν ἥλιον αὐτοῦ ἀνατέλλει ἐπὶ πονηροὺς καὶ ἀγαθοὺς καὶ βρέχει ἐπὶ
δικαίους καὶ ἀδίκους.

Lk 6,27 Ἀλλὰ ὑμῖν λέγω τοῖς ἀκούουσιν· ἀγαπᾶτε τοὺς ἐχθροὺς ὑμῶν, καλῶς ποιεῖτε τοῖς μισοῦσιν ὑμᾶς, 28 εὐλογεῖτε τοὺς καταρωμένους ὑμᾶς, προσεύχεσθε περὶ τῶν ἐπηρεαζόντων ὑμᾶς. 35 ... καὶ ἔσεσθε υἱοὶ ὑψίστου, ὅτι αὐτὸς
χρηστός ἐστιν ἐπὶ τοὺς ἀχαρίστους καὶ πονηρούς. 36 Γίνεσθε
οἰκτίρμονες καθὼς ὁ πατὴρ ὑμῶν οἰκτίρμων ἐστίν.

---

1   Darauf weist auch MASSAUX (Influence, 584) hin. Schon SANDAY (249) hatte
     darauf aufmerksam gemacht, daß die Art und Weise der Einbindung des "Zita-
     tes" in seinen Kontext den Eindruck erweckt, daß hier nur der Sinn, nicht
     die Worte wiedergegeben werden sollen.
2   MASSAUX (Influence, 584), GRANT (Formation, 140) u. MORGAN (704) verglei-
     chen jeweils nur den Wortlaut und nehmen deshalb ein Mischzitat aus Mt u.
     Lk an; das Argument der Reihenfolge von "χιτῶν" und "ἱμάτιον" berücksich-
     tigen sie nicht.

Der Wortlautvergleich zeigt eindeutig, daß hier mindestens primär
das Mt Grundlage der auch als solcher eingeführten Zitation ist;
ein Blick in den Apparat bei NESTLE belehrt darüber, daß es durchaus im Bereich des Möglichen liegt, daß auch für die Wendung "εὐλογεῖτε τοὺς καταρωμένους" das Mt und nicht etwa das Lk die Grundlage war.[1] Sicherheit läßt sich diesbezüglich aber nicht erreichen.

Auch in Suppl § 12 wird das Mt rezipiert als Beleg für die Darstellung der christlichen Ethik, die der Verfasser gibt:

> Athen Suppl § 12 SCHWARTZ 13,27ff "ἐὰν γὰρ ἀγαπᾶτε", φησί,
> "τοὺς ἀγαπῶντας καὶ δανείζητε τοῖς δανείζουσιν ὑμῖν, τίνα
> μισθὸν ἕξετε;"

> Mt 5,46 ἐὰν γὰρ ἀγαπήσητε τοὺς ἀγαπῶντας ὑμᾶς, τίνα μισθὸν
> ἔχετε; οὐχὶ καὶ οἱ τελῶναι τὸ αὐτὸ ποιοῦσιν;

> Lk 6,32 Καὶ εἰ ἀγαπᾶτε τοὺς ἀγαπῶντας ὑμᾶς, ποία ὑμῖν
> χάρις ἐστίν; καὶ γὰρ οἱ ἁμαρτωλοὶ τοὺς ἀγαπῶντας αὐτοὺς
> ἀγαπῶσιν. 34 καὶ ἐὰν δανίσητε, παρ' ὧν ἐλπίζετε λαβεῖν,
> ποία ὑμῖν χάρις; ... 35 ... καὶ ἔσται ὁ μισθὸς ὑμῶν
> πολύς, ...

Trotz der im Vergleich mit den kanonischen Evangelien erkennbar
freien Zitation kann Athenagoras nicht verbergen, daß das Mt die
Hauptquelle für sein Zitat ist.[2]

In § 32 wird mit der einführenden Wendung "ἡμεῖς δὲ τοσοῦτον
(τοῦ περὶ τὰς μίξεις ἀ)διάφοροι εἶναι ἀπέχομεν, ὡς μηδὲ ἰδεῖν
ἡμῖν πρὸς ἐπιθυμίαν ἐξεῖναι" nahezu exakt Mt 5,28 zitiert:

---

1   So auch MASSAUX (Influence, 581f) und GRANT (Formation, 140). Sonst wird
     allgemein ein Mischzitat aus Mt u. Lk angenommen; vgl. dazu MORGAN (702)
     (34 Worte aus Mt, 3 Worte aus Lk); I FRANK (156); BARNARD (Athenagoras, 71;
     Tradition, 1; Biblical Background, 12). BARNARD (a.a.O.) weist darauf hin,
     daß dieselbe Zitatenkombination sich auch bei Clem Al Strom 4,14,95,2 und
     Euseb Praep ev 13,7,5 findet.
2   Auch MASSAUX (Influence, 582) votiert für Mt-Abhängigkeit. Sonst wird all-
     gemein wieder ein Mischzitat aus Mt u. Lk angenommen; vgl. dazu GRANT
     (Formation, 140); MORGAN (703) (5 Worte aus Mt, 5 Worte aus Lk); I FRANK
     (156); BARNARD (Athenagoras, 71; Tradition, 1; Biblical Background, 12).

Athen Suppl § 32 SCHWARTZ 43,1ff "ὁ γὰρ βλέπων", φησί, "γυναῖκα πρὸς τὸ ἐπιθυμῆσαι αὐτῆς ἤδη μεμοίχευκεν ἐν τῇ καρδίᾳ αὐτοῦ."

Mt 5,28 ἐγὼ δὲ λέγω ὑμῖν ὅτι πᾶς ὁ βλέπων γυναῖκα πρὸς τὸ ἐπιθυμῆσαι αὐτὴν ἤδη ἐμοίχευσεν αὐτὴν ἐν τῇ καρδίᾳ αὐτοῦ.

Die Abweichungen vom Mt sind minimal, und es besteht kein Grund anzunehmen, daß Athenagoras hier auf einer anderen Quelle basiert als auf unserem Mt, das er frei zitiert.[1]

An anderen Stellen ist zwar gut möglich, daß das Mt die Grundlage der Ausführungen des Athenagoras ist; Gewißheit darüber ist jedoch angesichts der Identität oder Ähnlichkeit der Parallelen oder der Undeutlichkeit des Bezuges nicht zu erreichen.

So wird in § 33 zur Begründung der These "ὁ γὰρ δεύτερος (γάμος) εὐπρεπής ἐστι μοιχεία" das folgende zitiert:

Athen Suppl § 33 SCHWARTZ 44,5-7 "ὃς γὰρ ἂν ἀπολύσῃ", φησί,

"τὴν γυναῖκα αὐτοῦ καὶ γαμήσῃ ἄλλην, μοιχᾶται"

Mt 19,9 λέγω δὲ ὑμῖν ὅτι ὃς ἂν ἀπολύσῃ τὴν γυναῖκα αὐτοῦ μὴ ἐπὶ πορνείᾳ καὶ γαμήσῃ ἄλλην μοιχᾶται.

Mt 5,32 ... ὅτι πᾶς ὁ ἀπολύων τὴν γυναῖκα αὐτοῦ παρεκτὸς λόγου πορνείας ποιεῖ αὐτὴν μοιχευθῆναι, καὶ ὃς ἐὰν ἀπολελυμένην γαμήσῃ, μοιχᾶται.

Lk 16,18 Πᾶς ὁ ἀπολύων τὴν γυναῖκα αὐτοῦ καὶ γαμῶν ἑτέραν μοιχεύει, καὶ ὁ ἀπολελυμένην ἀπὸ ἀνδρὸς γαμῶν μοιχεύει.

Mk 10,11 ... ὃς ἂν ἀπολύσῃ τὴν γυναῖκα αὐτοῦ καὶ γαμήσῃ ἄλλην μοιχᾶται ἐπ' αὐτήν·

---

1   Auch in der Literatur wird allgemein Mt-Abhängigkeit angenommen; vgl. MASSAUX (Influence, 582f); MORGAN (703); I FRANK (156); BARNARD (Athenagoras, 71; Tradition, 1; Biblical Background, 12).

Die deutlichsten Parallelen sind Mt 19,9 und Mk 10,11. Vom Wortlaut her ist kaum zu entscheiden, ob Mk oder Mt aufgenommen ist,
zumal durch das argumentative Ziel, das Athenagoras verfolgt, gut
erklärlich ist, warum das matthäische "μὴ ἐπὶ πορνείᾳ" ausgelas-
sen worden sein könnte, worauf auch ARENDZEN (232) und BONSIRVEN
(51f) hinweisen. Daß sonst bei Athenagoras nirgends deutlich das
Mk aufgenommen ist und unmittelbar vorher in § 32 das Mt zitiert
wurde, läßt m.E. Mt-Einfluß als wahrscheinlicher erscheinen als
Mk-Einfluß.[1]

Ebenfalls gut möglich, aber nicht zu beweisen ist Mt-Einfluß in
§ 33 (43,29-44,2) (Mt 5,28f); (44,10f) (Mt 19,4f);
allenfalls theoretisch möglich, aber in praxi kaum naheliegend
ist Mt-Einfluß in § 11 (12,18-21) (Mt 5,38-42); § 32 (43,10f)
(Mt 7,12)[2]; § 34 (45,4f) Mt 5,43f)[3].

---

1   So wird denn auch allgemein angenommen, daß Athenagoras hier das Mt
     zitiert; vgl. z.B. I FRANK (156) u. BARNARD (Athenagoras, 71; Tradition,
     1; Biblical Background, 12). Abweichend davon nimmt MORGAN (705f) Zita-
     tion des Mk an.
2   Auch MASSAUX (Influence, 585) sieht hier nur eine Ähnlichkeit des Gedan-
     kens, ohne daß sich literarischer Kontakt nahelegte.
3   Auch MASSAUX (Influence, 585) gibt zu, daß vom Wortlaut her literarische
     Abhängigkeit vom Mt alles andere als sicher ist; MORGAN (705) verneint
     Mt-Einfluß.

4.3. TATIAN

Keinerlei deutlicher Bezug auf das Mt liegt in den uns erhaltenen
oder textlich sicher zu rekonstruierenden Werken des Tatian vor.

Sein DIATESSARON, wohl eine Harmonie zumindest hauptsächlich der
vier kanonischen Evangelien, soll und muß hier außer Betracht
bleiben, da der verlorene Originaltext nur sehr annähernd rekon-
struiert werden kann.[1]

In der Schrift "DE PERFECTIONE SECUNDUM SALVATORIS PRAECEPTA", aus
der Klemens von Alexandrien in Strom 3,12,81f zitiert, ist Bezug
auf Mt 6,24 wegen Identität der Lk-Parallele nur möglich, aber
nicht zu beweisen.[2]

Auch in der "ORATIO AD GRAECOS"[3] ist Bezug auf das Mt keinesfalls
deutlich, sondern allenfalls theoretisch möglich und durchaus
nicht naheliegend.

> Zu nennen sind die folgenden Stellen: § 11 (SCHWARTZ 12,2f) (Mt 5,45);
> § 30 (SCHWARTZ 30,21) (Mt 13,44).[4]

Tatian ist in dieser eher protreptischen als apologetischen
Schrift[5] wahrscheinlich im Hinblick auf seine Adressaten keinesfalls daran interessiert, explizit auf Evangelienschriften zu verweisen oder auch nur deutlich auf solche anzuspielen.[6]

---

1   S. dazu MERKEL (69) u. ALTANER/STUIBER (72); zum Überblick über das Er-
    haltene und die Hypothesen der Forschung vgl. METZGER (10-36).
2   So auch MORGAN (694); die von MORGAN (692) dem Tatian zugewiesene Stelle
    Clem Al Strom 3,12,86 mit deutlicher Parallele zu Mt 6,19 stammt nicht
    eindeutig aus Tatians Werk.
3   Als Ausgabe kann die von SCHWARTZ (Tatiani Oratio ad Graecos), auf der
    auch die BP basiert, weiterhin beibehalten werden; in der Ausgabe von
    WHITTAKER ist die Paginierung dieser Ausgabe am Rande angeführt. Zur Da-
    tierung, die sehr umstritten ist, vgl. BARNARD (Apologetik, 379); BARNARD
    selbst schlägt (ebd.) "um 160 oder wenig davor" als Abfassungszeit vor.
4   Mit dem Mt verbindet allerhöchstens das Wort "θησαυρός". Darauf verweist
    auch MORGAN (691). Auf dieser Basis will mir gegen MASSAUX (Influence,
    571f) Mt-Einfluß nicht als wahrscheinlich erscheinen.
5   So auch ALTANER/STUIBER (72).
6   So auch WESTCOTT (320f). Über das fehlende Interesse an den Evangelien
    beim (späteren) Verfasser eines Diatessaron verwundert sich (wohl zu
    Unrecht) HAWTHORNE (186).

4.4. THEOPHILUS VON ANTIOCHIEN, DREI BÜCHER AN AUTOLYKOS[1]

Von den Schriften des Theophilus von Antiochien sind uns nur die drei lose zusammenhängenden "Bücher an Autolykos" erhalten;[2] das dritte Buch läßt sich dadurch, daß in c. 27 der Tod Mark Aurels erwähnt wird, von dessen Nachfolger Kommodus aber noch nicht die Rede ist, auf die Zeit nicht allzu lange nach dem Tod Mark Aurels datieren; die genauere Datierung der ersten beiden Bücher muß unsicher bleiben.[3]

Das Mt ist deutlich aufgenommen in Autol 3,13:

Autol 3,13 Ὀρθὰς ποίει τροχίας σοῖς ποσίν. Ἡ δὲ εὐαγγέλιος φωνὴ ἐπιτατικώτερον διδάσκει περὶ ἁγνείας λέγουσα· Πᾶς ὁ ἰδὼν γυναῖκα ἀλλοτρίαν πρὸς τὸ ἐπιθυμῆσαι αὐτὴν ἤδη ἐμοίχευσεν αὐτὴν ἐν τῇ καρδίᾳ αὐτοῦ.

Mt 5,28 ἐγὼ δὲ λέγω ὑμῖν ὅτι πᾶς ὁ βλέπων γυναῖκα πρὸς τὸ ἐπιθυμῆσαι αὐτὴν ἤδη ἐμοίχευσεν αὐτὴν ἐν τῇ καρδίᾳ αὐτοῦ.

Καὶ ὁ γαμῶν, φησίν, ἀπολελυμένην ἀπὸ ἀνδρὸς μοιχεύει, καὶ ὃς ἀπολύει γυναῖκα παρεκτὸς λόγου πορνείας ποιεῖ αὐτὴν μοιχευθῆναι.

Mt 19,9 λέγω δὲ ὑμῖν ὅτι ὃς ἂν ἀπολύσῃ τὴν γυναῖκα αὐτοῦ μὴ ἐπὶ πορνείᾳ καὶ γαμήσῃ ἄλλην μοιχᾶται.

Mt 5,32 ... ὅτι πᾶς ὁ ἀπολύων τὴν γυναῖκα αὐτοῦ παρεκτὸς λόγου πορνείας ποιεῖ αὐτὴν μοιχευθῆναι, καὶ ὃς ἐὰν ἀπολελυμένην γαμήσῃ, μοιχᾶται.

Lk 16,18 Πᾶς ὁ ἀπολύων τὴν γυναῖκα αὐτοῦ καὶ γαμῶν ἑτέραν μοιχεύει, καὶ ὁ ἀπολελυμένην ἀπὸ ἀνδρὸς γαμῶν μοιχεύει.

---

1   Ausgabe: BARDY/SENDER; vgl. auch GRANT (Theophilus).
2   Vgl. dazu ALTANER/STUIBER (75).
3   S. dazu ALTANER/STUIBER (ebd.).

Mk 10,11 ... ὃς ἂν ἀπολύσῃ τὴν γυναῖκα αὐτοῦ καὶ γαμήσῃ ἄλλην μοιχᾶται ἐπ' αὐτήν·

Im ersten Teil des Zitates der "εὐαγγέλιος φωνή" ist deutlich und
nahezu exakt Mt 5,28 zitiert; die Abweichungen vom Mt lassen es
aber als ausgeschlossen erscheinen, daß der Verfasser das Mt "ab-
schreibt"; eher wird man annehmen dürfen, daß er den ihm aus oder
nach dem Mt bekannten Spruch Jesu frei nach dem Gedächtnis zitiert.
Daß Grundlage seines Zitates letztlich das Mt ist, wird auch durch
die Einleitungswendung wahrscheinlich gemacht.
Auch für den zweiten Teil des Zitates erklärt die Annahme freier
Zitation nach dem Gedächtnis den vorliegenden Wortlaut am besten.
Eine Harmonisierung aus Mt 5,32 und Lk 16,18 anzunehmen wird
erschwert dadurch, daß diese keinesfalls konsequent vorgenommen
wäre und vor allem die Vertauschung der beiden Teilaussagen nicht
erklären könnte. Die Vertauschung erklärt sich, wie auch DENNER
(24) und BONSIRVEN (52) meinen, gut daher, daß Theophilus die absolute Unauflöslichkeit der Ehe besonders betonen wollte.
M.E. weist die Wendung "παρεκτὸς λόγου πορνείας" wie auch das
direkt anschließende "ποιεῖ αὐτὴν μοιχευθῆναι" sehr viel deutlicher auf das Mt, als es die mit Lk (vielleicht zufällig) übereinstimmenden Worte "(ἀπολελυμένην) ἀπὸ ἀνδρός" auf das Lk tun.[1]
Interessant ist vor allem die Einleitungswendung des Zitates.
Die matthäischen Jesusworte werden nicht etwa als solche, sondern
als "Stimme des Evangeliums" zitiert; an Jesus als Autorität der
von ihm zitierten Inhalte ist Theophilus offensichtlich nicht interessiert.

Ebenso ist er weit davon entfernt, das Mt als "Schrift" zu qualifizieren,
obwohl der Wortlaut seiner Zitate deutlich das Mt voraussetzt.
Eine dem entsprechende Beobachtung ist in Autol 2,22 zu machen, wo zwischen
"heiligen Schriften" und "Geistträgern" unterschieden und zur letzteren
Gruppe das Joh gezählt wird. Zumindest was den Wortlaut seiner Ausführungen anbetrifft (so LIETZMANN, Bücher, 51), wenn nicht auch inhaltlich (so HARNACK, Theophilus, 20) hat Theophilus noch nicht von einem
"Neuen Testament" in unserem Sinne geredet. Nicht nur formal, sondern auch

---

1   MASSAUX (Influence, 596) und MORGAN (708) nehmen jeweils Aufnahme von
     sowohl Mt 5,28.32 als auch Lk 16,18 an; mir erscheint Aufnahme von Mt
     5,28.32 als sehr wahrscheinlich, Lk-Aufnahme nur als gut möglich.

inhaltlich war ihm das Alte Testament wesentlich wichtiger als z.B. die Evangelienüberlieferung.[1]

Auch in Autol 3,14 ist die Nähe zum Mt nicht zu übersehen.

Autol 3,14 Τὸ δὲ εὐαγγέλιον· Ἀγαπᾶτε, φησίν, τοὺς ἐχθροὺς ὑμῶν καὶ προσεύχεσθε ὑπὲρ τῶν ἐπηρεαζόντων ὑμᾶς. Ἐὰν γὰρ ἀγαπᾶτε τοὺς ἀγαπῶντας ὑμᾶς, τίνα μισθὸν ἔχετε; Τοῦτο καὶ οἱ λῃσταὶ καὶ οἱ τελῶναι ποιοῦσιν.

Mt 5,44 ἐγὼ δὲ λέγω ὑμῖν· ἀγαπᾶτε τοὺς ἐχθροὺς ὑμῶν καὶ προσεύχεσθε ὑπὲρ τῶν διωκόντων ὑμας, 46 ἐὰν γὰρ ἀγαπήσητε τοὺς ἀγαπῶντας ὑμᾶς, τίνα μισθὸν ἔχετε; οὐχὶ καὶ οἱ τελῶναι τὸ αὐτὸ ποιοῦσιν;

Lk 6,27 Ἀλλὰ ὑμῖν λέγω τοῖς ἀκούουσιν· ἀγαπᾶτε τοὺς ἐχθροὺς ὑμῶν, καλῶς ποιεῖτε τοῖς μισοῦσιν ὑμᾶς, 28 εὐλογεῖτε τοὺς καταρωμένους ὑμᾶς, προσεύχεσθε περὶ τῶν ἐπηρεαζόντων ὑμᾶς. 32 Καὶ εἰ ἀγαπᾶτε τοὺς ἀγαπῶντας ὑμᾶς, ποία ὑμῖν χάρις ἐστίν; καὶ γὰρ οἱ ἁμαρτωλοὶ τοὺς ἀγαπῶντας αὐτοὺς ἀγαπῶσιν. 35 ... καὶ ἔσται ὁ μισθὸς ὑμῶν πολύς, ...

Daß Theophilus auch hier zumindest hauptsächlich und primär auf das Mt rekurriert bzw. auf diesem basiert, wird weniger an den Formulierungsübereinstimmungen als vielmehr an der Übereinstimmung in der syntaktischen Struktur der Aussage mit dem Mt deutlich.[2] Wieder weisen sowohl die Abweichungen vom Mt als auch die Übereinstimmungen mit dem Lk[3] darauf hin, daß Theophilus das Mt aller Wahrscheinlichkeit nach frei und nach dem Gedächtnis zitiert.

---

1   Vgl. dazu HARNACK (Entstehung, 519): "Das Evangelium kommt für Theophilus l e d i g l i c h   als die Fortsetzung der prophetischen Aufschlüsse und Anweisungen in Betracht ... Die ersten Capitel der Genesis enthalten für Theophilus bereits die Summe aller christlichen Erkenntnis ..."; zur Funktion des Inhaltes der NT-Anspielungen und -Zitate im Rahmen der Theologie des Theophilus s. ZEEGERS-VAN DER VORST (citations du NT, passim).

2   MASSAUX (Influence, 597) nimmt Mt-Abhängigkeit an; MORGAN (709) sieht primär Mt, aber auch Lk 6,28.32 aufgenommen.

3   Die Übereinstimmungen mit dem Lk erklären sich nach MASSAUX (Influence, 597) möglicherweise dadurch, daß die Mt-Handschrift des Theophilus das "ἐπηρεαζόντων" enthielt; m.E. ist dies zwar nicht auszuschließen, aber auch nicht zu beweisen.

Auffällig ist auch hier wieder, daß vermieden wird, das Zitierte
als Wort Jesu zu charakerisieren.

Direkt im Anschluß an das soeben analysierte Zitat heißt es in

Autol 3,14: Τοὺς δὲ ποιοῦντας τὸ ἀγαθὸν διδάσκει μὴ καυχᾶσθαι,
ἵνα μὴ ἀνθρωπάρεσκοι ὦσιν. Μὴ_γνώτω γάρ, φησίν, ἡ χείρ σου
ἡ ἀριστερὰ τί_ποιεῖ ἡ χείρ σου ἡ δεξιά.

Mt 6,3 σοῦ δὲ ποιοῦντος ἐλεημοσύνην μὴ_γνώτω ἡ ἀριστερά
σου τί_ποιεῖ ἡ δεξιά σου,

Die Ähnlichkeit mit dem Mt ist nicht zu übersehen, worauf auch
MASSAUX (Influence, 597) und MORGAN (709) übereinstimmend hinweisen. Allerdings beschränkt sich diese Ähnlichkeit auf die Wortwahl; die Wortfolge ist verschieden, und man hat den Eindruck, daß
dies darauf zurückzuführen sein könnte, daß (wiederum) nicht exakt
nach einer schriftlichen Vorlage, sondern frei nach dem Gedächtnis
zitiert wird.

An anderen Stellen im Werk des Theophilus sind die Hinweise auf
speziell das Mt undeutlicher als an den bisher besprochenen.

> Gut möglich, aber nicht zu beweisen ist Mt-Abhängigkeit in Autol 1,2
> (Mt 5,8); 2,27 (Mt 19,17); 2,34 (Mt 25,46).
> Nur theoretisch möglich, aber keinesfalls naheliegend ist Mt-Bezug in
> Autol 1,1 (Mt 10,32); 2,14 (Mt 13,32); 2,34 (Mt 7,12)[1].

Theophilus ist ein deutlicher Zeuge für eine nicht mehr über Jesus
vermittelte Autorität der in den Evangelienschriften enthaltenen
Herrenworte. Entscheidend dazu mit beigetragen wird haben, daß die
Person und das Werk Jesu in der Theologie des Theophilus überhaupt so gut wie keine Rolle spielen.[2] Indem Theophilus deswegen
nicht mehr von Jesus-, sondern von Evangelienworten spricht, verrät
er deutlich, was sich bei Justin nur angedeutet fand und worauf
bei den Apostolischen Vätern nur der Wortlaut der Zitate gelegentlich hinwies: daß es im 2. Jh. die (später) kanonischen Evangelien

---

1   MASSAUX (Influence, 595) votiert hier vorsichtig für Mt-Einfluß; MORGAN
     (708) lehnt Mt-Einfluß ab.
2   Vgl. dazu I FRANK (161), BENTIVEGNA (passim) u. BARNARD (Apologetik, 383).

sind, aus denen man die evangelische Überlieferung schöpft.
Zugleich ist Theophilus ein Zeuge für die überragende Stellung
des Mt[1]; er zitiert mit der allgemeinen Einleitungswendung "εὐαγγέλιος φωνή" nur bei Mt überlieferten Stoff und bezeichnet die Herkunft der Zitate aus Mt 5,44 und 6,3 als "τὸ δὲ εὐαγγέλιον".

---

1   So auch GRANT (Bible, 185) u. MASSAUX (Influence, 603).

5. RELIQUA

5.1. MELITO VON SARDES, ÜBER DAS PASSAH UND FRAGMENTE[1]

Neben einigen Fragmenten ist uns nur ein vollständiges Werk des
Melito erhalten: die Passahhomilie. Ihre Zuweisung an Melito als
Verfasser kann zwar nicht als sicher, aber immerhin doch als wahr-
scheinlich gelten.[2]

Zeitlich gehört die Homilie wohl in das 7. Jahrzehnt des 2. Jh.,
wobei diese Datierung allerdings die Zuweisung an Melito als Verfasser zur Voraussetzung hat.

Weder in den uns erhaltenen Fragmenten noch in der Passahhomilie
läßt sich Aufnahme von oder Auseinandersetzung mit theologischen
Gedanken oder Inhalten des Mt erkennen, obwohl Hinweise auf die
Kenntnis des Mt gerade in der Homilie durchaus nicht fehlen.

An einer Reihe von Stellen werden Details der evangelischen Geschichte verwandt, die wir sonst nur aus dem Mt kennen. So findet
sich z.B.
- eine deutliche Anspielung auf die Geschichte vom "Stater im
Fischmaul" in § 86 (HALL 632f/ PERLER 648-650; vgl. Mt 17,24-27)
- in § 92 (HALL 673-675/ PERLER 690-692) Bezug wohl auch auf die
Magierperikope[3]
- ebenfalls in § 92 (HALL 676/ PERLER 693) Kenntnis davon, daß Pilatus seine Hände "in Unschuld wusch", was sonst nur Mt 27,24

---

1   Als Textausgabe lege ich die von HALL (Pascha) zugrunde; die BP bezieht
     sich auf die Ausgabe von PERLER, deren textkritische Grundentscheidung
     (Bevorzugung der Handschrift B) mir ebenso wie HALL (Papyri, passim u.
     PASCHA, VIII) und SMIT-SIBINGA (Melito, 82) nicht einleuchtet; da die
     PERLERsche Ausgabe weit verbreitet ist, werden die Zeilenangaben für
     Textverweise und -zitate sowohl nach HALL als auch nach PERLER gegeben;
     zitiert ist jeweils nach HALL.
2   S. hierzu wie überhaupt für alle Einleitungsfragen die gründliche "Intro-
     duction" der Ausgabe von HALL.
3   Als Bezugspunkt kommt auch noch Mt 8,5-13 par. Lk 7,1-10 u. Joh 12,10f in
     Frage. Zu vergleichen ist auch der deutliche Bezug auf die Magierperikope
     in Frgm. XV, das HALL (Pascha, XXXVIIf) vorsichtig für authentisch hält
     (s. HALL 83,33/ PERLER 142,24).

berichtet

- in § 98 (HALL 725/ PERLER 744f) der Hinweis darauf, daß im Zusammenhang mit der Kreuzigung Jesu die Erde bebte, den sonst - wenn auch in anderer Formulierung - nur das Mt gibt.[1]

Alle bisher angeführten Stellen sind zusammengenommen ein deutlicher Hinweis darauf, daß der Verfasser der Passahhomilie den im Mt verarbeiteten Stoff in seiner Gesamtheit und damit wohl auch das Mt gekannt hat.

> An anderen Stellen ist Bezug auf das Mt nur gut möglich, aber nicht zu beweisen oder positiv wahrscheinlich zu machen. Zu solchen Stellen gehören § 72 (HALL 511/ PERLER 525-528) (Mt 11,5); § 74 (HALL 529/ PERLER 544) (Mt 16,21-23 u.ö.); § 78 (HALL 548/ PERLER 562f) (Mt 12,9-14); (HALL 550/ PERLER 566f) (Mt 9,6f); § 79 (HALL 555/ PERLER 572f) (Mt 26,60); (HALL 556/ PERLER 573) (Mt 27,26); (HALL 557/ PERLER 573f) (Mt 27,34.48; vgl. Ps 68,22 LXX); (HALL 558/ PERLER 574) (Mt 26,55); (HALL 560/ PERLER 575f) (Mt 27,29); § 89 (HALL 651f/ PERLER 668f) (Mt 12,9-14); § 93 (HALL 682/ PERLER 700) (Mt 26,60); (HALL 684/ PERLER 702) (Mt 27,26); (HALL 687/ PERLER 705) (Mt 26,57-66); (HALL 688/ PERLER 706) (Mt 27,34); (HALL 689/ PERLER 707) (Mt 27,48); (HALL 690/ PERLER 708) (Mt 27,29); § 95 (HALL 707f/ PERLER 727) (Mt 27,37); § 97 (HALL 720f/ PERLER 740f) (Mt 27,45); § 104 (HALL 784/ PERLER 804) (Mt 1,18); (HALL 786/ PERLER 806) (Mt 27,59f); (HALL 787/ PERLER 807) (Mt 28,6).

Ebenso deutlich wie die Mt-Rezeption des Melito ist aber auch, daß die redaktionellen matthäischen Anliegen - im Unterschied zu denen des Joh[2]- keinen Einfluß auf die Theologie Melitos gehabt haben. Eine typische Illustration dieses Negativbefundes gibt die für die Frage nach der Evangelienrezeption in der Passahhomilie prinzipiell wichtige Passage § 39-43. Dort wird das "Evangelium" ("τὸ εὐαγγέλιον") dem "Gesetz" gegenübergestellt; "εὐαγγέλιον" meint dabei wohl nicht das Evangelienbuch, sondern eher den Inhalt der "neuen" Verkündigung des eigentlichen Willens Gottes. Das Evangelium ist zwar "διήγημα νόμου καὶ πλήρωμα" (HALL 263/ PERLER 279), macht aber anders als im Mt letzten Endes das Gesetz überflüssig.[3] Während Mt durch das "Evangelium" das Alte Testament bestätigt sieht und beides gleichsam miteinander versöhnt, indem er Israel und die Kirche trennt, werden bei Melito Altes Testament und

---

1   Vgl. HALL 725/ PERLER 744f καὶ γὰρ τοῦ λαοῦ μὴ τρέμοντος ἐτρόμαζεν ἡ γῆ mit Mt 27,51 ... καὶ ἡ γῆ ἐσείσθη ...

2   Vgl. dazu BLANK (82); HALL (Paschal Homily, 97); I FRANK (149).

3   Vgl. nur HALL 268/ PERLER 285f u. HALL 272/ PERLER 291f.

Israel zusammen nur als modellhafte Vorstufen von Evangelium und
Kirche verstanden.[1] Damit ist die Bedeutung des AT für den Christen
unmißverständlich eingeschränkt. Israel ist für Melito - anders
als für Mt - offensichtlich kein "praktisches", sondern nur noch
ein theologisches Problem. Vielleicht liegt in diesem Unterschied
der äußeren Situation von Mt und Passahhomilie der Hauptgrund dafür, daß Melito das Mt inhaltlich nicht weiter rezipiert hat,
obwohl er es gekannt haben muß.

Immerhin ist die Passahhomilie ein deutlicher Hinweis darauf, daß
das Mt in der 2. Hälfte des 2. Jh. in Kleinasien wohl selbst für
den, der mit den matthäischen theologischen Anliegen und inhaltlichen Aussagen wenig anfangen konnte oder wollte, zum akzeptierten
und rezipierten Grundbestand evangelischer Überlieferung gehörte.
Deutliche Hinweise auf die Rezeption von Stoff, der für Lk oder
Mk spezifisch ist, finden sich bei Melito nicht, wogegen die Verbindungslinien zum Joh mindestens ebenso deutlich sind wie die
zum Mt.[2]

---

1   Vgl. besonders HALL 275f/ PERLER 297-300.
2   So auch BONNER (115).

5.2. SEXTUSSPRÜCHE[1]

In den Sextussprüchen, deren jetzige christliche Fassung möglicherweise gegen Ende des 2. Jh. in Alexandrien entstanden ist[2], ist an keiner Stelle zweifelsfrei das Mt Grundlage der einzelnen Sentenz, obwohl die Zahl der möglichen Bezüge auf das Mt doch recht groß ist.[3]

Als gut möglich, aber nicht zu beweisen erscheint mir Mt-Bezug in Sent 233, wo Mt 5,28 weiterentwickelt sein könnte[4]; wegen der fehlenden Formulierungsähnlichkeit ist Mt-Bezug keinesfalls sicher. Ebenfalls gut möglich ist Mt-Bezug in Sent 13 (Mt 5,29f und 18,8f)[5]; 39 (Mt 5,26)[6], 89 (Mt 7,12); 110 (Mt 15,11.17f)[7]; 183 (Mt 7,1)[8]; 193 (Mt 19,23)[9]; 210 (Mt 7,12); 242 (Mt 10,8)[10]; 264 (Mt 19,21); 273 (Mt 5,29f u. 18,8f); 341 (Mt 6,1f)[11].

Allenfalls möglich, aber keinesfalls naheliegend ist Mt-Bezug in Sent 14 (Mt 25,46), 20 (Mt 22,21)[12]; 41 (Mt 6,21); 102 (Mt 15,19f)[13]; 106 (Mt 22,37-39); 179 (Mt 7,12); 213 (Mt 5,44)[14]; 336 (Mt 20,26-28)[15]; 442 (Mt 22,37-39)[16].

Sehr unwahrscheinlich ist Mt-Bezug in Sent 316[17] und 413 (Mt 4,4).

---

1 Als Ausgabe kann immer noch die von CHADWICK herangezogen werden, auf der auch die BP basiert. EDWARDS/WILD bieten unter Berücksichtigung der Nag Hammadi-Version der Sentenzen auch nach eigener Auskunft (3-5) wenig Neues.

2 Vgl. dazu ALTANER/STUIBER (78f).

3 So rechnet denn auch DELLING, der starke Prägung der SentSext durch vor allem das Mt annimmt (237), mit der Möglichkeit, daß die Affinitäten zum Mt sich nicht direktem literarischen Kontakt mit diesem Evangelium verdanken, sondern durch die Vermittlung nachmatthäischer mündlicher Tradition zu erklären sind (238).

4 So DELLING (230).

5 Mit Zugrundeliegen des Mt rechnet hier DELLING (221).

6 Auch hier nimmt DELLING (223f) Mt-Einwirkung an, weist allerdings darauf hin, wie sehr Aussageinhalt und Wortlaut des matthäischen Verses in den SentSext verändert wurden.

7 Nach DELLING (226) liegt hier die "Einwirkung eines Herrenwortes" deutlich zutage; für mich ist die Ähnlichkeit der Parallelen zu groß, als daß man positiv mit Abhängigkeit speziell vom Mt rechnen könnte.

8 DELLING (228) entscheidet zu Recht nicht zwischen Mt und Lk als möglicher Grundlage der Sentenz.

9 Für DELLING (229) ist hier Mt 19,23.25 zusammengezogen.

10 Nach DELLING (231) ist Sent 242 aus Mt 10,8 entwickelt. Zu beweisen ist dies nicht.

11 DELLING (232) nimmt in Sent 241f Nachwirkung des Mt an.

12 DELLING (221) nimmt hier Bezug auf das Mt an.

13 DELLING (229) meint, daß hier vielleicht Mt u Lk 14,25 zusammengezogen seien.

14 Nach DELLING (229) liegt entweder unter der Voraussetzung des Zugrundeliegens des Reichstextes eine Umformung von Mt 5,44 oder eine Zusammenziehung und gleichzeitige inhaltliche Neuprägung von Lk 6,27f vor.

15 DELLING (232) bezeichnet Zurückgehen auf das Mt als "denkbar".

16 Nach DELLING (225) liegt hier möglicherweise Bezug auf das Mt vor.

17 DELLING (231) meint, diese Sentenz sei nur verständlich als Versuch, Mt 6,21 in griechisches Sprachdenken zu übersetzen.

5.3. FRAGMENTA VARIA

5.3.1. HEGESIPP

Daß Hegesipp die vier kanonischen Evangelien gekannt und geschätzt
hat, ist angesichts der Abfassungszeit seiner HYPOMNEMATA[1] um
180[2] als sicher zu betrachten und in neuerer Zeit auch nicht mehr
bestritten worden.[3] Welchen Gebrauch er von den Evangelien gemacht hat und speziell welche Rolle Text und Gedankengut des Mt
im Vergleich zu dem der anderen Evangelien für ihn gespielt haben,
ist angesichts der an Zahl und Umfang geringen uns erhaltenen
Fragmente kaum mehr festzustellen. Innerhalb dieser Fragmente ist
an keiner Stelle das Mt theologisch rezipiert worden; immerhin
steht an zwei Stellen mit einiger Wahrscheinlichkeit der Text des
Mt im Hintergrund der Ausführungen bzw. Ausdrücke.

> Zu nennen ist hier Frgm. Nr. 2 (109,4), wo dem Volk (nach Ostern) der
> Ausruf "Ὡσάννα τῷ υἱῷ Δαυίδ" in den Mund gelegt wird; für die Worte
> "τῷ υἱῷ Δαυίδ" kommt nur Mt 21,9 als Quelle in Betracht, Lk 19,38 und
> Mk 11,9 wissen von diesen Worten nichts,
> und Frgm. Nr. 4a (110,30f), wo die Erzählung vom Kindermord des Herodes
> in Mt 2 (vgl. vor allem Mt 2,3) vorausgesetzt ist.

Man wird aus diesen Stellen[4] schließen dürfen, daß Hegesipp mit
dem Stoff des Mt vertraut war und das Mt gekannt hat; wie er das
Mt bewertete und in seinem gegen christliche Häresien gerichteten
Werk theologisch verarbeitete, wissen wir leider nicht.

---

1   Die erhaltenen Fragmente sind gesammelt bei PREUSCHEN (107-113). Ich zi-
     tiere nach der Fragmentnr. und - wie die BP - nach Seite und Zeile die-
     ser Ausgabe.
2   So z.B. HARNACK (Chronologie 1, 311), VIELHAUER (Geschichte, 766) u. AL-
     TANER/STUIBER (109).
3   Anders z.B. der anonyme Verfasser von SUPERNATURAL RELIGION (443), der
     Benutzung nur des EvHebr annahm und in neuester Zeit I FRANK (176), der
     Kenntnis der neutestamentlichen Schriften für unwahrscheinlich hält. Bei-
     de beziehen sich u.a. darauf, daß Hegesipp einmal (Frgm. Nr. 6 (113,4-6))
     als Autoritäten "Gesetz, die Propheten und der Herr" nennt. M.E. kann
     sich die Angabe "der Herr" durchaus auch auf schriftliche Evangelien be-
     ziehen; so z.B. auch JACQUIER (129). VIELHAUER (Geschichte, 771) läßt of-
     fen, ob "Evangelien oder Evangelientraditionen" gemeint sind.
4   An den in der BP zusätzlich angegebenen Stellen ist jeweils Mt-Abhängig-
     keit allerhöchstens als möglich zu betrachten; zu nennen sind Frgm. 2
     (108,37-109,2) (Mt 26,64); Frgm. 3b (110,17f) (Mt 24,24); Frgm. 4a (110,
     27f) (Mt 13,55); (111,9) (Mt 16,27); Frgm. 9 (113,36f) (Mt 13,16).

5.3.2. APOLLINARIS VON HIERAPOLIS, ÜBER DAS PASSAH[1]

Aus einem der Fragmente, die uns von den ansonsten verlorengegangenen Schriften des Apollinaris von Hierapolis erhalten sind,[2] wird deutlich, daß Apollinaris das Mt gekannt und geschätzt hat und daß es auch bei seinen Gegnern in hohem Ansehen stand:

> Apoll H Pasch (OTTO Frgm. III, 486f) καὶ λέγουσιν ὅτι τῇ ιδ' τὸ πρόβατον μετὰ τῶν μαθητῶν ἔφαγεν ὁ κύριος, τῇ δὲ μεγάλῃ ἡμέρᾳ τῶν ἀζύμων αὐτὸς ἔπαθεν, καὶ διηγοῦνται Ματθαῖον οὕτω λέγειν ὡς νενοήκασιν· ὅθεν ἀσύμφωνός τε νόμῳ ἡ νόησις αὐτῶν, καὶ στασιάζειν δοκεῖ κατ' αὐτοὺς τὰ εὐαγγέλια.

Leider läßt sich aus den übrigen Ausführungen der erhaltenen Fragmente die These, daß das Mt für Apollinaris eine besondere Rolle gespielt hat, nicht zusätzlich bekräftigen. Die Bezüge auf den synoptischen Stoff sind jeweils derart, daß wegen Identität oder zumindest Ähnlichkeit der Parallelen oder Undeutlichkeit des Bezuges Nähe speziell zum Mt nicht positiv wahrscheinlich zu machen ist, immerhin aber als gut möglich bezeichnet werden kann.

> Zu nennen sind die folgenden Stellen: OTTO 486,20-487,2 (Mt 26,17-20); 487,12 (Mt 12,29[3]; 27,2); 487,13 (Mt 26,57-66; 27,11-26); 487,14f (Mt 26,45)[4]; 487,22f (Mt 27,57-60)[5].

Gerade angesichts dieses Befundes sind die erhaltenen Fragmente aber ein deutlicher Hinweis darauf, daß das Fehlen von deutlichen Bezügen auf ein bestimmtes (schriftliches) Evangelium noch lange nicht bedeuten muß, daß der Verfasser einer Schrift dieses Evangelium nicht gekannt hat oder sich etwa nur auf die mündliche Tradition bezieht. Ein Grund dafür, daß die Anspielungen auf Evange-

---

1   Textgrundlage für die erhaltenen Fragmente ist die Ausgabe von OTTO (486f).

2   Ich gehe von der Autentizität der erhaltenen Fragmente aus, obwohl z.B. deren Zuweisung zu De Pascha nur auf den Angaben des aus dem 7. Jh. stammenden Chronicon paschale beruht; auf diese nicht gerade übermäßige Solidität der Basis der Verfasserzuweisung weisen auch SANDAY (248) und V H STANTON (Gospels, 141f) hin. Mir scheint allerdings nichts dagegen zu sprechen, den Angaben des Chronicon Glauben zu schenken.

3   Auch MASSAUX (Influence, 578) hält hier wegen Identität der synoptischen Parallelen Mt-Abhängigkeit höchstens für möglich.

4   Hier vermag MASSAUX (Influence, 578) sich zu Recht nicht zwischen Mt u. Lk zu entscheiden.

5   Auch für MASSAUX (Influence, 578) ist hier Bezug auf Mt 27,60 (und 28,2) allenfalls möglich.

lienstoff sich bei Apollinaris nicht einem bestimmten Evangelium
zuweisen lassen, mag sein, daß für ihn offensichtlich (wie sich
aus dem oben abgedruckten Fragment deutlich ergibt) Widersprüche
zwischen den einzelnen Evangelien nicht existierten. Wer die
vier Evangelien als Ganzes ansah, konnte gar nicht auf die Idee
kommen, bei seiner Darstellung des Evangelienstoffes ein Evangelium bewußt zu bevorzugen. Daß trotz dieser prinzipiellen Gleichheit und Gleichartigkeit der Evangelien de facto das Mt innerhalb
der Synoptiker ein deutliches Übergewicht besaß, wird daran deutlich, daß das Mt als einziges explizit erwähnt wird und dabei die
anderen Synoptiker (aus denen man dieselbe Information hätte
schöpfen können) gleichsam vertritt.

> Außer Betracht bleiben soll hier die nicht direkt zu meiner Untersuchung[1]
> gehörende, aber heftig umstrittene Frage, ob Apollinaris nun als Quarta-
> dezimaner zu bezeichnen ist[2] oder nicht[3]. Deutlich ist in jedem Fall,
> daß er die Aussagen der Evangelien zur Passah-/ Osterfestdatierung nicht
> als widersprüchlich empfand[4].

---

1   Zur Schreibweise "Quarta-" s. MERKEL (38, Anm. 29).
2   So z.B. SCHMIDT in DERS./WAJNBERG (627) und MERKEL (40 mit Anm. 38; dort
     weitere Literatur).
3   So z.B. QUASTEN (229).
4   So auch schon SCHOLTEN (106f), V H STANTON (Gospels, 141f) u. MERKEL (40).

5.3.3. VON EUSEB REFERIERTE ANTIMONTANISTISCHE SCHRIFTEN[1]

Euseb teilt im 5. Buch seiner Kirchengeschichte Passagen aus anti-
montanistischen Schriften mit. In der Schrift eines unbekannten
Montanisten[2] finden sich eine Reihe von Anklängen an nur bei Mt
Überliefertes; die Anklänge sind aber der Art, daß ein Zugrundeliegen des Mt jeweils nur als gut möglich erscheint, aber nicht
als wahrscheinlich angesehen werden kann.

Zu nennen sind die folgenden Stellen[3]: 462,19 (Mt 7,15); 464,20.24 (Mt
23,34); 466,4 (Mt 27,5); 466,19 (Mt 7,15).

Anders sieht es in den von Euseb referierten Auszügen aus einer
Schrift des Antimontanisten Apollonius[4] aus: hier wird an einer
Stelle deutlich mit einem Jesuswort aus dem Mt argumentiert. Den
Montanisten wird dabei vorgeworfen, sich diesem Wort genau
gegengesetzt zu verhalten, indem sie nicht auf den Besitz von Geld
verzichten:

Euseb Hist eccl 5,18,7 (GCS 9,1, 476,5f) εἰρηκότος γὰρ τοῦ
κυρίου μὴ κτήσησθε χρυσὸν μήτε ἄργυρον μηδὲ δύο χιτῶνας,
οὗτοι πᾶν τοὐναντίον πεπλημμελήκασιν ...

> Mt 10,9 Μὴ κτήσησθε χρυσὸν μηδὲ ἄργυρον μηδὲ χαλκὸν εἰς
> τὰς ζώνας ὑμῶν, 10 μὴ πήραν εἰς ὁδὸν μηδὲ δύο χιτῶνας ...

> Mk 6,8 καὶ παρήγγειλεν αὐτοῖς ἵνα μηδὲν αἴρωσιν εἰς
> ὁδὸν εἰ μὴ ῥάβδον μόνον, μὴ ἄρτον, μὴ πήραν, μὴ εἰς
> τὴν ζώνην χαλκόν, 9 ἀλλὰ ὑποδεδεμένους σανδάλια, καὶ
> μὴ ἐνδήσησθε δύο χιτῶνας.

> Lk 9,3 καὶ εἶπεν πρὸς αὐτούς· μηδὲν αἴρετε εἰς τὴν ὁδόν,
> μήτε ῥάβδον μήτε πήραν μήτε ἄρτον μήτε ἀργύριον μήτε
> δύο χιτῶνας ἔχειν.

Im gleichen Auszug aus eben derselben Schrift sind als mögliche
Bezüge auf das Mt zu notieren GCS 9,1 474,7f (Mt 10,9f) und 476,

---

1   S. Euseb, Hist eccl ed. SCHWARTZ (GCS 9,1) (460-478).
2   Euseb, Hist eccl a.a.O. (460-472).
3   Im folgenden zitiert mit den Seitenangaben der Ausgabe von SCHWARTZ (GCS
     9,1).
4   GCS 9,1, 472-478.

13   (Mt 12,33), wo wegen Undeutlichkeit des Bezuges oder Ähnlichkeit der synoptischen Parallelen Mt-Bezug als allenfalls möglich
erscheint.

5.3.4. DIONYS VON KORINTH, AN SOTER

Spuren der literarischen Betätigung des Dionys von Korinth, dessen Schriften um das Jahr 170 herum zu datieren sind[1], hat uns nur
die Kirchengeschichte des Euseb erhalten.

In den wenigen erhaltenen Fragmenten ist deutlich das Mt rezipiert; zumindest kennt Dionys nicht nur das Gleichnis vom Unkraut
unter dem Weizen (Mt 13,24-30), sondern auch seine Deutung (Mt
13,36-43), wenn er dazu, daß einige seiner Briefe nachträglich
ge- bzw. verfälscht wurden, schreibt:

> Euseb, Hist eccl 4,23,12 (GCS 9,1, 378,13ff) ἐπιστολὰς γὰρ
> ἀδελφῶν ἀξιωσάντων με γράψαι ἔγραψα. καὶ ταύτας οἱ τοῦ δια-
> βόλου ἀπόστολοι ζιζανίων γεγέμικαν, ἃ μὲν ἐξαιροῦντες, ἃ δὲ
> προστιθέντες· οἷς τὸ οὐαὶ κεῖται. οὐ θαυμαστὸν ἄρα καὶ τῶν
> κυριακῶν γραφῶν, ὁπότε καὶ ταῖς οὐ τοιαύταις ἐπιβεβουλεύκασιν.

Zu vergleichen sind besonders Mt 13,25.37.

Was Dionys genau unter den "κυριακαὶ γραφαί" verstand, ist nicht
sicher; zumindest nicht auszuschließen ist aber, daß er unter sie
auch das Mt zählte.[2]

---

1   So HARNACK (Chronologie 1, 313) u. BARDENHEWER (1, 439).
2   Vgl. dazu auch V H STANTON (Gospels, 144).

5.3.5. THEODOT DER GERBER

In seinen Ausführungen über Theodot den Gerber berichtet Epiphanius, daß Theodot behaupte, es sei keine Sünde, etwas wider Christus zu sagen, da dieser ja selbst gesagt habe, daß nur die Schmähung des Geistes unvergebbar sei:

Epiph Panar 54,2,3 (GCS 31,319,7-10) "αὐτοῦ", φησί, "τοῦ Χριστοῦ εἰπόντος· πᾶσα βλασφημία ἀφεθήσεται τοῖς ἀνθρώποις", καὶ "ὁ λέγων λόγον εἰς τὸν υἱὸν τοῦ ἀνθρώπου ἀφεθήσεται αὐτῷ· τῷ δὲ βλασφημοῦντι εἰς τὸ ἅγιον πνεῦμα, οὐκ ἀφεθήσεται αὐτῷ".

Mt 12,31 Διὰ τοῦτο λέγω ὑμῖν, πᾶσα ἁμαρτία καὶ βλασφημία ἀφεθήσεται τοῖς ἀνθρώποις, ἡ δὲ τοῦ πνεύματος βλασφημία οὐκ ἀφεθήσεται. 32 καὶ ὃς ἐὰν εἴπῃ λόγον κατὰ τοῦ υἱοῦ τοῦ ἀνθρώπου, ἀφεθήσεται αὐτῷ· ὃς δ' ἂν εἴπῃ κατὰ τοῦ πνεύματος ἁγίου, οὐκ ἀφεθήσεται αὐτῷ οὔτε ἐν τούτῳ τῷ αἰῶνι οὔτε ἐν τῷ μέλλοντι.

Mk 3,28 Ἀμὴν λέγω ὑμῖν ὅτι πάντα ἀφεθήσεται τοῖς υἱοῖς τῶν ἀνθρώπων τὰ ἁμαρτήματα καὶ αἱ βλασφημίαι ὅσα ἐὰν βλασφημήσωσιν· 29 ὃς δ' ἂν βλασφημήσῃ εἰς τὸ πνεῦμα τὸ ἅγιον, οὐκ ἔχει ἄφεσιν εἰς τὸν αἰῶνα, ἀλλὰ ἔνοχός ἐστιν αἰωνίου ἁμαρτήματος.

Lk 12,10 Καὶ πᾶς ὃς ἐρεῖ λόγον εἰς τὸν υἱὸν τοῦ ἀνθρώπου, ἀφεθήσεται αὐτῷ· τῷ δὲ εἰς τὸ ἅγιον πνεῦμα βλασφημήσαντι οὐκ ἀφεθήσεται.

Vorausgesetzt, daß Epiphanius seine Vorlage korrekt zitiert, ist bei Theodot Einfluß sowohl des Mt- als auch des Lk festzustellen. Dabei macht der Wortlaut des Theodotschen Jesuswortes aber durchaus nicht den Eindruck planmäßiger Harmonisierung, so daß man am ehesten annehmen kann, daß Theodot frei zitiert.
Da nicht völlig sicher ist, daß Epiphanius wirklich exakt den Wortlaut, in dem Theodot das betreffende Jesuswort gebrauchte, wiedergibt und nicht etwa selbst dieses Jesuswort zitiert, wird man nicht allzuviel aus diesem Befund ableiten dürfen. Immerhin

ist deutlich, daß der Zitatwortlaut mit keiner seiner kanonischen Parallelen exakt übereinstimmt und doch deutlich verrät, daß der Zitierende auf den kanonischen Evangelien basiert.

VII. ZUSAMMENFASSUNG UND AUSWERTUNG

1. VORBEMERKUNG

Im folgenden sollen zum einen in einer "Bestandsaufnahme" die
bei der Analyse einzelner Schriften gewonnenen Ergebnisse mit
Rückbezug auf die in der Einleitung genannten Fragestellungen
und Kriterien knapp und übersichtlich zusammengestellt werden;
dabei soll u.a. eine Klassifizierung der untersuchten Schriften
nach Umfang und Art ihrer Mt-Rezeption vorgenommen werden.
Zum anderen wird der Versuch unternommen, über die geordnete
Zusammenstellung der scheinbar disparaten Einzelfakten hinaus
die Mt-Rezeption des untersuchten Zeitraumes unter einem einheitlichen Gesichtspunkt zu begreifen, indem vor allem nach den
Gründen für Art und Ausmaß der vorirenäischen Mt-Rezeption gefragt wird.

2. BESTANDSAUFNAHME

2.1. Zitationsformeln und explizite Verweise

Explizite Verweise auf das Mt als solches finden sich vor Irenäus
nur bei Papias und Apollinaris von Hierapolis. Die Charakterisierung des Mt als d e s Evangeliums einzelner häretischer Gruppen in späterer Zeit resultiert zumeist aus Mißverständnissen oder
ungenauer Kenntnis und ist für den untersuchten Zeitraum ohne jeden historischen Quellenwert.[1]

---

1   Zu nennen ist hier vor allem Iren haer 1,26,1 (vgl. 3,11,7), wonach die
Ebioniten nur das Mt benutzen (und aus eben diesem zu widerlegen seien).
Irenäus selbst hatte wohl keinerlei direkte Kenntnis der Ebioniten; ab
haer 1,23 reproduziert er eine Vorlage. Vgl. dazu LÜDEMANN (Antipaulinismus, 258f).
Epiphanius vermischt diese Notiz des Irenäus mit Äußerungen des Origenes
über das Mt als "γράμμασιν ἑβραϊκοῖς συντεταγμένον" (bei Euseb Hist eccl
4,25,4) und behauptet von daher in Panar 30,3,7 die Identität des ebionitischen Evangeliums mit dem "Mt"; die Ebioniten nennen seiner Meinung nach
das Mt "κατὰ Ἑβραίους", was für Epiphanius durchaus seine Richtigkeit
hat, da Mt als einziger Evangelienverfasser sein Evangelium "Ἑβραϊστὶ
καὶ Ἑβραϊκοῖς γράμμασιν" abgefaßt habe. Epiphanius berichtet weiter,
daß dieser hebräische Mt dann auch das einzige Evangelium des Kerinth (vgl.
Panar 28,5,1) und des Karpokrates (vgl. Panar 30,14,2) und ihrer Anhänger
gewesen sei.

Ohne daß speziell ein Evangelium benannt würde, finden sich un-
bestreitbare explizite Verweise auf Evangelienschriften erst
bei Justin, u.a. und vor allem mit der Bezeichnung "ἀπομνημονεύματα τῶν ἀποστόλων"; dieser Bezeichnung entspricht inhaltlich und
formal die Bemerkung in EpJac I,2 p. 2,7ff, daß die Apostel sich
der Worte Jesu erinnerten und sie in Bücher setzten. Dionys von
Korinth spricht von "κυριακαὶ γραφαί", ohne daß hinreichend klar
würde, was genau er damit meint; immerhin ist nicht auszuschließen,
daß diese Bezeichnung Evangelienschriften benennen sollte.
Auch ohne deutliche oder eindeutige Verweise legt die Art und
Weise der Zitateinleitung in Did 15 und dann noch deutlicher im
II Clem die Schriftlichkeit der zitierten Vorlage nahe. Explizit
als "Schrift" werden die Evangelien in der Zeit vor Irenäus so gut
wie nicht zitiert; zwar findet sich in Barn 4,14 und dreimal bei
Justin die Einleitungsformel "γέγραπται" für Evangelienstoff, doch
kann dies unbeabsichtigte und unbewußte Prägung durch den Umgang
mit dem AT sein, der in diesen Punkten vereinzelt auf die Aufnahme
von Evangelienstoff abgefärbt haben mag. Jedenfalls ist sowohl für
Justin als auch für den Barn diese Art des Verweises auf Evangelienstoff eher die vereinzelte Ausnahme, die die breite Regel bestätigt.

> Erst bei Irenäus findet sich häufiger, was sich (vom Barn einmal abgesehen)
> bei Justin allmählich andeutet: der Gebrauch der für das AT verwandten
> Einleitungsformeln färbt ab auf die für das NT gebrauchten. Bei Irenäus
> werden AT/NT-Mischzitate immerhin 78 mal als "Schrift" bezeichnet (57 mal
> bezeichnet eine entsprechende Wendung AT-Stoff allein), und in haer 3,12,
> 5.9 und 5,30,1f wird NT-Stoff als "Schrift" charakterisiert.[1]

Die Bezeichnung "γραφή" und ihr entsprechende Einleitungsformeln
sind bei den Autoren des untersuchten Zeitraumes fast allgemein
auf das AT beschränkt. Anders als für die Zitation des AT ist
die Autorität für die Zitation von Evangelienstoff der "Herr".
Dies wird vor allem bei den Apostolischen Vätern greifbar, ist
aber auch bei Justin und den noch späteren Autoren des Untersu-
chungszeitraumes nicht anders; dem entspricht, daß Hegesipp den
alttestamentlichen Größen "Gesetz und Propheten" als "neutestament-

---

1   Für die Zahlen s. OCHAGAVIA (176).

liche" Autorität den "κύριος" an die Seite stellt. Die Apostel -
so sie überhaupt eine Rolle spielen - sind, was die Überlieferung
von Evangelienstoff anbetrifft, nur als Vermittler dieser Autorität des Kyrios gedacht und haben nur als solche und in ihrem Hinweis auf den Kyrios die Überlieferung garantierende und beglaubi-
gende Funktion. Dabei ist Justin ein gutes Beispiel dafür, wie
die Benutzung schriftlicher Evangelien, explizite Verweise auf
diese als solche und ihre Charakterisierung als "Wort des Kyrios"
nicht nur fröhlich nebeneinander stehen, sondern sogar organisch
zusammengehören können.

Man muß von daher m.E. vorsichtig damit sein, aus der Charakterisierung eines Zitates als Herrenwort allzuviel ableiten zu wollen
für die mögliche mündliche Form seiner Überlieferung. Auch Athenagoras, der deutlich schriftliche Evangelien kennt und voraussetzt,
nennt als Autorität für den angeführten Evangelienstoff nicht
"Schriften", sondern "λόγοι".[1]

Das bisher gewonnene Bild bestätigt sich an der Analyse des Ge-
brauches des Begriffs "εὐαγγέλιον", der bislang aus den Überlegungen ausgespart geblieben ist. Auffällig beim Gebrauch dieses Begriffs ist vor allem, daß die Bedeutungsvarianten "schriftliches
Evangelium" und "(mündliche) Frohbotschaft" bis über den Untersuchungszeitraum hinaus nicht etwa Alternativen sind; dies gilt
für Irenäus[2], aber auch noch für die Euangelion-Redaktion des
MartPol, in der das Wort sowohl die eine als auch die andere Bedeutung haben kann. In c. 2 der syrischen Fassung der Apologie
des Aristides wird "εὐαγγέλιον" kurz hintereinander zuerst als
verkündete Botschaft und gleich anschließend als schriftliche
Quelle, in der man etwas nachlesen und nachprüfen kann, verstan-

---

1   Daß diese "λόγοι" die des Kyrios sind, läßt Athenagoras dabei bewußt
     wegfallen, wie er überhaupt darum bemüht ist, jeden expliziten Bezug
     auf Jesus als Person zu vermeiden. Eher als der für Nichtchristen
     schreibende Athenagoras bringt - man ist versucht zu sagen: ausgerech-
     net - der christliche Gnostiker Ptolemäus auf den Begriff, was im unter-
     suchten Zeitraum common sense gewesen sein dürfte: für Ptolemäus sind
     maßgeblich Autorität die "λόγοι" des "σωτήρ", die durch die Worte der
     "μαθηταί" und die des Paulus bekräftigt werden.
2   Vgl. dazu OCHAGAVIA (175).

den. Im Lichte dieser deutlichen, z.T. späteren Zeugen ist zu
fragen, ob das undeutliche Schillern dieses Begriffs bei den
Apostolischen Vätern nicht auch im Sinne eines für beide Inter-
pretationsmöglichkeiten offenen Bedeutungsgehaltes verstanden
werden darf. Insgesamt gesehen ist das eindeutig auf   e i n e
der angeführten Bedeutungsmöglichkeiten eingeschränkte Verständnis dieser Bezeichnung, wie es sich - als "mündliche Predigt" -
z.B. bei Paulus und - als "schriftliches Evangelium" - z.B. bei
Justin[1] findet, in der nachmatthäischen Zeit fast als Ausnahme
zu bezeichnen.

Im großen und ganzen erwies sich die Analyse der Einleitungsformeln für die Frage nach der Mt-Rezeption weder positiv noch negativ als vorrangig bedeutsam. Die Beweislast und -möglichkeit für
die Annahme literarischer Benutzung des Mt liegt also fast völlig
auf seiten des Vergleichs von Wortlaut und Inhalt einer Schrift
mit dem Mt.

2.2. Klassifizierung der untersuchten Schriften nach Umfang und
       Art ihrer Mt-Rezeption

2.2.1. Nachweisbarkeit von Mt-Einfluß

Bei der überwiegenden Mehrzahl der analysierten Schriften ließ
sich die Benutzung des Mt wahrscheinlich machen.

Grenzfälle zwischen wahrscheinlicher und möglicher Mt-Benutzung
sind EvVer I,3, TestVer IX,3, Silv VII,4, EpPt VIII,2, PapEg 2.

Zwar nicht wahrscheinlich zu machen, aber immerhin gut möglich
ist Mt-Bezug in

    I Clem, Barn, Herm, Diog
    ApkPetr, V Esr
    OdSal, manchen (nicht ausführlich erörterten) Nag Hammadi-
    Schriften
    EvTh 1, Agrapha, Evangelienfragment von Fajjum, PapOx 840,
    PapOx 1224
    ActJoh, ActPaul (außer dem Hamburger Papyrus), I Petr, II Petr
    MartPol, ActScill, EpLugd

---

1   Justin ist auch der erste Autor, der den Plural "εὐαγγέλια" als Bezeich-
     nung für Evangelienschriften gebraucht.

    Arist Apol, Tat perf u. Orat
    SentSext.

Allerhöchstens theoretisch möglich, aber keinesfalls naheliegend
und insgesamt eher unwahrscheinlich ist Mt-Rezeption in
    EvHeb
    einigen (nicht ausführlich erörterten) Nag Hammadi-Schriften
    sowie einigen der Gnosisreferate/ -fragmente, die bei Kirchen-
    schriftstellern erhalten sind.

Überraschend ist vor allem die Breite der wahrscheinlichen und
möglichen Mt-Rezeption und vice versa die geringe Zahl der Schriften mit eindeutigem Negativbefund. Dieser erklärt sich dabei immer
gut aus dem Charakter oder der inhaltlichen Absicht der jeweiligen
Schrift, während umgekehrt zu der großen Zahl von Schriften, in
denen Mt-Einfluß als wahrscheinlich erschien, auch viele Schriften
gehören, in denen das Mt aufgenommen wurde, obwohl dies a priori
durchaus nicht zu erwarten war.

2.2.2. Absolute Häufigkeit und Dichte der Mt-Rezeption

Die Schriften, in denen Mt-Benutzung als wahrscheinlich erschien,
wiesen eine höchst unterschiedliche Dichte und absolute Häufigkeit
sowohl der deutlichen als auch der nur möglichen Mt-Bezüge auf.
In der überwiegenden Anzahl der untersuchten Schriften ist sogar,
wenn man die nur möglichen Mt-Bezüge miteinbezieht, die Aufnahme
des Mt eher "dünn"; das Mt wurde keinesfalls häufig rezipiert.
Eine aus diesem allgemeinen Rahmen fallende quantitativ signifikante Aufnahme des Mt läßt sich sicher feststellen nur in
    Did
    Justin
    EvEb, EvNaz
    Ptol EpFlor, Her Joh
    EvPhil II,3
    EvPetr.

2.2.3. Relative Häufigkeit und Dichte der Mt-Rezeption im Vergleich
       mit der Rezeption anderer Evangelien

Deutlich stärker als die Aufnahme der anderen "kanonischen" Evangelien ist die Rezeption des Mt in

> Did, Ign, Polyk
> Justin
> EvEb, EvNaz, AscJes, Sib, Test XII, ApkPetr (äth)
> Ptol EpFlor, EvPh II,3, ActPt VI,1, ApcPt VII,3, Inter XI,1
> EvPetr.

Eine gewisse Unsicherheit der Beurteilung in bezug auf die synoptischen Evangelien ergibt sich daraus, daß an vielen Stellen wegen
der Freiheit des Evangelienbezuges nicht zwischen den synoptischen
Parallelen entschieden werden kann.
Es wäre lohnend und in gewisser Weise auch notwendig, auch die
Rezeption anderer Evangelien in gleicher Gründlichkeit und Vollständigkeit zu untersuchen wie die des Mt, um von daher zu begründeten und detailliert belegten Aussagen darüber zu kommen,
in welchen Schriften welche anderen Evangelien wie rezipiert wurden. Immerhin beruht mein Urteil auf der vollständigen Analyse
derjenigen Passagen in anderen Evangelien, die Parallelen zum Mt
bieten. Darüber hinaus kann und will ich im Rahmen meiner Untersuchung nur Eindrücke wiedergeben, die zu präzisieren, begründen
oder widerlegen anderen Arbeiten vorbehalten sein wird.
M.E. erlaubt der oben aufgeführte Befund, für den untersuchten
Zeitraum von einer zwar nicht erdrückenden, aber immerhin doch
deutlichen Präponderanz des Mt gegenüber den anderen Evangelien
zu sprechen, auch wenn die Zahl der oben aufgeführten Schriften,
in denen eine derartige Präponderanz nachzuweisen ist, auf den
ersten Blick als eher gering erscheinen mag im Vergleich zu der
großen Zahl der übrigen analysierten Quellen. Dieses Urteil begründet sich daher, daß eine Präponderanz (eines) der anderen
Evangelien in noch sehr viel geringerem Maße festzustellen ist als
die des Mt.
So gut wie nie positiv wahrscheinlich zu machen war die Rezeption
des Mk.

> Der Grund hierfür liegt m.E. in dem durchweg freien Bezug auf die Evan-
> gelien, der dazu führt, daß Bezüge auf Perikopen, die mehrere Evange-
> lien parallel bieten, oft nicht eindeutig einem bestimmten Evangelium

zuzuweisen sind.

Bis auf einige gnostische Schriften (vgl. nur den Johanneskommentar des Herakleon, aber auch das EvVer I,3) ist das Joh nie in
mit dem Mt vergleichbarer Weise und Intensität rezipiert worden.
Der zweite Rang hinter dem Mt - mit übrigens gar nicht so über-
mäßig großem Abstand - gebührt dem Lk; Lk-Präponderanz ist aber
außer im Protev, wo sie sich aufgrund des mariologischen Interesses des Verfassers a priori nahelegte, nirgendwo festzustellen.

2.2.4. Inhaltlicher Stellenwert der Mt-Rezeption

Auffällig ist, daß die Rezeption des Mt nur in sehr wenigen Schriften an für Inhalt und Aussage der jeweiligen Schrift entscheiden-
den oder wichtigen Punkten erfolgt. Eine in diesem Sinne inhaltlich hervorgehoben bedeutsame Aufnahme des Mt ließ sich nur feststellen in

    Did
    Justin
    EvEb, EvNaz
    Ptol EpFlor, Her Joh
    EvPh II,3, SJC III,4, ApcPt VII,3, Inter XI,1.

2.3. Theologische, chronologische und geographische Einordnung
der Ergebnisse

Versucht man die unter 2.2. aufgeführten Ergebnisse theologisch,
chronologisch und geographisch einzuordnen, begegnen Schwierigkeiten, die nicht leicht aus dem Weg zu räumen sind. Am geringfügig-
sten sind dabei noch die Probleme, die sich bei der "theologischen" Einordnung des Befundes stellen. Die theologische Charakterisierung und Verortung der einzelnen untersuchten Schriften
ist verständlicherweise weniger umstritten als ihre Datierung und
Lokalisierung.

Theologisch ergeben sich Schwerpunkte der Mt-Rezeption sowohl
in der Gnosis als auch im Judenchristentum; die Bezüge auf das
Mt sind hier deutlicher und häufiger als in vielen großkirchlichen Quellen. Auch aus dem großkirchlichen Bereich finden sich

zwar Schriften mit häufiger, präponderanter und inhaltlich signifikanter Mt-Aufnahme; die häretischen Strömungen aber haben
das Mt fast durchweg intensiver und auch häufiger aufgenommen
als die Großkirche. Interessant ist vor allem, daß das Mt in der
Gnosis oft zu dem Zweck rezipiert wurde, die "Christlichkeit" und
damit Wahrheit der gnostischen Position sinnfällig vor Augen zu
führen. Im Judenchristentum ist das Bild anders: eine für Inhalt
und Aussage der jeweiligen Schrift prägende Funktion hat das Mt
nur in zwei der drei judenchristlichen Evangelien, ansonsten ist
es nur eine sehr häufig und im Vergleich mit den anderen Evangelien präponderant herangezogene Evangelienschrift.
In gewisser Weise ist die judenchristliche Rezeption des Mt wie
die gnostische nur ein Reflex der großkirchlichen Mt-Aufnahme;
weil das Mt das in der Großkirche vorrangig rezipierte Evangelium
war, konnten die Gnostiker ihre "Christlichkeit" besonders gut
durch Rezeption gerade des Mt hervorheben, während die Judenchristen bei der Umgestaltung des großkirchlichen Evangelienstoffes
und damit indirekt auch überhaupt bei der Aufnahme von Evangelienstoff fast zwangsläufig hauptsächlich und primär auf   d a s
großkirchliche (Matthäus-)Evangelium rekurrierten.

Die Datierung der untersuchten Schriften ist nicht immer sicher
vorzunehmen.

> Relativ exakt oder relativ früh im Untersuchungszeitraum sind nur die
> folgenden Schriften/ Verfasser zu datieren:
> Did (wahrscheinlich letzte Jahrzehnte des 1. Jh.)
> I Clem (kurz nach der domitianischen Verfolgung)
> Ign (Anfang 2. Jh.)
> Polyk (kurz nach Ign)
> Barn (zwischen 70 und 135, eher gegen 135)
> Herm (1. Hälfte des 2. Jh. (trotz umstrittener Entstehungsgeschichte))
> Judenchristliche Evangelien (1. Hälfte 2. Jh.)
> PapEg 2 (Mitte oder sogar Anfang des 2. Jh.)
> Arist Apol (wohl schon vor der Mitte des 2. Jh.)
> Pap (Mitte 2. Jh.)
> Justin, Apol u. Dial (Mitte 2. Jh.)
> Ptol EpFlor (Mitte 2. Jh.)
> Her Joh u. Frgm. (Mitte 2. Jh.)
> Theodot der Gerber (2. Hälfte 2. Jh.)
> ActPetr (150-160)
> ActPaul (160-180)
> von Euseb referierte Antimontanisten (160-180)
> Melito, Pasch (160-170)
> Tat perf (160-180)

Tat Orat (165-170)
Apollinaris von Hierapolis (um 170)
Dionys von Korinth (um 170)
Tat Diat (um 180; bleibt wegen der Unsicherheit des ursprünglichen Textes
außer Betracht)
ActScill (178/80)
EpLugd (178/80)
Athen Suppl (Ende der 70er Jahre des 2. Jh.)
Theoph Autol (ca 180)
Hegesipp (um 180)

Berücksichtigt man nur die einigermaßen sicher zu datierenden
Schriften, so ergibt sich immerhin doch, daß ab der Zeit Justins
generell mit der Kenntnis des Mt gerechnet werden kann; vor Justin
ist für alle Schriften/Verfasser Mt-Kenntnis und -Benutzung zumindest möglich; nie war die Aufnahme vorsynoptischer mündlicher
Tradition wahrscheinlich zu machen.

> Eingezeichnet in ein Koordinatensystem, dessen Achsen durch die Posi-
> tionen von KÖSTER (Überlieferung) und MASSAUX (Influence) gekennzeich-
> net sind, ergibt sich für die frühe Zeit der Rezeption des Mt eine Ein-
> ordnung der erhobenen Befunde zumeist deutlich näher an MASSAUX als an
> KÖSTER, nie näher an KÖSTER als an MASSAUX und immerhin in einigen Fäl-
> len direkt an oder sogar auf der Linie der MASSAUXschen Position.

Auch die Lokalisierung vieler Schriften ist unsicher.

> Sicher zu lokalisieren sind nur die folgenden Schriften:

nach Gallien
EpLugd

nach Rom
I Clem
Herm
Justin

nach Griechenland
Dionys von Korinth
Arist Apol
Athen Suppl

nach Kleinasien
Polyk
Pap
(möglicherweise) ActAndr
ActPaul
MartPol
Apollinaris von Hierapolis
von Euseb referierte Antimontanisten

nach <u>Kleinasien/ Antiochien in Syrien</u>
Ign

in den <u>syrisch-palästinischen Raum</u>
Did
EvEb
EvNaz
EvPh II,3
(möglicherweise) EvPetr
Evangelienverkündigung der ActJoh
Tat Diat
Theoph Autol

nach <u>Afrika</u>
ActScill

nach <u>Ägypten</u>
(möglicherweise) PapEg 2
EvHebr

Berücksichtigt man zusätzlich zur Abfassungszeit auch den Abfassungsort der relativ sicher zu lokalisierenden Schriften, so gibt
es schon früh einen deutlichen Schwerpunkt der Mt-Rezeption im syrisch-palästinischen Raum, der sich gut mit der Entstehung des
Mt in eben diesem Raum verträgt. Für viele Bereiche des Römischen
Reiches wie Ägypten, Griechenland, Afrika und Gallien sind uns
überhaupt keine vor Justin zu datierenden Schriften erhalten; für
Kleinasien sind immerhin Polyk und Pap anzuführen. In gewissem Sinne aus dem Rahmen fällt nur Rom, wo mit I Clem und Herm aber immerhin mögliche Zeugen der Rezeption des Mt zu benennen sind.
Angesichts der Gesamtquellenlage wird man zwar betonen dürfen,
daß das Mt in Syrien sehr intensiv rezipiert worden ist; man muß
sich aber vorsehen mit der Schlußfolgerung, daß die Mt-Rezeption
in anderen Reichsgebieten weniger intensiv gewesen ist. Ein solches Urteil ließe sich vorsichtig nur für Rom formulieren.

2.4. Phänomene, die sich für den gesamten Untersuchungszeitraum als charakteristisch erwiesen

Als auffällig und charakteristisch für die Rezeption der Evangelien allgemein und die des Mt im besonderen erwiesen sich im Laufe
der Untersuchungen für den gesamten Untersuchungszeitraum fünf
Beobachtungen:

1) Die Autorität, unter der Evangelienstoff angeführt wird, ist,
sofern sie benannt wird, immer der Herr, nie die Evangelienschrift

als solche.

2) Obwohl sich bei der überwiegenden Anzahl der untersuchten
Schriften Mt-Einfluß wahrscheinlich machen läßt, wird im Vergleich
mit dem Text unserer Evangelien sehr frei und ungenau zitiert
bzw. rezipiert.

3) Nur äußerst selten hat der Bezug auf Evangelienstoff für eine
Schrift konstitutive oder zentrale Bedeutung. Nahezu immer dient
die Aufnahme von Evangelienstoff der Unterstützung des aktuellen
Anliegens des jeweiligen Verfassers.

4) Aus dem Mt werden schwerpunktmäßig einzelne Jesusworte unter
Vernachlässigung ihres Kontextes und deswegen auch oft der Bedeutung, die sie im Mt haben, aufgenommen.

5) Im Vergleich mit den anderen Evangelien ist das Mt vorrangig
aufgenommen worden.

3. DEUTUNG UND WERTUNG

Die soeben aufgeführten Beobachtungen sind m.E. keine voneinander
isolierten Phänomene, sondern bedingen und beeinflussen sich gegenseitig, ohne daß behauptet werden soll, daß sie sich gegenseitig vollständig erklären könnten. Ihre Verknüpfung miteinander und
die Gründe, die die beobachteten Phänomene bedingen, sollen im
folgenden in z.T. ausführlicher erläuterten Thesen dargelegt werden.

1) Die überwiegende Aufnahme von Jesusworten ist dadurch bedingt,
daß die Autorität, unter der der Evangelienstoff aufgenommen wird,
der "Herr" ist und nicht das Evangelium als Schrift.

2) Als konstitutiv für Art und Umfang der Aufnahme von Evangelienstoff erweist sich neben der Fixierung auf die Autorität des
Kyrios immer wieder, daß der Evangelienstoff aufgenommen wird,
um die aktuellen Anliegen eines Autors zu unterstützen.

> Dieses immer wieder zu beobachtende aktuelle Verwertungsinter-
> esse erklärt auch, warum fast nie längere Zusammenhänge, son-
> der nahezu immer nur einzelne Jesuworte rezipiert wurden; wer
> für seine eigenen Thesen nach "loci probantes" sucht, wird

kaum an längeren oder differenzierten Zusammenhängen interessiert sein.

3) Daß der Evangelienstoff fast durchweg mit aktuellem Verwertungsinteresse aufgenommen wird, erklärt auch, warum Evangelienzitate nahezu ohne Ausnahme starke Abweichungen von ihren zu vermutenden Vorlagen aufweisen, obwohl doch für die überwältigende Mehr-
heit der untersuchten Schriften Mt-Benutzung wahrscheinlich gemacht
werden kann.

Daneben sind zur Erklärung der Ungenauigkeit der Zitation die Art
des antiken Buchwesens und die stilistischen Gepflogenheiten der
Antike zu berücksichtigen.

> Zweifellos wird die christlichen Autoren nicht unbeeinflußt
> gelassen haben, daß zur Zeit der Abfassung ihrer Schriften
> als Kennzeichen eines guten Stils gerade nicht die Anpassung
> eines (neuen) Kontextes an ein Zitat, sondern umgekehrt die
> Anpassung eines Zitates an seinen neuen Kontext galt. Anders
> als vor allem die wissenschaftlichen Autoren unserer Tage wä-
> re kaum ein antiker Autor auf den Gedanken gekommen, wörtli-
> che Exaktheit der Zitate als einen bei der Abfassung einer
> Schrift notwendigerweise zu berücksichtigenden Faktor zu
> betrachten. Selbst wenn viele der christlichen Schriften
> nicht gerade zur "großen Literatur" zu rechnen sind, ist doch
> zu erwarten, daß das antike Stilprinzip der Einheitlichkeit
> eines Werkes, das zum Unkenntlichmachen von Zitaten führt(e),
> auch auf die christlichen Schriftsteller nicht ohne Einfluß
> geblieben ist.[1]

> Auch das antike Buchwesen[2] war der Nachprüfbarkeit von Zita-
> ten nicht gerade günstig. Allein schon der weiten Verbreitung
> literarischer Produkte war durch die zeitliche Dauer der
> Vervielfältigung durch Abschreiben und auch durch die dadurch
> entstehenden Kosten relativ enge Grenzen gesetzt. Zusätzlich
> erleichterte das Fehlen von - für den Untersuchungszeitraum
> noch nicht vorauszusetzenden - Kapitel- und Verseinteilungen
> nicht gerade das Auffinden vor allem kürzerer Zitate. Auffäl-
> lig ist in diesem Zusammenhang die Exaktheit der längeren Mt-
> Zitate im Protev sowie die größere Genauigkeit längerer AT-
> Zitate bei den Apostolischen Vätern und bei Justin.

---

1   Vgl. dazu FREDE in K ALAND (Übersetzungen) 451 sowie 457, wo es mit Bezug
     auf die antike Literatur heißt: "Was ein Autor sagt, sagt er mit seinen
     eigenen Worten ... Er arbeitet nicht mit dem wörtlichen Zitat, sondern
     mit Anklang und Anspielung, mit Worten und Wendungen, die in den eigenen
     Sprachstil in freier Weise umgesetzt werden."
2   Vgl. zum folgenden V H STANTON (Gospels, 22-25 (Additional note 1 zu
     c. I unter dem Titel "Form of ancient books as affecting habits of
     quotation")).

Waren also schon äußere Faktoren der Exaktheit von Zitaten
nicht gerade förderlich, so wird im Rahmen der durch sie ge-
stellten Bedingungen die Notwendigkeit der Wortlautgenauigkeit bei der Zitation noch einmal beträchtlich dadurch reduziert, daß eben offensichtlich nicht der an Wortlaut und
ursprünglichem Kontext festzumachende "Ursprungssinn" eines
Zitates, sondern sein aktualisiert auf die Gegenwart bezoge-
ner und dabei von der Autorität des Kyrios getragener Inhalt
Motivation für das Zitieren war. Das aktuelle Verwertungsinteresse, mit dem Jesusworte aufgenommen wurden, sorgt
dabei möglicherweise für inhaltliche Präzisierungen und/oder
Veränderungen des aufgenommenen Jesuswortes und führt dazu,
daß der Wortlaut des Zitates als dessen "äußere Form" nur
insofern wichtig und von Interesse ist, als von ihm die intendierte inhaltliche Zielrichtung des zitierten Wortes abhängt. So erklärt sich auch gut das sonst oft rätselhafte
Nebeneinander von "absichtlichen" und "unabsichtlichen" Änderungen im Wortlaut eines zitierten Jesuswortes.

4) Die "Ungenauigkeit" der Aufnahme von Evangelienstoff erschwert
die Identifikation der rezipierten Vorlagen. Das Verwertungsinteresse der Rezipienten ist methodisch stärker als in bisherigen Arbeiten geschehen zu berücksichtigen. Es kann gerade nicht davon
ausgegangen werden, daß der Wortlaut z.B. eines Zitates identisch
ist mit dem seiner Vorlage.

Der Text von Zitaten ist in den allermeisten Fällen nicht
"kongruent" mit dem Text der Vorlage; für den Nachweis von
Rezeption ist man auf den Nachweis von Charakteristika, die
sich trotz der ungenauen Aufnahme erhalten haben, angewiesen.
Von daher sind Untersuchungen wie die von BELLINZONI und
KÖSTER (Überlieferung), die auf je unterschiedliche Weise
beide davon ausgehen, daß der Text der "Zitationen" identisch
ist mit dem der zitierten Vorlagen, methodisch insofern verfehlt, als sie der Eigenart der untersuchten Quellen zu wenig
Rechnung tragen.

5) Die bedingt durch das Anwendungsinteresse freie, an der aktuellen Situation orientierte "gedächtnismäßige" Aufnahme von Evangelienstoff entspricht Gesetzen, die wir heute eher als charakteristisch für die mündliche Aufnahme und Weitergabe von Überlieferungs-
gut ansehen.

Die mündliche Überlieferung[1] ist nach unserem heutigen Ver-

---

1   Vgl. zum folgenden für die verwandte linguistische Terminologie und einzel-
      ne Zitate den Aufsatz von KELBER, dessen Hauptthese, die hier nicht disku-
      tiert werden soll, ist, daß das Mk als schriftliches Evangelium vom lingu-
      istischen Standpunkt aus mehr in Spannung zu seiner mündlichen Vorgeschich-
      te steht, als daß es deren natürliche Fortsetzung darstellt (vgl. KELBER,
      5). Bemerkenswert - und KELBERs These gegenläufig! - ist, daß KELBERs Cha-

ständnis ja keinesfalls ein Vorgang bewußten Auswendigler-
nens, sondern wird "vom Gesetz der sozialen Identifizierung
und nicht dem des wörtlichen Memorierens gesteuert" (KELBER,
27). Von daher ist eine "wortwörtliche Wiedergabe ... dem
mündlichen Medium gänzlich fremd - kein Einzelzug, keine Formel, kein Motiv ist sakrosankt" (31). Während sich nach KEL-
BER (41) für das schriftliche Evangelium die Bedeutung einzelner Worte und Geschichten nur von ihrem literarischen Kontext
her kontrolliert, ist die mündliche Überlieferung gekennzeichnet durch einen besonders "engen und kreativen Kontakt zur sozialen Wirklichkeit" (37).
Genau dieser "enge kreative Kontakt zur sozialen Wirklichkeit"
war aber für den gesamten Untersuchungszeitraum das verbinden-
de Charakeristikum der Aufnahme von Evangelienstoff. Gegen
den Ansatz der Schule von Bari[1], die Änderungen des Wortlautes der zitierten Jesusworte nahezu sämtlich als bewußte und
nach rhetorischen Gesetzen vollzogene Umgestaltungen interpretiert, ist dabei festzuhalten, daß nur sehr wenige Wortlautänderungen sich gut erklären, wenn man sie als derartige arti-
fizielle Angleichungen an die soziale Wirklichkeit verstehen
will.[2]

6) Es ist ernsthaft mit der Möglichkeit zu rechnen, daß auch schon
den Apostolischen Vätern der Evangelienstoff in keiner anderen
Form vorlag als z.B. Justin.

Für die Apostolischen Väter gilt wie für Justin, daß sie
nicht am Wortlaut, sondern am "Inhalt" ihrer Zitate interessiert sind. Die daraus resultierende "Ungenauigkeit" der
Zitation hat dazu geführt, daß in Untersuchungen, die nur die
Apostolischen Väter im Blick haben wie z.B. die KÖSTERs
(Überlieferung), gerne mit der Aufnahme (vorsynoptischer)
nichtschriftlicher Überlieferung gerechnet wird. Da einerseits ab Justin die Benutzung von Evangelienschriften unbe-

---

rakterisierung des mündlichen Überlieferungsprozesses nahezu exakt auf
den Aneignungsprozeß der schriftlichen Überlieferung im gesamten Untersuchungszeitraum zutrifft.

1   Vgl. dazu vor allem die zahlreichen Arbeiten von MEES.
2   Man würde MEES allerdings Unrecht tun, wollte man ihm vorwerfen, alle
    in meiner Arbeit untersuchten Zitate in das Prokrustesbett der Anweisun-
    gen z.B. eines Quintilian pressen zu wollen; dagegen spricht sowohl, daß
    MEES seine These nie an einer Art "Gesamtbefund", sondern immer nur an
    besonders schönen Einzelbeispielen zu verifizieren sucht, als auch, daß
    er selbst - allerdings mehr nebenbei - einmal darauf hinweist, daß seine
    rhetorischen Termini nur anzeigen wollen, "was menschlicher Ausdrucks-
    weise inhärent ist und sich ihr fast spontan anbietet, um gewisse Inhalte
    zum Klingen zu bringen ..." (MEES, Parallelstellen, 118f). Allgemein ist
    zu bedenken, daß nicht alle menschliche Rede in den Augen eines Quinti-
    lian Bestand haben würde und prinzipiell bei verschiedenen Autoren mit
    sehr unterschiedlicher Intensität der rhetorischen Durchgeformtheit ihrer
    Rede zu rechnen ist.

zweifelbar ist (so wenig sie nach den Ergebnissen meiner Untersuchung für Ign und die Did noch bezweifelt werden sollte),
und andererseits noch weit über Justin hinaus sich die Exaktheit der Zitation im Vergleich mit der bei den Apostolischen
Vätern keinesfalls signifikant ändert und schließlich auch
die Art des Autoritätsverweises prinzipiell gleich bleibt,
ist die in der These ausgesprochene Vermutung nicht von der
Hand zu weisen.

7) Daß ab Justin explizite Verweise auf die Schriftlichkeit der
Evangelienüberlieferung begegnen, hat nichts mit einer qualitativ
anderen, neuen Wertschätzung der Evangelien zu tun und bedingt auch
keine größere Exaktheit der Zitation, sondern ist eher ein Anzei-
chen der beginnenden und langsam fortschreitenden "Kanonisierung".

> Auch wenn die Kanonisierung nur die Formulierung eines fak-
> tisch bestehenden breiten Konsenses war und diesen nicht her-
> stellen, sondern nur benennen wollte, erfolgte sie doch auf
> Anstoß gewissermaßen von "außen", wobei die Rolle Markions
> nicht gering zu veranschlagen sein dürfte. Der Hinweis auf
> die Überlieferungsform der Evangelien als literarische Größen
> bringt die Evangelien als eine klar bestimmte und bestimmbare
> Größe in die Diskussion ein und bereitet den Boden dafür vor,
> eine abgegrenzte Gruppe dieser Schriften exklusiv als die
> kirchlichen Evangelien zu definieren.
> Die These, daß der Gebrauch von Formulierungen, die auf die
> Schriftlichkeit der Evangelien hinweisen, im Zusammenhang mit
> der Bestandsabgrenzung des Kanonisierungsprozesses zu verste-
> hen ist, erscheint mir als die naheliegendste Erklärung. Abge-
> lehnt wird damit die sonst gerne ins Feld geführte "dimi-
> nishing effectiveness" der vorsynoptischen mündlichen Tradi-
> tion[1] als Erklärung für das in Frage stehende Phänomen.
> Es mag sich durchaus retardierend für die Durchsetzung einer
> solchen Charakterisierung der Evangelien als literarischer
> Dokumente ausgewirkt haben, daß die Bedeutung der Bezeichnung
> "γραφή" eindeutig "besetzt" war durch das Alte Testament.[2]

8) Die Kanonisierung der Evangelien bedingt im 2. Jh. durchaus
keine größere Exaktheit der Zitation.

> Daß "Kanonizität" einer Schrift zur Exaktheit der Zitation
> führte, war offensichtlich eine lange Entwicklung. Noch

---

[1] So HAGNER (343f); auch FLESSEMANN-VAN LEER (66) rechnet für die frühen
     Apostolischen Väter noch mit der Lebendigkeit der Erinnerung an das irdi-
     sche Leben und Wirken Jesu, die sich dann langsam verliert. Mir scheint
     der Zeitpunkt des drohenden Verlustes der Lebendigkeit der Überlieferung
     historisch eher an der Abfassung schriftlicher Evangelien ablesbar zu
     sein; für die letztere These vgl. z.B. K ALAND (Geschichte, 103).
[2] Schon für Paulus sind die Autoritäten, auf die er sich beruft, die
     "Schrift" und der "Herr"; vgl. dazu auch HAGNER (341-343).

über den Untersuchungszeitraum hinaus bis weit ins 3. Jh.
hinein ist die Exaktheit der Zitation noch lange sehr viel
weniger wichtig als man sich gemeinhin vorzustellen geneigt
ist.[1] Sogar Irenäus, der als erster christlicher Autor überhaupt den "Text" bzw. genauen Wortlaut eines Jesuswortes und
seine möglichen und tatsächlichen Veränderungen zum Gegenstand der Reflexion erhebt, indem er den Gnostikern vorwirft,
den Text von Mt 11,27 mutwillig verdreht und verändert zu
haben, kann angesichts dessen, daß er den fraglichen Vers
selber in sehr verschiedenen Fassungen in seine Ausführungen
einfließen läßt, keinesfalls als ein Anwalt wortlautgetreuer
Zitation verstanden werden. Texttreue heißt für ihn offensichtlich (auch noch) nichts anderes als "inhaltliche Treue",
denn nur diesem Exaktheitskriterium entsprechend wird der
seiner Meinung nach gravierende Unterschied zwischen gnostischer und kirchlicher Rezeption von Mt 11,27 einleuchtend
und zwingend (vgl. oben 355f u. 358-361).
Auch die Genauigkeit der Aufnahme des AT, von der man aufgrund der Klassifizierung des AT als "γραφή" annehmen sollte, daß das AT als "Heilige Schrift" genauer zitiert würde,
läßt nach unseren Maßstäben im Untersuchungszeitraum sehr
zu wünschen übrig; wie beim "NT" sind auch hier nur längere
Zitate eine Ausnahme.

9) Erst in dem Maße, in dem durch den voranschreitenden Prozeß
der Kanonisierung die Evangelien immer mehr zumindest auch als
klar umgrenzte schriftliche Dokumente in den Blick kommen, kann
ihr Text zum "Gegenüber" der Interpretation werden. Von daher
verwundert es nicht, daß in der Zeit vor Irenäus, in der sich
diese Entwicklung erst allmählich anbahnt, sich so gut wie keine
"Auslegung", sondern nur "Aneignung" von Evangelienstoff feststellen läßt.[2]

Mit diesem Faktum hängt zusammen, daß man in auslegungsge-
schichtlichen Untersuchungen zu einzelnen Perikopen des Mt[3]
oder Arbeiten über die Geschichte der Exegese nur wenig für

---

1   Allgemein und zu Clem Al s. TITUS (u.a. 10); vgl. auch die Evangelien-
     zitate des Origenes, die im Origenes-Band der BP gut greifbar sind. Hin-
     zuweisen ist auch auf die Analysen von BARTSCH (Umgang), der herausar-
     beitet, daß für die Abschreiber des Kodex D (2.-4. Jh.) ihr Text keines-
     falls unveränderlich oder "heilig" war; vgl. a.a.O. passim u. besonders
     180-182.
2   Eine Ausnahme ist nur der Joh-"Kommentar" des Gnostiker Herakleon und
     die EpFlor des Ptolemäus; Grund für diese Ausnahme mag die in der Gnosis
     breit zu beobachtende Tendenz sein, kirchliches Überlieferungsgut offen-
     siv für sich zu reklamieren.
3   Zur Auslegungsgeschichte des Mt und darüber hinaus aller anderen bibli-
     schen Bücher s. die nahezu vollständige Bibliographie von SIEBEN.

den Untersuchungszeitraum dieser Arbeit Relevantes findet.
So beginnt die Geschichte der Exegese von DE MARGERIE zu
Recht mit der AT-Auslegung Justins, um dann Irenäus zu behandeln.
Selbst wenn auslegungsgeschichtliche Studien auch die Zeit
vor der "eigentlichen" Auslegung miteinbeziehen, kranken
ihre Analysen bezüglich des speziellen Interesses meiner Untersuchung daran, daß sie z.B. mehr an der inhaltlichen Aufnahme einer synoptischen Geschichte interessiert sind als
an der Frage, ob deren Mk- oder deren Mt-Version aufgenommen
wurde. Damit gleichen die Verfasser solcher Arbeiten in gewisser Weise den Schriftstellern des 2. Jh. Allerdings lassen
sich auch Beispiele für eine differenzierte und die Unterschiede der Synoptiker berücksichtigende Untersuchung anführen.[1]
Hinderlich bei der Auswertung der Ergebnisse solcher Untersuchungen ist auch eine zuweilen begegnende unkritische Benutzung der fraglichen Quellen.[2]
Schließlich ist bei Arbeiten, die um das Aufzeigen von größeren Zusammenhängen und Interpretationstypen bemüht sind,
mit Recht keine Vollständigkeit der Belege für das 2. Jh. an-
gestrebt.[3]
Alles in allem ist das so entstehende Bild von der Auslegung
einer Perikope dann oft deswegen unbefriedigend, weil es
gerade die früheste Rezeption der untersuchten Bibelstelle
nicht vollständig erfaßt; dabei kann gerade die in meiner Arbeit untersuchte früheste Rezeption des Mt davor warnen,
Auslegungsgeschichte nur als "Ideengeschichte" aufzufassen und
zu beschreiben, da gerade bei den Schriften des untersuchten
Zeitraumes die Einwirkungen der äußeren sozialen Situation
des jeweiligen Rezipienten auf seine Aufnahme des biblischen
Stoffes deutlich in den Blick kommen.

Die frühe Kirche hat ihre schriftlichen Quellen für die Evangelienüberlieferung nicht als formal zu definierende Größe
verstanden, bis sie dazu von "außen" sozusagen gezwungen wurde. Bevor die Evangelien dadurch dann allmählich zum ausleg-
baren und auszulegenden Gegenüber wurden, bezog die Kirche
ihre Information über ihren Herrn und seine Lehre in freier
Aneignung aus dem Evangelienstoff, ohne dessen Überlieferungs-
form für wesentlich zu erachten oder zum Thema zu machen.

10) Hauptgrund für die herausgehobene Bedeutung des Mt in der

Zeit vor Irenäus ist, daß die Autoren dieses Zeitraums die

Evangelien überwiegend als zuverlässige Quelle für Jesusworte

---

1   Vgl. z.B. MOINGT zu Mt 5,32 (besonders 345, Anm. 20).
2   Als Beispiel s. die Analyse der ApkPetr ohne Berücksichtigung der Über-
     lieferungslage bei MELONI (195f).
3   Dennoch ist schade, daß z.B. bei BEYSCHLAG (Geschichte) zu Mt 5,8 keine
     einzige der von mir diskutierten Stellen Berücksichtigung findet, die
     z.T. deutlichen Mt-Bezug aufweisen.

benutzt haben.

Für die frühe und intensive Rezeption des Mt im syrischen
Raum mag die Abfassung des Mt in eben dieser Gegend aus-
schlaggebend gewesen sein; spätestens aber ab der Zeit Justins, von der an man von der Bekanntheit aller Evangelien
in weiten Teilen des Römischen Reiches auszugehen hat, und
schon vorher für Kleinasien (vgl. nur den Polyk) müssen andere Gründe als die der lokalen Vertrautheit und der Verwurzelung im selben oder ähnlichen Milieu für die vorrangige Rezeption des Mt namhaft gemacht werden.
Für eine Reihe der theoretisch denkbaren Gründe für die
vorrangige Rezeption des Mt gibt es keinen Beleg im Rahmen
des untersuchten Materials. Dazu gehört z.B. die Vermutung,
daß gewisse "äußere" Gründe der kirchlichen Entwicklung wie
z.B. die Okkupierung des Lk durch Markion und des Joh durch
manche Gnostiker dazu beigetragen haben könnten, daß das Mt
als "unverdächtiges" Evangelium vermehrt zitiert wurde. Eine
solche Vermutung ist m.E. nicht zu beweisen; gegen sie
spricht, daß sie nicht erklärt, wieso zumindest das Lk gar
nicht so viel weniger als das Mt rezipiert wurde und warum
das Mk so gut wie keine Rolle gespielt zu haben scheint (es
sei denn, man wolle aus der Papiasnotiz eine allgemeine und
verbreitete Geringschätzung des Mk herauslesen)[1] . Zudem ist
das Mt in der Gnosis durchaus nicht weniger rezipiert worden
als das Joh.
Ebenfalls nicht beweisen läßt sich die These, daß bestimmte
inhaltliche Aussagen und Positionen des Mt für seine Rezeption entscheidend gewesen sind.[2] Dagegen spricht vor allem
die Tatsache, daß gerade die inhaltlichen und theologischen
Aussagen und Positionen des Mt so gut wie nie rezipiert worden sind, weil sie entweder - bedingt durch das Interesse
an einzelnen Jesusworten - gar nicht in den Blick kamen
(und kommen konnten) oder nicht in das Konzept des rezipie-
renden Autors hineinpaßten. Einzelfälle, in denen dies möglicherweise anders ist, erscheinen gegenüber dem überwiegenden
Gesamteindruck deutlich als die Regel eher bestätigende und
keinesfalls in Frage stellende Ausnahmen.
Weiter als alle diese Versuche führt meiner Meinung nach die
in der These zum Ausdruck gebrachte Beobachtung. Die Rede-
kompositionen des Mt mit ihrer thematisch wohlgeordneten Fülle von gerade auch praktisch verwertbaren Anweisungen bot
im Vergleich mit den anderen Evangelien die nach außen hin
auffälligste Zusammenstellung von Material für die Aufnahme
konkreter Weisungen des Herrn; weder Joh noch Mk und auch
nicht das Lk weisen in diesem Maße und Umfang vergleichbares

---

1   In diese Richtung argumentiert TUCKETT (Gospel of Truth, 140).
2   Vgl. z.B. MASSAUX (Influence, 654), der den Antijudaismus des Mt als
     einen wichtigen Grund für seine vorrangige Rezeption ansieht.

Material auf.[1]

Die überwiegende Rezeption von Jesusworten erklärt m.E.
auch gut, warum so verschiedenartige Evangelien nebeneinander
existieren und sich ergänzen konnten, ohne notwendigerweise
harmonisiert werden zu müssen. Daß eben dies darauf zurückzuführen sei, daß die Evangelien nicht als historische Berichte (auf deren Widersprüche man harmonisierend hätte rea-
gieren müssen), sondern als "Glaubenszeugnisse" verstanden
worden seien,[2] erscheint mir anhand der in meiner Arbeit
untersuchten Schriften als eine nicht haltbare Hypothese und
als eine anachronistische Projektion neuzeitlicher Differenzierungen in die Frühzeit der Kirche. Zumindest für die Evangelisten (s. vor allem Lk!) scheinen "Glaubenszeugnis" und
"historische Information" nur zwei Seiten derselben Medaille
zu sein und sogar einander zu bedürfen.[3]

4. SCHLUSSBEMERKUNGEN

Bei der Untersuchung der vorirenäischen Mt-Rezeption erwies sich
als durchgehend konstitutiv für die Aufnahme des matthäischen Stoffes das aktuelle theologische oder praktische Interesse des jeweiligen Verfassers in Verbindung mit der Autorisierung dieser Aufnahme durch den Hinweis auf die Autorität des Kyrios.
Dabei ist die Evangelienrezeption durchweg nicht an den - durch
den Kontext im aufgenommenen Evangelium bestimmten - Ursprungssinn des zitierten Evangelienstoffes gebunden; im Gegenteil ist
das Verwertungsinteresse des Rezipienten jeweils grundlegend und
bestimmend für die Sinngebung z.B. des aufgenommenen Jesuswortes.
Damit unterscheiden sich die Schriftsteller der Zeit vor Irenäus
prinzipiell nicht von den Evangelisten; auch diese nehmen die Worte
des Kyrios auf und interpretieren sie aktuell auf bestimmte Situa-
tionen bezogen, wie uns gerade die neutestamentliche redaktionsgeschichtliche Forschung lehren kann. Traditionsweitergabe und
-interpretation vermischt und verwischt sich so zu einem oft nicht

---

1   Für eine ähnliche Wertung vgl. z.B. V H STANTON und MASSAUX; STANTON
    (Gospels, 18) nennt als einen der Gründe für die vorrangige Rezeption
    des Mt seine Überlieferung der Lehre Christi; MASSAUX (Influence, 654)
    führt neben dem Antijudaismus des Mt als zweiten Hauptgrund für seine
    Rezeption die Hilfe, die es zur praktischen Lebensbewältigung bot, an.
2   So z.B. CULLMANN (Pluralität, 42), K ALAND (Geschichte, 103) und FRANK
    (143).
3   Vgl. dazu auch die Ausführungen von DIHLE (Evangelien, vor allem 48f).

mehr zu entwirrenden Ganzen. Durch den ganzen Untersuchungszeitraum hindurch sind die Evangelien keinesfalls ein "heiliger",
nicht abzuändernder Text, sondern - überspitzt ausgedrückt - nur
Rohmaterial, das erst nach seiner Bearbeitung und Veränderung die
ihm zugedachte Funktion erfüllen kann.

Der Versuch, sich selbst und seine Interessen bei der Aufnahme und
Weitergabe von Evangelienstoff möglichst "außen vor" zu lassen,
ist den Autoren des untersuchten Zeitraumes fremd. Ob man die Art
und Weise ihrer Rezeption des Mt dabei als "Willkür" oder als
durch die Bindung an den Kyrios eröffnete, garantierte - und auch
begrenzte - Freiheit interpretiert, ist abhängig vom Standpunkt
des Beurteilenden.
Größtmöglichste Freiheit gegenüber dem "Text" bei enger Bindung an
den Herrn - das war in der Zeit vor Irenäus der Weg, den schriftlich überlieferten Evangelienstoff auf sich und seine Gegenwart
zu beziehen.
Im Laufe der weiteren Entwicklung hat sich dieser Weg als ein ge-
fährdeter und schließlich nicht mehr gangbarer Weg erwiesen. Überraschend und Grund zum Staunen ist dabei für uns Heutige nicht,
daß er verlassen, sondern eher, wie lange er beschritten wurde.

ANHANG

VIII. ANHANG: TABELLARISCHER ÜBERBLICK ÜBER DIE REZEPTION DES MT
       VOR IRENÄUS

Der im folgenden gegebene Überblick ist nach Mt-Stellen geordnet; neben der
Seitenzahl, an der in meiner Untersuchung auf die betreffende Stelle eingegangen
oder verwiesen wird, ist angegeben, mit welchem Grad von Sicherheit von Mt-
Rezeption ausgegangen werden kann. Zur Begründung der jeweiligen Klassifizierung
ist auf die Kriteriendiskussion in der Einleitung zu verweisen.
Im einzelnen bedeuten die für die Klassifizierung verwandten Kürzel das
folgende:

w : Mt-Rezeption erscheint als wahrscheinlich
m+ : "   "   "   "   möglich bis wahrscheinlich
m : "   "   "   "   möglich, aber nicht zwingend
m- : "   "   "   "   möglich, aber nicht naheliegend
uw : "   "   "   "   unwahrscheinlich
a : "   "   "   "   auszuschließen.

Seitenzahlen in runden Klammern beziehen sich auf Schriften, auf deren Mt-Rezeption (bzw. Nicht-Rezeption) in meinen Untersuchungen nur pauschal hingewiesen wird
und aus denen Einzelstellen nur im "Tabellarischen Überblick" erwähnt werden.

Mt		Mt-Rezeption	S.
1,1	2LogSeth VII,2 p 63,5	m	417
1,16	TracTrip I,5 p 87,9	m	(381f)
1,18-25	AscJes 11,3-5	w	304
	TestVer IX,3 p 45,10	m	424
1,18-23	Sib 8,270	m-	312
1,18-20	Justin, Dial 78,3	w	200
	Protev 19,1	m	435
1,18	Justin, Apol 33,5	w	192f
	TracTrip I,5 p 115,9	m	(381f)
	ActPaul ed. TESTUZ S. 34,12	m	465
	S. 38,2	m	465
	Mel Pasch § 104	m	506
1,19	Protev 14,1	m	435
1,20f	14,2	w	431f
1,20	Justin, Apol 33,5	w	192f
	EpAp c. 3 (äth S. 128,23f)	m	482
	Sib 7,69	m-	312
1,21	Justin, Apol 33,5.8	w	191-193
	Protev 11,3	w	430f
1,23	Justin, Apol 33,1	m	237
	Protev 19,3	m	435
	Sib Prolog Z. 18	m-	312
1,24	Protev 14,2	w	431f
	9,3	m-	435

Mt		Mt-Rezeption	S.
1,24	Protev 16,3	m-	435
1,25	TracTrip I,5 p 115,10	m	(381f)
2	Justin, Dial 103,3	w	235
2,1-12	77,4 u. 78	w	199-201
	Protev 21,1-22,1	w	432-435
2,1-11	Mel Pasch § 92	w	505
2,1f	Justin, Dial 78,1	w	199
2,1.5	ActPaul ed. SCHMIDT/ SCHUBART S. 58,29	m+	465
2,1	Justin der Gnostiker nach Hippolyt, Ref 4, 24,2-27,5 (VÖLKER S. 31,25)	m	377
	EvTh 1 A c. 15,4	m	449
	Sib 8,479	m-	312
	EvTh 1 c. 1,1	m-	450
2,2-9	Sib 8,476	w	311
	12,30	w	311
2,2.9	IgnEph 19	m	83f
2,2	Justin, Dial 106,4	w	235
	Clem Al Exc ex Theod 74,2	w	367
	75,2	w	367
2,3f	EvTh 1 A 1,1	w	449
2,3	Heges Frgm. 4a	w	509
2,5f	Justin, Dial 78,1	w	213-215
2,6	Apol 34,1	w	213-215
2,9-11	Dial 106,4	w	235
2,9	ActPaul ed. SCHMIDT/ SCHUBART S. 54,34	m	466
2,11f	Justin, Dial 78,2	w	200
2,11	88,1	w	235
2,12-18	78,7	w	200
2,12	Sib 1,334	w	311
2,13-21	1,345	w	311
2,13-15	Justin, Dial 102,2	w	235
2,13	78,4	w	200
	PapCair 10735 S. 86,1	w	455
	EvTh 1 A 1,1	w	449
2,15.23	EvNaz Frgm. 1	w	289
2,16	Protev 22,1	w	432-435
	EvTh 1 A 1,1	m	449
2,17f	Justin, Dial 78,8	w	228
2,19-23	EvTh 1 A 4 inscr.	w	449
2,19-21	3,1	w	449
2,23	3,1	m+	449
	EvPh II,3 p 62,8-14 § 47	m	398
	ActPaul ed. SCHMIDT/ SCHUBART S. 58,29	m	466
3,1-4	Justin, Dial 88,7	m	237
3,1f	EvEb Frgm. 2 (Epiph Panar 30,13,4)	uw	285f
3,1	ExAn II,6 p 135,24	m	415
3,2f	Justin, Dial 51,2	m	237
3,3	Sib 1,336-338	m-	312
3,4	EvEb Frgm. 2 (Epiph Panar 30,13,4)	w	277-279
3,5-7	Frgm. 2 (Epiph Panar 30,13,4)	m	277-279
3,5f	Frgm. 3 (Epiph Panar 30,13,6)	m	285f
3,6	EvNaz Frgm. 2	uw	295

Mt		Mt-Rezeption	S.
3,6	Sib 1,339	uw	312
3,7	EvEb Frgm. 2 (Epiph Panar 30,13,4)	m+	277–279
	ActPaul ed. TESTUZ S. 44,2	m	465
3,7b	IgnEph 11,1	m–	89
3,9	Justin, Dial 25,1	m	237
	44,1	m	237
	140,2	m	237
3,10	Apol 16,13	m	187–189
	Apophasis Megale S. 32,14f	m	377
	EvPh II,3 p 83,11–13 § 123	m	398
3,11f	Justin, Dial 49,3	w	219f
	88,7	w	224
3,11	Her Frgm. nach Clem Al Ecl 25,1 (VÖLKER S. 85, 13)	m	377
3,12	Iren haer 1,3,5	m	358
	Apophasis Megale S. 16,21	m	377
	ActPaul ed. SCHMIDT/ SCHUBART S. 24,11	m	466
	EpAp c. 49 (äth S. 154,23f)	m	482
	IgnEph 16,2	m–	90
	II Clem 17,7	m–	140f
	Clem Al Exc ex Theod 49,1	m–	368
	Sib 2,253	uw	312
3,13–17	Iren haer 1,3,3	m	358
	1,7,2	m	358
	1,21,2	m	362
	Sib 6,4	m–	312
	7,66	m–	312
3,13–16	Justin, Dial 88,3	m	237
3,13–15	EvNaz Frgm. 2	uw	295
3,13	Justin, Dial 51,2	m	237
	EvEb Frgm. 4 (Epiph Panar 30,13,7f)	m–	279–282
3,14	Frgm. 4 (Epiph Panar 30,13,7f)	m	279–282
3,15	IgnSm 1,1	w	77–79
	EvEb Frgm. 4 (Epiph Panar 30,13,7f)	w	279–282
	EvPh II,3 p 72,29–73,1 § 89	w	397f
3,16f	AJ II,1 p 7,21	m	(381f)
	EvPetr § 36	m	443
	EvHebr Frgm. 2	m–	270f
3,16	EvEb Frgm. 4 (Epiph Panar 30,13,7f)	m	279–282
	TestLev 18,6	m	322
	TestJud 24,2	m	322
	Iren haer 1,14,6	m	362
	1,15,1	m	362
	1,15,3	m	362
	Clem Al Exc ex Theod 16,6	m	368
	22,6	m	368
	61,6	m	368
	76,1	m	368
	OdSal 24,1	m	372
	TestVer IX,3 p 39,24–28	m	424
	Protev 9,1	m	435
	TracTrip I,5 p 125,7	m–	(381f)

Mt		Mt-Rezeption	S.
3,17	TracTrip I,5 p 77,14	m	(381f)
	p 87,8	m	(381f)
	p 125,14	m	(381f)
	EvEb Frgm. 4 (Epiph Panar 30,13,7f)	m	279–282
	ApkPetr Äth § 17 S. 482,40f	m	317
	OdSal 7,15	m	372
	2ApcJac V,4 p 49,8	m	(381f)
	EvVer I,3 p 30,31	m	413
	p 40,23f	m	414
	Diog 8,11	m–	159
	11,5	m–	159
	Justin, Dial 88,8	m–	250f
	103,6	m–	248
	EvPetr § 35b	m–	444
	41	m–	444
	ActPaul ed. VOUAUX S. 216,8f	m–	465
4,1–11	Justin, Dial 125,4	m	237
4,1f	Justin der Gnostiker nach Hippolyt, Ref 5,24, 2–27,5 (VÖLKER S. 31,36))	m	377
4,1.8	EvHebr Frgm. 3	uw	270f
4,1	ActPaul ed. VOUAUX S. 233,6	m	464
4,3	AuthLog VI,3 p 30,26f	m	(381f)
4,4	SentSext 413	uw	508
4,5	PapEg 3 S. 45,4	w	453
4,5	EvNaz Frgm. 3	uw	298–300
4,10	Justin, Dial 103,5	w	226.237
	103,6	w	225f
	Apol 16,6	m	237.240f
	Dial 125,4	m	226
	PassApoll § 15	m	491
4,11	Clem Al Exc ex Theod 85,1	m	368
4,16	ActPaul ed. SCHMIDT/ SCHUBART S. 58,32–60,1	w	465f
	Protev 19,2	m	435
4,17	Justin, Dial 51,2	w	222.237
	ActPaul ed. SCHMIDT/ SCHUBART S. 58,31	w	465
4,18–22	ActJoh c. 88 Z. 8	m	462
4,21	AJ II,1 p 1,6f ≙ BG p 19,7–9	m	(381f)
4,23 u. 9, 35	EvMar p 8,21f	w	369
	Sib 8,272	m	311
	8,286	m	311
4,23	Justin, Apol 31,7	w	234
5–9	Barn 5,8	m	114
5–7	Sib 1,333	m	311
5,2	EvEb Frgm. 1 (Epiph Panar 30,13,2f)	m	274–277
5,3	EvTh II,2 log 54	m+	391
	Polyk 2,3b	m	99f
5,4	ExAn II,6 p 135,16f	m+	415
	ActPaul ed. VOUAUX S. 156,6	m	464
5,5	Did 3,7	uw	48

Mt		Mt-Rezeption	S.
5,6	ApkPetr Akh V. 3	m	317
	EvTh II,2 log 69b	m	392
	ExAn II,6 p 135,18f	m	415
5,7	ActPaul ed. VOUAUX S. 158,2	w	464
	I Clem 13,2a	uw	67-71
	Polyk 2,3a	uw	106
5,8	PapEg 3 S. 46,44	w	453f
	ActPaul ed. VOUAUX S. 154,4	w	463f
	Valentin, Frgm. nach Clem Al Strom 1,114,6		
	(VÖLKER S. 58,16)	m+	377
	Theoph Autol 1,2	m	503
5,9	ActPaul ed. VOUAUX S. 158,8	m-	464
5,10	Polyk 2,3b	w	99f
	ApkPetr Äth § 16 S. 482,30	w	316
	EvTh II,2 log 69a	m	392
	I Petr 3,14	m	484
5,11f	I Petr 4,13f	m	485
	IgnMagn 8,2	uw	93
5,11	LibTh II,7 p 145,3-5	m	(381f)
	EvTh II,2 log 68	m	392
	EpAp c. 38 (äth S. 147,25-32/ kopt S. 147,27-32)	m	482
	c. 50 (äth S. 154,26f)	m	482
	Herm sim 9,28,6	m-	127
5,12	EpAp c. 40 (äth S. 149,20f/ kopt S. 149,23f)	m	482
	ActPt VI,1 p 10,8	m-	403
5,13f	Iren haer 1,6,1	w	358
5,13	ActJoh c. 109 Z. 8	m-	462
5,14	Inter XI,1 p 9,30f	w	411
	PapOx 1 S. 90,38ff	m	(385)
	EvTh II,2 log 32	m	392
	EpPt VIII,2 p 137,7-9	m	422
5,15	EvTh II,2 log 33	m+	387.391f
5,16	Polyk 12,3	w	100-102
	Justin, Apol 16,2	w	180f
	II Clem 13,1	m	140
	TestBenj 5,3	m	322
	I Petr 2,12	m	484
	IgnEph 4,4	uw	92
5,16a	Clem Al Exc ex Theod 3,1	w	366
	41,3	w	366
5,17-48	TestLev 16,3	w	319
5,17	Ptol EpFlor 5,1	w	346f
	5,3	w	346f
	EvEb Frgm. 6 (Epiph Panar 30,16,5)	m+	283
	Agr KLOSTERMANN Nr. 42 Shab 116ab	m-	457
5,18	Iren haer 1,3,2	w	357
	I Clem 27,5	m-	71f
5,20	Justin, Dial 105,6	w	233
	II Clem 11,7	m	140
	Herm sim 9,12,3	uw	127
5,21-26	Ptol EpFlor 6,1	w	347

Mt		Mt-Rezeption	S.
5,22.28. 32.34. 39.44	Dial III,5 p 120,8f, 128,2 u.ö.	m	(381f)
5,22	Justin, Apol 16,2a	w	179–181
	EvNaz Frgm. 4	w	298–300
	EvHeb Frgm. 5 u. 6	m–	270
5,23	Did 14,2	m–	42
	IgnTrall 8,2	uw	95
5,24	Herm sim 5,3,8	uw	127
5,25f	Iren haer 1,25,4	m+	363
5,25	Clem Al Exc ex Theod 52,2	w	366f
	53,1	m	368
5,26	TestVer IX,3 p 30,17	m+	423
	Sent Sext 39	m	508
	Did 1,5	uw	43–47
5,27–32	Ptol EpFlor 6,1	w	347
5,28f	Athen Suppl § 33	m	498
5,28	Justin, Apol 15,1	w	229
	Basilides nach Clem Al Strom 4,82,2	w	374f
	Athen Suppl § 32	w	496f
	Theoph Autol 3,13	w	500–502
	SentSext 233	m+	508
	Herm vis 1,1,8	m	126
	mand 4,1,1	m	126
	TestBenj 8,2	m	322
5,29f	SentSext 13	m	508
	273	m	508
5,29	Justin, Apol 15,2	m	209f
5,32	Theoph Autol 3,13	w	500–502
	Athen Suppl § 33	m	497f
	Herm mand 4,1,6	m–	127
	Justin, Apol 15,3	m–	247
5,33–37	Ptol EpFlor 6,1	w	347
5,33	Did 2,2	uw	47f
5,34–47	Justin, Apol 16,5	w	211f
5,34	PassApoll § 6	w	490f
	AJ II,1 p 10,16 ≙ BG p 38,8f	m–	(381f)
5,35	Herm vis 3,9,8	m–	127
5,37	Justin, Apol 16,5	w	211
5,38–42.44	I Petr 3,9	m	485
5,38–42	Ptol EpFlor 6,2f	w	347
	Athen Suppl § 11	m–	498
5,38	Ptol EpFlor 5,4	m	347f
5,39–48	Did 1,3b–5	uw	43–47
5,39f	Justin, Apol 16,1	m	179–181.238
5,39	Ptol EpFlor 6,3	w	347
5,39b.c	Did 1,4	uw	43–47
5,40	Athen Suppl § 1	w	494f
	Did 1,4	uw	43–47

Mt		Mt-Rezeption	S.
5,41	Justin, Apol 16,2b	w	179-181
	Did 1,4	m-	43-47
5,42.48	TestVer IX,3 p 44,16-19	m	424
5,42	Justin, Apol 15,10	w	169.172
5,42a	Did 1,5	a	43-47
5,43f	Athen Suppl § 34	m-	498
5,44f	Athen Suppl § 11	w	495f
5,44.46	II Clem 13,4a	uw	142f
5,44	Justin, Apol 15,9	w	166-169
	ActPetr 28	w	469f
	Theoph Autol 3,14	w	502f
	Justin, Dial 35,8	m	237
	85,7	m	237
	133,6	m	247
	PapOx 1224 S. 492,2	m	458
	ActPetr 10	m	470
	EpAp c. 29 (äth S. 135,38f)	m	482
	Arist Apol S. 37,5	m	493
	Polyk 12,3	m-	100-102
	Diog 6,6	m-	159
	Justin, Apol 14,3	m-	247
	SentSext 213	m-	508
5,44c	Did 1,3	uw	43-47
5,45	Justin, Apol 15,13	w	173.178.251
	Dial 96,3	w	172f
	Epiphanius der Gnostiker nach Clem Al Strom 3,6,2 (VÖLKER S. 34,15f)	m	377
	Tat Orat § 11	m-	499
5,46f	Justin, Apol 15,10	w	170.172
5,46	Athen Suppl § 12	w	496
	Theoph Autol 3,14	w	502
	Justin, Apol 15,9	m	166-169.237
5,46a	Did 1,3	a	43-47
5,46b	1,3	a	43-47
5,46c	1,3	uw	43-47
5,48	Polyk 12,3	w	100-102
	EvVer I,3 p 27,23f	m	413
	EpAp c. 29 (äth S. 143,6f/ kopt S. 143,10f)	m	482
	Justin, Apol 15,13	uw	173f.178.251
5,48a	Did 1,4	uw	43-47
5,48b	AJ II,1 p 3,19-22 ≙ BG p 24,8-11	m	(381f)
	TracTrip I,5 p 61,29	m	(381f)
	p 92,16	m	(381f)
6,1-18	EvTh II,2 log 6 u. 14	m+	388
6,1-8	EvTh II,2 log 6	m	391
6,1-3	Arist Apol syr S. 39,21-23	m	493
6,1f	SentSext 341	m	508
6,1	Justin, Apol 15,17	w	230-232

Mt		Mt-Rezeption	S.
6,2f	AuthLog VI,3 p 33,27f	m	(381f)
6,3	Theoph Autol 3,14	w	503
	EvTh II,2 log 62	m	392
6,4	IgnMagn 3,2	uw	92f
6,5f.9-13. 16ff	Did 8,1f	w	31-36
6,5f	8,2	w	31-36
6,5,16	EpJac I,2 p 7,17f	m	384
6,6	EvPh II,3 p 68,8-12 § 69	m+	396.398
	TestJos 3,3	m	322
6,8b	Justin, Apol 15,15	m	175f
6,9-13	Did 8,2	w	31-36
6,10	MartPol 7,1	m	489
	Justin, Apol 68,2	m-	248
6,11	EvNaz Frgm. 5	m	292
6,12	Polyk 6,2	m	102f
	I Clem 13,2b	uw	68-71
	Polyk 2,3a,b	uw	106
6,13	7,2	m	103
	OdSal 14,5	m	372
	Did 10,5a	m-	49f
6,14	I Clem 13,2b	uw	68-71
	Polyk 2,3a.b	uw	106
6,16-18	Did 8,1	w	31-36
	Ptol EpFlor 5,13	m	349
	PapOx 654 S. 168,33	m	(385)
6,16	TestJos 3,4	m	322
6,19f	Justin, Apol 15,11	w	170f.172
	EvTh II,2 log 76	m	392
	EvVer I,3 p 33,16f	m	413
6,19	TestVer IX,3 p 31,19f	m	424
	ActJoh c. 34, Z. 4f	m	462
6,20	Justin, Apol 15,11	w	170f.209
	Silv VII,4 p 88,16f	m	420
6,21	Justin, Apol 15,16	m	177f.237
	EvMar p 10,15f	m	370
	SentSext 41	m-	508
	316	uw	508
6,22f	TestIss 3,4	m	322
	Dial III,5 p 125,18-126,1	m	(381f)
6,24	EvTh II,2 log 47	m	392
	TestVer IX,3 p 29,24f	m	424
	Tat perf nach Clem Al Strom 3,12,81,1f	m	499
	II Clem 6,1	uw	142
6,25-34	Diog 9,6	m	159
	1 ApcJac V,3 p 29,7f	m	(381f)
	EvPh II,3 p 57,7f § 23	m-	398
6,25.31	PapOx 655 S. 177,1 u. 178,4	m	(385)
	EvTh II,2 log 36	m	392

Mt		Mt-Rezeption	S.

Mt		Mt-Rezeption	S.
6,25	Justin, Apol 15,14	m	174f.178.237
6,26	15,14	w	174f.178
6,27	PapOx 655 S. 178,12	m	(385)
6,28-30	S. 178,7	m	(385)
6,28	IgnSm 6,2	m-	91
6,30 (vgl. 8,26; 14,31; 16,8)	EpAp c. 24 (äth S. 139,23f/ kopt S. 139,25)	w	473
6,30	ActPaul ed. TESTUZ S. 42,2	m-	465
6,31f	Justin, Apol 15,15	w	175f.178
6,33	Justin, Apol 15,16	w	176-178
	PapOx 655 S. 178,15	m	(385)
	Agr KLOSTERMANN Nr. 4 (Clem Al Strom 1,24,158, 2 u. Origenes, De oratione 141)	m	457
6,34	ActPt VI,1 p 10,18	w	402
7,1f	2ApcJac V,4 p 57,21	m-	(381f)
	I Clem 13,2e	uw	68-71
	Polyk 2,3a,a	uw	106
7,1	EvMar p 15,16	m	370
	SentSext 183	m	508
7,2f	Herm sim 6,3,6b	m	126
7,2	Justin, Dial 115,5	m	237
	TestSeb 5,3	m	322
7,2b	I Clem 13,2g	uw	69-71
	Polyk 2,3a,d	uw	107
7,3-5	EvTh II,2 log 26	m	392
7,5	PapOx 1 S. 89,1	m	(385)
7,6-8	EvTh II,2 log 92-94	m+	391
7,6	Basilides nach Epiph Panar 24,5,2,4f	w	373f
	Did 9,5	m	36f
7,7f	Herm sim 6,3,6b	m	127
	EvMar p 8,20f	m	370
	PapOx 654 S. 161,7	m	(385)
	EvHeb Frgm. 4 a.b	uw	270f
7,7.11	Herm mand 9,4	uw	127
7,7	EpJac I,2 p 10,32-34	m	384
	EvVer I,3 p 17,3f	m	413
	ActJoh c. 22, Z. 11f	m	462
	EpAp c. 39 (äth S. 148,25f/ kopt S. 148,26-28)	m	482
	V Esr 2,13	m-	329f
	Herm sim 4,6	uw	127
7,12	SentSext 89	m	508
	210	m	508
	Did 1,2	m-	40
	Athen Suppl § 32	m-	498
	Theoph Autol 2,34	m-	503
	SentSext 179	m-	508
	I Clem 13,2c	uw	68-71
7,13f	Silv VII,4 p 103,13-28	m+	419f

Mt		Mt-Rezeption	S.
7,13f	Silv VII,4 p 106,34	m	420
	2ApcJac V,4 p 55,19f	m-	(381f)
	Did 1,1	uw	42
7,14	EpAp c. 24 (äth S. 139,32/ kopt S. 139,35-37)	m	482
7,15f	Justin, Apol 16,13	w	187-189.232
	Dial 35,3	w	232.237
	Herm mand 11,16	m	126
7,15	IgnPhld 2,2	m	84
	Anonymer Antimontanist nach Euseb, Hist eccl		
	5,16,8.17	m	512
	Sib 7,134	m-	312
	ApkPetr Akh V. 1	m-	317
	Did 16,3	uw	51-55
7,16-18	EvVer I,3 p 33,37-39	m	414
7,16	TracTrip I,5 p 118.21-23	m+	(381f)
	EvTh II,2 log 45	m	392
	ApcPt VII,3 p 76,4f	m	407
	Herm mand 6,2,4	uw	127
7,17f	EvTh II,2 log 43	m	392
7,18	ApcPt VII,3 p 75,7-9	m	407
7,19	Justin, Apol 16,13	m	187-189.237
7,21-23	EvNaz Frgm. 6	w	298-300
7,21	II Clem 4,2	w	132-134
	Justin, Apol 16,9	w	181.189
	EvVer I,3 p 33,30f	m	414
	EpAp c. 27 (äth u. kopt S. 141, 28-31)	m	482
	I Clem 30,3	m-	66
7,22f	Justin, Apol 16,11	w	183-185.189
	Dial 76,5	w	183-185
7,23	II Clem 4,5	uw	143f
7,24-27	EpJac I,2 p 8,7	m	384
7,24	Justin, Apol 16,10	m	182f.189.237
	II Clem 3,4	m-	140f
7,25	OdSal 31,11	m	372
	IgnPol 1,1	uw	94
8,1-4	PapEg 2 S. 11,32	m	451
8,2f	EpAp c. 5 (äth S. 129,9)	m-	482
8,5-13	Mel Pasch § 92	m	505
8,5	EvEb Frgm. 1 (Epiph Panar 30,13,2f)	m-	276
8,9	Iren haer 1,7,4	m	358
8,11f	Justin, Dial 76,4	w	223
	120,6	w	223
	140,4	w	223
8,12 u.ö.	Her Joh Frgm. 40 (VÖLKER S. 82,6)	w	351f
	EvPh II,3 p 68,7 § 69	w	396
	Sib 2,203	m	311
	2,305	m	311
	8,105	m	311
	8,231	m	311
	8,350	m	312

Mt		Mt- Rezeption	S.
8,12 u.ö.	ApkPetr Äth § 5	m	317
	Dial III,5 p 127,17f	m	(381)
	TracTrip I,5	m	(381)
	Sib 2,332	m−	312
	8,86	m−	312
8,12b	Justin, Apol 16,12	m	185f.189
8,14	EvEb Frgm. 1 (Epiph Panar 30,13,2f)	m−	274−277
8,17	IgnPol 1,2f	m	85f
	Silv VII,4 p 103,27f	m	420
8,19	ActPaul ed. VOUAUX S. 194,3	m	464
8,20	EvTh II,2 log 86	m	392
	ActAndr § 10	m−	460
	ActJoh c. 95, Z. 39	m−	462
8,22	ActJoh c. 46, Z. 12f	m	462
	ActPetr 40	m	470
8,26	Sib 8,273	m−	312
	EvTh 1 A 6,9	m−	449
	EpAp c. 5 (äth S. 129,15)	m−	482
8,28−32	(äth S. 129,9−14)	m−	482
9,6f	Mel Pasch § 78	m	506
9,8	ActPaul ed. VOUAUX S. 234,2	m	464
9,9−13	EvEb Frgm. 1 (Epiph Panar 30,13,2f)	m+	274−277
9,10	PapOx 1224 S. 491,16	m	458
9,12	PapOx 1224 S. 491,18	m	458
9,13 (vgl. 12,7)	Sib 2,82	w	311
	Barn 5,8f	m	114f
	II Clem 2,4	m	135f
	Justin, Apol 15,8	m	237f
	EvEb Frgm. 6 (Epiph Panar 30,16,5)	m−	283
	Barn 19,7	uw	121
9,15	EvTh II,2 log 38 (vgl. 104)	m	392
	Straßburger koptisches Evangelienfragment, NT- Apo Bd. 1, S. 156,6	m	456
9,16f	EvTh II,2 log 47	m	392
9,18−26	Iren haer 1,8,2	m−	358
9,20−22	Iren haer 1,3,3	m	358
9,20	TestVer IX,3 p 41,10	m	424
9,22	EpAp c. 5 (äth S. 129,7f)	m	482
	Herm vis 3,8,3	m−	126
9,25	Noema VI,4 p 41,11	m	(381f)
	ActPaul ed. VOUAUX S. 246,13	m	465
9,27−30	EvVer I,3 p 30,15f	m	413
9,34	Justin, Dial 69,7	m−	248
9,35	Justin, Apol 31,7	w	234
	EvMar p 8,21f	w	369
9,36	I Petr 2,25	m	485
9,37f	Her Joh Frgm. 33 (VÖLKER S. 78,1−4)	m	353
9,37	EvTh II,2 log 73	m	392
	LibTh II,7 p 138,34	m−	(381f)

Mt		Mt-Rezeption	S.
10,1-5	Barn 8,3	m-	119
10,1-4	ActPaul ed. SCHMIDT/ SCHUBART S. 60,34	m	466
10,1	Justin, Apol 31,7	w	234
	Iren haer 1,3,2	m	358
	EpJac I,2 p 2,9	m	384
10,1a	1ApcJac V,3 p 36,1-4	m	(381f)
10,1b	TracTrip I,5 p 116,14f	m	(381f)
10,2-4	EvEb Frgm. 1 (Epiph Panar 30,13,2f)	m	273-277
10,2	Iren haer 1,18,4	m	362
	ActPt VI,1 p 9,13	m-	403
	EvPetr § 6	m-	444
10,3	EvTh 1 A 4 inscr.	m-	449
10,4	Iren haer 1,3,3	m	358
10,5f	Iren haer 1,20,2	w	362
10,6	EvEb Frgm. 1 (Epiph Panar 30,13,2f)	w	276-277
10,7	ActPaul ed. SCHMIDT/ SCHUBART S. 58,31	w	465
10,8	OdSal 4,13	m	372
	5,3	m	372
	ActPt VI,1 p 10,33-11,1	m	403
	SentSext 242	m	508
10,9f	Antimontanist Apollonius nach Euseb, Hist eccl 5,18,7	w	512
	Antimontanist Apollonius nach Euseb, Hist eccl 5,18,4	m	512
10,10	Dial III,5 p 139,8-13	m	(381)
	ActPt VI,1 p 3,23	m	403
	Agr KLOSTERMANN Nr. 28 (Epiph Panar 80,5)	m-	457
	Did 4,10	uw	48
10,10b	Did 13,1f	m	38f
10,15	EpAp c. 26 (äth S. 141,2/ kopt S. 141,1)	m-	482
10,16	EvNaz Frgm. 7	w	298-300
	EvTh II,2 log 39	m+	391
	Silv VII,4 p 95,7-13	m+	420
	IgnPol 2,2	m	86
	PapOx 655 S. 179,41ff	m-	(385)
	II Clem 5,2	uw	144-146
10,17-20	EpJac I,2 p 8,35f	m	384
10,17f	EpJac I,2 p 5,10-16	m	384
10,19	1ApcJac V,3 p 29,1-3	m	(381f)
10,21f	Justin, Dial 35,7	m	237
10,22	82,2	m	237
10,22b	Did 16,5	uw	52-55
10,23	MartPol 4	m	488f
10,24	Dial III,5 p 139,8-13	m	(381f)
10,26	OrigMund II,5 p 125,17f	m	(381f)
	Rheg I,4 p 45,6	m	(381f)
	PapOx 654 S. 167,27	m	(385)
	EvTh II,2 log 5	m	392
10,27f	EpPt VIII,2 p 138,25-27	m	422

Mt	Mt-Rezeption		S.

Mt		Mt-Rezeption	S.
10,27	EvTh II,2 log 33	w	386f
	PapOx 1 S. 91,41	m	(385)
10,28	Justin, Apol 19,7	w	189-191
	Herm mand 12,6,3	m	126
	Her Joh Frgm. 40 (VÖLKER S. 80,31-81,1)	m	352
	Clem Al Exc ex Theod 51,3	m	367f
	Straßburger koptisches Evangelienfragment, NT-Apo Bd 1, S. 156,17-19	m	456
	ActPaul ed. SCHMIDT/ SCHUBART S. 22,4	m	466
	Herm mand 7,4	uw	127
	II Clem 5,4	uw	145f
10,29	EvVer I,3 p 37,21-24	m	414
10,32f	Her nach Clem Al Strom 4,71ff (VÖLKER S. 85,16)	m	377
10,32	II Clem 3,2	w	131f
	Theoph Autol 1,1	m-	503
	Justin, Dial 122,2	uw	251
10,33	Herm vis 2,28	uw	127
10,34-36	EvTh II,2 log 16	m+	391f
10,34	Iren haer 1,3,5	m	358
10,35-37	EvNaz Frgm. 23	uw	297
10,36	MartPol 6,2	m	489
10,37f	EvTh II,2 log 55	m	392
10,38	Iren haer 1,3,5	m	358
	Clem Al Exc ex Theod 42,3	m	368
10,40	Justin, Apol 16,10	m	182f.189.237
	IgnEph 6,1	m-	89
	Justin, Apol 63,5	m-	248
	Did 4,1	uw	48
10,41f	IgnRöm 9,3	m-	90
10,42	ActPaul ed. VOUAUX S. 158,5	m	464
	IgnSm 10,1	uw	94
11,5	Justin, Apol 48,2	m	243f
	54,10	m	237
	Dial 12,2	m	237
	69,3	m	237
	EvVer I,3 p 30,15f	m	413
	TestVer IX,3 p 33,5-8	m	424
	ActPaul ed. SCHMIDT/ SCHUBART S. 60,35	m	466
	EpAp c. 5 (äth S. 129,8f)	m	482
	Mel Pasch § 72	m	506
	Justin, Apol 22,6	m-	247
	Sib 1,353	m-	312
	8,206	m-	312
	EvTh 1 A 6,12	m-	449
11,7f	EvTh II,2 log 78	m	392
11,9	Her Joh Frgm. 5 (VÖLKER S. 66,6)	m	353
	(66,8)	m	353
	(66,21)	m	353
	10 (VÖLKER S. 68,20-23)	m	353
11,11	5 (VÖLKER S. 66,9)	m	353
	(66,30)	m	353
	(66,35ff)	m	353

Mt		Mt-Rezeption	S.
11,12-15	Justin, Dial 51,3	w	198f
11,12	EvNaz Frgm. 8	w	298-300
11,13f	Her Joh Frgm. 5 (VÖLKER S. 66,6)	m	353
	(66,8)	m	353
11,14	(66,16)	m	353
	Sib 2,187	m-	312
11,15	EvMar p 7,8f	m	370
	8,10f	m	370
	2ApcJac V,4 p 52,16	m	(381f)
	EvTh II,2 log 8	m	392
	21	m	392
	24	m	392
	63	m	392
	65	m	392
	96	m	392
	SJC III,4 p 97,20	m	401
	98,21	m	401
	105,9	m	401
	BG p 107,17f	m	401
11,17	ActJoh c. 95, Z. 27-30	m-	462
11,19	IgnTrall 9,1	m-	91
11,21f	V Esr 1,11	uw	331
11,23	EvVer I,3 p 42,17f	m	414
	V Esr 2,8f	uw	333
11,25-27	Iren haer 1,20,3	w	362
11,25	2ApcJac V,4 p 55,2	m	(381f)
	EvVer I,3 p 19,27-30	m	413
	EvNaz Frgm. 9	m-	299f
11,27	Justin, Apol 63,3	w	216-218
	63,13	w	216-218
	Iren haer 1,20,3	w	355
	2,14,7	w	359
	4,6,1	w	359
	Justin, Dial 100,1	m	216-218.237
	Ptol EpFlor 3,7	m	349
	Iren haer 1,2,5	m	358
	OdSal 7,16	m	372
	TracTrip I,5 p 87,15f	m	(381f)
	EvTh II,2 log 61	m	392
	ActPt VI,1 p 3,28	m	403
	Silv VII,4 p 100,24f	m	420
	TestVer IX,3 p 41,5	m-	424
11,28-30	EvTh II,2 log 90	m+	391
11,28f	Iren haer 1,20,2	w	362
	Silv VII,4 p 103,16f	m+	419
	EvHeb Frgm. 4a.b	uw	270f
11,28	OdSal 31,6	m	372
	ActPaul ed. VOUAUX S. 156,9	m-	465
11,29f	I Clem 16,17	m	60
	TestVer IX,3 p 37,22f	m	423f
11,29	TestDan 6,9	w	320

Mt		Mt-Rezeption	S.
11,29	Silv VII,4 p 118,34	m+	423
	II Clem 6,7a	m	136f
	AJ II,1 p 26,22-32 ≙ III,1 p 34,18-35,2 ≙ BG p 67,18-68,13	m	(381f)
	II Clem 5,5	m-	140f
	Sib 8,326	m-	312
	OdSal 42,7b-8	m-	372
	LibTh II,7 p 145,11	m-	(381f)
	Did 6,2	uw	49
12,2	EvTh 1 A 4,2	m-	449
	EvTh 1 c. 2,4	m-	450
12,9-14	Mel Pasch § 78	m	506
	89	m	506
12,9-13	EvNaz Frgm. 10	uw	295f
12,10.13	EpAp c. 5 (äth S. 128,34-129,1)	m	482
12,11f	EvVer I,3 p 32,18	w	413
12,12	Diog 4,3	m	159
12,18-22	Justin, Dial 135,2	a	206f
12,18	AscJes 1,4	w	304
	OdSal 7,15	m	372
	2ApcJac V,4	m	(381f)
	IgnSm inscr.	m-	90f
12,22	EvVer I,3 p 30,15f	m	413
12,24	Justin, Dial 69,7	m-	248
12,25	Ptol EpFlor 3,5	m	348
12,29	Clem Al Exc ex Theod 52,1	m	368
	EvTh II,2 log 35	m	392
	Apoll H Pasch S. 487,12	m	510
12,31f	Theodot der Gerber nach Epiph Panar 54,3,2	w	515
	Did 11,7	m	37f
	AJ II,1 p 27,29-31 ≙ BG p 70,18-71,2	m	(381f)
12,33-35	EvVer I,3 p 33,26-28	m	413f
12,33	EvTh II,2 log 44	m	392
	Antimontanist Apollonius nach Euseb, Hist eccl 5,18,8	m	512f
	IgnEph 14,2	uw	92
12,34f	EvTh II,2 log 45	m	392
12,34	ActPaul ed. TESTUZ S. 44,2	m	465
12,39	Justin, Dial 107,1	w	227
12,40	EvNaz Frgm. 11	m-	299f
12,41	Justin, Dial 107,2	m	237
	I Clem 7,7	uw	67
12,43-45	EvVer I,3 p 33-19-21	m	413
	Herm mand 12,5,4	uw	127
12,43	5,2,7	uw	127
12,46	EvNaz Frgm. 2	m-	294
12,47-50	EvTh II,2 log 99	w	387
12,48	EvEb Frgm. 5 (Epiph Panar 30,14,5)	m	282f
12,49	5 (30,14,5)	w	282f
	Inter XI,1 p 9,31-33	w	411

Mt		Mt-Rezeption	S.
12,50	EvEb Frgm. 5 (Epiph Panar 30,14,5)	w	282f
	II Clem 9,11	m	137-139
	EvVer I,3 p 33,30f	m	414
13,3-9	EpJac I,2 p 8,7	m	384
	EvTh II,2 log 9	m	392
13,3-8	Justin, Dial 125,1	m	237
13,3	I Clem 24,5	m	61f
13,7	Herm sim 5,2,4	uw	127
13,8	Ptol EpFlor 7,10	m	349
	Sib 3,264	uw	312
13,9	Justin, Apol 53,1	m-	247
13,10-13	Iren haer 1,3,1	m	358
	Clem Al Exc ex Theod 66	m	368
	EpJac I,2 p 2,13	m	384
	7,1-6	m	384
13,11	EvTh II,2 log 62	m	392
	SJC III,4 p 93,17	m	401
	ApcPt VII,3 p 82,19	m	407
13,12	EvTh II,2 log 41	m	392
	ApcPt VII,3 p 83,27-29	m	407
13,14f	Polyk 6,1f	a	109
	2ApcJac V,4 p 60,7f	m	(381f)
13,16	EpAp c. 29 (äth S. 142,38-42/ kopt S. 142,41-143,4)	m	482
	Heges Frgm. 9	m	509
13,17	EvTh II,2 log 38	m	392
	104	m	392
	Polyk 1,3	uw	109
13,20f	Herm sim 9,21,1	uw	127
13,20.22	vis 3,6,5	uw	126
13,22	3,7,3	m-	126
	mand 10,1,5	uw	127
	sim 9,20,1	uw	127
13,23	EpJac I,2 p 8,5f	m	384
13,24-30	EvTh II,2 log 57	m+	391
	Herm sim 3,3	uw	127
13,25.34	Clem Al Exc ex Theod 53,1	w	366f
13,25.37	Dion Cor Sot nach Euseb, Hist eccl 4,23,12	w	514
13,25	IgnEph 10,3	m-	89
	Sib 1,396	uw	312
13,27	Herm sim 5,2,9	m-	127
13,29	EvPh II,3 p 52,31f § 7	m-	398
13,30.39	Sib 2,164	uw	312
13,30	Her Joh Frgm. 14 (VÖLKER S. 70,23f)	m	353
	32 (77,24)	m	352
13,31f	Iren haer 1,13,2	m	362
	EpJac I,2 p 8,7	m	384
	EvTh II,2 log 20	m	389.392
	Herm sim 8,3,2	uw	127
13,31	ActPetr 20	m	470

Mt		Mt-Rezeption	S.

Mt		Mt-Rezeption	S.
13,32	Theoph Autol 2,14	m–	503
13,33	Iren haer 1,8,3	m	358
	EvTh II,2 log 96	m	390.392
13,34f	Noema VI,4 p 40,30f	m	(381f)
13,34	ActPt VI,1 p 10,24f	m	403
13,35	OdSal 41,15	m	372
	AJ II,1 p 1,2f	m	(381f)
13,36	ApkPetr Äth § 2	m	317
13,37.39.41	Her Joh Frgm. 35 (VÖLKER S. 79,4ff)	w	351
13,38	Herm sim 5,5,2	uw	127
13,40	4,2,4	uw	127
13,41	ApkPetr Akh V. 3	m–	317
13,42f	Justin, Apol 16,12	w	185f.189
13,43	II Clem 12,6	m	139
13,44-46	EvTh II,2 log 76	m+	391
13,44	ActPetr 20	w	468
	EvTh II,2 log 109	m	390.392
	ActJoh c. 109 Z. 8	m	462
	Arist Apol syr S. 39,24-40,1	m	493
	Tat Orat § 30	m–	499
13,45f	EvPh II,3 p 56,20-22 § 22	m–	398
13,46	ActPetr 20	w	468
	ActJoh c. 109 Z. 8	m+	462
13,47	9	m	462
13,55	ActPetr 14	w	468
	23	w	468
	AscJes 11,2	m+	303f
	EvTh 1 c. 13,1	m	449f
	16,1f	m	449f
	EvTh 1 A 11,1	m	449
	Heges Frgm. 4a	m–	509
13,55a	Justin, Dial 88,8 (ARCHAMBAULT Bd. 2 S. 76,18)	w	224
	(76,21)	m–	224
13,55b	1ApcJac V,3 p 24,14-16	m	(381f)
	2ApcJac V,4	m	(381f)
14,3-12	Justin, Dial 49,4	m	237
14,6.10	Sib 1, 342f	m–	312
14,10	EpJac I,2 p 6,30f	m	384
14,13-21	Sib 6,15	uw	312
14,15	Protev 17,3	m–	435
14,17	EpAp c. 5 (äth S. 129,20f)	m	482
14,19-21	Sib 8,275	m–	312
14,19f	ActJoh c. 93 Z. 6f	m	462
14,19	ActPaul ed. VOUAUX S. 236,2	m	464
14,20	ActPetr 20	m	470
14,21-33	Sib 1,356-360	m–	312
14,21	EpAp c. 6 (äth S. 129,22)	w	473
14,24f	5 (129,14f)	m–	482
14,25	TestVer IX,3 p 33,8f.23f	m	424

Mt		Mt-Rezeption	S.

Mt		Mt-Rezeption	S.
14,25	Sib 8,274	m–	312
	ActPaul ed. SCHMIDT/ SCHUBART S. 52,27	m–	466
14,29	ActPetr 7	m	470
14,30f	10	m+	467f
14,31	AJ II,1 p 2,10 ≅ BG p 21,15	m	(381f)
14,33	2,1 ≅ 21,2–3	m–	(381f)
15,2	Ptol EpFlor 4,11–13	w	344
	AJ II,1 p 1,6f ≅ BG p 20,2f	m	(381f)
	PapOx 840 S. 489,12	m–	458
15,3	EpAp c. 5 (äth S. 129,8f)	m	482
15,4–9	Ptol EpFlor 4,11–13	w	344–346
15,4	5,7	w	348
15,5	EvNaz Frgm. 12	uw	299f
15,7–9	PapEg 2 S. 13,54–59	m	451
15,8	I Clem 15,2	m–	64–66
	II Clem 3,5	m–	140f
15,9	Justin, Dial 140,2	m	237
15,11	EvTh II,2 log 14	m	392
	SentSext 110	m	508
15,13	IgnPhld 3,1	w	80
	EvPh II,3 p 85,29f § 126	m+	397f
	EvTh II,2 log 40	m	392
	AscJes 4,3	m–	305f
15,14 u. 23,16. 17.19. 26	ApcPt VII,3 p 72,9–13	w	406
	73,11–14	w	406
	81,28–32	w	406
15,14	EvTh II,2 log 34	w	387f
	EpAp c. 47 (äth S. 153,29–31/ kopt S. 153,28–30)	w	474f
15,17f	SentSext 110	m	508
15,19f	102	m–	508
15,19	Did 5,1	uw	48f
	Barn 20,1	uw	121
15,27	EvPh II,3 p 82,23f § 122	m	398
15,36f	ActJoh c. 93 Z. 6f	m–	462
16,1	EvVer I,3 p 19,21–23	m–	414
16,2f	EvNaz Frgm. 13	w	298–300
16,3	IgnPol 3,2	uw	94
16,4	Justin, Dial 107,1	w	227
16,6	TestVer IX,3 p 29,13–15	m	423
16,13–20	ApcPt VII,3 p 71,15–72,4	w	404f
16,15–18	Justin, Dial 100,4	w	225
16,15	EvTh II,2 log 12	m	392
16,16	ActPt VI,1 p 9,11	m	402
	ActPaul ed. VOUAUX S. 226,7	m	464
	EvPetr § 60	m–	444

Mt		Mt-Rezeption	S.

Mt		Mt-Rezeption	S.
16,17	ApcPt VII,3 p 71,19-21	w	404
	IgnPhld 7,2	m-	90
	EvNaz Frgm. 14	uw	289f.299f
16,18	OdSal 22,12	w	372
	EpLugd (Euseb, Hist eccl) GCS 9,1 S. 430,6	m	492
16,21-23	Mel Pasch § 74	m	506
16,21	Justin, Dial 51,2	m	244-246
	76,7	m	244-246
	100,1	m	237
	100,3	m	244-246
	106,1	m	237
	EvPetr § 30	m-	444
16,22	EpJac I,2 p 5,36-6,19	m	384
16,23	Justin, Dial 103,6	w	226
	ApkPetr Äth § 16	m	317
16,24-26	EvTh II,2 log 110	m	392
16,26	II Clem 6,2	w	134f
	Justin, Apol 15,12	w	171f
	EvTh II,2 log 67	m	392
	Inter XI,1 p 9,33-35	m	412
	EvVer I,3 p 42,36f	m	414
	IgnRöm 6,1	uw	94
16,27 u. 25,31	Sib 2,242	m-	313
16,27	ApkPetr Äth § 1	w	316
	6	m	317
	EvTh II,2 log 88	m	392
	ActPaul ed. VOUAUX S. 302,2	m	465
	II Clem 11,6	m-	140f
	Sib 2,244	m-	312
	ApkPetr Äth § 1	m-	317
	Heges Frgm. 4a	m-	509
	Herm sim 6,3,6a	uw	127
	II Clem 17,4	uw	141f
17,1-9	ActJoh c. 90 Z. 2	m	462
	EvPh II,3 p 58,6f § 26	m-	398
17,1-8	Iren haer 1,14,6	m	362
	ActPetr 20	m	470
17,2f	ApkPetr Akh V. 7	m	317
	Äth § 15	m	317
17,2	1	m	317
	AJ II,1 p 1,6-9 ≙ BG p 21,7-13	m	(381f)
	HA II,4 p 93,15	m	(381f)
	ApkPetr Akh V. 6	m-	317
17,3	Äth § 16	w	316
	Rheg I,4 p 48,5-10	m	(381f)
	ActJoh c. 91 Z. 5	m	462
17,4	ApkPetr Äth § 16	w	316
17,5	17	m	317
	OdSal 7,15	m	372

Mt		Mt– Rezeption	S.
17,5	AJ II,1 p 10,14f ≅ BG p 38,6f	m	(381f)
	29,11f ≅ 73,11f	m	(381f)
	2ApcJac V,4 p 49,8	m	(381f)
	EvVer I,3 p 30,31	m	413
	40,23f	m	414
	Protev 19,2	m	435
	ActPaul ed. VOUAUX S. 188,5	m	464
	II Petr 1,17	m	486
	Diog 8,11	m–	159
	11,5	m–	159
	EvPetr § 35b	m–	444
	41	m–	444
	ActPaul ed. VOUAUX S. 212,6	m–	465
	216,8f	m–	465
17,5a	ApkPetr Äth § 17	m	317
17,6	Protev 14,1	m	435
17,9	ApkPetr Äth § 17	m	317
	Protev 20,4	m	435
	AscJes 11,11	uw	306
17,10-13	Justin, Dial 49,5	w	221
17,11	49,3	m	237
17,12	EvTh II,2 log 51	m	392
17,17	V Esr 1,9	m–	330
17,19	EpAp c. 5 (äth S. 129,21)	m	482
17,20	ActPetr 10	w	469
	EvTh II,2 log 48	m	392
	106	m	106
17,22f	1ApcJac V,3 p 25,7f	m	(381f)
	EvPetr § 30	m–	444
17,23	26a	m–	444
17,24-27	EpAp c. 5 (äth S. 129,16-20)	w	475f
	Mel Pasch § 86	w	505
18,1	EvTh II,2 log 12	m	392
18,2-4	2ApcJac V,4 p 55,2	m	(381f)
	EvVer I,3 p 19,28f	m	413
18,3	Justin, Apol 61,4	w	207-209
	EvTh II,2 log 22	m	392
18,4	Herm sim 8,7,6	uw	127
18,5	IgnRöm 9,3	m–	90
18,6f	I Clem 46,8f	m	62-64
	EvHebr Frgm. 5	m–	270f
	6	m–	270f
18,6.10.14	Dial III,5 p 125,5-10	m	(381f)
18,6	ActPetr 6	m	470
18,7	Agr KLOSTERMANN Nr. 60 (Ps Clem Hom 12,29)	m	457
18,8f	SentSext 13	m	508
	273	m	508
18,8 u. 25,41	Sib 8,401	m	312

Mt		Mt-Rezeption	S.
18,9	Justin, Apol 15,2	m–	209f
18,10	Iren haer 1,14,1	w	362
	1,13,3.6	m	362
	EvVer I,3 p 19,31f	m	413
	41,33	m	414
18,10a	OrigMund II,5 p 124,10	m	(381f)
	Polyk 10,1	uw	109
18,10b	TracTrip I,5 p 86,28f	m	(381f)
	87,17-19	m	(381f)
	88,12f	m	(381f)
	91,33	m	(381f)
	93,30	m	(381f)
	94,31	m	(381f)
	100,22	m	(381f)
	102,8	m	(381f)
	123,26	m	(381f)
	Herm sim 5,6,2	uw	127
18,11	II Clem 2,7	uw	141
18,12-14	Iren haer 1,8,4	m	358
	1,16,1	m	362
	EvVer I,3 p 31,35-32,4	m	413
18,12f	EpJac I,2 p 8,6	m	384
	EvTh II,2 log 107	m	392
18,15-17	EpAp c. 48 (äth S. 154,3-12/ kopt S. 154,3-9)	w	481f
18,17	Polyk 11,2	uw	109
18,18	EpLugd (Euseb, Hist eccl) GCS 9,1 S. 430,6	m	492
18,19f	IgnEph 5,2	m	80f
18,19	EvTh II,2 log 48	m	392
	106	m	392
	Herm sim 4,6	uw	127
18,20	PapOx 1 S. 90,23	m	(385)
	EvTh II,2 log 30	m	392
18,21f	EvNaz Frgm. 15a.b	m	292f.298-300
18,23-35	Polyk 6,2	m	102f
18,33	I Clem 13,2	m	68-71
	Polyk 2,3a,c	uw	106
18,34	Herm sim 9,29,1-3	uw	127
	9,31,2f	uw	127
18,35	I Clem 13,2b	uw	68-71
	Polyk 2,3a,b	uw	106
19,3	AJ II,1 p 1,8f ≙ BG p 19,10f	m	(381f)
	EvVer I,3 p 19,21-23	m–	414
19,4f	Athen Suppl § 33	m	498
19,4	I Clem 33,5	uw	72
	II Clem 14,2	uw	141f
19,5	OdSal 3,2	m	372
19,6	Ptol EpFlor 4,4	w	343f
19,8	4,4	w	342-344
19,9	Athen Suppl § 33	m+	497f

Mt		Mt-Rezeption	S.
19,9	Herm mand 4,1,6	m	126
19,11f	Basilides nach Clem Al Strom 3,1,1	w	373
	Justin, Apol 15,4	w	230
19,12	IgnSm 6,1	m	86f
19,13f	2ApcJac V,4 p 55,2	m	(381f)
19,14	EvTh II,2 log 22	m	392
	Herm sim 9,29,1-3	uw	127
	9,31,2f	uw	127
19,16-30	Iren haer 1,8,3	m	358
19,16-22			
(23-30)	EvNaz Frgm. 16	m+	290-292
19,16f	Justin, Dial 101,2	w	201-203.251
	Apol 16,7	uw	201-203
19,17	Ptol EpFlor 7,5	m	349
	Valentin nach Clem Al Strom 2,114,3 (VÖLKER S. 58,5ff)	m	377
	TracTrip I,5 p 53,6	m	(381f)
	61,29	m	(381f)
	EvVer I,3 p 42,30	m	414
	43,19	m	414
	Theoph Autol 2,27	m	503
	Herm sim 5,1,5	m-	127
	Diog 8,8	m-	159
	Herm sim 5,3,2f	uw	127
19,18	Did 2,2	uw	47f
19,19	EvTh II,2 log 25	m	392
19,21-24	Herm vis 3,6,6	m	126
19,21	AJ II,1 p 26,6f ≙ BG p 66,11-13	m	(381f)
	Silv VII,4 p 88,16f	m	420
	SentSext 264	m	508
	Did 1,4	uw	43-47
	6,2	uw	49
	Herm sim 5,3,2f	uw	127
19,23	SentSext 193	m	508
	Herm sim 9,20,2	uw	127
19,26	ApkPetr Äth § 4	m	317
	EpAp c. 21 (äth u. kopt S. 138,33f)	m	482
	Justin, Apol 19,6	m-	248f
19,27-29	ActPt VI,1 p 10,8	m-	403
19,27	EpJac I,2 p 4,25-27	m	384
	ActPt VI,1 p 10,15-18	m	403
	EpAp c. 40 (äth S. 149,20f/ kopt S. 149,23f)	m	482
19,28	ExAn II,6 p 134,29	m-	415
19,29	Sib Frgm. 3 Z. 47	m	312
19,30 u. 20,16	PapOx 654 S. 165,22ff	m	(385)
	EvTh II,2 log 4	m	392
19,30	Barn 6,13	uw	121
20,1-16	Iren haer 1,1,3	w	357
	EpJac I,2 p 8,8f	w	383

Mt		Mt-Rezeption	S.
20,18f	1ApcJac V,3 p 25,7f	m	(381f)
20,19	EvPetr § 30	m−	444
20,22f	MartPol 14,2	m	489
20,23	EvNaz Frgm. 23	uw	297
20,26-28	SentSext 336	m−	508
20,28	Diog 9,2	m	159
	TracTrip I,5 p 120,13	m	(381f)
	EvVer I,3 p 20,13f	m	413
	Silv VII,4 p 104,13	m	420
	Polyk 5,2	m−	104f
20,29-34	EvVer I,3 p 30,15f	m	413
21,1-13	Justin, Dial 53,2	w	222
21,1-11	88,6	m	237
21,1-9	Apol 32,6	m−	249
21,4f	35,10f	w	204f
	Dial 53,3	uw	204f
21,5	Sib 8,324f	m	311
	EvPetr § 11	m−	444
21,7	MartPol 8,1	m	489
21,9.15	Did 10,6	uw	50
21,9	Heges Frgm. 2	w	509
	Did 12,1	uw	50
21,12	Justin, Dial 17,3	m	237
	Silv VII,4 p 109,15-17	m	420
21,13	Her Joh Frgm. 13 (VÖLKER S. 70,19)	m	353
	II Clem 14,1	m−	140f
21,21	EvTh II,2 log 48	m	392
	106	m	392
	ActPetr 10	m	469
21,22	Herm sim 6,3,6b	m	126
	mand 9,4	uw	127
21,23-27	Iren haer 1,20,2	m	362
21,31	EvVer I,3 p 33,30f	m	414
21,32	ApkPetr Äth § 7	m	317
	Akh V. 22	m	317
	28	m	317
21,33-41	IgnEph 6,1	m−	89
21,33-39	EvTh II,2 log 65	m	392
21,33	Herm sim 5,2,1	m	126
21,37	5,2,6	uw	127
21,38	TracTrip I,5 p 121,14-18	m	(381f)
21,42	I Petr 2,4.7	m	485
21,43	V Esr 1,24	m−	332
	2,10	uw	334
22,1-14	Clem Al Exc ex Theod 61,8	w	367
	63,1f	w	367
22,2-10	EvTh II,2 log 64	m	392
22,11-13	EpLugd (Euseb, Hist eccl) GCS 9,1 S. 420,24f	m	492

Mt		Mt-Rezeption	S.
22,11	Herm mand 12,1,2	m	126
	sim 9,13,2	m	126
22,12	Clem Al Exc ex Theod 61,8	w	367
	63,1	w	367
22,14	Barn 4,14b	m+	111-113
22,15-18	PapEg 2 S. 11,43-12,53	m-	451
22,16	EvVer I,3 p 18,19	m	413
22,17-21	Justin, Apol 17,2	m	241-243
	EvTh II,2 log 100	m	392
22,18	EvVer I,3 p 19,21-23	m-	414
22,19	IgnMagn 5,2	m-	90
22,20f	Clem Al Exc ex Theod 86,2	m	368
22,21	ActScill S. 114,9f	m	492
	SentSext 20	m-	508
22,29	TestVer IX,3 p 37,5-8	m	423
22,30	Justin, Dial 81,4	m-	249f
	AscJes 9,9	m-	306
	Sib 2,328	m-	312
	Clem Al Exc ex Theod 22,3	m-	368
22,31f	Justin, Apol 63,17	m-	248
22,35	EvVer I,3 p 19,21-23	m-	414
22,37-39	Justin, Dial 93,2	m	239-241
	98,4	m	239-241
	SentSext 106	m-	508
	442	m-	508
	Did 1,2	uw	42f
22,37.39	Sib 8,481	m-	312
22,37	Justin, Apol 16,6	m	239-241
	II Clem 3,4	m-	140f
22,39	EvTh II,2 log 25	m	392
	Barn 19,5	uw	121
22,40	Justin, Dial 93,2	w	237.239
22,43f	Barn 12,10	m-	119
22,45	12,11	m-	120
23,6-12	Herm sim 8,7,6	uw	127
23,6-10	ApcPt VII,3 p 79,24-30	m	406
23,8f	EpAp c. 41 (äth S. 149,31-37/ kopt S. 149,32-38)	w	476f
23,8	IgnEph 15,1	m	81f
	Magn 9,1	m	87f
	EvTh II,2 log 12	m	392
23,9	Inter XI,1 p 9,28f	w	411
23,12	Silv VII,4 p 104,21-24	m	420
	Herm sim 9,22,3	m-	127
23,13	Justin, Dial 17,4	m	196-198
	PapOx 655 S. 179,41ff	m	(385)
	EvTh II,2 log 39	m	392
	ApcPt VII,3 p 78,26-31	m	406

Mt		Mt- Rezeption	S.
23,15	Justin, Dial 122,1	m+	237
	Her Joh Frgm. 46 (VÖLKER S. 84,11f)	m	352f
23,16	Justin, Dial 17,4	w	197f
	PapOx 840 S. 488,31	m	458
23,23f	Justin, Dial 17,4	w	196-198
23,23	ApcPt VII,3 p 78,20-22	w	406
23,24	Justin, Dial 112,4	w	196-198
23,26	EvTh II,2 log 89	m	392
	PapOx 840 S. 489,35	m-	458
23,27	Justin, Dial 17,4	w	196-198
	112,4	w	196-198
	IgnPhld 6,1	m	84f
23,28	Her Joh Frgm. 46 (VÖLKER S. 84,11f)	m	352f
23,29-37	V Esr 1,32	m+	327f
23,31f	Barn 5,11	m-	115f
23,31	Justin, Dial 95,2	m	237
23,33	Her Joh Frgm. 46 (VÖLKER S. 84,11f)	m	352f
	ActPaul ed. TESTUZ S. 44,2	m	465
23,34f	V Esr 1,32	uw	333
23,34	ApcPt VII,3 p 74,5ff	m	406
	Anonymer Antimontanist nach Euseb, Hist eccl		
	5,16,12	m	512
23,35	TestLev 6,3	m	319
	TestBenj 7,4	m	322
	Genna Marias (Epiph Panar 26,12)	m	377
	ActPaul ed. VOUAUX S. 310,2	m	465
	EvNaz Frgm. 17	m-	294f
	Protev 23,3	m-	435
	24,2	m-	435
23,37	1ApcJac V,3 p 25,16-18	m	(381f)
	V Esr 1,30	m-	332f
23,38	1,33.35	m+	328
24,2	Sib 1,393f	m-	312
24,3	ApkPetr Äth § 1 (S. 472,1f)	w	316
	(472,3)	w	316
	Prot XIII,1 p 44,33f	m	(381f)
24,4f	EvMar p 8,15f	m	370
24,4	ApkPetr Äth § 1	w	316
24,4b	Did 6,1	m-	40
24,5-11	Justin, Dial 82,2	m	237
24,5.11.24	ApcPt VII,3 p 79,31-80,7	m	407
24,5	ApkPetr Äth § 1	w	316
	2	w	316
	Justin, Apol 16,13	m	186-189.237
	Dial 35,3	m	186-189.237
	35,4	m	186-189.237
	51,2	m-	248
24,6f	EpAp c. 37 (äth S. 147,2-4)	m	482
24,6.29	OrigMund II,5 p 126,10	m	(381f)

Mt		Mt- Rezeption	S.
24,7	Sib 1,389f	m-	312
	2,6	m-	312
	3,636	m-	312
	OrigMund II,5 p 126,34f	m-	(381f)
24,9	EpJac I,2 p 5,10-16	m	384
	ApcPt VII,3 p 73,32-74,9	m	407
24,10	74,20f	m	407
24,10a	Did 16,5	uw	52-55
24,10b	16,4	uw	52-55
24,10c	16,4	uw	52-55
24,11	Justin, Dial 51,2	m	237
	Sib 1,165f	m	311
	ApkPetr Akh V. 1	m	317
	EvAeg III,2 p 61,15	m	(381f)
	Justin, Dial 35,3	m-	248
	Did 16,3	uw	52-55
24,12a	16,4	uw	52-55
24,12b	16,3	uw	52-55
24,13a	16,5	uw	52-55
24,14	EvMar p 8,21f	w	369f
	9,8-10	m	370
24,19	Sib 2,190	m-	312
24,21	Herm vis 2,2,7	uw	127
24,22	ApcPt VII,3 p 80,8-11	m	407
	Barn 4,3	uw	120
	V Esr 2,13	uw	329f
24,23-26	ApkPetr Äth § 1	w	316
24,23-25	Justin, Dial 82,2	m	237
24,23	EvMar p 8,17f	m	370
24,24	Justin, Dial 35,3	m	237
	ApkPetr Äth § 2	m	317
	EvAeg III,2 p 61,15	m	(381f)
	Heges Frgm. 3b	m	509
	ApkPetr Akh V. 1	m-	317
	Äth § 2	m-	317
24,24b	Did 16,4	uw	52-55
24,27-31	ApcPt VII,3 p 78,1-6	m	407
24,27	ApkPetr Äth § 1	w	316
24,29	Noema VI,4 p 46,5	m	(381f)
	Barn 15,5	m-	120
	Sib 2,194	m-	312
	2,200	m-	312
	8,190	m-	312
	8,232	m-	312
	8,341	m-	312
	ApkPetr Äth § 5	m-	317
	EpAp c. 34 (äth S. 145,30f)	m-	482
24,30	ApkPetr Äth § 1	w	316
	6	w	316

Mt		Mt-Rezeption	S.
24,30	Sib 2,241f	m-	312
	EpAp c. 16 (äth S. 134,25-29/ kopt S. 134,27-31)	m-	482
24,30a	ApkPetr Äth § 1	m	317
	Did 16,6	uw	52-55
24,30c.d	16,8	uw	53-55
24,31	Justin, Dial 51,9	m	234
	Sib 8,239	m	311
	Did 10,5b	uw	49f
24,31b	16,6	uw	52-55
24,32-26	II Clem 11,3	uw	141f
24,32	ApkPetr Äth § 2	m	317
24,35	EvTh II,2 log 11	m	392
	I Clem 27,5	uw	71f
24,42	Did 16,1	uw	51-55
24,43f	EvTh II,2 log 21	m	392
24,43	103	m	392
24,44	Did 16,1	uw	51-55
24,45-51	EvNaz Frgm. 18	m	293f
24,46	Sib 2,179	m-	312
25,1-13	EpJac I,2 p 8,7f	w	383
	EpAp c. 43-45 (äth u. kopt)	w	477-481
25,2	Clem Al Exc ex Theod 86,3	w	367
25,6	ActAndr A S. 14 (HORNSCHUH, Andreasakten S. 284,16-24)	w	459f
	OdSal 7,17	m	372
25,10	EvTh II,2 log 75	m+	391
25,13	Did 16,1	uw	51-55
25,14-30	EvNaz Frgm. 18	m	293f
25,14-27	Justin, Dial 125,2	m	237
25,14	Herm sim 5,2,2	uw	127
25,19	Herm sim 5,2,5	m-	127
25,21-23	II Clem 8,5	uw	146
25,21	Polyk 1,3	uw	109
25,29	EvTh II,2 log 41	m	392
	ApcPt VII,3 p 83,27-29	m	407
25,30	78,23f	w	406
25,31-46	TestJos 1,5f	m	322
	Arist Apol syr S. 38,7-11	m	493
	V Esr 2,13	m-	334
	2,20ff	m-	334
	2,34f	m-	334
	IgnEph 4,4	uw	92
25,31	Justin, Dial 51,9	w	234
	ApkPetr Äth § 1	w	316
	6	w	316
	Did 16,7a	m-	53-55
25,32ff	ApkPetr Äth § 1	m	317
25,32	Sib 8,417	m-	312
25,34	V Esr 2,13	m	330

Mt		Mt– Rezeption	S.
25,34	EpAp c. 28 (äth S. 142,17-21/ kopt S. 142,16f)	m	482
	OdSal 8,20b-21a	m–	372
	ActPaul ed. VOUAUX S. 158,1	m–	465
	Did 10,5b	uw	49f
25,35-37	EvVer I,3 p 33,1-8	m	413
25,36.43	Polyk 6,1	m–	105
25,41	Justin, Dial 76,5b	w	232f
	Apol 28,1	w	234
	TestSeb 10,3	m	322
25,46	EpAp c. 26 (äth u. kopt S. 141,6)	w	473
	MartPol 11,2	m+	489
	EpLugd (Euseb, Hist eccl) GCS 9,1 S. 412,5f	m	492
	Theoph Autol 2,34	m	503
	II Clem 6,7b	m–	140f
	MartPol 2,3	m–	489
	SentSext 14	m–	508
	Sib 1,349	uw	312
26,6-13	IgnEph 17,1	m	82
26,11	Barn 21,2	uw	122
26,14-16	Iren haer 1,3,3	m	358
	Noema VI,4 p 41,18	m	(381f)
26,15	41,28-30	m–	(381f)
26,17-20	Apoll H Pasch S. 486,20	m	510
	487,2	m	510
26,17-19	EvPetr § 5c	m	442
26,17	EvEb Frgm. 7 (Epiph Panar 30,22,4f)	w	283f
26,24	I Clem 46,8	m	62-64
	ApkPetr Äth § 3	m	317
	Herm vis 4,2,6	m–	127
26,26	Justin, Apol 66,3b	m–	194f.249
	EvHebr Frgm. 7	m–	270f
26,27f	Justin, Apol 66,3	w	194f.249
26,27	EvHebr Frgm. 7	uw	270f
26,28	EvVer I,3 p 20,15	m–	414
	I Clem 7,4	uw	66f
26,29	EpAp c. 29 (äth S. 143,8f/ kopt S. 143,12)	w	473
	II Clem 12,6	m	139
	Justin, Dial 51,2	m	237
	EvHebr Frgm. 7	uw	270f
26,30-34	Evangelienfragment von Fajjum S. 176,1ff	m	458
26,30	Justin, Dial 106,1	m	237
	Straßburger koptisches Evangelienframent, NT- Apo Bd. 1, S. 156,2	m	456
	ActJoh c. 94 Z. 2	m	462
	Justin, Dial 103,1	m–	248
26,31	Barn 5,12	m–	116f
	AscJes 3,14	m–	305
	Herm sim 9,31,6	uw	127

Mt		Mt- Rezeption	S.
26,32	Clem Al Exc ex Theod 61,5	m	368
26,37	Justin, Dial 99,2	m	237
26,38f	Iren haer 1,8,2	m	358
26,38	Straßburger koptisches Evangelienfragment, NT- Apo Bd. 1, S. 156,9	w	456
26,39	Justin, Dial 99,2	w	224f
	103,8	w	224f
	ActPetr 36	m	470
26,41	Polyk 7,2	m	103
	LibTh II,7 p 145,8f	m	(381f)
26,41b	1ApcJac V,3 p 32,19f	m	(381f)
	EpLugd (Euseb, Hist eccl) GCS 9,1 S. 412,27f	m	492
	Straßburger koptisches Evangelienfragment, NT- Apo Bd. 1, S. 156,7	m	456
26,45	156,5	w	456
	ActPetr 37	m	470
	Apoll H Pasch S 487,14	m	510
	Sib 8,287	m-	312
26,47-50	Noema VI,4 p 41,21f	m	(381f)
26,47	Justin, Dial 103,1	m	237
	ActPaul ed. VOUAUX S. 174,1	m	464
	240,20	m	464
26,50	1ApcJac V,3 p 25,8f	m	(381f)
26,50	AscJes 9,14	m-	306
26,54	Did 16,8	uw	53-55
26,55	ActJoh c. 94 Z. 1	m	462
	ActPaul ed. VOUAUX S. 240,21	m	464
	MartPol 7,1	m	489
	Mel Pasch § 79	m	506
26,56	Justin, Dial 103,2	m	237
	ActJoh c. 97 Z. 2f	m	462
26,57-66	Mel Pasch § 93	m	506
	Apoll H Pasch S. 487,13	m	510
26,57	Justin, Dial 104,1	m	237
26,60	Mel Pasch § 79	m	506
	89	m	506
26,61	EvTh II,2 log 71	m	392
	EvPetr § 26b	m-	444
26,62f	Justin, Dial 103,9	m	237
26,63f	Barn 7,9c.10	m-	118f
	EvPetr § 6b	m-	444
26,63	10b	m	442
26,64	ApkPetr Äth § 6	m	317
	Heges Frgm. 2	m	509
	Sib 2,243	m-	312
	Iren haer 1,15,3	m-	362
	EvPetr § 19b	m-	444
26,67	9a	m	442
	Sib 1,365f	m-	312
	8,288	m-	312

Mt		Mt-Rezeption	S.
26,69-75	ApcPt VII,3 p 80,33	m	407
	ActPetr 7	m	470
	EpAp c. 11 (äth u. kopt S. 131,27)	m	482
26,74	EvNaz Frgm. 19	uw	299f
26,75	Protev 13,1	m	435
27,1	EvPetr § 34	m-	444
27,2	Iren haer 1,7,2	m	358
	Apoll H Pasch S. 487,11f	m	510
	AscJes 11,19	uw	306
27,4	Protev 14,1	m	435
27,5	MartPol 6,2	m	489
	Anonymer Antimontanist nach Euseb, Hist eccl 5, 16,13	m	512
27,6	TestSeb 3,3	m	322
	EvTh II,2 log 46	m	392
27,11-26	Apoll H Pasch S. 487,13	m	510
27,13f	Justin, Dial 102,5	m	237
27,16	EvNaz Frgm. 20	uw	296
27,19	2ApcJac V,4 p 49,9	m	(381f)
	59,21f	m	(381f)
	61,14	m	(381f)
27,19	EvPetr § 28	m-	444
27,24f	1ApcJac V,3 p 43,17-21	m+	(381f)
27,24	Mel Pasch § 92	w	505
	EvPetr § 1	m+	438f.442
	46	m	443
27,25	TestLev 16,3	w	319
	EvPetr § 17	m	443
27,26	5c	m	442
	Mel Pasch § 79	m	506
	93	m	506
	Sib 8,290	m-	312
27,27	EvPetr § 6a	m	442
27,28	Barn 7,9b	m	115
	EpPt VIII,2 p 139,17f	m	422
	EvPetr § 7a	m-	444
27,29	Sib 1,373	m-	312
	2LogSeth VII,2 p 56,13	m	417
	EpPt VIII,2 p 139,17	m	422
	Mel Pasch § 79	m	506
	93	m	506
	Sib 6,23	m-	312
	8,294	m-	312
	EvPetr § 8	m-	444
27,30	2LogSeth VII,2 p 56,8	m	417
	ActJoh c. 97 Z. 7	m	462
	EvPetr § 9	m-	444
27,32	2LogSeth VII,2 p 56,9-11	m	417
27,33	EpAp c. 9 (äth S. 130,22f/ kopt S. 130,22)	m	482
27,34.48	Mel Pasch § 79	m	506
	Barn 7,3	m-	117f
	7,5	m-	117f

Mt		Mt-Rezeption	S.
27,34.48	Sib 1,367f	m–	312
	2LogSeth VII,2 p 56,7	m–	417
	EvPetr § 16	m–	444
	ActJoh c. 97 Z. 9f	m–	462
27,34	Sib 6,24f	w	311
	Mel Pasch § 93	m	506
27,35	Justin, Apol 35,8	m	237
	Dial 97,3	m	237
	OdSal 31,9	m	372
	2LogSeth VII,2 p 58,24f	m	417
	ActJoh c. 97 Z. 5f	m	462
	EvPetr § 12	m–	444
	AscJes 11,19	uw	306
27,37	Mel Pasch § 95	m	506
	EvPetr § 11	m–	444
27,38	EpAp c. 9 (äth S. 130,19f/ kopt S. 130,18)	m	482
	AscJes 3,13	m–	305
	EvPetr § 10a	m–	444
27,39-44	Justin, Apol 38,8	m	237
27,39	Dial 101,3	m	237
27,40-43	101,3	m–	248
27,40	EvPetr § 6b	m–	444
27,42	7b	m	442
	6a	m–	444
27,45	Iren haer 1,14,6	m	362
	Noema VI,4 p 42,15-17	m	(381f)
	2LogSeth VII,2 p 58,20	m	417
	ActJoh c. 97 Z. 5f	m	462
	Mel Pasch § 97	m	506
	Sib 8,306	m–	312
	EvPetr § 15	m–	444
27,46	EvPh II,3 p 68,26f § 72	m	398
	EvPetr § 19a	m	443
	ActPaul ed. VOUAUX S. 308,4	m	465
	Iren haer 1,8,2	m–	358
	EvPetr § 22	m–	444
27,46b	Justin, Dial 99,1	m	246f
27,48	Mel Pasch § 93	m	506
27,51b-54	EvPetr § 21b	m+	439.442
27,51f	TestLev 4,1	m	321f
27,51	Mel Pasch § 98	w	506
	TestLev.10,3	m	322
	TestBenj 9,4	m	322
	EvPh II,3 p 85,5-10 § 125	m	398
	2LogSeth VII,2 p 58,27f	m	417
	Protev 24,3	m	435
	Sib 8,305	m–	312
	Protev 10,1	m–	435
	EvPetr § 20	m–	444
	EvNaz Frgm. 21	uw	296f

Mt		Mt- Rezeption	S.
27,52f	PapEg 3 S. 45,9	w	453
	2LogSeth VII,2 p 58,28-59,4	m+	417f
27,52	IgnMagn 9,2	uw	93
	V Esr 2,16	uw	334
27,54	EvPetr § 28	m	443
	45	m	443
	31	m-	444
27,57-62	5a	m-	444
27,57-60	Apoll H Pasch S. 487,22	m	510
27,57f	EvPetr § 3	m	442
27,57	Justin, Dial 97,1	m	237
27,58-60	EvPetr § 23f	m	443
27,59f	Mel Pasch § 104	m	506
27,59	ActPetr 40	w	468
27,60f	EvPetr § 54	m	443
27,60	32	m	439-441.442
	AscJes 3,13	m-	305
27,62-66	3,14	w	303
27,62-64	EvPetr § 29	m+	439-441.442
27,62	Iren haer 1,14,6	m-	362
27,63f	Justin, Dial 107,1	m-	248
27,63	TestLev 16,3	w	319
	Justin, Dial 69,7	m	237
	EvPetr § 30	m	439-441.443
	Arist Apol gr S. 9,24f ≙ syr S. 10,11f	m	493
27,64	EvPetr § 30	m+	439-441
27,65f	31	m	439-441.443
27,65	EvNaz Frgm. 22	w	298-300
27,66	EvPetr § 33	m	439-441.442
28,1	50	m	443
	34	m-	444
	35a	m-	444
28,2-4	36	m-	444
28,2f	55	m	443
28,2	37	m	443
	44	m	443
	AscJes 3,16	m-	305
28,3	HA II,4 p 93,15f	m	(381f)
28,5f	EvPetr § 56	m	43
28,6	Mel Pasch § 104	m	506
28,7	EvPetr § 59	m-	444
	EpAp c. 10 (äth u. kopt S. 130,35f)	m-	482
28,8	EvPetr § 57	m	443
	ActPaul ed. VOUAUX S. 312,1	m	465
28,10	EpAp c. 10 (äth u. kopt S. 130,35)	m	482
	11 (131,26)		482
	EvPetr § 59	m-	444
28,11-15	45	m	441.443
	47	m	441.443
28,11	38	m-	444

Mt		Mt-Rezeption	S.
28,12	EvPetr § 28	m–	444
28,13	30	m	443
28,16-20	AscJes 3,17f	m	305
28,16f	ActPt VI,1 p 9,20	m+	402
	EvPetr § 59	m–	444
28,16	SJC III,4 p 90,19	w	400f
28,17	91,3	w	400f
	92,2	w	400f
28,18	EpAp c. 19 (äth S. 136,2f)	w	473f
	21 (138,29f)	w	473f
	TracTrip I,5 p 87,33	m	(381f)
	96,10f	m	(381f)
	Herm sim 5,6,1.4	uw	127
28,19f	EpAp c. 23 (äth S. 139,5-7/ kopt S. 139,6f)	m	482
	OdSal 42,6	m–	372
28,19	Justin, Apol 61,3	m	237
	Clem Al Exc ex Theod 76,3	m	367
	TracTrip I,5 p 127,31f	m	(381f)
	128,7f	m	(381f)
	EpAp c. 30 (äth u. kopt S. 143,19-23)	m	482
	Arist Apol gr S. 10,15 ≙ syr S. 10,15-20 ≙ arm S. 10,15-21	m	493
	Did 7,1	m–	40f
	AscJes 3,17f	m–	305f
	EvMar p 8,21f	m–	369f
	9,8	m–	369f
	OdSal 23,17f	m–	372
	EpJac I,2 p 16,7	m–	384
	AscJes 11,22	uw	306
28,20	EpAp c. 21 (äth S. 136,7f)	w	474
	EpPt VIII,2 p 134,15-18	m+	421
	140,21-23	m+	421
	AJ II,1 p 21,12f ≙ BG p 21,18f	m	(381f)
	SJC III,4 p 101,13f	m	401
	ApcPt VII,3 p 84,8	m	407
	EpAp c. 30 (äth S. 136,1)	m	482

LITERATURVERZEICHNIS

VORBEMERKUNG

Das folgende Literaturverzeichnis will kein vollständiges Verzeichnis sein. Aufgenommen wurde nur die Literatur, auf die im Rahmen meiner Untersuchungen verwiesen oder aus der zitiert wird. Nicht aufgenommen wurde allgemeine Literatur zum Mt oder zu einzelnen analysierten Quellen, sofern nicht auf sie Bezug genommen wird. Ebenfalls keine Aufnahme fanden Quellen und Hilfsmittel, deren Benutzung sich von selbst versteht (z.B. NT graece, Synopse, Biblia Hebraica, Konkordanzen, allgemeine Wörterbücher u.ä.).

Der besseren Auffindbarkeit der einzelnen Titel wegen wurde auf eine Aufteilung des Literaturverzeichnisses (in z.B. "Quellen, Hilfsmittel, Untersuchungen und Darstellungen") verzichtet. Textausgaben, Kommentare und Abhandlungen finden sich unterschiedslos unter dem Namen ihrer Verfasser oder Herausgeber. Für einen Überblick über die analysierten Quellen sei auf das Abkürzungsverzeichnis und das ausführliche Inhaltsverzeichnis verwiesen.

Nicht mehr verarbeitet werden konnte Literatur, die nach dem 1.4.1985 erschienen oder mir zur Kenntnis gelangt ist.

ABRAMOWSKI, L, Die "Erinnerungen der Apostel" bei Justin, in: STUHLMACHER, P (Hg.), Das Evangelium und die Evangelien, Vorträge zum Tübinger Symposium 1982, Tübingen 1983 (WUNT 28), 341-353

DIES., Sprache und Abfassungszeit der Oden Salomos, OrChr 68, 1984, 80-90

ADAM, A, Erwägungen zur Herkunft der Didache, ZKG 68, 1957, 1-47

ADEL, K, Das Zitat in der Lyrik, in: Literatur und Kritik 7, 1972, 135-272

ADRIAEN, M (Hg.), Hieronymus, Mi, in: DERS., Commentarii in Prophetas Minores (S Hieronymi Presbyteri Opera Pars I, Opera Exegetica 6), Turnholti 1969 (CChr.SL 76), 421-524

DERS. (Hg.), Hieronymus, Jes, (Libri I-XI (S Hieronymi Presbyteri Opera Pars I, Opera Exegetica 2) u. Libri XII-XVIII (S Hieronymi Presbyteri Opera Pars I, Opera Exegetica 2A)), Turnholti 1963 (CChr.SL 73 u. 73A)

AGUIRRE MONASTERIO, R, Exegesis de Mateo 27,51b-53. Para una teologia de la muerte de Jesus en el evangelio de Mateo, Victoria 1980 (BibVict 4)

ALAND, B (Hg.), Gnosis, Festschrift für H JONAS, Göttingen 1978

ALAND, K, Geschichte der Christenheit, Bd. 1 Von den Anfängen bis an die Schwelle der Reformation, Gütersloh 1980

DERS., Die alten Übersetzungen des Neuen Testaments, die Kirchenväterzitate und Lektionare, Berlin 1972 (ANTT 5)

ALDAMA, J A DE, El Protoevangelio de Santiago y sus Problemas. A proposito de un obra reciente, EphMar 12, 1962, 107-130

ALTANER, B, Zum Problem der lateinischen Doctrina Apostolorum, VigChr 6, 1952, 160-167

DERS./ STUIBER, A, Patrologie Leben, Schriften und Lehre der Kirchenväter, 9. Aufl. Freiburg/ Basel/ Wien 1980

ALTENDORF, H D, Wiederkunft und Kreuz. Zur Auslegung von Matth. 24,30 in der alten Kirche und zur Deutung einiger Kreuzesdarstellungen der frühchristlichen Kunst, Tübingen 1966 (masch. Habschr.)

ALTHEIM, F/ STIEHL, R, Christentum am Roten Meer, Bd. 2, Berlin/ New York 1973

AMERSFOORT, J VAN, Het Evangelie van Thomas en de Pseudo-Clementinen. Een studie van de Woorden van Jezus in het Evangelie van Thomas en hun parallelen in de evangeliecitaten in de Pseudo-Clementijnse 'Homiliae' en 'Recognitiones' (with a summary in English), Utrecht 1984 (Diss. Rijksuniv.)

ANDRY, C F, Introduction to the Epistle of Barnabas, Cambridge (Mass.) 1949 (Diss. Harvard Univ.) (Microfilm um 1980)

ARCHAMBAULT, G (Hg.), Justin, Dialogue avec Tryphon, Texte Grec, Notes et Index par ..., Bd. 1/ 2, Paris 1909 (TDEHC 8/ 11)

ARENDZEN, J P, Ante-Nicene Interpretations on the Sayings on Divorce, JThS 20, 1918/9, 230-241

ARGYLE, A W, The Influence of the Testaments of the Twelve Patriarchs upon the New Testament, ET 63, 1951/2, 256-258

ATTRIDGE, H W, The Original Text of Gos.Thom., Saying 30, Bulletin of the American Society of Papyrologists 16, 1979, 153-157

AUDET, J P, La Didachè Instructions des Apôtres, Paris 1958 (EtB)

AUNE, D E, The Odes of Solomon and Early Christian Prophecy, NTS 28, 1982, 435-460

BAARDA, T, 2 Clement 12 and the Sayings of Jesus, in: DELOBEL (Hg.), 529-556

DERS., Tatian and Thomas, in: DERS., Early Transmission of Words of Jesus. Thomas, Tatian an the Text of the New Testament. A collection of Studies selected and ed. by J HELDERMAN and S J NOORDA, Amsterdam 1983, 37-49

BALDUS, A, Das Verhältnis Justins des Märtyrers zu unseren synoptischen Evangelien Ein Beitrag zur Textgeschichte der neutestamentlichen Schriften, Münster 1895

BAMMEL, E, Art. Papias, in: RGG 3. Aufl. Bd. 5, Tübingen 1968, 47-48

BARBEL, J, Geschichte der frühchristlichen griechischen und lateinischen Literatur, Bd. 1, Aschaffenburg 1969 (CiW 14. Ser. Die christliche Literatur 1a)

BARC, B (Hg.), Colloque international sur les textes de Nag Hammadi (Quèbec, 22-25 août 1978), Québec 1981 (BCNH, Sect. Etudes 1)

BARDENHEWER, O, Geschichte der altkirchlichen Literatur, 1. Bd. Vom Anfang des Apostolischen Zeitalters bis zum Ende des zweiten Jahrhunderts, 2., umgearb. Aufl. Freiburg 1913; 2. Bd. Vom Ende des zweiten Jahrhunderts bis zum Beginn des vierten Jahrhunderts. 2. Aufl. Freiburg 1914

BARDY, G, Saint Jérôme et l'évangile selon des Hébreux, MSR 3, 1946, 5-36

DERS./ SENDER, J (Hg.), Theophile d'Antioche, Trois livres à Autolycus, ed. par G BARDY (texte, introduction, notes) et J SENDER (traduction), Paris 1948 (SC 20)

BARNARD, L W, Art. Apologetik I. Alte Kirche, in: TRE Bd. 3, Berlin/New York 1978, 371-411

DERS., Athenagoras. A Study in Second Century Christian Apologetic, Paris 1972 (ThH 18)

DERS., The Authenticity of Athenagoras' De resurrectione, StPatr 15, Berlin 1984 (TU 128), 39-49

BARNARD, L W, The Background of St. Ignatius of Antioch, VigChr 17,1963, 193-206

DERS., The Philosophical and Biblical Background of Athenagoras, in: FONTAINE, J u. KANNENGIESSER, C (Hg.), Epektasis, Mélanges patristiques offerts au J DANIELOU, Paris 1972, 3-16

BARNARD, L W, The Church in Rome in the First Two Centuries A.D., in: DERS.,
    Studies, 131-180
DERS., In Defence of Pseudo-Pionius' Account of Polycarp's Martyrdom, in: DERS.,
    Studies, 224-241
DERS., The Shepherd of Hermas in Recent Study, HeyJ 9, 1968, 28-36
DERS., Studies in Church History and Patristics, Thessaloniki 1978 (Analecta Vla-
    tadon 26)   (die einzelnen Artikel sind überwiegend überarbeitete Fassungen
    der Erstveröffentlichungen)
DERS., Studies in the Apostolic Fathers and their Background, Oxford 1966
DERS., Athenagoras and the Biblical Tradition, StEv 6, Berlin 1973 (TU 112),
    1-7
DERS., Athenagoras' Treatise on the Resurrection, in: DERS., Studies, 242-288
BARNES, W E, The Newly-found Gospel in its Relation to the Four, ET 5, 1893/4,
    61-64
BARTH, C, Die Interpretation des Neuen Testaments in der valentinianischen Gno-
    sis, Leipzig 1911 (TU 37,3)
BARTH, G, Das Gesetzesverständnis des Evangelisten Matthäus, in: BORNKAMM/ BARTH/
    HELD, 54-154
BARTLET, J V, The Epistle of Barnabas, in: NTAF, 1-23
DERS., II Clement, in: NTAF, 124-136
BARTSCH, H W, Gnostisches Gut und Gemeindetradition bei Ignatius von Antiochien,
    Gütersloh 1940 (BFChrTh 44)
DERS., Über den Umgang der frühen Christenheit mit dem Text der Evangelien. Das
    Beispiel des Codex Bezae Cantabrigiensis, NTS 29, 1983, 167-182
BAUCKHAM, R J, The Great Tribulation in the Shepherd of Hermas, JThS 25, 1974,
    27-40
BAUER, W, Die Briefe des Ignatius von Antiochien und der Polykarpbrief, erklärt
    von ..., Tübingen 1920 (HNT Ergänzungsband Die Apostolischen Väter Bd. 2)
DERS., Das Leben Jesu im Zeitalter der neutestamentlichen Apokryphen, Tübingen
    1909
DERS., Die Oden Salomos, in: NTApo 3.Aufl., 2. Bd., Tübingen 1964, 576-625
DERS., Rechtgläubigkeit und Ketzerei im ältesten Christentum, 2., durchgesehene
    Aufl. mit einem Nachtrag hg. v. G STRECKER, Tübingen 1964 (BHTh 10)
BECKER, J (Hg.), Die Testamente der zwölf Patriarchen, Gütersloh 1974 (JSHRZ
    III,1)
DERS., Untersuchungen zur Entstehungsgeschichte der Testamente der zwölf Patri-
    archen, Leiden 1970 (AGJU 8)
BELL, H I, SKEAT, T C (Hg.), Fragments of an Unknown Gospel and Other Early
    Christian Papyri, London 1935
BELLINZONI, A J, The Sayings of Jesus in the Writings of Justin Martyr, Leiden
    1967 (NT.S 17)
BENECKE, P V M, The Epistle of Polycarp, in: NTAF, 84-104
BENOIT, A, Die Überlieferung des Evangeliums in den ersten Jahrhunderten, in:
    VAJTA, V (Hg.), Evangelium als Geschichte. Identität und Wandel in der
    Weitergabe des Evangeliums, Göttingen 1974 (Evangelium und Geschichte,
    hg. v. V VAJTA, Bd. 4), 161-186 (übersetzt aus dem Französischen von
    H VOIGT)
BENSLY, R L/ JAMES, M R, The Fourth Book of Ezra. The Latin version edited from
    the MSS by the late R L BENSLY, with an introduction by M R JAMES, Cam-
    bridge 1895 (TaS 3,2)
BENTIVEGNA, J, A Christianity without Christ by Theophilus of Antioch, StPatr
    13, Berlin 1975 (TU 116), 107-130
BERGER, K, Unfehlbare Offenbarung. Petrus in der gnostischen und apokalypti-
    schen Offenbarungsliteratur, in: MÜLLER, P G/ STENGER, W, Kontinuität
    und Einheit. Für F MUSSNER (FG zum 65. Geburtstag), Freiburg/ Basel/
    Wien 1981, 261-326

BERTRAND, D A, La baptême de Jésus. Histoire de l'exégèse aux deux premier siècles, Tübingen 1973 (BGBE 14)

DERS., L'Evangile des Ebionites: une Harmonie Evangélique antérieure au Diatessaron, NTS 28, 1980, 548-563

BESSON, E, La Didachè et l'Eglise primitive, Paris 1977

BEST, E, I Peter and the Gospel Tradition, NTS 16, 1969/70, 95-113

BETHGE, H G, Der sogenannte "Brief des Petrus an Philippus". Die zweite Schrift aus Nag-Hammadi-Codex VIII, eingeleitet und übersetzt vom Berliner Arbeitskreis für koptisch-gnostische Schriften, federführend für diese Schrift: H G B, ThLZ 103, 1978, 161-170

DERS., Die Exegese über die Seele. Die sechste Schrift aus Nag-Hammadi-Codex II, eingeleitet und übersetzt vom Berliner Arbeitskreis für koptisch-gnostische Schriften, federführend für diese Schrift: H G B, ThLZ 101, 1976, 93-104

DERS., "Zweiter Logos des großen Seth". Die zweite Schrift aus Nag-Hammadi-Codex VII, eingeleitet und übersetzt vom Berliner Arbeitskreis für koptisch-gnostische Schriften, federführend für diese Schrift: H G B, ThLZ 100, 1975, 97-110

BETZ, J, Die Eucharistie in der Didache, ALW 11, 1969, 10-39

BEYSCHLAG, K, Zur Geschichte der Bergpredigt in der Alten Kirche, ZThK 74, 1977, 291-322

DERS., Herkunft und Eigenart der Papiasfragmente, StPatr 4, Berlin 1961 (TU 79), 268-280

DERS., Simon Magus und die christliche Gnosis, Tübingen 1974 (WUNT 16)

BIBLIA PATRISTICA, Index des citations et allusions dans la littérature patristique, hg. v. J ALLENBACH u.a., Bd. 1 Des origines à Clément d'Alexandrie, Paris 1975, Bd. 2 Le troisième siècle (Origène excepté), Paris 1977, Bd. 3 Origène, Paris 1980 (Editions de Centre National de la Recherche Scientifique)

BIHLMEYER, K/ SCHNEEMELCHER, W, Die Apostolischen Väter, 3. Aufl. Tübingen 1970 (unveränderter Nachdruck der mit einem Nachtrag von W SCHNEEMELCHER versehenen 2. Aufl. 1956) (SQS II,1/1)

BINDEMANN, E, Über die von Justinus dem Märtyrer gebrauchten Evangelien in beständiger Rücksicht auf die Abhandlung des Herrn Dr Credner über diesen Gegenstand in dem ersten Bande der Beiträge zur Einleitung in die biblischen Schriften, ThStKr 15, 1842, 355-482

BLANK, J (Hg.), Melito von Sardes, Vom Passa. Die älteste christliche Osterpredigt übersetzt, eingeleitet und kommentiert von ..., Freiburg 1963 (Sophia. Quellen östlicher Theologie Bd. 3)

BLIGH, J, Compositio Didaches eiusque relatio ad Evangelium scriptum, VD 36, 1958, 350-356

BLINZLER, J, Justinus Apol I,15,4 und Mt 19,11-12, in: DESCAMPS/ DE HALLEUX, 45-65

BOISMARD, M E, Evangile des Ebionites et problème synoptique (Mc 1,2-6 et par), RB 73, 1966, 321-352

BONACCORSI, G (Hg.), Vangeli Apocrifi Bd. 1, Florenz 1948

BONNER, C, The Homily on the Passion by Melito Bishop of Sardis, AIP 4, 1936 (Mélanges F CUMONT Bd. 1), 107-119

BONNET, M (Hg.), Passio Andreae, Ex Actis Andreae, Martyria Andreae, Acta Andreae et Matthiae, Acta Petri et Andreae, Passio Bartholomaei, Acta Ioannis, Martyrium Matthaei, Leipzig 1898 (Acta Apostolorum Apocrypha, ed. R A LIPSIUS u. M BONNET Bd. 2,1)

BONSIRVEN, J, "Nisi ob fornicationem", exégèse primitive, in: Mélanges offerts au F CAVALLERA à l'occasion de la quarantième année de son professorat à l'Institut Catholique, Toulouse 1948, 47-63

BONWETSCH, G, Art. Justin der Märtyrer, in: RE 3. Aufl. Bd. 9, 1901, 641-650

BORLEFFS, P (Hg.), Tertullian, De baptismo, in: Quinti Septimi Florentis
    Tertulliani Opera, Pars I Opera Catholica, Adversus Marcionem, Turnholti
    1954 (CChr.SL 1), 275-295
BORNEMANN, J, Die Taufe Christi durch Johannes in der dogmatischen Beurteilung
    der christlichen Theologen der vier ersten Jahrhunderte, Leipzig 1896
BORNKAMM, G, Enderwartung und Kirche im Matthäusevangelium, in: BORNKAMM/ BARTH/
    HELD, 13-47
DERS./ BARTH, G/ HELD, H J, Überlieferung und Auslegung im Matthäusevangelium,
    7. Aufl. Neukirchen 1975 (WMANT 1)
BOULLUEC, A LE/ VOULET, P (Hg.), Clément d'Alexandrie, Les stromates, Stromate
    V, t. 1 Introduction, texte critique et index par A LE BOULLUEC, tra-
    duction de P VOULET, Paris 1981 (SC 278), t. 2 Commentaire, bibliogra-
    phie, index par A LE BOULLUEC, Paris 1981 (SC 279)
BOURIANT, U, Fragments du texte grec du livre d'Enoch et de quelque écrits at-
    tribués à saint Pierre, Paris 1892 (MMAF 9,1)
BOUSSET, W, Die Evangeliencitate Justins des Martyrers in ihrem Werth für die
    Evangelienkritik von neuem untersucht, Göttingen 1891
DERS., Jüdisch-Christlicher Schulbetrieb in Alexandrien und Rom. Literarische
    Untersuchungen zu Philo und Clemens von Alexandria, Justin und Irenäus,
    Göttingen 1915 (FRLANT NS 6)
BOVON, F u.a., Les actes apocryphes des apôtres. Christianisme et monde païen,
    Genf 1981 (Publications de la faculté de théologie de l'université
    de Genève Nr. 4)
BRASHLER, J A, The Coptic Apocalypse of Peter, A genre analysis and interpreta-
    tion, Diss. Claremont 1977 (Microfilm London 1981)
BROCKE, M D, On the Jewish Origin of the Improperia (5. Ezra 1,5-25), Imm. 7,
    1977, 44-51
VAN DEN BROEK, R, The Authentikos Logos: A New Document of Christian Platonism,
    VigChr 33, 1979, 260-286
BROWN, R E/ MEIER, J P, Antioch and Rome: New Testament Cradles of Catholic
    Christianity, New York 1983
BROWN, S K/ GRIGGS, C W, The Apocalypse of Peter, Introduction and translation,
    Brigham Young Universiäty Studies 15, 1975, 131-145
BRUCE, F F, Some Thoughts on the Beginning of the New Testament Canon, BJRL
    65, 1983, 37-60
BRUNNER, G, Die Theologische Mitte des Ersten Klemensbriefes. Ein Beitrag für
    die Hermeneutik frühchristlicher Texte, Frankfurt 1972 (FTS 11)
ΒΡΥΕΝΝΙΟΣ, Φ, Διδαχὴ τῶν δώδεκα ἀποστόλων ἐκ τοῦ ἱεροσολυμιτικοῦ χειρογράφου
    νῦν πρῶτον ἐκδιδομένη, Konstantinopel 1883
BUCHBINDER, R, Bibelzitate, Bibelanspielungen, Bibelparodien, theologische Ver-
    gleiche und Analogien bei Marx und Engels, Berlin 1976 (Philologische
    Studien und Quellen 84)
BUCKLEY, E R, Justin Martyr's quotations from the Synoptic Tradition, JThS 36,
    1935, 173-176
BUMPUS, H B, The Christological Awareness of Clement of Rome and its Sources,
    Cambridge 1972
BURCH, V, The Literary Unity of the Ascensio Isaiae, JThS 20, 1919, 17-23
BURCHARD, C, Das doppelte Liebesgebot in der frühen christlichen Überlieferung,
    in: E LOHSE/ BURCHARD/ SCHALLER, 39-62
BURGHARDT, W J, Literature of Christian Antiquity 1975-1979, TS 41, 1980, 151-
    181
BUTLER, B C, The "Two Ways" in the Didache, JThS NS 12, 1961, 27-38
CAMBE, M, Les récits de la Passion en relation avec différents textes du IIe
    siècle, FV 81, 1982, 12-24
CAMELOT, P T (Hg.), Ignace d'Antioche, Polycarp de Smyrne, Lettres, Martyre
    de Polycarp. Texte grec, introduction, traduction et notes par ...,
    3. (durchgesehene u. vermehrte) Aufl. Paris 1958 (SC 10)

CAMERON, R (Hg.), The Other Gospels. Non-canonical Gospel Texts, Philadelphia
      1982
CAMPENHAUSEN, H VON, Kirchliches Amt und geistliche Vollmacht in den ersten drei
      Jahrhunderten, 2. durchgesehene Aufl. Tübingen 1963 (BHTh 14)
DERS., Bearbeitungen und Interpolationen des Polykarpmartyriums, Heidelberg
      1957 (SHAW.PH 1957,3), wiederabgedruckt in DERS., Frühzeit, 253-301
      (zitiert nach dem Wiederabdruck)
DERS., Die Entstehung der christlichen Bibel, Tübingen 1968 (BHTh 39)
DERS., Aus der Frühzeit des Christentums. Studien zur Kirchengeschichte des
      ersten und zweiten Jahrhunderts, Tübingen 1963
DERS., Art. Polykarpbrief, in: RGG 3. Aufl. Bd. 5, Tübingen 1961, 449
CARLYLE, A J, Clement of Rome, in: NTAF, 37-62
CHADWICK, H, Justin Martyr's Defence of Christianity, BJRL 47, 1965, 275-297
DERS., The Sentences of Sextus. A Contribution to the History of Early Christian
      Ethics, Cambridge 1959 (TaS NS 5)
CHARLES, R H (Hg.), The Ascension oft Isaiah. Translated from the Ethiopic ver-
      sion, which, together with the new Greek Fragment, the Latin versions
      and the Latin translation of the Slavonic, is here published in full,
      ed. with introduction, notes and indices by ..., London 1900
DERS., The Testaments of the Twelve Patriarchs, translated from the editor's
      Greek text and edited with introduction, notes and indices, London 1908
CHARLESWORTH, J H, The Odes of Solomon - not Gnostic, CBQ 31, 1969, 359-369
DERS., The Odes of Solomon. The Syriac Texts, 2. Aufl. Missoula 1983 (SBLTT
      13, Pseudepigrapha 7)
DERS., The Old Testament Pseudepigrapha, Vol. 1 Apocalyptic Literature and
      Testaments, New York 1983
DERS., Reflections on the SNTS Pseudepigrapha Seminar at Duke on the Testaments
      of the Twelve Patriarchs/ Seminar Report, NTS 23, 1977, 296-404
CHARLESWORTH, R H (zusammen mit P DYKERS u. M J H CHARLESWORTH), The Pseudepi-
      grapha and Modern Research, with a Supplement, Chico 1981 (Septuagint
      and Cognate Studies 7S)
COLEBORNE, W, A Linguistic Approach to the Problem of Structure and Composition
      of the Shepherd of Hermas, Colloquium 3, Sidney 1969, 133-142
DERS., The "Shepherd" of Hermas. A Case for Multiple Authorship and some Impli-
      cations, StPatr 10, Berlin 1970 (TU 107), 65-70
COLEMAN, G B, The Phenomenon of Christian Interpolations into Jewish Apocalyp-
      tic Texts. A Bibliographical Survey and Methodological Analysis, Nash-
      ville/ Tennessee 1976 (Diss. Vanderbilt University)
COLPE, C, Heidnische, jüdische und christliche Überlieferung in den Schriften
      aus Nag Hammadi I, JAC 15, 1972, 5-18; III, JAC 17, 1974, 109-125;
      VII, JAC 21, 1978, 125-146
CONNOLLY, R H, The Didache in Relation to the Epistle of Barnabas, JThS 33,
      1932, 237-253
DERS., Canon Streeter on the Didache, JThS 38, 1937, 364-379
CONRADY, L, Das Protevangelium in neuerer Beleuchtung, ThStKr 62, 1889, 728-
      784
DERS., Die Quelle der kanonischen Kindheitsgeschichte Jesus'. Ein wissenschaft-
      licher Versuch, Göttingen 1900
CONZELMANN, H, Bemerkungen zum Martyrium Polykarps, NAWG.PH 1978,2, 41-58
DERS., Heiden - Juden - Christen: Auseinandersetzungen in der Literatur der
      hellenistisch-römischen Zeit, Tübingen 1981 (BHTh 62)
DERS., Literaturbericht zu den Synoptischen Evangelien (Fortsetzung), ThR 43,
      1978, 3-51
CORWIN, V, St. Ignatius and Christianity in Antioch, New Haven 1960 (YPR 1)
COSGROVE, C H, Justin Martyr and the Emerging Christian Canon. Observations on
      the Purpose and Destination of the Dialogue with Trypho, VigChr 36, 1982,
      208-232

CREDNER, K A, Beiträge zur Einleitung in die biblischen Schriften, 1.Bd. Die
    Evangelien der Petriner oder Judenchristen, Halle 1832
CREED, J M, The Didache, JThS 39, 1938, 370-387
CRONE, T M, Early Christian Prophecy. A Study of its Origin and Function,
    Tübingen 1973 (Diss. (kathol.))
COURT, J M, The Didache and St. Matthew's Gospel, SJTh 34, 1981, 109-120
CULLMANN, O, Kindheitsevangelien, in: NTApo Bd. 1, 4. Aufl. 1968, 272-311
DERS., Art. Petrusevangelium, RGG 3. Aufl. Bd. 5, Tübingen 1961, 260
DERS., Die Pluralität der Evangelien als theologisches Problem im Altertum. Eine
    dogmengeschichtliche Studie, in: DERS., Vorträge und Aufsätze 1925-1962,
    hg. v. K FRÖHLICH, Tübingen/ Zürich 1966, 548-565
DERS., Das Thomasevangelium und die Frage nach dem Alter der in ihm enthaltenen
    Traditionen, ThLZ 85, 1960, 321-334
DANIELOU, J, Le Ve Esdras et le judéo-christianisme latin au second siècle,
    in: BERGMAN, J/ DRYNJEFF, K/ RINGGREN, H (Hg.), Ex orbe religionum,
    Studia G WIDENGREN oblata pars prior, Leiden 1972 (SHR 21), 162-171
DERS., La littérature latine avant Tertullien, REL 48, 1970, 357-375
DAVIES, S L, The Gospel of Thomas and Christian Wisdom, New York 1983
DERS., Thomas - The Fourth Synoptic Gospel, BA 46, 1983, 6-9.12-14
DEEKS, D G, Papias revisited, Part 1.2, ET 88, 1977, 296-301.324-329
DEHANDSCHUTTER, B, Le Martyre de Polycarpe et le développement de la conception
    du martyre au deuxième siècle, StPatr 17,2, Oxford u.a. 1982, 659-668
DERS., Martyrium Polycarpi. Een literair-kritische studie, Louvain 1979
    (BEThL 52)
DERS., The Gospel of Thomas and the Synoptics: The Status Quaestionis, StEv 7,
    Berlin 1982 (TU 126), 157-160
DELAZER, J, De tempore compositionis Epistolae apostolorum, Anton. 4, 1929, 257-
    292.387-430
DELLING, G, Zur Hellenisierung des Christentums in den "Sprüchen des Sextus",
    in: Studien zum Neuen Testament und zur Patristik, E KLOSTERMANN zum
    90. Geburtstag dargebracht, hg. v. der Kommission für spätantike Reli-
    gionsgeschichte, Berlin 1961 (TU 77), 208-241
DELOBEL, J (Hg.), Logia Les Paroles des Jésus The Sayings of Jesus. Memorial
    J COPPENS, Louvain 1982 (BEThL 90)
DENKER, J, Die theologiegeschichtliche Stellung des Petrusevangeliums. Ein Bei-
    trag zur Frühgeschichte des Doketismus, Bern 1975 (EHS.T 36) (früher:
    Diss. theol. Kiel 1972)
DESCAMPS, A/· DE HALLEUX, A (Hg.), Mélanges bibliques en hommage du B RIGAUX,
    publiés sous la direction de ..., Gembloux 1970
DIBELIUS, M, Geschichte der urchristlichen Literatur. Neudruck der Erstausgabe
    von 1926 unter Berücksichtigung der Änderungen der englischen Übersetzung
    von 1936, hg. v. F HAHN, München 1975 (TB 58)
DERS., Die Mahl-Gebete der Didache in: DERS., Botschaft und Geschichte, Bd. 2,
    Tübingen 1956, 117-127
DERS., Die alttestamentlichen Motive in der Leidensgeschichte des Johannes-
    und Petrusevangeliums, in: DERS., Botschaft und Geschichte, Bd. 1,
    Tübingen 1953, 221-247
DIHLE, A, Die Evangelien und die biographische Tradition der Antike, ZThK 80,
    1983, 33-49
DERS., Die Goldene Regel Eine Einführung in die Geschichte der antiken und
    frühchristlichen Vulgärethik, Göttingen 1962
DILLMANN, A (Hg.), Ascensio Iesaiae aethiopice et latine. Cum prolegomenis, ad-
    notationibus criticis et exegeticis additis versionum latinarum reli-
    qua edita ab ..., Leipzig 1877
DIX, G, Didache und Diatessaron, JThS 34, 1933, 242-250
DODD, C H, A New Gospel (Reprinted from the Bulletin of the John Rylands Libra-
    ry, Vol. 20), Manchester 1936

DÖRRIE, H, Was ist "Spätantiker Platonismus"? Überlegungen zur Grenzziehung
     zwischen Platonismus und Christentum, in: DERS., Platonica Minora, Mün-
     chen 1976 (Studia et Testimonia Antiqua 8), 508-523
DONAHUE, P J, Jewish Christianity in the Letters of Ignatius of Antioch, VigChr
     32, 1978, 81-93
DONFRIED, K P, The Setting of Second Clement in Early Christianity, Leiden
     1974 (NT.S 38)
DORMEYER, D/ FRANKEMÖLLE, H, Evangelium als literarische Gattung und als theo-
     logischer Begriff. Tendenzen und Aufgaben der Evangelienforschung im 20.
     Jahrhundert, mit einer Untersuchung des Markusevangeliums in seinem Ver-
     hältnis zur antiken Biographie, in: ANRW II Principat Bd. 25,2, Berlin/
     New York 1984, 1543-1704
DREWS, P, Apostellehre (Didache), in: NTApo 1. Aufl. 1904, 182-194
DERS., Untersuchungen zur Didache, ZNW 5, 1904, 53-79
DRIJVERS, H J W, Facts and Problems in Early Syriac-speaking Christianity, Se-
     cond Century 2, 1983, 157-175
DERS., The 19th Ode of Solomon: Its Interpretation and Place in Syrian
     Christianity, JThS NS 31, 1980, 337-355
DERS., Die Oden Salomos und die Polemik mit den Markioniten im syrischen
     Christentum, in: GRAFFIN, F/ GUILLAUMONT, A (Hg.), Symposium Syriacum
     1976 célebré du 13 au 17 septembre 1976 ..., Communications, Rom 1978
     (OrChrA 205), 39-55
DRUMMOND, J, Shepherd of Hermas, in: NTAF, 105-123
DUENSING, H, Epistula Apostolorum nach dem äthiopischen und koptischen Text hg.
     v. ..., Bonn 1925 (KlT 152)
DERS., Epistula Apostolorum, in: NTApo Bd. 1, 4. Aufl. 1968, 126-155
DERS., Das fünfte und sechste Buch Esra, in: NTApo Bd. 2.,3. Aufl. 1964, 488-
     498
DERS./ SCHMIDT, C, Gespräche Jesu mit seinen Jüngern nach der Auferstehung, GGA
     184, 1922, 241-252
EDWARDS, R A/ WILD, R A (Hg.), The Sentences of Sextus, Chico 1981 (SBLTT 22,
     Early Christian Literature Series 5)
EGGENBERGER, C, Die Quellen der politischen Ethik des 1. Klemensbriefes, Zürich
     1951
EHRHARD, A, Die altchristliche Litteratur und ihre Erforschung von 1884-1900,
     Erste Abtheilung Die vornicänische Litteratur, Freiburg 1900 (Str Th S
     Suppl. Bd. 1)
EHRHARDT, A A T, Judaeo-Christians in Egypt, the Epistula Apostolorum and the
     Gospel to the Hebrews, StEv 3, Berlin 1964 (TU 88), 360-382
EICHHORN, J G, Einleitung in das Neue Testament, 1. Bd., 2. verbesserte Ausgabe
     Leipzig 1820
EISSFELDT, O, Einleitung in das Alte Testament, unter Einschluß der Apokryphen
     und Pseudepigraphen sowie der apokryphen- und pseudepigraphenartigen
     Qumran-Schriften ... 3., neubearbeitete Aufl. Tübingen 1964 (NTG)
ELTESTER, W (Hg.), Christentum und Gnosis, Aufsätze hg. v. ..., Berlin 1969
     (BZNW 37)
DERS., Studien zu den Testamenten der zwölf Patriarchen, Berlin 1969 (BZNW 36)
DERS./ KETTLER, F H (Hg.), Apophoreta, Festschrift f. E HAENCHEN zu seinem
     siebzigsten Geburtstag am 10. Dezember 1964, Berlin 1964 (BZNW 30)
ENGLEZAKIS, B, Thomas, Logion 30, NTS 25, 1979, 262-272
EPPEL, R. Le piétisme juif dans les Testaments des douze patriarches, Paris
     1930 (EHPhR 22)
THE FACSIMILE EDITION OF THE HAG HAMMADI CODICES, publ. under the Auspices of
     the Department of Antiquities of the Arab Republic of Egypt in conn. with
     the UNESCO, ed. by J M ROBINSON u.a., Leiden, Codex I 1977, II 1974, III
     1976, IV 1975, V 1975, VI 1972, VII 1972, VIII 1976, IX-X 1977, XI-XIII
     1973, Cartonnage 1979

FASCHER, E, Das Weib des Pilatus (Matthäus 27,19). Die Auferweckung der Heiligen (Matthäus 27,51-53). Zwei Studien zur Geschichte der Schriftauslegung, Halle (Saale) 1951 (HM 20)

FAU, G, Justin et les êvangiles, Paris 1975 (CCER 23, Nr. 191)

FISCHER, J A (Hg.), Die Apostolischen Väter Griechisch und Deutsch. Eingeleitet, hg., übertragen und erläutert v. .., 8. Aufl. Darmstadt 1981 (SUC 1)

FLEMMING, J, Himmelfahrt des Jesaja, in: HNTA, 323-331

DERS./ DUENSING, H, Die Himmelfahrt des Jesaja, in: NTApo Bd. 2, 3. Aufl. 1964,
454-468

FLESSEMANN-VAN LEER, E, Tradition and Scripture in the Early Church, Assen 1954
(GTB 26)

FÖRSTER, W/ HAENCHEN, E/ KRAUSE, M, Die Gnosis, 1. Bd. Zeugnisse der Kirchenväter, unter Mitwirkung von E H u. M K eingeleitet, übersetzt und erläutert von W F, Zürich/ Stuttgart 1969 (BAW.AC)

FÖRSTER, W/ KRAUSE, M/ RUDOLPH, K, Die Gnosis, 2. Bd. Koptische und mandäi-
sche Quellen, eingeleitet, übersetzt und erläutert von M K u. K R,
mit Registern zu Bd. 1 u. 2 versehen und hg. v. W F, Zürich/ Stuttgart
1971 (BAW.AC)

FOSTER, L A, Clement of Rome and His Literary Sources, Harvard 1958 (Ph-D-The-
sis)

FRANK, A, Studien zur Ekklesiologie des Hirten, II. Klemens, der Didache und
der Ignatiusbriefe unter besonderer Berücksichtigung der Idee einer
präexistenten Kirche, München 1975

FRANK, I, Der Sinn der Kanonbildung Eine historisch-theologische Untersuchung
der Zeit vom 1. Clemensbrief bis Irenaeus von Lyon, Freiburg 1971 (FThSt
90)

FRANKEMÖLLE, H, Evangelist und Gemeinde. Eine methodenkritische Besinnung (mit
Beispielen aus dem Mt), Bib. 60, 1979, 153-190

FREDE, H J, Die Zitate des Neuen Testaments bei den lateinischen Kirchenvätern.
Der gegenwärtige Stand ihrer Erforschung und ihre Bedeutung für die griechische Textgeschichte, in: K ALAND, Übersetzungen, 455-478

FREUDENBERGER, R, Zum Text der zweiten Vaterunserbitte, NTS 15, 1968/69, 419-
432

DERS., Die Überlieferung vom Martyrium des römischen Christen Apollonius, ZNW
60, 1969, 111-130

FRICKEL, J, Die Apophasis Megale. Eine Paraphrase zur Apophasis Simons, Rom
1968 (OrChrA 182)

FRIEDRICH, G, Art. εὑαγγέλιον C. Der Übergang des Wortes εὑαγγέλιον zur Bezeichnung eines Buches in der alten Kirche, in: ThWNT Bd. 2, Stuttgart 1935,
733f

FUCHS, A, Konkordanz zum Protoevangelium des Jakobus, Linz 1978 (Die griechischen Apokryphen zum NT 2, Studien zum NT und seiner Umwelt Serie B Bd.
3)

DERS., Das Petrusevangelium, Linz 1978 (Die griechischen Apokryphen zum NT 1,
Studien zum NT und seiner Umwelt Serie B Bd. 1)

DERS./ WEISSENGRUBER, W, Konkordanz zum Thomasevangelium Version A und B, Linz
1978 (Die griechischen Apokryphen zum NT 3, Studien zum NT und seiner
Umwelt Serie B Bd. 4)

FUELLENBACH, J, Ecclesiastical Office and the Primacy of Rome. An Evaluation
of Recent Theological Discussion of First Clement, Washington 1980 (SCA
20) (vorher erschienen unter dem Titel: An Evaluation of the Recent Theological Discussion of First Clement. The Question of the Primacy of Rome,
Washington 1977 (Diss. Catholic University of America) (SST 2. Ser. 267)

FUNK, F X (Hg.), Opera Patrum Apostolicorum, Vol. I Epistulae Barnabae, Clementis Romanae, Ignatii, Polycarpi, Anonymi ad Diognetum; Ignatii et Polycarpi Martyria; Pastor Hermae, Tübingen 1881

FUNK, F X, Doctrina duodecim apostolorum, in: DERS. (Hg.), Patres Apostolici,
    2. Aufl. Tübingen 1901, VI-XX u. 2-37
DERS., Die Doctrina apostolorum, ThQ 66, 1884, 381-402
FUNK, W P, Authentikos Logos. Die Dritte Schrift aus Nag-Hammadi-Codex VI,
    eingeleitet und übersetzt vom Berliner Arbeitskreis für koptisch-gno-
    stische Schriften, federführend für diese Schrift: W P F, ThLZ 98,
    1973, 251-259
DERS., Die Lehren des Silvanus. Die vierte Schrift aus Nag-Hammadi-Codex VII,
    eingeleitet und übersetzt vom Berliner Arbeitskreis für koptisch-gnosti-
    sche Schriften, federführend für diese Schrift: W P F, ThLZ 100, 1975,
    7-23
GAECHTER, P, Das Matthäusevangelium Ein Kommentar, Innsbruck/ Wien/ München
    1964
GAFFRON, H G, Studien zum koptischen Philippusevangelium unter besonderer Be-
    rücksichtigung der Sakramente, Bonn 1969 (theol. Diss.)
GALLIZIA, U, Il P. Egerton 2, Aeg. 36, 1956, 29-72.178-234
GAMPERL, J, Die Johannesakten. Eine literarkritische und geistesgeschichtliche
    Untersuchung, Wien 1965 (Diss.masch. (kathol.))
GARDNER-SMITH, P, The Date of the Gospel of Peter, JThS 27, 1926, 401-407
DERS., The Gospel of Peter, JThS 27, 1926, 255-271
GEBHARDT, O. VON (Hg.), Acta Marytrum. Ausgewählte Märtyreracten und andere Ur-
    kunden aus der Verfolgungszeit der christlichen Kirche, Berlin 1902
DERS./ HARNACK, A VON (Hg.), Clementis Romani ad Corinthios quae dicuntur epi-
    stulae. Textum ad fidem codicum et Alexandrini et Constantinopolitani nu-
    per inventi recensuerunt et illustraverunt ..., 2. Aufl. Leipzig 1876
    (Patrum Apostolicorum Opera Fasc I Part I)
GEFFCKEN , J (Hg.), Zwei griechische Apologeten, Leipzig und Berlin 1907 (Samm-
    lung wissenschaftlicher Kommentare zu griechischen und römischen Schrift-
    stellern)
DERS., Komposition und Entstehungszeit der Oracula Sibyllina, Leipzig 1902 (TU
    23,1)
DERS. (Hg.), Die Oracula Sibyllina, bearbeitet im Auftrage der Kirchenväter-
    Commission der Königlich-Preussischen Akademie der Wissenschaften von ...,
    Leipzig 1902 (GCS 8)
DERS., Christliche Sibyllinen, in: HNTA, 339-350
DERS., Christliche Sibyllinen, in: NTApo 1. Aufl. 1904, 318-345
DERS., Christliche Sibyllinen, in: NTApo 2. Aufl. 1924, 399-422
GERO, S, The Infancy Gospel of Thomas. A Study of the Textual and Literary Pro-
    blems, NT 13, 1971, 46-80
VAN DEN GHEYN, I (Hg.), Sancti Apollonii Romani acta graeca ex codice Parisino
    graeco 1219, AnBoll 14, 1895, 286-294
GIBBONS, J A, A Commentary on the Second Logos of the Great Seth, Diss. Yale
    University, 1972
GIET, S, L'énigme de la Didachê, Paris 1970 (PFLUS 149)
DERS., Hermas et les Pasteurs, Les Trois Auteurs Du Pasteur de Hermas, Paris
    1963
GILLABERT, E/ BOURGEOIS, P/ HAAS, Y (Hg.), Evangile selon Thomas, Présentation,
    traduction et commentaires, Montelimar 1979 (Collection Metanoia)
GLORIE, F (Hg.), Hieronymus, Ez, (S Hieronymi Presbyteri Opera Pars I Opera
    Exegetica 4), Turnholti 1964 (CChr.SL 75)
GLOVER, R, The Didache's Quotations and the Synoptic Gospels, NTS 5, 1958/9,
    12-29
GOLTZ, E VON DER, Ignatius von Antiochien als Christ und Theologe Eine dogmen-
    geschichtliche Untersuchung, Leipzig 1894 (TU 12,3)
GOODENOUGH, E R, The Theology of Justin Martyr, Jena 1923
GOODSPEED, E J (Hg.), Die ältesten Apologeten Texte mit kurzen Einleitungen,
    Göttingen 1914

GOPPELT, L, Christentum und Judentum im ersten und zweiten Jahrhundert   Ein
     Aufriß der Urgeschichte der Kirche, Gütersloh 1954 (BFCHrTh 2. Reihe Bd.
     55)
GRANT, R M, Athenagoras or Pseudo-Athenagoras, HThR 47, 1954, 121-129
DERS., The Bible of Theophilus of Antioch, JBL 66, 1947, 173-196
DERS., The Formation of the New Testament, New York 1965
DERS., Hermeneutics and Tradition in Ignatius of Antioch: A Methodological In-
     vestigation, in: CASTELLI, E (Hg.), Ermeneutica e Traditione, Atti del
     convegno indetto ..., Roma 1963, 183-201
DERS., Scripture and Tradition in Ignatius of Antioch, in: DERS., New Testament,
     37-54
DERS., After the New Testament   Studies on Early Christian Literature and Theo-
     logy, Philadelphia 1967
DERS., Papias in Eusebius' Church History, in: WOLFF, E (Hg.), Mélanges
     d'histoire des religions offerts à H C PUECH, Paris 1974, 209-214
DERS., Papias and the Gospels, AThR 25, 1943, 218-222
DERS., Tatian and the Bible, StPatr 1, Berlin 1957 (TU 63), 297-306
DERS. (Hg.), Theophilus of Antioch, Ad Autolycum, Text and Translation by ...,
     Oxford 1970 (OECT)
DERS./ FREEDMAN, D N, Geheime Worte Jesu   Das Thomasevangelium (Mit einem Bei-
     trag "Das ThEv in der neuesten Forschung" von J B BAUER; aus dem Ameri-
     kanischen übertragen von S GEORGE), Frankfurt 1960
GREBAUT, S (Hg.), L'Apocalypse de Pierre, ROC 15, 1910, 198-214.307-323.425-
     439
GREEN, H B, The Gospel according to Matthew in the Revised Standard Version,
     Introduction and Commentary, Oxford 1975 (NCB)
GREEVEN, H, Erwägungen zur synoptischen Textkritik, NTS 6, 1959/60, 281-296
GRESSMANN, H (Hg.), Euseb von Caesarea, Theophania syriaca, Berlin 1904
     (GCS 11,2)
GRIGGS, C W, The History of Christianity in Egypt to 451 A.D., Berkeley 1979
     (Diss. University of California)
GROBEL, K, The Gospel of Truth   A Valentinian Meditation on the Gospel. Trans-
     lation from the Coptic and Commentary by ..., New York 1960
GRUNDMANN, W, Das Evangelium nach Matthäus, 4. Aufl. Berlin 1975 (ThHK)
GRYSON, R, Les lettres attribuées à Ignace d'Antioche et l'apparition de
     l'épiscopat monarchique, RTL 10, 1979, 446-453
DERS., A propos du témoignage de Papias sur Matthieu. Le sens du mot λόγιον
     chez les Pères du IIᵉ s., EThL 41, 1965, 530-547
GUERRIER, L/ GREBAUT, S (Hg.), Le Testament en Galilée de Nôtre-Seigneur Jésus
     Christ   Texte éthiopien édité et traduit par L G avec le concours de S G,
     Paris 1913 (PO 9,3)
GUILLAUMIN, M, En marge du "Martyre de Polycarpe": le discernement des allusions
     scripturaires, in: Forma Futuri, Studi in Onore del Cardinale M PELLEGRINO,
     Turin 1975, 462-469
GUILLAUMONT, A (u.a.) (Hg.), Evangelium nach Thomas, Koptischer Text hg. und
     übersetzt v. .... Leiden 1959
DERS., Les Sémitismes dans l'Evangile selon Thomas. Essai de classement, in:
     VAN DEN BROEK, R/ VERMASEREN, M J (Hg.), Studies in Gnosticism and Helle-
     nistic Religions, pres. to G QUISPEL, Leiden 1981 (EPRO 31), 190-204
GUNDERT, E, Der erste Brief des Clemens Romanus an die Corinther, Dritter Ar-
     tikel   Die Lehre des Verfassers, ZLThK 15, 1854, 450-485
GUNKEL, H, Das 4. Buch Esra, in: APAT Bd. 2, Neudruck Darmstadt 1975, 331-
     401
GUNTHER, J J, The Association of Mark and Barnabas with Egyptian Christianity,
     Part I EvQ 54, 1982, 219-233, Part II EvQ 55, 1983, 21-29
HAENCHEN, E, Das Buch Baruch: Ein Beitrag zum Problem der christlichen Gnosis,
     ZThk 50, 1953, 123-158

HAENCHEN, E, Neutestamentliche und gnostische Evangelien, in: ELTESTER, W (Hg.),
    Christentum, 19-45
DERS., Der Weg Jesu Eine Erklärung des Markus-Evangeliums und der kanonischen
    Parallelen, Berlin 1966 (STö.H Bd. 6)
HÄUSER, P (Hg.), Des Heiligen Philosophen und Martyrers Justinus Dialog mit
    dem Juden Tryphon aus dem Griechischen übersetzt und mit einer Einleitung
    versehen v. ..., Kempten/München 1917 (BKV 2. Reihe, Bd. 33)
HAGNER, D A, The Use of the Old and New Testaments in Clement of Rome, Leiden
    1973 (NT.S 34)
HALL, S G, The Melito Papyri, JThS NS 19, 1968, 476-508
DERS. (Hg.), On Pascha and Fragments/ Melito of Sardis   Texts and Translations
    ed. by ..., Oxford 1979
DERS., Melito's Paschal Homily and the Acts of John, JThS NS 17, 1966, 95-98
HAMMAN, A, Le Notre Pêre dans la catéchèse des Pêres de l'Eglise, MD 85, 1966,
    41-68
HAMMERSHAIMB, E (Hg.), Das Martyrium Jesajas, 2. Aufl. Gütersloh 1977 (JSHRZ
    II,1)
HANDMANN, R, Das Hebräerevangelium Ein Beitrag zur Geschichte und Kritik des
    hebräischen Matthäus, Leipzig 1888 (TU 5,3)
HARNACK, A VON, Art. Apostellehre, in: RE 3. Aufl. Bd. 1, Leipzig 1896, 711-
    730
DERS., Der Brief des Ptolemäus an die Flora. Eine religiöse Kritik am Penta-
    teuch im 2. Jahrhundert, SPAW 1902, 1. Halbbd., 507-545 (wiederabge-
    druckt in DERS., Kleine Schriften 1, 591-629; zitiert nach der Erstver-
    öffentlichung)
DERS. (Hg.), Bruchstücke des Evangeliums und der Apokalypse des Petrus, 2.,
    verbesserte und erweiterte Aufl. Leipzig 1893 (TU 9,2)
DERS., Chronologie 1/ 2 s. DERS., Geschichte der altchristlichen Litteratur
DERS., Einführung in die alte Kirchengeschichte. Das Schreiben der Römischen
    Kirche an die Korinthische aus der Zeit Domitians (1. Clemensbrief) über-
    setzt und den Studierenden erklärt, Leipzig 1929
DERS., Lehrbuch der Dogmengeschichte, 1. Bd. Die Entstehung des kirchlichen
    Dogmas, 4., neu durchgearbeitete u. vermehrte Aufl. Tübingen 1909 (Nach-
    druck Darmstadt 1980)
DERS., Geschichte eines programmatischen Worts Jesu (Matth. 5,17) in der äl-
    testen Kirche. Eine Skizze, SPAW 1912, 184-207 (wiederabgedruckt in:
    DERS., Kleine Schriften 2, 166-189; zitiert nach der Erstveröffentlichung)
DERS., Geschichte der altchristlichen Litteratur bis Eusebius, Erster Theil
    Die Überlieferung und der Bestand, Leipzig 1893, Zweiter Theil Die
    Chronologie der altchristlichen Litteratur bis Euseb 1. Bd. Die Chro-
    nologie der Litteratur bis Irenaeus/ Nebst einleitenden Untersuchungen,
    Leipzig 1897, 2. Bd. Die Chronologie der Litteratur von Irenaeus bis
    Eusebius, Leipzig 1904, 2. erweiterte Aufl. (des ganzen Werkes) (mit
    einem Vorwort von K ALAND) Leipzig 1958
DERS., Kleine Schriften zur Alten Kirche, Bd. 1 Berliner Akademie-Schriften
    1890-1907, Bd. 2 Berliner Akademie-Schriften 1908-1930, Leipzig 1980
    Mit einem Vorwort von J DUMMER (Opuscula. Sammelausgaben seltener und
    bisher nicht selbständig erschienener wissenschaftlicher Abhandlungen
    IX, 1.2)
DERS. (Hg.), Die Lehre der Zwölf Apostel Nebst Untersuchungen zur ältesten
    Geschichte der Kirchenverfassung und des Kirchenrechts, Leipzig 1884
    (TU 2,1)
DERS,, Rez. zu v. SCHUBERT, Composition u. DERS., Petrusevangelium, THLZ 19,
    1894, 9-18
DERS., Theophilus von Antiochien und das Neue Testament, ZKG 11m 1890, 1-21
DERS., Überlieferung, s. DERS., Geschichte der altchristlichen Litteratur

HARNACK, A VON, Die Überlieferung der griechischen Apologeten des zweiten Jahr-
  hunderts in der alten Kirche und im Mittelalter, Leipzig 1892 (TU 1,1.2)
HARRISON, P N, Polycarp's Two Epistles to the Philippians, Cambridge 1936
HAUPT, D, Das Testament des Levi: Untersuchungen zu seiner Entstehung und
  Überlieferungsgeschichte, Diss. Halle-Wittenberg 1969
HAUSCHILD, W D, Christologie und Humanismus bei dem "Gnostiker" Basilides,
  ZNW 68, 1977, 67-92
HAWTHORNE, G F, Tatian and his Discourse to the Greeks, HThR 57, 1964, 161-188
HEARD, R, The ΑΠΟΜΝΗΜΟΝΕΥΜΑΤΑ in Papias, Justin, and Irenaeus, NTS 1, 1954/5,
  122-129
DERS., Papias' Quotations from the New Testament, NTS 1, 1954/5, 130-134
HEDRICK, C W, Kingdom Sayings and Parables of Jesus in the Apocryphon of
  James: Tradition and Redaction, NTS 29, 1983, 1-24
HEINRICI, G, Die valentinianische Gnosis und die heilige Schrift, Berlin 1871
HELMBOLD, A K, Gnostic Elements in the Ascension of Isaiah, NTS 18, 1972, 222-
  227
HENNECKE, E (Hg.), Die Apologie des Aristides Recension und Rekonstruktion des
  Textes, Leipzig 1893 (TU 4,3)
DERS., Apostellehre (Didache), in: NTApo 2. Aufl. 1924, 555-565
HEUBERGER, J, Sämann und Gottes Wort Beitrag zu einer Geschichte der Auslegung
  des Sämanngleichnisses in der griechischen Patristik, Graz 1980 (Diss.
  Graz/ Seckau) (Diss. an der Universität Graz 49)
HILBERG, J (Hg.), Hieronymus, Epistula CXX ad Hedibiam de quaestionibus duodecim,
  in: S. Eusebii Hieronymi Opera Sect. I, Pars II Epistolarum Pars II,
  Epistulae KXXI-CXX, rec. J HILBERG, Vindobonae/ Lipsiae 1912 (CSEL 55),
  470-515
HILGENFELD, A, Die Apostolischen Väter Untersuchungen über Inhalt und Ursprung
  der unter ihrem Namen erhaltenen Schriften, Halle 1853
DERS. (Hg.), Novum Testamentum extra canonem receptum ed., commentarium criticum
  et adnotationes addidit, librorum deperditorum fragmenta collegit et dis-
  posuit ..., Fasc. I Clementis Romani Epistulae, Leipzig 1866
DERS., Kritische Untersuchungen über die Evangelien Justins, der clementini-
  schen Homilien und Marcions Ein Beitrag zur Geschichte der ältesten
  Evangelien-Literatur, Halle 1850
HILHORST, A, Sémitismes et latinismes dans le Pasteur d'Hermas, Nijmegen 1976
  (GCP 5)
HOLL, K (Hg.), Epiphanius, Panarion, Bd. 1 Ancoratus und Panarion, Berlin
  1915 (GCS 25), Bd. 2 Panarion haer. 34-64, 2. bearb. Aufl. hg. v.
  J DUMMER, Berlin 1980 (GCS 31), Bd. 3 Panarion haer. 65-80, De fide,
  Berlin 1930 (GCS 37)
HOLLANDER, H W, Joseph as an Ethical Model in the Testaments of the Twelve
  Patriarchs, Leiden 1981 (SVTP 6)
HOLTZMANN, H, Rez. zu TAYLOR, Witness, ThLZ 18, 1893, 228-230
HORMANN, J, The Source of the Version of the Parable of the Sower in the Gospel
  of Thomas, NT 21, 1979, 326-343
HORNER, G (Hg.), The Coptic Version of the New Testament in the Northern Dia-
  lect, otherwise called Memphitic and Bohairic, 4 Bde. Oxford 1898-1905
DERS., The Coptic Version of the New Testament in the Southern Dialect, other-
  wise called Sahidic and Thebaic, 7 Bde. Oxford 1911-1924
HORNSCHUH, M, Andreasakten, in: NTApo Bd. 2, 3. Aufl. 1964, 270-297
DERS., Die Anfänge des Christentums in Ägypten, Bonn 1958 (theol. Diss. masch.)
DERS., Das Gleichnis von den zehn Jungfrauen in der Epistula Apostolorum, ZKG
  73, 1962, 1-8
DERS., Studien zur Epistula Apostolorum, Berlin 1965 (PTS 5)
HOUSSIAU, A, L'exêgêse de Matthieu XI,27 B selon saint Irénée, EThL 29, 1953,
  328-354

HOWARD, G, Harmonistic Readings in the Old Syriac Gospels, HThR 73, 1980, 473-491

HULTGARD, A, Croyances messianiques des Test XII Patr. Critique textuelle et commentaire des passages messianiques, Uppsala 1971

DERS., L'eschatologie des Testaments des Douze Patriarches, Vol. 2 Composition de l'ouvrage, textes et traduction, Uppsala 1982 (HR(U) 7)

HUMMEL, R, Die Auseinandersetzung zwischen Kirche und Judentum im Matthäusevangelium, München 1963 (BEvTh 33)

HURST, D/ ADRIAEN, M (Hg.), Hieronymus, Mt (S Hieronymi Presbyteri Opera, Pars I Opera Exegetica 7), Turnholti 1969 (CChr.SL 77)

HYLDAHL, N, Philosophie und Christentum Eine Interpretation der Einleitung zum Dialog Justins, Kopenhagen 1966 (AThD 9)

INGE, W R, Ignatius, in: NTAF, 63-83

JACQUIER, E, Le Nouveau Testament dans l'église chrétienne Bd. 1, 2. Aufl. Paris 1911

JAMES, M R, A New Text of the Apocalypse of Peter, JThS 12, 1911, 36-54.362-383.573-583

JAUBERT, A (Hg.), Clement de Rome. Epître aux Corinthiens. Introduction, texte, traductions, notes et index par ..., Paris 1971 (SC 167)

DIES., Echo du livre de la Sagesse en Barnabé 7,9, RSR 60, 1972, 193-198

JERMEMIAS, J, Unbekanntes Evangelium mit johanneischen Einschlägen (Pap. Egerton 2), in: NTApo Bd. 1, 4. Aufl. 1968, 58-61

DERS., Unbekannte Jesusworte, 3., unter Mitwirkung von O HOFIUS völlig neu bearbeitete Aufl. Gütersloh 1963

DERS./ SCHMIDT, K F W, Ein bisher unbekanntes Evangelienfragment Einblicke in die Arbeitsweise eines alten Evangelisten, ThBl 15, 1936, 34-45

JERVELL, J, Ein Interpolator interpretiert. Zu der christlichen Bearbeitung der Testamente der zwölf Patriarchen, in: ELTESTER, W (Hg.), Studien, 30-61

JOHNSON, B A, Empty Tomb Tradition in the Gospel of Peter, Cambridge (Mass.) 1965 (Diss. Harvard Univ.; Microfilm 1979)

JOHNSON, S E, A Subsidiary Motive for the Writing of the Didache, in: SHEPHERD, M H/ JOHNSON, S E (Hg.), Munera Studiosa (FG W H P HATCH, mit einem Vorwort v. H B WASHBURN), Cambrige (Mass.) 1946, 107-122

JOLY, R, Le dossier d'Ignace d'Antioche, Brüssel 1979 (Univ. Libre des Bruxelles. Faculté de Philosophie et Lettres 69)

DERS. (Hg.), Hermas le Pasteur, Introduction, texte critique, traduction et notes par ..., 2. (durchgesehene u. vermehrte) Aufl. Paris 1968 (SC 53)

JONES, F S, The Pseudo-Clementines: A History of Research, Second Century 2, 1982, 1-33.63-96

DE JONGE, M (Hg.) The Testaments of the Twelve Patriarchs A Critical Edition of the Greek Text, ed. by M DE J in cooperation with H W HOLLANDER, H J DE JONGE, T KORTEWEG, Leiden 1978 (PVTG I,2)

DERS., The Interpretation of the Testaments of the Twelve Patriarchs in Recent Years, in: DERS. (Hg.), Studies on the Testaments of the Twelve Patriarchs, Text and Interpretation, Leiden 1975 (SVTP 3), 183-192

DERS., The Testaments of the Twelve Patriarchs A Study of their Text, Composition and Origin, Diss. Assen 1953

JORDAN, H, Geschichte der altchristlichen Literatur, Leipzig 1911

JUNOD, E/ KAESTLI, J D (Hg.), Acta Iohannis Bd. 1 Praefatio-Textus Bd. 2 Textus alii-commentarius, indices, Turnhout 1983 (CChr.SA 1f)

DIES., L'histoire des actes apocryphes des apôtres du IIIe au IXe siècle: Les cas des actes de Jean, Genf/ Lausanne/ Neuchâtel 1982 (Cahiers de la Revue de théologie et de philosophie 7)

KAESTLI, J D, L'évangile de Thomas. Son importance pour l'étide des paroles de Jésus et du gnosticisme chrétien, ETR 54, 1979, 375-396

KANNENGIESSER, C, Bulletin de théologie patristique, RSR 69, 1981, 443-479
DERS., Bulletin de théologie patristique Ignace d'Antioche et Irénée de Lyon,
RSR 67, 1979, 599-623
KEE, H C, The Ethical Dimensions of the Testaments of the XII as a Clue to
Provenance, NTS 24, 1978, 259-270
KELBER, W H, Markus und die mündliche Tradition, Ling Bibl 45, 1979, 5-58
KELLY, R H, SCROGGS, R (Hg.), Jews, Greeks and Christians Religious Cultures
in Late Antiquity Essays in Honour of W D DAVIES, Leiden 1976 (Studies
in Judaism and Late Antiquity 21)
KIRCHNER, D, Epistula Jacobi Apocrypha Die erste Schrift aus Nag-Hammadi-Co-
dex I (Codex Jung) neu hg. u. kommentiert, Berlin 1977 (theol. Diss.)
KITTEL, G, Art. δόγμα, δογματίζω, in: ThWNT Bd. 2, Stuttgart 1935, 233-235
KLAUSER, T (Hg.), Doctrina duodecim apostolorum Barnabae epistula Recensuit
vertit adnotavit ..., Bonn 1940 (FlorPatr 1)
KLEIN, G, Die Zwölf Apostel Ursprung und Gestalt einer Idee, Göttingen 1961
(FRLANT 77 (NF 59))
KLEIST, J A (Hg.), The Didache, The Epistles of Barnabas, The Epistles and the
Martyrdom of St. Polycarp, The Fragments of Papias, The Epistle to
Diognetus, London 1961 (ACW 6)
DERS. (Hg.), The Epistles of St. Clement of Rome and St. Ignatius of Antioch,
Newly translated and annotated, 4. Aufl. London 1961 (unveränderter Nach-
druck der 1. Aufl. 1946) (ACW 1)
KLETTE, E T (Hg.), Der Process und die Acta S. Apollonii, Leipzig 1897 (TU 15,2)
KLIJN, A F J, The Apocryphal Acts of the Apostles, VigChr 37, 1983, 193-199
DERS., Patristic Evidence for Jewish Christian and Aramaic Gospel Tradi-
tion, in: BEST, E/ WILSON, R M (Hg.), Text an Interpretation Studies
in the New Testament presented to M BLACK, Cambridge/ London/ New York/
Melbourne 1979, 169-177
DERS., The Question of the Rich Young Man in a Jewish Christian Gospel, NT 8,
1966, 149-155
DERS., The Study of Jewish Christianity, NTS 20, 1973/4, 419-431
KLINE, L L, Harmonized Sayings of Jesus in the Pseudo-Clementine Homilies
and Justin Martyr, ZNW 66, 1975, 223-241
DERS., The Sayings of Jesus in the Pseudo-Clementine Homilies, Missoula 1975
(SBL Diss Ser 14)
KLOPPENBORG, J S, Didache 16,6-8 and Special Matthean Tradition, ZNW 70, 1979,
54-67
KLOSTERMANN, E (Hg.), Apocrypha 1 Reste des Petrusevangeliums, der Petrusapo-
kalypse und des Kerygma Petri, 2. Aufl. Bonn 1908 (druckgleich mit der
3. Aufl. 1921) (KlT 3)
DERS. (Hg.), Apocrypha 2 Evangelien, 3. Aufl. Berlin 1929 (KlT 8)
DERS. (Hg.), Apocrypha 3 Agrapha, Slavische Josephusstücke, Oxyrhynchos-Frag-
ment 1911, 2. Aufl. Bonn 1911 (KlT 11)
DERS. (Hg.), Origenes, Mt, I Die griechisch erhaltenen Tomoi, hg. v. E K unter
Mitwirkung von E BENZ (Origenes Werke 10. Bd.) Leipzig 1937 (GCS 40)
KNOCH, O, Eigenart und Bedeutung der Eschatologie im theologischen Aufriß des
ersten Clemensbriefes Eine auslegungsgeschichtliche Untersuchung, Bonn
1964 (Theoph. 17)
DERS., Die Stellung der Apostolischen Väter zu Israel und zum Judentum, in:
ZMIJEWSKI, J u. NELLESSEN, E. (Hg.), Begegnung mit dem Wort, FG f. H
ZIMMERMANN, Bonn 1980 (BBB 53), 347-379
KNOPF, R (Hg.), Der erste Clemensbrief untersucht und hg. v. ..., Leipzig 1899
(TU 20,1)
DERS., Clemens an die Korinther, in: HNTA, 173-190
DERS., Clemens an die Korinther, in: NTApo 1. Aufl. 1904, 84-112
DERS., Die Lehre der zwölf Apostel Die zwei Clemensbriefe, Tübingen 1920
(HNT Ergänzungsband Die Apostolischen Väter Bd. 1)

KOCH, E, Das Petrusevangelium und unsere kanonischen Evangelien, Kirchliche
    Monatsschrift 15, Berlin 1896, 311-338
KÖRTNER, U H J, Papias von Hierapolis: ein Beitrag zur Geschichte des frühen
    Christentums, Göttingen 1983 (FRLANT 133) (zugl.: Bethel (Bielefeld),
    Kichliche Hochschule, Diss. 1981/2)
KÖSTER, H, Dialog und Spruchüberlieferung in den gnostischen Texten von Nag Ham-
    madi, EvTh 39, 1979, 532-556
DERS., Einführung in das Neue Testament im Rahmen der Religionsgeschichte und
    Kulturgeschichte der hellenistischen und römischen Zeit, Berlin/ New
    York 1980 (GLB)
DERS., Überlieferung und Geschichte der frühchristlichen Evangelienliteratur,
    in: ANRW II Principat Bd. 25,2, Berlin/ New York 1984, 1463-1542
DERS., ΓΝΩΜΑΙ ΔΙΑΦΟΡΟΙ: Ursprung und Wesen der Mannigfalt in der Geschichte des
    frühen Christentums, in: DERS./ ROBINSON, J M, Entwicklungslinien
    durch die Welt des frühen Christentums, Tübingen 1971, 107-146
DERS., Apocryphal and Canonical Gospels , HThR 73, 1980, 105-130
DERS., Die außerkanonischen Herrenworte als Produkte der christlichen Gemeinde,
    ZNW 48, 1957, 220-237
DERS.. Introduction to the New Testament, Vol. 1 History, Culture and Re-
    ligion of the Hellenistic Age, Vol 2 History and Literature of Early
    Christianity , Philadelphia 1982 (Übersetzung ins Amerikanische durch den
    Verf. selbst von: DERS., Einführung)
DERS., Three Thomas Parables, in: LOGAN/ WEDDERBURN, 195-203
DERS., Septuaginta und synoptischer Erzählungsstoff im Schriftbeweis Justins
    des Märtyrers, Heidelberg 1956 (Masch. HabSchr.)
DERS., Synoptische Überlieferung bei den Apostolischen Vätern, Berlin 1957
    (TU 65)
KOSCHORKE, K, Eine neugefundene gnostische Gemeindeordnung. Zum Thema Geist
    und Amt im frühen Christentum, ZThK 76, 1979, 30-60
DERS., Hippolyts Ketzerbekämpfung und Polemik gegen die Gnostiker. Eine tendenz-
    kritische Untersuchung seiner "Refutatio omnium haeresium", Wiesbaden
    1975 (GOF. VI. Reihe Hellenistica Bd. 4)
DERS., Die "Namen" im Philippusevangelium. Beobachtungen zur Auseinandersetzung
    zwischem gnostischem und kirchlichem Christentum, ZNW 64, 1973, 307-322
DERS., Paulus in den Nag-Hammadi-Texten. Ein Beitrag zur Geschichte der Paulus-
    rezeption im frühen Christentum, ZThK 78, 1981, 177-205
DERS., Eine gnostische Pfingstpredigt. Zur Auseinandersetzung zwischen gnosti-
    schem und kirchlichem Christentum am Beispiel der "Epistula Petri ad Phi-
    lippum" (NHC VIII,2), ZThK 74, 1977, 325-343
DERS., Die Polemik der Gnostiker gegen das kirchliche Christentum. Unter beson-
    derer Berücksichtigung der Nag-Hammadi-Traktate "Apokalypse des Petrus"
    (NHC VII,3) u. "Testimonium Veritatis" (NHC IX,3), Leiden 1978 (Nag Hamma-
    di Studies 12)
DERS., Die Polemik der Gnostiker gegen das kirchliche Christentum. Skizziert
    am Beispiel des Nag-Hammadi-Traktates Testimonium Veritatis (NHC IX,3),
    in: KRAUSE, M (Hg.), Gnosis and Gnosticism, 43-49
DERS., Der gnostische Traktat "Testimonium Veritatis" aus dem Nag-Hammadi-Codex
    IX. Eine Übersetzung, ZNW 69, 1978, 91-117
KOSNETTER, J, Das Thomasevangelium und die Synoptiker, in: KISSER, J u.a. (Hg.),
    Wissenschaft im Dienste des Glaubens, Festschrift für H PEICHL, Wien
    1965 (StWKA 4), 29-49
KRAFT, R A, Barnabas and the Didache (The Apostolic Fathers, A New Translation
    and Commentary Bd. 3), Toronto/ London/ New York 1965
KRAUSE, M, The Christianization of Gnostic Texts, in: LOGAN/ WEDDERBURN, 187-
    194
DERS. (Hg.), Essays on the Nag Hammadi Texts in Honour of A BÖHLIG, Leiden 1972
    (Nag Hammadi Studies 3)

KRAUSE, M (Hg.), Essays on the Nag Hammadi Texts in Honour of P LABIB, Leiden
    1975 (Nag Hammadi Studies 6)
DERS. (Hg.), Gnosis and Gnosticism, Papers Read at the Seventh International
    Conference on Patristic Studies, Leiden 1977 (Nag Hammadi Studies 8)
DERS. (Hg.), Nag Hammadi and Gnosis, Papers Read at the First International Con-
    gress of Coptology (Cairo, December 1976), Leiden 1978 (Nag Hammadi Stu-
    dies 14)
DERS., Koptische Quellen aus Nag Hammadi, eingeleitet, übersetzt und erläutert
    von ..., in: FÖRSTER/ KRAUSE/ RUDOLPH, 6-170
DERS., Rez. zu TILL, W C, Evangelium nach Philippos, ZKG 75, 1964, 168-182
DERS., Die Texte von Nag Hammadi, in: ALAND, B, 216-243
DERS. (Hg.), Der zweite Logos des großen Seth, in: ALTHEIM/ STIEHL, 106-151
DERS./ GIRGIS, V (Hg.), Die Petrusapokalypse, in: ALTHEIM/ STIEHL, 153-179
DERS./ LABIB, P (Hg.), Gnostische und hermetische Schriften aus Codex II und
    Codex VI, Glückstadt 1971 (ADALK 2)
KRAUSE, W, Die Stellung der frühchristlichen Autoren zur heidnischen Literatur,
    Wien 1958
KRETSCHMAR, G, Ein Beitrag zur Frage nach dem Ursprung frühchristlicher Aske-
    se, ZThK 61, 1964, 27-67 (wiederabgedruckt in: FRANK, K S (Hg.), Askese
    und Mönchtum in der Alten Kirche, Darmstadt 1975 (WdF 409), 129-180; zi-
    tiert nach dem Wiederabdruck)
DERS., Studien zur frühchristlichen Trinitätstheologie, Tübingen 1856 (BHTh 21)
KRÜGER, G, Briefe des Ignatius und Polykarp, in: HNTA, 190-203
DERS., Clemens an die Korinther, NTApo 2. Aufl. 1924, 482-502
DERS., Geschichte der altchristlichen Litteratur in den ersten drei Jahrunderten,
    1. u. 2. Aufl. Freiburg u. Leipzig 1895 (GThW 9. Abtheilung 2. Reihe Bd. 3)
KÜMMEL, W G, Einleitung in das Neue Testament, 21., erneut ergänzte Aufl. Hei-
    delberg 1983
KÜRZINGER, J, Die Aussage des Papias von Hierapolis zur literarischen Form
    des Markusevangelium, BZ NS 21, 1977, 245-264 (wiederabgedruckt in:
    DERS., Papias und die Evangelien, 43-67)
DERS., Irenäus und sein Zeugnis zur Sprache des Matthäusevangeliums, NTS 10,
    1963/4, 108-115 (wiederabgedruckt in: DERS., Papias und die Evangelien,
    33-42)
DERS., Papias von Hierapolis: Zu Titel und Art seines Werkes, BZ NS 23, 1979,
    172-186 (wiederabgedruckt in: DERS., Papias und die Evangelien, 69-87)
DERS., Papias von Hierapolis und die Evangelien des Neuen Testaments Gesam-
    melte Aufsätze, Neuausgabe und Übersetzung der Fragmente, kommentierte
    Bibliographie, Regensburg 1983 (Eichstätter Materialien, Abt. Philos.
    u. Theol. Bd. 4)
DERS., Das Papiaszeugnis und die Erstgestalt des Matthäusevangeliums, BZ NS 4,
    1960, 18-38 (wiederabgedruckt in: DERS., Papias und die Evangelien, 9-32)
KURFESS, A, Wie sind die Fragmente der Oracula Sibyllina einzuordnen? Aevum
    26, 1952, 228-235
DERS., Das Mahngedicht des sogenannten Phokylides im zweiten Buch der Oracula
    Sibyllina, ZNW 38, 1939, 171-181
DERS., Oracula Sibyllina I/II, ZNW 40, 1941, 151-165
DERS., Christliche Sibyllinen, in: NTApo Bd. 2, 3. Aufl. 1964, 498-528
DERS. (Hg.), Sibyllinische Weissagungen, Urtext und Übersetzung, München 1951
LABOURT, M J, La cinquième livre d'Esdras, RBI NS 6, Paris 1909, 412-434
LACAU, P.(Hg.), Fragments de l'Ascension d'Isaie en copte, Muséon 59, 1946,
    453-467
LAGRANGE, M J, L'évangile selon les Hébreux, RB 29, 1922, 161-181.321-349
DERS., Evangile selon Saint Matthieu, 5. Aufl. Paris 1941 (EtB)
LAKE, K, The Didache, in: NTAF, 24-36

LAKE, K (Hg.), The Apostolic Fathers in Two Volumes, Vol. 1 I Clement, II Clement, Ignatius, Polycarp, Didache, Barnabas, 3. Aufl. London 1919 (1. Aufl. 1912, verschiedene, unveränderte Reprints) (LCL 24) Vol. 2 The Shepherd of Hermas, The Martyrdom of Polycarp, The Epistle to Diognetus, 2. Aufl. London 1917 (1. Aufl. 1912, verschiedene, unveränderte Reprints) (LCL 25)

LAMBIASI, F, I criteri di autenticità storica dei Vangeli applicati ad un apocrifo: il Vangelo di Pietro, BeO 18, 1976, 151-160

LATTKE, M, Die Oden Salomos in ihrer Bedeutung für Neues Testament und Gnosis, Bd. 1 Ausführliche Handschriftenbeschreibung, Edition mit deutscher Parallelübersetzung, hermeneutischer Anhang zur gnostischen Interpretation der Oden Salomos in der Pistis Sophia, Bd. 2 Vollständige Wortkonkordanz zur handschriftlichen griechischen, koptischen, lateinischen und syrischen Überlieferung der Oden Salomos Mit einem Faksimile des Kodex N, Fribourg/ Göttingen 1979 (OBO 25,1.2)

DERS., The Apocryphal Odes of Solomon and the New Testament Writings, ZNW 73, 1982, 294-301

LAYTON, B, The Sources, Date and Transmission of Didache 1.3b-2.1, HThR 61, 1968, 343-383

LEANEY, R, The Authorship of Egerton Papyrus No. 3, VigChr 9, 1955, 212-217

LEFORT, L T, Coptica Lovaniensia, Ascension d'Isaie, Muséon 51, 1938, 24-32

DERS., Fragments d'Apocryphes en Copte-Akhmîmique 2. Ascension d'Isaie, Muséon 52, 1939, 7-10

DERS., Les Pères Apostoliques en Copte, Louvain 1952 (CSCO 135 (Text) u. 136 (Kommentar))

LEMARCHAND, L, La composition de l'épître de saint Clement aux Corinthiens, RevSR 18, 1938, 448-457

LIETZMANN, H, Wie wurden die Bücher des Neuen Testaments heilige Schrift?, in: DERS., Kleine Schriften II Studien zum Neuen Testament, hg. v. K ALAND, Berlin 1958 (TU 68), 15-98

DERS. (Hg.), Die Didache, 6. Aufl. Berlin 1962 (KlT 6)

DERS., Geschichte der Alten Kirche, Bd. 1 Die Anfänge, 3. Aufl. Berlin 1953

DERS., Messe und Herrenmahl Eine Studie zur Geschichte der Liturgie, Bonn 1926 (AKG 8)

LIGHTFOOT, J B (Hg.), The Apostolic Fathers, Part I S. Clement of Rome A Revised Text with Introduction, Notes, Dissertations and Translations, Bd. 1/ 2, 2. Aufl. London 1890 (Nachdruck Hildesheim 1973), Part II S. Ignatius, S. Polycarp Revised Texts with Introductions, Notes, Dissertations and Translations, Bd. 1/ 2/ 3, 2. Aufl. London 1889 (Nachdruck Hildesheim 1973)

LINDEMANN, A, Zur Gleichnisinterpretation im Thomas-Evangelium, ZNW 71, 1980, 214-243

DERS., Paulus im ältesten Christentum Das Bild des Apostels und die Rezeption der paulinischen Theologie in der frühchristlichen Literatur bis Marcion, Tübingen 1979 (BhTh 58)

LIPPELT, E, Quae fuerint Iustini Martyris ΑΠΟΜΝΗΜΟΝΕΥΜΑΤΑ quaque ratione cum forma syro-latina cohaeserint, Halle 1901 (Diss.Phil. 15,1)

LIPSIUS, R A, Art. Barnabasbrief, in: SCHENKEL, D (Hg.), Bibellexikon Realwörterbuch zum Handgebrauch für Geistliche und Gemeindeglieder, Bd. 1 A und O - Dichtkunst, Leipzig 1869, 363-373

LODS, A, Evangelii secundum Petrum et Petri apocalypseos quae supersunt ..., Paris 1892 (Thèse de la Faculté de Théologie protestante de Paris)

DERS. (Hg.), L'Evangile et l'Apocalypse de Pierre publiés pour la première foi d'après les photographies du manuscrit du Gizêh avec un appendice sur les rectifications à apporter au texte grec du livre d'Hénoch, Paris 1893

LOEWENICH, W VON, Das Johannesverständnis im zweiten Jahrhundert, Gießen 1932 (BZNW 13)

LOGAN, A H B/ WEDDERBURN, A J M (Hg.), The New Testament and Gnosis. Essays in Honour of R M WILSON, Edinburgh 1983

LOHMANN, T, Die Verwendung autoritativer Überlieferung im Urchristentum Mit besonderer Berücksichtigung der nachpaulinischen Briefliteratur, Diss. Jena 1952

LOHSE, B, Meliton von Sardes und der Brief des Ptolemäus an die Flora, in: E LOHSE/ BURCHARD/ SCHALLER, 179-188

LOHSE, E, Die Entstehung des Neuen Testaments, 4., durchgesehene und ergänzte Aufl. Stuttgart 1983 (ThW 4)

DERS., Art. Nazaräerevangelium, in: RGG 3. Aufl. Bd. 4, Tübingen 1960, 1385-1386

DERS. (Hg.), Die Texte aus Qumran Hebräisch/ Deutsch Mit masoretischer Punktation, Übersetzung, Einführung und Anmerkungen, 3. Aufl. München 1981

DERS./ BURCHARD, C/ SCHALLER, B (Hg.), Der Ruf Jesu und die Antwort der Gemeinde. Exegetische Untersuchungen J JEREMIAS zum 70. Geburtstag gewidmet von seinen Schülern, hg. v. E L gemeinsam mit C B u. B S, Göttingen 1970

LUCKHART, R, Matthew 11,27 in the "Contra Haereses" of St Irenaeus, RUO 23, 1950, 65*-79*

LÜDEMANN, G, Paulus der Heidenapostel, Bd. 2 Antipaulinismus im frühen Christentum, Göttingen 1983 (FRLANT 130)

DERS., Zur Geschichte des ältesten Christentums in Rom I. Valentin und Marcion II. Ptolemäus und Justin, ZNW 70, 1979, 86-114

DERS., Untersuchungen zur simonianischen Gnosis, Göttingen 1975 (GTA 1)

LÜHRMANN, D, POx 2949: EvPt 3-5 in einer Handschrift des 2./3. Jahrhunderts, ZNW 72, 1981, 216-226

LUTTIKHUIZEN, G P, The Letter of Peter to Philip and the New Testament, in: WILSON, R M (Hg.), Nag Hammadi and Gnosis, 96-102

LUZ, U, Die Jünger im Matthäusevangelium, ZNW 62, 1971, 141-171 (wiederabgedruckt in LANGE, J (Hg.), Das Matthäus-Evangelium, Darmstadt 1980 (WdF 525), 377-414; zitiert nach dem Wiederabdruck)

DERS., Das Evangelium nach Matthäus, 1. Teilband Mt 1-7, Zürich/ Einsiedeln/ Köln/ Neukirchen-Vluyn 1985 (EKK I,1)

MACRAE, G W, A Nag Hammadi Tractate on the Soul, in: BERGMAN, J/ DRYNJEFF, K/ RINGGREN, H (Hg.), Ex orbe religionum, Studia G WIDENGREN oblata pars prior, Leiden 1972 (SHR 21), 471-479

DERS./ WILSON, R M (Hg.), The Gospel of Mary, in: PARROTT, D M, 453-471

MALINA, B J, Jewish Christianity or Christian Judaism: toward a Hypothetical Definition, JSJ 7, 1976, 46-57

MALININE, M u.a. (Hg.), Epistula Iacobi Apocrypha, Codex Jung F I^r- F VIII^v (p. 1-16), Zürich/Stuttgart 1968

MANNS, F, Bibliographie du judéo-christianisme (Préf. du B BAGATTI), Jerusalem 1979 (SBFA 13)

MARA, M G (Hg.), Evangile de Pierre Introduction, texte critique, traduction, commentaire et index, Paris 1973 (SC 201)

MARCOVICH, M, On the Text of Athenagoras, Legatio, StPatr 17,2, Oxford u.a. 1982, 714-718

DE MARGERIE, B, Introduction à l'histoire de l'exégèse, I Les Pères grecs et orientaux, Paris 1980 (Initiations)

MARTIN, A W Jr., The Interpretation of the Triumphal Entry in the Early Church, Nashville/Tenn. 1971 (Diss. Vanderbilt Univ.)

MASSAUX, E, Influence de l'Evangile de saint Matthieu sur la littérature chrétienne avant saint Irénée, Lovain/Gembloux 1950 (DGMFT II,42)

DERS., Le texte du sermon sur la montagne de Matthieu utilisé par saint Justin. Contribution à la critique textuelle du premier évangile, EThL 28, 1952, 411-448

MAURER, C, Ignatius von Antiochien und das Johannesevangelium, Zürich 1949 (AThANT 18)

DERS., Petrusevangelium, in: NTApo Bd. 1, 4. Aufl. 1968, 118-124

DERS./ DUENSING, H, Offenbarung des Petrus, NTApo Bd. 2, 3. Aufl. 1964, 468-483

MAYEDA, G, Das Leben-Jesu-Fragment Papyrus Egerton 2 und seine Stellung in der urchristlichen Literaturgeschichte, Bern 1946

MAYER, H T, Clement of Rome and his Use of Scripture, CTM 42, 1971, 536-540

MCARTHUR, H K, The Dependence of the Gospel of Thomas on the Synoptics, ET 71, 1959/60, 286-287

MCCANT, J W, The Gospel of Peter The Docetic Question Re-examined, Ann Arbor/Mich. 1978

MCCAUGHEY, J D, The Gnostic Gospel of Truth and the NT, ABR 6, 1958, 87-108

MCCUE, J F, Orthodoxy and Heresy: Walter Bauer and the Valentinians, VigChr 33, 1979, 118-130

MCNEIL, B, The Odes of Solomon and the Scriptures, OrChr 67, 1983, 104-123

MCNEILE, A H, The Gospel according to St. Matthew, 7. Aufl. London 1957 (unveränderter Nachdruck der Erstausgabe von 1915)

MEEKS, W A/ WILKEN, R L, Jews and Christians in Antioch in the First Four Centuries of the Common Era, Missoula 1978 (Society of Biblical Literature, SBibSt 13)

MEES, M, Die Bedeutung der Sentenzen und ihrer auxesis für die Formung der Jesusworte nach Didachê 1,3b-2,1, VetChr 8, 1971, 55-76

DERS., Form und Komposition der Herrenworte in Justin, Apol 1,15-17, Aug. 17, 1977, 283-306

DERS., Gesù chi era per i primi Cristiani, Florenz 1982

DERS., Herrenworte und Erzählstoff in den judenchristlichen Evangelien und ihre Bedeutung, Aug. 23, 1983, 187-212

DERS., Die Hohepriester-Theologie des Hebräerbriefes im Vergleich mit dem Ersten Clemensbrief, BZ NS 22, 1978, 115-124

DERS., Das Paradigma vom reichen Mann und seiner Berufung nach den Synoptikern und dem Nazaräerevangelium, VetChr 9, 1972, 245-265

DERS., Außerkanonische Parallelstellen zu den Herrenworten und ihre Bedeutung, Bari 1975 (Quaderni di VetChr 10)

DERS, Pilgerschaft und Heimatlosigkeit. Das frühe Christentum Ostsyriens, Aug. 19, 1979, 53-73

DERS., Schema und Dispositio in ihrer Bedeutung für die Formung der Herrenworte aus dem 1. Clemensbrief, Kap 13,2, VetChr 8, 1971, 257-273

DERS., Das Sprichwort Mt 6,21/ Lk 12,24 und seine ausserkanonischen Parallelen, Aug. 14, 1974, 67-89

MEINHOLD, P, Art. Polykarp, in: PRE 21,2, Stuttgart 1952, 1662-1693

DERS., Studien zu Ignatius von Antiochien, Wiesbaden 1979 (VIEG 97)

MELONI, P, "Beati i perseguitati per la giustizia". L'interpretazione patristica, Sandalion 3, 1980, 191-250

MENARD, J E (Hg.), L'Evangile de vérité, Leiden 1972 (Nag Hammadi Studies 2)

DERS. (Hg.), L'Evangile selon Philippe Introduction, texte, traduction, commentaire, Paris 1967

DERS. (Hg.), L'Evangile selon Thomas, Leiden 1975 (Nag Hammadi Studies 5)

DERS. (Hg.), La lettre de Pierre à Philippe, Texte établi et présenté par ..., Québec 1977 (BCNH Sect. Textes 1)

DERS., Les problèmes de l'Evangile selon Thomas, in: KRAUSE, M, Essays 1972, 59-73

DERS., La tradition synoptique et l'Evangile selon Thomas, in: PASCHKE, F, 411-426

MERKEL, H, Die Widersprüche zwischen den Evangelien Ihre polemische und apologetische Behandlung in der Alten Kirche bis zu Augustin, Tübingen 1971 (WUNT 13)

MERRILL, E T, Essays in Early Christian History, London 1924
METZGER, B M, The Early Versions of the New Testament Their Origin, Transmis-
    sion and Limitations, Oxford 1977
MEYER, A, Ebionitenevangelium (Evangelium der zwölf Apostel), in: NTApo, 1. Aufl.
    1904, 24-27
DERS., Ebionitenevangelium (Evangelium der zwölf Apostel), in: HNTA, 42-47
DERS., Kindheitserzählung des Thomas, in: NTApo, 2. Aufl. 1924, 93-102
DERS., Protevangelium des Jakobus, in: NTApo, 1. Aufl. 1904, 47-63
DERS., Protevangelium des Jakobus, in: HNTA, 106-131
DERS., Protevangelium des Jakobus, in: NTApo, 2. Aufl. 1924, 84-93
MEYER, M W (Hg.), The Letter of Peter to Philipp Text, Translation and Commen-
    tary, Chico 1981 (SBL Diss. Ser. 53)
DERS. (Hg.), The Nag Hammadi Library in English, transl. by members of the cop-
    tic-gnostic-library project of the Institute for Antiquity and Christiani-
    ty (Director: J M ROBINSON), Leiden 1977
MICHAELIS, W, Die apokryphen Schriften zum Neuen Testament, 3. Aufl. Bremen
    1962
MICHEL, C/ PEETERS, P (Hg.), Evangiles apocryphes, Bd. 1 Protévangile de
    Jacques, Pseudo-Matthieu, Evangile de Thomas, textes annotés et traduits
    par C M; Histoire de Joseph le charpentier, Rédaction copte et arabe tra-
    duites et annotées par P P, 2. Aufl. Paris 1924 (TDEHC 13)
MICHEL, O, Art. Evangelium, in: RAChr Bd. 6, Stuttgart 1966, 1107-1160
MICHL, J, Art. Evangelien, II Apokryphe E., in: LThK 2. Aufl. Bd. 3, Freiburg
    1959, 1217-1233
DERS., Art. Sibyllinen, Sibyllinische Orakel oder Bücher, in: LThK 2. Aufl.
    Bd. 9, Freiburg 1964, 728-729
MIGNE, J P (Hg.), Hieronymus, Dialogus contra Pelagianos ... , in: Sancti Euse-
    bii Hieronymi Stridonensis Presbyteri Opera Omnia, Tomus secundus ...
    9. Aufl. Paris 1884 (PL 23), 518-618
MOLLAND, E, Art. Clemensbriefe, in: RGG 3. Aufl. Bd. 1, Tübingen 1957, 1836-
    1838
MONTEFIORE, H/ TURNER, H E W, Thomas and the Evangelists, London 1962 (SBT 35)
MORGAN, C S, The Comparative Influence of the Gospels of Matthew and Luke on
    Christian Literature before Irenaeus, Cambridge/Mass. 1970/71 (Diss. Har-
    vard Univ. 1970/71 von 1969)
MOULTON, J H, The "Gospel of Peter" and the Four, ET 4, 1892/3, 299-300
MRAS, K (Hg.), Euseb, Praeparatio evangelica (Eusebius Werke, 8. Bd.), 1. Teil
    Einleitung, Die Bücher I-X, Berlin 1954 (GCS 43,1), 2. Teil Die Bücher
    XI-XV, Register, Berlin 1956 (GCS 43,2)
MÜLLER, J G, Erklärung des Barnabasbriefes Ein Anhang zu DE WETTES Exegeti-
    schem Handbuch zum Neuen Testament, Leipzig 1869
MUNCK, J, Jewish Christianity in Post-Apostolic Times, NTS 6, 1960, 103-116
DERS., Die Tradition über das Matthäusevangelium bei Papias, in: Neotestamenti-
    ca et patristica, FG O CULLMANN, Leiden 1962 (NT.S 6), 249-260
MUNIER, C, A propos d'Ignace d'Antioche, RevSR 54, 1980, 55-73
DERS., A propos d'Ignace d'Antioche. Observations sur la liste épiscopale
    d'Antioche, RevSR 55, 1981, 126-131
MUSSIES, G, Rez. zu ZANDEE, J, Teachings of Silvanus, NT 21, 1979, 185-193
MUSURILLO, H (Hg.), The Acts of the Christian Martyrs Introduction, Texts
    and Translations, Oxford 1972 (OECT)
MYERS, J M (Hg.), I and II Esdras Introduction, Translation and Commentary,
    New York 1974 (AncB 42)
NATIONS, A L, A Critical Study of the Coptic Gospel according to Thomas, Nash-
    ville/Tenn. 1960 (Diss. Vanderbilt Univ.)
NAUTIN, P, La composition de la "Didachè" et son titre, RHR 155, 1959, 191-214

NAUTIN, P, HUSSON, P (Hg.), Origenes, Homélies sur Jérémie, trad. par P H et P N, ed. et notes par P N, Tome 2 Hom XII-XX et Hom latines, Paris 1977 (SC 238)

NEPPER-CHRISTENSEN, P, Das Matthäusevangelium - ein judenchristliches Evangelium? Aarhus 1958

NESTLE, E, War der Verfasser des ersten Clemensbriefes semitischer Abstammung? ZNW 1, 1900, 178-180

THE NEW TESTAMENT IN THE APOSTOLIC FATHERS, by a committee of the Oxford Society of Historical Theology, Oxford 1905

NIEDERWIMMER, K, Zur Entwicklungsgeschichte des Wanderradikalismus im Traditionsbereich der Didache, WSt NS 11, 1977, 145-162

DERS., Textprobleme der Didache, WSt NS 16, 1982, 114-130

NILSON, J, To whom Is Justin's Dialogue with Trypho Addressed?, TS 38, 1977, 538-546

NOACK, B, Der zeitgeschichtliche Hintergrund der Oracula Sibyllina, Studien zum NT und seiner Umwelt 2, Linz 1976, 167-190

NORELLI, E, La resurrezione di Gesù nell'Ascensione di Isaia, Cristianesimo nella storia 1, Bologna 1980, 315-360

OCHAGAVIA, J, Visibile Patris Filius A Study of Irenaeus' Teaching on Revelation and Tradition, Rom 1964 (OrChrA 171)

O'NEILL, J C, The Theology of Acts in its Historical Setting, 2. Aufl. London 1970

ORBE, A, La revelacîon del Hijo por el Padre según san Ireneo (Adv haer IV,6) (Para la exegesis prenicena de Mt. 11,27), Gr. 51, 1970, 5-83 (Engl. Summary: 83-86)

OSBORN, E F, Justin Martyr, Tübingen 1973, BHTh 47

OSIEK, C A, Rich and Poor in the Shepherd of Hermas An Exegtical-Social Investigation, Washington 1983 (CBQ Monograph Ser. 15) (vorher: Rich and Poor in the Shepherd of Hermas, Cambridge/Mass. 1978 (Diss. Harvard Univ.))

DIES., Wealth and Poverty in the Shepherd of Hermas, StPatr 17,2, Oxford u.a. 1982, 725-730

OTTO, I C T (Hg.), Hermiae Philosophi Irrisio Gentilium Philosophorum, Apologetarum Quadrati, Aristidis, Aristonis, Miltiadis, Melitonis, Apollinaris Reliquiae, Jenae 1872 (CorpAp 9)

PAINCHAUD, L, Le Deuxième Traité du Grand Seth (NH VII,2), LTP 36, 1980, 229-237

DERS. (Hg.), Le Deuxième Traité du Grand Seth (NH VII,2) Texte établi et présenté par ..., Québec 1982 (BCNH Sect. Textes 6)

PARROTT, D M (Hg.), Nag Hammadi Codices V,2-5 and VI with Papyrus Berolinensis 8502,1 and 4, Leiden 1979 (Nag Hammadi Studies 11)

PASCHKE, F (Hg., in Zusammenarbeit mit J DUMMER u.a.), Überlieferungsgeschichtliche Untersuchungen, Berlin 1981 (TU 125)

PASQUIER, A (Hg.), L'Evangile selon Marie (BG 1), Texte établi et présenté par ..., Québec 1983 (BCNH Sect. Textes 10)

PAUL, L, Die Abfassungszeit der synoptischen Evangelien Ein Nachweis aus Justinus Martyr, Leipzig 1887

PAULSEN, H, Erwägungen zu Acta Apollonii 14-22, ZNW 66, 1975, 117-126

DERS., Studien zur Theologie des Ignatius von Antiochien, Göttingen 1978 (FKDG 26)

PAUTIGNY, L (Hg.), Justin, Apologies, Traduction francaise, introduction et index par ..., Paris 1904 (TDEHC 1)

PEARSON, B A (Hg.), Nag Hammadi Codices IX and X, mit Beiträgen von B A PEARSON und S GIVERSEN, Leiden 1981 (Nag Hammadi Studies 15)

DERS., Philo, Gnosis and the New Testament, in: LOGAN/ WEDDERBURN, 73-89

PEEL, M L, The "Desecensus ad Inferos" in the "Teachings of Silvanus" (CG VII,4), Numen 26, 1979, 23-49

PELLAND, G, Rez. zu JOLY, dossier, ScEs 37, 1980, 261-287
PERADSE, G, Die "Lehre der zwölf Apostel" in der georgischen Überlieferung,
    ZNW 31, 1932, 111-116
PERKINS, P, Johannine Traditions in Ap. Jas. (NHC I,2), JBL 101, 1982, 403-414
PERLER, O, L'Evangile de Pierre et Méliton de Sardes, RB 71, 1964, 584-590
DERS. (Hg.), Sur la Pâque et Fragments Introduction, texte critique, traduc-
    tion et notes par ..., Paris 1966 (SC 123)
PERRIN, N, Rediscovering the Teachings of Jesus, London 1967 (NTLi)
PERRONE, L, Note critiche (e "autocritiche") sull' edizione del testo etiopico
    dell' Ascensione di Isaia, in: PESCE, Isaia, 77-93
PERUMALIL, A C, Papias, ET 85, 1974, 361-366
DERS., Are not Papias and Irenaeus competent to report on the gospels?, ET 91,
    1980, 332-337
PESCE, M (Hg.), Isaia, il diletto e la chiesa. Visione ed esegesi profetica
    cristiano-primitiva nell'Ascensione di Isaia. Atti del Convegno di Roma,
    9-10 aprile 1981, ed. a cura di ..., Brescia 1983 (TRSR 20)
DERS., Presupposti per l'utilisatione storica dell'Ascensione di Isaia. Formaz-
    zione e tradizione del testo; genere letterario; cosmologia angelica, in:
    DERS., Isaia, 13-76
PETERS, G (Hg.), Les Pères Apostoliques, Saint-Thierry 1978 (Lire les pères
    de l'église. Cours de patrologie 1)
PETERSON, E, Über einige Probleme der Didache-Überlieferung, in: DERS., Früh-
    kirche, Judentum und Gnosis, Rom/ Freiburg/ Wien 1959, 146-182
PETRIE, C S, The Authorship of the Gospel according to Matthew: a Reconside-
    ration of the External Evidence, NTS 14, 1968, 15-32
PHILONENKO, M, Les interpolations chrétiennes des Testaments des Douze Patri-
    arches et les Manuscrits de Qoumran, Paris 1960 (CRHPhR 35)
PIPER, O A, The Nature of the Gospel according to Justin Martyr, JR 41, 1961,
    155-168
PLÜMACHER, E, Art. Apokryphe Apostelakten, in: PRE Suppl. Bd. 15, Stuttgart
    1978, 11-70
PLUMMER, A, The Relation of the Testaments of the Twelve Patriarchs to the
    Books of the New Testament, Exp. Ser. 7,6, 1908, 481-491
POLAG, A (Hg.), Fragmenta Q Textheft zur Logienquelle, Neukirchen 1979
POSCHMANN, B, Paenitentia secunda Die kirchliche Buße im ältesten Christentum
    bis Cyprian und Origenes Eine dogmengeschichtliche Untersuchung, Bonn
    1940 (Theoph. 1) (Fotomechanischer Nachdruck 1964)
POWELL, D, Art. Clemens von Rom, in: TRE Bd. 8, Berlin/New York 1981, 113-120
DERS., Art. Clemensbrief, Zweiter, in: TRE Bd. 8, Berlin/New York 1981, 121-
    123
PREUSCHEN, E (Hg.), Antilegomena Die Reste der ausserkanonischen Evangelien
    und urchristlichen Überlieferungen, hg. u. übersetzt von ..., 2. umgear-
    beitete Aufl. Gießen 1905
DERS. (Hg.), Origenes, Joh-Kommentar, (Origenes Werke, 4. Bd.), Leipzig 1903
    GCS 10)
PRIGENT, P, Les testimonia dans le christianisme primitif: L'épître de Barnabé
    1-16 et ses sources, Paris 1961 (EtB)
DERS./ KRAFT, R A (Hg.), Epître de Barnabé Introduction, traduction et notes
    par P P, Text grec établi et présenté par R A K, Paris 1971 (SC 172)
PRÜMM, K, De genuino Apocalypsis Petri textu, examen testium iam notorum et
    novi fragmenti Raineriani, Bib. 10, 1929, 62-80
PUECH, H C, Gnostische Evangelien und verwandte Dokumente, in: NTApo Bd. 1,
    4. Aufl. 1968, 158-271
PULVER, M, Jesu Reigen und Kreuzigung nach den Johannes-Akten, ErJb 9, 1942,
    141-177
QUASTEN, J, Patrology Vol. 1 The Beginnings of Patristic Literature, Utrecht/
    Brüssel 1950

QUERE, F (Hg.), Les Pères apostoliques Ecrits de la primitive Eglise Trad.
    et introd. de .... Paris 1980 (Points. Sér. Sagesse. Sa 22)
QUISPEL, G, The Discussion of Judaic Christianity, VigChr 22, 1968, 81-93 (wie-
    derabgedruckt in: DERS., Gnostic Studies 2, 146-158)
DERS., Gnostic Studies Bd. 1, Istanbul 1974, Bd. 2, Istanbul 1975 (UNHAII)
DERS., Gnosticism and the New Testament, VigChr 19, 1965, 65-85 (wiederabge-
    druckt in: DERS., Gnostic Studies 1, 196-212)
DERS., The Gospel of Thomas revisited, in: BARC, 218-266
DERS., Jewish-Christian Gospel Tradition, in: SHEPHERD/ HOBBS, 112-116
DERS., Das Hebräerevangelium im gnostischen Evangelium nach Maria, VigChr
    11, 1957, 139-144
DERS., Judaism, Judaic Christianity and Gnosis, in: LOGAN/ WEDDERBURN, 46-68
DERS., Macarius , Das Thomasevangelium und das Lied von der Perle, Leiden
    1967 (NT.S 15)
DERS. (Hg.), Ptolêmêe Lettre à Flora Analyse, texte critique, traduction,
    commentaire et index grec, 2. Aufl. Paris 1966 (SC 24)
RAUER, M (Hg.), Origenes, Die Homilien zu Lukas (Origenes Werke, 9. Bd.),
    2. Aufl. Berlin 1959 (GCS 49)
RAUSCHEN, G (Hg.), Des heiligen Justins des Philosophen und Märtyrers
    zwei Apologien aus dem Griechischen übersetzt (Frühchristliche
    Apologeten und Märtyrerakten aus dem Griechischen und Lateinischen
    übersetzt, 1. Bd.), Kempten/ München 1913 (BKV 2. Reihe Bd. 12)
REFOULE, R F (Hg.), Tertullian, De praescriptione haereticorum, in:
    Quinti Septimi Florentis Tertulliani Opera Pars I Opera catholica Ad-
    versus Marcionem, Turnholti 1954 (CChr.SL 1), 185-224
REHM, B (Hg.), Die Pseudoklementinen I Homilien, hg. v. B R, zum Druck be-
    sorgt von J IRMSCHER, 2. verbesserte Aufl. besorgt von F PASCHKE,
    Berlin 1969 (GCS 42)
DERS. (Hg.), Die Pseudoklementinen II Rekognitionen in Rufins Übersetzung
    hg. v. B R, zum Druck besorgt durch F PASCHKE, Berlin 1965 (GCS 51)
REITER, S (Hg.), Hieronymus, Jer, (S Hieronymi Presbyteri Opera Pars I
    Opera Exegetica 3), Turnholti 1960 (CCHR.SL 74)
RESCH, A (Hg.), Agrapha Ausserkanonische Schriftfragmente, gesammelt und unter-
    sucht und in zweiter, völlig neu bearbeiteter durch alttestamentliche
    Agrapha vermehrter Aufl. hg. v. ..., Leipzig 1906 (TU 30,3-4)
RICHARDSON, C C (Hg.), The Letter of the Church of Rome to the Church of
    Corinth Commonly Called Clement's First Letter, London 1953 (LCC 1)
RICHARDSON, E C (Hg.), Hieronymus, Liber de viris inlustribus, Berlin 1896
    (TU 14,1)
RIEDMATTEN, H DE, La Didachè: solution ou étape decisive?, Ang. 36, 1959, 410-429
RIEGEL, S K, Jewish Christianity: Definitions and Terminology, NTS 24, 1978,
    410-415
RIESSLER, P (Hg.), Altjüdisches Schrifttum ausserhalb der Bibel, übersetzt und
    erläutert von ..., 4. Aufl. Heidelberg 1979
RITSCHL, A, Ueber den gegenwärtigen Stand der Kritik der synoptischen Evange-
    lien, ThJb(T) 10, 1851, 480-538
RIUS-CAMPS, J, Las Cartas auténticas de Ignacio, el obispo de Siria, Revista
    Catalana de teologia 2, Barcelona 1977, 31-149
DERS., La interpolación en las Cartas de Ignacio. Contenido, alcance, simbolo-
    gía y su relación con la Didascalía, Revista Catalana de Teologia 2, Bar-
    celona 1977, 285-371
DERS., The Four Authentic Letters of Ignatius, the Martyr, Rom 1980 (OrChrA 213)
ROBILLARD, E, L'épître de Barnabé: trois époques, trois théologies, trois ré-
    dacteurs, RB 78, 1971, 184-209
ROBINSON, J A (Hg.), The Passion of S. Perpetua ... together with an Appendix
    Containing the Original Latin Text of the Scillitan Martyrdom, London
    1891 (TaS 1,2)

ROBINSON, J A, The Problem of the Didache, JThS 13,1912, 339-356
ROLFFS, E, Paulusakten, in: NTApo 1. Aufl. 1904, 357-383
ROMANIDES, J S, Justin Martyr and the Fourth Gospel, GOTR 4, 1958/9, 115-134
RORDORF, W, Une nouvelle édition de la Didachè (Problèmes exégétiques, histo-
     riques et théologiques),StPatr 15, Berlin 1984 (TU 128), 26-30
DERS., La problème de la transmission textuelle de Didachè 1,3b-2,1, in: PASCH-
     KE, F, 499-513
DERS., La tradition apostolique dans la Didachè, ACan 23, 1979, 105-114
DERS./ TUILIER, A (Hg.), La Doctrine des Douze Apôtres Introduction, texte,
     traduction, notes, appendice et index, Paris 1978 (SC 248)
ROUSSEAU, A (Hg.), Irénée de Lyon, Contre les Hérésies, Livre IV, ed. critique
     sous la direction de A R avec la collaboration de B HEMMENDINGER u.a.,
     t. 1 Introduction, notes justificatives, tables, t. 2 Texte et tra-
     duction, Paris 1965 (SC 100)
DERS./ DOUTRELEAU, L (Hg.), Irénée de Lyon, Contre les Hérésies, Livre I, t.
     1/2, Paris 1979 (SC 263/264)
DIES. (Hg.), dass., Livre III, Paris 1974 (SC 210/211)
DIES. (Hg.), dass., Livre II, Paris 1982 (SC 293/294)
RUDOLPH, K, Die Faksimile Edition der Nag Hammadi Codices. Ein Rückblick, ThLZ
     108, 1983, 547-557
DERS., "Gnosis" and "Gnosticism" - the Problem of Their Definition and Their
     Relation to the Writings of the New Testament, in: LOGAN/ WEDDERBURN,
     21-37
DERS., Die Nag Hammadi-Texte und ihre Bedeutung für die Gnosisforschung, ThR
     50, 1985, 1-40
RZACH, A, Art. Sibyllinische Orakel, in: PRE 2. Reihe Bd. 2, Stuttgart 1923,
     2103-2183
SABATIER, P, La Didachè ou l'Enseignement des douze apôtres, Paris 1885
DERS., L'évangile de Pierre et les évangiles canoniques, Paris 1893 (Rapports
     annuels de l'Ecole pratique des hautes Etudes, Section des Sciences reli-
     gieuses, 1892/3)
SABUGAL, S, El "Padrenuestro". Tradicion literaria y comentarios patristicos,
     RAE 21, 1980, 47-72
SAGNARD, F M (Hg.), Clément d'Alexandrie, Extraits de Théodote Texte grec, in-
     troduction, traduction et notes de ..., Paris 1970 (SC 23) (Neudruck der
     Ausgabe von 1948)
DERS., La gnose valentinienne et le témoignage de Saint Irénée, Paris 1947
     (EPhM 36)
SALLES-DABADIE, J M A, Recherches sur Simon le Mage, 1 l' "Apophasis megalè",
     Paris 1969 (CRB 10)
SAND, A, Kanon: Von den Anfängen bis zum Fragmentum Muratorianum, Freiburg/
     Basel/ Wien 1974 (HDG I,3a)
SANDAY, W, The Gospels in the Second Century (An Examination of the Critical
     Part of a Work Entitled "Supernatural Religion"), London 1876
SANTOS OTERO, A DE (Hg.), Los Evangelios apócrifos, Collección de textos grie-
     gos y latinos, versión crítica, estudios introductorios y comentarios,
     3. Aufl. Madrid 1979 (BAC 48)
DERS., Die handschriftliche Überlieferung der altslavischen Apokryphen, Bd. 1
     Berlin/ New York 1978 (PTS 20), Bd. 2 Berlin/ New York 1981 (PTS 23)
SCHÄFER, C T (Hg.), S. Clementis Romani Epistula ad Corinthios quae vocatur
     prima graece et latine, rec. apparatu critico instruxit ..., Bonn 1941
     (FlorPatr 44)
SCHÄFERDIEK, K, Herkunft und Interesse der alten Johannesakten, ZNW 74, 1983,
     247-267
DERS., Johannesakten, in: NTApo Bd. 2, 3. Aufl. 1964, 125-176
SCHENK, W, Das "Matthäusevangelium" als Petrusevangelium, BZ 27, 1983, 58-80

SCHENKE, H M, Die Arbeit am Philippus-Evangelium, ThLZ 90, 1965, 321-332
DERS., Das Evangelium nach Philippus. Ein Evangelium der Valentinianer aus dem
    Funde von Nag Hamadi (sic!), ThLZ 84, 1959, 1-16
DERS. (Hg.), Das Evangelium nach Philippus. Ein Evangelium der Valenti-
    nianer aus dem Funde von Nag Hammadi, in: LEIPOLDT, J/ SCHENKE, H M (Hg.),
    Koptisch-gnostische Schriften aus den Papyrus-Codices von Nag Hammadi,
    Hamburg 1960 (ThF 20), 31-65
DERS., The Problem of Gnosis, Second Century 3, 1983, 73-87
DERS., Nag Hammdi Studien II. Das System der Sophia Jesu Christi, ZRGG 14, 1962,
    263-276
DERS./ FISCHER, K M, Einleitung in die Schriften des Neuen Testaments II Die
    Evangelien und die anderen neutestamentlichen Schriften, Gütersloh 1979
SCHIEFFER, T, Art. Clemens I, in: LThK 2. Aufl. Bd. 2, Freiburg 1958, 1222-
    1223
SCHILLE, G, Das Recht der Propheten und Apostel - gemeinderechtliche Beobach-
    tungen zu Didache Kapitel 11-13, Theologische Versuche 1, Berlin 1966,
    84-103
SCHLAU, C, Die Akten des Paulus und der Thecla und die ältere Thecla-Legende
    Ein Beitrag zur christlichen Literaturgeschichte, Leipzig 1877
SCHLEIERMACHER, F D E, Über die Zeugnisse des Papias von unseren beiden ersten
    Evangelien, ThStKr 5, 1832, 735-768
SCHLIER, H, Religionsgeschichtliche Untersuchungen zu den Ignatiusbriefen, Jena
    1929 (BZNW 8)
SCHMID, J, Das Evangelium nach Matthäus, 3. Aufl. Regensburg 1956
SCHMID, W, Die Textüberlieferung der Apologie des Justin, ZNW 40, 1941, 87-138
SCHMIDT, C, Zur Datierung der alten Petrusakten, ZNW 29, 1930, 150-155
DERS., Das koptische Didache-Fragment des British Museum, ZNW 24, 1925, 81-99
DERS./ SCHUBART, W (Hg.), ΠΡΑΞΕΙΣ ΠΑΥΛΟΥ Acta Pauli nach dem Papyrus der Ham-
    burger Staats- und Universitätsbibliothek, unter Mitarbeit von W S hg.
    v. C S, Glückstadt/ Hamburg 1936 (Veröffentlichungen der Hamburger Staats-
    und Universitätsbibliothek 2)
DERS./ WAJNBERG, J, Gespräche Jesu mit seinen Jüngern nach der Auferstehung
    Ein katholisch-apostolisches Schreiben des 2. Jahrhunderts, nach einem
    koptischen Papyrus des Institut de la Mission Archéol. Francaise au Caire
    unter Mitarbeit von Herrn P LACAU ...hg., übersetzt und untersucht nebst
    drei Exkursen von C S, mit Lichtdruck-Faksimile der Handschrift. Überset-
    zung des äthiopischen Textes von J W, Leipzig 1919 (TU 43)
SCHMIDTKE, A, Neue Fragmente und Untersuchungen zu den judenchristlichen Evan-
    gelien, Leipzig 1911 (TU 37,1)
DERS., Zum Hebräerevangelium, ZNW 35, 1936, 24-44
SCHMITHALS, W, Art. Evangelien, synoptische, in: TRE Bd. 10, Berlin/ New York
    1982, 570-626
SCHNEEMELCHER, W, Die Acta Pauli Neue Funde und neue Aufgaben, ThLZ 89, 1964,
    214-254
DERS., Die Akten des Petrus, in: NTApo Bd. 2, 3. Aufl. 1964, 117-221
DERS., Die Apostelgeschichte des Lukas und die Acta Pauli, in: ELTESTER/ KETT-
    LER, 236-250
DERS., Evangelienfragment des Straßburger Koptischen Papyrus, in: NTApo Bd. 1,
    4. Aufl. 1968, 155-157
DERS., Haupteinleitung, in: NtApo Bd. 1, 4. Aufl. 1968, 1-38
DERS., Paulusakten, in: NTApo Bd. 2, 3. Aufl. 1964, 221-270
DERS./ JEREMIAS, J, Papyrusfragmente apokrypher Evangelien. in: NTApo Bd. 1,
    4. Aufl. 1968, 56-74
SCHNIEWIND, J, Das Evangelium nach Matthäus, 13. Aufl. Göttingen 1984 (NTD 2)
SCHOEDEL, W R (Hg.), Athenagoras, Legatio and De resurrectione, Oxford 1972
    (OECT 38)

SCHOEDEL, W R, Ignatius and the Archives, HThR 71, 1978, 97-106
DERS., Are the Letters of Ignatius of Antioch Authentic?, Religious Studies
    Review 6, Waterloo/Ont. 1980, 196-201
DERS., Polycarp, Martyrdom of Polycarp, Fragments of Papias (The Apostolic Fa-
    thers, A New Translation and Commentary Bd. 5), Toronto/ London/ New
    York 1967
SCHOEPS, H J, Das Judenchristentum: Untersuchungen über Gruppenbildung und Par-
    teikämpfe in der frühen Christenheit, Bern 1964 (DTb 376)
SCHOLTEN, J H, Die ältesten Zeugnisse betreffend die Schriften des Neuen Testa-
    ments, historisch untersucht. Mit Bewilligung des Verfassers aus dem
    Holländischen übersetzt von C MANCHOT, Bremen 1867
SCHRAGE, W, Das Verhältnis des Thomasevangeliums zur synoptischen Tradition
    und zu den koptischen Evangelienübersetzungen. Zugleich ein Beitrag
    zur gnostischen Synoptikerdeutung, Berlin 1964 (BZNW 29)
SCHUBERT, H VON, Der sogen. 2. Clemensbrief, eine Gemeindepredigt, in: HNTA,
    248-255
DERS., Die Composition des pseudopetrinischen Evangelienfragments, Berlin 1893
DERS., Das Petrusevangelium Synopt. Tabelle nebst Übersetzung und kritischem
    Apparat, hg. v. ..., Berlin 1893
SCHÜRER, E, Geschichte des jüdischen Volkes im Zeitalter Jesu Christi, 3. Bd.,
    Hildesheim 1964 (Reprograf. Nachdruck der Ausgabe Leipzig 1909)
SCHWARTE, K H, Art. Apokalyptik/ Apokalypsen V. Alte Kirche, in: TRE Bd. 3,
    Berlin/New York 1978, 257-275
SCHWARTZ, E (Hg.), Athenagorae libellus pro Christianis. Oratio de resurrectio-
    ne cadaverum, Leipzig 1891 (TU 4,2)
DERS. (Hg.), Euseb, Kirchengeschichte (Euseb Werke 2. Bd.), die lateinische
    Übersetzung bearbeiten von T MOMMSEN, 1. Teil Die Bücher I-V, Leipzig
    1903 (GCS 9,1), 2. Teil Die Bücher VI-X. Über die Märtyrer in Palästina,
    Leipzig 1908 (GCS 9,2)
DERS. (Hg.), Tatiani Oratio ad Graecos, Leipzig 1888 (TU 4,1)
SCHWEIZER, E, Christianity of the Circumcised and Judaism of the Uncircumcised -
    The Background of Matthew and Colossians, in: KELLY/ SCROGGS, 245-260
DERS., The "Matthean" Church, NTS 20, 1973/4, 216
DERS., Das Evangelium nach Matthäus, 15. durchgesehene Aufl. Göttingen 1981
    (NTD 2)
DERS., Zur Struktur der hinter dem Matthäusevangelium stehenden Gemeinde, ZNW
    65, 1974, 139
SEEBERG, A, Die beiden Wege und das Aposteldekret, Leipzig 1906
SELL, G, Simon Peter's "Confession" and the Acts of Peter and the Twelve
    Apostles, NT 21, 1979, 344-356
SEMISCH, K, Die apostolischen Denkwürdigkeiten des Märtyrers Justinus Zur
    Geschichte und Aechtheit (sic!) der kanonischen Evangelien, Hamburg/ Go-
    tha 1848
SEVRIN, J M, L'évangile apocryphe de Thomas: un enseignement gnostique, FV 81,
    1982, 62-80
DERS. (Hg.), L'exégèse de l'âme (NH II,6) Texte établi et présenté par ..., Qué-
    bec 1983 (BCNH Section Textes 9)
DERS., Les noces spirituelles dans l'Evangile selon Philippe, Louvain
    1973 (TDTDC NS t. 4 fasc. 5)
DERS., Paroles et paraboles de Jésus dans des écrits gnostiques coptes, in:
    DELOBEL, 517-528
DERS., La rédaction de l'Exégèse de l'âme (Nag Hammadi II,6), Muséon 92, 1979,
    237-271
SHEPHERD, M H jr./ HOBBS, E C (Hg.), Gospel Studies in Honour of S E JOHNSON,
    Evanston 1974 (AThR, Suppl. Ser. 3)
SHEPPARD, J B, A Study of the Parables Common to the Synoptic Gospels and the
    Coptic Gospel of Thomas, Ph-D-Diss. Emory Univ. 1965

SIEBEN, H J, Exegesis Patrum Saggio bibliografico sull'esegesi biblica dei
    Padri della chiesa, Rom 1983 (Sussidi Patristici 2)
SIEBER, H J, A Redactional Analysis of the Synoptic Gospels with Regard to the
    Question of the Sources of the Gospel According to Thomas, Diss. Clare-
    mont Graduate School 1965 (Microfilm Ann Arbor 1975)
SIEGERT, F, Unbeachtete Papiaszitate bei armenischen Schriftstellern, NTS 27,
    1981, 605-614
DERS., Nag-Hammadi-Register, Wörterbuch zur Erfassung der Begriffe in den kop-
    tisch-gnostischen Schriften von Nag-Hammadi mit einem deutschen Index,
    angefertigt von ... Mit einer Einleitung von A BÖHLIG, Tübingen 1982
    (WUNT 26)
SLINGERLAND, H D, The Testaments of the Twelve Patriarchs. A Critical History
    of Research, Missoula 1977 (SBL MS 21)
DERS., The Transjordanian Origin of St. Matthew's Gospel, Journal for the Study
    of the New Testament 3, 1979, 18-28
SMID, H R, Protevangelium Jacobi A Commentary (engl. Übersetzung v. G E VAN
    BAAREN-PAPE), Assen 1965
SMIT-SIBINGA, J, Ignatius and Matthew, NT 8, 1965/6, 263-283
DERS., Melito of Sardis. The Artist and His Text, VigChr 24, 1970, 81-104
SMULDERS, P, De echte Ignatius?, Bijdr. 42, 1981, 300-308
SYNDER, G F, The Shepherd of Hermas (The Apostolic Fathers, A New Translation
    and Commentary Bd. 6), Toronto/ London/ New York 1968
SODEN, H VON, Das Petrusevangelium und die canonischen Evangelien, ZThK 3,
    1893, 52-92
SOFFRITTI, O (Hg.), La lettera di Barnaba, Introd., trad. e note di ..., Alba
    1974
SOLAGES, B DE, Le témoignage de Papias, BLE 71, 1970, 3-14
SPITTA, F, Die Oden Salomos und das Neue Testament, MPTh 7, 1910, 91-100
DERS., Studien zum Hirten des Hermas, in: DERS., Zur Geschichte und Litteratur
    des Urchristentums, 2. Bd., Göttingen 1896, 243-437
STAATS, R, Die törichten Jungfrauen von Mt 25 in gnostischer und antignosti-
    scher Literatur, in: ELTESTER, Christentum, 98-115
STÄHLIN, O (Hg.), Clemens Alexandrinus, Stromata, in: Clemens Alexandrinus 2.
    Bd. Stromata Buch I-VI, hg. v. O S, in 3. Aufl. neu hg. v. L FRÜCHTEL,
    Berlin 1960 (GCS 52) (1. Aufl. 1906 GCS 15) und: Clemens Alexandrinus
    3. Bd. Stromata Buch VII u. VIII, Excerpta ex Theodoto, Eclogae
    propheticae, Quis dives salvetur, Fragmente, hg. v. O S, in 2. Aufl.
    neu hg. v. L FRÜCHTEL, zum Druck besorgt von U TREU, Berlin 1970,
    (GCS 17) (1. Aufl. 1909), 1-102
STANTON, G N, 5 Ezra and Matthean Christianity in the Second Century, JThS NS
    28, 1977, 67-83
DERS., The Origin and Purpose of Matthew's Gospel. Matthean Scholarship from
    1945 to 1980, in: ANRW II Principat Bd. 25,3, Berlin/New York 1985,
    1889-1951
STANTON, V H, The "Gospel of Peter": its Early History and Character Considered
    in Relation to the History of the Recognition in the Church of the Cano-
    nical Gospels, JThS 2, 1900, 1-25
DERS., The Gospels as Historical Documents Bd.1 Part 1 The Early Use of the
    Gospels, Cambridge 1903
STECK, O H, Israel und das gewaltsame Geschick der Propheten Untersuchungen
    zur Überlieferung des deuteronomistischen Geschichtsbildes im Alten
    Testament, Spätjudentum und Urchristentum, Neukirchen-Vluyn 1967 (WMANT
    23)
STEGEMANN, C, Herkunft und Entstehung des sogenannten zweiten Klemensbriefes,
    Diss. Bonn 1974
STEGEMANN, H, Rez. zu Prigent, testimonia, ZKG 73, 1962, 142-153

STEIDLE, B, "Ich war krank, und ihr habt mich besucht" (Mt 25,36) I. Der Kranke
    im alten Heidentum, Judentum und Christentum, EuA 40, 1964, 443-458
VAN STEMPVOORT, P A, The Protevangelium Jacobi, the Sources of its Theme and
    Style and their Bearing on its Date, StEv 3, Berlin 1964 (TU 88), 410-426
STOMMEL, E, Σημεῖον ἐχπετάσεως (Didache 16,6), RQ 48, 1953, 2-42
STRECKER, G, Die Bergpredigt Ein exegetischer Kommentar, Göttingen 1984
DERS., Art. Ebioniten, in: RAC Bd. 4, Stuttgart 1959, 487-500
DERS., Eine Evangelienharmonie bei Justin und Pseudoklemens?, NTS 24, 1978,
    297-317
DERS., Das Evangelium Jesu Christi, in: DERS. (Hg.), Jesus Christus in Historie
    und Theologie, Neutestamentliche Festschrift für H CONZELMANN zum 60.
    Geburtstag, Tübingen 1975, 503-548
DERS., Das Judenchristentum in den Pseudoklementinen, 2. durchgesehene und
    vermehrte Aufl. Berlin 1981 (TU 70) (1. Aufl. 1958)
DERS., Judenchristentum und Gnosis, in: TRÖGER, Altes Testament, 261-282
DERS., Zum Problem des Judenchristentums, Nachtrag zu W BAUER, Rechtgläubigkeit,
    245-287
DERS., Der Weg der Gerechtigkeit Untersuchungen zur Theologie des Matthäus,
    3. durchgesehene und erweiterte Aufl. Göttingen 1971 (FRLANT 82)
STREETER, B H, The Much-belaboured Didache, JThS 37, 1936, 369-374
DERS., The Four Gospels A Study of Origins Treating of the Manuscript Tradition,
    Sources, Authorship & Dates, 5. Aufl. London 1936 (unveränderter Nach-
    druck der 1. Aufl. 1924)
STRYCKER, E DE, La forme la plus ancienne du Protévangile de Jacques Recherche
    sur le papyrus Bodmer V avec une édition critique du texte grec et une
    traduction annotée, Brüssel 1961 (SHG 33)
DERS., Die griechischen Handschriften des Protevangelium Iacobi, in:
    HARLFINGER, D (Hg.), Griechische Kodikologie und Textüberlieferung,
    Darmstadt 1980, 576-612
DERS., De griekse Handschriften van het Protevangelie van Jacobus De Protevange-
    lii Iacobi codicibus Graecis, Brüssel 1968 (MVAW.L 30, Nr. 1)
DERS., Le Protévangile de Jacques Problèmes critiques et exégétiques, StEv 3,
    Berlin 1964 (TU 88), 339-359
STÜLCKEN, A, Petrusevangelium, in: NTApo 1. Aufl. 1904, 27-32
DERS., Petrusevangelium, in: HNTA, 72-88
DERS., Petrusevangelium, in: NTApo 2. Aufl. 1924, 59-63
STUIBER, A, Art. Clemens Romanus I, in: RAC Bd. 3, Stuttgart 1957, 188-197
DERS., "Das ganze Joch des Herrn" (Didache 6,2-3), StPatr 4, Berlin 1961
    (TU 79), 323-329
SUPERNATURAL RELIGION, An Inquiry into the Reality of Divine Revelation, Bd. 1,
    6. Aufl. London 1879 (1. Aufl. 1874)
SURKAU, W, Art. Hebräerevangelium, in: RGG 3. Aufl., Bd. 3, Tübingen 1959
TARDIEU, M (Hg.), Ecrits gnostiques. Codex de Berlin, Paris 1984 (Sources
    Gnostiques et Manichéennes 1)
TAYLOR, C, Justin Martyr and the "Gospel of Peter", ClR 7, 1893, 246-248
DERS., The Witness of Hermas to the Four Gospels, London 1892
TELFER, W, The Didache and the Apostolic Synod of Antioch, JThS 40, 1939, 133-
    146.258-271
TERZOLI, R, Didache e S. Scrittura. Un esame letterario, Sc.C. 100, 1972,
    437-457
TESTUZ, M (Hg.), Nativité de Marie, Cologny-Genève 1958 (BBod 7)
DERS. (Hg.), Papyrus Bodmer 10-12, Cologny-Genève 1959 (BBod 9)
THIEME, K, Kirche und Synagoge Die ersten nachbiblischen Zeugnisse ihres
    Gegensatzes im Offenbarungsverständnis: Der Barnabasbrief und der Dialog
    Justins des Märtyrers. Neu bearbeitet und erläutert von ..., Olten 1945
THYEN, H, Der Stil der Jüdisch-Hellenistischen Homilie, Göttingen 1955 (FRLANT
    NS 47)

TILBORG, S VAN, The Jewish Leaders in Matthew, Leiden 1972
TILL, W C, Das Evangelium der Wahrheit Neue Übersetzung des vollständigen Tex-
    tes, ZNW 50, 1959, 165-185
DERS. (Hg.), Das Evangelium nach Philippos, hg. u. übersetzt v. ..., Berlin 1963
    (PTS 2)
DERS. (Hg.), Die gnostischen Schriften des koptischen Papyrus Berolinensis 8502,
    hg., übersetzt u. bearb. v. ..., Berlin 1955 (TU 60)
DERS./ SCHENKE, H M (Hg.), Die gnostischen Schriften des koptischen Papyrus
    Berolinensis 8502, hg., übersetzt u. bearb. v. W C T, 2., erw. Aufl.
    bearb. v. H M S, Berlin 1972 (TU 60²)
TISCHENDORF, K VON (Hg.), Evangelia Apocrypha, 2. Aufl. Leipzig 1876
DERS., Wann wurden unsere Evangelien verfaßt?, 4., wesentlich erweiterte Aufl.
    Leipzig 1866 (1. Aufl. 1865)
TISSERANT, E (Hg.), Ascension d'Isaie, Traduction de la version éthiopienne avec
    les principales variantes des versions grecque, latines et slave, introduc-
    tion et notes par ..., Paris 1909 (Documents pour l'Etude de la Bible 1,3)
TITUS, E L, The Motivation of Changes Made in the New Testament by Justin Martyr
    and Clement of Alexandria: A Study in the Origin of New Testament Varia-
    tion, Unpublished Ph-D-Dissertation, University of Chicago 1942
TREVETT, C., Approaching Matthew from the Second Century: The Under-Used Ignatian
    Correspondence, Journal for the Study of the New Testament 20, Sheffield
    1984, 59-67
DIES., Prophecy and Anti-Episcopal Activity: A Third Error Combatted by Igna-
    tius?, JEH 34, 1983, 1-19
TRIPP, H D, The Aim of the "Gospel of Thomas", ET 92, 1980, 41-44
TRÖGER, K W (Hg.), Altes Testament - Frühjudentum - Gnosis Neue Studien zu
    "Gnosis und Bibel", Gütersloh 1980
DERS., Die Passion Jesu Christi in der Gnosis nach den Schriften von Nag
    Hammadi, Diss. Berlin 1978
TUCKETT, C M, Synoptic Tradition in the Gospel of Truth and the Testimony of
    Truth, JThS NS 35, 1984, 131-145
DERS., Synoptic Tradition in Some Nag Hammadi and Related Texts, VigChr 36, 1982,
    173-190
TUILIER, A, Art. Didache, in: TRE Bd. 8, Berlin/ New York 1981, 731-736
DERS., Une nouvelle édition de la Didachè (Problèmes de méthode et de critique
    textuelle), StPatr 15, Berlin 1984 (TU 128), 31-36
TURNER, H E W, The Gospel of Thomas: its History, Transmission and Sources,
    in: MONTEFIORE/ TURNER, 11-39
DERS., The Pattern of Christian Truth A Study in the Relation between Ortho-
    doxy and Heresy in the Early Church, London 1954 (BaL)
TUROWSKI, I, Geschichte der Auslegung der synoptischen Verklärungsgeschichte in
    vornizänischer Zeit, Heidelberg 1966 (Diss. masch.)
TYSON, J B, The New Testament and Early Christianity, New York/ London 1984
UHLHORN, D G, Art. Clemens von Rom, in: RE 3. Aufl., Bd. 4, Gotha 1898
UNNIK, W C VAN, The Origin of the Recently Discovered "Apocryphon Jacobi", Vig
    Chr 10, 1956, 149-156
DERS., Art. Petrusapokalypse, in: RGG 3. Aufl., Bd. 5, Tübingen 1961, 256-257
VAGANAY, L, L'Evangile de Pierre, 2. Aufl. Paris 1930 (EtB)
VIELHAUER, P, Judenchristliche Evangelien, in: NTApo Bd. 1, 4. Aufl. 1968, 75-
    108
DERS., Geschichte der urchristlichen Literatur Einleitung in das Neue Testa-
    ment, die Apokryphen und die Apostolischen Väter, Berlin/ New York 1975
    (GLB)
DERS., Hirt des Hermas, in: NTApo Bd. 2, 3. Aufl. 1964, 444-454
VIVIANO, B, Where was the Gospel according to Matthew written?, CBQ 41, 1979,
    533-546

VÖLKER, W (Hg.), Quellen zur Geschichte der christlichen Gnosis, Tübingen 1932
    (SQS NS 5)
VÖLTER, D, Bemerkungen zum 1. Clemensbrief, ZNW 7, 1906, 261-264
DERS., Die Apostolischen Väter neu untersucht, I Clemens, Hermas, Barnabas,
    Leiden 1904, II,2 Polykarp und Ignatius und die ihnen zugeschriebenen
    Briefe, Leiden 1910
VÖÖBUS, A, Liturgical Traditions in the Didache, Stockholm 1968 (PETSE 16)
VOKES, F E, The Didache and the Canon of the New Testament, StEv 3, Berlin
    1964 (TU 88), 427-436
DERS., The Riddle of the Didache - Fact or Fiction, Heresy or Catholicism?, Lon-
    don 1938
VORSTER, W S, Der Ort der Gattung Evangelium in der Literaturgeschichte, VF 29,
    1984, 2-24
VOUAUX, L, (Hg.), Les Actes de Paul et ses lettres apocryphes Textes, tra-
    duction et commentaire par ..., Paris 1913 (Les Apocryphes du Nouveau
    Textament)
DERS. (Hg.), Les Actes de Pierre, Paris 1922 (Les Apocryphes du Nouveau Tes-
    tament
WAITZ, H, Art. Apokrpyhen des NT, in: RE 3. Aufl., Bd. 23, Leipzig 1913, 80-
    103
DERS., Ebionäerevangelium oder Evangelium der Zwölf, in: NTApo 2. Aufl. 1924,
    39-48
DERS., Die judenchristlichen Evangelien in der altkirchlichen Literatur, in:
    NTApo 2. Aufl. 1924, 10-17
DERS., Hebräerevangelium, in: NTApo 2. Aufl. 1924, 48-55
DERS., Das Matthäusevangelium der Nazaräer (Nazaräerevangelium), in: NTApo 2.
    Aufl. 1924, 17-32
DERS., Neue Untersuchungen über die sogenannten judenchristlichen Evangelien,
    ZNW 36, 1937, 60-81
WALKER, J H, A Pre-Marcan Dating of the Didache: Further Thoughts of a Litur-
    gist, in: Studia Biblica 1978, III Papers on Paul and Other
    New Testament Authors (Sixth International Congress on Biblical Studies
    Oxford 3-7 April 1978), ed. by E A LIVINGSTONE (Jornal for the Study
    of the New Testament, Suppl. Ser. 3, Sheffield 1980), 403-411
WALTER, N, Eine vormatthäische Schilderung der Auferstehung Jesu Anhang: Zur
    Literarkritik und zur traditionsgeschichtlichen Bedeutung des Petrus-
    Evangeliums, NTS 19, 1972/73, 415-429
WARFIELD, B B, The Apologetical Value of the Testaments of the Twelve Patri-
    archs, The Presbyterian Review 1, New York 1880, 58-84
WEBER, R (Hg.), Biblia sacra iuxta vulgatam versionem adiuvantibus B FISCHER,
    I GRIBOMONT, H F D SPARKS, W THIELE recensuit et brevi apparatu in-
    struxit ..., Bd. 2 Proverbia - Apocalypsis, Appendix, 2., verb. Aufl.
    Stuttgart 1975
WEHNERT, J, Literarkritik und Sprachanalyse Kritische Anmerkungen zum gegen-
    wärtigen Stand der Pseudoklementinen-Forschung, ZNW 74, 1983, 268-301
WEIJENBORG, R, Les Lettres d'Ignace d'Antiochie Etude de critique littéraire
    et de théologie, Leiden 1969
WEINEL, H, Das fünfte Buch Esra, in: NTApo 1. Aufl. 1904, 305-311
DERS., Das fünfte Buch Esra, in: HNTA, 331-339
DERS., Offenbarung des Petrus, in: NTApo 2. Aufl. 1924, 314-327
WEISS, H F, Das Gesetz in der Gnosis, in: TRÖGER, Altes Testament, 71-88
WEISS, J, Der Barnabasbrief kritisch untersucht, Berlin 1888
WEIZSÄCKER, K H, Zur Kritik des Barnabasbriefes aus dem Codex Sinaiticus, Tübin-
    gen 1863
WELLHAUSEN, J, Das Evangelium Matthaei, Berlin 1904
WENDLAND, P (Hg.), Hippolyt, Refutatio omnium haeresium (Hippolytus, Werke 3.
    Bd.), Leipzig 1916 (GCS 26)

WENGST, K, Art. Barnabasbrief, in: TRE Bd. 5, Berlin/ New York 1980, 238-241
DERS. (Hg.), Didache (Apostellehre), Barnabasbrief, Zweiter Klemensbrief,
    Schrift an Diognet, Darmstadt 1984 (SUC 2)
DERS., Tradition und Theologie des Barnabasbriefes, Berlin 1971 (AKG 42)
WERNER, A, Die Apokalypse des Petrus. Die dritte Schrift aus Nag-Hammadi-Codex
    VII, eingeleitet und übersetzt vom Berliner Arbeitskreis für koptisch-
    gnostische Schriften, federführend für diese Schrift: A W, ThLZ 99, 1974,
    575-584
WESSELY, C (Hg.), Les plus anciens monuments du Christianisme Ecrits sur Pa-
    pyrus Textes grecs edités, trad. et ann. par ..., Paris 1906 (PO 4,2)
DERS. (Hg.), dass. 2. Bd., Paris 1924 (PO 18,3)
WESTCOTT, B F, A General Survey of the History of the Canon of the New Testa-
    ment, 5. Aufl. Cambridge/ London 1881
DE WETTE, W M L, Lehrbuch der historisch-kritischen Einleitung in die Bibel des
    Alten und Neuen Testaments 2. Teil Die Einleitung in das N.T. enthal-
    tend, 4. Aufl. Berlin 1842
WHITTAKER, M (Hg.), Tatian, Oratio ad Graecos and fragments, Oxford 1982 (OECT)
WIELAND, A O, Die Eschatologie Justins des Philosophen und Märtyrers Eine
    Untersuchung zum Standort und zur Bedeutung der Eschatologie bei den
    griechischen Apologeten des zweiten Jahrhunderts, Diss. Innsbruck 1969
WIKENHAUSER, A/ SCHMID, J, Einleitung in das Neue Testament, 6., völlig neu
    bearbeitete Aufl. Freiburg/ Basel/ Wien 1973
WILCKENS, U, Jesusüberlieferung und Christuskerygma - Zwei Wege urchristlicher
    Überlieferungsgeschichte, ThViat 10, 1965/66, 310-339
WILD, E, Histoire de l'exégèse de la Péricope de Gethsemani Matthieu XXVI,36-
    46 Marc XIV,32-42 Luc XXII,39-46 Les trois premiers siècles, Straß-
    burg 1975 (Diss. theol. (prot.))
WILHELMS, E, Die Tempelsteuerperikope Matthäus 17,24-27 in der Exegese der
    griechischen Väter der Alten Kirche Exkurs: Hinweise auf die Tempel-
    steuerperikope bei den syrischen Vätern, Helsinki 1980 (Schriften der
    Finnischen Exegetischen Gesellschaft 34)
WILLIAMS, A L, The Date of the Epistle of Barnabas, JThS 34, 1933, 337-346
WILSON, R M, Art. Apokryphen II. Apokryphen des Neuen Testaments, in: TRE
    Bd. 3, Berlin/ New York 1978, 316-362
DERS., Art. Gnosis/ Gnostizismus II. Neues Testament, Judentum, Alte Kirche,
    in: TRE Bd. 13, Berlin/ New York 1984, 535-550
DERS. (Hg.), The Gospel of Philip Transl. from the Coptic Text, with an Intro-
    duction and Commentary, London 1962
DERS., Nag Hammadi and the New Testament, NTS 28, 1982, 289-302
DERS., The New Testament in the Gnostic Gospel of Mary, NTS 3, 1956/57, 236-243
DERS., Thomas and the Synoptic Gospels, ET 72, 1960/61, 36-39
VAN WINDEN, J C H (Hg.), An Early Christian Philosopher Justin Martyr's Dia-
    logue with Tryphon Chapters One to Nine Introduction, Text and Commen-
    tary, Leiden 1971 (PhP 1)
WINDISCH, H, Der Barnabasbrief, Tübingen 1920 (HNT Ergänzungsband Die Aposto-
    lischen Väter Bd. 3)
DERS., Das Evangelium des Basilides, ZNW 7, 1906, 236-246
WINLING, R, A propos de la datation des Lettres d'Ignace d'Antioche Notes de
    lecture à l'occasion d'une recherche thématique, RevSR 54, 1980, 259-265
WINTER, P, Matthew XI,27 and Luke X,22 from the First to the Fifth Century.
    Reflections on the Development of the Text, NT 1, 1956, 112-148
WISSE, F, Prolegomena to the Study of the New Testament and Gnosis, in: LOGAN/
    WEDDERBURN, 138-145
WOHLEB, L, Die lateinische Übersetzung der Didache kritisch und sprachlich un-
    tersucht mit einer Wiederherstellung der griechischen Vorlage und einem
    Anhang über das Verb "altare" und seine Komposita, Paderborn 1913 (SGKA
    7,1)

WOHLENBERG, G, Die Lehre der zwölf Apostel in ihrem Verhältnis zum neutestament-
    lichen Schrifttum, Erlangen 1888
WREDE, W, Untersuchungen zum Ersten Klemensbriefe, Göttingen 1891
WREGE, H T, Die Überlieferungsgeschichte der Berpredigt, Tübingen 1968 (WUNT
    9)
WRIGHT, L E, Alterations of the Words of Jesus as quoted in the Literature of
    the Second Century, Cambridge/Mass. 1952 (HHM 25)
YARBROUGH, R W, The Date of Papias: A Reassessment, JETS 26, 1983, 181-191
ZAHN, T, Einleitung in das Neue Testament, Bd. 2, 2., vielfach berichtigte
    Aufl. Leipzig 1900
DERS., Das Evangelium des Matthäus, 4. Aufl. Erlangen/ Leipzig 1922 (KNT 1)
DERS., Das Evangelium des Petrus, Erlangen/ Leipzig 1893
DERS., Ignatius von Antiochein, Gotha 1873
DERS., Die Lehre der zwölf Apostel, Beilage V in: DERS., FGNK 3, Erlangen 1884,
    278-319
DERS., Geschichte des Neutestamentlichen Kanons, Bd. 1 Das Neue Testament vor
    Origenes, 2. Hälfte, Erlangen 1889, Bd. 2 Urkunden und Beleqe zum ersten
    und dritten Band, 1. Hälfte, Erlangen/ Leipzig 1890/ 2. Hälfte, Erlangen/
    Leipzig 1892
ZANDEE, J, "Die Lehren des Silvanus" als Teil der Schriften von Nag Hammadi und
    der Gnostizismus, in: KRAUSE, M, Essays 1975, 239-252
DERS., "The Teachings of Silvanus" and Clement of Alexandria A New Document of
    Alexandrien Theology, Leiden 1977
ZEEGERS-VAN DER VORST, N, Les citations du Nouveau Testament dans les Livres à
    Autolycus de Theophile d'Antioche, StPatr 12, Berlin 1975 (TU 115), 371-
    382
DIES., Les citations des poètes grecs chez les apologistes chrétiens de 2e
    siècle, Louvain 1972 (Recueil de travaux d'histoire et de philologie
    40,47)
ZELLER, E, Die älteste Überlieferung über die Schriften des Lukas geprüft
    von ..., ThJb(T) 7, 1848, 528-573
ZELLER, F (Hg.), Die Apostolischen Väter aus dem Griechischen übersetzt,
    Kempten/ München 1918 (BKV 2. Reihe Bd. 35)
ZIEGLER, J (Hg.), Isaias, Göttingen 1939 (Septuaginta Bd. 14)
ZUMSTEIN, J, Matthieu à la croisée des traditions syro-palestiniennes, FV
    81, 1982, 3-11
DE ZWAAN, J, Date and Origin of the Epistle of the Eleven Apostles, in: WOOD, H
    G (Hg.), Amicitiae Corolla, A Volume of Essays Presented to J R HARRIS
    on the Occasion of his Eightieth Birthday, London 1933, 344-355

Wissenschaftliche Untersuchungen zum Neuen Testament

Herausgegeben von Martin Hengel und Otfried Hofius

12
Alfred F. Zimmermann
Die urchristlichen Lehrer
2. Auflage 1987. Ca. 280 Seiten.
Fadengeheftete Broschur.

11
Marius Reiser
*Syntax und Stil des Markus-
evangeliums*
1984. XIV, 219 Seiten.
Broschur.

10
Hans-Joachim Eckstein
Der Begriff Syneidesis bei Paulus
1983. VII, 340 Seiten.
Broschur.

9
Roman Heiligenthal
Werke als Zeichen
1983. XIV, 374 Seiten. Broschur.

8
Berthold Mengel
Studien zum Philipperbrief
1982. X, 343 Seiten. Broschur.

7
Rainer Riesner
Jesus als Lehrer
2. Aufl. 1984. Ca. 620 Seiten.
Fadengeheftete Broschur.

6
Helge Stadelmann
Ben Sira als Schriftgelehrter
1980. XIV, 346 Seiten. Broschur.

5
Dieter Sänger
Antikes Judentum und die Mysterien
1980. VIII, 274 Seiten. Broschur.

4
Seyoon Kim
The Origin of Paul's Gospel
2nd ed. 1984. XII, 413 Seiten.
Broschur.

3
Paul Garnet
*Salvation and Atonement in the
Qumran Scrolls*
1977. VIII, 152 Seiten. Broschur.

2
Jan A. Bühner
*Der Gesandte und sein Weg im
4. Evangelium*
1977. VIII, 486 Seiten. Broschur.

1
Mark L. Appold
*The Oneness Motif in the Fourth
Gospel*
1976. IX, 313 Seiten. Broschur.

J.C.B. Mohr (Paul Siebeck)
Tübingen